Kaiser Heinrich II.

KAISER

Heinrich II.
1002–1024

Herausgegeben von
Josef Kirmeier, Bernd Schneidmüller, Stefan Weinfurter
und Evamaria Brockhoff

THEISS

Begleitband zur Bayerischen Landesausstellung 2002
Bamberg, 9. Juli bis 20. Oktober 2002

Die Deutsche Bibliothek – CIP-Einheitsaufnahme
Ein Titeldatensatz für diese Publikation ist bei Der Deutschen Bibliothek erhältlich.

© 2002 Bayerisches Staatsministerium für Wissenschaft, Forschung und Kunst
Haus der Bayerischen Geschichte, Augsburg
Konrad Theiss Verlag GmbH, Stuttgart

Gestaltung: Imprint Külen & Grosche / Lothar Reiserer, Augsburg
Umschlag: Imprint Külen & Grosche / Lothar Reiserer
unter Verwendung des Plakatmotivs der Gruppe Gut Graphics, Bozen,
und Motiven aus Kat.-Nr. 211
Lithografie: SteiertEBV, Augsburg
Druck und Bindung: Himmer Druck und Verlag, Augsburg
Gedruckt auf Symbol Freelife von Fedrigoni Deutschland GmbH, Unterhaching

ISBN 3-8062-1712-2

Die Reihe der großen Mittelalter-Ausstellungen, die sich den Herrschern vor über tausend Jahren widmen, wird in diesem Jahr in Bayern mit der Landesausstellung über Kaiser Heinrich II. fortgesetzt. Das Haus der Bayerischen Geschichte veranstaltet mit den Kooperationspartnern in Bamberg, der Staatsbibliothek, dem Diözesanmuseum und dem Historischen Museum der Stadt Bamberg, die große Erinnerungsausstellung zum tausendjährigen Jubiläum der Königskrönung.

Mit der Krönung Heinrichs II. am 7. Juni 1002 wurde erstmals ein bayerischer Herzog König und in der Folge im Jahr 1014 Kaiser. Das große Werk dieses Herrschers, das bis heute nachwirkt, war die Gründung des Bistums Bamberg im Jahr 1007, das damals außerhalb des bayerischen Herzogtums lag. Über das Reich hinaus ist Heinrichs Herrscherzeit mit der endgültigen Einbindung Polens und Ungarns in das christliche Abendland verbunden.

Nicht zuletzt mit seinen großzügigen Stiftungen ist Heinrich II. im Gedächtnis der Nachwelt geblieben. Mit seinem Namen verbindet sich eine Vielzahl höchst qualitätvoller ottonischer Kunstwerke. Neben den berühmten Kaisermänteln sind es kostbare liturgische Geräte und vor allem Prunkhandschriften, die er in den führenden Malschulen seiner Zeit herstellen ließ. Als Stiftungen gab er sie bevorzugt in das Bistum Bamberg. Zu einem erheblichen Teil gelangten diese Schätze mit der Säkularisation 1803 in staatlichen Besitz. Doch nur ein geringer Teil davon verließ Bamberg, die meisten Handschriften werden in der Staatsbibliothek Bamberg verwahrt und bilden nun den Grundstock für eine der beiden „Schatzkammern" der Ausstellung. Dem Haus der Bayerischen Geschichte ist es gelungen, dazu eine Reihe von hochrangigen Exponaten aus dem In- und Ausland hinzuzufügen, sodass den Besucher eine außerordentliche Präsentation erwartet.

Heinrich II. und seine Gemahlin Kunigunde waren aber nicht nur ein herausragendes Herrscherpaar. Sie gingen auch als einziges heilig gesprochenes Kaiserpaar in die Geschichte ein. Bereits kurz nach ihrem Tod setzte ihre Verehrung in Bamberg ein. Im 12. Jahrhundert gelang es den Bischöfen der Bamberger Kirche zuerst für Heinrich und im Jahr 1200 auch für Kunigunde die Kanonisation zu erreichen. Seitdem werden sie als Bistumsheilige nicht nur in Bamberg sondern auch an anderen Stätten ihres Wirkens, wie in Paderborn und Merseburg, verehrt.

Das Erbe Heinrichs II. und seiner Gemahlin Kunigunde wird in besonderer Weise hier in Bamberg gepflegt, aber auch in München und anderswo ist die Erinnerung an dieses Herrscherpaar lebendig geblieben. In vielen Kirchen Frankens und Altbayerns, man denke an Neustift bei Freising oder Rott am Inn, stehen Heinrich und Kunigunde als mächtige Statuen neben dem Hochaltar. Die Schönheit der Stadt Bamberg, wie sie in ihren mittelalterlichen, aber auch ihren barocken Bauten entstanden ist, hängt mit ihrem Rang als Bischofsstadt zusammen. Sie ist ein geschichtliches Zeugnis der machtvollen Gründung durch Heinrich II.

Ich wünsche dieser Ausstellung in der von Kaiser Heinrich II. besonders geförderten Stadt großen Erfolg.

München, im Juli 2002

Hans Zehetmair
Bayerischer Staatsminister für Wissenschaft, Forschung und Kunst

Es ist eine besondere Chance, wenn eine Ausstellung nahe am historischen Ort inmitten der baulichen Zeugnisse stattfinden kann. Unsere Ausstellung, die tausend Jahre zurückschaut, könnte deshalb nicht sinnreicher und erlebnisnäher untergebracht sein als in den zum Teil neu gestalteten Räumen rund um den Bamberger Dom. Wir haben die Ausstellungsräume auf Diözesanmuseum, Historisches Museum, Staatsbibliothek und Dom verteilt. Unsere Partner bei diesem Projekt sind die Stadt Bamberg, das Diözesanmuseum und die Staatsbibliothek Bamberg. Dem Oberbürgermeister der Stadt und den Leitern der kooperierenden Institutionen gilt unser erster Dank! Sie haben das Gehäuse für unser gemeinsames Unternehmen bereitgestellt.

Die wissenschaftlichen Grundlagen der Ausstellung wurden von den Professoren Bernd Schneidmüller (Universität Bamberg) und Stefan Weinfurter (Universität Heidelberg) entwickelt und von einem großen wissenschaftlichen Kolloquium in vielen Einzelaspekten abgesichert. Wir danken den Historikern, Kunsthistorikern und Archäologen, die uns maßgeblich bei der Vorbereitung der Ausstellung unterstützt und den Katalog durch ihre Beiträge bereichert haben. Frau Dr. Gude Suckale-Redlefsen verantwortete die wissenschaftlichen Inhalte der Ausstellungsteile in der Staatsbibliothek und mehrerer Abteilungen im Diözesanmuseum. Die größte und eindrucksvollste Inszenierung der Ausstellung ist das Gehöft auf dem Domplatz, das auf der Grundlage der wissenschaftlichen Forschungen von Prof. Walter Sage von uns nachgebaut werden konnte. Wir verdanken ihm, Prof. Manfred Schuller und Prof. Achim Hubel die Erforschung des Heinrichsdoms und die Darstellung für die Ausstellung und den Katalog. Viele neue Ergebnisse zur Baugeschichte werden in diesen Beiträgen vorgestellt.

Die gestalterische Umsetzung leistete wie bei der vorjährigen Landesausstellung in Passau die Gruppe Gut Graphics aus Bozen. Der Schwerpunkt ihrer Arbeit lag in den Gebäuden der Alten Hofhaltung. Die herausfordernde Aufgabe für sie war, die Welt von vor 1000 Jahren in Spuren wieder sichtbar zu machen.

Unserer besonderer Dank gilt den Leihgebern aus ganz Europa, die uns halfen, die meisten der mit Heinrich II. in Verbindung gebrachten Objekte nach Bamberg zurückzubringen und zu einem einzigartigen Ensemble zu vereinen. Dafür danken wir den Kolleginnen und Kollegen in Paris, London, Oxford, Brüssel, Wien, Rom sowie in Hildesheim, Köln, Mainz, Berlin, München und nicht zuletzt in Bamberg!

Für die Unterstützung wichtiger Einzelprojekte gilt unser Dank der Oberfrankenstiftung, die für den Bau der Modelle und für die Klimatisierung der historischen Räume der Staatsbibliothek großzügige Unterstützung leistete! Der Dresdner Bank, namentlich Herrn Hugo Gleissner, haben wir für den Beitrag zu unserer Werbung zu danken, ebenso der Firma Osram für die Unterstützung bei der Lichtplanung und für die Ausrüstung mit Leuchtmitteln! Der Firma Karstadt danken wir für ihre hilfreiche Werbung und die großzügige bauliche Unterstützung!

Der Projektleiter der Ausstellung, Dr. Josef Kirmeier, hat sich vieles Neue für die Bamberger Präsentation einfallen lassen. Er wurde wirksam assistiert von Markus Schütz und Peter Lengle sowie den bewährten Mitarbeiterinnen und Mitarbeitern unseres Hauses in den Referaten Verwaltung und Öffentlichkeitsarbeit. Evamaria Brockhoff war für den Katalog verantwortlich, der reich bebildert vielseitiges Wissen über Heinrich II. und seine Welt zusammenbringt.

Allen Mitarbeitern und Förderern dieses Projekts sei für ihren Einsatz und ihr fantasievolles Engagement herzlicher Dank gesagt!

Claus Grimm

Schirmherr der Ausstellung
Der Bayerische Staatsminister für
Wissenschaft, Forschung und Kunst
Dr. h.c. Hans Zehetmair

Veranstalter
Haus der Bayerischen Geschichte
Direktor Prof. Dr. Claus Grimm
gemeinsam mit
Stadt Bamberg
Staatsbibliothek Bamberg
Diözesanmuseum Bamberg

Projektleitung
Dr. Josef Kirmeier

Konzeption
Dr. Josef Kirmeier
Prof. Dr. Bernd Schneidmüller
Prof. Dr. Stefan Weinfurter

Vertreter der Mitveranstalter
Oberbürgermeister Herbert Lauer,
    Stadt Bamberg
Prof. Dr. Bernhard Schemmel,
    Staatsbibliothek Bamberg
Dr. Renate Baumgärtel-Fleischmann,
    Diözesanmuseum Bamberg
Domkapitular Luitgar Göller, Erzdiözese
    Bamberg

Wissenschaftliche Mitarbeit
Peter Lengle
Dipl.-Hist. Markus Schütz
Dr. Gude Suckale-Redlefsen

Archäologischer Beirat
Prof. Dr. Konrad Bedal
Dr. Silvia Codreanu-Windauer
Prof. Dr. Ingolf Ericsson
Dr. Rupert Gebhard
Dr. Brigitte Haas-Gebhard
Dr. Jochen Haberstroh
Prof. Dr. Walter Sage
Dr. Markus Sanke
Dr. Eleonore Wintergerst

Katalogredaktion
Evamaria Brockhoff
Michaela Mohr M. A.
Dipl.-Hist. Markus Schütz
Helga Wiedmann

Multimedia/Internet
Peter Lengle

Verwaltung
Clemens Menter
Kurt Lange
Wolfgang Schaile

Objekt- und Bildverwaltung
Dipl.-Hist. Markus Schütz
Sabine Berger M. A.

Öffentlichkeitsarbeit
Dr. Michael Henker
Dr. Verena Schäfer

Gestaltung
Gruppe Gut Graphics, Bozen

Bauleitung
Dipl.-Ing. (FH) Matthias Held
Engelbert Sommer (Gehöft)

Lichtplanung
Osram Light Consulting GmbH, München

Koordination Bau, Transport
Dr. Angelika Fox
Dr. Wolfgang Jahn
Dipl.-Hist. Markus Schütz

Konzeption der Modelle
Prof. Dr. Achim Hubel
Prof. Dr. Walter Sage
Prof. Dr. Manfred Schuller

Konservatorische Betreuung
Jürgen Holstein M. A.,
    Rothenburg ob der Tauber
Sabine Schumm-Kleemann, Hirschaid
Alfred Stemp, Eichenried
Manfred Wunderskirchner, Böwing

Begleitprogramm
Dr. Regina Hanemann
Dr. Josef Kirmeier
Dr. Eva Schurr
Rosemarie Zacher

Partner
Oberfrankenstiftung, Bayreuth
Dresdner Bank, München
Osram, München
Karstadt Bamberg
Freilandmuseum Bad Windsheim
Forstamt Scheßlitz
Fränkischer Tag, Bamberg
Mahrs Bräu, Bamberg
Bürgerspital Heilig Geist, Würzburg

Katalogtexte

B.-U. A.	Björn-Uwe Abels
G. A.	Gerd Althoff
L. B.	Lothar Bakker
R. B.-F.	Renate Baumgärtel-Fleischmann
S. B.	Sabine Berger
R. B.	Rolf Bergmann
M.-C. B.-F.	Marie-Claire Berkemeier-Favre
C. B.	Claudia Birke
A. B.	Andrea Bischof
B. B.	Birgitt Borkopp
M. B.	Michael Brandt
E. B.	Evamaria Brockhoff
T. B.	Tania Brüsch
G. B.	Georg Brütting
W. D.	Wilhelm Deuer

H. D.	Heinrich Dormeier
C. E.	Caspar Ehlers
J. E.	Joachim Ehlers
K. v. E.	Klaus van Eickels
A. E.	Anja Elser
F. F.	Frank Feuerhahn
H. F.	Hermann Fillitz
L. G.	Luitgar Göller
K. Gö.	Knut Görich
R. Gr.	Roman Grabolle
R. G.	Reinhard Gratz
R. Gro.	Rolf Große
K. G.	Klaus Guth
B. H.-G.	Brigitte Haas-Gebhard
C. H.	Claudia Haberstroh
J. H.	Jochen Haberstroh
M. H.	Martina Hartmann
E.-D. H.	Ernst-Dieter Hehl
T. H.	Timo Hembach
A. H.	Achim Hubel
V. H.	Volkhard Huth
W. J.	Wolfgang Janka
K. K.	Katrin Kania
I. K.	Ibrahim Karabed
R. K.	Rosa Karl
J. K.	Josef Kirmeier
M. K.	Matthias Klefenz
B. K.	Bernd Kluge
L. K.	Ludger Körntgen
U. K.	Ulrich Kuder
H. K.	Holger Kunde
C. L.	Christian Lankes
P. L.	Peter Lengle
M. M.	Michel Margue
Th. M.	Thomas Meier
C. M.	Carla Meyer
P. M.	Petra Mößlein
R. N.-K.	Renate Neumüllers-Klauser
J. O.	Joachim Ott
H. R.	Hermann Reidel
P. R.	Petra Rosenplänter
N. R.	Nathalie Roy
J. R.	Jan Rüttinger
K. R.	Klaus Rupprecht
W. S.	Walter Sage
M. Sche.	Michael Scheffold
E. L. Sch.	Eike Lutz Schmidt
H. Sch.	Herbert Schneider
B. Sch.	Bernd Schneidmüller
Ch. N. Sch.	Christof Nikolaus Schröder
B. Schü.	Bernd Schütte
M. Sch.	Markus Schütz
M. Schu.	Manfred Schuller
H. S.	Hubertus Seibert
M. S.	Marianne Singer
W. St.	Wilhelm Störmer
M. St.	Marcus Stumpf
R. S.	Robert Suckale
G. S.-R.	Gude Suckale-Redlefsen
St. W.	Stefan Weinfurter
F. W.	Fabian Westphal
W. W.	Winfried Wilhelmy
E. W.	Eleonore Wintergerst
G. Z.	Gerd Zimmermann

Leihgeber
Römisches Museum der Städtischen
    Kunstsammlungen Augsburg
Universitätsbibliothek Augsburg
Stadtmuseum Bad Hersfeld
Freilandmuseum Bad Windsheim
Diözesanmuseum Bamberg
Historisches Museum Bamberg
Staatsarchiv Bamberg
Staatsbibliothek Bamberg
Historisches Museum Basel
Staatliche Museen zu Berlin – Münzkabi-
    nett
Staatsbibliothek zu Berlin – Preußischer
    Kulturbesitz
Bibliothèque royale Albert Ier, Bruxelles/
    Koninklijke Bibliotheek Albert I, Brussel
Museum Burgkunstadt
Pädagogische Stiftung Cassianeum,
    Donauwörth
Landesamt für Archäologie mit Landes-
    museum für Vorgeschichte Dresden
Sächsische Landesbibliothek – Staats- und
    Universitätsbibliothek, Dresden
Historisches Museum Frankfurt am Main
Domkapitel Fulda
Steiermärkisches Landesarchiv, Graz
Martin-Luther-Universität Halle-Witten-
    berg, Universitäts- und Landesbibliothek
    Sachsen-Anhalt in Halle (Saale)
Niedersächsisches Hauptstaatsarchiv,
    Hannover
Dombibliothek Hildesheim
Dom-Museum Hildesheim
Bayerisches Armeemuseum, Ingolstadt
Archäologische Arbeitsgemeinschaft des
    Historischen Vereins Karlstadt
Universitätsbibliothek Kassel –
    Landesbibliothek und Murhardsche
    Bibliothek der Stadt Kassel
Kärntner Landesarchiv, Klagenfurt
Museen der Stadt Köln, Museum
    Schnütgen
Diözesan- und Dombibliothek Köln
British Library, London
Kulturhistorisches Museum Magdeburg
Bischöfliches Dom- und Diözesanmuseum
    Mainz
Landesmuseum Mainz
Das Domkapitel der Vereinigten Hochstifte
    zu Merseburg und Naumburg und des
    Kollegiatstifts Zeitz, Merseburg
Bayerisches Landesamt für Denkmalpflege,
    Archäologische Außenstelle für Ober-
    franken, Schloss Seehof, Memmelsdorf
Bayerisches Hauptstaatsarchiv, München
Bayerisches Nationalmuseum, München
Domkammer der Kathedralkirche
    St. Paulus in Münster
Bayerische Staatsbibliothek, München
Archäologische Staatssammlung München
    – Museum für Vor- und Frühgeschichte
Bayerische Verwaltung der staatlichen
    Schlösser, Gärten und Seen, Residenz
    München, Schatzkammer
Benediktinerabtei Niederaltaich

Germanisches Nationalmuseum Nürnberg
Kath. Pfarramt St. Andreas, Ochsenfurt
Bodleian Library, Oxford
Erzbischöfliches Diözesanmuseum und
    Domschatzkammer, Paderborn
Bibliothèque Nationale de France, Paris
Musée du Louvre, Paris
Musée National du Moyen Âge – Thermes
    et Hôtel de Cluny, Paris
Diözesanmuseum St. Ulrich, Regensburg
Museen der Stadt Regensburg
Bayerisches Landesamt für Denkmalpflege,
    Außenstelle Regensburg
Kath. Pfarrkirchenstiftung St. Emmeram,
    Regensburg
Musée Departemental des Antiquités de la
    Seine-Maritime, Rouen
Dommuseum zu Salzburg
Stadtbibliothek, Ministerialbibliothek
    Schaffhausen
Forstamt Scheßlitz
Stiftung Schleswig-Holsteinische
    Landesmuseen, Archäologisches
    Landesmuseum, Schleswig
Stadtmuseum Schlüsselfeld
Archives Départementales du Bas-Rhîn,
    Strasbourg
Svendborg og Omegns Museum, Svendborg
Castello del Buonconsiglio, Trento
Domschatz Trier
Kath. Kirchengemeinde St. Gervasius, Trier
Fränkische Schweiz-Museum, Tüchersfeld
Kath. Filialkirchenstiftung St. Felicitas,
    Untertrubach/Pfarrei Obertrubach
Bibliotheca Apostolica Vaticana, Città del
    Vaticano
Kunsthistorisches Museum Wien
Österreichische Nationalbibliothek, Wien
Herzog August Bibliothek Wolfenbüttel
Staatsarchiv Würzburg
H. Schwarz, Altfalter
    sowie private Leihgeber, die ungenannt
    bleiben wollen

Für Rat und Hilfe danken wir:
Hans Angerer, Regierungspräsident des
    Bezirks Oberfranken
Dr. Martin Angerer, Historisches Museum
    der Stadt Regensburg
Ernst Bauersachs, Oberfrankenstiftung,
    Bayreuth
Maria Baumann M. A., Diözesanmuseum
    Regensburg
Prof. Dr. Ingrid Bennewitz, Otto-Friedrich-
    Universität, Bamberg
Detlef Bens, Karstadt Bamberg
Jochen Bepler, Dombibliothek Hildesheim
Dr. Ulrike Bertram, Botanischer Garten,
    Bayreuth
Stefan Bießenecker, Bamberg
Fa. Werner Birmann, Modellbau, Nürnberg
Dr. Hans Bleymüller, München
Werner Bomm, Ruprecht-Karls-Universität,
    Heidelberg
Andrea Briechle, Bergheim

Prof. Dr. Karl Brunner, Institut für
    Realienkunde des Mittelalters und der
    Frühen Neuzeit, Krems
Prof. Frank Olaf Büttner, Otto-Friedrich-
    Universität, Bamberg
Walter Christa, Staatliches Hochbauamt,
    Bamberg
Alfons Distler, Karstadt Bamberg
Prof. Dr. Heinz Dopsch, Universität
    Salzburg
Dipl.-Ing. Stefan Ebeling, Ihrlerstein
Dr. Franz Egger, Historisches Museum
    Basel
Prof. Dr. Ingolf Ericsson,
    Otto-Friedrich-Universität, Bamberg
Prof. Mag. Karlheinz Frauwallner,
    Kulturreferat Wolfsberg (Kärnten)
Prof. Dr. Johannes Fried,
    Johann-Wolfgang-Goethe-Universität,
    Frankfurt am Main
Prof. Dr. Franz Fuchs, Universität
    Regensburg
Uwe Gaasch, Bamberg
Dr. Sveva Gai, Museum in der Kaiserpfalz,
    Paderborn
Miriam Gepp, Augsburg
Hugo Gleißner, Dresdner Bank München
Yvonne Goldammer, Bamberg
Sabine Gress, Bamberg
Prof. Dr. Ulrich Großmann,
    Generaldirektor des Germanischen
    Nationalmuseums Nürnberg
Dr. Rainer Hambrecht, Staatsarchiv
    Bamberg
Elisabeth Handle, Bamberg
Johann Hanfstingl, Staatliches
    Hochbauamt, Bamberg
Eva Harker M. A., Bamberg
Prof. Dr. Wilfried Hartmann, Westfälische
    Wilhelms-Universität Münster
Dr. Claus-Peter Hasse, Kulturhistorisches
    Museum Magdeburg
Prof. Dr. Joachim Henning, Johann-Wolf-
    gang-Goethe-Universität, Frankfurt am
    Main
Mathias Hensch M. A., Bamberg
Prof. Dr. Klaus Herbers, Friedrich-Alexan-
    der-Universität, Erlangen
Dr. Sabine Heym, Bayerische Verwaltung
    der staatlichen Schlösser, Gärten und
    Seen, München
Werner Hipelius, Bürgermeister der Stadt
    Bamberg
Dr. Susanne Hohmann, Kulturhistorisches
    Museum Magdeburg
Dr. Gerhard Hölzle, München
Prof. Dr. Franz Heinz von Hye, Innsbruck
Prof. Dr. Jörg Jarnut, Universität Paderborn
Dr. des. Martina Junghans, Historisches
    Museum Bamberg
Prof. Dr. Rainer Kahsnitz, Bayerisches
    Nationalmuseum, München
Raoul Kaufer, MediaCircle GmbH,
    Regensburg
Prof. Dr. Hagen Keller, Westfälische
    Wilhelms-Universität Münster

Prof. Dr. Peter Klein, Eberhard-Karls-
Universität Tübingen
Dr. Helmuth Kluger, Ruprecht-Karls-
Universität, Heidelberg
Jürgen Kniep, Galway
Prof. Dr. Rainer Koch, Historisches
Museum Frankfurt am Main
Dr. Clemens Kosch, Museum in der
Kaiserpfalz, Paderborn
Prof. Dr. Dietrich Kötzsche, Berlin
Dipl.-Ing. (FH) Arnold Kreisel, Bamberg
Thomas Labusiak M. A., Augsburg
Dr. Hermann Leskien, Generaldirektor der
Staatlichen Bibliotheken in Bayern,
München
Dr. Norbert Leudemann, Kunstreferat der
Diözese Augsburg
Rainer Lewandowski, E.T.A-Hoffmann-
Theater Bamberg
Alfred Lindner, Dombauhüttenmeister,
Bamberg
Prof. Dr. Uwe Lobbedey, Westfälisches
Museum für Archäologie, Münster
Dr. Jost Lohmann, AGIL – Büro für
angewandte Archäologie, Bamberg
Prof. Dr. Christian Lübke, Ernst-Moritz-
Arndt-Universität, Greifswald
Bernd und Roland Luda, Bamberg
Prof. Dr. Franz Machilek, Otto-Friedrich-
Universität, Bamberg
Dr. Birgit Mecke, Museum in der
Kaiserpfalz, Paderborn
Dr. Bernd Michael, Staatsbibliothek Berlin
Ingmar Michel, Mahrs Bräu, Bamberg
Dr. Horst Miekisch, Bamberg
Dr. Ulrich Montag, Bayerische Staats-
bibliothek, München
PD Dr. Claudine Moulin-Frankhänel,
Otto-Friedrich-Universität, Bamberg
Werner Oppelt M.B.E., E.T.A.-Hoffmann-
Gymnasium, Bamberg
Klaus Oschema M. A., Paris/Dresden
Dr. Eew Overgaauw, Staatsbibliothek
Berlin
Werner Pees, Amt für Kirchenmusik,
Bamberg
Hans Werner Peßler, Bamberg
Dr. Matthias Puhle, Kulturhistorisches
Museum Magdeburg
Gerald Raab, Bamberg
Marcus Rau, Halle/Saale
Jonathan Reed Lyon, Bamberg

Dr. Burkhard von Roda, Historisches
Museum Basel
Prof. Dr. Hermann Rumschöttel,
Generaldirektor der Staatlichen Archive
Bayerns, München
Prof. Dr. Dr. Godehard Ruppert, Rektor
der Otto-Friedrich-Universität, Bamberg
Prof. Dr. Liselotte Saurma-Jeltsch,
Ruprecht-Karls-Universität, Heidelberg
Jörg Schabesberger, Historisches Museum
Bamberg
Prälat Wilhelm Schätzler, Regensburg
Prof. Dr. Rudolf Schieffer, Präsident der
Monumenta Germaniae Historica,
München
Prof. Dr. Alois Schmid, Ludwig-
Maximilians-Universität, München
Hans Schmid, Forstamt Scheßlitz
Georg Schmidbauer, Chronik-Videopro-
duktion, München
Eike Lutz Schmidt, Bamberg
Dr. Peter Schmidt, Johann-Wolfgang-
Goethe-Universität, Frankfurt am Main
Bernhard Schneider, Bayerische Verwaltung
der staatlichen Schlösser, Gärten und
Seen, Bamberg
Jens Schneider, Universität Paderborn
Prof. Dr. Barbara Scholkmann, Eberhard-
Karls-Universität Tübingen
Christiane Schönhammer, Zentrum für
Mittelalterstudien, Bamberg
Prof. Dr. Ernst Schubert, Domstift
Naumburg/Saale
Susanne Schubert, Kultur- und Bildungs-
zentrum des Bezirks Oberbayern, Seeon
Anna-Maria Schühlein, Bamberg
Heinrich Schwarz, Altfalter/Schwarzach
Prof. Dr. Peter Segl, Universität Bayreuth
Ulrike Siewert, Bamberg
Prof. Dr. Wolfgang Spindler, Capella
Antiqua Bambergensis, Bamberg
Wolfgang Stamm, Kultur- und
Bildungszentrum des Bezirks
Oberbayern, Seeon
PD Dr. Bernhard Steinhauf, Otto-Friedrich-
Universität, Bamberg
Prof. Dr. Heiko Steuer, Albert-Ludwigs-
Universität, Freiburg
Dr. Christoph Stiegemann,
Erzbischöfliches Diözesanmuseum und
Domschatzkammer Paderborn
PD Dr. Stefanie Stricker, Otto-Friedrich-
Universität, Bamberg

Karl Strobel, Bayerisches Fernsehen,
München
Olaf Struck, Staatliches Hochbauamt,
Bamberg
Dr. Cecilia von Studnitz,
Otto-Friedrich-Universität, Bamberg
Dr. Werner Taegert, Staatsbibliothek
Bamberg
Melanie Thierbach M. A., Diözesan-
museum St. Afra, Augsburg
Dr. Matthias Tischler, Otto-Friedrich-
Universität, Bamberg
Prof. Dr. Manfred Treml, Museums-
pädagogisches Zentrum, München
Dr. Vera Trost, Stuttgart
Clemens Unger, Kulturreferent der Stadt
Regensburg
Dr. Ludwig Unger, Fränkischer Tag,
Bamberg
Dr. Josef Urban, Archiv des Erzbistums
Bamberg
Dr. Elisabeth Vavra, Institut für
Realienkunde des Mittelalters und der
Frühen Neuzeit, Krems/Donau
Dr. Werner Wagenhöfer, Staatsarchiv
Würzburg
Prof. Dr. Ludwig Wamser, Archäologische
Staatssammlung, Museum für Vor- und
Frühgeschichte, München
Prof. Dr. Matthias Wemhoff, Museum in
der Kaiserpfalz, Paderborn
Dr. Hiltrud Westermann-Angerhausen,
Museum Schnütgen, Köln
Frank Widmayer, Bayerisches Fernsehen,
München
Prof. Dr. Joachim Wild, Direktor des
Bayerischen Hauptstaatsarchivs,
München
Prof. Dr. Dethard von Winterfeld,
Johannes-Gutenberg-Universität Mainz
Helge Wittmann, Kapellendorf
Univ.-Prof. Mag. Dr. Herwig Wolfram,
Institut für Österreichische Geschichts-
forschung, Wien
Sigrid Zeitler, Bamberg
Sebastian Zink, Bamberg
Prof. Dr. Thomas Zotz, Albert-Ludwigs-
Universität, Freiburg
Dr. Diana Zunker, Alzey
Historischer Verein, Bamberg

Ein Herrscher am Ende der Zeiten, ein Herrscher in der Mitte des Mittelalters, Herzog, König, Kaiser, Heiliger – welch ein Aufstieg! Trotzdem ist Heinrich II. viel weniger im Bewusstsein als Karl der Große, Otto der Große oder Friedrich Barbarossa.

Schon seine Wertschätzung durch Zeitgenossen und Nachwelt trägt zwiespältige Züge: Großzügiger Stifter herrlicher Kunstwerke und rücksichtsloser „Räuber" wertvoller Handschriften für seine Stiftung Bamberg. Ein strenger Herr, unerbittlich und unnachgiebig auf der einen Seite, Friedensstifter und Diplomat auf der anderen Seite. Ein Inszenator seiner von Gott gegebenen Herrscherwürde, der gekonnt auf der Klaviatur der Macht und Selbstdarstellung spielt. Ein König, der sich als Kollege seiner Bischöfe sieht und darum wie selbstverständlich in ihre Belange eingreift. Ein Herrscher, dem – nach den Vorstellungen seiner Zeit – Wichtiges versagt blieb: die Sicherung der Nachfolge durch einen Sohn. Ein Heiliger, dessen gute Werke der Legende nach gerade einmal ausreichten, um sein Seelenheil zu retten. Ein Kaiser schließlich, der höchstes Lob auf sich zog: Als „Zierde Europas" wird er auf dem kostbaren Sternenmantel bezeichnet, den ihm der apulische Fürst Ismahel schenkte.

Die Bayerische Landesausstellung 2002 will all diesen Überlieferungen nachspüren, die durch die Rhetorik des Herrscherlobs und die Kraft der Legenden geprägt sind. Sie ist am richtigen historischen Ort zu sehen, in Bamberg, von Heinrich II. zu einem bevorzugten Aufenthaltsort gemacht. Das verleiht ihr Authentizität. Solche Authentizität ist auch in dem Versuch zu sehen, eine mittelalterliche Herrscherfigur heute aus unterschiedlichen Blickwinkeln lebendig werden zu lassen, aus der Geschichte, der Kunst, der Wissenschaft, der Frömmigkeit, der Liturgie und dem Leben. Diese Ausstellung strebt im Rückblick eines Jahrtausends bewusst mehrere Sichtweisen an.

Auf dem Bamberger Domplatz wird ein Gehöft nachgebaut, das eine Ahnung von den Existenzbedingungen der Menschen zur mittelalterlichen Jahrtausendwende geben will: Das bescheidene „Leben in Bodennähe" steht vor der gewaltigen Kulisse des Dombaus, der schon zu seiner Entstehungszeit Bewunderung erregte. In der Alten Hofhaltung illustrieren archäologische Funde das Wohnen, das Arbeiten, das Zusammenleben der Gesellschaft in einer Zeit des Übergangs von heidnischen Religionen, wie sie noch bei der slawischen Bevölkerung dieser Gegend zu finden sind, zum Christentum. Die endgültige Einbindung Polens und Ungarns in das christliche Abendland zählt zu den nachhaltigen Wirkungen der Zeit Heinrichs II.

Die Ausstellung stellt sich in den Reigen der großen Mittelalter-Ausstellungen „799. Kunst und Kultur der Karolingerzeit" in Paderborn oder „Otto der Große, Magdeburg und Europa" in Magdeburg. Wie diese bringt sie einzigartige Leihgaben von europäischem Rang zusammen. Bewusst wird aber eine bloße Schatzkammer singulärer Glanzstücke vermieden. Vielmehr steht in Bamberg die Einbindung der präsentierten Zimelien – Prachthandschriften, Goldschmiedekunst, einzigartige Textilien – in ihre Entstehungszusammenhänge und ursprüngliche Funktion im Vordergrund. Der berühmte Sternenmantel Heinrichs II. begegnet nicht nur als Objekt kunsthistorischer Begierde, sondern auch als Zeichen mittelalterlicher Herrschaftspraxis. Dasselbe gilt für die Handschriften, die hier teilweise an ihren geschichtlichen Ort zurückkehren. Sie treten nicht nur als Spitzenwerke der mittelalterlichen Buchkunst hervor, sondern bezeugen auch den Stifterwillen Heinrichs II. Er wollte Gedächtnis schaffen, Kirchen stärken, Bildung befördern und vor allem sein eigenes Seelenheil sichern.

Solches Mäzenatentum versammelte vor einem Jahrtausend liturgische Prachtcodices und kostbare Kirchengeräte in Bamberg. Solche Stiftungen erfolgten aus der

Sorge um die Memoria des Kaiserpaars, um die Erinnerung. Das Gebetsgedenken der Begünstigten bot nämlich nach damaliger Anschauung Schutz am Ende der Zeiten, dessen Anbruch man erwartete. Der Ausstellungsrundgang wird darum sinnfällig beschlossen mit dem Bamberger Dom als dem eigentlichen Ort der mittelalterlichen Gedächtniskultur. Hier erhielten sich die unmittelbarsten Zeugnisse des Kaiserpaars. Die Reliquiare mit den Häuptern Heinrichs II. und Kunigundes sind hier geborgen – und werden bis heute verehrt.

In der Stiftung wie in der Verehrung treten Selbstverständnis und Hoffnung eines mittelalterlichen Herrschers hervor, der sich auf seine göttliche Bestimmung berief. Die Ausstellung zeigt auch die wichtigsten Etappen seiner 22-jährigen Regierungszeit. Heinrich II. war ständig in seinem Reich unterwegs. Dieses „Reisekönigtum" mit seinen ungeheuren Strapazen stellt die Politikerreisen heutiger Tage weit in den Schatten. Dabei war gerade das ständige Unterwegssein die Grundvoraussetzung für eine erfolgreiche Herrschaft: Durch seine Anwesenheit schuf der König Frieden, Ruhe, Recht und Ordnung.

Die Ausstellung will den vielen Exponaten, die heute oft nur mehr als Kunstwerke aufgefasst werden, im Abstand eines Jahrtausends wenigstens einen Teil ihrer historischen Aussagekraft zurückgeben. Sie stellt neben die beiden Schatzhäuser aus Gold und Pergament und neben den Dom als originären Ort von Frömmigkeit und Liturgie ganz bewusst historische und archäologische Rekonstruktionen. Gewiss sind das bescheidene Hilfen zum Begreifen vergangener Wirklichkeiten. Doch nur in solchen Modellen und Inszenierungen formt unsere Fantasie die Abbilder eines Herrschers und seiner Zeit, in der das heutige Europa seine ersten Konturen gewann. In den Verformungen eines langen Jahrtausends begegnet uns Heinrich II., der „Erneuerer des Reichs", umgeben von den Großen seiner Zeit, seinen Ratgebern, Widersachern, Chronisten, seiner Frau Kunigunde und den Menschen – in Bamberg, seiner „einzigartig geliebten Stadt".

Die Herausgeber

Alle Größen – soweit
nicht anders angegeben – in
Zentimeter
AK   Ausstellungskatalog
fol.   folio
R   Reproduktion

AUFSÄTZE

Kat.-Nr. 203

Stammbaum Kaiser Heinrichs II.

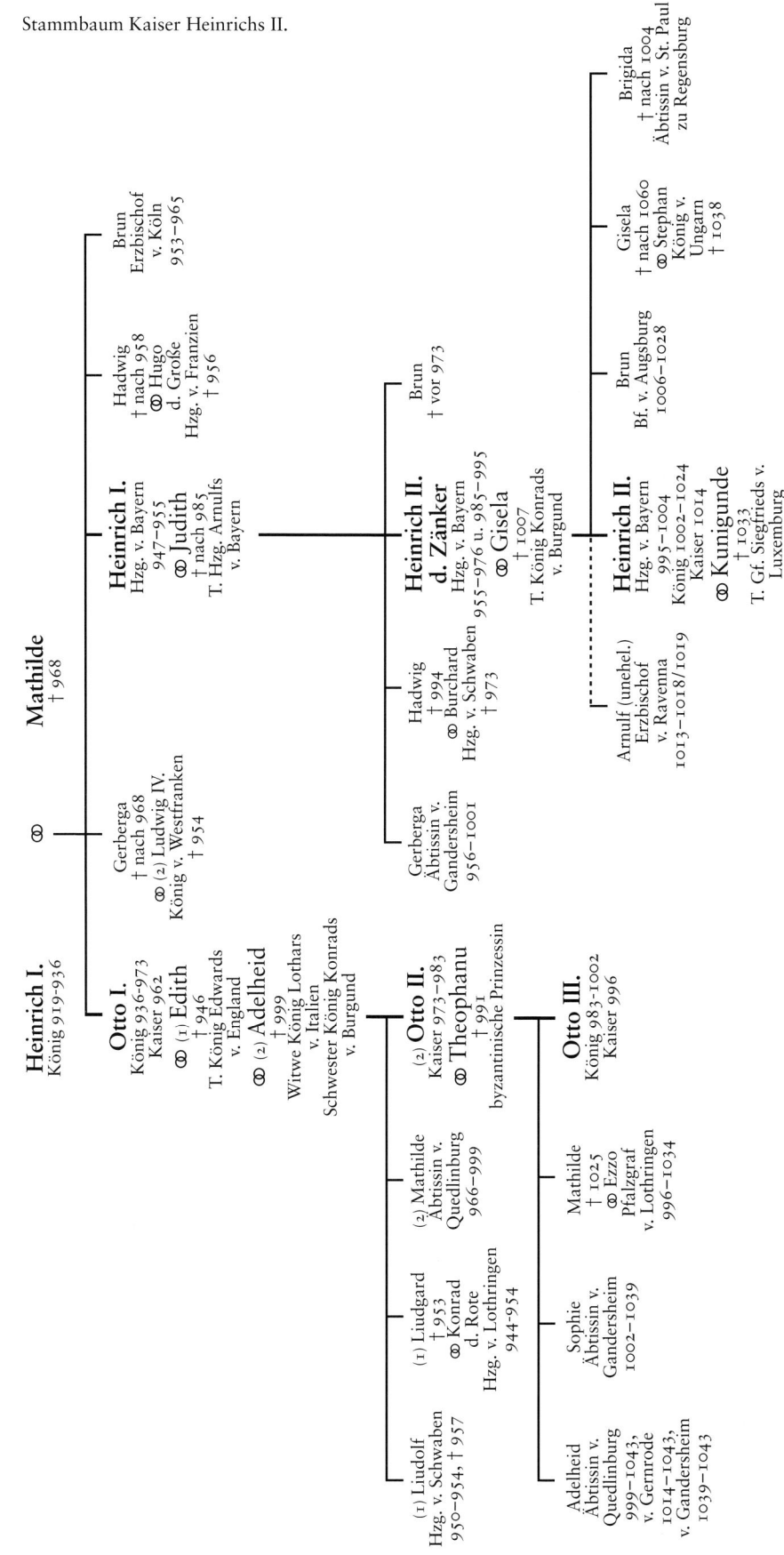

Stefan Weinfurter

Kaiser Heinrich II. –
Bayerische Traditionen
und europäischer Glanz

Liebe zu den Bayern — Am 7. Juni 1002 wurde in Mainz Heinrich II. zum König geweiht: „in regem eligitur, acclamatur, benedicitur, coronatur" (zum König erwählt, bestätigt, geweiht und gekrönt).[1] Es war für ihn alles andere als einfach gewesen die Königskrone zu erlangen, denn nach dem frühen Tod des 21-jährigen Kaisers Otto III. war die Nachfolge nicht vorbereitet. Auch die Frage, nach welchen Kriterien ein neuer König überhaupt bestimmt werden sollte, war ungeklärt.[2] Ja mehr noch: Viele der Reichsfürsten hatten sich gegen Heinrich II. ausgesprochen und ausdrücklich nicht gewünscht, dass er, der Herzog von Bayern, der neue König würde. Er sei dafür nicht geeignet, hieß es.[3] Aber Heinrich setzte sich durch. Seine bayerischen Gefolgsleute waren in kriegerischer Hinsicht überlegen. Am 1. Oktober 1002 unterwarf sich ihm der hartnäckigste der Gegner, Herzog Hermann II. von Schwaben (997–1003), im Königshof von Bruchsal.[4] An diesem Tag, dem Festtag des hl. Bekenners Remigius, wurde die Bekennermesse gefeiert: „... verleihe uns gnädig Heil und Frieden ... mache uns frei von allen Abirrungen und feindseliger Gesinnung".[5] Mit nackten Füßen warf sich Hermann zu Boden und musste darin einwilligen, dem Bischof von Straßburg als Sühne das Kloster St. Stephan in Straßburg zu überlassen.

Mit diesem Akt von Bruchsal am 1. Oktober 1002 war der Widerstand gebrochen. Von nun an konnte sich Heinrich II. seiner Königswürde weitgehend sicher sein. Dass er dafür treuen Helfern zu danken hatte, war ihm wohl bewusst. In dieser Situation, so heißt es in seiner Vita, habe er beschlossen, „nach Bayern, in sein Geburtsland, zurückzukehren". Er habe nämlich nicht gewollt, in seinem Reich neue Getreue so ausgiebig mit seinem Besuch zu ehren, dass sich die alten Getreuen dadurch hätten zurückgesetzt fühlen können.[6] Und in seiner Chronik berichtet Thietmar von Merseburg: „Nachdem dies alles so geregelt war, eilte der König zu den Bayern, um ihnen durch seine Anwesenheit und viele Zeichen der Zuneigung zu versichern, dass er sie unter allen ganz besonders liebe."[7] Heinrich II., der neue König, kam nicht nur aus Bayern, sondern hatte dort auch von Anfang an seinen entscheidenden Rückhalt. Bei näherer Betrachtung wird deutlich, dass sich in seiner Herrschaftsführung vieles wiederfindet, was in seiner Zeit als bayerischer Herzog schon ausgeformt war.

Ein Geschichtsschreiber dieser Zeit, der Verfasser der Vita Bischof Godehards von Hildesheim namens Wolfher, beschrieb die Herrschaft Heinrichs II. mit folgenden Worten: „Herr Heinrich, der bayerische Herzog, trat durch die Weihe des Willigis in die Herrschaft ein und lenkte die heilige Kirche Gottes mit wachsamster

1 Adalbold, Vita, cap. [6], S. 52. Als Datum ist angegeben: octava Idus Iunii, das heißt 6. Juni, ein Samstag, dies in Anlehung an Thietmar von Merseburg: Thietmar, Chronik (Holtzmann), lib. V, cap. 11, S. 234. Man wird davon ausgehen müssen, dass die Wahlvorgänge auf den 6. Juni fielen und die Königsweihe am 7. Juni vorgenommen wurde. Dazu Bresslau, Erläuterungen 1. Abschnitt, S. 132, Anm. 1; Schneider, Königserhebung. Über die Ansätze der jüngeren Forschung informiert Schneidmüller, Neues.

2 Vgl. Hlawitschka, Thronkandidaturen; Hlawitschka, Thronwechsel; Wolf, Quasi hereditatem.

3 Thietmar, Chronik (Holtzmann), lib. IV, cap. 54, S. 192: „Heinricum mencientes ad hoc non esse idoneum propter multas causarum qualitates."

4 Keller, Schwäbische Herzöge; Körntgen, In primis Herimanni ducis assensu; zum Herzogtum Hermanns II. vgl. Zotz, Breisgau.

5 Schott, Meßbuch, S. 613.

6 Adelbold, Vita, cap. [14], S. 60: „His expletis in Bavariam, nativam terram suam, rex redire decrevit, nolens novos sic frequentare fideles, ut postponendo dementicaret veteres."

7 Thietmar, Chronik (Holtzmann), lib. V, cap. 22, S. 247: „His ita dispositis rex ad Bawariam perrexit, ut eis adventu suo et omni caritate innotesceret, quod eos precipue inter omnes amaret."

8 Wolfher, Vita Godehardi, cap. 24, S. 185: „... domnus Heinricus Noricus dux in imperium Willigiso consecrante subintravit, qui sanctam Dei aecclesiam vigilantissima cura et sapientia suo tempore tam clericaliter quam populariter gubernavit."
9 Weinfurter, Zentralisierung, S. 248 ff.; Engels, Überlegungen, S. 296–301.

Sorge und Weisheit sein Leben lang sowohl im Hinblick auf den Klerus wie auf das Volk."[8] Dieser Satz enthält in seiner fein gewählten Terminologie das gesamte Programm der Herrschaft Heinrichs II.: Seine Herrschaft, vorbereitet durch sein bayerisches Herzogtum, übernimmt er durch die Königsweihe wie ein kirchliches Amt. Mit wachem Sinn lenkt er nicht eigentlich ein Reich, sondern, wie es heißt, die heilige Kirche Gottes („sanctam Dei aecclesiam"), zu der Klerus und Volk gleichermaßen gehören.

Sehen wir uns die einzelnen Elemente dieser Charakteristik näher an. Heinrich stammte aus der Linie der bayerischen Heinriche (vgl. Stammbaum Heinrichs II. S. 14). Das war die Linie, die von Herzog Heinrich I. (†955), dem Bruder Ottos des Großen, eröffnet wurde, als er nach dem Tod Herzog Bertholds (23. November 947) das Herzogtum Bayern erhielt. Seine Gemahlin war Judith, eine Tochter des mächtigen bayerischen Herzogs Arnulf († 937), der einst selbst wie ein König in Bayern gewirkt hatte. Von nun an wuchsen die sächsischen Heinriche in die bayerischen Herrschaftstraditionen hinein. Heinrich der Zänker (955–976 und 985–995) war der zweite in der Reihe, der – vermutlich 972 – mit einer hoch stehenden Braut aus dem Königshaus von Burgund verheiratet wurde: mit Gisela, der Tochter König Konrads von Burgund. Ihr erstes Kind war Heinrich, der spätere König, geboren am 6. Mai 973 – in Bad Abbach, wie der Geschichtsschreiber Aventinus im 16. Jahrhundert behauptete. Ihm konnte sein Vater trotz mancher Rückschläge bei seinem Tod 995 ein mächtiges „Herzogreich" hinterlassen, das sich bis an die Adria ausdehnte.[9]

Regensburg war die Hauptstadt der Heinriche. Hier befand sich die Herzogspfalz (Abb. 1). Regensburg war überhaupt das politische Zentrum Bayerns. Neben der Bischofskirche gab es wichtige Klöster und Stifte, darunter das Herzogsstift Nieder-

1 Regensburg um das Jahr 1000 (Kat.-Nr. 36)

münster. Die Alte Kapelle, die ehemalige Pfalzkirche, wurde von Heinrich II. in seinen ersten Königsjahren erneuert.[10] Die Bischöfe der bayerischen Bistümer wie auch
eine Reihe der bayerischen Adligen hatten schon um das Jahr 1000 in Regensburg
ihre Höfe. Hier in Regensburg wuchs der spätere König auf, von Bischof Wolfgang
(972–994) erzogen und in den theologischen Wissenschaften bestens ausgebildet.
Zwar hatte er sich als Kind auch einige Zeit, etwa 978/80, bei Bischof Abraham von
Freising (957–993) und dann an der Hildesheimer Domschule (um 980/85) aufgehalten, aber die Regensburger Einflüsse von 985 an dürften bestimmend gewesen
sein. „Es nährte Bischof Wolfgang den herausragenden Schüler", so beschreibt dies
der Chronist Thietmar von Merseburg.[11]

Regensburger Einflüsse und Vorstellungswelten — Diese Zusammenhänge muss
man beachten, wenn man die früheste Darstellung betrachtet, die Heinrich II. zeigt.
Es handelt sich um das Krönungsbild aus dem Regensburger Sakramentar (Abb. 2).
Dieses liturgische Buch entstand wahrscheinlich schon bald nach der Erhebung

10 Schneidmüller, Heinrich II.
11 Thietmar, Chronik (Holtzmann), Vorrede zu lib. V, S. 220:
„Nutrit preclarum Wolfgangus
presul alumnum."

2 Regensburger Sakramentar:
Krönungsbild (Kat.-Nr. 112)

12 Ott, Zeichencharakter.
13 Arnold, De miraculis, S. 568: „velut insigne triumphi".
14 Solche Zusammenhänge bleiben außer Acht bei Körntgen, Königsherrschaft.
15 „Ecce coronatur divinitus atque beatur Rex pius Heinricus proavorum stirpe polosus."

Heinrichs II. zum König, 1002 oder 1003.[12] Angefertigt wurde es im Kloster St. Emmeram in Regensburg. Dieses Kloster hatte lange Jahre unter der Leitung Abt Ramwolds (974–1000) gestanden. Er war ein enger Vertrauter Bischof Wolfgangs. Sein Kloster, St. Emmeram, entwickelte sich damals zu einem Zentrum für mönchisches Lebensideal und theologisches Studium in Bayern. Durch neue rechtliche und wirtschaftliche Organisationsformen wurde es Vorbild für eine Reihe anderer Klöster. Viele Adlige aus der bayerischen Führungsschicht sahen sich von diesem Zentrum angezogen und angeregt, darunter die mächtigen Aribonen, die ihr Kloster Seeon den Reformern von St. Emmeram unterstellten. Auch die bayerischen Bischöfe orientierten sich an dem Regensburger Vorbild, so der Erzbischof von Salzburg, Hartwig (991–1023), der sein Kloster St. Peter in Salzburg danach ausrichtete. In Regensburg war der heranwachsende Heinrich umgeben von kraftvollen monastischen Reformideen. Mit St. Emmeram und seinem Abt Ramwold pflegte der künftige König intensive Beziehungen. Wie eng das Verhältnis gewesen sein muss, deutet die Nachricht an, Heinrich habe beim Begräbnis Ramwolds im Juni 1000 dessen Bahre auf seinen eigenen Schultern mitgetragen. Er habe gar den Schlüssel zu dessen Grab an sich genommen und während seiner späteren Königszeit immer bei sich getragen als ein „Wahrzeichen des Sieges"[13].

In diesem Kloster St. Emmeram also entstand das Krönungsbild Heinrichs II. Wir können daher davon ausgehen, dass es die Vorstellungen aus dem engsten Umkreis von Heinrich II. widerspiegelt.[14] Es zeigt Heinrich II., dem Christus die Krone auf das Haupt setzt. Er selbst ragt mit dem Haupt, den Schultern und der Brust in die Mandorla hinein, also in die Sphäre der Heiligkeit. Von oben herab reichen ihm zwei Engel zwei Herrscherinsignien, das Schwert und die Heilige Lanze (Kat.-Nr. 51). Zur Rechten Heinrichs und zu seiner Linken stehen heilige Bischöfe, Ulrich von Augsburg und Emmeram von Regensburg. Sie stützen den neuen Herrscher an der linken und der rechten Seite und führen ihn zur Krönung und Salbung. In der Umschrift, die den neuen König umgibt, heißt es: „Siehe, es wird gekrönt durch göttliche Autorität und gesegnet der fromme König Heinrich, emporgehoben zum Himmelsgewölbe seiner väterlichen Ahnen."[15]

Um dieses Bild entschlüsseln zu können, muss man erkennen, dass Heinrich II. hier in Parallele zu Moses gestellt wird. Von Moses wissen wir aus dem Alten Testament, dass die Hohen Priester Aaron und Hur ihm die Arme so lange gestützt haben, bis die Feinde Gottes besiegt waren. Und von ihm wissen wir auch, dass er auf Geheiß des Herrn den Stab Aarons, den Stab der Auserwählten, der Knospen und Blüten trieb, bei der Bundeslade aufbewahren sollte. Dementsprechend sehen wir auf diesem Bild die Heilige Lanze mit Knospen versehen. Die Heilige Lanze war die wichtigste Herrscherinsignie dieser Zeit. Sie war mit einem Nagel vom Kreuz Christi versehen und galt damit als das Symbol für den Sieg Christi. Auf diesem Krönungsbild wird sie dem neuen König als Stab des Lebens in die rechte Hand gelegt.

Als seine Helfer sind Ulrich von Augsburg und der hl. Emmeram dargestellt. Beide können als Siegesheilige aus Bayern angesprochen werden. Augsburg lag zwar in Schwaben, aber das Bistum reichte weit nach Bayern hinein und war eng verquickt mit bayerischen Interessen. Ulrich, der Bischof von Augsburg, hatte sich 955 bei der Schlacht auf dem Lechfeld als Sieghelfer ausgezeichnet. Emmeram wiederum, der Heilige des Regensburger Klosters, galt in der klösterlichen Tradition als Schützer des Reichs in den Kämpfen gegen das Großmährische Reich, auch er ein Sieghelfer.

Dieses Bild aus dem Regensburger Sakramentar führt uns vor Augen, dass Heinrich II. sein Königtum aus zwei Wurzeln herleitete: einmal aus seiner Herkunft, denn die Linie seiner väterlichen Ahnen, der Heinriche, wird eigens hervorgehoben; zum anderen ist es der Auftrag Gottes, der über allem steht. Die Wahl durch die Großen des Reichs spielte für diesen König im Grunde keine Rolle.[16] So kann es nicht verwundern, dass es 1002 im Prinzip gar keine Königswahl gegeben hat. Nur seine bayerischen und einige fränkische Anhänger hatten sich ihm angeschlossen, darunter „berühmte und überaus verständige Männer", die Erzbischöfe von Mainz und Salzburg, die Bischöfe von Brixen, Würzburg, Regensburg, Straßburg, Passau und Freising und der Abt von Fulda.[17] Sie waren an seiner Seite, als er sich trotz des Widerstands des schwäbischen Herzogs nach Mainz durchkämpfte. Dort wurde er, wie erwähnt, am 7. Juni 1002 von Erzbischof Willigis geweiht und gekrönt. Der Mainzer Erzbischof, der bestrebt war, seine Vorrechte bei der Erhebung und Weihe des Königs zu dokumentieren, bot dabei jede Unterstützung.[18] Das war der entscheidende Vorgang: Mit der Königsweihe hatte ihm Gott bzw. Christus den Auftrag erteilt. Nun war er König, auch wenn er sich die Huldigung einer Reihe von Fürsten und Adligen des Reichs erst schrittweise erzwingen musste.

Diese Legitimation deutet schon an, dass wir das Königtum Heinrichs II. mit modernen Begriffen und Definitionen von Königsherrschaft kaum fassen können. Die Vorstellung, einem Staatswesen vorgesetzt zu sein, wäre ihm völlig fremd gewesen. Er verstand sich als von Gott selbst beauftragt. Die jüngere Mathildenvita (Kat.-Nr. 49), auf seinen Auftrag hin verfasst[19], ordnet sein Königtum sogar in die heilsgeschichtliche Vorsehung ein: Die ganze Linie der bayerischen Heinriche sei von Gott geprüft worden, bis sie schließlich mit der Erhebung Heinrichs II. zu höchsten Ehren erhoben wurde.

Gott, der himmlische König, so war damit ausgesagt, wollte Heinrich als seinen Stellvertreter auf Erden. Das aber bedeutete nicht weniger, als dass ihm, dem irdischen König, genauso wie Gott zu gehorchen war, denn Gott sprach durch ihn. Das war ein Gedanke, der damals unablässig im gesamten Reich verbreitet wurde. Diese Vorstellung hatte sich schon im bayerischen Herzogtum ausgebildet. Bereits unter Heinrich dem Zänker war der Anspruch erwachsen, dass alle Großen, geistliche wie weltliche, dem Herzog zu gehorchen hätten. In der „Anordnung" („Constitutio"), die auf einem herzoglichen Hoftag in der Pfalz Ranshofen um 990 erlassen wurde, ist dies nachdrücklich zum Ausdruck gebracht worden (Kap. II).[20] Der Abt von Niederalteich, Godehard, schrieb 1001/02 seinem Freisinger Bischof, er könne in den Regeln des hl. Benedikt nichts finden, was der Gehorsamspflicht gegenüber dem Herzog entgegenstünde.[21] In der Zeit Heinrichs II. als König breitete sich diese Grundhaltung über das gesamte Reich aus. Der Gedanke des Gehorsams gegenüber dem Herrscher wurde von den Bischöfen und Äbten immer wieder verkündet.[22] Dabei verwies man auf das berühmte Pauluszitat (Röm 13, 1–2), in dem es heißt: Niemand dürfe gegen das Gebot des Herrschenden handeln, denn sonst würde die Ordnung Gottes verletzt.[23] Dies bedeutete, dass jeder, der sich der Königsgewalt widersetzt, sich gegen Gott selbst versündige. Heinrich II. machte sich diesen biblischen Grundsatz zu Eigen. Deshalb, so formulierte es der wichtigste Chronist dieser Zeit, Thietmar von Merseburg, „demütigte er jeden, der gegen ihn aufstand, und zwang alle, ihm mit gebeugtem Nacken Ehre zu erweisen"[24].

Diese Grundhaltung dürfte in dem zweiten Herrscherbild zum Ausdruck kommen, das im Regensburger Sakramentar dargestellt ist (Kat.-Nr. 112, Abb. 31 fol. 11ᵛ). Es handelt sich um das Thronbild Heinrichs II.[25] Hier sitzt er majestätisch auf dem Thron, in vollem Herrscherornat unter einem Baldachin, die schützende Hand Gottes über seinem gekrönten Haupt. Auf seiner rechten Seite hält ein Waffen-

16 Weinfurter, Anspruch.

17 Adalbold, Vita, cap. [6], S. 52.

18 Hehl, Willigis.

19 Vita Mathildis, S. 42 f., S. 145 f.

20 MGH LL 3, S. 484 f.; Weinfurter, Zentralisierung, S. 253 ff.

21 Froumund, Tegernseer Briefsammlung, S. 62: „Huiusmodi prohibitionem oboeditionis in regulari conscriptum viṭe Benedicṭinẹ non inveni, quamvis sepe sepius hinc inde detrita sit pre manibus nostris."

22 Weinfurter, Heinrich II., S. 84 f.; ein weiteres Beispiel liefert Wolfher in seiner Vita Godehardi in der Vorrede; Wolfher, Vita Godehardi, S. 168: Abt Ratmund von Niederalteich (1027–1048), der Schüler und Neffe Godehards, habe sich häufig auf jenen Vers berufen: „illum videlicet intentans sepe versiculum, quia qui potestati resistit, Dei ordinationi resistit" (Wer der Gewalt widersteht, widersteht Gottes Ordnung).

23 Affeldt, Paulus-Exegese.

24 Thietmar, Chronik (Holtzmann), lib. IV, cap. 54, S. 194.

25 Kuder, Ottonen, S. 198 f.

3 Bulle „Renovatio regni Francorum" (Kat.-Nr. 59)

26 Mütherich/Gaehde, Karolingische Buchmalerei, Taf. 37.
27 Weinfurter, Heinrich II., S. 79 ff.
28 MGH D HII. 99 vom 7. Juli 1005.
29 Keller, Herrscherbild.

träger das Schwert. Der Waffenträger auf der linken Seite ist mit der Heiligen Lanze und dem Schild versehen. Eingerahmt wird die Szene von vier allegorischen Figuren, die Füllhörner präsentieren. Wir wissen, dass ein karolingisches Herrscherbild dafür als Vorlage Verwendung fand, nämlich das Karls des Kahlen aus dem Codex Aureus, der damals in St. Emmeram aufbewahrt wurde.[26] Dass man gerade dieses Bild nachahmte, hat gewiss seinen Sinn. Man wollte damit wohl die Vorstellung bildlich umsetzen, Heinrich II. würde mit Macht und Durchsetzungskraft herrschen wie ein Karolinger. Auf diesen Zusammenhang dürfte auch die berühmte Devise hinweisen, die Heinrich II. auf einigen seiner Bleibullen verwenden ließ (Abb. 3). Diese Devise lautet: „Renovatio regni Francorum". Damit war nicht gemeint „Erneuerung des Reichs der Franken", man muss vielmehr übersetzen: „Wiederherstellung der Königsherrschaft der Franken".[27] Wie ein Karolinger wollte er herrschen: kraftvoll und herrschaftsbetont, Gehorsam fordernd und pflichtbewusst. Ganz in diesem Sinne ist auch die Inschrift dieses Bildes gehalten. Sie rühmt Heinrich II., dessen Herrscherbefehl unzählige Völker folgten, nachdem die „Gebiete des Erdkreises" unterworfen seien: „Ecce triumphatis terrarum partibus orbis/Innumerae gentes dominantia iussa gerentes." Und schließlich heißt es: „Nam ditione tua sunt omnia iura subacta" (Denn deiner Gewalt sind alle Rechte untertan).

Das Reich als Haus Gottes — Dieser König, darüber muss man sich im Klaren sein, verkörperte eigentlich nicht das Reich, sondern den Willen Gottes. Wie einst Moses, so sah auch er sich beauftragt und verpflichtet, stets dafür Sorge zu tragen, dass die Gebote Gottes zur Grundlage und zum Inhalt des Lebens aller Menschen seines Volkes würden. In einer seiner Urkunden heißt es in diesem Sinne: „Im reich gefüllten Haus Gottes, so ist uns bewusst, sind wir die obersten Verwalter. Wenn wir die Verwaltung getreu ausführen, werden wir selig werden und, indem wir in die Freuden des Herrn eingehen, dessen Güter besitzen. Wenn wir aber untreu sind, dann werden wir in die Folterkammer hinabgestoßen und bis zum letzten Glied gefoltert werden."[28] Hier erscheint sein Reich als „domus dei", als „Haus Gottes", das er als Verwalter Gottes zu betreuen hatte. Göttliche Ordnung und weltliche Ordnung bildeten in dieser Vorstellung eine innige Einheit. Die Welt, so könnte man sagen, war noch nicht „entzaubert". Sie war noch nicht zerlegt in rational definierte Funktions- und Ordnungsbereiche. Ganz im Gegenteil: Diese Zeit spiegelt den Höhepunkt einer ganzheitlichen Weltordnung wider, wie dies so niemals wiederkehren sollte.

Diese Weltidee, dieses Ordnungsmodell, ist die Ursache, weshalb wir heute einen so erstaunlichen Reichtum an liturgischen Geräten, Gewändern, Elfenbeintafeln und Büchern aus dieser Zeit antreffen. Kostbarste Stücke, Kelche, Elfenbeine und Gewänder werden unter den Schätzen des Bamberger Diözesanmuseums und der Bayerischen Staatsbibliothek, vor allem in Bamberg und in München, gehütet. Sie sind Ausdruck der engen Verwobenheit von gesellschaftlicher und liturgischer Ordnung. Nicht nur im Umfeld des Königshofes, sondern auch auf Anordnung der Reichsbischöfe entstanden zahlreiche prachtvolle, gold- und elfenbeinverzierte Sakramentare und Codices mit den klösterlichen und kanonikalen Lebensordnungen, allesamt mit großem Aufwand hergestellt und ausgeschmückt.

Auch die Herrscherbilder Heinrichs II. in den liturgischen Büchern gehörten zu dieser ganzheitlichen Gesellschaftsordnung. Sie waren keineswegs, wie man vielleicht annehmen könnte, für propagandistische Zwecke gedacht. Vielmehr ging es um die Selbstvergewisserung des Stellvertreters Gottes auf Erden.[29] An der Nahtstelle von irdischer und göttlicher Sphäre, bei der Vergegenwärtigung Gottes in der heiligen Messe, war der Herrscher durch diese Bilder in engster Nähe zu Gott präsent. Solche Bilder – das zu betonen scheint mir wichtig – reflektieren nicht nur die Herrschaftsordnung dieser Zeit, sondern waren selbst Bestandteile dieser Ordnung.

Heinrich II. schöpfte das Vorbild für seine Herrschaft ganz aus dem Alten Testament. Wie das auserwählte Volk Gottes war auch sein Volk dadurch bestimmt, dass es die Gebote Gottes befolgte. Heinrich II. scheint der Meinung gewesen zu sein, dass dies in seinen Tagen ganz besonders erforderlich sei. Wir erfahren von Wolfher in der Godehardvita, Heinrich II. sei davon überzeugt gewesen, er befinde sich „am Ende der Zeiten" („fines seculorum").[30] Am Ende der Zeiten aber, das wusste man aus der Schrift „Vom Gottesstaat" („De civitate dei") des Kirchenvaters Augustinus, wenn das Endgericht bevorstünde, müsse man die Gesetze des Gottesknechts Moses besonders sorgfältig beachten. „Nicht umsonst", so hatte Augustinus einst hinzugefügt, „sagt der Herr zu den Juden: ,Wenn ihr Moses glaubtet, so glaubtet ihr mir, denn er hat von mir geschrieben'."[31]

Man kann mit einiger Sicherheit davon ausgehen, dass Heinrich II. und seiner Umgebung diese Texte und Gedanken geläufig waren.[32] Um die Jahrtausendwende, vielleicht auf Anordnung Heinrichs II. hin, entstand die berühmte Bamberger Apokalypse, aus der das Bild vom Jüngsten Gericht Gottes stammt (Abb. 4).[33] Die Apokalypse berichtet von den sieben Siegeln und den sieben Posaunen, vom Kampf des Satans gegen das Volk Gottes, vom Gericht und schließlich von der neuen Welt Gottes. Niemals zuvor gab es im fränkisch-deutschen Reich ein solches Buch. Auch im Perikopenbuch Heinrichs II. ist ein Endgerichtsbild aufgenommen (Abb. 5), das ganz ähnlich aufgebaut ist.[34] Es ist ein Weltgerichtsbild, wie es seit langem nicht mehr dargestellt worden war. Das Perikopenbuch zählt gewiss zu den wertvollsten Büchern, die das Mittelalter geschaffen hat. Das Jüngste Gericht zeigt oben in der Mitte den Sohn Gottes, der als Weltenrichter erscheint. Engel (ganz oben) und Apostel huldigen ihm. In seiner Rechten hält er ein großes gelbes Kreuz aus dicken Balken, das eschatologische Zeichen des Menschensohnes. Darunter zeigen zwei Engel die Schriftrollen, auf denen die Guten und die Bösen eingetragen sind, und verkünden das Urteil: Denen, die Gutes getan haben und die zur Rechten des Richters stehen, das Leben, denen aber, die Böses vollbracht haben, zu seiner Linken, die Ver-

30 Wolfher, Vita Godehardi, cap. 11, S. 176; vgl. dazu Fried, Aufstieg, S. 203f., Anm. 46.
31 Augustinus, De civitate Dei, lib. 20, cap. 28 und 29.
32 Für die Mainzer Domschule ließ Erzbischof Willigis das Werk „De civitate Dei" eigens anfertigen, wie dies in der noch heute vorhandenen Handschrift vermerkt ist: Gotha, Forschungsbibliothek Mbr. I. 58, fol. 16[v]: „Hos praesul summus nec honore minore colendus / Willisus theca conscribi iussit in ista ..." (MGH Poetae latini 5, S. 390f.); vgl. Hoffmann, Buchkunst, S. 237f.
33 Zur Bamberger Apokalypse vgl. AK Das Buch mit 7 Siegeln.
34 Klein, Weltgerichtsbild; zur Entstehung vgl. Ott, Regi nostro.

4 Bamberger Apokalypse: Weltgerichtsbild (Kat.-Nr. 122)

5 Perikopenbuch Heinrichs II.: Weltgerichtsbild (Kat.-Nr. 75)

35 Dazu Fried, Endzeiterwartung; Schneidmüller, Jahrtausendwende.

36 Weinfurter, Heinrich II., S. 90.

37 Gesta episcoporum, S. 88.

38 Buddensieg, Basler Altartafel; Wollasch, Bemerkungen; Suckale-Redlefsen, Goldene Altartafel, S. 293 ff.

39 MGH Poetae latini 5, S. 365: „Quis sicut Hel Fortis Medicus Soter Benedictus / Prospice terrigenas clemens mediator usias.“ „Hel“ ist nach Isidor von Sevilla der erste Name für Gott, und Michael ist: „Qui sicut Deus“. Hierzu und zu den anderen Erzengeln vgl. Isidori Hispalensis episcopi etymologiarum sive originum libri XX, lib. VII, 1, 3; lib. VII, 2, 7; 5, 10–13.

40 Staab, Verehrung.

41 Weinfurter, Heinrich II., S. 252.

42 Suckale-Redlefsen, Buchmalerei, S. 180, S. 197.

dammnis. Diese müssen in den Abgrund der Hölle. Zwei nackte Dämonen zerren sie mit einer Kette und einem Haken bereits weg. In der rechten Bildecke liegt der gefesselte Infernus, die Personifikation des Todes oder des Hades.

Mit dieser gesteigerten Naherwartung des Gottesgerichts[35] darf man auch in Zusammenhang bringen, dass Heinrich II. seine Verehrung auf ganz bestimmte Heilige richtete.[36]

Dazu zählte der Erzengel Michael, der Anführer der himmlischen Heerscharen, der beim Jüngsten Gericht die Bösen von den Guten absondern und in den Abgrund stoßen wird. Auf ihn und seine Mitstreiter Gabriel und Raphael war 992 (16. Oktober) schon im Westwerk des Halberstädter Doms von Erzbischof Willigis von Mainz der höchstgelegene Altar geweiht worden.[37] 1015 widmete ihm Heinrich II. das Kloster Michelsberg in Bamberg. Nicht weniger bedeutsam ist, dass Michael, neben Maria und dem hl. Georg, im neuen Bamberger Dom einen Altar geweiht erhielt. Immerhin entstand mit dem Bamberger Dom, von Heinrich II. 1007 gegründet, das neue religiöse Zentrum seines Königtums. Und noch ein weiteres herausragendes Denkmal dieser Verbindung zu Michael hat sich erhalten: Mitsamt den Erzengeln Raphael und Gabriel wurde er, vermutlich auf Anordnung Heinrichs II., auf der berühmten Altartafel von Basel, dem Basler Antependium, dargestellt (Kat.-Nr. 11).[38] Dieser Altarvorsatz aus Gold, der sich heute in Paris befindet, war von Heinrich II. der Domkirche von Basel gestiftet worden. In der Mitte ist Christus dargestellt. Zu seinen Füßen kauern als ganz kleine und demutsvolle Gestalten Heinrich II. und seine Gemahlin Kunigunde. Eingerahmt wird diese Gruppe von den Erzengeln Michael, Gabriel und Raphael und, ganz links stehend, auch vom hl. Benedikt von Nursia, dem Vater des abendländischen Mönchtums. Die Inschrift lautet: „Wer ist wie Gott, stark, ein Arzt, ein Heiland, ein Gepriesener? Sorge, gütiger Mittler [Christus], für die irdischen Wesen.“[39] Wenn die Guten und die Bösen gerichtet werden – so bringt diese Darstellung zum Ausdruck –, mögen sich Christus und seine Begleiter erbarmen und dem Kaiserpaar am Ende der Zeiten Hilfe und Fürbitte zuteil werden lassen.

Auch der hl. Stephan fand Heinrichs besondere Aufmerksamkeit. Stephan, der erste Märtyrer, wies den Weg zum ewigen Leben. Schon Erzbischof Willigis hatte diesen durch die Errichtung eines eigenen Stifts St. Stephan in Mainz verehrt.[40] Nun entstand auch in Bamberg ein Stift zu seinen Ehren. Dessen Bedeutung lässt sich nicht zuletzt daran ablesen, dass es 1020 von Papst Benedikt VIII. persönlich geweiht wurde. Vielleicht noch wichtiger war, dass im Bamberger Dom der Kreuzaltar im Mittelschiff nicht nur, wie es üblich war, zu Ehren des Heiligen Kreuzes, sondern auch des hl. Stephan geweiht wurde. Unweit davon, ganz in der Nähe des Erzmärtyrers, ließ Heinrich II. seine Grablege vorbereiten. In Stephans Schutz wollte er dem Jüngsten Gericht entgegensehen.

Ebenfalls mit Bamberg verbunden ist Heinrichs Verehrung der hl. Maria. Die prächtige Kapelle, die schon im 10. Jahrhundert in der Bamberger Königsburg eingerichtet war, hat – wie dann auch der Dom – mit ziemlicher Sicherheit das Marien-Patrozinium getragen.[41] Ihr, der Mutter des himmlischen Königs, vertraute sich der irdische König in besonderer Weise an, wie sich aus bildlichen und schriftlichen Zeugnissen belegen lässt. Das von ihm in Auftrag gegebene Evangelistar, das vermutlich im Kloster Seeon entstanden ist (Kat.-Nr. 113), muss hier an erster Stelle genannt werden (Abb. 6).[42] Die Abbildung zeigt Heinrich II., bezeichnet als „Heinricus rex pius“, wie er das Buch der hl. Maria überreicht. Maria wird als „Sancta Maria Theotokos“ bezeichnet, als heilige Gottesmutter, als Mutter des Himmelskönigs. Damit wird ihre Bedeutung auch für den irdischen König herausgestellt.

Schließlich ist noch der heilige Mönchsvater Benedikt von Nursia zu nennen. Auch ihn ließ Heinrich II. auf dem Basler Antependium darstellen. Benedikt hatte mit seiner Mönchsregel die Anweisungen für ein Heil bringendes Leben erteilt. Seine Regel suchte Heinrich schon in seiner Zeit als Herzog in den bayerischen Klöstern durchzusetzen. Als König verfolgte er dieses Ziel weiter und setzte alles daran, sie in den Klöstern des Reichs zu verwirklichen: in Tegernsee, Hersfeld, auf der Reichenau, in Fulda, Corvey, Lorsch und anderen. Die Reform des Mönchtums war ihm ein großes Anliegen.[43] 1022 griff er sogar in Montecassino, dem Kloster Benedikts, ein und zwang den Konvent zum Gehorsam. Das Vorbild für die monastische Welt seines Reichs musste sich seinen Anordnungen fügen.

6 Evangelistar: Heinrich II. und hl. Maria (Kat.-Nr. 113)

Heinrich II. bezog sein Königtum – ganz in alttestamentarischer Tradition – auf das ihm von Gott anvertraute Volk. Das Kaisertum spielte, wie bei den Königen des Alten Testaments, dafür anfangs keine Rolle. Sein Reich verstand er als „Haus Gottes", das er mit seiner Autorität und der Umsetzung der göttlichen Gebote möglichst vollständig zu durchdringen suchte. In seiner eigenen Person machte er die Königsautorität im gesamten Reich präsent (Abb. 7). Er war der Erste, der sogleich nach Herrschaftsbeginn einen weit gespannten „Reichsumritt" unternahm[44], um mit seiner Gegenwart die Reichweite seiner königlichen Autorität zu umschreiben. 1003 schloss er einen „Kirchenumritt" daran an, um sich die Institutionen Gottes in besonderer Weise zu verpflichten.[45]

Freunde und Feinde — Neben seine persönliche Präsenz stellte Heinrich II. eine Elite erstklassig ausgebildeter Mitarbeiter.[46] Nachdem er die Königswürde erreicht hatte, ging er sofort daran, ehemalige Gefährten und Freunde aus der bayerischen Herzogzeit in Reichsämter und auf Bischofsstühle zu bringen. Am Ende waren alle drei rheinischen Erzbischofsstühle, also die von Köln (Erzbischof Pilgrim, 1021–1036), Mainz (Erzbischof Aribo, 1021–1031) und Trier (Erzbischof Poppo, 1015–1047), von Bayern besetzt. Im Erzbistum Magdeburg setzte er mit Tagino (1004–1012) einen seiner engsten Mitarbeiter aus Regensburger Zeiten als Erzbischof ein.[47] Auch in der Königskanzlei, in der die Urkunden des Herrschers geschrieben und die Rechtsgeschäfte vorbereitet wurden, und in der persönlichen Umgebung treffen wir immer wieder auf alte Weggefährten aus der bayerischen Zeit.[48] Sie kannten Heinrichs Ziele und seine Vorstellungen und waren stets bereit sie mitzutragen. Auch Sachsen sind vereinzelt anzutreffen, wenige Franken und Lothringer und überhaupt keine Schwaben. Ansonsten, wie gesagt, hauptsächlich Bayern, sodass man geradezu von einer „Bajuwarisierung" des Reichs sprechen möchte.[49] So hat das auch ein Dichter dieser Zeit gesehen, Bischof Leo von Vercelli. Er verfasste zum Herrschaftsauftakt Heinrichs II. ein Gedicht, in dem es heißt: „Bayern jubelt im Triumph, das tapfere Franken muss dienen, nach niedergeworfener Untreue muss Schwaben den Hals beugen, die Hand reicht Lothringen, auch Thüringen ist treu, das kriegserfahrene Sachsen eilt herbei, um sich zu unterwerfen."[50]

Im Großen und Ganzen lenkte Heinrich II. das Haus Gottes, also das Reich, vorwiegend mithilfe der Bischöfe. Politische wie kirchliche Angelegenheiten wurden im Grunde nicht unterschieden und gleichermaßen auf Synoden verhandelt.[51] Das Kirchenrecht wurde durch Bischof Burchard von Worms erstmals zu einem um-

43 Seibert, Herrscher.
44 Schmidt, Königsumritt.
45 Thangmar, Vita Bernwardi, cap. 40, S. 775: „Anno incarnationis Domini millesimo tercio rex orationis causa episcopia et abbatias, sancta videlicet loca, circumiens, ubi servi Dei vel ancillae religiosius in divino servitio excubabant, ut se regnumque divinitus illi collatum illorum precibus tueretur ...“; Weinfurter, Heinrich II., S. 127 f.
46 Thangmar, Vita Bernwardi, Kapitel 7, 8 und 9.
47 Claude, Magdeburg.
48 Weinfurter, Heinrich II., S. 110 ff.
49 Weinfurter, Kaiser Heinrich II.
50 Leo, Versus, S. 482.
51 Weinfurter, Heinrich II., S. 127 ff.

7 Huldigungsumritt
Heinrichs II.
Entwurf: Sabine Berger,
Ebersberg

52 Burchard, Decret; vgl.
Hartmann, Burchards Dekret.
53 Hartmann, Bemerkungen.
54 Märtl, Bamberger Schulen.
55 MGH Poetae latini 5,2,
S. 397 f.

fassenden, normativ wirkenden Rechtskorpus zusammengefügt.[52] Sein „Dekretum"
bildete die Grundlage nicht nur für die Kirche, sondern für das Volk Gottes grundsätzlich. Tendenzen zur Vereinheitlichung in Rechtsfragen – etwa im Hinblick auf
das Problem der Nahehe[53] – und zur rechtlichen Verbindlichkeit wurden damit gesteigert. Das Reich erhielt Impulse zur inneren Festigung.

Gebetsbünde, an denen insbesondere die Geistlichkeit beteiligt wurde, sollten
die Führungselite zusammenbinden. Diese geistliche Elite hatte den Auftrag, neben
der politischen und rechtlichen Stärkung der Kirche vor allem die Wissenskultur zu
fördern. Das Schul- und Wissenschaftssystem von Bamberg, das sich an Hildesheim
und Lüttich orientierte, wurde Vorbild für andere Domschulen.[54] Gerhard von Seeon feierte Bamberg in seinem Preisgedicht (Kat.-Nr. 69) als Bücherstadt. Bamberg sei
eine zweite „Sepher Cariath", vergleichbar also mit der biblischen Bücherstadt in
Kanaan. Der Stoa sei dieses Zentrum der Bildung und Wissenschaften nicht unterlegen, Athen werde sogar übertroffen.[55]

Als 1034 Kaiser Konrad II., wohl auf der Grundlage eines Diploms Heinrichs II.
selbst, der Bamberger Bischofskirche ihre Besitzungen bestätigte, nannte er neben
Feldern, Wiesen und Wäldern, neben Gold, Silber und sonstigen Schätzen auch die

„libri", die Bücher.[56] Diese Formulierung fällt gänzlich aus dem üblichen Rahmen und verdankt sich zweifellos der Bedeutung der Bamberger Bibliothek. Die Breite der Wissensgebiete, die durch die heute noch vorhandenen Bücher bestätigt wird, ist beeindruckend: Neben Väterschriften, Sakramentaren, Gradualien, theologischen und philosophischen Schriften und Klosterregeln gab es mathematisch-naturwissenschaftliche Texte, historische Sammelhandschriften, eine komplette Sammlung, so möchte man fast sagen, der klassischen Autoren und Rechtstexte wie die Institutionen des Justinian, die Collectio Dionysio-Hadriana oder das Dekret des Burchard von Worms. Auch wenn nicht alle Dom- und Klosterschulen die Qualität von Bamberg erreichten, so ist doch zu erkennen, dass zur herrschaftlichen und religiösen Durchdringung des Reichs eine geistig-wissenschaftliche Intensivierung hinzutrat.[57] Man kann geradezu von einem Bildungs- und Wissenschaftsschub sprechen, der für das Deutsche Reich über Generationen hinweg richtungweisend wurde.

Mit einer Reihe der weltlichen Großen befand sich Heinrich II. dagegen in einem ständigen Konflikt.[58] Seine rigorose Handlungsweise, sein geradezu eiferndes Vorgehen gegen adlige Nahehen hat bei den führenden Familien – vor allem im Westen des Reichs, aber auch in Sachsen – erheblichen Widerstand hervorgerufen. Schon zu Beginn seiner Herrschaft warf er den Markgrafen des bayerischen Nordgaus, Heinrich von Schweinfurt, unter Einsatz seines ganzen Machtpotenzials zu Boden.[59] Er ließ dessen Burgen niederreißen und belegte ihn mit einer immensen Kirchenbuße, die dieser unter strenger Bewachung im Kerker der Burg Giebichenstein über ein Jahr lang zu verrichten hatte. In weiten Kreisen des Adels und sogar unter den Bischöfen war man jedoch der Meinung, der Markgraf habe berechtigte Ursache gehabt sich gegen den König zu erheben.[60] Ihm sei das Herzogtum Bayern versprochen worden, aber der neue König habe ihn ständig vertröstet. Das harte Vorgehen Heinrichs II. schien nicht wenigen unangemessen zu sein.

Auch in anderen Fällen missachtete Heinrich II. die Regeln adliger Konfliktführung. Er traf Entscheidungen, die nur unter großem Murren hingenommen wurden. Es entstand sogar das Wort vom „Gewaltherrscher", vom „invasor regni", und heimlich erhob man den Vorwurf, „der Gesalbte des Herrn tue Sünde", weil er dem Volk nicht Gerechtigkeit widerfahren lasse.[61] Es kam zu jahrelangen Konflikten mit den pfalzgräflichen Ezzonen, den Grafen von Luxemburg, dem sächsischen Herzogshaus der Billunger oder dem konradinischen Grafen Otto von Hammerstein. Gegen den Hammersteiner und seine Gemahlin Irmingard wütete Heinrich II. viele Jahre lang, weil er die Trennung ihrer Ehe, die er als unzulässige Nahehe ansah, erzwingen wollte. Irmingard vor allem war es, die ihm und dem Mainzer Erzbischof Aribo zähen Widerstand leistete und sogar beim Papst Unterstützung fand.[62] Sie dachte gar nicht daran, dem Scheidungsspruch zu folgen, und konnte in der Tat am Ende ihren Willen durchsetzen.

Es waren vor allem die Adligen im Westen des Reichs, die Heinrich II. suspekt waren. Diese Leute im Westen, so brachte der Chronist Thietmar von Merseburg die Meinung aus der Umgebung des Herrschers zum Ausdruck, würden sich ganz allgemein nicht nach dem Zügel der Gerechtigkeit richten, den Gott dem König in die Hand gelegt habe. Sie würden ihre Fehler mit ihren körperlichen Kräften, durch Tricks oder mit ihrer Sprachgewandtheit verteidigen und sich nicht um das kommende Gericht Gottes kümmern.[63] Gehorsam, wie dies in Bayern schon vom Herzog gefordert wurde, schien man von diesen Menschen nicht leicht erwarten zu können.

56 MGH D KO II. 206.
57 Staub, Domschulen; Hoffmann, Buchkunst.
58 Althoff, Otto III. und Heinrich II.; Weinfurter, Heinrich II., S. 186 ff.
59 Weinfurter, Heinrich II., S. 186–193.
60 Thietmar, Chronik (Holtzmann), lib. V, cap. 32, S. 256.
61 Fundatio mon. Brunwilarensis, cap. 12, S. 165; Thietmar, Chronik (Holtzmann), lib. VII, cap. 8, S. 406: „omnes populi mussant et christum Domini peccare occulte clamant."
62 Koch, Irmgard.
63 Thietmar, Chronik (Holtzmann), lib. VI, cap. 48, S. 335: „vicia sua aut viribus corporis aut arte aut eloquencia defendere nituntur, quia de futuro iudicio nil sollicitantur."

8   Der Sternenmantel
Heinrichs II.
(Kat.-Nr. 203)

64   Zum Vorgang der
Kaiserkrönung Heinrichs II. vgl.
Schreiner, Sakrale Herrschaft.
65   Thietmar, Chronik (Holtzmann), lib. VII, cap. 1, S. 398:
„priorem autem coronam ...“.
66   Brunhofer, Arduin.
67   Sackur, Schreiben, S. 734:
„Heinrico Augusto maximo
divo ... prudentissime regum
et clarissime cesarum.“
68   Baumgärtel-Fleischmann,
Sternenmantel, S. 121.

Die Zierde Europas —
Heinrichs II. Herrschaftskonzeption veränderte
sich bis zu einem gewissen
Grad, als er 1014 zur
Kaiserwürde gelangte. Am
14. Februar, einem Sonntag,
wurde er vom römischen Klerus und Volk feierlich eingeholt.[64] An der Spitze der Prozession schritt Papst Benedikt VIII.
(1012–1024), der Heinrich II. einen
Globus aus Gold, Zeichen der künftigen kaiserlichen „Weltherrschaft“, überreichte. Zusammen mit Kunigunde begab
sich Heinrich II. zur Peterskirche, begleitet von
zwölf Senatoren, von denen sechs rasiert waren,
die anderen sechs aber wallende Bärte trugen. Der
Papst führte ihn in die Kirche und salbte und krönte ihn
und Kunigunde zu Kaiser und Kaiserin. Bei dieser Gelegenheit, so
heißt es, habe Heinrich II. seine „frühere Krone“ wie eine Opfergabe
über dem Altar des hl. Petrus aufhängen lassen.[65] Er weihte sie dem Apostelfürsten, der ihn zur neuen Kaiserkrone geleitet hatte.

Die Kaiserkrone führte dazu, dass er seinen Widersacher in Italien, König Arduin
(1002–1015)[66], endgültig ausschalten konnte. Die Krone Italiens wurde gleichsam
in das Kaisertum eingeschmolzen. Die Bischofskirchen in Italien sahen sich gestärkt,
und die Mönche von Cluny, die sich lange dem italischen König angeschlossen
hatten, fügten sich dem neuen Kaiser. Abt Odilo von Cluny (994–1049) sah sich
veranlasst, kurz nach dem Krönungsakt einen Brief an den „größten und göttlichen
Augustus“ zu richten und ihn als den „klügsten der Könige und strahlendsten
Kaiser“ anzureden.[67]

Vor allem aber öffnete sich seit der Kaiserkrönung sein herrscherliches Selbstverständnis dem christlichen Europa. Heinrich II. schickte sich an, zum „decus
Europae“ zu werden, zur Zierde und zum Glanz Europas, wie es auf dem Saum des
berühmten Sternenmantels eingestickt ist (Abb. 8). Diesen Mantel ließ ein mächti-
ger Bürger von Bari namens Melus oder Ismahel eigens für Heinrich II. anfertigen,
um ihn diesem 1020 in Bamberg zu überreichen. Dies geht aus der Aufschrift auf
dem rechten Saum hervor: „Pax Ismaheli qui hoc ordinavit“ (Frieden dem Ismahel,
der dieses Werk in Auftrag gab). Das gesamte Himmelsfirmament mit allen Sternzeichen, die mit Umschriften versehen sind, ist mit Goldfäden kunstvoll auf den
Mantel gestickt. Ganz am unteren Saum ist eine umlaufende Inschrift in zwei
Hexametern eingearbeitet, die folgenden Wortlaut hat: „O decus Europe, cesar
Heinrice, beare, augeat imperium tibi rex, qui regnat in evum“ (Oh Zierde Europas,
Kaiser Heinrich, selig bist du, deine Herrschaft mehre dir der König, der herrscht in
alle Ewigkeit“).[68] Wer diesen Mantel trug, der musste als Herr des Kosmos
erscheinen. Für Heinrich II. war er bestimmt, ob er ihn jemals trug, ist zweifelhaft.
Viel wahrscheinlicher ist, dass er ihn sogleich an seine Bamberger Domkirche weiter-
gab, denn er ließ eine Aufschrift anbringen mit den Worten: „Superne usye sit gra-
tum hoc cesaris donum“ (Dem höchsten Wesen sei dieses Geschenk des Kaisers ge-
nehm). Diese Gabe kann man wohl als symbolischen Akt ansehen, denn mit dem

Mantel legte er sein ganzes Kaisertum in die Hand Christi, gleichsam treuhänderisch verwaltet von der Bamberger Kirche.

Sein Volk war für den Kaiser Heinrich II. nicht mehr auf sein Königreich beschränkt, sondern es umfasste jetzt die gesamte Christenheit. Diese suchte er in Zusammenarbeit mit Papst Benedikt VIII. (1012–1024), zeitweise auch mit König Robert II. von Frankreich (996–1031), zu lenken.[69] Rom allerdings überließ er, anders als sein Vorgänger Otto III., dem Papst. Auch dafür gibt es bezeichnende Darstellungen wie die Kaiserbulle, die in den Mauern Roms den hl. Petrus zeigt (Abb. 9). Anstelle der Roma ist der Apostelfürst abgebildet. Er, so wurde damit zum Ausdruck gebracht, sei der Herr über Rom, und dies wurde vom neuen Kaiser ausdrücklich anerkannt. Heinrichs II. Kaisertum könnte man aus diesem Grund geradezu als „Petruskaisertum" bezeichnen. Von nun an verband der Apostelfürst in seiner Person die beiden Hauptorte von Heinrichs Herrschaft: Bamberg und Rom. Im Krönungsbild des kostbaren Perikopenbuchs Heinrichs II. könnte sich diese Idee niedergeschlagen haben (Abb. 10).[70] Hier ist dargestellt, wie Heinrich II. und seine Frau Kunigunde von Petrus und Paulus zur Krönung durch Christus geführt werden. Das deutet darauf hin, dass die Kaiserkrönung gemeint war, denn bei der Königskrönung spielten die Apostelfürsten eigentlich keine Rolle. Unter den huldigenden Figuren auf der unteren Bildebene ragt eine Frau mit einer Mauerkrone heraus. Auch sie könnte als Bezug auf Rom zu verstehen sein, ebenso der Lorbeerkranz und die Weltkugel, die in der Antike als Attribut kaiserlicher Autorität angesehen wurde.

Heinrichs II. Engagement in Italien brachte ihn unweigerlich in Konflikt mit dem byzantinischen Reich. Kaiser Basileios II. (976–1025) richtete in diesen Jahren seine Kräfte darauf, in Süditalien wieder die byzantinische Präsenz zur Geltung zu bringen. Systematisch ließ er das Verwaltungssystem des Katepans, des byzantinischen Statthalters in „Italia", ausbauen.[71] Die Stadtfestung Troia wurde ein Vorposten im nördlichen Apulien. Papst Benedikt VIII. schloss sich dem apulischen Widerstand an, doch im Oktober erlitt man eine vernichtende Niederlage bei Canne. Melus (Ismahel), der Anführer des apulischen Aufstands, flüchtete Ende 1018 an den Hof Heinrichs II. Im März/April 1020 zog dann der Papst persönlich über die Alpen nach Bamberg, dem „neuen Rom", um dort den Kaiser für Hilfe zu gewinnen. Im Kreis der päpstlichen Begleiter ist auch Melus wieder zu finden. Es war ein großartiges Schauspiel, als das Zusammentreffen der höchsten Gewalten der westlichen Kirche in Bamberg vor der politischen und geistlichen Elite des Reichs inszeniert wurde.

Heinrich II. konnte die Unterstützung nicht verweigern. Im Herbst 1021 brach er mit seinem Heer in Richtung Süden auf, am 6. Dezember hatte man Verona erreicht. Dann stießen italische Bischöfe mit ihren Kontingenten zu ihm, und in drei Abteilungen zog man weiter, brachte die langobardischen Fürsten zur Unterwerfung und sammelte sich schließlich vor der byzantinischen Festung Troia. Nach langer Belagerung konnte sie im Juni 1022 eingenommen werden. Manches deutet darauf hin, dass im Zusammenhang mit dem Strafgericht, das nun folgte, Fragen aufgeworfen wurden, wie sich der Kaiser als gerechter Richter zu verhalten habe.

Solche Diskussionen und Überlegungen könnten sich in einem Herrscherbild niedergeschlagen haben, das in einem – im Kloster St. Emmeram (Regensburg) angefertigten – Evangeliar überliefert ist (Kat.-Nr. 115). Die Handschrift gelangte an das Kloster Montecassino und befindet sich heute in der Vatikanischen Bibliothek. Das Herrscherbild ist aus vier äußeren und einem mittleren Medaillon zusammengesetzt und fügt sich zu einer kreuzförmigen Vierpass-Komposition. Der Herrscher im mittleren Medaillon ist ganz in byzantinischer Ikonografie gehalten. Das Bild-

9 Kaiserbulle Heinrichs II.: Petrus in den Mauern Roms (Kat.-Nr. 77)

69 Weinfurter, Heinrich II., S. 227 ff.
70 Ott, Regi nostro.
71 Von Falkenhausen, Untersuchungen, S. 51 ff.; Lounghis, Byzantinische Ideologie.

programm bezieht sich auf das gerechte Urteil des Herrschers, der in seiner Entscheidung von den vier Herrschertugenden der Iustitia (Gerechtigkeit), Pietas (Frömmigkeit), Sapientia (Weisheit) und Prudentia (Klugheit) geleitet sein sollte. Vom Urteil des Herrschers, so besagt das Bild, sei wiederum der Henker abhängig, der von der Hinrichtungsszene aus im unteren Medaillon emporblickt. Die Inschrift im mittleren Medaillon bezeichnet den dargestellten Herrscher nur als „Heinricus" – welchen dieses Namens, bleibt offen. In der Forschung ist mit guten – paläografischen und konzeptionellen – Gründen erwogen worden, ob damit nicht Kaiser Heinrich III. (1039–1056) gemeint gewesen sein könnte.[72] Die Überlieferung im Kloster Montecassino selbst sowie ikonografische Überlegungen deuten allerdings eher auf Heinrich II. hin. Die Frage ist schwer zu entscheiden, und Vorsicht bei Schlussfolgerungen ist angebracht.

Abgesehen von der Eroberung Troias und der Neuordnung des Klosters Montecassino brachte der Italienzug für Kaiser und Papst letztlich keinen Erfolg. Der byzantinische Katepan wich einer Entscheidungsschlacht geschickt aus, und das Heer des Kaisers erlitt auf dem Rückmarsch durch Krankheiten gewaltige Verluste. Rasch musste sich Heinrich II. zurückziehen, und der byzantinische Kaiser sah die Gelegenheit greifbar nahe, Süditalien seinem Imperium fest einzugliedern. Nur sein Tod 1025 hat dieses Unterfangen kurze Zeit später verhindert.

Weit mehr als auf Italien hat Heinrich II. seinen Blick auf den Osten gerichtet. Zu Ungarn bestanden von Beginn an enge Verbindungen. Seine Schwester Gisela († 1060) war noch vor dem Jahr 1000 die Gemahlin Stephans von Ungarn († 1038) geworden und vermittelte den Austausch kultureller und religiöser Impulse. Die

Orientierung des ungarischen Königshauses am Hof Heinrichs II. manifestiert sich nicht zuletzt darin, dass er seinen beiden Söhnen „ottonische" Namen gab: Otto, der früh verstarb, und Emmerich (Heinrich), der 1031 ums Leben kam.

Gegen den polnischen Herzog Boleslaw Chrobry (992–1025) dagegen führte Heinrich II. jahrelang einen erbitterten Krieg.[73] Die Ursachen dafür waren vielfältig.[74] Aus der Zeit als bayerischer Herzog brachte Heinrich II. die enge Koalition mit den böhmischen Herzögen, die von jeher gegen Polen gerichtet war, mit in die Königsebene. Aber es ging ihm auch darum, den polnischen Herzog unter seine gottunmittelbare Autorität zu beugen. Der Polenfürst seinerseits entwickelte offenbar eine ganz ähnliche Konzeption wie Heinrich II. Auch er sah sich als Lenker eines von Gott auserwählten Volkes – schon der Name Polen, „Land", das gleichsam einem „auserwählten Volk" zusteht, deutet darauf hin.[75] Auch er hat daraus das Selbstverständnis entwickelt, die Autorität des himmlischen Königs für sich beanspruchen zu können. Am Ende, nach vielen, meist misslungenen Kriegszügen, hat Heinrich 1018 resigniert. Es kam zum Friedensschluss von Bautzen, der für Heinrich II. so demütigend gewesen sein muss, dass er sich gar nicht persönlich daran beteiligte. Im Grunde war damit die Gleichrangigkeit Polens anerkannt worden. Polen etablierte sich als neues Reich. Überhaupt begann Europa um das Jahr 1000 sein Gesicht auszuformen. Die Reiche in Dänemark, Polen, Böhmen, Ungarn, Kiew und natürlich in Frankreich entwickelten deutlichere Konturen. Letztlich trifft dies auch für das Reich Heinrichs II. selbst zu, das damals begann ein deutsches Reich zu werden und im Rahmen des christlichen Europa in eine Binnenstellung einzurücken.

Trotz der neuen kaiserlichen Dimension blieb Heinrichs Grundlage in Bayern bestehen. Zwar hat er hier seinen Schwager Heinrich, den Bruder seiner Frau Kunigunde, als Herzog (Heinrich V., 1004–1009 und 1017–1026) eingesetzt. Aber Kunigunde war in Bayern reich begütert, verfügte über Herzogsgüter, Forste und Pfalzen, darunter Altötting.[76] Sie, die aus dem Haus der Grafen von Luxemburg stammte, war seine treue und zuverlässige Mitstreiterin, seine „unverzichtbare Gefährtin".[77] Der führende bayerische Adel, allen voran die Welfen, die Kühbacher und die Aribonen, wie auch Bischof Egilbert von Freising achteten ihre Autorität.[78] Sie blieb für sie offenbar stets die Herzogin, ihr Bruder erscheint fast wie eine Randfigur. Ein ganzes Netzwerk von personalen Beziehungen wurde von ihr gesteuert. Auch das welfische Haus verband sich politisch und verwandtschaftlich mit Kunigunde. Von Schwaben und Bayern aus übernahm Welf II. die Kontrolle der wichtigsten Alpenpässe für den Kaiser.

Nachkommen waren dem Kaiserpaar nicht vergönnt. Das hat man später in Bamberg damit begründet, dass die beiden eine heiligmäßige Josephsehe geführt hätten. Die Heiligsprechung Heinrichs II. 1146/47 konnte darauf aufgebaut werden.[79] Heinrich II. selbst überliefert uns allerdings ein anderes Bild. In einigen seiner Urkunden, die sich auf die Ausstattung Kunigundes beziehen, nennt er sie seine geliebteste Gattin, „mit der wir in göttlicher Verbindung ein Fleisch sind".[80] Was dies bedeutet, dürfte ihm nicht verborgen gewesen sein. Dennoch blieb die Ehe unfruchtbar, woran es auch gelegen haben mag. So gab es keinen Sohn, der das Herrscheramt Heinrichs II. hätte fortsetzen können, das seine Wurzeln und seinen Schwerpunkt in Bayern hatte und in seiner Konzeption aus bayerischen Traditionen schöpfte. Mit seinem Tod am 13. Juli 1024 floss sein Königtum zurück zu Gott, der es ihm verliehen hatte. „Bayerns Triumph", das erste Königtum, das aus Bayern hervorgegangen war, das im fränkischen Bamberg seine kirchlich-liturgische Verankerung einrichtete und schließlich zum „Glanz Europas" aufstieg, erlosch. Es sollte über 300 Jahre dauern, bis mit Ludwig dem Bayern ein neuer Anlauf erfolgte.

73 Weinfurter, Neue Kriege.
74 Görich, Wende.
75 Fried, Hl. Adalbert.
76 Störmer, Kaiser Heinrich II.
77 Jäschke, Gefährtinnen; Baumgärtner, Kunigunde.
78 Weinfurter, Heinrich II., S. 103 ff.
79 Guth, Die Heiligen; Guth, Heinrich II.
80 MGH DD HII. 375, 411.

Bernd Schneidmüller

Die einzigartig geliebte Stadt – Heinrich II. und Bamberg

1 Böhmer / Graff, Regesta Imperii 2,4, Nr. 2963a; von Guttenberg, Regesten, Nr. 180; Ehlers, Magdeburg; die maßgebliche Biografie zum Thema stammt von Weinfurter, Heinrich II.; vgl. S. 13 ff. in diesem Band.
2 Seibert, Herrscher.
3 Hehl, Merseburg; zu Thietmar vgl. Lippelt, Thietmar.
4 Thietmar, Chronik (Holtzmann), VI 30, S. 310.

Am 13. Juli 1024 starb Heinrich II. in der sächsischen Pfalz Grone (heute Göttingen), im Land seiner Väter. Doch allen musste klar sein, dass nur eine einzige Bischofskirche im Reich die sterblichen Überreste des Kaisers aufnehmen konnte.[1] Bamberg hatte die besondere Gunst des verstorbenen Herrschers erfahren. Gewiss nur ein wichtiges Zentrum unter anderen in einem Reich ohne Hauptstadt, vom Hof seltener als Merseburg aufgesucht, eine Großbaustelle am östlichen Rand der fränkischen Welt – und doch ausgezeichnet durch beständige herrscherliche Förderung, welche die ottonische Königsburg an der Regnitz in den Kreis der vornehmen Bischofskirchen erhob. Die Etablierung Bambergs im Jahr 1007 wurde zum letzten Gründungsakt eines Bistums im ottonisch-salischen Reich. Der ungeheure Aufwand, den Heinrich II. dafür betrieb, offenbarte die Grenzen königlicher Beweglichkeit innerhalb einer Reichskirche, die politisch wie rechtlich Stabilität und Eigendynamik gewonnen hatte. Dass der König als Gesalbter des Herrn noch einmal die Entscheidungsfindung in seinem Sinn zu lenken verstand, markiert einen Höhepunkt im Ordnungsgefüge sakraler Herrschaft.

Aufgrund seiner Herrschaftsrechte hatte Heinrich wiederholt in Besitz und Verfassung seiner Klöster und Stifte eingegriffen und dabei selbst traditionsreiche Institute verschenkt.[2] Auch die Diözesanordnung Deutschlands und Reichsitaliens erfuhr damals letzte Korrekturen durch sein Handeln: 1004 verschaffte er dem Kirchenrecht Geltung, als er die Aufhebung des Bistums Merseburg rückgängig machte. Bischof Thietmar von Merseburg, vom König 1009 ins Amt gebracht, dankte seinem Gönner die fromme Tat in einer Chronik, die zur wichtigsten Quelle der Zeit wurde.[3] 1014 war der Kaiser an der Umwandlung des Klosters Bobbio in ein Bistum beteiligt. Aber die gänzliche Neugründung und die splendide Ausstattung des Bistums Bamberg erforderten ungleich größere Anstrengungen. Sie lassen in einer Zeit, die sich so häufig der historischen Motivsuche verschließt, sogar politische Konzepte und individuelle Befindlichkeiten aufscheinen.

Thietmar weiß zu berichten, dass Heinrich von Kindesbeinen an Bamberg in einzigartiger Weise liebte und den Platz seiner Gemahlin Kunigunde bei der Hochzeit als Witwengut zuwies. Zum König geworden, plante er dort zunächst heimlich, dann offen die Einrichtung eines Bistums.[4] Den Zeitgenossen wie den Nachgeborenen galt er als der eigentliche Gründer und Ausstatter, auch wenn das Kirchenrecht der Zeit längst den Päpsten und Synoden konstituierende Funktionen zugeschrieben hatte. Sie alle wusste der König in seinem Sinn zu lenken, begierig nach himmlischem Ruhm für seine irdischen Taten. Erinnerung wollte er durch sein Handeln schaffen, die Pflege seines Andenkens wie einen Ort der Fürbitte für das Seelenheil

11 Ersterwähnung Bambergs
bei Regino von Prüm
(Kat.-Nr. 46)

des Stifterpaars. Heinrich und Kunigunde, kinderlos geblieben, setzten Gott zum Erben ein und wiesen ihr irdisches Gut dem Bistum Bamberg zu. Ganz folgerichtig fand der Kaiser hier seine letzte Ruhestätte, inmitten der Kathedrale. Sie stand in der Tradition der Grablegen von Quedlinburg (Heinrich I., 919–936) oder Magdeburg (Otto der Große, 936–973) und wies auf die Memorialpflege der Salier in Speyer (1024–1125) hin.[5]

Eine Bamberger Sammlung des 12. Jahrhunderts überliefert Heinrichs Grabschrift: „Im Jahr der göttlichen Fleischwerdung 1024, in der fünften Indiktion, am 13. Juli ging Heinrich, der christlichste Kaiser der Römer, glücklich zu Christus ein, im 24. Jahr seines Königtums, im 11. des Kaisertums, im 52. Lebensjahr, Gründer und Förderer dieser Bamberger Kirche, als diesem Sitz der erste Bischof Eberhard im 17. Jahr vorstand." Bis heute erhält sich die vornehme Erinnerung des „Elogium sepulcrale", dass Heinrich II. all seinen Besitz Gott übertrug und die Bamberger Kirche durch mannigfache Gaben ausstattete, um dort – mit der Fürsprache des hl. Petrus als dem Hauptpatron des Doms – das Ende der Welt zu erwarten.[6]

Auch wenn sich uns Herz und Seele des mittelalterlichen Herrschers verschließen, lohnen sich Gedanken über die erstaunlichen Frömmigkeitsleistungen, die Heinrich II. und Kunigunde der Bamberger Kirchenlandschaft des frühen 11. Jahrhunderts erbrachten. In fünf Abschnitten begegnen uns ein Ort der Niederlagen, ein neues Bistum aus der Mitte des Mittelalters, der Schmuck der ganzen Welt in der splendiden Ausstattung, die Stadt als Kirchenlandschaft und Repräsentationsraum sowie die Konstruktionen mittelalterlicher Erinnerung.

Der Ort der Niederlagen — Am verkehrsgünstig gelegenen Zusammenfluss von Main und Regnitz lassen sich alte archäologische Siedlungsspuren ausmachen. Schon in der Mitte des 8. Jahrhunderts wiesen die Karolinger den Ort Hallstadt (nördlich von Bamberg) dem neu gegründeten Bistum Würzburg zu. Zusammen mit Forchheim bildete Hallstadt im Diedenhofener Kapitular Karls des Großen 805 eine Etappenstation des fränkischen Slawenhandels und markierte den östlichen Grenzsaum des fränkischen Großreichs. In spätkarolingischer Zeit stieg die Region an der Grenze von Franken und Bayern zur königlichen Zentrallandschaft auf. 900 und 911 wurden in der Königspfalz Forchheim Ludwig (das Kind) und Konrad I. zu Königen des ostfränkischen Reichs gewählt.[7] Trotz seiner günstigen Lage am Ostrand des Steigerwalds trat Bamberg erst 902 in die schriftliche Überlieferung ein. Solcher Verspätung suchte man neuerdings abzuhelfen, da eine Notiz der Vita s. Bilhildis schon eine Ersterwähnung um 718 bietet.[8] Doch die genaue Überlieferung der Vita bleibt ungeklärt, und ihr Wortlaut erwächst aus dem Raumbewusstsein im spät-, nicht im frühmittelalterlichen Franken. Ihn darf man als gesichertes Zeugnis für Bamberg als Zentralort frühmittelalterlicher Herzöge wohl ebenso wenig heranziehen wie zeitgleiche Meldungen von der trojanischen Herkunft deutscher

5 Zu Quedlinburg: Reuling, Quedlinburg; Ehlers, Heinrich I.; zu Magdeburg: AK Otto der Große; zu Speyer: Weinfurter, Herrschaft; Ehlers, Metropolis Germaniae.
6 Jaffé, Monumenta Bambergensia, S. 34.
7 Diedenhofener Kapitular: MGH Cap. 1, S. 122–126; zu Forchheim: Kupfer, Forchheim; Ammon, Entwicklung.
8 Wagner, Hedene; Wagner, Erstnennung.

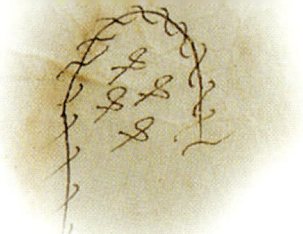

9 Regino, Chronik, a. 902, S. 149; a. 906, S. 151f.; vgl. Althoff, Verformungen; Althoff, Wetterau.
10 Von Guttenberg, Regesten, Nr. 5/6; zum archäologischen Befund: Sage, Heinrichsdom.

Stadtgründer. Eine exakte quellenkritische Einordnung der Vita wurde bislang nicht ernsthaft vorgenommen. Bambergs Eintritt in die Geschichte der Zeit um 718 bleibt darum ungefähr so wahrscheinlich oder unwahrscheinlich wie die mittelalterlich behauptete Stadtgründung Magdeburgs durch Julius Caesar. Beide Traditionen lebten aus der mittelalterlichen Freude am Assoziieren und Historisieren. Eine kritische Geschichtswissenschaft will das heute nicht mehr mit seriösen Ersterwähnungen verwechseln.

Erstmals wird Bamberg als Burg 902 im Zusammenhang mit der so genannten „Babenberger Fehde" genannt (Kat.-Nr. 46). Ihr Ausgang prägte das Schicksal des Orts ein Jahrhundert lang: Der zeitgenössische Chronist Regino berichtet im Schlussteil seiner bis 906 reichenden Weltchronik (Abb. 11) ausführlich von den blutigen Auseinandersetzungen, die das Reich des letzten karolingischen Königs Ludwig (das Kind) erschütterten. Zwei mächtige, im Königsdienst aufgestiegene Adelssippen, erst später als Babenberger (nach der namengebenden Burg) und Konradiner (nach dem Leitnamen) bezeichnet, kämpften damals um die Vorherrschaft in Franken. Dieses Bemühen fügt sich in die Durchsetzung führender Familien ein, die in den ersten Jahrzehnten des 10. Jahrhunderts im ostfränkischen Reich die Vorherrschaft anstrebten und die Etablierung von Herzogtümern in Franken, Bayern, Alemannien/Schwaben, Sachsen und Lothringen einleiteten.

902 brach Adalbert mit seinen Brüdern Adalhard und Heinrich aus der Burg Bamberg („ex castro, quod Babenberh dicitur") gegen die (konradinischen) Brüder Eberhard, Gebhard und Rudolf auf. Adalhard, Heinrich und Eberhard kamen schon im ersten Kriegsjahr zu Tode. 906 fand das Ringen sein tragisches Ende. Zunächst schlug Adalbert die Konradiner im Hessischen vernichtend. Mit Beute beladen zog er nach Bamberg zurück. Jetzt belagerte der König den Grafen in seiner Burg Theres (am Main). Als dieser sich dem Herrscher auslieferte, wurde er nicht in erhoffter Gnade aufgenommen, sondern zum Tode verurteilt und am 9. September 906 hingerichtet. Dieses grausige Ende des „Babenbergers" entsprach nicht dem Repertoire zeittypischer Konfliktbeilegung und fand darum in der spärlichen Überlieferung des frühen 10. Jahrhunderts ein breites Echo. Die Besitzungen Adalberts im östlichen Franken fielen an das königliche Fiskalgut oder wurden an Anhänger vergeben.[9] Damals gelangte Bamberg, für die Sieger die Festung des Aufrührers, wohl an das Königtum. Fünf Jahre später ernteten die Konradiner die Früchte ihres Siegs, als 911 Konrad I. zum ersten nichtkarolingischen König im ostfränkischen Reich gewählt wurde. Über den Besitz des geschlagenen Gegners breitete sich für mehr als ein halbes Jahrhundert Schweigen aus.

964 wurde Bamberg erneut zur Heimstatt eines Verlierers. Otto der Große, der 962 in Rom das Kaisertum des Westens erneuerte, sandte seinen italischen Widersacher Berengar mit seiner Gemahlin Willa nach Bamberg ins Exil. Der Platz am östlichen Ende ottonischer Zivilisation galt dem Kaiser als sicherer Verwahrungsort. Die Burg („castellum") war nicht bescheiden bemessen, denn immerhin wurde Berengar in einem Vorgängerbau des späteren Doms 966 mit königlichen Ehren beigesetzt.[10]

Die Burg trat nach dem Tod Ottos des Großen nochmals hervor. Sein gleichnamiger Sohn und Amtsnachfolger suchte 973 den Ausgleich mit der jüngeren Nachkommenlinie des Dynastiegründers Heinrich I. (919–936). Dass Ottos des Großen Bruder Heinrich bei der Nachfolgeregelung 936 leer ausgegangen war, verstieß gegen das überkommene königliche Erbrecht und führte zu jahrelangen Verwerfungen in der Königsfamilie. Otto I. stattete seinen jüngeren Bruder Heinrich 948 schließlich mit dem Herzogtum Bayern aus. Doch bei jedem Tod eines Ottonen

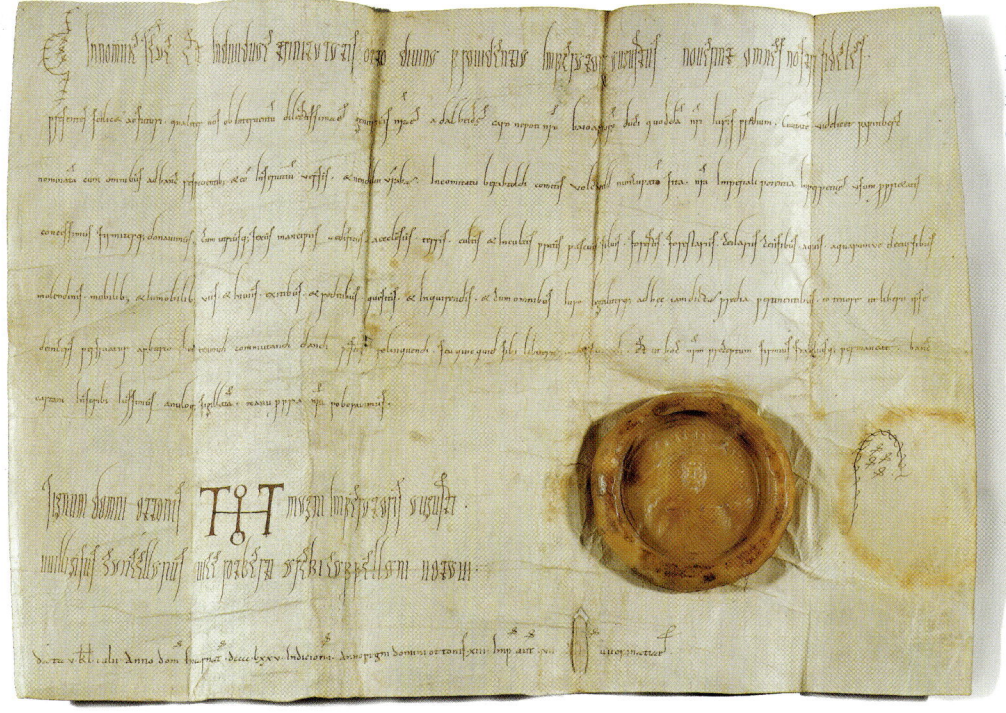

12 Schenkungsurkunde
Kaiser Ottos II.
für Heinrich den Zänker
(Kat.-Nr. 47)

– Otto I. 973, Otto II. 983, Otto III. 1002 – griff die bayerische Heinrichslinie nach
dem Thron und forderte ihr altes, legitimes Recht nachdrücklich ein. Dabei half es
wenig, dass Otto II. am 27. Juni 973 seinem Vetter, Herzog Heinrich II. „dem Zänker" von Bayern, zum Ausgleich die ottonische Königsburg Bamberg und den Ort
Stegaurach mit allem Zubehör schenkte (Abb. 12).[11] Schon bald empörte sich „der
Zänker" sowohl gegen seinen Vetter wie später gegen dessen gleichnamigen Sohn.
Nur mit Glück behaupteten die Ottonen im letzten Viertel des 10. Jahrhunderts ihr
exklusives Königtum in einem ungeteilten Reich.[12]

Seit 973 gehörten Bamberg und Stegaurach „dem Zänker", und nach seinem
Tod 995 seinem Sohn, Herzog Heinrich (IV.) von Bayern. Die Geschichte hatte sie
im Kampf um die Krone zu Verlierern gemacht, zwar stolz und königsgleich, aber
dennoch leer ausgegangen.[13] Bamberg, das wertvolle Unterpfand in Ostfranken,
wies der neue Bayernherzog bei der Hochzeit seiner jungen Gemahlin Kunigunde als
Witwengut zu. Er handelte wie die königlichen ottonischen Verwandten, die ihre
Frauen von 929 bis 972 mit den berühmtesten Königspfalzen in Sachsen ausstatte-
ten.[14] Als Herzog Heinrich von Bayern nach dem unverhofften Tod Kaiser Ottos III.
im Januar 1002 mühsam das Königtum an sich brachte, wendete sich auch das
Schicksal Bambergs. Ausgerechnet an den Platz der Verlierer, ausgerechnet an das
Witwengut seiner Gemahlin hatte Heinrich II. sein Herz verloren. 1002 durch den
Wandel des Glücks wieder zum königlichen Ort geworden, verbanden sich mit der
Burg an der Regnitz bald hochfliegende Pläne.

Das Bistum aus der Mitte des Mittelalters — Vom 8. bis zum 10. Jahrhundert entstand die kirchliche Ordnung im Land östlich des Rheins. Bei der Etablierung von
Erzbistümern und Bistümern zur Mission von Sachsen und Slawen traten Karl der
Große und Otto der Große hervor. Kirchengründungen und kaiserlicher Rang verbanden sich damals. Wie schwierig die Veränderung oder Fortentwicklung gefes-
tigter Strukturen der Reichskirche waren, erfuhren die Ottonen nur zu bald. Für
die Neuordnung im Land östlich der Elbe, insbesondere für die Einrichtung des Erz-

11 MGH DD 2,1, Nr. 44.
12 Erkens, Opposition;
Althoff, Zur Frage.
13 Zur bayerischen Heinrichslinie: Weinfurter, Heinrich II.,
S. 14 ff.
14 Fößel, Königin im mittelalterlichen Reich; zur dos
Kunigundes: von Guttenberg,
Regesten, Nr. 11.

15 Urkundenausstellung in
Bamberg: Böhmer / Graff,
Regesta Imperii 2,4, Nr. 1491
und 1492; Karte des
Huldigungs- und des Kirchen-
umritts: Weinfurter, Heinrich II.,
S. 54, S. 128.
16 MGH DD 3, Nr. 3.
17 Weinfurter, Zentralisierung.
18 Exemplarisch: Althoff,
Fakten; Fried, Schreiben;
Borgolte, Selbstverständnis;
Erkens, Mirabilia mundi.

bistums Magdeburg, musste Otto der Große unendliche Mühen aufwenden und hinhaltende Widerstände des Erzbischofs von Mainz und des Bischofs von Halberstadt überwinden. Um Magdeburg aus dem Halberstadter Sprengel und aus der Kirchenprovinz Mainz herauszulösen, bedurfte es nämlich der Zustimmung der Geschädigten. Erst als der Mainzer und der Halberstädter 968 starben, setzte der Kaiser seinen mit dem Papsttum sorgfältig vorbereiteten Plan zur Einrichtung des Magdeburger Erzbistums durch. Fünf Jahre später fand der Stifter sein Grab in der neuen Kathedrale.

Heinrich II. musste also wissen, worauf er sich bei der Beförderung Bambergs einließ. Das neue Bistum an der Regnitz entstand 1007 im Land des Würzburger Bischofs und wurde 1016 um nördliche Teile der Diözese Eichstätt vermehrt. Dass der König allen Widerständen zum Trotz rasch ans Ziel gelangte, verdankte er seiner immensen Hartnäckigkeit und Schlauheit. Sein Taktieren trug ihm die Kritik von Zeitgenossen wie Nachgeborenen ein, aber auch die dauerhafte Anhänglichkeit Bambergs. Welche Motive steuerten den gewaltigen Kraftakt von 1007 und die rastlose Sorge für die Neugründung? Die Antwort auf diese Frage fällt nicht leicht, weil uns im Abstand eines Jahrtausends eindeutige Rückschlüsse von den Fakten auf die Konzepte kaum gelingen wollen. Planen und Handeln Heinrichs II. und Kunigundes erschließen sich trotz der verhältnismäßig günstigen Quellenüberlieferung nur schwer, weil die spätere Memoria die Anfänge mit Sinn auflud. Wir tun gut daran, die zeitgenössischen Begründungen ernst zu nehmen und gleichwohl das Geschehen aus einem komplexen Motivbündel zu deuten.

Die emotionale Zuneigung Heinrichs zu Bamberg, aus der Thietmar die Ungeheuerlichkeit der königlichen Anstrengungen erklärt, ist zuvorderst in Rechnung zu stellen. In der Tat lag die Notwendigkeit einer Bistumsgründung keineswegs in der Luft. Die Slawenmission im östlichen Teil der Diözese Würzburg hätte auch durch vermehrte Anstrengungen der Mainmetropole bewerkstelligt werden können. In den weiteren Osten konnte das neue Bistum ohnehin nicht ausgreifen, weil dort der nordöstliche Zipfel der Diözese Regensburg den Weg ins Slawenland verstellte. Dass ein Jahrhundert später – unter anderen Umständen – Bischof Otto I. von Bamberg das Land der heidnischen Pommern missionieren würde, ergab sich aus den frühen Entfaltungswegen des Regnitzbistums nicht.

Schon bei seinem ersten langen Umritt durch das Reich hatte Heinrich II. Bamberg aufgesucht und hier am 10. und 13. Juli 1002 Urkunden ausgestellt. Dann zog er über Thüringen nach Merseburg, um die wichtige Huldigung der sächsischen Großen entgegenzunehmen. Bamberg fehlte auch nicht im Kirchenumritt des Jahrs 1003 von Aachen nach Regensburg.[15] Die frühen Urkunden des ersten Regierungsjahrs deuten indes noch nicht auf die Beförderung eines neuen Zentrums am oberen Main; der König übertrug damals Forchheim, Erlangen, Eggolsheim und weitere Güter an das Stift Haug in Würzburg.[16] Für den Kampf um die Krone benötigte der angefochtene König 1002/03 alle Parteigänger. Darum band er Bischof Heinrich I. von Würzburg und Markgraf Heinrich von Schweinfurt, die wichtigsten Machtträger im östlichen Franken, durch Gunsterweise und Versprechungen an sich.

Bald nach seiner Durchsetzung 1003 ließ Heinrich II. eine erstaunliche Zähigkeit im Handeln erkennen, die auf eine „Zentralisierung der Herrschaftsgewalt im Reich" zielte.[17] In der historischen Forschung wird diskutiert, ob wir im Abstand eines Jahrtausends überhaupt noch längerfristige Konzepte mittelalterlicher Herrscher erkennen können oder ob wir der Vergangenheit nicht eher moderne Rationalitäten überstülpen.[18] Der Zugewinn an Handlungsspielräumen Heinrichs II. und der Austausch königsnaher Gruppen lassen freilich Deutungen seiner Ziele durchaus zu.

Methodische Vorsicht ist notwendig zur Erklärung eines Konflikts, der das Land am oberen Main 1003 erschütterte; er wurde vielfach als Vorbedingung der Bamberger Bistumsgründung betrachtet. Am 8. September 1003, dem programmatisch gewählten Festtag von Mariä Geburt[19], feierte Heinrich II. in Bamberg mit seinem Heer einen großen Sieg über den Markgrafen Heinrich (Hezilo) von Schweinfurt. Der treue Gefolgsmann des ersten Jahres hatte sich vom König als Lohn die bayerische Herzogswürde erhofft, ging aber schließlich bei der Vergabe an den Bruder der Königin Kunigunde leer aus. Verbündet mit Herzog Boleslaw Chrobry von Polen und mit Brun, dem Bruder des Königs, trat der Geprellte in eine blutige Fehde mit dem Herrscher ein. Sie rückte das Land zwischen Schweinfurt, Kronach, Ammerthal (westlich von Amberg) und Creußen ins Zentrum der Reichspolitik.[20] Heinrich II. verwüstete das Land des Schweinfurters, der nach Böhmen floh.

Die Beute ließe sich – so mutmaßte man – als materielle Grundlage für Bamberg nutzen. Doch das neue Bistum entstand weder auf Schweinfurter Besitz noch als bloßes Gegengewicht gegen die adlige Familie.[21] Thietmars Meldung, dass der König das Eigentum des Schweinfurters „als Lehen" („cum beneficio") verteilte, muss mit Vorsicht gelesen werden.[22] Die zeitgenössischen Formen der Konfliktbeilegung bewahrten dem Besiegten wie seiner Mutter Eila durchaus ihre Würde und, nach der Unterwerfung 1004, auch die Freiheit in den Eigengütern.[23] Immerhin unterstrich der Konflikt von 1003 die Wichtigkeit des Raums für den neuen König. Immer wieder kam Heinrich II. bei den beständigen Reisen durchs Reich in das Land am oberen Main. Auf den Zügen von den alten bayerischen Orten in die ererbten sächsischen Königsgüter bildete Bamberg eine wichtige Brücke. 15 Königsaufenthalte im neuen Zentrum (in den Jahren 1002, 1003, 1007, 1010, 1011, 1012, 1013, 1014, 1016, 1017, 1020, 1021, 1022, 1023, 1024) sind gesichert, fünf weitere erschlossen. Ähnlich oft suchte der Herrscher Magdeburg auf. Nur in Merseburg hielt er sich mit mindestens 26 Besuchen noch häufiger auf.[24] Die drei Schwerpunkte in den östlichen Grenzregionen des Reichs erwuchsen nicht allein aus mentalen Vorlieben. Wiederholte Feldzüge nach Polen und Böhmen zwischen 1003 und 1018[25] machten Ostsachsen und Ostfranken zwangsläufig zu Aufmarschgebieten königlicher Heere. Wenn auch die königlichen Reisewege dem Bamberger Raum neue Bedeutung zumaßen, so vermögen sie die gewaltige Konzentration der Kräfte noch nicht allein zu erklären. Dem modernen, vom pragmatischen Nutzen gespeisten Politikverständnis sind mittelalterliche geistliche Deutungskonzepte an die Seite zu rücken. Bei der Interpretation der Ereignisse von 1007 wollen darum auch die Erklärungen der Quellen mitreden.

Hochfliegende Absichten zeichneten sich ab, als Heinrich II. zwischen 1002 und 1007 in der Babenburg anstelle der ottonischen Kirche einen doppelchörigen Neubau mit zwei Krypten ausführen ließ. Die Ausmaße des Gotteshauses lassen das ehrgeizige Vorhaben erahnen[26], das der König 1007 in Szene setzte. Auch das Datum der ersten Güterzuweisungen war programmatisch gewählt: Am 6. Mai 1007, seinem Geburtstag (Abb. 13), übertrug Heinrich II. der Bamberger Kirche in zwei Urkunden Besitz im Gau Volkfeld und das seit der Karolingerzeit bezeugte Gut Hallstadt im Radenzgau; zu Ehren der Gottesmutter Maria und des Apostelfürsten Petrus war sie damals schon erbaut und geweiht. Als Zweck der Schenkungen begegnet der Auftrag zum Gedächtnis des königlichen Seelenheils wie dem des Vaters und der Vorväter.

Viele ähnliche Passagen zur frommen Absicht folgten in den nächsten Jahren: In Bamberg sollte ewiglich das Gedenken an Heinrich II. und seine Gemahlin Kunigunde, an den Amtsvorgänger Otto III. und an die Vorfahren aus der bayerischen

19 Hehl, Maria.
20 Böhmer/Graff, Regesta Imperii 2,4, Nr. 1547a–f.
21 So von Guttenberg, Territorienbildung; vgl. Endres, Rolle; kritische Diskussion bei Hoffmann, Mönchskönig, S. 97f.
22 Thietmar, Chronik (Holtzmann), V 38, S. 264.
23 Althoff, Otto III. und Heinrich II.
24 Die Belege bei Hoffmann, Mönchskönig, S. 98ff., S. 104f.
25 Vgl. Görich, Wende.
26 Sage, Ergebnisse der Ausgrabungen.

27 Borgolte, Stiftungs-
urkunden; Schneidmüller,
Otto III. – Heinrich II.
28 Borgolte, König als Stifter.
29 Thietmar, Chronik (Holtzmann), VI 30, S. 310.
30 Unterschiedliche
Forschungspositionen bei
Schneidmüller, Neues.

Heinrichslinie bewahrt werden.[27] Hier trat der Stifter als treuer Sachwalter der Erinnerungsverpflichtungen gegenüber sich und seiner Familie auf.

Das Seelgedächtnis Kaiser Ottos III. wurde in Bamberg mit der Zeit vergessen; aber der Auftrag ist deutlich: Heinrich II. vertraute die Memoria an zwei letzte Herrscher ohne Nachkommen seiner Kirche an. Die Institution als legitimer Erbe übernahm die Aufgabe von Kindern, das elterliche Andenken zu pflegen. Auch wenn der König mit seinem einstigen Lehnsherrn Kaiser Otto III. nicht eben nah verwandt war, hatte er seiner Umgebung demonstriert, wie er als Amtsnachfolger an Kindes statt der Memoria des Vorgängers nachkam. Eine solche Inszenierung monarchischer Erinnerung ließ den geistlichen Erben ihre Pflichten deutlich werden. Eine anonyme Welt mag die mittelalterliche Angst vor dem Vergessenwerden seltsam anmuten. Aus vergangener Mentalität kann der Kampf um das Gedenken als Urgrund des Stiftens[28] dagegen als wichtige Triebfeder herrscherlichen Handelns an Bamberg gelten.

Mit den ersten Güterzuweisungen gingen vertrauliche Verhandlungen mit Bischof Heinrich I. von Würzburg (995–1018) einher. Die Schmälerung seiner Diözese war ihm, dem König bislang eng vertraut, kaum zuzumuten. Er sah den Tausch der Würzburger Diözesanteile im Radenzgau und im Volkfeldgau (zwischen den Flüssen Aurach und Regnitz) gegen 150 Hufen bei Meiningen nur als Zwischenschritt an. Auf der Mainzer Pfingstsynode am 25. Mai 1007 machten König und Bischof ihren Handel unter Zustimmung von vier Erzbischöfen und zwölf Bischöfen öffentlich. Zum Zeichen des Konsenses überreichte der Bischof seinen Bischofsstab an den König. Grund für das Entgegenkommen war, so berichtet Thietmar von Merseburg, die Hoffnung auf Rangerhöhung Würzburgs zum Erzbistum mit Bamberg als neuem Suffragan.[29] Dies hätte freilich eine unerträgliche Schmälerung des Erzbistums Mainz bedeutet, dem schon bei der Einrichtung des Erzbistums Magdeburg 968 empfindliche Einbußen zugemutet worden waren. Erzbischof Willigis von Mainz (975–1011) konnte sich damit kaum abfinden. Schließlich stand er dem vornehmsten Sitz des ostfränkisch-deutschen Reichs vor und hatte dem bedrängten König im Juni 1002 Krönung und Salbung gespendet. So stellt sich die Frage, ob Heinrich II. im Frühjahr 1007 gegensätzliche Erwartungen bewusst in der Schwebe hielt, um die unerlässliche Zustimmung des Erzbischofs von Mainz wie des Bischofs von Würzburg zu erlangen. Die einen feiern das erfolgsgerichtete Verhalten des Königs als kluges Taktieren in der Reichskirche, die anderen kritisieren die listige Täuschung des Würzburgers.[30]

Die Folge der Rechtsakte vom Mai bis zum November 1007 ist in einer vergleichsweise dichten Überlieferung belegt, die in erster Linie aus dem Umkreis des königlichen Hofs stammt und die Widerstände nur erahnen lässt. Das Frankfurter Synodalprotokoll vom 1. November 1007 über die Errichtung des Bistums Bamberg, in der königlichen Kanzlei verfertigt, und der chronikalische Bericht Thietmars von Merseburg ergänzen einander und lassen die treibende Rolle Heinrichs II. hervortreten.

13 Merseburger Totenbuch
und Sakramentar:
Geburtstag Heinrichs II.
(Kat.-Nr. 190)

Mit einem Empfehlungsbrief des Würzburger Bischofs reisten die beiden königlichen Kapelläne Alberich und Ludwig nach Rom, um von Papst Johannes XVIII. die Zustimmung zur Bistumsgründung zu erlangen. Die Autorität des Nachfolgers Petri war im Reich nördlich der Alpen so gefestigt, dass seine alleinige Kompetenz zur Mehrung der Kirche durch ein neues Bistum unbestritten blieb. So darf die im Juni 1007 in Rom ausgestellte Papsturkunde, nach den Anfangsworten des Kontexts als „Officii nostri" zitiert, als das begründende Fundament des Bamberger Bistums gelten.[31] Der erhaltene Text weist indes Probleme auf, die sich aus der Kommunikation des Jahres 1007 wie aus der Überlieferung der Urkunde ergeben. Die Papsturkunde als der wichtigste Urgrund des neues Bistums erhielt sich als nahezu einziges Dokument im sorgsam gehüteten Bamberger Urkundenschatz erstaunlicherweise nicht im Original. Den Text kennen wir nur aus Bamberger Abschriften seit dem 12. Jahrhundert, als das Bistum seine Sonderstellung zur römischen Kirche gezielt auszubauen suchte. Ob spätere Bamberger Hoffnungen in den Wortlaut der ersten Papsturkunde eingeschoben wurden, kann nicht sicher ausgemacht werden.

Die neuere Forschung hat trotz mancher Probleme die grundsätzliche Echtheit des Stücks unterstrichen, bei einzelnen Formulierungen aber durchaus Fragezeichen gesetzt.[32] Der Schreiber lehnte sich offenbar an die verlorene Papsturkunde zur Erneuerung des Bistums Merseburg 1004 an. Bischof und Kanoniker sollten die Memoria des „ersten Erbauers" („primus constructor") und des „Wiederherstellers" („recuperator") gleichermaßen feiern. Erwähnt wurde außerdem die schwere Beeinträchtigung und Vernachlässigung des Bistums.[33] Für das unter Kaiser Otto II. (973–983) eingegangene und von Heinrich II. wiederhergestellte Bistum Merseburg machten solche Worte Sinn, nicht aber für die Bamberger Neugründung. Die enge Verbindung, welche die Stiftungen des Königs im sächsischen Merseburg und im fränkischen Bamberg für die kuriale Kanzlei besaßen, relativiert die oft gepriesene Einzigartigkeit von Heinrichs Handeln an Bamberg und rückt sie in das Ensemble herrscherlicher Fürsorge für die Kirchen des Reichs.

Vom König als dem entscheidenden Initiator weiß die Papsturkunde im getreulichen Protokoll der Vorgeschichte: Heinrich habe das Bistum zu Ehren des Apostelfürsten Petrus durch göttliche Eingebung aus Erbbesitz zum eigenen Seelenheil wie dem seiner Vorfahren gegründet und ihm durch rechtmäßigen Tausch mit Bischof Heinrich von Würzburg den Diözesangrund zugewiesen. Papst Johannes XVIII. bestätigte dem Bistum seinen Besitz und verlieh die Befreiung aus bestehenden rechtlichen Abhängigkeiten (Immunität). Der Bamberger Bischof blieb dem Erzbischof von Mainz untergeordnet, genoss aber den besonderen römischen Schutz („Romanum mundiburdium"). Damit löste sich das Bistum noch nicht aus der Ordnung der Kirchenprovinzen, wie es später in der direkten Unterstellung unter die römische Kirche angestrebt wurde.[34] Aber Heinrich II. hatte die Wege zum besonderen Schutz des hl. Petrus gewiesen, den damals auch andere Institutionen suchten. Herrscherliches Ziel war wohl kaum die Sprengung der Metropolitanverbände in der Reichskirche, sondern eher die Dauerhaftigkeit der Gründung über den Tod des Stifters hinaus. Der apostolische Schirm sollte das neue Bistum aus den Zufälligkeiten des politischen Zugriffs lösen, den Merseburg unter Otto II. erfahren hatte.

Die Unterstellung Bambergs unter den Mainzer Erzbischof trieb Bischof Heinrich I. von Würzburg in die Opposition. Das war deshalb so gefährlich, weil er seinen Amtsbrüdern drastisch vor Augen führte, wie ein eifernder König mit der Kirche umging. Jederzeit könnten herrscherliche Begehrlichkeiten auch die Rechte anderer Bischöfe mit Füßen treten. Die Verunsicherung saß tief. Vier Monate benötigte Heinrich II., um das vom Papst schon bestätigte neue Bistum Bamberg wirk-

31 Zimmermann, Papsturkunden, Nr. 435.
32 Vgl. die Hinweise bei Hoffmann, Mönchskönig, S. 86 ff.
33 Von Guttenberg, Bamberger Handschriften, S. 451 f.; Hoffmann, Mönchskönig, S. 89 f.
34 Von Guttenberg, Bistum Bamberg, Bd. 1, S. 29 ff.; Willoweit, Entstehung; Zimmermann, Gründung.

lich durchzusetzen. Die harten Wege zum Erfolg beschreibt Thietmar, den endlichen Triumph hält ein einzigartiges Pergamentblatt fest.

Am 1. November 1007, an Allerheiligen, trat in Frankfurt am Main eine große Synode von 35 Erzbischöfen und Bischöfen zusammen (Abb. 14). Heinrich von Würzburg fehlte, ließ sich aber durch einen Kapellan vertreten. Nur mit größter Mühe vermochte der König die Beschlussfindung in seinem Sinn zu lenken. Wiederholt musste er zum äußersten Mittel greifen und sich vor der Versammlung zu Boden werfen. Diese einzigartige Demutsgeste ihres gesalbten Herrschers ließ den Kirchenmännern keine andere Wahl: Endlich stimmten sie der Einrichtung des Bistums Bamberg zu. Die Verlesung der Papsturkunde wie den durch ein eigenhändiges Kreuz bekräftigten Konsens der Erzbischöfe und Bischöfe hält ein großformatiges Pergamentblatt fest, das einzige erhaltene Synodalprotokoll aus ottonisch-salischer Zeit. Nur Erzbischof Heribert von Köln, der leibliche Bruder des geprellten Würzburgers, verweigerte sein Handzeichen und trug über der Zeile die Worte „auf Verlangen der Synode" („ad votum sinodi") nach. Die herrscherlichen Motive werden im Protokoll von einem Notar der Königskanzlei ausdrücklich genannt: Der König habe – offenbar im Wissen um seine Kinderlosigkeit – Gott zu seinem Erben ge-

14 Protokoll der Frankfurter Synode über die Gründung des Bistums Bamberg (Kat.-Nr. 65)

wählt und aus väterlichem Besitz das Bistum gegründet, „damit das Heidentum der Slawen zerstört und das Gedächtnis des christlichen Namens dort dauerhaft gefeiert werde"[35].

Über die Notwendigkeit der Mission an Oberem Main und Regnitz ist viel gerätselt worden. In einer Landschaft mit fränkisch-slawischer Mischsiedlung mochte slawisches Heidentum durchaus überdauert haben[36], gleichwohl ergaben sich für das Binnenbistum Bamberg andere Entfaltungsräume als für die Erzdiözese Magdeburg, die ihr Lebensrecht der Slawenmission verdankte. Die Stimmen zweier Zeitgenossen sind indes deutlich genug. Bischof Arnulf von Halberstadt erinnerte in einem Brief an den Würzburger Amtsbruder nach der Bistumsgründung an ein früheres gemeinsames Gespräch auf einem Ritt nach Bamberg; dort habe Bischof Heinrich eingeräumt, die waldige, von Slawen bewohnte Gegend nütze ihm wenig.[37] Vollmundiger verkündete Patriarch Johannes von Aquileia in einem Schreiben an denselben Empfänger das königliche Taufhandeln unter den benachbarten Slawenvölkern als Triumph über den Feind des Menschengeschlechts.[38] Man wird die Missionserfolge, die seit Karl dem Großen und Otto dem Großen entscheidende Wege zur Kaiserkrönung bahnten, nicht gering schätzen. Doch der Eintritt des Bistums Bamberg in die Geschichte resultierte aus einem ganzen Motivbündel: aus der neuen Bedeutung der Landschaft am Oberen Main, aus dem christlichen Herrschaftsverständnis des Königs, aus seinem Plan, ein Modellbistum im Reich zu schaffen, aus seiner Sehnsucht nach Gedächtnis, gewiss auch aus dem Bedürfnis nach einer angemessenen Grablege. Diese brauchte die Vergleiche mit Quedlinburg und Magdeburg nicht zu scheuen und brachte die Individualität des Stifters deutlicher zum Ausdruck als die Sepulturen Ottos II. und Ottos III. in Rom und Aachen. Von Beginn an markierte Bamberg für Heinrich II. „das Testament seines Königtums"[39]. Selbst im entfernten Limoges notierte der Chronist Ademar von Chabannes die Kunde von der Bistumsgründung „in deutschem Land" auf Pergament.[40]

Noch während der Frankfurter Versammlung bestimmte Heinrich II. seinen vertrauten Kanzler Eberhard zum ersten Bischof von Bamberg. Der Mainzer Erzbischof spendete ihm an Ort und Stelle die Bischofsweihe. Dass ausgerechnet der Vorsteher der Reichskanzlei diese Würde erlangte, unterstreicht die großen Hoffnungen, die der König mit der Neugründung verband. Unter dem Datum des 1. Novembers fertigte die Kanzlei zahlreiche feierliche Herrscherdiplome aus, die dem Bistum Bamberg gewaltigen Besitz übertrugen. Dutzende von Pergamenten sollten noch folgen. Sie haben sich zum Großteil als Originale im Staatsarchiv Bamberg erhalten. Ihre Fülle macht die Urkundenschätze älterer Institutionen wett, ihre Memorialformeln schärften der Geistlichkeit an der Regnitz das Gedenken an den Stifter und später seiner Gemahlin, an den Amtsvorgänger und an die Vorfahren ein. Der Gottesmutter Maria, den Aposteln Petrus und Paulus wie dem hl. Georg wurde das neue Bistum geweiht; auch Kilian als der bisherige Diözesanheilige des alten Würzburger Sprengels fehlte nicht.

Erstaunlich blass blieb in jenen frühen Monaten die Rolle Kunigundes. Sie, die selbstverständlichen

35 MGH DD 3, Nr. 143; neue Transkription und Übersetzung bei Schneidmüller, Gründung.
36 Endres, Slawenmotiv; Losert, Keramik.
37 Jaffé, Monumenta Bambergensia, S. 477.
38 Jaffé, Monumenta Bambergensia, S. 30 f.; vgl. Hoffmann, Mönchskönig, S. 93 f.
39 Weinfurter, Heinrich II., S. 261.
40 Ademar, Chronik, III 37, S. 159.

15 Pontifikale: Herrscher zwischen zwei Bischöfen (Kat.-Nr. 117)

41 Pflefka, Kunigunde; Fößel, Königin im politischen Aus; Schneidmüller, Kaiserin.
42 Sigebert, Chronik, a. 1004, S. 354.
43 Thietmar, Chronik (Holtzmann), VI 31, S. 312.
44 Weinfurter, Geschichte, cap. 25, S. 54 f.

Anteil an Heinrichs Herrschaft besaß und in Bamberg besondere Verehrung fand, trat ausgerechnet im Gründungsjahr 1007 zurück.[41]

Aus späterer Zeit hat sich die Notiz erhalten, Kunigundes Bruder hätte sich aus Groll über den Verlust des bei der Hochzeit zugesicherten Witwenguts gegen Heinrich II. empört.[42] In der Tat ließ sich der König Zeit, bis er seiner Gemahlin in Kaufungen angemessenen Ersatz schuf. Der Entzug Bambergs musste die Königin empfindlich treffen und entsprach so gar nicht den zeittypischen Verhaltensweisen, welche die Königin in ottonischer Zeit früh gegen die Folgen des vorzeitigen Tods ihres Gemahls sicherten. Kunigundes lautes Schweigen in der Bamberger Gründungsphase mag aus der Verunsicherung erklärt werden. Erst im Wissen um den Kaufunger Ersatz nahm ihr Engagement für das neue Bistum zu. Schließlich durfte man die Zögernde sogar als zweite Stifterin nach ihrem Mann feiern. Dass die in Kaufungen verstorbene Kaiserin ihr Grab im Bamberger Dom fand, behauptete die Bamberger Überlieferung im Abstand eines Jahrhunderts. Den Konsens Kunigundes zur Bistumsgründung wie die Zustimmung des einzigen Königsbruders, Bischof Bruns von Augsburg, hielt Thietmar von Merseburg ausdrücklich fest.[43]

Die vielen Pergamente des 1. Novembers schlossen eine zügige Neugründung ab. Sie hatte mit heimlichen, dann offenen Plänen des Königs begonnen, zu einem neuen Kirchenbau geführt, mit ersten Güterzuweisungen am 6. Mai 1007, dem Geburtstag Heinrichs, Fahrt gewonnen, im Papstdiplom vom Juni 1007 Rechtsverbindlichkeit erhalten und mit den Beschlüssen der Frankfurter Allerheiligensynode endlich den Konsens der erzbischöflichen wie bischöflichen Amtsbrüder des neuen Bamberger Hirten erlangt. Die Bildung der Diözese fand erst im Jahr 1016 ihren Abschluss, als ihr der nördliche Teil des Bistums Eichstätt zugeschlagen wurde. In der Eichstätter Erinnerung erhielt sich ein Reflex der Schlauheit, mit der Heinrich II. zu Werke gegangen war. Bischof Megingaud (Megingoz) von Eichstätt (991–1015) hatte sich zu Lebzeiten erfolgreich gegen Gebietsabtretungen gewehrt. An seiner Stelle setzte der Herrscher sogleich den ehemaligen Bamberger Domherrn Gundekar/Gunzo (1015–1019) ein, scheinbar ein willfähriges Werkzeug der Bamberger Pläne. Als auch der neue Eichstätter Hirte unerwartete Schwierigkeiten bereitete, soll ihn der Kaiser angefahren haben: „Gunzo, was muss ich von dir hören? Du weißt doch, dass ich dich nur deshalb zum Bischof ernannt habe, weil ich meinen Willen bei deinem Vorgänger, der mir ebenbürtig war, nicht durchsetzen konnte, während ich jetzt mit dir, der du – na ja – so einer bist, unverzüglich zum Ziel kommen will. Wenn du das Bistum und meine Huld behalten möchtest, dann nimm dich in Acht, dass ich nicht noch ein zweites Mal so etwas von dir höre."[44] Geschäftigkeit und Jubel können nicht darüber hinwegtäuschen, dass der König seine Durchsetzungsfähigkeit größten Belastungen unterzogen hatte und fast an die Grenzen seiner Gestaltungsmöglichkeit gelangt war. Nie mehr wagte es ein hochmittelalterlicher deutscher Herrscher, innerhalb bestehender Strukturen ein Bistum zu gründen. So markieren die Erfolge Heinrichs II. in der Mitte des Mittelalters auch einen Wendepunkt königlicher Kirchenpolitik im Bund mit den Reichsbischöfen (Abb. 15).

Der Schmuck der ganzen Welt — Der mittelalterliche Stifter musste seiner Gründung das Lebensnotwendige mit auf den Weg geben. Heinrich II. begünstigte Bamberg aber in so reichem Maß, dass die Ausstattung mit Reliquien, Büchern, Goldschmiedearbeiten und Gütern den Neid der Zeitgenossen und das Staunen der Nachgeborenen erregte. Den Optimismus der Aufbruchzeit fängt ein Gedicht Abt Gerhards von Seeon ein, verfasst zwischen 1007 und 1014 für den König als Errichter, Förderer und Urheber des großen Werks (Kat.-Nr. 69). Bamberg, die

Großbaustelle am östlichen Rand der fränkischen Welt, erschien dem jubelnden Abt als Haupt des Erdkreises, als Ort, wo aller Ruhm gegründet war („Haec caput est orbis, hic gloria conditur omnis"). Zur Last des Silbers gesellten sich Berge von Gold, unterschiedlichen Edelsteinen wurden schimmernde Seidenstoffe hinzugefügt. In der Bischofsstadt an der Regnitz wurde der Schmuck der ganzen Welt versammelt („Ornatus cuncti [...] mundi").

Die wertvollsten Schätze, die der König nach Bamberg brachte, waren Heil bringende Reliquien.[45] Über ihren Transfer wissen wir nur wenig, doch für den Erwerb dieser Kostbarkeiten musste Heinrich II. weit mehr Mühen aufbringen als für alle anderen Preziosen, die unsere säkulare Welt heute faszinieren. Gerhard von Seeon steigert in seinem Gedicht die Patrone der Bamberger Bischofskirche: Petrus – Maria – Jesus; Georg als „Herr des Hauses" wird noch hinzugefügt. Von überall her hatte man wahrhafte Heilige zusammengetragen, unter deren Schutz das Gotteshaus auf ewig in Ehren erglänzen würde. Zuvorderst nennt der Abt von Seeon das Heil bringende wertvolle Blut Christi und Stücke des Segen spendenden Kreuzes in goldenen Schreinen.[46]

Den Menschen war damals klar, dass ein Bistum nur auf diesem himmlischen Schatz erblühen konnte. Manche Übertreibungen wie die Vergleiche mit Jerusalem, Rom und Athen mögen der Textgattung eines Preisgedichts zugute gehalten werden. Die an Schwerpunktwechsel gewöhnte Welt des Früh- und Hochmittelalters musste die Bamberger Aufbruchsstimmung des zweiten Jahrtausends noch nicht historisch korrekt einordnen. Für jedermann war offensichtlich, dass der König mit seinem Bistum ganz Großes vorhatte. Die Bischofskirche mit ihren beiden Chören – im Westen der liturgisch wichtigere Petruschor, im Osten der Marien- und Georgenchor – zitierte den römischen Petersdom und schuf ein Abbild des wichtigsten Apostelgrabs in fränkischer Erde. Gewiss: Heinrich II. baute sich in Bamberg keine „Reichshauptstadt", und auch lieb gewonnene Züge einer übersteigerten Bamberg-Idee wird man relativieren müssen, aber die spätere Grablege erfuhr eine Förderung, die eines Kaisers würdig war.

Nichts zeigt das deutlicher als die Weihe der acht Altäre der Domkirche. Für diesen Akt hatte der König ganz programmatisch den 6. Mai 1012 gewählt, kein Festtag im Heiligenkalender, nicht einmal ein Sonntag. Der Bamberger Weiheakt fand am Geburtstag des Königs statt. Die Chronik Thietmars von Merseburg und der bald nach 1021 entstandene Weihebericht (Kat.-Nr. 67) lassen die Bedeutung der Bamberger Konsekration für die ganze Reichskirche erkennen[47]: Versammelt waren wohl 45 Erzbischöfe und Bischöfe aus dem Reich, Patriarch Johannes IV. von Aquileia und Erzbischof Ascherius aus dem ungarischen Gran, eine Delegation aus Rom, die Äbtissinnen Sophie von Gandersheim und Adelheid von Quedlinburg als die beiden Schwestern Kaiser Ottos III., in dessen Nachfolge sich der König so programmatisch gestellt hatte, dazu mehrere Äbte und eine riesige Menschenmenge; nur die Anwesenheit Königin Kunigundes wird nirgends vermerkt.

Der Bericht überliefert das Gefüge der Altäre im Kirchenraum und nennt die Patrozinien, die niedergelegten Reliquien und die acht Geistlichen, welche die Weihen vornahmen (Abb. 16). An ihrer Spitze stand Bischof Eberhard I. von Bamberg, gefolgt von sechs Erzbischöfen und dem Patriarchen von Aquileia. Mit Ausnahme des Bremers waren alle Erzbischöfe des ostfränkisch-deutschen Reichs einbezogen. Der vom Ortsbischof geweihte Hauptaltar gehörte der Trinität, dem Heiligen Kreuz, den Aposteln Petrus und Paulus, Kilian und seinen Gefährten. Damit wurde der Würzburger Bistumspatron Kilian, bis 1007 auch Schutzheiliger des Bamberger Landes, geehrt; doch Kilians-Reliquien hatte Bamberg nicht erlangen können. Dem

45 Angenendt, Heilige.
46 Edition: MGH Poetae latini 5, S. 397 f., S. 682; neue Übersetzung vgl. Kat.-Nr. 69 (K. van Eickels).
47 Thietmar, Chronik (Holtzmann), VI 60, S. 348; Jaffé, Monumenta Bambergensia, S. 479 ff.; Dedicationes Bambergenses, S. 4 f.; vgl. Baumgärtel-Fleischmann, Altäre, S. 11 ff., S. 16.

48 Zimmermann, Symbolgehalt; Zimmermann, Bamberg, S. 212 ff.; Benz, Untersuchungen.
49 Messerer, Bamberger Domschatz; Fillitz, Kreuzreliquiar; Mittelalterliche Schatzverzeichnisse; Baumgärtel-Fleischmann, Sternenmantel; Baumgärtel-Fleischmann, Kaisermäntel.
50 Hoffmann, Bamberger Handschriften, S. 5 ff. kritisch zur „Bibliothek Ottos III."; vgl. auch Schemmel, Heinrich II.; Tischler, Fragmente.
51 Schneider, Ruhm; Kuder, Ottonen; Kahsnitz, Herrscherbilder; AK Das Buch mit 7 Siegeln; Körntgen, Königsherrschaft.

wichtigeren Petrus-Altar stand der östliche Choraltar der Mutter Gottes, Michaels, aller himmlischen Kräfte und Georgs gegenüber, von Erzbischof Erkanbald von Mainz konsekriert. Den westlichen rechten Seitenaltar der Bekenner Silvester, Gregor und Ambrosius weihte Erzbischof Heribert von Köln, den westlichen linken Seitenaltar der teilweise eng mit dem fränkischen Königtum verbundenen Märtyrer Dionysius, Rusticus und Eleutherius, Laurentius, Hippolyt und Vitus weihte Erzbischof Megingaud von Trier. An den beiden östlichen Seitenaltären fungierten Erzbischof Hartwig von Salzburg und Erzbischof Tagino von Magdeburg als Konsekratoren, der Salzburger beim rechten Seitenaltar der vorwiegend bayerisch-böhmischen Heiligen Nikolaus, Adalbert, Emmeram, Wenzel, Rupert und Erhard, der Magdeburger beim linken Seitenaltar von Blasius, Lambert und dem Erzmärtyrer Stephan. Den Kryptenaltar der (vor allem im westfränkischen Reich verehrten) Heiligen Hilarius, Remigius und Vedastus weihte Erzbischof Ascherius von Gran. Für Heinrich II. gewann der vom Patriarchen Johannes von Aquileia konsekrierte Kreuzaltar Bedeutung: Vor diesem Altar – inmitten des Langhauses, zwischen den beiden Chören, im Angesicht des Leben spendenden Kreuzes und des ersten christlichen Blutzeugen Stephan – fand der Kaiser 1024 sein Grab. Die Anordnung von Patrozinien und Konsekratoren beruhte kaum auf einem Zufall. In einzelnen Altären waren durchdachte Reliquiengruppen zusammengestellt. Und selbst die Folge der weihenden Erzbischöfe repräsentierte im Kirchenraum das weite Reich, der Kölner und Trierer im Westen, der Salzburger und Magdeburger im Osten.[48]

An Obermain und Regnitz gab es keine regional verehrten Märtyrerreliquien. Ähnlich wie in Sachsen mussten Reliquien zur Sakralisierung von Stadt und Landschaft erst importiert werden. Die Bamberger Fülle von 1012 charakterisiert den herrscherlichen Rang der Stiftung. Dem entsprach eine splendide Ausstattung mit liturgischem Gerät und Büchern, die für den Gottesdienst benötigt wurden. Der großartige Bamberger Kirchenschatz hat die Jahrhunderte nur in bescheidenen Resten überdauert. Schatzverzeichnisse freilich legen Zeugnis von einstigem Glanz ab.[49]

Von einzigartiger Bedeutung sind die Bücherschenkungen Heinrichs II., die zu einem beträchtlichen Teil in der Staatsbibliothek Bamberg überdauert haben (Kap. IX). Neben Köln und Merseburg bietet Bamberg die wohl am besten erhaltene mittelalterliche Dombibliothek im deutschen Raum. Der Herrscher ließ in den allerersten Skriptorien seiner Zeit Codices herstellen, vor allem auf der Reichenau und in Seeon. Außerdem überwies er ältere Handschriften – darunter einzigartige Prunkstücke aus der Spätantike – an die Regnitz, vielleicht sogar Teile der Bibliothek Kaiser Ottos III. oder Papst Silvesters II.[50] Neben den Büchern für den gottesdienstlichen Gebrauch kamen Handschriften aus allen Wissensgebieten der damaligen Zeit. Vom herrscherlichen Anspruch künden hochrangige illuminierte Codices mit den berühmtesten Herrscherbildern der spätottonischen Epoche, die nach der Säkularisierung teilweise von Bamberg nach München gelangten: voran das so genannte Evangeliar Ottos III., das Regensburger Sakramentar Heinrichs II. und das Perikopenbuch Heinrichs II. Auch wenn die Herrscherbilder in ihrer Datierung und individuellen Zuweisung heute kontrovers interpretiert werden[51], transportierten sie zu Beginn des 11. Jahrhunderts Abbilder der Macht nach Bamberg. Bald deutete man dort die Dargestellten auf den Bistumsgründer, der sich in seinem Herrschaftsanspruch durch die Bücher mit ihrer vor-individuellen Bilderwelt gewiss auch repräsentiert sah.

Für die Domschule konnte Heinrich II. den bedeutenden Scholaster Durand aus Lüttich gewinnen, der später als Bischof in seine Heimatstadt zurückkehrte. Schon nach wenigen Jahrzehnten erblühte der Bamberger Schulbetrieb. Seit 1057/58 fand

Die Altarweihen
des Bamberger Doms 1012

16

Domgrundriss
im 11. Jh.

Vereinfachter Umriss
des heutigen Doms

[Nach W. Sage und
R. Baumgärtel-Fleischmann]

72 m

Patrozinien: Hl. und unteilbare Dreifaltigkeit, hl. und siegreichstes Kreuz, hl. Apostel Petrus und Paulus und alle Apostel, hl. Kilian und seine Gefährten — **Reliquien:** Von der Kette des hl. Petrus, vom Blut des hl. Apostels Paulus; Reliquien der hl. Apostel Johannes (Apostel und Evangelist), Jacobus, Andreas, Thomas, Philippus und Jacobus, Bartholomaeus, Barnabas; vom Schweißtuch des Herrn, vom Grab des Herrn, von den Sandalen des Herrn, vom Holz des Herrn, vom Blut des Herrn, die ganzen Körper des hl. Papstes Gaius und des Märtyrers Hermes; Reliquien des Cosmas und das Haupt des Damian

Patrozinien: Hl. Bekenner Silvester, Gregor, Ambrosius — **Reliquien:** Vom Stab des hl. Apostels Petrus, von den hl. Bekennern Silvester, Martin, Eucharius, Maximinus, Paulinus, Ambrosius, Magnus, Crescencius, Epiphanius, Decencius, Florencius, Bischof Laurencius, Maurencius und Juvenianus

Patrozinien: Hl. Märtyrer Dionysius, Rusticus und Eleutherius, Laurencius, Hippolyt und Vitus — **Reliquien:** Von den hl. Märtyrern Laurencius, Xistus, Felicissimus, Agapit, Hippolyt, Pancracius, Nereus und Achilleus, Vitus und Modestus, Tiburcius, Bonifacius, Oswald, der sieben Brüder, Chrysogonus, Urban, Abdon, Vitalis, Nabor, Senesius

Patrozinien: Hl. Kreuz, hl. Erzmärtyrer Stephan — **Reliquien:** Von dem in einem Stück gewirkten Rock des Herrn, von der Dornenkrone, vom Körper und Blut des Herrn (geweiht von Papst Johannes III.), des hl. Erzmärtyrers Stephan, Alexander, Evencius, Theodul, Pancracius, Stephan (Papst und Märtyrer), Sigismund, des Soldaten Romanus, des Märtyrers Maximus, Mauricius

Patrozinien: Hl. Gottesgebärerin Maria, hl. Erzengel Michael, alle himmlischen Kräfte, hl. Märtyrer Georg — **Reliquien:** Vom Kleid der hl. Maria, vom Blut des hl. Johannes des Täufers, des Märtyrers Georg, vom Arm des Justus, von Symeon, von den hl. Jungfrauen Lucia, Cecilia, Agatha, Walburga, Margareta, Crescencia, Juliana, Verena, Tecla, Anastasia, Perpetua, Felicitas, Cancianilla, Speciosa, Modesta, Irminia

Patrozinien: Hl. Nikolaus, Adalbert, Emmeram, Wenzel, Rupert, Erhard — **Reliquien:** Vom Bekenner Burchard, vom Bekenner Rupert, von Erhard, Severin, Pantaleon, vom Märtyrer Wenzel, von Wunibald, Gallus, Othmar, Columban, Ulrich, Briccius, vom Bekenner Wicbert, vom Bekenner Severus, vom Bekenner Valentin, vom Märtyrer Adalbert

Patrozinien: Hl. Blasius, Lambert und Erzmärtyrer Stephan — **Reliquien:** Vom hl. Erzmärtyrer Stephan, von den Märtyrern Cyriacus, Christophorus, Saturninus, Anastasius, Innocenz, Appollinaris, Blasius, Lambert, Mauricius, Coelestin, Donatus, Cancius, Cancianus, Cancianilla

Patrozinien: Hl. Bekenner Hilarius, Remigius, Vedastus — **Reliquien:** Von den hl. Hilarius, Remigius, Germanus, Vedastus, Amandus, Vindemialis, Columban, vom Mönch Macharius, von Medardus, Bertinus, Briccius, Ragnulf, Leodegar, vom Grab des Herrn

1 Choraltar (W)
Konsekrator: Bischof Eberhard von Bamberg

2 Rechter Seitenaltar (W)
Konsekrator: Erzbischof Heribert von Köln

3 Linker Seitenaltar (W)
Konsekrator: Erzbischof Megingaud von Trier

4 Kreuzaltar
Konsekrator: Patriarch Johannes von Aquileia

5 Choraltar (O)
Konsekrator: Erzbischof Erkanbald von Mainz

6 Rechter Seitenaltar (O)
Konsekrator: Erzbischof Hartwig von Salzburg

7 Linker Seitenaltar (O)
Konsekrator: Erzbischof Tagino von Magdeburg

8 Krypta-Altar
Konsekrator: Erzbischof Ascherius der Ungarn

[Nach Jaffé, Monumenta Bambergensia, S. 479–481]

52 Märtl, Bamberger Schulen.
53 Hoffmann, Bamberger Handschriften, S. 63 ff.; vgl. auch Hoffmann, Buchkunst; Suckale-Redlefsen, Goldschmiedewerkstatt.
54 Störmer, Heinrichs II. Schenkungen; Störmer, Kaiser Heinrich II.
55 Schneidmüller, Heinrich II.
56 Weinfurter, Heinrich II., S. 259.
57 Kunde, Cölbigk; van Eickels/Kunde, Herrschaft.

er unter dem Scholaster Meinhard weiträumige Beachtung.[52] Bald etablierte sich in Bamberg ein eigenes leistungsfähiges Skriptorium, eine Goldschmiedewerkstatt trat dazu.[53]

Die materiellen Grundlagen für die Pflege und Entfaltung des geistlichen Lebens hatte der Stifter in einer Vielzahl von Schenkungen geschaffen. Aus nahezu allen Teilen des Reichs waren Kirchen, Dörfer, Ländereien und Rechte an das neue Bistum gegeben worden, nicht nur aus dem elterlichen Eigenbesitz Heinrichs II., sondern auch aus Reichs- und bayerischem Herzogsgut.[54] In ihrer Rationalität entzieht sich diese gewaltige Umschichtung von Gütern und Herrschaftsrechten aus weit verstreuten Gebieten – von Sachsen, Franken und Schwaben bis nach Bayern und Kärnten – letztlich einer eindeutigen Erklärung.

Der Zuweisung des Sprengels im Radenz- und Volkfeldgau vom Mai 1007 folgten Schenkungen von Grundherrschaften, Forsten und Villikationen im Nordgau und in Bayern (um Regensburg, Salzburg und Reichenhall, an Isar und Inn, in Ober- und Niederösterreich). Besitz in Kärnten und der Steiermark säumte die wichtigen Wege über die Alpenpässe. In Franken übertrug Heinrich II. alte königliche Erinnerungsorte wie Hallstadt und Forchheim, bekannt als Stationen des Slawenhandels im Diedenhofer Kapitular Karls des Großen von 805. Ein weiträumigeres Herrschaftskonzept lag der Zuordnung bestehender Frauenklöster in Kitzingen (am Main), Neuburg (an der Donau), Bergen (bei Neuburg), Gengenbach (Ortenau), Schuttern, Haslach (Elsass) – alle außerhalb der neuen Diözese gelegen – sowie der Pfalzstifte von Forchheim und auf dem Bogenberg bei Straubing zum Bamberger Bistum zugrunde. Geradezu spektakulär wirkt Heinrichs Entschluss das schwäbische Herzogskloster Stein am Rhein (Kat.-Nr. 66) und das karolingische Pfalzstift Alte Kapelle in Regensburg dem Regnitzbistum zu geben. In beiden Fällen schädigte der König frühere Rivalen: Mit dem schwäbischen Herzog Hermann hatte er 1002 um die Krone gerungen, und noch aus seiner Zeit als bayerischer Herzog rührte der tiefe Konflikt mit Bischof Gebhard I. von Regensburg (995–1023). Als Herrscher vergaß Heinrich II. die alten Zwistigkeiten nicht. Jetzt verfügte er über die Möglichkeiten seine alten Gegner an empfindlichen Punkten zu treffen. Mit der Alten Kapelle wuchs dem Bamberger Bischof 1009 ein bedeutsamer, ehrwürdiger Besitz zu, nur wenige Schritte vom Regensburger Dom entfernt. Bis zum Ende des Alten Reichs bildete das eng mit dem Bamberger Domkapitel verknüpfte Kollegiatstift gleichsam einen Pfahl im Selbstbewusstsein des Regensburger Bischofs. Die Neugründung an der Regnitz hatte dem Hauptort des bayerischen Herzogs damals klar den Rang abgelaufen: Seit 1007 kam Heinrich II. nur noch einmal nach Regensburg, und der Name Bischof Gebhards I. verschwand aus den königlichen Urkunden. Ausgerechnet die Bamberger Domweihe 1012 brachte dem Regensburger Hirten eine weitere Demütigung.[55]

Welche Rolle sollte dem gleichsam zum „Überbistum" gewordenen Bamberg[56] durch die üppige Ausstattung mit berühmten und doch so weit verstreuten Besitzungen zuwachsen? Die Verkehrsverhältnisse der Zeit ließen gleichmäßige und zielgerichtete wirtschaftliche Nutzung kaum zu. Manches aus der Gründungszeit kam im Lauf der Jahrhunderte abhanden, manches wurde später nutzbringend getauscht.[57] So führt die bloße Frage nach dem ökonomischen Profit nicht zum Ziel des Stifters. Heinrich II. verfolgte andere Intentionen. Das Bistum Bamberg blieb nicht auf das östliche Franken beschränkt, sondern war an möglichst vielen Orten präsent, übte Klammerfunktionen in einer sonst losen, vormodernen Herrschaft und Verwaltung aus, bewahrte und verbreitete das Gedächtnis. Konsequent wandte Heinrich II. die Bestimmungen der karolingischen Gesetzgebung zur kollegialen

Organisation der Bamberger Klerikergemeinschaft an. Früh erstand das Bamberger Domkapitel neben dem Bischof als rechtsfähiges Subjekt und erhielt vom Herrscher eigenen Besitz zum Nutzen der Kanoniker, ein wichtiger Meilenstein in der Herausbildung von Domkapiteln im Land östlich des Rheins.[58] So entwickelte sich Bamberg zum Modellbistum für die Reichskirche wie für eine Monarchie ohne dynastische Zukunft, endlich auch zum Modell für die Stiftermemoria.[59] Was den ottonischen und salischen Herrschern in ihren geistlichen Zentren Quedlinburg, Magdeburg oder Speyer aber versagt blieb, erreichten Heinrich und Kunigunde. Der Bamberger Klerus zelebrierte sie in die Heiligkeit! Das Bistum an der Regnitz bewahrte nicht nur die bloße Erinnerung daran, dass ihm anfangs „der Schmuck der ganzen Welt" zugeführt worden war. Es stattete auf seine Weise einen noch größeren Dank ab, als ihn der Stifter billigerweise erwarten durfte.

Die Stadt als Kirchenlandschaft und Repräsentationsraum — Wer zu Beginn des zweiten Jahrtausends ein neues Bistum in angemessenen Formen errichten wollte, durfte sich nicht mehr mit dem bloßen Bau einer Kathedrale begnügen. Die Welt bedeckte sich damals, wie der Chronist Rodulfus Glaber notierte, mit einem weißen Kleid von Kirchen. Fast alle Bischofs- und Klosterkirchen und selbst die Dorfkirchen wurden neu erbaut.[60] Die Menschen entdeckten die optische Wirksamkeit des Baugefüges, die Möglichkeiten von Variation und Wechsel. In Bamberg nutzte man die neue Vielfalt beim Bau der Westkrypta des Doms (Abb. 17 und S. 93 ff.). Die östlichen Abhänge des Steigerwalds mit ihren Kuppen über der Regnitz luden zur baulichen Über- und Unterordnung ein. Also griff der Stifter die damals selbstverständlich werdende Vielfalt von Kirchen um die Kathedrale auf[61] und gestaltete seine neue Bischofsstadt in programmatischer Weise. Wie in Mainz, Regensburg, Konstanz, Würzburg oder Paderborn[62] traten in Bamberg ein weltliches Kollegiatstift und ein Benediktinerkloster neben die Bischofskirche. Im Kollegiatstift erhielten sich die Fundatoren bleibende Zugriffsrechte, im Kloster ließen sie ein Stück gelebtes Gottesreich auf Erden erstehen.[63]

1009 ist die erste königliche Güterschenkung für das Kollegiatstift St. Stephan östlich des Doms bezeugt, 1015 entstand auf der Anhöhe westlich der Kathedrale das Kloster des Erzengels Michael und des hl. Benedikt. Der erste Konvent unter Abt Rado (1017–1020) kam vermutlich aus dem Kloster Amorbach und lebte in enger Verbindung mit den Klöstern Münsterschwarzach und Fulda. Über Jahrhunderte diskutierten Bamberger Geistliche und Historiker des Mittelalters die kirchenrechtliche Zuordnung dieser Neugründungen. Nur zu gerne propagierte man in St. Stephan später die besondere Gründertat der Kaiserin Kunigunde.[64] Allzu heftig besann sich das barocke Kloster St. Michael im vergeblichen Kampf um die Reichsunmittelbarkeit alter kaiserlicher Gunsterweise; schon im Mittelalter reicherte man den Urkundenschatz mit deftigen Fälschungen an.[65] Die langen

58 Schieffer, Entstehung.
59 Körntgen, Königsherrschaft, S. 421–434.
60 Radulfus, Historien (France), S. 114 ff.
61 Hirschmann, Stadtplanung.
62 Herzog, Ottonische Stadt.
63 Zur Verfassung des Kollegiatstifts: Moraw, Typologie; Schneidmüller, Verfassung.
64 Stettfelder, Nonnosus: Dye legend und leben des heyligen sandt Keyser Heinrichs der nach cristi unsers hern geburt Tausent und ein iar Romischer kunig erwelt worden ist. Und nach cristi geburt Tausent unnd dreuzehen iar von babst benedicto zu keyser zu Rom gekronet worden ist / und gestorben nach crist geburt Tausent vier und zweintzig iar. Das leben und legend der heyligen junckfrawen und Keyserin sandt Kungunden, gedruckt bei Hans Pfeyl, Bamberg 1511 (Staatsbibliothek Bamberg, Inc. typ. Ic. I. 18; vgl. Kat.-Nr. 106); einzelne Holzschnitte bei Guth, Die Heiligen, S. 57 ff.; Bezzenberg, Leben.
65 Bresslau, Bamberger Studien; Braun, Benediktinerkloster.

17 Westkrypta des Bamberger Doms

66 Von Guttenberg, Regesten, Nr. 166.
67 Adalbert, Vita Heinrici, S. 287 f.
68 Jaffé, Monumenta Bambergensia, S. 492 ff.
69 Zimmermann, Papstregesten, Nr. 1210–1226.

Debatten über die herrscherliche oder bischöfliche Qualität der Stifts- und Klostergründungen gehen an den Realitäten des frühen 11. Jahrhunderts vorbei. Heinrich II. und Bischof Eberhard I. von Bamberg hätten diese Unterscheidung kaum verstanden, weil sie aus der Einheit von Reich und Kirche vor dem Investiturstreit handelten. Erst die Trennung von Weltlichem und Geistlichem führte anachronistische Entscheidungen herbei, die St. Stephan und St. Michael als Eigenstift oder als Eigenkloster des Bischofs festlegten.

Der Bischofsstadt gab das Ensemble von Kathedrale, Stift und Kloster eine unverwechselbare Gestalt. Der inzwischen zum Kaiser gewordene Stifter nutzte die Kirchweihen als einprägsame Repräsentationsakte für seine Reichskirche, die dort ihre Einheit mit dem Herrscher erfuhr. Die Weihe der Klosterkirche des Erzengels Michael und des hl. Abts Benedikt am 2. November 1021 leitete der Kaiser selbst, Bischof Eberhard I. von Bamberg nahm sie vor. Erzbischof Aribo von Mainz konsekrierte den Altar des hl. Martin, Erzbischof Pilgrim von Köln den Altar des hl. Petrus.[66] Eben erst war Pilgrim vom Bamberger Domdekan zum vornehmen Kölner Erzbischof aufgestiegen: Das Regnitzbistum hatte seine Rolle des Empfängers nach wenigen Jahren überwunden und wurde zum Karrieresprungbrett des hohen Klerus.

Die Weihe des Kollegiatstifts im Jahr zuvor unterstrich den Rang des neuen Bistums. Die ganze Fastenzeit verbrachte Heinrich II. in Bamberg, um hier Papst Benedikt VIII. zu erwarten. Der Nachfolger Petri suchte wohl wegen der byzantinischen Expansion in Unteritalien die Unterstützung des Kaisers. Seine Reise nach Bamberg und Fulda im April und Mai 1020 wurde sorgfältig inszeniert. Immerhin handelte es sich um den ersten Zug eines Papstes in das Land nördlich der Alpen seit dem Jahr 833. Vielleicht sparte man in Bamberg die Weihe von St. Stephan für dieses einzigartige Ereignis auf. Papst Benedikt VIII. nahm sie am 24. April 1020, am Sonntag nach Ostern, feierlich vor. Stellt man die politische Funktion in Rechnung, die Heinrich II. den Kirchweihen im Reich zumaß, so markiert die päpstliche Konsekration eines nordalpinen Gotteshauses einen Höhepunkt. Noch ein Jahrhundert später rühmte die Bamberger Hagiografie die reichen Geschenke Benedikts VIII. und die angebliche Assistenz von 40 oder 72 Bischöfen.[67] Die Behauptung, der Papst habe damals auch Bamberger Kapellen geweiht, ist nur unsicher bezeugt.

Dass der Kaiser für den ersten symbolträchtigen Empfang eines Papstes in ottonischer Zeit Bamberg und Fulda auswählte, ergab sich aus der besonderen Bindung des alten Bonifatiusklosters und des neuen Regnitzbistums zur Kurie. Man darf aber auch den Willen zur Präsentation der Neugründung nicht gering schätzen und mag Vergleiche zum Empfang, den Karl der Große 799 Papst Leo III. in Paderborn bereitete, ziehen. Über die Bamberger Ereignisse von 1020 berichtet als Augenzeuge der Diakon Bebo[68] (Kat.-Nr. 85): Am Gründonnerstag ritt der Papst in vollem Messornat mit seinem Gefolge in Bamberg ein, begrüßt von vier Chören und im Atrium der Kathedrale vom Kaiser empfangen. Am Gründonnerstag, Karfreitag und Ostersonntag zelebrierte der Papst im Bamberger Dom die Messe. Am Gründonnerstag assistierten ihm zwölf Bischöfe, am Ostersonntag Patriarch Poppo von Aquileia und Erzbischof Aribert von Ravenna. Am 1. Mai verlagerten sich die Feierlichkeiten nach Fulda. Dann kehrte der Stellvertreter Petri reich beschenkt aus Bamberg nach Rom zurück.[69]

Mit dem Papst war der apulische Fürst Ismahel (Melus) nach Bamberg gekommen. Er stiftete dem Kaiser den im Domschatz erhaltenen Sternenmantel (Kat.-Nr. 203) mit der rühmenden Umschrift: „Oh Zierde Europas, Kaiser Heinrich, selig bist du; deine Herrschaft mehre dir der König, der herrscht in alle Ewigkeit". Der Apulier starb in Bamberg wenige Tage nach dem glanzvollen Osterfest und wurde hier begraben.[70] Die Ehrungen, die Heinrich II. erfuhr, steigerten sein imperiales Selbstbewusstsein noch weiter. Zwei Urkunden, auf Bitten Papst Benedikts VIII. ausgestellt, wurden von der Kanzlei mit kaiserlichen Metallbullen versehen. Die Bulle am Diplom vom 23. April 1020 für die Bischofskirche von Paderborn ist heute verloren. Das Bestätigungsprivileg für das Benediktinerinnenkloster Göß (heute Leoben/Steiermark), am 1. Mai 1020 in Fulda ausgestellt, erhielt eine Goldbulle, die älteste erhaltene Goldbulle eines okzidentalen Kaisers und das einzig bekannte Stück aus Heinrichs Zeit (Abb. 18).[71]

Als diplomatische Höhepunkte der Bamberger und Fuldaer Tage gelten die gegenseitigen Privilegierungen von Kaiser und Papst, beide im Original verloren. Der Herrscher erneuerte im „Heinricianum" (vermutlich im April oder Mai 1020 ausgestellt, Kat.-Nr. 74) für Benedikt VIII. als dem Vikar des Apostels Petrus die Zusagen früherer Könige und Kaiser an die römische Kirche, insbesondere das Pactum Kaiser Ottos des Großen von 962. Er fügte der Bestätigung nordalpinen Besitzes ausdrücklich das Kloster Fulda hinzu und unterstellte das Bistum Bamberg dem Schutz der Päpste – statt eines Zinses sollten sie jährlich ein weißes, gesatteltes Pferd vom Bischof erhalten.[72] Im April 1020 ließ der Papst eine Urkunde für Bischof Eberhard von Bamberg schreiben und auf den 1. Mai datieren. Sie nennt die unsägliche Liebe zum Bistum, in der Heinrich entbrannt war, berichtet vom Papstbesuch, von der kaiserlichen Bitte um Schutz wie dem „Schimmelzins" und bestätigt dem Bistum alle Rechte und Besitzungen. Mit diesem Papstdiplom erlangte der kinderlose Herrscher den bestmöglichen Schutz für seine Gründung.[73]

Mit den Bauten des Kollegiatstifts St. Stephan und des Benediktinerklosters St. Michael erhielt die Bischofsstadt als Kirchenlandschaft deutliche Raumakzente. Doch erst die Nachgeborenen verliehen dem Stifterhandeln einen weiter gehenden Symbolwert. Dass Bauplanungen und Kirchenstiftungen in ottonischen Bischofsstädten nicht zufällig blieben, kann in Rechnung gestellt werden. Allzu eindeutig bemühte man sich an der Wende vom 10. zum 11. Jahrhundert um die Schaffung kirchlicher Ensembles, sodass der Verbund von Kathedrale, Stiften und Klöstern gleichsam zur Normalausstattung gehobener Bischofsstädte erwuchs. Doch die Zeitgenossen schwiegen über ihre Intentionen. Die Idee „der ottonischen Stadt" oder „des ottonischen Kirchenkreuzes" beruht auf Modellen der rückschauenden Forschung.[74] Sie kann sich gerade auf spätere Bamberger Quellen des ausgehenden 11. und des 12. Jahrhunderts stützen, in denen das Wissen um das geistliche Funktionsgefüge wie schließlich um das Kirchenkreuz in der Stadt klarer als anderenorts formuliert wurde. Diese Quellen spiegeln keine originären Stifterideen wider, sie transportieren vielmehr die Verstehensmodelle folgender Generationen.

Als Erstes verlieh die Weltchronik Frutolfs von Michelsberg dem Wirken Heinrichs II. an Bamberg einen heilsgeschichtlichen Sinn: „Er erwählte im Wissen darum, dass er keine Söhne haben werde [...], den Herrn, der alle Güter gibt, zum Erben und gründete im sechsten Jahr seiner Herrschaft in weisem Ratschluss ein Bistum in Bamberg zu Ehren des hl. Petrus und des hl. Georg und stattete den Ort selbst mit Grundbesitz und allem geziemenden Zubehör überreichlich aus, wie man noch heute feststellen kann. Überdies errichtete er im südlichen Teil der Stadt ein Monasterium zu Ehren des heiligen Erzmärtyrers Stephan, das er der Kanonikerregel unterstellte; im anderen, das heißt im nördlichen Teil, gründete er ein weiteres Monasterium zu Ehren des hl. Erzengels Michael und des hl. Abts Benedikt, das der Mönchsregel unterworfen wurde. Sich und seiner Stadt, die auf dem Felsen apostolischer Unüberwindlichkeit gegründet und durch die Mauer und die Vorwerke der Verdienste des hl. Georg und der übrigen Heiligen befestigt und geziert war, errichtete

18 Goldbulle Heinrichs II. für Kloster Göß (Kat.-Nr. 78)

70 Von Guttenberg, Regesten, Nr. 159.
71 MGH DD 3, Nr. 422, 428; zur Goldbulle: Appelt, Diplom.
72 MGH DD 3, Nr. 427; Zimmermann, Papstregesten, Nr. 1221; vgl. Drabek, Verträge.
73 Zimmermann, Papsturkunden, Nr. 528.
74 Herzog, Ottonische Stadt.

19 Bamberger
Kirchenlandschaft

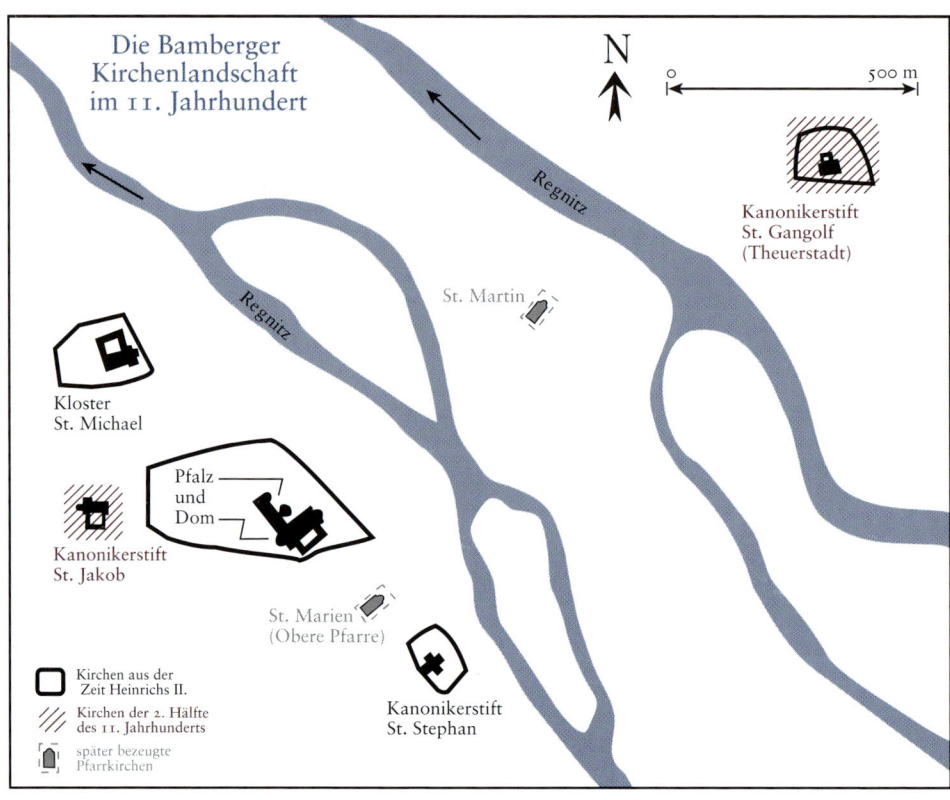

Die Bamberger
Kirchenlandschaft
im 11. Jahrhundert

N

0   500 m

Regnitz

Kanonikerstift
St. Gangolf
(Theuerstadt)

St. Martin

Regnitz

Kloster
St. Michael

Pfalz
und
Dom

Kanonikerstift
St. Jakob

St. Marien
(Obere Pfarre)

Kanonikerstift
St. Stephan

☐ Kirchen aus der
Zeit Heinrichs II.

▨ Kirchen der 2. Hälfte
des 11. Jahrhunderts

⌂ später bezeugte
Pfarrkirchen

75 Frutolf, Chronik, S. 48–51.
76 Jaffé, Monumenta
Bambergensia, S. 545 f.;
vgl. auch Arnold, Städtelob.
77 Adalbert, Vita Heinrici,
S. 244.
78 Hoffmann,
Mönchskönig
(Edition, S. 200 f.).

er auf diese Weise in Stephan einen Turm der Stärke gegen den Gluthauch der Laster und eine sichere Zuflucht unter dem Schutz des Engels gegen den erkältenden Hauch desjenigen, der im Norden, von wo alles Übel seinen Ausgang nimmt, seinen Sitz aufzuschlagen beschlossen hat. Auf der Rechten und auf der Linken mit den Waffen der Gerechtigkeit wie einem Wall umgeben, sollte so der Widersacher keine Macht über sie finden können."[75]

In diesen Worten aus dem endenden 11. Jahrhundert tritt uns das geistliche Bollwerk Bamberg noch als Kirchenachse entgegen, von der Kathedrale ausgehend nach Norden und Süden ausgestaltet. Eine Generation später erweiterte Heimo von St. Jakob diese Kirchenlandschaft aus den Anfängen des Bistums mit der Gründung der Stifte St. Maria und St. Gangolf in der Theuerstadt aus der Zeit Bischof Gunthers (1057–1065) und St. Jakob aus der Zeit Bischof Hermanns I. (1065–1075). So sei Bamberg durch Kirchen und Patrozinien nach Art des Kreuzes Christi befestigt und feiere täglich und emsig den Gottesdienst wie das Gedenken an den ersten Stifter Kaiser Heinrich II. und an alle seine Helfer und Nachfolger.[76] Fast wörtlich ging diese Passage in die wenig später verfasste Heiligenvita Heinrichs II. ein.[77] Erst aus der Rückschau des 12. ergab sich für die Gründungen des 11. Jahrhunderts das Kirchenkreuz als Zweck (Abb. 19). Propagiert wurde es von Geistlichen, die ihre Existenz dem initialen Handeln Heinrichs II. verdankten. In der Erinnerung verwandelte, veredelte, verklärte sich der Kaiser.

Konstruktionen der Erinnerung — Mit Tod und Grablege Heinrichs II. im Jahr 1024 setzte in Bamberg die Memoria ein. Schon im 11. Jahrhundert, lange vor der Heiligsprechung Heinrichs 1146 und Kunigundes 1200, entstanden Messen zum Gedenken an das Stifterpaar (Kat.-Nr. 192).[78] Dabei war die Neugründung an der Regnitz seit 1024 in erheblichem Maß gefährdet. Mit beachtlicher Energie hatte

Heinrich II. in 17 Jahren dem Bistum gewaltiges Reichs-, Herzogs- und Eigengut zugeführt, das dadurch der Nutzung durch Verwandte und Amtsnachfolger entzogen wurde. Frutolf von Michelsberg notierte in seiner Chronik Absichten des ersten salischen Herrscherpaars und Bischof Bruns von Augsburg, des Bruders und Erben Heinrichs II., das Bistum wieder eingehen und seinen Besitz den Nachfolgern im Königsamt zukommen zu lassen. Nur durch ein schreckliches nächtliches Traumgesicht habe der tote Kaiser seinen Bruder von diesem Plan abhalten können. Diese Rettung Bambergs aus schwerster Gefahr galt dem späteren Kult als die erste Wundertat Heinrichs.[79]

In der Tat musste Bamberg bis 1034 auf eine Bestätigungsurkunde Kaiser Konrads II. warten. Erst Heinrich III., der zweite salische Herrscher, verhielt sich gnädiger. 1046 ließ er Bischof Suidger von Bamberg als Clemens II. zum Papst erheben. Schon nach kurzem Pontifikat 1047 verstorben, wurde Clemens in seiner Bamberger Kathedrale bestattet. Der zweite Besuch eines Papstes 1052 in Bamberg galt dem Grab des Amtsvorgängers. Die Auszeichnung, an bestimmten Tagen das Pallium tragen zu dürfen, wurde Bischof Hartwig durch ein Diplom vom 2. Januar 1053 verliehen, das Papst Leo IX. aus Verehrung gegenüber Papst Clemens II. und zum Gedächtnis an den Gründer Kaiser Heinrich II. ausstellte.[80]

Die Erinnerung an Heinrich II. entwickelte sich seit dem 11. Jahrhundert in vielschichtiger Weise. Während geistliche Institutionen, voran die Bistümer Bamberg und Merseburg, des Stifters oder Förderers gedachten, entstanden daneben bunte Erzählstränge vom Kaiser der Anekdoten oder vom bösen Herrscher. Kein ottonischer Amtsvorgänger verzeichnete eine derartige Karriere in Geschichten und Geschichtchen, wie sie Heinrich II. erlebte. Bot der fromme Eiferer ein besonderes Erinnerungspotenzial? Oder erzählten seine geistlichen Helfer so gerne über ihren nahen Kaiser? Für lange Zeit überlieferten die Geschichten gegensätzliche Urteile: Nebeneinander erschien ein Kaiser, um dessen Seele sich die guten und bösen Mächte stritten, ein Kaiser, der zum eigenen Ergötzen ein armes Opfer mit Honig einstreichen und von einem Bären abschlecken ließ, ein Kaiser, der seinen Bischöfen gerne Streiche spielte. Neben die Heiligkeit, in die Heinrich II. von seinen Bambergern seit dem 12. Jahrhundert hineingeschrieben wurde, traten Heiterkeit und List, die den Entrückten wieder so nah erscheinen ließen.[81] Schon Thietmar von Merseburg, als zeitgenössischer Chronist seinem Herrscher besonders ergeben und doch kein Lobredner, hatte mit Scharfsinn manche Doppelgesichtigkeit angedeutet. Die Kinderlosigkeit des kaiserlichen Paars, aus dynastischer Perspektive ein schlimmes Unglück für den Fortbestand der Herrschaft, forderte ohnehin Deutungen ein, die schon in „vorheiliger Zeit" zwischen dem bewussten Verzicht auf sexuellen Verkehr (Josephsehe) und der Zeugungsunfähigkeit changierten. Das Munkeln um die „Lendenlahmheit" des Kaisers wollte ebenso wenig abreißen wie der Klatsch über die Keuschheit der Kaiserin. Dabei hatte der Herrscher in eigens stilisierten Urkunden alles getan, um das Zusammensein mit seiner Gattin als „zwei in einem Fleisch" Zeitgenossen wie Nachwelt glaubhaft zu machen. In Bamberg nahm man den Stifter dabei nicht ernst. Hier interpretierte man die Erklärungen auf den Heiligen hin, monopolisierte das historische Wissen, konstruierte eine verklärte Vergangenheit und nahm Heinrich II. wie Kunigunde in umfassenden Erinnerungsbesitz. An der Wende vom 12. zum 13. Jahrhundert verblasste das hochmittelalterliche Erzählen von Kinderlosigkeit wie Teufelsnähe des Stifterpaars und mündete in reine Heiligkeit.

Letztlich überstrahlte die von Bamberg ausgehende Erinnerungstradition zwei andere, erst teilweise entdeckte Gedächtnisstränge. Sie stilisierten Heinrich II. zum

79 Frutolf, Chronik, S. 56f.; Adalbert, Vita Heinrici, cap. 21 [33], S. 308–311.
80 Von Guttenberg, Regesten, Nr. 260.
81 Hirsch/Pabst/Bresslau, Jahrbücher, Bd. 3, S. 358–370.

82 Erste Hinweise bei Schneidmüller, Reichsnähe, S. 3 ff.
83 Humbert, Libri III, S. 217; Patschovsky, Holy emperor; Patschovsky, Der heilige Kaiser, S. 20 und 26 Abbildungen der Miniaturen aus Handschriften des Prager Nationalmuseums (Cod. XIV B 17, fol. 3ᵛ) und der Biblioteca Apostolica Vaticana (Cod. lat. 3822, fol. 5ʳ).
84 Klauser, Heinrichs- und Kunigundenkult; Petersohn, Jubiläum; Petersohn, Litterae.
85 Klauser, Liturgie, S. 173–176; Schimmelpfennig, Heilige Päpste, S. 94f.
86 Jaffé, Monumenta Bambergensia, S. 531f.; Übersetzung bei Schneidmüller, Gründung.
87 Petersohn, Litterae (Edition der Urkunden: S. 20–25).

Schöpfer der mittelalterlichen Reichsverfassung oder zum Feind der Kirche. Seinem Regierungsantritt im Jahr 1002 maßen spätmittelalterliche Chronisten eine Gelenkfunktion für die Ordnung des Reichs bei. Ihnen galt Heinrich II. als Begründer der freien Königswahl, die das Imperium so deutlich von den anderen europäischen Monarchien unterschied, als Schöpfer des Kurfürstenkollegs und des ganzen Verfassungsgefüges (Quaternionentheorie).[82] Wie gefährdet das positive Bild des Kaisers blieb, zeigt daneben die italienisch-kuriale Wissensweitergabe. Kardinal Humbert von Silva Candida, einer der Wegbereiter der Kirchenreform in der Mitte des 11. Jahrhunderts, brandmarkte Heinrich II. als üblen Kirchenräuber und Simonisten. Das Negativurteil über Heinrich als Kirchenfeind spitzte sich bei Joachim von Fiore und den von ihm ausgehenden Traditionen des 13. Jahrhunderts noch zu. In Miniaturen des 14. Jahrhunderts zu einem joachitischen Text wurde Heinrich II. sogar als einer der sieben Köpfe des apokalyptischen Drachens dargestellt, nach Herodes, Nero, Constantius II. (337–361), Chosroe II. (591–628) und vor Saladin und Friedrich II.[83]

Diese Beurteilung hatte im Reich kaum eine Chance, wo sich – befördert durch den ersten Stauferkönig Konrad III. (1138–1152) und betrieben vom Bamberger Klerus – der heilige Heinrich durchsetzte. Zwischen 1146 und 1200 erreichte das Regnitzbistum gleich drei Heiligsprechungen. 1146 erhob Papst Eugen III. Kaiser Heinrich II. als Ersten in den Heiligenhimmel, 1189 folgte auf dem Weg der delegierten Kanonisation der Pommernapostel und Bamberger Bischof Otto I. (1102–1139), 1200 stellte Papst Innocenz III. zwei Urkunden über die Kanonisation der Kaiserin Kunigunde aus.[84] Was sich angesichts aktueller Inflationierungstendenzen in der katholischen Kirche wie drei Erfolge unter vielen ausnehmen mag, erhält seinen besonderen Wert aus der mittelalterlichen Exklusivität. In 500 Jahren nach der ersten offiziellen päpstlichen Heiligsprechung 993 gelangten weniger als 100 Verfahren zum erfolgreichen Abschluss. Im 12. Jahrhundert war das Bistum Bamberg mit drei Heiligen der Gewinner im Kampf um kultische Standortvorteile, weil es zwischen 1100 und 1200 immerhin 11,11 Prozent aller geglückten Kanonisationsverfahren für sich verbuchen konnte.[85] Die Gründe dürfen weniger im makellosen Exemplum des gewiss vorbildlichen Stifterpaars als in den Bamberger Bedürfnissen aus staufischer Zeit gesucht werden. Im Wettstreit der Reichsbistümer besann sich das periphere Bamberg seiner kaiserlichen Stifter und nutzte sie zum Erhalt von Königs- und Papstnähe.

Papst Eugen III. festigte durch seine Begründung der Kanonisation 1146 die spätere typologische Erinnerung an Heinrich II.: „Jetzt aber haben wir vieles [...] erfahren über seine Keuschheit, über die Gründung der Bamberger Kirche und vieler anderer, auch über die Wiederherstellung bischöflicher Sitze und die vielfältige Freigebigkeit seiner Spenden, über die Bekehrung König Stephans und ganz Ungarns, von ihm herbeigeführt durch Gottes Hilfe, über seinen glorreichen Tod und über mehrere Wunder nach seinem Tod, geschehen in Gegenwart seines Leibes. Darunter halten wir für besonders bemerkenswert, dass er nach Empfang von Krone und Zepter des Reichs nicht kaiserlich, sondern geistlich lebte und dass er in rechtmäßiger Ehegemeinschaft wie wohl nur wenige bis ans Lebensende unversehrte Keuschheit bewahrte" (Abb. 20).[86] Papst Innocenz III. bekräftigte dieses Idealbild, als er die Heiligsprechung Kunigundes 1200 aus ihrer beständigen Jungfräulichkeit, der mit dem Gemahl getätigten Bamberger Bistumsgründung und weiterer frommen Werke erklärte.[87]

Die von Bamberg angestrengten Verfahren brachten besondere Typen kaiserlicher, bischöflicher und weiblicher Frömmigkeit hervor und festigten die zunehmende Nähe des Bistums zur Kurie. Die Zeugnisse für die kultische Verehrung Heinrichs II. und Kunigundes sind weit gestreut und erst für das Bistum Bamberg intensiver erforscht.[88] Hier bewahrten sich die Stifter in einzigartiger Weise, in der Präsenz ihrer Gebeine und in den andauernden Folgen ihres Handelns. Immer wieder erneuerte Erinnerungsleistungen bestärkten eine besondere Bamberger Heilsgewissheit, die sich ihr eigenes Wissen von den Stiftern schuf.

88 Klauser, Heinrichs-
und Kunigundenkult.

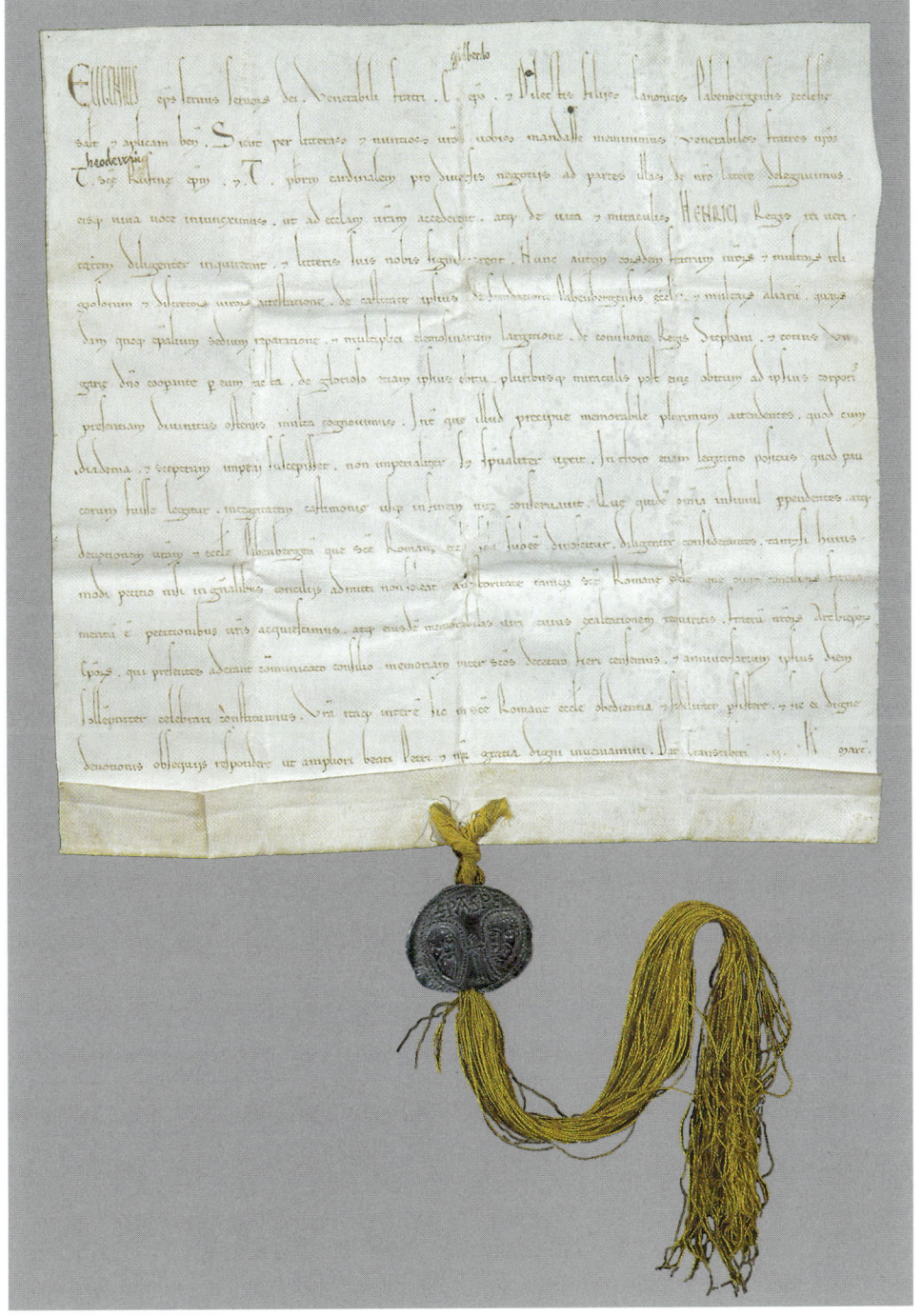

20 Heiligsprechungsbulle
Heinrichs II. (Kat.-Nr. 184)

Gude Suckale-Redlefsen

Prachtvolle Bücher
zur Zierde der Kirchen

21 Regensburger Sakramentar:
Vere Dignum und Te igitur
(Kat.-Nr. 112)

Von den deutschen Kaisern des Hohen Mittelalters war Heinrich II. der größte Liebhaber illuminierter Bücher. Seine herausragenden Leistungen für das Buchwesen ließ er durch Abt Gerhard von Seeon (1004–1021) feiern. Dieser Geistliche pries die Neugründung des Kaisers in Franken in hymnischen Versen als Stadt der Bücher und verglich sie mit der sagenhaften kanaanitischen Hochburg für Wissenschaften, der „sepher cariath" (lat. civitas literarum) des Alten Testaments (Idc I,11–12); Bamberg überstrahle sogar Rom und Athen an Bedeutung (Kat.-Nr. 69).[1] Doch wäre es falsch, den Kaiser als Bibliophilen im modernen Sinne zu betrachten. Denn seine Sammelleidenschaft beruhte nicht primär auf der Freude an schönen Büchern oder auf irdischem Besitzstreben, sie hatte vielmehr religiöse Gründe. Weil Heinrich seine Stiftungen als Unterpfand auf dem Weg in den

1 Staatsbibliothek Bamberg
(Msc. Lit. 143, fol. 4ᵛ–5ʳ).

Himmel betrachtete, verschenkte er Handschriften großzügig, um sich damit die Fürbitte der Geistlichkeit zu sichern. Doch als Stratege mit ausgeprägtem Machtkalkül benutzte er sie gleichzeitig als Mittel der Diplomatie.

Heinrich fühlte sich als Stellvertreter Christi auf Erden dazu verpflichtet, für ein geordnetes religiöses Leben im Reich zu sorgen. Ohne feste Residenz und ständig auf Reisen, lag es in seinem ureigensten Interesse, Kirchen als Orte für öffentliche Auftritte prächtig ausgestalten zu lassen. Denn Hoftage und andere Staatsakte fanden meist in Bischofskirchen oder Reichsklöstern statt und wurden auf hohe christliche Feiertage gelegt.[2] Die Geistlichkeit inszenierte das Erscheinen des Herrschers, seinen „adventus", eindrucksvoll als feierliche Prozession. Bischöfe und Äbte waren jedoch auch verpflichtet, dem Kaiser bei Kriegszügen Gefolgschaft zu leisten sowie Kanzleiaufgaben und andere weltliche Tätigkeiten zu übernehmen.

Bei der engen Verzahnung von politischer Repräsentation und christlichem Kult im ottonischen Staatskirchensystem lag die Verbindung von geistlichem Buch mit weltlichen Geschäften zwar nahe, aber sie erstaunt heute trotzdem. So füllte man leer gelassene Seiten selbst in den wertvollsten liturgischen Handschriften mit Traditionsnotizen, also Beurkundungen von Privilegien oder Güterübertragungen, die sozusagen als Sicherheitskopien dienten (Kat.-Nr. 101 und 138). Außerdem wurden Herrscherbilder, die weltliche Machtansprüche ganz offenkundig zur Schau stellten, den christlichen Bilderzyklen der Pracht-Codices vorgeschaltet. Sie sollten die immer während Anwesenheit des Regierenden dokumentieren und die Geistlichkeit an ihre Pflicht ermahnen, durch beständige Fürbitte für Kaiser und Reich zu sorgen.

Alle Texte sind in Latein verfasst, die allgemein verbindliche Sprache von Kirche und Diplomatie, die allerdings nur wenige verstanden, weil im alltäglichen Leben in zahllosen Stammesdialekten gesprochen wurde. Gewiss waren mehr als 95 Prozent der Bevölkerung Analphabeten. Auch bei den vor allem im Kriegshandwerk ausgebildeten Herrschern dieser Zeit konnten Lese- und Schreibkenntnisse nicht vorausgesetzt werden. Otto der Große († 973) erlernte dies erst als älterer Mann, und Konrad II. (1024–1039), Nachfolger Heinrichs und erster Salier auf dem Thron, wurde wegen seiner Bildungmängel als „rex idiota" verspottet.[3] Obwohl offiziell jeder, der aktiv am kirchlichen Leben teilnehmen wollte, die alte Sprache beherrschen musste, sah die Realität selbst bei der Geistlichkeit oft anders aus. Eine Anekdote berichtet, dass ein Bischof wie Meinwerk von Paderborn (1009–1036) öffentlich wegen mangelhafter Lateinkenntnisse vorgeführt wurde (Kat.-Nr. 86).

Wortbilder — Die hohe Wertschätzung des Buchs bei so geringem Bildungsstand erklärt sich aus der christlichen Religion, die das Wort zum Kultgegenstand erhob. Diese außerordentliche Bedeutung umreißt der erste Satz des Johannes-Evangeliums in knappster Form: „Im Anfang war das Wort, und das Wort war bei Gott, und Gott war das Wort." Der Glaube an die Göttlichkeit des Heiligen Wortes und an seine überirdische Kraft bezog sich aber nicht nur auf die Evangelien, sondern beispielsweise auch auf alle Worte zu den heiligen Handlungen, die im Sakramentar aufgezeichnet sind. Deshalb wird dieser Buchtyp ebenso kostbar ausgestattet wie Evangeliare und Perikopenbücher. Zentraler Teil des Sakramentars sind die Gebete, die der zelebrierende Priester während der Messe spricht. Höhepunkt ist die Verwandlung von Brot und Wein in den Leib und das Blut Christi, wie es Christus beim Abendmahl seinen Jüngern befohlen hatte. Im Moment der Wandlung wiederholt der Priester die Einsetzungsworte Christi beim Abendmahl. Dieses Kernstück der Messe wird mit einem Segen eröffnet, bei dem der Zelebrant das Kreuzzeichen macht und ein Gebet spricht, das mit den Worten „Vere dignum" beginnt.

2 Beyreuther, Osterfeier.
3 Hoffmann, Mönchskönig; Wendehorst, Lesen und Schreiben.

22 Wolfenbütteler Evangelistar: I-Initiale mit Rankenkletterer (Kat.-Nr. 133)

4 Kat.-Nr. 133, fol. 41ʳ.

Als Schmuck für diese Stelle wählte man im Regensburger Sakramentar, das Heinrich II. dem Bamberger Dom stiftete, bezeichnenderweise eine Schriftzierseite (Abb. 21; Kat.-Nr. 112). Die ersten beiden Buchstaben, V und D, wurden mit dem Segenskreuz in einer Ligatur zu einem bildhaften Zeichen von magischer Ausstrahlung verdichtet, das kaum noch als die ursprüngliche Buchstabenkombination zu erkennen ist. Sie bildet eine Form, die dem letzten Buchstaben des griechischen Alphabets, dem Omega, ähnlich ist, der auch für das Ende der Welt steht. So versinnbildlichen die beiden Schriftzeichen den Glauben an den allmächtigen Gott, durch dessen Kreuzestod die Menschheit gerettet wurde, und weisen zugleich voraus auf das Jüngste Gericht am Ende der Tage.

Noch mehr Gewicht erhielten die ersten Worte der nächsten Stufe im Messkanon mit der Anrufung Gottes: „Te igitur" (Abb. 21; Kat.-Nr. 112). Die Kreuzformen des T eigneten sich besonders als Träger sakralen Gehalts. Hier wird das Schriftzeichen durch große Rankenspiralen zum Lebensbaum. Wie auf der Vere-dignum-Seite durchdringt das Blattwerk die Anschlussbuchstaben so vollständig, dass die Lesbarkeit dadurch beeinträchtigt ist. Diese Schmuckfülle steigert aber ihr Ansehen und gibt ihnen etwas Geheimnisvolles, ja eine magische Dimension. Der bildanaloge Rang dieser Wortkompositionen wird durch die üppigen Rahmenornamente noch unterstrichen. Auf der Te-igitur-Seite sind in die umrahmende Mäanderbänderung vier kreuzförmig angelegte Faltsterne in Medaillons eingelegt, die wiederum als Spitzen einer aufrecht stehenden Rautenform kosmologische Bedeutung haben (Kat.-Nr. 108).

Wie ideenreich das Wort ausgestaltet wurde, zeigen die Bildpaare in den Propheten-Kommentarhandschriften der Bamberger Staatsbibliothek (Kat.-Nr. 138 und 139), die auf der Reichenau entstanden. Im Gegensatz zu der in Regensburg bevorzugten teppichartig reichen Musterung des gesamten Bildfeldes sind die Maler vom Bodensee sparsamer in der Verwendung von Ornament. Sie unterscheiden die Elemente genauer und die Bandbreite der Möglichkeiten ist bei ihnen größer. Die Buchstaben können tektonische⁴ oder fantastische Qualitäten annehmen.

Das Hohe Lied beginnt mit einer Bild- und einer Initialseite (Abb. 23). Die O-Initiale im Zentrum hat ihren Buchstabencharakter verloren und schwebt losgelöst als Gloriole um Christus im Himmel. Die anschließenden Worte bilden als Bo-

23 Zwei allegorische Bilder zum Hohen Lied (Kat.-Nr. 138)

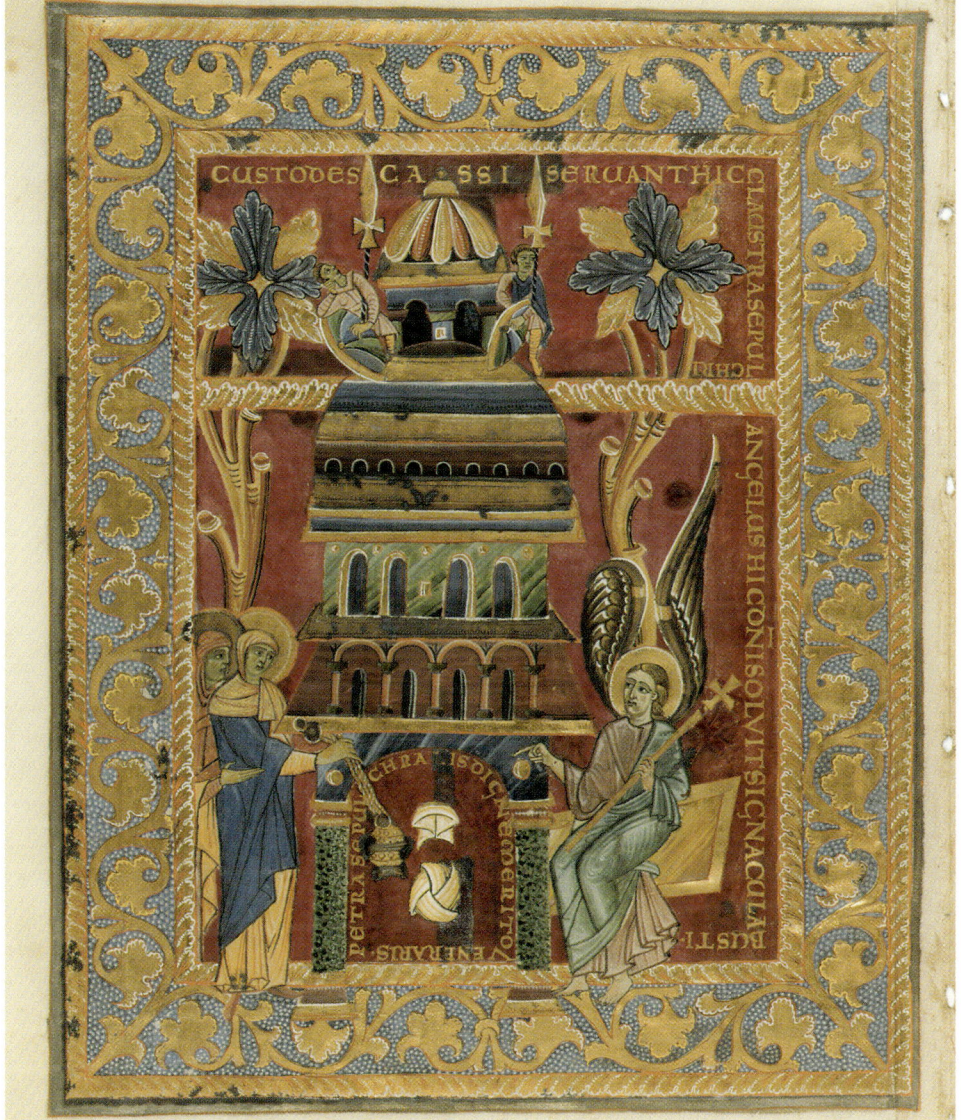

24 Abraham-Sakramentar:
Frauen am Grab

25 Regensburger Sakramentar:
Frauen am Grab (Kat.-Nr. 112)

denstreifen die Basis, von der aus die Gläubigen zur Maiestas auf dem Thron em-
porsteigen. Bezeichnenderweise nähert sich das Bild gegenüber mit der Prozession
vom Taufbecken zum Kreuz seinerseits einer Buchstabenform, einem unzialen D.
Bild und Wort scheinen demnach nicht nur innerlich verwandt, sondern austausch-
bar. Was auf den ersten Blick einfach zu sein scheint, ist im Grunde ein geheimnisvolles Zeichen. In derselben Handschrift wird das Buch Daniel ebenfalls von einer
Bild- und einer Initialseite eingeleitet. Doch wächst hier aus dem stark verfremdeten
Buchstaben A ein Dornbusch, der dem Propheten als Hochsitz dient (Kat.-Nr. 138).

Die Ausbildung Heinrichs II. — Es ist ungewöhnlich, dass Heinrich II. als ältester
Sohn des Bayernherzogs zunächst zum Geistlichen erzogen wurde. Dadurch lernte
er schon früh die lateinische Sprache und den Umgang mit Büchern. Zu den
Bischöfen, die mit seiner Ausbildung betraut waren, zählte ein enger Vertrauter seines Vaters, Bischof Abraham von Freising (957–994). Anhand von Bildern lässt
sich zeigen, wie der spätere König und Kaiser von ihm beeinflusst wurde. Heinrich
imitierte seinen Lehrer nicht nur in der Wahl eines Sakramentars als erste große

26 Guntbald-Sakramentar:
Kreuzigung (Kat.-Nr. 110)

27 Regensburger Sakramentar:
Kreuzigung (Kat.-Nr. 112)

5 Abraham-Sakramentar,
Bayerische Staatsbibliothek,
München (Clm 6421): AK Otto
der Große, Kat.-Nr. IV.60
(R. Kahsnitz).

Buchstiftung (Kat.-Nr. 112), sondern ließ auch ikonografische Besonderheiten seines Vorbilds einfließen. So kehrt etwa der ungewöhnlich hohe, turmartige Grabbau der Osterminiatur des älteren Freisinger Werks[5] im Regensburger Sakramentar in ähnlicher Form wieder (Abb. 24 und 25).

Heinrich besuchte danach für einige Zeit die Domschule von Hildesheim, eine der wichtigsten Ausbildungsstätten des sächsischen Hochadels. Dort regierte Bischof Bernward (993–1022), dessen Rat in politischen und künstlerischen Fragen Heinrich zeitlebens suchte und dessen Liebe zu den Künsten maßgeblichen Einfluss auf den Herzogssohn ausgeübt haben muss. Der Geistliche hatte in Hildesheim eine Werkstatt für Metallguss gegründet, wo Kreuze (Kat.-Nr. 175), liturgische Geräte (Kat.-Nr. 177), aber auch Türen geschaffen wurden. Bernward war dafür bekannt, dass er regelmäßig junge, begabte Künstler zu Studienzwecken mit an den kaiserlichen Hof nahm. Er berief Guntbald, einen Diakon, Schreiber und Malermönch aus Regensburg nach Hildesheim, der ihm im Jahr 1014 ein Sakramentar anfertigte (Kat.-Nr. 110), das auffällige Parallelen zum Regensburger Werk zeigt (Abb. 26 und 27; Kat.-Nr. 112).

In der bayerischen Residenzhauptstadt Regensburg prägten Bischof Wolfgang (972–994) und Abt Ramwold (975–1000) Heinrichs Werdegang. Beide gehörten der lothringisch-gorzischen Klosterreformbewegung an, die Heinrich sein Leben lang förderte. Wolfgang, als Schwabe auf der Reichenau und in Würzburg erzogen, unterrichtete vor seiner Berufung nach Regensburg zunächst in Trier und Einsiedeln, wo es in dieser Zeit bedeutende Skriptorien gab. Er versuchte sein Bistum nach dem regelstrengen Ordensleben des lothringischen Vorbilds zu reformieren, doch scheiterte er damit bei den Kanonissen in Ober- und Niedermünster (Abb. 28). Seine Bemühungen im Benediktinerkloster St. Emmeram waren mithilfe seines Freundes, Abt Ramwold, erfolgreich. Nachdem der Bischof die Personalunion von Domstift und Kloster aufgelöst hatte, konnte der Abt und vormalige Propst dort durch effiziente Wirtschaftsführung eine neue Grundlage für die Pflege von Wissenschaften und Künsten schaffen. Heinrich berief mit Vorliebe Schüler Ramwolds als Leiter der wichtigsten Reichsklöster. St. Emmeramer Zöglinge waren unter anderem die Äbte Poppo (1005) in Lorsch, Richard in Amorbach und Fulda (1015) und Markward in Kloster Berge bei Magdeburg (1022). Auch die Erzbischöfe Poppo von Trier und Hartwig von Salzburg kamen aus dieser Schule, ebenso der oben er-

28 Regelhandschrift aus dem
Stift Niedermünster:
Äbtissin Uta (Kat.-Nr. 111)

wähnte Hildesheimer Illuminator Guntbald. Überhaupt waren in der Heinrichszeit die Erzbistümer mehrheitlich mit Angehörigen bayerischer Familien besetzt.

Ramwold und König Heinrich II. in Regensburg — Ramwold, der während seiner Ausbildung im Trierer Kloster St. Maximin große Erfahrung im Umgang mit Büchern und Kunstwerken gesammelt hatte, förderte das Buchwesen seines Regensburger Klosters auf vielfältige Weise. Er stattete den von Wolfgang konzipierten Bibliothekssaal in St. Emmeram mit 80 neu erworbenen Büchern aus und widmete seinem Konvent eine zweibändige Homiliensammlung mit einer selbst verfassten Vorrede.[6] Doch scheint er selbst ebenso wie Heinrich II. die mit großem Aufwand betriebene Restaurierung des Codex Aureus von St. Emmeram[7] als sein höchstes Verdienst betrachtet zu haben.

29 Codex Aureus von
St. Emmeram: Abt Ramwold

Dieses überaus reich ausgezierte, kostbar eingebundene Evangeliar hatte der westfränkische Kaiser Karl II. (838/40–877), auch der Kahle genannt, 870 in einem nordfranzösischen Skriptorium herstellen lassen. Vermutlich schenkte der Auftraggeber, ein Enkel Karls des Großen, der sich bildlich und inschriftlich in der Handschrift huldigen ließ, das Werk Arnulf von Kärnten (887–899), einem Karolinger illegitimer Abstammung, der zunächst als König und später als Kaiser über das ostfränkische Reich herrschte. Arnulf hatte seine Residenz in Regensburg genommen und seine Grablege in St. Emmeram einrichten lassen, wo er im Jahr 899 beigesetzt wurde.

Es lag für Heinrich II. in der Konsolidierungsphase seiner Herrschaft nahe, sich einen Karolinger zum Vorbild zu nehmen. Denn die junge Dynastie der Ottonen, erst recht aber die Abkömmlinge der Nebenlinie spürten einen Mangel an Legitimität. Deshalb bekam der Codex Aureus für seine ersten Buchstiftungen auch eine ähnlich programmatische Bedeutung wie die Heilige Lanze für seinen Amtsantritt. Die Restaurierungsarbeiten galten auch keineswegs nur der Bestandserhaltung eines besonders gefährdeten Objekts; sie dienten vielmehr dazu, ein durch die Zeit abgenutztes Werk zu einer kaiserlichen Insignie zu stilisieren, um damit die Legitimität der Herrschaft des bayerischen Herzogs über das gesamte Reich zu unterstreichen. Die Schätze Arnulfs wurden besonders verehrt, was sich unter anderem in einer Regensburger Miniatur mit der Messe des hl. Erhard niederschlug. Sie befindet sich im Uta-Codex aus dem Stift Niedermünster[8], der um 1020 entstand. Dort wird neben Goldschmiedewerken auch der kostbare Deckel des Codex Aureus schräg aufgerichtet in festlicher Inszenierung präsentiert.

Wie selbstbewusst Ramwold bei der Restaurierung der karolingischen Handschrift zu Werke ging, zeigen tiefe Eingriffe in den alten Bestand. Denn der Abt ließ nicht nur die Miniaturen überarbeiten, sondern auch das Einleitungsbild mit Christus in der Maiestas Domini aus der Ehrenposition zu Beginn entfernen, um es weiter hinten einzufügen.[9] Dadurch stand nun eine leere Seite am Anfang des Buchs, auf der sich der Abt selbst zwischen Tugendmedaillons und Evangelistensymbolen von den Malermönchen Aribo und Adalbert verewigen ließ (Abb. 29).[10] Er trägt zwar das goldene Buch in seinen Händen und bringt die Bedeutung dieses Werkes dadurch auch kompositionell zum Ausdruck, doch ist die Miniatur zugleich ein erstaunliches Zeugnis für den Kult um die eigene Person, der für uns wenig zum mönchischen Ideal der Demut (humilitas) zu passen scheint, aber von Heinrich II. ebenso betrieben wurde.

Es ist auch bezeichnend, dass für das Bildnis des Abts dieselben Würdeformeln wie für Christus benutzt wurden. Ramwold wird von einer auf der Spitze stehenden Raute mit Tugendmedaillons umrahmt und von Evangelistensymbolen in den Ecken

6 AK Ratisbona Sacra,
S. 183 (E. Freise).
7 Bayerische Staatsbibliothek,
München (Clm 14000):
Bierbrauer, Handschriften, Bd. 1,
Nr. 248; Wunderle, Katalog,
S. 3 f.
8 Bayerische Staatsbibliothek,
München (Clm 13601, fol. 4r):
Boeckler, Erhardbild; Cohen,
Uta Codex.
9 Clm 14000, fol. 46v
(vgl Anm. 7).
10 AK Regensburger
Buchmalerei, Nr. 13 (U. Kuder).

30 Codex Aureus von
St. Emmeram: Karl der Kahle

31 Regensburger Sakramentar:
Heinrich II. auf dem Thron
(Kat.-Nr. 112)

11 Christusdarstellungen
mit Tugendmedaillons kommen
im Kreuzreliquiar (Abb. 64),
dem rückwärtigen Einband des
Perikopenbuchs (Abb. 66), dem
Fuldaer Sakramentar
(Kat.-Nr. 172), den Tragaltären
aus Watterbach (Kat.-Nr. 167)
und der Sammlung Spitzer
(Kat.-Nr. 166) sowie dem Basler
Antependium (Abb. 70 a) vor.

begleitet. Sein überaus hoher Anspruch zeigt sich in der Kleidung mit der für einen Abt ungewöhnlich breiten, fransengeschmückten Goldstola über der schlichten Mönchskutte, in den groß inszenierten Inschriften und in den Tugendpersonifikationen. Neben Klugheit (prudentia) und Gerechtigkeit (iustitia) ließ er Weisheit (sapientia) und Barmherzigkeit (misericordia) seinem Bildnis programmatisch zuordnen. Tugendpersonifikationen wurden zu einem philosophisch-moralisierenden Leitthema in Heinrichs Stiftungen. Auf Christus bezog man meist, antiker Tradition folgend, die vier Kardinaltugenden, also Klugheit, Gerechtigkeit, Mäßigkeit und Stärke.[11] Für den mit Gottes Gnade regierenden Herrscher wurde diese Auswahl variiert, wie die Bamberger Apokalypse (Kat.-Nr. 122) und das Evangeliar aus Montecassino (Kat.-Nr. 115) zeigen.

Der Vorbildcharakter des Codex Aureus für das Regensburger Sakramentar Heinrichs II. wird in der Gegenüberstellung der beiden Thronbilder besonders deutlich (Abb. 30 und 31). Weil der ottonische Maler die Grundkomposition und viele Details kopierte, bekommen seine Veränderungen programmatischen Cha-

32 Graduale und Sequentiar: Initialzierseite (Kat.-Nr. 114)

33 Codex Aureus aus St. Emmeram fol. 13ʳ: Incipit des Matthäus-Evangeliums

rakter. So wurden die Engel in den Baldachinzwickeln der oberen Bildhälfte in Gaben bringende Frauengestalten verwandelt, wie es den ottonischen Herrscherbildern entsprach. In der Regensburger Handschrift sollten außerdem die kreuzbekrönten Reichsinsignien deutlich zur Schau gestellt werden. Deshalb präsentiert Heinrich, anders als Karl mit erhobener Segenshand, demonstrativ Zepter und Reichsapfel.

Die Unterschiede in der Barttracht und der Physiognomie dürfen jedoch nicht als Versuch missverstanden werden, die beiden Herrscher individuell charakterisieren zu wollen. Das war weder die Absicht des karolingischen noch des ottonischen Malers. Der Ottone bekam schärfer stilisierte Gesichtszüge und ein grünliches Inkarnat, weil er wie ein Byzantiner aussehen sollte. Denn das Hofzeremoniell des oströmischen Kaisers, nicht das des Karolingers, setzte die Maßstäbe in heinrizischer Zeit. Infolgedessen erinnern auch seine Gewänder mit den großen goldenen Schmuckrosetten über Schultern und Knien an die Tracht oströmischer Herrscher und nicht an die Karls des Kahlen.

In Regensburg griff man auch bei der Ausstattung anderer Handschriften auf den Bildschmuck des Codex Aureus zurück. So wird im Titelblatt eines Graduales aus dem Bamberger Dom (Abb. 32) die Rahmenornamentik und die Schriftgestaltung zitiert (Abb. 33). Selbst in Werken der zwanziger Jahre des 11. Jahrhunderts, wie dem oben genannten Uta-Codex[12] und dem Evangeliar aus Montecassino (Kat.-Nr. 115), verwendete man Motive aus dieser Vorlage.

Der Ruhm des Codex Aureus reichte über Regensburg hinaus. So muss zumindest einer der Maler des Salzburger Perikopenbuchs dieses Formengut gekannt haben.[13] Ein anderer Künstler dieser Handschrift, der die Darstellung Christi im Tempel und diejenige des ungläubigen Thomas vor dem Auferstandenen ausführte, steht dem des Heinrichbildes im Bamberger Pontifikale sehr nahe (Kat.-Nr. 117)[14]. Die Regensburger Muster waren auch in dem in der Nähe des Chiemsees gelegenen Kloster Seeon in Gebrauch, das der bayerische Pfalzgraf Aribo, ein Verwandter des Kaisers, kurz vor der Jahrtausendwende gegründet hatte. Obwohl dem Konvent um das Jahr 1010 nur 16 Mönche angehörten[15], entstanden dort zur Heinrichszeit einige bedeutende Handschriften, unter anderem das Evangelistar der Bamberger Staatsbibliothek (Kat.-Nr. 113).

12 Vgl. Anm. 8.
13 Pippal, Stil, S. 101 f.
14 Pippal, Stil, S. 104 f.
15 Forstner, Verbrüderungsbuch, Taf. 35.

34 Basileios-Psalter:
Kaiser Basileios II.

Die Bedeutung der Vorlagen — Schon im Vergleich des Codex Aureus mit dem Regensburger Sakramentar wurde deutlich, wie wichtig die Auswahl der Vorbilder für die Konzeption der heinrizischen Buchkunst war. Die fest im Dienst der Kirche eingebundenen Miniaturmaler stellten ihr Können weniger durch persönliche Erfindungen als durch einen hohen Grad an gemeinschaftlichem Wollen unter Beweis. Wenn überhaupt Künstler namentlich genannt werden, treten sie häufig zu zweit auf: Aribo und Adalbert in Regensburg, Kerald und Heribert von der Reichenau oder Purchard und Heribert im Hillinus-Codex (Kat.-Nr. 128). Dies verdeutlicht auch die Schrift. Obwohl die Texte meist von verschiedenen Händen stammen, zeichnen sie sich durch eine nie nachlassende Klarheit, Gleichmäßigkeit und Monumentalität aus. Ebenso wie die Schreiber verzichteten auch die Maler auf individuelle Stilbildung und unterwarfen sich den Regeln der jeweiligen Klostergemeinschaft.

Dem heutigen Betrachter, der gewohnt ist, sich durch immer neue künstlerische Innovationen überraschen zu lassen, mag diese Verhaltensweise der Ottonik fremd sein. Damals besaß das Alte außerordentlich hohe Autorität, die es auf die neuen Kompositionen zu übertragen galt. Man studierte die überlieferten Kunstwerke und versuchte sie in die neuen Entwürfe zu integrieren. Obwohl das den Spielraum für individuelle Lösungen eingrenzte, entstanden zahlreiche originelle Bildschöpfungen. Aus diesem Grund hat die für uns selbstverständliche Frage nach dem Künstler für diese Zeit weniger Relevanz, und es erscheint fragwürdig, einzelne Persönlichkeiten aus den Werkstätten herauslösen zu wollen, wie etwa den Gregor-Meister, dessen Name eher für eine Stilrichtung als für ein Individuum steht. Die Maler blieben anonym und arbeiteten oft zu mehreren an einem Werk. Deswegen kann die Bestimmung der Vorlagen und die Analyse des Umgangs mit ihnen oft mehr zum Verständnis ottonischer Bilder beitragen als die Suche nach den so genannten „Meistern".

16 Kahsnitz, Koimesis.
17 Biblioteca Marciana, Venedig, Ms. gr. 17, fol. 3[r]; Cutler/Spieser, Byzanz, S. 317, Abb. 254; AK Regensburger Buchmalerei, S. 24; Körntgen, Königsherrschaft S. 221f.

Die Byzanz-Rezeption — Schon im Regensburger Sakramentar (Kat.-Nr. 112) wurde die Absicht des Kaisers deutlich, neben den karolingischen Vorlagen vor Ort auch anderes zu integrieren. Er ließ in seinem Thronbild zwar die Komposition des hochverehrten Karolingers zitieren, doch präsentierte er sich in neuen, byzantinisierenden Kleidern. Es gibt zahlreiche andere Hinweise für die Rezeption oströmischer Vorbilder in der heinrizischen Kunst[16], wie beispielsweise die Inschriften des Kreuzigungsbildes im Regensburger Sakramentar (Abb. 27), wo griechische, teilweise missverstandene Buchstaben unter dem Kreuz stehen.

Noch deutlicher wird diese Ausrichtung im Krönungsbild dieser Handschrift (Abb. 2). Inhaltlich und kompositionell sind Anleihen bei byzantinischen Werken nachweisbar. Den zitierten griechischen Typus überliefert z. B. der Basileios-Psalter[17] (Abb. 34), in dem Christus dem oströmischen Kaiser Basileios II. (976–1025) die Krone aufs Haupt setzt und ein Engel ihm die Lanze überreicht. Doch ließ sich Heinrich nicht in der Rüstung eines spätantiken Feldherrn oder erhoben auf einen Schild verherrlichen. Auch auf den in Proskynese niedergestreckten Feind, über den der Byzantiner triumphierend seine Lanze setzt, wurde hier verzichtet. Diese Siegerpose kam im Westen in anderem Zusammenhang zum Einsatz, wie die Miniatur mit dem Triumph der Tugenden über die Laster in der Bamberger Apokalypse zeigt (Kat.-Nr. 122).

Heinrich hatte schon als bayerischer Herzog Zugang zu den Luxusgütern des Orients, denn Regensburg war das süddeutsche Importzentrum für kostbare Stoffe und exotische Schatzstücke. Auch aus den damals Byzanz zugehörigen italienischen

Regionen wie Venedig gelangten die hoch begehrten Preziosen in den Norden. Die verfeinerte höfische Kultur Ostroms galt im vergleichsweise barbarischen Westen als Vorbild. Spätestens seit der Heirat Ottos II. mit der byzantinischen Prinzessin Theophanu wurden die Beziehungen zwischen beiden Reichen enger. Heinrich führte diese Politik fort. Er empfing bereits im Jahr seiner Amtsübernahme, im Dezember 1002, eine Delegation von Basileios II. in Frankfurt am Main. Wie üblich bei derartigen diplomatischen Begegnungen erhielt er dabei zahlreiche kostbare Geschenke.[18] Oströmischen Einfluss zeigen neben der Gewandung auch die Kronen Heinrichs. Er übernahm die für Byzanz charakteristischen Pendilien, also dünne Kettchen mit Edelsteinschmuck, die über den Ohren vom Kronreif herabhängen.[19]

Die Reichenau — Der Stil des Skriptoriums von St. Emmeram prägte Heinrichs früheste Stiftungen. Nach der Herrschaftskonsolidierung begann er jedoch, die wichtigsten Aufträge an die Malerschule auf der Reichenau im Bodensee zu vergeben. Dieses Kloster war unter seinen Vorgängern zur führenden Hofwerkstatt aufgestiegen und belieferte bevorzugt Kaiser und Päpste.[20] Bereits zwei Wochen nach der Königswahl, am 24. Juni 1002, weilte Heinrich dort und griff fortan in die Abtwahlen ein. Sein besonderes Vertrauen genoss der im Jahr 1008 eingesetzte Bern, ein im Eifel-Kloster Prüm ausgebildeter Anhänger der lothringischen Reformbewegung. Er zählte zu den großen Gelehrten seiner Zeit und verfasste zahlreiche Schriften zu Liturgie, Musik und Komputistik. Mehrmals befand er sich im Gefolge Heinrichs, begleitete ihn zur Kaiserkrönung nach Rom, nahm auch an seinem dritten Romfeldzug teil und schrieb ihm mehrere Briefe.[21] Er sorgte auch dafür, dass der Kaiser ein besonders intensives Totengedenken durch die Reichenauer Mönche erhielt. Auch den hohen geistlichen Gefolgsleuten Heinrichs war Bern aufs Engste verbunden, besonders den Erzbischöfen Pilgrim von Köln und Aribo von Mainz. Er widmete Pilgrim seinen Tonarius, von dem heute nur noch ein Blatt in Cleveland vorhanden ist.[22]

Die Liuthar-Gruppe — Heinrich wählte mit der Reichenau ein Skriptorium, das damals in der Buchkunst allerhöchste Maßstäbe erfüllte. Das Epoche machende, kostbar eingebundene Aachener Evangeliar[23], das für die Pfalzkapelle und Krönungskirche der deutschen Könige bestimmt war, kannte er mit Sicherheit. Dieses großzügig bebilderte Buch wurde Kaiser Otto III. von einem Geistlichen namens Liuthar überreicht. Wir wissen nicht, wer Liuthar war und worin sein Anteil an dem Werk bestand, doch wurde er namengebend für eine Reihe von Handschriften aus der Blütezeit der Reichenau, die Liuthar-Gruppe. Doch dieser Sammelbegriff ist ähnlich wie die oben angesprochene Meisterfrage ein Notbehelf und suggeriert eine Einheitlichkeit, die so nicht gegeben ist. Beim Studium der einzelnen Werke fallen eher Vielfalt und Wandelbarkeit im Buchschmuck auf.

Ein Großteil der Bamberger Prachthandschriften wird der Liuthar-Gruppe zugerechnet. Zu ihr zählen die beiden Propheten-Kommentare (Kat.-Nr. 138 und 139), die schon immer durch ihre ungewöhnlichen Illustrationen und die oben erwähnten Initialseiten Aufsehen erregten, und das Bamberger Tropar, eine kleinformatige Musikhandschrift, die sich durch verschiedene Einträge auf 1001 datieren lässt (Kat.-Nr. 137). Dieser wohl für Otto III. bestimmte Codex verblieb nach dem überraschenden Tod des Kaisers im Inselkloster, wie aus Nachträgen zu schließen ist. Für die Stiftung an den Bamberger Dom tilgte man dann die Reichenauer Besitzhinweise weitgehend und ersetzte sie durch Bamberger.

18 Ohnsorge, Legation.
19 In folgenden Darstellungen trägt Heinrich Kronen mit Pendilien: Kat.-Nr. 113, 115, 117.
20 Mayr-Harting, Buchmalerei; Siede, Buchmalerei.
21 Schmale, Briefe.
22 Museum of Art, Cleveland (J. H. Wade Collection, 52,88): Hoffmann, Buchkunst, S. 315 f.
23 Aachen, Domschatzkammer, Inv. Nr. G 25; Grimme, Evangeliar; Hoffmann, Buchkunst, S. 307; Kuder, Ottonen, S. 138, 162–190; AK Krönungen, Bd. 1, S. 261, 288 (R. Kahsnitz); Bd. 1, Kat.-Nr. 3.38 (G. Minkenberg); AK Federstrich, S. 109 Nr. 11; Fried, Otto III.; Körntgen, Königsherrschaft, S. 169 f., passim.

35 Tropar (Kat.-Nr. 137)

36 Evangeliar Ottos III.

Drei besonders prächtig eingebundene, reich illuminierte Hauptwerke der Liuthar-Gruppe wurden in Bamberg als Reliquien Heinrichs II. verehrt. Das älteste von ihnen, meist als Evangeliar Ottos III.[24] bezeichnet, entstand um die Jahrtausendwende oder kurz danach, das jüngste und repräsentativste, das Perikopenbuch Heinrichs II.[25], dürfte zur Domweihe 1012 fertig gewesen sein. Dazwischen wurde das Evangeliar mit der einzigartigen Darstellung von Christus im Lebensbaum und dem amulettgeschmückten Golddeckel geschaffen (Kat.-Nr. 135). Die Bamberger Apokalypse (Kat.-Nr. 122) ist diesen drei Werken anzuschließen. Diese Handschriften entstanden alle in einem relativ sicher eingrenzbaren Zeitraum von etwa zehn Jahren.

Das Weihnachtsbild – Die Arbeitsmethoden der Liuthar-Gruppe sollen an drei themengleichen Darstellungen aufgezeigt werden. Das erste Beispiel, das Weihnachtsbild, fasst in diesen Codices die Geburt Christi und die Hirtenverkündigung zusammen. Bei Übereinstimmung im Motivrepertoire variiert die Gruppierung der Figuren und ihre Gestaltung. Im Tropar (Abb. 35) sind beide Ereignisse in einer Miniatur vereint. Der Pinselstrich ist locker nervös und die Farbigkeit dunkel gedeckt. Die Figuren bewegen sich lebendig, erzählende Elemente sind nicht zu übersehen, z.B. das Motiv des bellenden Hundes in der Hirtenverkündigung. Im Otto-Evangeliar (Abb. 36) nehmen die beiden Szenen nur die untere Bildhälfte ein, denn sie gehören zu einer Bilderfolge, die oben unter dem Stadtmodell Jerusalems mit der Verkündigung und der Vermählung Marias beginnt und unten mit dem Weihnachtsbild endet. Unterschiedlich ist auch die Gewichtung: Im Evangeliar Ottos III. wird die Hirtenverkündigung der Geburt Christi deutlich untergeordnet. Außerdem ist Josef an die Stelle des Verkündigungsengels getreten und dominiert durch seine Größe die Komposition. Diese Vermittlungsrolle hat er im Weihnachtsbild der Apokalypse (Abb. 37) wieder verloren, und auch die zyklische Einbindung in die Mariengeschichte fehlt dort. Obwohl die Komposition mit der des Otto-Evangeliars weitgehend identisch ist, wurden die Bildelemente des querrechteckigen Bildstreifens nun in einer hochformatigen Vollminiatur mit zwei voneinander getrennten Registern neu geordnet. Von dem im Tropar thematisierten Entsetzen der Hirten über

24 Bayerische Staatsbibliothek, München (Clm 4453): Faksimile Clm 4453; Mütherich/Dachs, Evangeliar; es wird mehrheitlich angenommen, Heinrich habe es aus dem Erbe seines Vorgängers übernommen.
25 Bayerische Staatsbibliothek, München (Clm 4452); Mütherich/Dachs, Perikopenbuch. Begleitband und Faksimile; AK Zierde; Körntgen, Königsherrschaft, S. 247 passim.

37 Bamberger Apokalypse
(Kat.-Nr. 122)

38 Augsburger Evangelistar
(fol. 1ᵛ)

die himmlische Erscheinung blieben nur die weit in den Raum ausgreifenden, erstarrt wirkenden Gesten. Anders als im Tropar wird nun der Hintergrund durch das Gold zu einer glänzenden Folie, die dem Geschehen Helligkeit und Strahlkraft gibt. Wie in der Apokalypse kommen auch im Perikopenbuch nur die Geburt und die Hirtenverkündigung zur Darstellung (Abb. 48). Hier aber nimmt jedes Ereignis für sich eine ganze Seite ein. Nicht zusammengedrängte Vielfigurigkeit oder erzählende Einbindung, sondern Verknappung und Monumentalisierung in ikonenartiger Formelhaftigkeit wurden nun zum Ideal. Die Einzelfiguren wurden frei gestellt und rücksichtsloser ihrer Bedeutung entsprechend in Größe, Gestik und Bewegung variiert. Die neue Gestaltungsqualität kommt in der Hirtenverkündigung besonders gut zum Ausdruck, wo der Engel in gewaltiger Größe mit weit ausgespannten Flügeln und flatternden Mantelenden Furcht erregend auf einem Erdhügel erscheint.

Herrscherbilder – Aufschluss über die sich auf der Reichenau zur Heinrichszeit verändernden Stilvorstellungen geben auch die Herrscherbilder. Für die Darstellung im Evangeliar Ottos III. (Abb. 39) und des eng verwandten Doppelblattes in der Flavius-Josephus-Handschrift (Abb. 41; Kat.-Nr. 134) hätte man auf die kurz vorher in diesem Skriptorium gefertigte Miniatur des Aachener Evangeliars Liuthars zurückgreifen können.[26] Doch stattdessen wählte man einen Entwurf zum Vorbild, der nicht am Bodensee, sondern wohl in Trier geschaffen wurde und in einem Einzelblatt überliefert ist (Abb. 40)[27]. Sein bedeutender, italienisch geschulter Künstler[28] setzte sich ähnlich wie Ramwold in Regensburg mit karolingischen Vorlagen auseinander und restaurierte eine Bibel aus Tours, die sich in Trier befand. Für sein Kaiserbild reduzierte er den Ornamentdekor seiner Vorlage und gestaltete den Thron ebenso wie das Ciborium nicht flächig, sondern räumlich. Ähnlich wie im Codex Aureus von Regensburg (Abb. 30) flankieren Gaben bringende Frauengestalten den Thron, doch verzichtete er auf die beiden Waffenträger und verdoppelte stattdessen die Zahl der Personifikationen. Dieses Kaiserbild wurde aufgrund seiner Monumentalität und Einfachheit richtungweisend, doch fehlten noch die staatstragenden Bischöfe. Erst ihre Aufnahme in die Ehrenposition zur Rechten des Regenten gegenüber den weltlichen Fürsten ergab den Typ der neuen Reichenauer Komposition.

Im Krönungsbild des Perikopenbuchs wurde die Komposition auf eine Seite verdichtet, um eine Schriftzierseite mit der Gründungsurkunde für den Bamberger Dom

26 Vgl. Anm. 23, fol. 16ʳ.
27 Chantilly, Musée Condé 14 bis: Egbert 1, Nr. 8, Taf. 32; Hoffmann, Buchkunst, S. 38, 468 f.; Kuder, Ottonen, S. 138 f., 142; AK Federstrich, S. 285 f.; AK Krönungen, S. 77, Abb. 1; Schneider, Imperator.
28 Nordenfalk, Chronology; Hoffmann, König Heinrich II.; von Euw, Prachthandschriften, S. 167.

39   Evangeliar Ottos III.:
Herrscherbild

40   Herrscherbild aus Chantilly

29 Im Gegensatz dazu:
AK Zierde, S. 111; Körntgen,
Königsherrschaft, S. 236 passim.

und der Bitte um ewiges Gedenken an den Stifter einfügen zu können (Abb. 10; Kat.-Nr. 75). Das Widmungsgedicht in goldenen Buchstaben auf Purpurstreifen wurde eigens für diesen Anlass verfasst und erhielt, der Würde des Ereignisses entsprechend, einen prunkvollen Palmettenrahmen. Wegen der inhaltlich anderen Gewichtung konnte der Reichenauer Maler nicht dasselbe Vorbild wie für das Evangeliar Ottos III. oder den Flavius Josephus verwenden. Kunigunde sollte als Mitstifterin integriert und der Huldigungszug inhaltlich neu konzipiert werden. Das zweizonige Bild zeigt in der oberen Bildhälfte, wie das dem Irdischen entrückte Herrscherpaar von den Patronen des Bamberger Doms und der Römischen Kirche, Petrus und Paulus, an den Thron Gottes herangeführt und mit den Kronen des ewigen Lebens ausgezeichnet wird. Größere Veränderungen gab es auch bei den huldigenden Frauen unten, die in zwei Gruppen gegliedert sind. Die mittlere der drei ganzfigurigen Gestalten im Vordergrund versinnbildlicht mit Mauerkrone, Weltkugel und Stabzepter wohl Roma oder Italia. Doch die Bezeichnung der beiden Begleitfiguren als Germania und Gallia erscheint fragwürdig. Denn die spitzzackigen Kronen, der Ehrenkranz und die Weltkugel mit rot leuchtendem Kreuz sprechen eher für Himmelsdarstellungen, womit das Bild eine kosmologische Komponente erhalten würde. Obwohl die Zahl der vier Gaben bringenden Frauen auf sechs erhöht wurde, sind sie in ihrer Bedeutung auffällig zurückgestuft. Auf Brustbilder verkürzt erscheinen sie knapp über dem Bodenstreifen und sind deshalb auch nicht mehr als unterschiedliche Reichsprovinzen inschriftlich gekennzeichnet, weil sie ganz allgemein für beherrschte Völker stehen.[29]

Evangelistenbilder – Auch das dritte Beispiel, das Bild des Evangelisten Johannes, ist aufschlussreich für den Umgang mit eigenen und fremden Bilderfindungen auf der Reichenau. Mit der Darstellung im Otto-Evangeliar (Abb. 42) hatte das Skriptorium ein eindringliches Bild von visionärer Thematik entwickelt. Dort thront der Autor mit starr auf den Betrachter gerichtetem Blick frontal auf einem Regenbogen. Ein Bücherstapel liegt in seinem Schoß, und in der erhobenen Hand hält er ein von Engeln getragenes Wolkengebilde mit seinem Symbolwesen sowie den Köpfen von König Salomon und anderen Zeugen des Alten Testaments. Mit der anderen Hand verweist er auf einen der beiden schreibenden Erzbischöfe unter ihm. Eine mächtige Giebelarchitektur und eine Inschrift in der Bodenleiste rahmen die kühne Komposition.

41 Flavius-Josephus-
Handschrift: Herrscherbild
(Kat.-Nr. 134)

Doch schon im wenig später entstandenen Evangeliar aus dem Bamberger Dom (Abb. 44; Kat.-Nr. 135) verzichtete man auf die Übernahme dieser Erfindung und orientierte sich wiederum an einem Trierer Vorbild, das eine kostbar in Goldtinte geschriebene Handschrift, das Evangeliar aus der Pariser Sainte-Chapelle[30], überliefert (Abb. 43). Die Rückkehr zum alten karolingischen Typus des schreibenden Autors bedeutete jedoch noch nicht den Verzicht auf tiefgründige Ausdeutung der Evangelien in den Christusgestalten neben den Symbolfiguren in den Lünetten. Diesen Schritt vollzog man erst im Perikopenbuch (Abb. 45), wo der Evangelist zugunsten einer strengeren, repräsentativeren Monumentalität vereinfacht ist. Außerdem veränderte man die Inschriften und vergrößerte die Schrifttype.

Die außerordentliche Variationsbreite innerhalb des Bilderkanons der Liuthar-Gruppe zeigt, dass im Reichenauer Skriptorium für jede wichtige Bestellung nach einer neuartigen, dem jeweiligen Auftraggeber gemäßen Gestaltung gesucht wurde. Für den Wandel der Lokaltradition durch die Übernahme lothringischer Elemente dürfte neben dem aus Trier stammenden Abt Bern auch die Kaiserin Kunigunde aus luxemburgischem Haus gesorgt haben.

Dass die Miniaturen des Perikopenbuchs am meisten den Vorstellungen Heinrichs II. entsprachen, lässt sich unter anderem aus der Übertragung dieser Kompositionen in die Goldschmiedekunst[31] und aus Zitaten in Buchstiftungen seiner Gefolgsleute schließen. Selbst die charakteristische zweiflügelige Darstellungsform sonst einseitiger Szenen der kaiserlichen Stiftungen wurde nachgeahmt. Diese besondere Würdeformel leitete sich aus reliefierten Elfenbeintäfelchen der Spätantike ab, den Konsulardiptychen, die Kaisern und hohen Staatsbeamten als Repräsentationsgeschenke dienten.

In den Miniaturen des Perikopenbuchs, das als die repräsentativste aller seiner Stiftungen eine Schlüsselstellung in der Frage nach den heinrizischen Kunstvorstellungen einnimmt, lässt sich das Streben nach tektonischer Ordnung und Vereinfachung erkennen. In einem streng symmetrischen Gefüge schaffen Architekturmotive antiker Prägung mit vorhangumschlungenen Säulen machtvoll erscheinende Rahmen, in denen nur wenige auserwählte Personen einen fest definierten Platz bekommen, der ihrem Rang und der gewünschten Symmetrie entspricht. Ihre

30 Bibliothèque Nationale de France, Paris (lat. 8851, fol. 115^v); Kahsnitz, Bildnis; Avril/Rabel, Manuscrits 1, Nr. 55; AK Le trésor de la Sainte-Chapelle, Nr. 59; gegen die Datierung um 984 hat sich unter anderem Kuder (Ottonen) ausgesprochen, der für ein Datum um 1003 in die Heinrichszeit plädiert.

31 Für die Gregordarstellung auf dem Rückdeckel des Regensburger Sakramentars (Kat.-Nr. 168) übernahm man ebenfalls eine Komposition, die das Evangeliar der Sainte-Chapelle im Bild des hl. Markus als Bischof von Alexandrien überliefert (Abb. 68). Der Goldschmied gestaltete die Vorlage nach seinen Bedürfnissen um. Es wäre jedoch ein Kurzschluss, aus dieser Motivübernahme auf den Herstellungsort schließen zu wollen. Denn es hat wohl eine in Bamberg ansässige heinrizische Werkstatt gegeben, die die Gregorplatte ausführte, in der neben Reichenauer auch Trierer Vorbilder in Gebrauch waren.

42 Evangeliar Ottos III.:
Johannes

43 Evangeliar aus der Sainte-
Chapelle: Johannes

44 Evangeliar aus dem
Bamberger Dom:
Johannes (Kat.-Nr. 135)

45 Perikopenbuch Heinrichs II.:
Johannes (Kat.-Nr. 75)

Gliedmaßen werden je nach Ausdruckswert überlängt oder verkürzt und die Silhouetten verfestigt. Die ausgreifenden Bewegungen, häufig durch auffliegende Mantelzipfel unterstrichen, haben magisch bannenden, zeichenhaften Charakter und scheinen in Ewigkeit zu erstarren. Durch die goldenen Hintergründe stehen die Figuren, ohne Schatten zu werfen, im Überirdischen. Auf die üppige, variantenreiche Ornamentierung der Regensburger und Seeoner Stiftungen wurde in allen Werken der Liuthar-Gruppe verzichtet. Die Miniaturen werden meist nur noch durch schmale Purpurleisten eingefasst, auf die ein immer gleich gestalteter rautenverzierter, goldener Perlstab aufgelegt ist. Prunkvolle Ornamentrahmen sind nun meist für die Schriftzierseiten reserviert. Auch die Farben werden zu Bedeutungsträgern. Sie entwickeln strahlende Leuchtkraft bei festlichen Szenen, wie der Anbetung der Könige, oder Düsterkeit bei der Auferstehung der Toten im Weltgericht. Die Bilder manifestieren die Macht Gottes auf Erden, eröffnen dem Betrachter den Himmel und geben den Blick aufs Unsichtbare, nur in Visionen Erlebbares frei.

Heinrich II. als Erbe, Sammler und Räuber von Büchern – Heinrichs Bedarf an Büchern war zu groß, um ihn allein durch eigene Aufträge befriedigen zu können. Er sammelte mit Unterstützung seiner Reichsbischöfe und Äbte, was er bekommen konnte. Seine Sammelleidenschaft war gefürchtet und glich Raubzügen, gegen die man sich zu schützen suchte. Wie die Chronik des Klosters Petershausen am Bodensee berichtet[32], empörten sich die Mönche, weil der Konstanzer Bischof für Bamberg ihre Bücherbestände plünderte. Um weiteren Verlusten vorzubeugen, versteckten sie fortan ihre Kostbarkeiten.

Auch kirchlichen oder klösterlichen Besitz anderer Orte eignete sich Heinrich an. Besonders groß waren die Opfer in Regensburg. Das Regelbuch aus dem Niedermünster (Kat.-Nr. 111), ein Graduale (Kat.-Nr. 114) und ein Perikopenbuch (Pommersfelden, Nr. 340)[33] kamen aus der Donaustadt nach Bamberg. Auch das Regensburger Sakramentar (Kat.-Nr. 112) wird nicht von Anfang an für den Bamberger Dom, sondern für Regensburg konzipiert worden sein.

Ein Großteil der Bücher fiel Heinrich als Erbe, Kriegsbeute oder Geschenk bei Staatsakten oder als Huldigungsgabe von Gesandtschaften zu. Er übernahm selbstverständlich die Besitztümer seiner eigenen Familie, von denen einige nach Bamberg gelangten, wie oben gezeigt wurde. Aber er beerbte wohl auch seinen kinderlosen kaiserlichen Vorgänger Otto III.[34] Abgesehen vom Evangeliar Ottos III. und dem Tropar (Kat.-Nr. 137), soll auch die karolingische Boethius-Handschrift (Kat.-Nr. 109) zunächst im Besitz seines Vorgängers gewesen sein. Dies wird mit einem Brief begründet, in dem der junge Kaiser seinen Mentor, Gerbert von Aurillac, der sich als Papst Silvester II. nannte, um die Übersendung eines Textes dieser Art bat. Doch es muss offen bleiben, ob es sich wirklich um die Bamberger Handschrift handelt. Denn in der Bücherliste, die Leo von Vercelli wohl eigenhändig in eine medizinische Handschrift eintrug (Kat.-Nr. 151), wird dieses Werk des spätantiken Autors nicht genannt. Neben Gerbert könnte auch der erste Domschullehrer, Durandus aus Lüttich, für Literatur aus Lothringen und Frankreich gesorgt haben.

Heinrichs Buchstiftungen für Bamberg – Heinrich II. häufte in den drei neu gegründeten Bamberger Kirchen, dem Dom, dem Kollegiatstift St. Stephan und der Benediktinerabtei St. Michael, große Bücherschätze an und stattete auch die Bibliothek der dortigen Domschule großzügig aus. Er muss schon bald nach seinem Amtsantritt den Entschluss gefasst haben, in Bamberg ein neues Bistum zu begründen, um in dieser Stadt das Wissen und die Künste der ganzen Welt zu vereinen. Aus besonderer Wertschätzung für seine karolingischen Vorgänger stiftete er dem Dom eine Bibel und ein Evangeliar aus dieser Zeit (Kat.-Nr. 108). Aus einer Verlustliste wissen wir, dass es im Domschatz außerdem mindestens eine griechische Handschrift gegeben hat, vermutlich waren es mehrere.[35]

Zu den drei großen Kirchweihfeiern versammelten sich alle wichtigen Persönlichkeiten des Reichs in Bamberg, die dem Brauch entsprechend kostbare Gaben mitbrachten. Auch der Papst wird 1020 nicht mit leeren Händen nach Franken gekommen sein. Seine Anwesenheit gab der Weihe von St. Stephan Glanz. Von der Gründungsausstattung des Benediktinerklosters auf dem Michelsberg[36] sind nur noch drei Prachthandschriften bekannt: das Fuldaer Sakramentar (Kat.-Nr. 172), das Regelbuch aus Niedermünster (Kat.-Nr. 111) und das Regensburger Perikopenbuch aus Pommersfelden (Nr. 340). Für das Kollegiatstift St. Stephan sind in der ersten erhaltenen Auflistung von 1608 zwei herausragende Codices bezeugt, die Apokalypse (Kat.-Nr. 122) und ein verlorenes Evangelienbuch, dessen Deckel „mit ainem silbern vnnd vergulden Crutzifix, Maria vnnd Joanniß pild beschlagen" war.[37]

32 Chroniken des Klosters Petershausen, S. 90 f.

33 Schlossbibliothek der Grafen von Schönborn, Pommersfelden (Ms. 340): AK Regensburger Buchmalerei, Kat.-Nr. 12 (U. Kuder); AK Grafen von Schönborn, Nr. 354 (R. Kahsnitz); AK Vor dem Jahr 1000, Nr. 14 (G. Bauer).

34 Mütherich, Library; Hoffmann, Bamberger Handschriften, S. 5–35; AK Rom und Byzanz, S. 54 Anm. 19.

35 Msc. Bibl. 45, fol. 1ʳ: Fehlende Bücher des Domschatzes von ca. 1139; Ruf, Bibliothekskataloge, Nr. 85.

36 Dengler-Schreiber, Scriptorium.

37 Staatsarchiv Bamberg (Rep. B 115, Nr. 80, fol. 217ᵛ).

38 Staatsarchiv Bamberg
(Rep. 27 Nr. 61, pag. 57/8):
Schatzverzeichnisse, Nr. 6;
Ruf, Bibliothekskataloge, Nr. 84;
Dressler, Prachthandschriften.

39 Z. B. die Moralia in Hiob,
Staatsbibliothek Bamberg
(Msc. Bibl. 41): Schemmel,
Staatsbibliothek Bamberg,
Nr. 22.

40 MGH D KO II. 206.

41 Burckhardt, Kunstdenkmäler, S. 359.

42 Thietmar, Chronik
(Trillmich), S. 456.

Der Bamberger Domschatz und seine Geschichte – Über Umfang und Art der Bücher, die Heinrich dem Domschatz schenkte, sind wir nur unzureichend informiert.
Das älteste erhaltene Domschatzverzeichnis wurde erst mehr als 100 Jahre später um
1127 unter Bischof Otto I. vom Domkustos Udalrich angelegt.[38] Er erwähnt 25
oder 26 wertvolle Handschriften mit kostbaren Deckeln, ohne jedoch auf die verschiedenen Buchtypen oder ihren Miniaturenschmuck einzugehen. Nicht alle diese
Codices der Udalrich-Liste können aus der Heinrichszeit stammen, denn einzelne gelangten erst im späteren 11. Jahrhundert nach Bamberg.[39] Trotzdem muss der Großteil des Bücherschatzes schon deshalb von Heinrich gesammelt worden sein, weil das
neu gegründete Bistum nach dem Tod des Stifters 1024 zunächst die Förderung von-
seiten der nachfolgenden Salier verlor und sogar einiges an Besitz und Einkünften
einbüßte. Deshalb standen nur noch spärliche Mittel zur Erweiterung des Bib-
liotheksbestands zur Verfügung. Zeitweise war sogar Bambergs Existenz gefährdet,
denn auch Kunigundes Macht und Einfluss erloschen bald. Als im Jahr 1034 endlich Privilegien und Besitz bestätigt wurden, erwähnte man den Bücherschatz
ausdrücklich.[40] Nach der Säkularisation kamen die kostbarsten Handschriften
am 4. November 1803 nach München, wo sie unter den Signaturen Clm 4451–4456
in der Bayerischen Staatsbibliothek aufbewahrt werden. Von den 25 oder 26 Handschriften mit goldenen und silbernen Einbänden, die Udalrich 1127 nannte, haben
also nur fünf überdauert.

Die Buchstiftungen Heinrichs II. für andere Orte – Heinrich II. bedachte selbstverständlich nicht nur Bamberg, sondern auch viele andere kirchliche Institutionen mit
Buchgeschenken. Er favorisierte dabei Orte, die er für Güterrücknahmen (z. B.
Aachen) oder Kriegszerstörungen (z. B. Verdun) entschädigen wollte. Es ist schwierig zu bestimmen, welche Texte die Bücher beinhalteten und wie sie ausgestattet
waren. Denn Quellen fassen sie meist pauschal unter dem Sammelbegriff „ornatus"
oder „maximus ornatus" zusammen. Besonders erwähnt wird z. B. ein „plenarium
sumptuosum", ein nicht näher definiertes Messbuch mit edelsteingeschmücktem
Einband für das Basler Münster[41], und eine Prachthandschrift für den Merseburger
Dom[42] mit einem Verzeichnis seiner Privilegien, dessen goldener Einband mit einer
Elfenbeintafel verziert war.

46 Augsburger Evangelistar:
Zacharias und der Engel

47 Evangelistar Wolfenbüttel:
Zacharias und der Engel
(Kat.-Nr. 133)

Auch Kunigunde wird ihren Witwensitz im Kloster Kaufungen bei Kassel standesgemäß ausgeschmückt haben. Wir wissen, dass sie sich gern vorlesen ließ, aber auch selbst Evangelienlektionen vortrug.[43] Von ihren Stiftungen ist nur noch ein kleines Graduale mit dem Initialbild eines knienden Königs erhalten (Kat.-Nr. 124). Ob sich die Kaiserin im Stifterbild eines Metzer Evangeliars[44] darstellen ließ, ist umstritten. Dort ist eine allein stehende, gekrönte Herrscherin mit einem Mönch unter der Christusmandorla zu sehen, wohl eine Kaiserin im Witwenstand.[45]

Buchstiftungen der engsten Vertrauten – Heinrich II. selbst hatte sicherlich nur wenig Zeit und Gelegenheit, persönlich auf die Gestaltung seiner Buchaufträge Einfluss zu nehmen. Darum werden sich vorwiegend seine Hofkapelläne, seine Gemahlin und Verwandte gekümmert haben. Seine Parteigänger brachten ihre Anhängerschaft unter anderem durch das Zitieren kaiserlicher Prachtcodices zum Ausdruck.[46] In der Reichspolitik des Kaisers spielte das süddeutsche Bistum Augsburg anfangs eine besondere Rolle. Dort ließ er die Eingeweide Ottos III. beisetzen und ernannte seinen Bruder Brun zum Bischof (1006–1029). Zeitlebens förderte der Kaiser den Kult des Lokalpatrons Ulrich[47] (Kat.-Nr. 116). In Augsburg wird noch heute ein Evangelistar[48] aufbewahrt, das den kaiserlichen Stiftungen der Liuthar-Gruppe sehr nahe steht. Das Weihnachtsbild (fol. 1ᵛ) ist mit demjenigen der Apokalypse (Abb. 37) eng verwandt, und auch die Miniatur mit der Erscheinung des Engels vor Zacharias im Tempel gleicht der Darstellung Christi im Perikopenbuch Heinrichs II. weitgehend (Abb. 46 und 56). Da die Augsburger Handschrift außerdem in der Auswahl der Perikopen Merkmale zeigt, die auf eine Entstehung im zweiten Jahrzehnt des 11. Jahrhunderts hindeuten und als Bestimmungsort die von Ulrich in Augsburg gegründete Taufkirche St. Johannes nahe beim Dom zu vermuten ist, wird der Codex im Umkreis Heinrichs II. entstanden sein.

Auch das Hildesheimer Kollektar (Kat.-Nr. 121) und das Wolfenbütteler Evangelistar (Kat.-Nr. 133) zeigen charakteristische Merkmale heinrizischer Kunst. Die Zusammenhänge werden in den beiden Weihnachtsbildern der Hildesheimer Handschrift besonders deutlich (Abb. 49), welche diejenigen des Perikopenbuchs voraussetzen (Abb. 48). Das betrifft die Verteilung der Szenen auf zwei Seiten, wobei jedoch ihre Abfolge vertauscht wurde. Die Grundidee des machtvoll auf dem Berg erscheinenden Engels und des ihm gegenüberstehenden Hirten ist ohne Kenntnis des Perikopenbuchs nicht vorstellbar, obwohl der Maler der Hildesheimer Handschrift außerdem noch auf andere, zum Teil ältere Vorlagen zurückgriff. Bemerkenswert ist auch die Übereinstimmung des Engels im Zacharias-Bild des Wolfenbütteler Evangelistars (Abb. 47) mit dem themengleichen Bild im Augsburger Codex.

Selbst an Orten, die über eigene bedeutende Skriptorien in ottonischer Zeit verfügten, lässt sich die Rezeption kaiserlicher Vorbilder nachweisen. Auf die besondere Rolle Triers für die Reichenauer Buchstiftungen Heinrichs wurde oben bereits eingegangen. Dass dieses Erzbistum an der Grenze zu Frankreich für den Strategen Heinrich von speziellem Interesse war, zeigte sich schon in der Wahl seiner in Trier aufgewachsenen Gemahlin Kunigunde aus dem Haus der Grafen von Luxemburg. Besonders energisch wehrte sich der Kaiser gegen die Ansprüche seines Schwagers auf das Amt des Erzbischofs von Trier. Im Jahr 1016 wurde dort Poppo von Babenberg, der Sohn des Markgrafen Leopold I. von Österreich, ins Amt eingeführt.[49] Als erster Bamberger Dompropst besaß er das besondere Vertrauen des Kaisers und war maßgeblich an seinem Gründungswerk beteiligt. In seiner fast dreißigjährigen Trierer Regierungszeit (1016–1047) konnte er die in Franken gesammelten Erfahrungen als Bauherr in der Moselstadt erfolgreich umsetzen. Er fügte dem unter

43 Vita Cunegundis, S. 822 f.
44 Bibliothèque Nationale de France, Paris (lat. 9395), fol. 15ᵛ: Avril/Rabel, Manuscrits 1, Nr. 61.
45 Über ihre Identität gibt es verschiedene Meinungen. Neben Kunigunde werden die Kaiserinnen Adelheid, die 999 verstorbene Gemahlin Ottos I., oder Gisela, die nach dem Tod Konrads II. bis 1043 in der Abtei Gorze nahe bei Metz lebte, erwogen.
46 Ein Evangelistar unbekannter Provenienz in der Münchner Staatsbibliothek (Clm 23338) wird diesem Bereich ebenfalls angehören: Korteweg, Evangelistar.
47 Weitlauff, Bischof Ulrich.
48 Diözesanmuseum St. Afra, Augsburg (DMA 1003; vormals Hs. 15a); Kraft, Handschriften, S. 64–70; Zoepfl, Bruno; AK Suevia Sacra, S. 175 f. Nr. 167; Bloch, Reichenauer Evangelistar, S. 51; Korteweg, Evangelistar, S. 125 Anm. 2, S. 136, S. 138; Hoffmann, Buchkunst, S. 307 f.; AK Aus zwölf Jahrhunderten, Nr. 37.
49 Schmid, Poppo.

48 Perikopenbuch
Heinrichs II.: Weihnachten
(Kat.-Nr. 75)

49 Hildesheimer Kollektar:
Weihnachten (Kat.-Nr. 121)

50 Als Simeon 1035 starb,
wurde eine seiner Handschriften
von Erzbischof Poppo der
Neugründung übergeben
(Domschatz Trier, Hs. 72). Ob
der Elfenbeindeckel mit der
zweizonigen Darstellung von
Christus im Tempel und seiner
Taufe tatsächlich erst ca. 50 Jahre später hergestellt wurde, wäre
gesondert zu untersuchen
(AK Reich der Salier, S. 356f.).

51 Bibliothèque Nationale de
France, Paris (lat. 10510);
Avril/Rabel, Manuscrits 1,
Nr. 4, 33; Ferrari/Schroeder/
Trauffler, Abtei Echternach,
S. 167f., S. 304.

Bischof Egbert liegen gebliebenen Domneubau ein prächtiges viertürmiges West-werk an und gründete für seinen Freund, den griechischen Asketen Simeon, ein Stift im römischen Stadttor, der Porta Nigra.[50]

Leider wissen wir nichts Konkretes über die Impulse, die Erzbischof Poppo der Trierer Handschriftenproduktion vermittelte. Denn das Graduale und Sakramentar im Trierer Domschatz (Kat.-Nr. 120) mit einem Kreuzigungsbild im Salzburger Stil und den Hymnen für Heinrich und Kunigunde kam erst später an diesen Ort. Doch zeigt die Willibrord-Miniatur einer Handschrift in Paris[51] (Abb. 50) Reichenauer Einflüsse. Das Einzelblatt stammt aus einem ottonischen Codex und wurde in ein jün-geres Tropar aus der Trierer Abtei Echternach eingefügt. Der heilige Gründer der Abtei thront in Pontifikalgewändern wie ein Herrscher zwischen zwei jugendlichen Diakonen auf einem mit einem Ehrentuch bedeckten Faltstuhl. Das Memorialbild fußt in der Komposition zwar auf dem oben behandelten Kaiserbild (Abb. 41), doch zeigen sich auch entscheidende Veränderungen. Denn es wurde nicht nur auf die

50 Sakramentar aus
Echternach: hl. Willibrord

51 Pariser Sakramentar:
Darstellung Christi im Tempel

Räumlichkeit des Trierer Vorbilds verzichtet, sondern auch durch strengere Stilisierung von Umriss und Faltengebung eine größere Hieratisierung erreicht. Die Heiligenfigur ist gegenüber dem Kaiserbild wesentlich vergrößert und nahe an den vorderen Bildrand gerückt. Diese neue Monumentalität ist für die Bamberger Kaiserbilder und die silberne Gregor-Platte des Regensburger Sakramentars charakteristisch. Die Verbindung von Altem mit Neuem ist nicht nur für die Architektur Poppos kennzeichnend und lässt für die Willibrord-Miniatur ein Entstehungsdatum um 1020 vermuten. Auch die Verehrung bestimmter Heiliger durch feierliche bildliche Inszenierungen passt in das Programm heinrizischer Zeit. Man förderte nicht nur den Kult um Ulrich von Augsburg, sondern bemühte sich auch darum, den um ältere Kirchenpatrone neu zu beleben, wie etwa den merowingischer Heiliger, Willibrord in Echternach und Remaklus in Stablo (Kat.-Nr. 118). Sie wurden durch neu verfasste Lebensbeschreibungen verstärkt gewürdigt und in Bildern präsent gemacht.

Neben der Willibrord-Miniatur ist ein heute in Paris aufbewahrtes Sakramentar im Zusammenhang der heinrizisch geprägten Kunst um Erzbischof Poppo zu sehen.[52] Wie dem Kalender mit Trierer Lokalpatronen neben alemannischen Heiligen zu entnehmen ist, war dieser Codex ursprünglich für eine Trierer Kirche bestimmt, vielleicht St. Maximin, das reichste Kloster Lotharingiens und Begräbnisstätte der Eltern Kunigundes. Nachträge verweisen auf seine spätere Übertragung in die Abtei von Saint-Vanne in Verdun. Um den Wiederaufbau dieses Orts hatte sich Heinrich II. nach seinem Kriegszug wohl auch deshalb in besonderer Weise bemüht, weil dort der ihm nahe stehende Reformabt Richard (1004–1046) regierte.[53]

Das Pariser Sakramentar ist mit acht ganzseitigen christologischen Szenen geschmückt, die ikonografisch und stilistisch Formulierungen des Perikopenbuchs Heinrichs II. aufgreifen. Am Beispiel der Darstellung Christi im Tempel (Abb. 51) ist der Vorbildcharakter der kaiserlichen Handschrift gut ablesbar (Abb. 56). Ähnlich wie in der Auswahl der Heiligen im Kalender verbinden sich auch im Bildschmuck Reichenauer und Trierer Elemente. Die Anordnung der Figuren wurde vom süddeutschen Vorbild übernommen, doch die Architekturkulisse gemäß den in Trier favorisierten Vorstellungen abgeändert. Aufgrund dieser Beobachtungen, die sich ebenso auf die anderen Bilder übertragen lassen, wird hier für eine Entstehung

52 Bibliothèque Nationale de France, Paris (lat. 18005); Avril/Rabel, Manuscrits 1, Nr. 83.
53 Heinrich schenkte der Abteikirche unter anderem ein goldenes Antependium.

52 Sakramentar Oxford: Weihnachtsbild (Kat.-Nr. 119)

54 Kahsnitz, Koimesis, S. 94 ff.; von Euw, Das goldene Buch, Kommentar S. 43; Kuder/Fuchs, Liller Evangelistar, S. 379 Anm. 56; AK Europas Mitte Bd. 3, Kat.-Nr. 24.02.03 (I. Siede). Die Schrift des Pariser Sakramentars wird drei Reichenauer Schreibern um die Jahrtausendwende zugeschrieben (Hoffmann, Buchkunst, S. 338), der Buchschmuck jedoch neuerdings meist um 1060 datiert.
55 Der Todestag Heinrichs wurde allerdings nicht am 13.7., sondern fälschlich am 20.7. vermerkt (fol. 20ʳ).
56 Todestag am 23.6. (fol. 19ᵛ).

der Handschrift in die zwanziger oder dreißiger Jahren des 11. Jahrhunderts plädiert.[54]

Auch ein aus Aquileia im Nordosten Italiens stammendes Sakramentar, das sich heute in Oxford befindet (Kat.-Nr. 119), wurde im Stil der Reichenauer Liuthar-Gruppe ausgeschmückt. Von fünf Miniaturen entsprechen vier der Bamberger Apokalypse (Kat.-Nr. 122). Die Weihnachtsbilder beider Codices (Abb. 37 und 52) sind fast identisch, aber auch die Darstellungen von Himmelfahrt Christi und Pfingsten (Kat.-Nr. 119) gleichen sich weitgehend. Zwar sind die Entstehungsbedingungen dieses Buches unbekannt, doch lassen sich dem vorgeschalteten Kalender gewisse Anhaltspunkte entnehmen. Im späteren 11. Jahrhundert lag die Handschrift in Aquileia, denn dort wurden die Sterbedaten von fünf Patriarchen nachgetragen. Die Einträge für Heinrich II.[55] und Heinrich III. beweisen die besondere Nähe zu deutschen Herrschern. Außerdem gibt der von anlegender Hand berücksichtigte Todestag des Markgrafen Heinrichs I. aus der Familie der österreichischen Babenberger im Jahr 1018 ein Datum „post quem".[56] Da außerdem altbayerische Heili-

 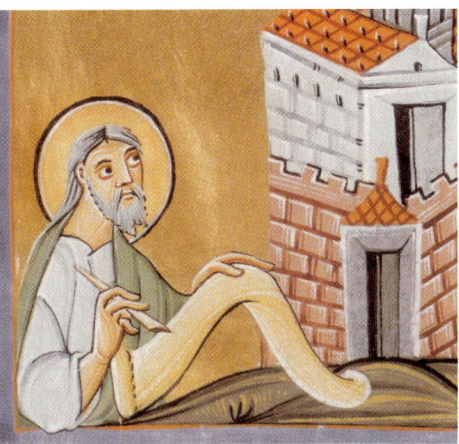

53 Isaias der Maiestas im Evangeliar aus St. Maria ad Gradus (Kat.-Nr. 126)

54 Johannes, Bamberger Apokalypse (Kat.-Nr. 122, fol. 6ᵛ)

ge besonders häufig vorkommen, liegt die Vermutung nahe, dass der Erstbesitzer aus diesem Gebiet stammte. Der Patriarch Poppo (1019–1042) aus der steirischen Familie der Otokare war mit den Babenbergern eng verwandt und könnte deshalb für die Gestaltung der Memoria gesorgt haben.[57] Als getreuer Gefolgsmann Heinrichs II. begleitete er Papst Benedikt VIII. im Jahr 1020 auf seiner Deutschlandreise und feierte zusammen mit dem Kaiser und der Delegation aus Italien in Bamberg die Weihe von St. Stephan. Er stiftete Bamberg Reliquien von den in Aquileia besonders verehrten Heiligen Anastasia und Chrysogonus, die auch im Kalender des Sakramentars vermerkt sind.[58] Am Ostersonntag las Poppo im Dom die erste Messe, Aribert von Ravenna die zweite und der Papst die dritte. Von dem anschließenden Besuch im Reichskloster Fulda brachte der Patriarch offensichtlich zwei Handschriften mit, die sich heute in Udine befinden.[59] Im Herbst des folgenden Jahres nahm er zusammen mit Pilgrim von Köln am dritten Italienfeldzug Heinrichs II. teil. Aus diesen Gründen ist es möglich, dass Poppo das Oxforder Sakramentar stiftete und für den Buchschmuck absichtsvoll auf kaiserliche Handschriften zurückgreifen ließ.

Heinrichs Beziehungen zu Köln waren zunächst konfliktgeladen, weil Erzbischof Heribert (999–1021) als Hüter der Reichskleinodien nach dem Tod Ottos III. zu den entschiedenen Gegnern der Machtübernahme durch den bayerischen Herzog gehörte. Doch gab der Geistliche seinen Widerstand bald auf und bewies seine Gefolgschaft unter anderem durch die Teilnahme an der Bamberger Domweihe im Jahr 1012, wo er den rechten westlichen Seitenaltar konsekrierte.[60] Nach dem Tod Heriberts berief der Kaiser mit Pilgrim (1021–1036) einen seiner engsten Mitarbeiter auf den Kölner Bischofsstuhl. Pilgrim stammte aus dem mächtigen bayerischen Adelsgeschlecht der Aribonen, die mit den Liudolfingern verwandt waren und unter anderem das Kloster Seeon gegründet hatten, dessen Skriptorium Heinrich II. durch verschiedene Aufträge auszeichnete (Kat.-Nr. 69 und 113). Pilgrim wurde nach Poppo der zweite Dompropst in Bamberg und weihte 1021 den Petrus-Altar im Bamberger Kloster St. Michael. Als Kanzler für Italien (1016–1021) verlieh ihm Papst Benedikt VIII. neben anderen Privilegien die Würde eines päpstlichen „bibliothecarius".

Pilgrim kam in eine Stadt mit eigenständiger Buchmalereitradition und bedeutenden Skriptorien, in denen man beispielsweise für das Maiestas-Bild ein spezielles Modell entwickelt hatte. Diese Vorlage wurde für die beiden Evangeliare aus dem Bamberger Domschatz (Kat.-Nr. 127) und aus St. Maria ad Gradus (Kat.-Nr. 126) benutzt. Doch gibt es in dem letztgenannten Kölner Werk aus der Pilgrimzeit auffällige Unterschiede zur Bamberger Parallelhandschrift. Die beiden unteren Evan-

57 Dopsch, Poppone; Dopsch, Origine.
58 Der Eintrag für Anastasia am 25. 12. und für Chrysogonus am 24. 11.
59 Das Sakramentar (Ms. 1) und ein Evangeliar (Ms. 2) im Archivio arcivescovile von Udine entstanden zwischen 975–993 in Fulda: AK Europas Mitte Bd. 3, Nr. 02.03.15 (I. Siede) und AK Poppone, Nr. 68 (E. Bertocchi).
60 AK Altäre, S. 12; Suckale-Redlefsen/Schemmel, Bamberger Apokalypse, S. 29.

55 Hillinus-Codex:
Hieronymus (Kat.-Nr. 128)

56 Perikopenbuch Heinrichs II.:
Christus im Tempel (Kat.-Nr. 75)

61 Der lateinische
Schreibereintrag (fol. 2ᵛ) lautet
in Übersetzung: „Durch liebe-
volles Bitten des Kölner
Domherrn Hillinus fühlten wir
zwei, Purchardus und
Chuonradus, nicht nur im
Geiste, sondern auch im Fleische
geschwisterlich verwandt,
uns eingeladen und dann
gezwungen, das vorliegende
Buch zu schreiben und es in
gläubiger Verehrung auf den
innerhalb der Mauern Kölns
errichteten Hauptaltar des
hl. Petrus niederzulegen. Weil
wir wissen, dass der Lohn dem
Stifter gewiss ist, haben wir
wegen unserer guten Leistungen
Hoffnungen auf die Gnade ...".
62 AK Zierde, Taf. 5, fol. 4ʳ.
63 Hoffmann, Buchkunst,
S. 410.

gelisten in dieser Miniatur weichen ebenso wie der Johannesadler von der Kölner Typisierung ab, der Christuskopf ist byzantinisierend verändert, und die Farbgebung ist deutlich aufgehellt. Betrachtet man das Brustbild des Propheten Isaisas in der Kölner Handschrift im Vergleich mit dem Johannes in der Bamberger Apokalypse (Abb. 53 und 54), so wird deutlich, dass hier Reichenauer Kunst rezipiert wurde.

Im Stil ganz und gar reichenauisch ist der Buchschmuck eines Evangeliars, das der Domherr Hillinus dem Hauptaltar im Kölner Dom stiftete (Kat.-Nr. 128). Einer Vorrede lässt sich entnehmen, dass dieser ansonsten in Köln nicht nachweisbare Geistliche zwei Mönche, Purchard und Konrad, von auswärts nach Köln holte und sie zwang, bis zur Fertigstellung der Handschrift am Ort zu bleiben.[61] Die beiden könnten sich in den Schreibern der Eingangsminiatur zu Füßen des hl. Hieronymus mitgemeint haben (Abb. 55). Die mächtige Gestalt des Kirchenvaters erinnert im Sitzmotiv und der Stilisierung an die Gregor-Platte vom Einband des Regensburger Sakramentars (Kat.-Nr. 168). Doch die auffälligsten Parallelen lassen sich zum Perikopenbuch Heinrichs II. ziehen (Abb. 56). So kommt das lang ausschwingende Schriftband, in das der Mönch zu seiner Rechten schreibt, ähnlich beim Evangelisten Markus vor[62], und die dreigiebelige Architekturkulisse ist mit derjenigen in der Darstellung im Tempel weitgehend identisch.

Allein die Tatsache, dass in einer Stadt mit eigenen leistungsfähigen Skriptorien auswärtige Künstler mit so einem wichtigen Auftrag betraut wurden, deutet auf eine Neuausrichtung der Kölner Kunst hin, bei der Pilgrim eine Rolle gespielt haben dürfte. Purchard und Konrad bezeichnen sich selbst als Schreiber, doch wir wissen nicht, ob sie auch als Maler tätig wurden und woher sie kamen. Der Schriftcharakter und die Initialornamentik verweisen ins aribonische Hauskloster[63], wo sich allerdings ihre Namen nicht nachweisen lassen. Aber der Miniaturenschmuck kann nicht von dort gekommen sein.

Sigebert von Minden (1022–1036) —
Da das Mäzenatentum der meisten
mit Heinrich II. eng zusammenarbei-
tenden Bischöfe aufgrund unzurei-
chender Nachrichten nur schwer er-
schließbar ist, bekommt der Bericht
über Bischof Sigeberts Tätigkeit auf
diesem Gebiet übergeordnete Bedeutung. Seine großzügigen Bücherstif-
tungen für die Mindener Domkirche
sind exemplarisch für das Verhalten
eines Reichsbischofs dieser Zeit. Sie
lassen Rückschlüsse auf Heinrich II.
und seine Weggefährten zu, deren Ansprüche allerdings ihrem höheren
Rang entsprechend größer gewesen
sein dürften. Sigebert, dessen Aufnahme in die Hofkapelle umstritten
ist[64], übernahm seine Amtsgeschäfte
in Minden, einem Suffraganbistum
Kölns, erst gegen Ende der Regierungszeit des Kaisers. Er führte sie mit

57 Tropar Bischof Sigeberts von Minden:
Notker von St. Gallen

großem Erfolg, doch seine Einflussmöglichkeiten im Reich waren gering. Da der
Salier Konrad II. für ihn bei Heinrich II. interveniert hatte und der Bischof dem von
ihm gegründeten Kollegiatstift St. Martini, seiner Grablege, Reliquien des hl. Ulrich
schenkte, ist zu vermuten, dass Sigebert nicht aus Sachsen, sondern aus Südwest-
deutschland stammte.

Die Nachrichten über seine Stiftungstätigkeit für Minden verdanken wir dem
Domschatzverzeichnis von 1683, in dem die im frühen 15. Jahrhundert verfassten
Bischofschroniken sorgfältig gesammelt wurden.[65] Zum Ornat Sigeberts gehörten
mindestens neun liturgische Handschriften, von denen noch acht erhalten sind.[66]
Wie der Kaiser stiftete auch er zunächst ein Sakramentar (Kat.-Nr. 130) und ein
Evangelistar[67], außerdem sechs weitere liturgische Handschriften[68]. Alle Bücher
waren mit kostbaren Einbänden geschmückt, von denen aber nur noch die für
Metallräuber wertlosen Elfenbeintafeln erhalten sind. Auch Sigebert sorgte durch
Bücher für sein ewiges Angedenken und ließ sich selbst mehrfach darstellen (Kat.-
Nr. 129 und 131). Dabei legte er Wert darauf, dass sein Rationale, ein goldener
Brustschmuck über der Pontifikalkleidung, angemessen zur Geltung kam. Mit dieser Insignie wurden damals offensichtlich verdienstvolle Bischöfe ausgezeichnet, die
kein Anrecht auf das erzbischöfliche Pallium hatten.[69] Der hl. Erhard trägt es im
Regensburger Uta-Codex[70] (Abb. S. 327), und für den Patriarchen Poppo von Aquileia ist es in Quellen belegt[71]. Das einzige erhaltene Rationale aus ottonischer Zeit
stammt aus dem Bamberger Domschatz und ist auf der Rückseite mit dem apokalyptischen Lamm geschmückt (Kat.-Nr. 207).

In seinem Tropar ließ Sigebert die Kaiserpaare Heinrich und Kunigunde sowie
Konrad und Gisela durch „laudes regiae" verewigen, aber er bedachte auch den
Mindener Bistumspatron Gorgonius und seinen Vorgesetzten, Pilgrim von Köln. In
einer ganzseitigen Miniatur würdigte er das Andenken an Notker von St. Gallen
(Abb. 57).[72] Dieser Dichter und Musiktheoretiker ist in der Einleitungsminiatur
seines Tropars als Autor lebendig bewegt bei der Arbeit vor seinem Buchpult unter

64 Fleckenstein, Hofkapelle,
S. 212, S. 226; Ortmanns,
Bistum Minden, S. 39f.
65 Mindener Bischofschroniken; von Schroeder, Mindener
Domschatzinventar.
66 Vöge, Mindener Bilderhandschriftengruppe; Fingernagel, Handschriften Berlin, S. 61,
Nr. 67–70; von Euw, Autorenbild; Hoffmann, Mönchskönig,
S. 75f.
67 Staatsbibliothek Berlin
(Ms. theol. lat. qu. 3) mit einem
byzantinischen Elfenbeinrelief
auf dem Vorderdeckel.
68 Ein Orationale (Kat.-
Nr. 132); zwei Gradualhand-
schriften: Staatsbibliothek Berlin
(Ms. theol. lat. qu. 15), dessen
verlorener Prunkeinband mit
sechs Elfenbeinbildern sowie vier
Silberreliefs mit Darstellungen
der Heiligen Gregor, Ambrosius,
Augustinus und Gregors Diakon
Peter geschmückt war, und
Herzog August Bibliothek
Wolfenbüttel (Cod. Guelf.
Helmst. 1008); ein Hymnar:
Staatsbibliothek Berlin (Ms.
theol. lat. oct. 1); ein Tropar mit
Hymnar: Staatsbibliothek Berlin
(Ms. theol. lat. qu. 11), derzeit
als Depositum in der Bibliotheka
Jagiellońska, Krakau; ein
Lektionar: Staatsbibliothek Ber-
lin (Ms. theol. lat. qu. 1), derzeit
als Depositum in der Bibliotheka
Jagiellońska, Krakau.
69 Braun, Tracht, S. 790;
Honselmann, Rationale,
Kat.-Nr. 13.
70 Vgl. Anm. 8.
71 Honselmann, Rationale,
S. 28, 107, Nr. 24.
72 Vgl. Anm. 68.

73 Merton, Buchmalerei;
Meyer, Miniaturen;
von Euw, St. Galler Kunst,
S. 198 f.
74 Vgl. Anm. 68.

einem beschrifteten Hufeisenbogen dargestellt. Stilistisch gleicht diese Miniatur seinem gemalten Bildnis auf dem Einzelblatt in Berlin (Kat.-Nr. 129). Weil die Schrift den Gepflogenheiten im St. Galler Skriptorium entspricht, wird heute meist angenommen, dass die Sigebert-Handschriften dort entstanden sind.

Das älteste, anspruchsvollste Werk unter Sigeberts Stiftungen, das Sakramentar, ist mit fünf Schriftzierseiten, acht Miniaturen und zahlreichen Rankeninitialen besonders reich dekoriert. Der figürliche Schmuck stammt von einer Hand, die offensichtlich unterschiedliche Vorbilder miteinander kombinierte.[73] Denn die Bilder lassen sich nicht allein aus dem St. Galler Szenenrepertoire erklären, sondern sind zumindest teilweise an heinrizischer Kunst ausgerichtet. Im Bild mit der Messfeier Sigeberts wird die Darstellung Christi im Tempel aus dem Perikopenbuch (Abb. 56) und im Lamm Gottes die Bamberger Apokalypse zitiert (Kat.-Nr. 122). Dass zwei Bilder auf gegenüberliegenden Seiten so direkt aufeinander bezogen sind, ist ebenfalls nur aus den Handschriften der Liuthar-Gruppe, nicht aus St. Galler Produktion bekannt. Im Kanonbild des Sigebert-Sakramentars fällt die Mischung der Quellen besonders auf (Abb. 58). Es erinnert zwar an themengleiche Darstellungen der Reichenau und St. Gallens, doch zeigen sich im bärtigen Christus, der Stilisierung seines Körpers mit geöffnetem Auge anstelle des Nabels und der Fältelung des Lendentuchs Bezüge zum Regensburger Sakramentar. Ähnliches lässt sich auch zum Pfingst- und Himmelfahrtsbild sagen, die ohne die Formulierungen im Perikopenbuch Heinrichs oder der Bamberger Apokalypse nicht denkbar sind.

Weitere Einwände gegen die Einordnung nach St. Gallen ergeben sich aus den Bildumschriften, dem Kolorit und den Einbänden. Die Ausdeutung von Szenen durch Texte ist in heinrizischer Zeit eine Regensburger Spezialität und in St. Gallen nicht verbreitet. Auch die eigenwillige Farbgebung des Sigebert-Sakramentars mit dem dominierenden Türkiston neben wässrigem Blau und gedecktem Rot ist so in keinem anderen St. Galler Werk dieser Zeit nachweisbar. Obwohl die Sigebert-Handschriften wohl nicht gleichzeitig, sondern in einem Zeitraum von rund zehn Jahren entstanden, stimmen die Elfenbeintafeln stilistisch weitgehend überein (Kat.-Nr. 130 und 131). Es gibt jedoch keine Anhaltspunkte für die Herkunft des Schnitzers aus St. Gallen. Deswegen erscheinen Zweifel an der Vorstellung berechtigt, der gesamte Ornat Sigeberts sei aus St. Gallen importiert worden. Der Bischof könnte ähnlich wie Bernward von Hildesheim das ehrgeizige Projekt verfolgt haben, eine Werkstatt mit Künstlern seiner Wahl in Minden zu installieren.[74]

Ähnlich wie beim Hillinus-Codex in Köln (Kat.-Nr. 128) ist es auch für das

58 Sigebert-Sakramentar: Kreuzigung (Kat.-Nr. 130)

Sigebert-Sakramentar schwer, die oben skizzierten Einzelbefunde miteinander zu verknüpfen, solange am bestehenden kunsthistorischen Denkmodell festgehalten wird. Das zeigen die unterschiedlichen Lokalisierungsvorschläge, die jeweils nur Teilaspekte berücksichtigen, jedoch keinen überzeugenden Gesamtvorschlag ergeben. Das Problem resultiert aus der Vorstellung, die verschiedenen Buchmaler der jeweiligen Klosterschule seien in der Regel ortsansässig gewesen und Buchmalereizentren hätten nur ein lokal begrenztes eigenständiges Profil gehabt, das über Jahrzehnte unabhängig voneinander gepflegt wurde. Je detaillierter einzelne Handschriften untersucht werden, umso komplexer erscheinen die Ergebnisse.

Ottonische Malerschulen wie die von der Reichenau, Trier, Köln oder St. Gallen waren offensichtlich viel weniger lokal gebunden als angenommen, sie pflegten vielmehr lebendigen Austausch untereinander. Besonders Mönche mit speziellen Fähigkeiten wanderten häufiger, als es unserer Vorstellung von der „stabilitas loci" bei den Benediktinern entspricht.[75] Auftraggeber wie Kaiser Heinrich II., seine wichtigsten Erzbischöfe, aber auch Hillinus und Sigebert nahmen Einfluss auf die Produktion, indem sie Vorlagen besorgten bzw. neue theologische Interpretationsvorschläge erarbeiten ließen. Auch berief man für wichtige Vorhaben Spezialisten von weither oder schickte sie von Ort zu Ort. Von Bischof Bernward wissen wir, dass er sich mit Guntbald einen Regensburger Buchkünstler nach Hildesheim holte. Dasselbe gilt für den Domherrn Hillinus, der vielleicht Schreiber aus Seeon kommen ließ, für seine Ansprüche im figürlichen Schmuck aber lieber auf die kaiserlich geprägte Kunst der Reichenau zurückgriff. In beiden Fällen wurden die Bücher am Ort des Auftraggebers hergestellt. Deshalb könnte auch Bischof Sigebert für sein Stiftungsvorhaben in St. Gallen ausgebildete Maler nach Minden gerufen haben, die nach kaiserlichen Vorlagen zu arbeiten hatten.

Besonders eng war der wechselseitige Austausch zwischen Trier und der Reichenau. An beiden Orten gibt es Miniaturen, die so aussehen, als wäre ein Maler des jeweils anderen Orts beteiligt. Dies gilt einerseits für das Herrscherbild der Flavius-Josephus-Handschrift (Kat.-Nr. 134), andererseits für die Willibrord-Miniatur oder das oben erwähnte Pariser Sakramentar. Diese Stilmischung ist sicherlich auftraggeberbedingt. Wenn also – insgesamt gesehen – das kunsthistorische Erklärungsmodell der Klosterschule mit den beobachteten Phänomenen in Prachthandschriften der Heinrichszeit so schlecht in Übereinstimmung zu bringen ist und immer wieder zu Widersprüchen führt, ist selbst für das umfangreiche Gründungswerk des Kaisers in Bamberg die Einrichtung einer Werkstatt am Ort mit Buchkünstlern unterschiedlicher Herkunft nicht auszuschließen. Auch wenn dies noch weiterer Studien bedarf, lässt sich doch schon heute mit einiger Sicherheit behaupten, dass es Kaiser Heinrich II. in den 22 Jahren seiner Amtszeit gelang, die unter seiner Förderung entwickelten Vorstellungen von liturgischer Kunst im gesamten Reichsgebiet zu verbreiten.

75 So holte Erzbischof Egbert von Trier, ähnlich wie Pilgrim von Köln, für seinen besonders ambitionierten Auftrag zwei Malermönche aus der Reichenau, Kerald und Heribert, nach Trier (Ronig, Egbert, Bd. 1, Nr. 10), und auch für den so genannten Gregor-Meister wird ein reges Wanderleben rekonstruiert (Hoffmann, König Heinrich II.).

1 Herrmann, Tuskulanerpapsttum, S. 27f.
2 Weilandt, Geistliche, S. 181f.
3 Ademar, Historien , S. 133, Z. 20–29.

Gude Suckale-Redlefsen

GOLDENER SCHMUCK
FÜR KIRCHE UND KAISER

Gold war im Mittelalter das Symbol für Reichtum und Glück. Ihm haftete etwas Wunderbares, geradezu Überirdisches an. Sein Zauber beruht nicht nur auf der Seltenheit, sondern mehr noch auf dem immer währenden, ewige Jugend versprechenden Glanz, dem sonnengleichen Strahlen und dem Leuchten gleichsam aus sich selbst heraus. Das kostbare Edelmetall, das nicht oxidiert und durch Lichtreflexe immer lebendig erscheint, eignete sich auf besondere Weise zur mythischen Verklärung. Ihm wurden in allen Kulturen magische Kräfte zugesprochen. Deshalb wurde es für die wichtigsten Kultfiguren reserviert, beispielsweise für den Göttervater Jupiter/Zeus. Doch gleichzeitig thematisierte man immer auch seinen Scheinwert und seine Verführungskraft wie beim Goldenen Kalb, das die Juden am Sinai von der Verehrung des wahren Gottes abhielt (Ex 32).

Schicksalhafte Bedeutung hatte das Gold auch in den germanischen Heldensagen, die sich etwa um den mythischen Schmied Wieland und den märchenhaften Nibelungenhort ranken. Im Mittelalter stand die Goldschmiedekunst im Dienste Gottes und seines Stellvertreters auf Erden, des Herrschers. Zur Zeit Heinrichs II. nahm sie unter allen Gattungen die führende Rolle ein. Die außerordentlich hohe Wertschätzung zeigt sich nicht nur in der großen Zahl nachweisbarer Goldschmiedestiftungen, sondern auch indirekt in Werken der Buchmalerei. Sie erhielten kostbar geschmiedete goldene Hüllen und zeigen auch in den Malereien Gestaltungsprinzipien der Goldschmiedekunst, wie in den Hintergründen aus fein gemahlenem Gold und einigen Farben aus Halbedelsteinpulver.

Heinrich II. zeigte schon bei seiner Machtübernahme, welch einzigartigen Wert für ihn die Herrscherinsignien hatten. Denn er bestand schon vor seiner Krönung auf sofortiger Auslieferung der Reichskleinodien und schreckte zur Durchsetzung dieser Forderung auch vor erpresserischer Geiselnahme nicht zurück.

Als Stellvertreter Christi auf Erden nahm der Kaiser regelmäßig an prunkvoll ausgestalteten Messfeiern teil, bei denen seinen Untertanen der Abglanz himmlischer Herrlichkeit vor Augen geführt wurde. Für unansehnliche Reliquien ließ er kunstvolle Gehäuse entwerfen, um das Überirdische der wundertätigen Gegenstände zu verdeutlichen. Er verschenkte sie an die Hauptkirchen seines Reichs und betrachtete sie als Unterpfand für himmlischen Schutz.

Dem Kaiser wurden stets goldene Geschenke dargebracht. So erhielt er vom Papst bei der Kaiserkrönung einen goldenen Reichsapfel, der mit Edelsteinen verziert und von einem Kreuz bekrönt war, und zwei Jahre später 1000 Pfund Gold als Beuteanteil nach dem Sieg über die Araber.[1] Einen Großteil dieser Gaben verschenkte er bald wieder. So stiftete er Abt Boso von Mouzon (997–1026) Gold für ein Kreuz zur eigenen Verarbeitung[2] und Abt Odilo von Cluny (994–1048) seine Krone.[3] Der

59 Kreuzreliquiar
Kaiser Heinrichs II.,
Vorderseite

außerordentlich hohe künstlerische Wert der Goldschmiedearbeiten hinderte jedoch
nicht daran, die Kunstwerke als Kapitalanlage zur weiteren Existenzsicherung der
Stiftung zu betrachten. Deshalb wurde in Notzeiten immer auf die „Zierde für ewige Zeit" zurückgegriffen. Man verpfändete die wertvollen Objekte oder entnahm
Einzelteile zum Verkauf. Fast alles, was sich „ummünzen" ließ, ging verloren. Übrig
blieben meist nur die Werke aus weniger kostbaren Materialien, wie vergoldetem
Silber oder Kupfer, Elfenbein sowie Steine von minderem Wert. Nur wenige Preziosen wurden wegen ihres hohen symbolischen Werts vor der Zerstörung bewahrt.
Dass aus der Zeit Heinrichs wenigstens einige Goldschmiedewerke erhalten blieben,
wie das Kreuzreliquiar oder das Basler Antependium, erklärt sich aus der Kanonisation des Kaisers, durch die die Gegenstände selbst zu Reliquien wurden. Außerdem
wird der Kaiser zur Vermehrung der Reichsinsignien beigetragen haben. Die Verluste sind jedoch so groß, dass die Goldschmiedekunst unter Heinrich II. nur noch umrisshaft dargestellt werden kann.[4]

Das Kreuzreliquiar Heinrichs II. — Durch glückliche Umstände blieb das von Heinrich II. gestiftete Kreuzreliquiar erhalten[5], das auch Heinrichs-Portatile (Tragaltar)
genannt wird und im Folgenden eingehender betrachtet werden soll (Abb. 59). Es
war als eine der wichtigsten Stiftungen des Kaisers ein Höhepunkt in den mittelalterlichen Heiltumsweisungen von Bamberg, doch birgt es noch immer Rätsel. Bis zur
Säkularisation gehörte es zum westlichen Choraltar des Bamberger Doms, gelangte im Jahr 1803 mit anderen Stücken nach München und wird dort seit 1958 in der
Schatzkammer der Residenz aufbewahrt. Es barg ehemals Reliquien vom Heiligen
Kreuz und von verschiedenen Heiligen, die vor der Übergabe an die Wittelsbacher
entnommen wurden und in Bamberg verblieben.[6] Heinrich II. muss die Reliquien
vom Kreuzesholz, die durch das Leid und den Tod des Herrn seit der Spätantike
höchsten Symbolwert besaßen, besonders verehrt haben. Denn er stiftete sie nicht
nur dem Hauptaltar seiner Bamberger Neugründung, sondern vermutlich auch dem
Schatz der Könige, dem er mit dem Reichskreuz ein zentrales Stück hinzugefügt haben dürfte (s. u.).

4 Die Heinrichsstiftungen
bilden in fast allen Überblicksdarstellungen ottonischer
Goldschmiedekunst den
Hauptbestandteil; zu den
kürzlich erschienenen Beiträgen
gehören: Fillitz, Goldschmiedekunst; Elbern, Ausstattung.
5 Schatzkammer der Residenz
München: Res. MüSch. 9 WL,
Maße: 43 x 36 x 9; AK Ars Sacra,
Nr. 163 (A. Boeckler); Fillitz,
Kreuzreliquiar; Brunner, Schatzkammer, Nr. 9.
6 Metropolitankapitel Bamberg: AK Ein Leben für den
Bamberger Dom, Nr. 23
(R. Baumgärtel-Fleischmann).

60 Nachzeichnung des Kreuzreliquiars, um 1743

7 AK Ein Leben für den Bamberger Dom, Nr. 29 (R. Baumgärtel-Fleischmann).
8 „+ EN CESAR SOPHIAE RENITENS HEINRICVS HONORE + XPE CREATORI DABIT HOC TIBI MVNVS HONORI + IN QVO S(AN)C(T)A CRVCIS PARS CLAVDITVR AC DECVS ORBI(S) + REDDE VICE(M) PATRIE DONANDO GAVDIA VERE" (Siehe Kaiser Heinrich, in Ehrfurcht der Weisheit sich beugend / bringt dieses Geschenk dir, Christus, dem Schöpfer zu Ehren. Es umschließt ein Stück des Kreuzes zur Zierde des Erdkreises. Schenke dafür die Freuden des wahren Vaterlandes).
9 Fillitz, Goldschmiedekunst, S. 27.

Um das Holz, an das Christus genagelt worden war, rankten sich schon früh Legenden. Als Adam starb, soll sein Sohn Seth ins Paradies geschickt worden sein, um einen Zweig vom Baum des Lebens zu holen und ihn auf das Grab seines Vaters zu pflanzen. Aus dem Stamm dieses Baums zimmerte man Jahrhunderte später das Kreuz Christi, das nach seinem Tod auf dem Hügel in Golgatha vergraben wurde. Im Jahr 320 soll es Kaiserin Helena, die Mutter Konstantins, auf wundersame Weise unter anderen Kreuzen wiedergefunden und durch eine Totenerweckung seine Echtheit bewiesen haben. Seitdem gehörten Partikel vom Heiligen Kreuz zu den begehrtesten Reliquien der Christenheit.

Das reich ausgestattete Behältnis für die Kreuzpartikel ähnelt im Aussehen einem Buch. Es besteht aus zwei mit Gold beschlagenen und durch Scharniere miteinander verbundenen aufklappbaren Eichenholztafeln. In der Vorderseite der ersten Platte ist ein rechteckiges, mehrfach gerahmtes Mittelfeld eingetieft, in dem eine Bergkristallplatte mit abgeschrägten Kanten liegt. Sie verwehrt den Zugriff und ist gleichzeitig ein kostbares Fenster für das Heiltum. Durch vielfach abgestufte Rahmenleisten wird der Blick des Betrachters nach innen auf das Zentrum geleitet. In dem heute leeren kreuzförmigen Gehäuse lagen ursprünglich die in Stoff eingewickelten Reliquien. Die Kreuzpartikel müssen im Lauf der Zeit vielfach geteilt und durch Reliquien anderer Heiliger ergänzt worden sein. Eine Zeichnung von Johann Graff, dem Subkustos des Bamberger Doms (Abb. 60), und eine weitere in Coburg zeigen den Zustand um 1743.[7]

Eine durch Niello-Einlagen gut lesbare Inschriftenleiste besagt, dass Kaiser Heinrich dieses Geschenk mit Partikeln des Heiligen Kreuzes dem Schöpfer der Welt darbringen wollte.[8] Als charakteristische Buchstabenformen fallen ein in V-Form geschriebenes „U", ein eckiges „C" und ein kursives „D" auf, die auch in anderen seiner Stiftungsinschriften wiederkehren. Weil Heinrich als Kaiser tituliert wird, ist das Kreuzreliquiar zwischen 1014 und 1024 anzusetzen. Aufgrund der unregelmäßigen Buchstabenverteilung und dem abgeschnittenen letzten Buchstaben des Wortes ORBIS wird von manchen auf eine spätere Versetzung dieser Leiste geschlossen.[9]

Auf die Umschrift folgt ein schmaleres Schmuckband mit Edelstein- und Perlbesatz in regelmäßiger Folge, ein Wulstprofil, eine Fase mit niellierten Wellenranken und ein breiter abschließender Rahmen mit einer Folge aus 36 großen Edelsteinen. Es sind blaue Saphire, walzenförmig geschliffene, grüne Smaragde, gemugelte violette Amethyste, drei antike Gemmen und ein byzantinischer Kameo. Die großen Steine stehen erhöht in lilienähnlichen Dreiblattfassungen auf runden, aneinander gereihten Goldscheiben. Betrachtet man sie in Aufsicht, wirken sie wie Nimben für die Edelsteine. In Seitenansicht dagegen gleichen sie Kuppeln von winzigen Moscheen, die auf dünnen Arkaden mit Schaftringen oder Rankenwerk aus goldenem Filigrandraht ruhen. In der Folge von miniaturisierten Zentralbauten vermitteln sie eine Vorstellung vom himmlischen Jerusalem in seiner überirdischen Pracht. Die Platzierung der größten Steine im Rahmen betont einerseits die Kreuzform, andererseits die Diagonale wie bei einem Andreas-Kreuz. Dadurch wird das Werk, ähnlich wie der von Heinrich gestiftete Buchdeckel (Kat.-Nr. 135) zu einer „crux gemmata", zu einem mit Gemmen geschmückten Kreuz.[10] Es ist unsicher, welche Steine zum ursprünglichen Bestand gehörten, denn alle wurden zumindest einmal im frühen 18. Jahrhundert herausgenommen, wobei ein Bamberger Goldschmied 43 Juwelen ersetzen musste. Für diesen Zweck opferte man einen Buchdeckel des Domschatzes. Zum Besatz gehören heute vier Steine mit eingeschnittenen Figuren. Ein byzantinischer Kameo aus Jaspis ziert die Mitte des unteren Rahmens. Er zeigt das griechisch beschriftete Brustbild des Apostels Paulus, der in seiner linken Hand ein geschlossenes Buch hält, dessen Deckel mit einem Kreuz verziert ist.[11]

61 Kreuzreliquiar Kaiser Heinrichs II., Vorderseite der 2. Tafel

62 Detail

Klappt man den Vorderdeckel des Reliquiars auf, wird die schlichter geschmückte zweite Tafel sichtbar, deren Vorderseite mit einem blauen Seidendamast des 18. Jahrhunderts bezogen ist (Abb. 61). Um die leere kreuzförmige Mitte sind vier niellierte Silberplättchen mit Zickzackband-Rahmung gruppiert. In jedem Kompartiment sitzt ein Evangelist zwischen seitlich verknoteten Vorhängen auf einem gepolsterten Steinthron mit kleinem Fußbänkchen. Alle vier Autoren unterbrechen ihre Arbeit und wenden sich lebhaft nach innen dem Kreuz und ihrem Symboltier zu, das ihnen aus einem Wolkensegment heraus die göttliche Inspiration vermittelt. Die Reihenfolge mit Matthäus in der rechten oberen Ecke ist ungewöhnlich (Abb. 62).

Verschiedene Unstimmigkeiten, die schon im Zusammenhang mit der Inschriftenleiste vorn beobachtet wurden, lassen auch hier auf spätere Veränderungen schließen. Der Inschriftenstreifen am oberen Kreuzarm mit den großformatigen Majuskeln „CRUX PRECI/OSISSIMA" (kostbarstes Kreuz) wurde links beschnitten, wie die fehlende Umpunktung zeigt. Auch die Ornamentleisten am Querbalken wirken willkürlich eingefügt. Ihr Zickzack-Band harmoniert zwar im Motiv, aber nicht im Format mit dem der Evangelistenplättchen, deren Ränder nicht sauber abschließen, teilweise überstehen oder umgebogen wurden. Die vier tropfenförmigen Goldblechverschlüsse für Reliquien in den Ecken stammen aus dem Barock, wie unter anderem die Schriftform zeigt.

Die Rückseite der zweiten Tafel war ursprünglich – ähnlich wie die Gregor-Platte des Sakramentars (Kat.-Nr. 168) – mit einem kostbaren Stoff bezogen, der unter den ausgeschnittenen Silberteilen des Rahmens sichtbar wurde und heute fast vollständig zerfallen ist (Abb. 63). Die mit feinem Tremolierstich eingravierten und teilvergoldeten Darstellungen vor gepunztem Hintergrund beziehen sich auf die Messfeier.

Im Zentrum wendet sich Ecclesia als Personifikation der Kirche dem von Engeln im Clipeus präsentierten Lamm Gottes zu. Als siegreiche Streiterin für den rechten Glauben hält sie eine Kreuzfahne und erhebt den Kelch, um darin das erlösende Blut aufzufangen. Die beiden unbezeichneten Priester neben ihr sind durch die Attribute als Melchisedek mit Kelch und Patene sowie Aaron mit Weihrauchfass und

10 Jülich, Gemmenkreuze.
11 AK Rom und Byzanz, Nr. 63 (M. Dennert).

63 Kreuzreliquiar
Kaiser Heinrichs II.,
Rückseite der 2. Tafel

64 Detail

12 „+ IN HOC ALTARI
S(AN)C(T)ORV(M) REL(IQUIAE)
C(ON)TINENTVR / QVORVM HIC
NOMINA SCRIPTA HABENTVR /
DE LIGNO D(OMI)NI
REL(IQUIAE) S(AN)C(T)I GEORGII
M(ARTYRIS) S(ANCTI) PANCRA-
TII M(ARTYRIS) / S(ANCTI)
SEBASTIANI M(ARTYRIS)
S(ANCTI) STEPHANI
M(ARTYRIS) S(ANCTI)
LAVRENTII M(ARTYRIS) DE
CRATICVLA S(ANCTI)
LAVR(RENTII)" (In diesem Altare
werden die Reliquien heiliger
Leiber verwahrt, deren Namen
hier verzeichnet sind: vom Holz
des Herren, Reliquien der
hl. Märtyrer Georg, Pankratius,
Sebastian, Stephanus, vom Rost
des hl. Laurentius).
13 Werckmeister, Codex
Aureus; Steenbock, Prachtein-
band, Nr. 20; AK Prachteinbän-
de, Nr. 1 (B. Hernad).
14 Rauch, Limburger
Staurothek.
15 Weixlgärtner, Schatz-
kammer, S. 43 f.; Mütherich,
Watterbacher Tragaltar;
Suckale-Redlefsen,
Goldschmiedewerkstatt.

Thorarolle zu identifizieren. In der umlaufenden Inschrift wird aufgezählt, welche Reliquien sich außerdem in dem Altar
befanden.[12]

Die Opferung Isaaks durch Abraham
in der unteren Zone ist als Präfiguration
des Alten Testaments auf den Kreuzestod
Christi und die Eucharistie zu verstehen,
ein Thema, das sich im Tragaltar der
Sammlung Spitzer (Kat.-Nr. 166) wiederfindet. Die Rahmung der Silberplatte mit
einer Reihe von 24 Medaillons erinnert
zwar kompositionell an die Edelstein-
scheiben der Vorderseite, ist jedoch wesentlich schlichter gehalten. In den ausgeschnittenen Kreisen (opus interrasile) be-
findet sich jeweils eine gekrönte, nicht näher bezeichnete Frauenbüste, die analog zu
anderen Darstellungen dieser Werkgruppe als personifizierte Tugend zu bezeichnen
ist (Abb. 66)

Wie andere Schatzstücke des Doms litt auch das Kreuzreliquiar im Lauf der Zeit
nicht nur durch den liturgischen Gebrauch, sondern besonders unter zahlreichen
Fluchten in Kriegszeiten. Die stark verdrückten Fassungen wurden mehrmals restauriert. Zumindest 1726 wurde das gesamte Werk vollständig auseinander genommen, um Wert und Gewicht des Goldes bestimmen zu können. Zu diesem Zeitpunkt erneuerte man die Stoffe, die vier Reliquienkapseln und sicherlich auch die
Verkleidung der Seitenwände. Die anderen Teile gehören zur Stiftung Heinrichs II.,
wenngleich sie nur noch beschnitten, ergänzt oder versetzt erhalten sind.

Über die Frage, wie das Goldschmiedewerk ursprünglich aussah und welche
Aufgabe es erfüllte, ist viel diskutiert worden. Die Inschriften weisen auf eine Dop-
pelfunktion als Reliquiar und Altar. Doch wird unter dem Begriff Altar wohl kaum
ein tragbarer Kasten zum Abstellen des Messkelches verstanden werden können.
Dafür war die Vordertafel schon wegen der reichen Abstufung, des Edelsteinbesatzes
und der unregelmäßigen Oberfläche der Kristallplatte nicht geeignet. Der außerordentliche Prunk der Vordertafel, für den sicherlich der Einband des Codex Aureus
aus Regensburg Maßstäbe gesetzt hatte[13], ist primär als Präsentation der kostbaren
Reliquie zu erklären.

Das Heinrichs-Portatile ist die älteste bekannte Nachahmung einer byzantinischen Staurothek, wie die zweiteiligen Reliquienladen der Ostkirche für Partikel des
Heiligen Kreuzes genannt werden. Einen ungefähren Eindruck des Vorbildes vermitteln die Staurotheken im Limburger Dom, die Kreuzfahrer 1204 bei der Plün-
derung Konstantinopels aus der Hagia Sophia entführten[14], oder diejenige der Klosterkirche Heilig Kreuz in Donauwörth (Kat.-Nr. 80). Wie in der Buchmalerei kommt
auch in dieser Arbeit die Orientierung des Kaisers an byzantinischen Vorbildern
zum Ausdruck.

Die heinrizische Goldschmiedewerkstatt — Am Kreuzreliquiar lassen sich technische, programmatische und stilistische Eigenheiten einer Werkstatt bestimmen, die
für den Kaiser und seine Gefolgsleute tätig war und in der Forschung vielfach als
Gruppe des Watterbacher Tragaltars behandelt wird.[15] Bei der folgenden knappen
Darstellung dieser Gruppe ist zunächst von den niellierten Silberarbeiten auszuge-

65 Perikopenbuch
Heinrichs II., Vorderdeckel

66a Detail zu 66

66 Perikopenbuch Heinrichs II.,
Rückdeckel

hen, weil in ihnen der persönliche Stil der Goldschmiede deutlicher wird. Denn sie durften nicht nach eigenem Ermessen frei gestalten, sondern hatten die Aufgabe Preziosen aus anderen Zeiten und unterschiedlichen Kulturen in ihr Werk zu integrieren, um ihm dadurch größeres Ansehen zu verleihen. Deshalb wurden die prachtvollen Schauseiten durch Elfenbeine und Emails vom byzantinischen bzw. karolingischen Kaiserhof oder durch heidnische Schmucksteine nobilitiert. Die viel schlichteren Rückseiten dagegen konnten eher nach eigenen künstlerischen Vorstellungen gestaltet werden.

So stiftete der Kaiser beispielsweise für den Einband des Perikopenbuchs, der wichtigsten Handschrift des Bamberger Doms, eine Sammlung unterschiedlichster Kostbarkeiten (Abb. 65). Die Mitte des Vorderdeckels ziert ein karolingisches Elfenbein mit einem vielfigurigen Kreuzigungsrelief aus der Hofschule Karls des Kahlen von ca. 870. Die Wahl dieses Stücks war wohl durch die Bewunderung der

67   Trierer Einzelblatt:
hl. Gregor

68   Evangeliar Sainte-Chapelle:
Markus

16 Sie zielen allerdings auf
eine andere Wahrnehmung, denn
sie laufen nicht um das
Mittelfeld herum, wie im Kreuzreliquiar, sondern sind auf eine
Vorderansicht festgelegt.
Deshalb stehen die Buchstaben
in den Seitenleisten senkrecht.
17 Stadtbibliothek Trier
(Hs. 171/1626): Ronig, Egbert,
S. 22, Nr. 7, Abb. 31.
18 Bibliothèque Nationale de
France, Paris (lat. 8851,
fol. 52ᵛ): Ronig, Egbert,
S. 25, Nr. 12, Abb. 75.

für dieses Material außerordentlichen Größe und die besonders feine Qualität der
Schnitzkunst motiviert, konnte aber auch die Verbundenheit mit den verehrten kaiserlichen Vorgängern zum Ausdruck bringen. Um die Elfenbeintafel allerdings in
die richtige Proportion zu bringen, mussten an beiden Seiten die Akanthusstreifen
vergrößert werden. Aufschlussreich ist, wie der Künstler des 11. Jahrhunderts diese Aufgabe der Angleichung meisterte.

Die Buchstaben im Inschriftenband haben den gleichen Duktus wie die im Kreuzreliquiar.[16] Der sich anschließende Goldschmiederahmen ist wie ein Ehrenkranz mit
Perlen und Edelsteinen in kastenförmigen Fassungen sowie mit unterschiedlichen
Emailarbeiten verziert. Die vier großen Emailscheiben mit den Evangelistensymbolen stammen aus einer ottonischen Werkstatt, die zwölf griechisch beschrifteten
Brustbilder in Rundbogenfeldern mit Christus und Aposteln dagegen aus Konstantinopel.

Der Rückdeckel des Perikopenbuchs ist ähnlich wie das Kreuzreliquiar mit einer
teilvergoldeten Silberplatte in Opus-interrasile-Technik geschmückt (Abb. 66). Dargestellt ist das Lamm Gottes zwischen gekrönten, beschrifteten Frauenbüsten, den
Kardinaltugenden: Iustitia (Gerechtigkeit), Prudentia (Klugheit), Fortitudo (Stärke)
und Temperantia (Mäßigkeit).

Das eucharistische Programm des Kreuzreliquiars kehrt auch auf den Rückseiten
von zwei Tragaltären wieder, die aus der Sammlung Spitzer (Kat.-Nr. 166) und aus
Watterbach in Unterfranken (Kat.-Nr. 167) stammen. Variationen ergeben sich nur
in der Reihenfolge der Tugenden und im mittleren Medaillon, wo im Watterbacher
Werk statt des Lamms der segnende Christus dargestellt ist. Auch die Einbettung in
Rankenteppiche stimmt weitgehend überein, wobei zu berücksichtigen ist, dass auch
das Kreuzreliquiar und das Perikopenbuch in den zerstörten Stoffüberzügen ehemals gemusterte Hintergründe hatten.

Die beiden Tragaltäre stehen ebenfalls in einer besonderen Beziehung zu Bam-
berg. Denn die Heiligenauswahl der Spitzer-Tafel legt die Herkunft aus dem
Bamberger Dom nahe, und die Benediktinerabtei Amorbach im Odenwald, zu der
Watterbach gehörte, war maßgeblich am Aufbau des Benediktinerklosters auf dem
Michelsberg beteiligt.

Der Silberrahmen des Vordereinbandes des Fuldaer Sakramentars (Kat.-Nr. 172)
gehört ebenfalls in diese Gruppe der Goldschmiedewerke. Wiederum werden Tugendmedaillons zusammen mit Rankenmotiven dargestellt. Die Wellenranken sind
diesmal durch nackte und bekleidete Figuren sowie Trauben fressende Tiere belebt,
ein altes, aus der Antike übernommenes Motiv.

Obwohl der Darstellung des hl. Gregor auf dem Rückdeckel des Regensburger
Sakramentars (Kat.-Nr. 168) die typischen Leitmotive fehlen, gehört auch sie zur
Gruppe um das Kreuzreliquiar. Wäre der Goldschmied Mitglied des Regensburger
Skriptoriums gewesen, hätte er wohl auf dieselbe Vorlage zurückgegriffen, die der
Buchmaler für seine Miniatur benutzte. Das gemalte Gregor-Bild (Kat.-Nr. 112)
zeigt jedoch ein grundsätzlich anderes Verhältnis von Figur und Ornament, ein anderes Raumverständnis und viel mehr Details, die offensichtlich für den Einband un-
erwünscht waren. Der Goldschmied wählte stattdessen einen älteren Bildtypus, der
zwar ebenfalls für die Buchmalerei, aber nicht in Regensburg, sondern in Trier entwickelt worden war und in einem Trierer Einzelblatt[17] (Abb. 67) sowie dem Evangelisten Markus im Evangeliar der Sainte-Chapelle[18] (Abb. 68) überliefert wird.
Diese Vorlage wurde jedoch den neuen Gestaltungsprinzipien der kaiserlichen Werkstatt gemäß verändert. Auf erzählende Komponenten, wie den heimlich durch den
Vorhang spitzenden Diakon, wurde verzichtet. Die Komposition ist vielmehr auf

eine Figur konzentriert, die vom Hintergrund isoliert, vergrößert und frontal in die vordere Bildebene gesetzt ist. Die Umrisslinien wurden radikal vereinfacht und die Architektur zur raumlosen Kulisse. Darin gleicht die Gregor-Platte den inspirierten Evangelisten des Kreuzreliquiars, die ähnlich proportioniert sind und auf ähnlichen Thronen mit gleich gestalteten Pulten sitzen wie der Kirchenvater. Selbst Details, wie die Schmuckborte der Vorhänge, sind fast identisch. Die beschriebenen Stilelemente sind im Evangeliar Ottos III. und im Perikopenbuch Heinrichs II. wiederzufinden, wo auch die Architekturkulisse ganz ähnlich ist (Abb. 39). So wird das Sakramentar seinen Einband erst nach der Umwidmung an den Bamberger Dom und nicht am Entstehungsort der Handschrift in Regensburg erhalten haben. Das bestätigt ein Blick auf Werke Regensburger Goldschmiedekunst aus der Heinrichszeit wie das von seiner Schwester gestiftete Gisela-Kreuz[19] oder der Buchkasten des Uta-Codex[20]. Sie zeigen ein grundsätzlich anderes Verhältnis von Figur und Ornament. Wie in der Regensburger Buchmalerei damals üblich, werden die Freiflächen vollkommen mit Ornamenten und Schrift gefüllt. Diese Beobachtungen belegen den regen Austausch zwischen Goldschmieden und Buchmalern in der Heinrichszeit.

Die goldene Tafel aus Basel — Die goldene Tafel[21], das Antependium[22] des Hochaltars aus dem Basler Münster (Kat.-Nr. 11), wurde schon immer wegen ihrer monumentalen Größe[23] und des Seltenheitswerts als einzigartiges Kunstwerk betrachtet. Sie war im 11. Jahrhundert das zentrale Kultbild des Bistums und befand sich bis zur Auflösung der Kirchenschätze im frühen 19. Jahrhundert auch dort. In der lokalen Tradition bezeichnete man das Werk als „Heinrichsgabe", obwohl sich diese ausdrückliche Zuweisung nicht vor 1416 nachweisen lässt. Zu den Geschenken des letzten ottonischen Kaisers an Basel zählen außerdem ein heute in Berlin befindliches, umgearbeitetes Reliquienkreuz[24] und fünf verlorene Stücke, die bei herrschaftlichen Besuchen gebraucht wurden: ein Weihrauchfass, eine edelsteingeschmückte Messbuchhülle, ein Kaisermantel, ein Kronleuchter und ein Thronsessel.[25] Zeitgenössische Quellen berichten zwar von zahlreichen Goldaltar-Stiftungen des Kaiserpaars für andere Orte wie Bamberg, Trier, St. Vanne in Verdun, Kaufungen und Merseburg, doch nur die Basler ist noch weitgehend erhalten. Dabei gehörten Schmuckstücke wie dieses zur wichtigsten Ausstattung einer Festmesse in

19 Brunner, Schatzkammer, Nr. 8; Kahsnitz, Emails, S. 140.
20 Bayerische Staatsbibliothek, München, Clm 13601: AK Prachteinbände, Nr. 7 (B. Hernad).
21 Paris, Musée National du Moyen Age, Thermes et Hôtel de Cluny (Cl. 2350).
22 Dieser lateinische Begriff setzt sich aus den Worten „ante" (vor) und „pendere" (hängen) zusammen.
23 H. 120, B. 177,5, T. 13.
24 AK Basler Münsterschatz, Kat.-Nr. 1 (L. Lambacher).
25 Burckhardt, Kunstdenkmäler, S. 359.

69a Basler Antependium: Christuskopf

69 Basler Antependium: Heinrich und Kunigunde zu Füßen Christi (Kat.-Nr. 11)

70a Basler Antependium:
Temperantia

70b Basler Antependium:
Wellenranken

26 Die Worte „usias"
und „soter" stammen aus dem
Griechischen, „hel" aus dem
Hebräischen.
27 Besonders aufschlussreich
für die enge Verwandtschaft sind
stilistische Vergleiche mit der
Bamberger Apokalypse
(Kat.-Nr. 122).

einer Kirche von Rang. Denn bevor man im 13. Jahrhundert dazu überging, die Bilder in Form großformatiger Retabel mit mehreren Flügelpaaren auf die Altartische zu erheben, pflegte man die Vorderfronten selbst mit derartig monumentalen Tafeln zu verkleiden.

Die besondere Wertschätzung des Basler Antependiums beruht nicht allein auf den kostbaren Materialien, also Gold, Perlen und Edelsteinen, sondern ebenso auf seiner künstlerischen Gestaltung. Die Komposition ist auf Christus als König der Könige ausgerichtet, der streng frontal mit edelsteingeschmücktem Kreuznimbus in der vergrößerten Mittelarkade erscheint und von seinen himmlischen Paladinen umgeben wird. Der hl. Michael nimmt die Ehrenposition zu seiner Rechten ein, die beiden anderen Erzengel, Raphael und Gabriel, sind ihm nachgeordnet. Zu seinen Begleitern gehört außerdem der Mönchsvater Benedikt von Nursia, der an Kutte, Abtsstab und Buch erkennbar ist. Der Gottessohn segnet mit seiner rechten Hand und hält in seiner linken als Zeichen allumfassender Herrschergewalt eine goldene Kugel mit seinem griechischen Monogramm (XP) zwischen Alpha und Omega, den Buchstaben für Anfang und Ende der Welt. Die glockenförmig auffliegenden Mantelenden bilden baldachinartige Bekrönungen für die beiden winzig kleinen Stifter, die in tiefer Verehrung zu seinen Füßen auf dem Schollenhügel mit blühenden Pflanzen knien (Abb. 69). Leider sind nur die fünf Standfiguren in ihren Arkadenbögen namentlich bezeichnet, nicht jedoch das gekrönte Herrscherpaar.

Wichtige Hinweise für ihre Identifizierung als Heinrich und Kunigunde liefert die monumentale lateinische Inschrift in leoninischen Hexametern, die nicht einfach der Erläuterung des dargestellten Inhalts dient, sondern ihm eine zusätzliche, verschlüsselte Bedeutungsebene hinzufügen. Dass Gott als Arzt angerufen wird, könnte sich auf den ständig kränkelnden Kaiser beziehen. Die Aufnahme von griechischen und hebräischen Begriffen in den lateinischen Text offenbart die Beherrschung der drei damals als heilig angesehenen Sprachen und demonstriert damit den grenzüberschreitenden Bildungsanspruch des Auftraggebers.[26]

Außerdem kehren im Basler Antependium die bekannten, für die kaiserliche Werkstatt charakteristischen Leitmotive wieder, die auch seine gesicherten Stiftungen zieren. Der Rankenteppich in der Arkadenwand mit den knospenden Ästen gleicht dem der Tragaltäre. Wie bei diesen sind darin die vier beschrifteten Kardinaltugenden in Medaillons versteckt (Abb. 70a). Parallel zum Einband des Fuldaer Sakramentars (Kat.-Nr. 172) schließen die umrahmenden Wellenranken Trauben fressende Tiere ein, die auf das Sakrament der Eucharistie und das friedfertige Nebeneinander aller Lebewesen im Paradies verweisen (Abb. 70b). Auch stilistische Details wie die Rankenornamente mit den vielfach variierten Blattblüten und Granatäpfeln, die Faltengliederung oder die Standflächen aus Erdschollen finden ihre Entsprechung in anderen Stiftungen Heinrichs.[27]

Wenn ein spezieller Ort beschenkt wurde, bezog man sich im Programm in der Regel auf die dort verehrten Heiligen. Dies ist im Antependium nicht der Fall. Doch favorisierte Heinrich persönlich den Kult des Mönchsvaters Benedikt und der Erzengel, wie seine Gründung eines Benediktinerklosters auf dem Engels- bzw. Michelsberg in Bamberg, dem „mons angelorum", zeigt. Das Heiligenprogramm passt also genau dorthin, weshalb zu vermuten ist, dass man die Tafel ursprünglich dafür konzipierte. Kein anderer als der Kaiser selbst konnte das Werk seiner ursprünglichen Bestimmung entziehen, um es Basel, dem Tor zum Königreich Burgund, weiterzuschenken. An diesem Gebiet zeigte Heinrich II. verstärktes Interesse, nachdem es ihm von seinem Onkel vorzeitig als Erbe zugesprochen worden war.

Umwidmungen dieser Art sind im Stiftungswerk Heinrichs II. keine Seltenheit. Besonders seine frühere Residenzstadt Regensburg hatte darunter zu leiden. So übergab er das reich dotierte und von Grund auf erneuerte Kollegiatstift zur Alten Kapelle im Herzen Regensburgs dem neu gegründeten Bistum Bamberg. Unter zahlreichen Regensburger Büchern, die ihren Bestimmungsort wechseln mussten, befand sich auch ein kleines, ganz in Gold geschriebenes Perikopenbuch.[28] Es gehörte ursprünglich St. Emmeram und ging in den Besitz des Klosters auf dem Michelsberg über. Zwar ist bedauerlicherweise der ottonische Vordereinband verloren und durch ein Bamberger Hornrelief des frühen 13. Jahrhunderts ersetzt, doch blieb der schlichtere Rückdeckel erhalten (Abb. 71). Dort ist im zentralen Medaillon eine Engelsbüste mit Buch dargestellt, ein Thema, das auf den neuen Bestimmungsort Bezug nimmt und sich auch in der Formgebung eng an die Arbeiten der Heinrichswerkstatt anschließen lässt.

71 Perikopenbuch aus Pommersfelden, Detail vom Rückdeckel

Die Lokalisierung dieser Gruppe von Goldschmiedearbeiten ist umstritten. Man suchte sie vorwiegend in Reichsklöstern mit leistungsfähigen Skriptorien, aber auch in Regensburg oder Bamberg. Da alle Werke direkt oder indirekt mit Heinrichs Neugründung in Franken zusammenhängen und außerdem unterschiedliche Handschriften aus Regensburg, der Reichenau oder Fulda einheitliche Einbände erhielten, gibt es nur eine plausible Erklärung: Die Bücher müssen nachträglich am Ort ihrer Bestimmung einen neuen Deckelschmuck erhalten haben, der dem besonderen Verwendungszweck angemessen war.[29]

Es sprechen jedoch auch andere Gründe für die Ansiedlung dieser Werkstatt in Bamberg. Nicht nur die Bauhütte, die dort drei Kirchen errichtete, auch die für die Ausstattung zuständigen Goldschmiede hatten viel zu tun. Schon wegen des Umgangs mit kostbaren Materialien musste ihre Arbeit streng überwacht werden. Es war außerdem schwierig sichere Transportwege zu finden. Weniger riskant erschien es, wenn die Künstler zu ihren Aufgaben reisten. Sie werden bald nach 1007 in Bamberg angekommen sein und die Stadt an der Regnitz spätestens nach dem Tod des Kaisers wieder verlassen haben. Es müssen auch nicht unbedingt Mönche gewesen sein, denn zumindest in Mailand sind zu dieser Zeit schon Laien tätig.[30] Zur kaiserlichen Werkstatt werden Goldschmiede von unterschiedlicher Ausbildung und Fähigkeit gehört haben, die aber offensichtlich verbindliche Programmvorgaben erhielten und daraus einen gemeinsamen Stil entwickelten. Ihre Schöpfungen blieben für lange Zeit vorbildlich.[31]

Der Kaiser brauchte Goldschmiede außerdem zum Siegelschneiden, als Münzmeister und zur Betreuung des eigenen Schatzes. Das Privileg, Gold zu verarbeiten, vergab er nur an ausgewiesene Vertrauenspersonen, beispielsweise an den Bischof von Novara.[32] Unter den Kirchenfürsten dieser Zeit gab es verschiedene ambitionierte Förderer der Goldschmiedekunst. Ein Vorbild könnte Erzbischof Egbert von Trier (977–993) gewesen sein, der ebenso wie Heribert von Köln (999–1021) oder Bernward von Hildesheim (993–1022) als Stifter zahlreicher Goldschmiedewerke bekannt ist. Ein anderer Vertrauter Heinrichs, Erzbischof Willigis von Mainz (975–1011), stiftete das sagenhaft große Benna-Kreuz, das reich mit Gold geschmückt war und 600 Pfund wog.[33] Er verwendete dafür Einnahmen aus der Lombardei, die Heinrich ihm aus Dank für die Unterstützung bei seiner Königswahl überlassen hatte.

28 Schlossbibliothek der Grafen von Schönborn, Pommersfelden (Ms. 340): AK Regensburger Buchmalerei, Kat.-Nr. 12 (U. Kuder); AK Die Grafen von Schönborn, Nr. 354 (R. Kahsnitz); AK Vor dem Jahr 1000, Nr. 14 (G. Bauer).
29 Das Limburger Evangeliar aus der Reichenau (Dombibliothek Köln Hs. 218) z. B. erhielt seinen Einband erst am Bestimmungsort durch einen Priestermönch des Benediktinerklosters an der Haardt (AK Glaube und Wissen, Nr. 77; Hoffmann, Mönchskönig, S. 75 f.).
30 Peroni, L'oreficeria.
31 Beispielsweise: Gertrudis-Tragaltar, The Cleveland Museum of Art (CMA 31.462): Budde, Altare Portatile, Nr. 13; Peter, Gertrudisschrein. – Kreuz in der Stiftskammer von St. Nikodemus in Steinfurt-Borghorst: AK Die Reise nach Jerusalem, Nr. 1/87. – Tragaltar aus dem Welfenschatz, Kunstgewerbemuseum Berlin (W2): Kötzsche, Welfenschatz, Nr. 7; Budde, Altare Portatile, Nr. 14. – Tragaltar aus dem Dom-Museum Hildesheim (DS 26): Budde, Altare Portatile, Nr. 6. – Tragaltar aus der Benediktinerinnenabtei St. Walburg zu Eichstätt: Budde, Altare Portatile, Nr. 8 – Tragaltar der Kirche St. Vitus in Lette: Budde, Altare Portatile, Nr. 40.
32 MGH DD 3, S. 383, Z. 32 f.
33 Falck, Mainz, S. 103; Goez, Leben und Werk, S. 31.

72 Aachener Ambo: Matthäus

34 Falkenstein, Otto III.
35 Grimme, Dom zu Aachen, Abb. 40–43.
36 AK Bernward von Hildesheim, Nr. II–31 (R. Kahsnitz); Fillitz, Bemerkungen zur Situla.

Andere Stiftungsschwerpunkte Heinrichs: Aachen, Merseburg und die Alte Kapelle in Regensburg — Heinrich privilegierte Bamberg auf Neid erregende Weise. Zu den Orten, die er außerdem besonders bedachte, zählt die Pfalzkapelle in Aachen, die als Grablege seines großen Vorbilds, Karls des Großen, und als Krönungskirche hohen Prestigewert hatte. Heinrich entzog diesem Ort wichtige Privilegien, was ihn aber nicht daran hinderte, im Gegenzug einen „maximus ornatus" zu spenden, eine kostbare, nicht näher spezifizierbare Ausschmückung.[34] Wahrscheinlich gehörte der inschriftlich für Heinrich gesicherte goldene Ambo dazu, wohl eine Lesepultverkleidung, die seit 1414 als Kanzelbrüstung in der Südwand angebracht ist.[35] Doch ist – abgesehen von sechs spätantiken Elfenbeinen, Bergkristallgefäßen und einzelnen Edelsteinen – nur noch ein Goldrelief mit dem Evangelisten Matthäus vom ursprünglichen Ensemble erhalten (Abb. 72). Es unterscheidet sich aber stilistisch von den bisher behandelten Werken so weit, dass eine andere Werkstatt als die kaiserliche in Bamberg anzunehmen ist. Auch die berühmte Pala d'Oro von Aachen kann nicht von denselben Goldschmieden wie das Basler Antependium geschaffen worden sein. Von dieser Tafel blieb zwar ein Zyklus von Szenen aus dem Leben Christi erhalten, doch ging ihre Umrahmung verloren, die wichtige Anhaltspunkte für die Einordnung hätte liefern können. Außerdem könnte schon Otto III. dieses Werk gestiftet haben, als er im Jahr 1000 das Karlsgrab feierlich öffnete. Dasselbe gilt für das Weihwassergefäß aus Elfenbein am selben Ort, wo ein thronender, bärtiger Herrscher dargestellt ist, der wohl nachträglich mit unregelmäßigen Buchstaben als OTTO bezeichnet wurde.[36]

Auch Merseburg zeichnete der Kaiser durch großzügige Geschenke aus. Wie Thietmar berichtet, erhielt seine Kirche ein Kreuzreliquiar, ein goldenes Antependium, eine kostbar geschmückte Goldbüchse, Weihrauchfässer, Silberbecher und eine Prachthandschrift, in der die Privilegien des Doms aufgeführt waren und deren goldener Deckel angeblich neun Pfund wog.[37] Das wichtigste Stück muss jedoch der edelsteingeschmückte Goldkelch gewesen sein, der den Kaiser der Legende nach vor ewiger Verdammnis gerettet haben soll. Bei der strengen, zweitägigen Prüfung seines Lebenswerks schienen zunächst die schlechten Taten zu überwiegen. Erst als der hl. Laurentius im letzten Moment den Kelch in die Waagschale warf, kam der positive Ausschlag, der so heftig war, dass der Kelch zu Boden fiel und ein Henkel abbrach. Im Bamberger Domschatz gab es offensichtlich eine Kopie dieses Werkes, die allerdings zwei Henkel hatte.[38]

Um eine ungewollte Kelchstiftung rankt sich eine andere Legende. Als sich der Kaiser 1022 in Paderborn aufhielt, ließ er Bischof Meinwerk (1009–1036) am Weihnachtsabend einen Obstwein mit dem ausdrücklichen Befehl an den Boten übersenden, nicht ohne das kostbare Gefäß zurückzukehren. Meinwerk aber beauftragte seinen Goldschmied Brunhard, in nur einer Nacht daraus heimlich einen Kelch zu fertigen. Als Heinrich den Betrug am nächsten Tag während der Weihnachtsmesse bemerkte, übte er Nachsicht und überließ den Kelch der westfälischen Domkirche.[39]

Der einzige erhaltene Kelch, der als Stiftung Heinrichs II. gilt und aus der Alten Kapelle von Regensburg nach München in die Schatzkammer kam, ist bezeichnenderweise die Umarbeitung einer einhenkligen fatimidischen Bergkristalltasse (Abb. 73).[40] In die Kristallwandung ist ein feiner Halbpalmettendekor eingeschnitten. Auf diese komplizierte, in der Antike entwickelte Steinbearbeitung hatten sich arabische Künstler unter den fatimidischen Kalifen spezialisiert, die im 10. und 11. Jahrhundert über Ägypten und Syrien herrschten. Ein Goldschmied verwandelte dieses kostbare Trinkgefäß in einen Messkelch. Er ergänzte einen Henkel aus Silber, versah ihn mit einem kreisförmigen Plättchen zum Auflegen des Daumens, fügte einen Lippenrand hinzu und setzte die Tasse auf einen reich geschmückten Fuß mit einen Knauf aus einer wasserklaren Bergkristallkugel. Die Fußplatte zieren sechs schildförmig geschweifte Plättchen mit niellierten Ranken zwischen goldenen Filigranbändern und sechs Steinen, von denen wohl nur eine antike Amethyst-Gemme mit einer stehenden weiblichen Gestalt (Kanephore) zum alten Bestand gehört. Den Kelch, zu dem ursprünglich eine edelsteingeschmücktee Patene gehörte,[41] benutzte man in Regensburg bis ins 18. Jahrhundert beim traditionellen Heinrichsfest.[42] Kleinformatige Kelchgarnituren begleiteten den Kaiser auf seinen Reisen. Sie könnten ähnlich wie die des Patriarchen Poppo von Aquileia im Domschatz von Cividale ausgesehen haben.[43] Kelchgarnituren in Miniaturform dienten auch als Grabbeigaben, doch nur selten werden sie aus Gold gewesen sein wie die für Erzbischof Poppo von Trier (Abb. 74; Kat.-Nr. 176).

37 Thietmar, Chronik, (Trillmich) S. 456; Weilandt, Geistliche, S. 204, S. 209.
38 Baumgärtel-Fleischmann, Bamberger Heiltum, fol. 19r.
39 Scheller, Seelenwägung, S. 36.
40 Brunner, Schatzkammer, Nr. 7.
41 Dies ist einem Regensburger Inventar von 1525 zu entnehmen: Bayerisches Hauptstaatsarchiv München (HL Regensburg 116, fol. 034r–044v): Inuentary der bildnus vnd ander gefeß, Monstrantzen vnd ornadt im Stifft Altten Capellen vnd der Pfarkirchen sandt Cassian in Regenspurg, fol. 38r: Mer ain altfrenkischer Kelch mit einer pathen ist das kar parille, der spiegl mitt(en) in der Pathen auch parille, vnd in der pathen drey saffir, zwen praßim vnd ain pehamisch amatist vnd wigt der kelch sambt der pathen ungeuerlich 2 marck, hat kaiser Hainrich lassen machen. Den Hinweis verdanke ich Renate Baumgärtel-Fleischmann.
42 H. C. Paricius aus Regensburg berichtet im Jahre 1753: „Heil. Kaysers Henrici Cristallener-Becher, dessen Fuß von Silber und vergoldet ist [...] aus welchem Becher am Festtage Henrici alle Leuthe zum Gedächtniß trincken dürfen."
43 AK Poppone, Nr. 101 (L. Crusvar).

73 Heinrichskelch

74 Trier:
Kelch und Patene
aus dem Grab
Erzbischofs Poppo
(Kat.-Nr. 176)

Kreuze und Kronen — In der Münchner Schatzkammer wird neben dem Kreuzreliquiar und dem Kelch auch die so genannte Kunigunden-Krone aus dem Bamberger Domschatz aufbewahrt (Abb. 75).[44] Das prunkvolle Juwelendiadem besteht aus einem Goldreif, der aus fünf leicht gebogenen, querrechteckigen Gliedern gebildet ist. Die Mitte der Stirnplatte ziert eine goldene Scheibe auf Filigranarkaden, die mit einem großen querovalen Saphir, vier Amethysten und zwei Perlen sowie Filigrandraht und dreiteiligen Goldschleifchen besetzt ist. Daran schließt jeweils eine aus Halbkreisen gebildete Raute mit Edelsteinen und Perlen an. In den beiden Schläfenplatten ist das Dekorationssystem leicht variiert. Die beiden hinteren Segmente sind nicht mehr in ursprünglicher Form erhalten. Die hoch gestellten Steinfassungen auf filigranem Arkadenwerk oder Kastenformen ähneln denen des Kreuzreliquiars.

Urkundlich lässt sich die Krone nicht als Stiftung Kunigundes nachweisen. Stattdessen wird in Quellen ein edelsteingeschmückter Reif über dem Hochaltar im Peterschor des Bamberger Doms genannt, den Bischof Gunther unmittelbar vor seiner Wallfahrt nach Palästina im Herbst 1064 anfertigen ließ. Die Kunigunden-Krone

75 Kunigundenkrone

44 Brunner, Schatzkammer,
Nr. 10; Baumgärtel-Fleischmann,
Kunigundenkrone; Eikelmann,
Kronen, S. 1 passim;
Drechsler, Krone, Nr. 5.
45 Baumgärtel-Fleischmann,
Kunigundenkrone, S. 37.
46 Brunner, Schatzkammer,
Nr. 15.
47 Trnek, Reichskrone,
Nr. 155; Schaller, Reichskrone;
Kahsnitz, Emails, S. 121 f.;
Mayr-Harting,
Herrschaftsrepräsentation;
Ott, Krone und Krönung.
48 Wien, Kunsthistorisches
Museum, Schatzkammer der
Hofburg XIII,21; Trnek,
Reichskreuz, Nr. 154; Jühlich,
Gemmenkreuze, S. 172 f.; Fillitz,
Goldschmiedekunst, S. 182; AK
Reich der Salier, S. 243, Nr. 2.

könnte deshalb ursprünglich diese Weihekrone gewesen sein und erst nach der Heiligsprechung ihren Namen erhalten haben, als sie zum Schmuck ihres Kopfreliquiars verwendet wurde.[45] Auf den Goldreif setzte man im späten Mittelalter außerdem eine gotische Lilienkrone, die erst 1931 wieder abgenommen wurde und sich ebenfalls in der Münchner Schatzkammer befindet.[46]

Auch die Datierung der Reichskrone in der Wiener Schatzkammer wird kontrovers diskutiert.[47] Ob Erzbischof Brun von Köln (953–965), der Bruder Ottos des Großen, diese Reichsinsignie in Auftrag gab, ist umstritten. Doch Heinrich wird sich durch eine für ihn charakteristische Beigabe, das kleine, oben in der Mitte aufgesteckte Kreuz, verewigt haben. Seine Vorderseite ist, ähnlich wie das Kreuzreliquiar, reich mit Edelsteinen in Arkadenfassungen geschmückt. Das eingravierte Kruzifix auf der Rückseite gleicht im Stil den Gravuren der Heinrichswerkstatt (Abb. 76). Der Nachfolger Heinrichs, Konrad II. (1024–1039), setzte dann die Stiftungspraxis seines Vorgängers fort, indem er die Reichskrone mit einem Bügel versah, der seine Namensinschrift trägt (Kat.-Nr. 72, Replik).

Ähnlich wird Konrad das Reichskreuz behandelt haben, das sich heute ebenfalls in der Wiener Schatzkammer befindet.[48] Auch dieses Staatssymbol wird aufgrund der Inschrift auf den Schmalseiten meist als seine Stiftung angesehen, wenngleich der beschriftete Metallstreifen mit dem Namen des Herrschers nicht zum ursprünglichen Bestand gehört. Dafür gibt es technische und stilistische Argumente. Die Randbänder der Schmalseiten mit der Inschriftenleiste wurden zuletzt angebracht, denn sie überlappen die rückwärtige Platte und sind auf ihr vernagelt. Sie überdecken außerdem ein schon existierendes Goldblech und unterscheiden sich auch im eingravierten Ornament, einem Sägezahnfries, deutlich von dem zickzackförmig geordneten Fächerblattfries auf der Rückseite. Dort ist in Niello-Technik das Lamm Gottes zwischen den sitzenden Aposteln dargestellt. Diese gleichen bis ins Detail den Evangelisten des Kreuzreliquiars. Deshalb wird auch das Reichskreuz in den Umkreis der Stiftungen Heinrichs gehören und die Inschrift nachträglich erhalten haben. Auch die juwelenbesetzte Vorderseite entspricht in der Anordnung und Fassung von Edelsteinen und Perlen weitgehend dem Kreuzreliquiar aus dem Bamberger Dom. Wie dieses Kleinod barg auch das Reichskreuz Reliquien allerhöchsten Ranges, Kreuzholzpartikel und das Blatt der Heiligen Lanze.[49]

Heinrich soll seiner Gemahlin Kunigunde zwei Kreuze geschenkt haben, die in Bamberg volkstümliche Namen bekamen, aber während der Säkularisation verloren gingen und nur durch Nachzeichnungen ihrer Vorderseiten überliefert sind. Die „Morgengabe"[50], das Hochzeitsgeschenk, gehörte St. Michael (Abb. 77). Sie kann durch die umlaufende Inschrift am Rand und durch eine Darstellung Kaiser Heinrichs auf der Rückseite als seine Stiftung gelten. Die Mitte zierte ein goldenes byzantinisches Umhängekreuz eines Geistlichen, ein Enkolpion mit dem Gekreuzigten zwischen Maria und Johannes. Die Kreuzenden trugen byzantinische Kameen mit Nikolaus (oben), dem Apostel Johannes (links) und dem Erzengel Michael (rechts). Die untere am Kreuzfuß war offensichtlich schon verloren.

Das andere Kreuz wurde als „Gertruden-Kreuz" und seit dem 16. Jahrhundert als „Mahlschatz" bezeichnet, weil es zeitweise einen Ring der Kaiserin einschloss (Abb. 78).[51] In der Mitte war zwischen Rankenwerk ein kleineres Kruzifix eingelassen, das aus stilistischen Erwägungen als karolingische Arbeit der Hofschule Karls

76 Reichskrone:
Rückseite des aufgesteckten
Kreuzes

49 AK Basler Münsterschatz,
S. 220 (A. von Müller).
50 AK Rom und Byzanz,
Nr. 29 (R. Kahsnitz).
51 AK Ein Leben für den Bamberger Dom, Nr. 37 (R. Baumgärtel-Fleischmann).

77 Nachzeichnung des Kreuzes aus St. Michael

78 Nachzeichnung des Gertrudenkreuzes

52 Swarzenski, Dowry Cross.
53 Jülich, Gemmenkreuze,
       S. 175 f.

des Kahlen eingestuft wird.[52] Unter ihm wurde im 12. Jahrhundert ein Kristallfläschchen mit dem Finger der hl. Gertrud eingelassen. Die Rankenornamentik, die das Kreuz vollkommen bedeckt, erinnert zwar in den Vogelmotiven an Werke der Heinrichswerkstatt, ist jedoch stilistisch von den Niello-Arbeiten auf dem Fuldaer Buchdeckel (Kat.-Nr. 172) oder den Goldreliefs des Münchner Evangeliars (Kat.-Nr. 135) weit entfernt. Zusätzliche Fehlerquellen können auch in der Nachzeichnung des 18. Jahrhunderts begründet sein. So muss offen bleiben, ob dieses Kreuz ursprünglich zu den Stiftungen des Kaiserpaars zählte oder erst im Lauf der Zeit dazu gemacht wurde.

In der Fritzlarer Lokaltradition wird auch das reich geschmückte Gemmen-Kreuz im Petridom mit dem Namen Heinrichs II. verbunden.[53] Die Kreuzrückseite gehört eindeutig ins 12. Jahrhundert, doch die Einordnung der Vorderseite schwankt zwischen dem 10. und 11. Jahrhundert. Ob der Kaiser es wirklich anlässlich seines Besuchs in Fritzlar im Jahr 1020 stiftete, ist ungewiss.

Wir können nicht mehr hoffen, dass irgendein bisher unentdecktes Goldschmiedewerk der Heinrichszeit gefunden wird. Fast alles ist unwiederbringlich verloren. Auch die vergrabenen Horte, die von Zeit zu Zeit noch entdeckt werden, enthalten meistens Münzen oder Scherben und nur in Ausnahmefällen Schmuck. Deshalb bleibt uns nichts anderes übrig, als die vielfach misshandelten alten Schatzstücke so sorgsam wie möglich zu pflegen und zu versuchen, die spärliche Überlieferung möglichst genau zu untersuchen. Nur auf diese Weise kann das Wenige von dem verlorenen Glanz dieser Epoche erlebbar bleiben.

Walter Sage
Die Ausgrabungen im Bamberger Dom

Der 1237 geweihte heutige Dom zu Bamberg galt in der Kunstwissenschaft als mehr oder minder getreue Kopie jener Kathedrale, die Kaiser Heinrich II. für sein 1007 gegründetes Bistum hatte errichten lassen. Dabei hegte man seit dem 19. Jahrhundert die Vermutung, dass der Neubau nach dem zweiten Dombrand im Jahr 1185 einfach auf den Fundamenten seines Vorgängers – oder des jüngeren seiner Vorgänger, sofern man eine komplette Erneuerung schon nach der ersten Zerstörung 1081 unterstellte – errichtet worden sei. Dies aber war mit der Entdeckung der ursprünglichen Westkrypta 1913 und endgültig 1935/36 mit der Freilegung des Westteils dieser Krypta und der Publikation durch H. Mayer hinfällig geworden, denn die Befunde zeigten, dass die erste Kathedrale deutlich schmaler und zumindest im Westen auch kürzer als ihre Nachfolgerin war. Ersteres bestätigte sich 1943 mit der Aufdeckung eines kurzen Stücks vom nördlichen Langhausfundament. Auch die Existenz eines im Westen gelegenen Querhauses schien durch den Nachweis eines daran anschließenden Verbindungsbaus zur „Pfalz" unter dem Ostflügel der heutigen Alten Hofhaltung gesichert. Im Übrigen blieben wichtige Fragen strittig, nicht zuletzt die, ob der Gründungsbau zwei Krypten und bereits auch Türme besessen habe.[1]

Den Einbau einer umfangreichen Heizungsanlage im Bamberger Dom nutzte das Bayerische Landesamt für Denkmalpflege 1969 für umfassende archäologische Untersuchungen. Bis die für ein Grabungsvorhaben solcher Größenordnung erforderlichen Mittel durch die Deutsche Forschungsgemeinschaft bereitgestellt waren, beschränkte sich die Arbeit der Archäologen im nördlichen Seitenschiff und Querhausflügel auf Notbeobachtungen, vor allem im Randbereich bereits ausgehobener Heizkanalgräben. Vom Sommer 1969 an konnten das Mittelschiff und die Ostkrypta des heutigen Doms fast flächendeckend und im Winter 1971/72 nach längerer baubedingter Unterbrechung das südliche Seitenschiff und der Südflügel des Querhauses in ausreichendem Umfang planmäßig ausgegraben werden. Der Zugang zu den seinerzeit nicht von H. Mayer freigelegten Teilen der Westkrypta blieb verwehrt, was sich nachteilig auf die Interpretation des Gesamtbefunds auswirken sollte. Trotzdem war Anfang 1972 die bis dahin umfangreichste Ausgrabung in einer bayerischen Bischofskirche abgeschlossen. Sie blieb bis heute neben der zeitlich parallel verlaufenen Untersuchung im Eichstätter Dom auch einzig in ihrer Art, die zudem 1989/95 durch die vollständige Aufnahme aller von der Westkrypta erhaltenen Befunde ergänzt werden konnte.[2]

Eines der Hauptziele der seit 1969 erfolgten Grabungen war damit erreicht: Der Grundriss des Heinrichsdoms wurde Schritt für Schritt so weit bekannt, wie dies nach Lage der Dinge überhaupt möglich ist, und hinsichtlich seiner Gestaltung im

1 Forschungsgeschichte einschließlich der Domgrabungen 1969/72 kurz zusammengestellt bei von Winterfeld, Dom, Bd. 1, S. 12–29.
2 Erster Vorbericht über Bamberg: Sage, Ausgrabungen im Bamberger Dom; der bisher umfangreichste Bericht über beide Domgrabungen: Sage, Ausgrabungen in den Domen, S. 179–202 (Bamberg); erste Ergebnisse der Untersuchungen in der Westkrypta seit 1989 sind berücksichtigt bei: Sage, Frühgeschichte, S. 270–276. Die örtliche Grabungsleitung im Dom lag in den Händen von Wilhelm Charlier (1969/70) und Wilfried Titze (1971/72) vom Bayerischen Landesamt für Denkmalpflege; örtlicher Leiter des DFG-Projekts Babenburg 1987/93 war Joachim Zeune. Die Ausmessungen in der Westkrypta ab 1989 führten das Architekturbüro Schöppner und Eleonore Wintergerst (Denkmalamt, Archäologische Außenstelle Oberfranken) durch.

Aufgehenden lassen sich immerhin einige gesicherte Aussagen treffen. Mag man dies als Erfolg vor allem für die Bau- und Kunstgeschichte werten, so hatten die Ausgrabungen von Anfang an aber auch andere Ziele. Es ging um die Frage, wie sich der nachmalige Domberg in der Zeit vor der Bistumsgründung entwickelt hatte. Waren damals bereits Fakten geschaffen, die – mehr noch als die überlieferte Vorliebe Heinrichs für Bamberg – erklären könnten, warum gerade dieser zuvor wenig bekannte Platz an der Regnitz zum Zentrum eines neu zu gründenden Bistums ausgewählt und in bis heute nachwirkender Form bebaut worden war.

Anders ausgedrückt, konzentrierten sich die archäologischen Untersuchungen auch auf das Problem „Babenburg", über das man 1969 womöglich noch weniger als über das Aussehen des Heinrichsdoms wusste. Dass von dieser für die spätere Stadt und das Bistum namengebenden Befestigung obertägig keine in die Zeit vor 1000 datierbaren Spuren erhalten sind, war bekannt. Aber gerade deshalb und wegen der im 12. Jahrhundert als „Altenburg" bezeichneten, auf einer südwestlich der Stadt gelegenen Höhe war die Lokalisierung der Babenburg auf dem Domberg nicht gänzlich unumstritten. Zudem bot die früheste Erwähnung dieser Wehranlage erst 902 im Zusammenhang mit der Babenberger Fehde – also rund 100 bis 150 Jahre später als die Erstnennungen der Königshöfe Forchheim und Hallstadt sowie mancher weniger bedeutender Orte an Main und Regnitz – durchaus Anlass für die bei Historikern lange verbreitete Ansicht, es habe sich bei ihr um eine Gründung spätkarolingischer Zeit gehandelt. Archäologische Anhaltspunkte für eine andere –

80 Sarkophag Heinrichs II.

frühere – Datierung schienen nicht vorzuliegen. Einerseits hatte es bis 1962 am Domberg nur eng begrenzte Gelegenheitsuntersuchungen an der Thomas-Kapelle und der ehemaligen Dompfisterei südöstlich des Domklosters (heute Diözesanmuseum) gegeben, andererseits fügten sich auch die Ergebnisse der einzigen größeren Grabung vor der Neuen Residenz 1962 zunächst in dieses Bild, denn der Ausgräber führte in seiner Publikation zwar den Nachweis stärkerer urnenfeldzeitlicher Besiedlung, glaubte aber das mittelalterliche Fundgut von dieser Stelle nicht vor das 9. oder 10. Jahrhundert n. Chr. zurückdatieren zu können.[3]

Das entsprach der von manchen Archäologen bis in jüngste Zeit vertretenen Ansicht, dass Oberfranken östlich von Steigerwald und den Haßbergen im 5. Jahrhundert völlig siedlungsleer geworden und dies bis in die Karolingerzeit geblieben sei. Grundlage für derartige Vorstellungen war das Fehlen von Bodenfunden aus dem mittleren 5. bis frühen 8. Jahrhundert, insbesondere der markanten, Beigaben führenden Reihengräberfelder der Merowingerzeit. Dies beruhte allerdings eher auf dem Mangel an systematischer archäologischer Forschung bis in das letzte Drittel des vorigen Jahrhunderts, als dass es die tatsächlichen Verhältnisse in den siedlungsgünstigeren Landstrichen Oberfrankens widergespiegelt hätte. Dank einer

3 Peschek, Ausgrabungen.

81

Die Babenburg

① Kirche der Babenburg

② Siedlungsspuren des Frühmittelalters

③ Spitzgraben, wahrscheinlich zur Babenburg gehörig

④ An einigen Stellen archäologisch nachgewiesener Graben
Nicht eindeutig der Babenburg zuzuordnen

4 Losert, Keramik; zur Erforschung des frühen Mittelalters in Oberfranken allgemein: Sage, Frühgeschichte, S. 184–269.
5 Schwarz, Castrum Babenberch; Schwarz, Landesausbau S. 394 ff.; Schwarz, Denkmalpflege.
6 Einen ersten Überblick über die vielschichtigen Probleme bietet: AK Geschichte aus Gruben und Scherben.

gründlichen Untersuchung der frühmittelalterlichen Keramik wissen wir mittlerweile, dass Funde aus der Zeit vermeintlicher Siedlungsleere von zahlreichen Plätzen, darunter auch aus den genannten Untersuchungen am Domberg, vorliegen.[4] Bei der Domgrabung jedoch bedeutete es eine erhebliche Überraschung, unterhalb des großflächig erhaltenen Fußbodens im ersten Dom auf die Zeugnisse einer vielschichtigen älteren Niederlassung zu stoßen. Dadurch wurden nicht nur alle Anfangsdatierungen infrage gestellt, der Nachweis eines markanten Nutzungswechsels am Platz gewann zudem für die schon angesprochene Frage der Platzwahl bei der Bistumsgründung Bedeutung.

Unabhängig von der Domgrabung hatte 1972 eine weitere archäologische Untersuchung auf dem Gelände des jetzigen Dom-Mesnerhauses stattgefunden. Als Ergebnis dieser nicht einmal 200 Quadratmeter Fläche umfassenden Grabung südlich des Peterschors legte der Ausgräber einen Rekonstruktionsvorschlag vor, dem gemäß die Babenburg von Anfang an den gesamten Domberg innerhalb seiner in spätmittelalterlichen Formen überlieferten Umwehrung, sogar unter Einschluss der Spitze mit der nachmittelalterlichen Bastion an seinem Südostende, einnahm. Die Babenburg war in dieser Größe als „karolingische Mittelpunktsburg" an zuvor unbesiedeltem Platz entstanden. Das Gründungsdatum für diese – wohl unter dem Eindruck einige Jahre zuvor in Hessen entdeckter Burgen vermeintlich gleicher Art – rekonstruierte Anlage fiel demnach zusammen mit der Errichtung der ältesten einer ganzen Reihe von Wehr(?)mauern südlich des Peterschors und wurde zunächst mit „um 800", später mit „gegen 820" angegeben, ohne dass für eines dieser Daten Funde oder stratigrafische Zusammenhänge als Begründung vorgestellt worden wären.[5]

Das Positive an jener Grabung war der wenigstens an einer Stelle des Dombergs gelungene Nachweis einer verhältnismäßig früh anzusetzenden Ummauerung, die sich durchaus in Bezug zu einigen Befunden unter dem Dom selbst bringen lässt. Die Anfangsdatierung der Gesamtanlage in die Zeit um oder nach 800 aber stand in deutlichem Widerspruch zum Fundmaterial aus dem Dom, die Vorstellung von einer karolingischen Großburg schien zumindest der Überprüfung bedürftig. Diese offenkundigen Diskrepanzen in der Befundinterpretation waren dann auch ein gewichtiger Grund für die Durchführung des erneut vor allem seitens der Deutschen Forschungsgemeinschaft geförderten Projekts „Babenburg", in dessen Rahmen von 1987 bis 1993 nicht nur große Teile der Alten Hofhaltung, sondern auch einzelne Parzellen am Südrand und ein Teil der Freifläche an der Oberen Karolinenstraße im Westen des Dombergs untersucht wurden. Die inzwischen durch kleinere Nachgrabungen in der Alten Hofhaltung ergänzten Ergebnisse dieses Vorhabens sollen zum besseren Verständnis der Gesamtsituation an dieser Stelle kurz in die Betrachtung einbezogen werden.[6]

Abgesehen von im Dombereich allerdings auffallend seltenen Zeugnissen vorgeschichtlicher Nutzung fanden sich auf dem Ostteil des Dombergs zahlreiche Hinweise auf eine frühmittelalterliche Siedlung überall dort, wo spätere Eingriffe in den Boden ältere Schichten nicht völlig beseitigt hatten, also unter dem südwestlichen Teil des Doms selbst, innerhalb der Alten Hofhaltung, in geringen Resten auf der Fläche östlich des Domkapitelhauses (Diözesanmuseum) und ähnlich wohl schon 1962 im Winkel des Domplatzes vor der Neuen Residenz. Allerdings fällt gerade der Domplatz wegen starker Niveauabsenkungen im 18. Jahrhundert als archäologische Quelle völlig aus.

Die Siedlung bestand lange Zeit aus ebenerdigen und eingetieften Holz- und Fachwerkbauten, von denen sich fast ausnahmslos nur Teilbefunde, lediglich von

Grubenbauten auch einige komplette Grundrisse, fassen ließen.[7] Die Anfänge dieser Niederlassung mögen bis in das 6. Jahrhundert n. Chr. zurückreichen, mit Sicherheit bestätigen die zurzeit ausgewerteten Funde, vor allem die Keramik, eine Datierung in das 7. Jahrhundert, also auf jeden Fall in eine Zeit, die deutlich vor dem bisher vermuteten Termin der Neubesiedlung des östlichen Franken oder der angeblichen Gründung der Babenburg liegt. Offensichtlich beschränkte sich die Bebauung anfänglich auf den Ostzipfel des Dombergs, denn im Bereich der Oberen Karolinenstraße blieben frühe Funde gänzlich aus. Und schließlich fehlt vorerst auch jeder Hinweis, der Antwort auf die Frage erlaubt, ob die Niederlassung auf dem Domberg von Anfang an umwehrt war. Falls es schon einen vorkarolingischen Bering gegeben hat, dürfte er wohl nur aus Wall und Graben bestanden haben, doch könnten nur weitere Ausgrabungen in diesem Punkt Klarheit schaffen.

Die erste Änderung in der von einer damals üblichen ländlichen Siedlung des germanischen Mittelgebirgsraums in keiner Weise abweichenden Bebauung wurde schon früh während der Domgrabung greifbar: Unter der nördlichen Langhaushälfte der späteren Dome stießen wir auf Teile der Umfassungsmauern und den Estrichfußboden eines in solider Massivbauweise errichteten Gebäudes, das nach Ausdehnung der erhalten gebliebenen Fußbodenflächen mindestens 13 mal 20 Meter groß gewesen sein muss. Das Unterfutter für seinen Boden, dessen Laufniveau recht genau einen halben Meter unter jenem des Heinrichsdoms und rund einen Meter unter dem heutigen Domfußboden lag, ruhte allenthalben auf gewachsenem Sand. Bereits bei der Errichtung dieses Gebäudes hatte sich eine ebene Fläche ausreichender Größe offensichtlich nur durch Abtiefung vom natürlichen Niveau her schaffen lassen. Der Ostabschluss des Bauwerks entzog sich wegen allzu vieler neuzeitlicher Grüfte der genaueren Untersuchung. Deshalb dient die Darstellung mit eingezogenem Rechteckchor in unseren Plänen nur der Charakterisierung als Sakralbau, der ebenso gut im Osten auch eine Apsis besessen haben könnte. Um eine Kirche muss es sich gehandelt haben, da unmittelbar an ihre Grundmauern ein Friedhof anschloss, der nach Süden und Südosten hin so dicht und mit zahllosen gegenseitigen Grabüberschneidungen belegt war, wie wir dies von lange benutzten kirchlichen Bestattungsplätzen aus Spätmittelalter und Neuzeit, nicht aber von frühmittelalterlichen Gräberfeldern gewohnt sind. Innerhalb des Doms zerstörte der Friedhof alle Schichten der frühen Siedlung, die nur westlich seiner ziemlich scharf gezogenen Grenze weiter Bestand hatte. Auch nach Westen und Nordwesten hin bis in den Südteil der Alten Hofhaltung fanden sich Gräber. Sie lagen hier aber viel lockerer ohne gegenseitige Störungen, was seinen Grund darin zu haben scheint, dass dieser Teil des Friedhofs bald wieder aufgelassen wurde.

Wichtig nicht nur für die Bestimmung des Gebäudes als Sakralbau, sondern auch für seine Datierung ist die Beobachtung, dass es offensichtlich keine einzige Bestattung überlagerte, während umgekehrt die Baugrube für seine Fundamente von einigen Gräbern angeschnitten war. Der Friedhof nahm also eindeutig Bezug auf das Bauwerk, nicht umgekehrt. Die als einziges Trachtzubehör anstelle der in merowingerzeitlichen und – schon weniger – in „karolingisch-ottonischen" Gräberfeldern üblichen Beigabenfülle aus dem Friedhofsbereich geborgenen Fibeln erlauben zwar keine genaue Datierung, da die beiden in situ gefundenen Stücke nur grob dem 8. bis 9. Jahrhundert zugewiesen werden können[8], während für die übrigen eine noch größere Spanne möglich ist. Doch spricht die ungewöhnlich dichte Belegung der Friedhofsteile südlich der Kirche für beider Bestand über mindestens fünf bis sechs Generationen. Da andererseits ihr Ende für archäologische Befunde ungewöhnlich genau auf die Jahre zwischen 1002 und 1007 eingegrenzt werden kann, wie noch zu

7 Zum Holzbau gegen und um 1000 n. Chr. vgl. Sage, Frühgeschichte, S. 212–215 mit Literatur S. 290; dazu jetzt auch Zimmermann, Pfosten.

8 Der Plan in AK Geschichte aus Gruben und Scherben, Beilage Abb. 20 ist entsprechend zu ergänzen, da erst kürzlich nochmals neun Bestattungen im Südteil der Alten Hofhaltung erfasst wurden (freundliche Mitteilung von M. Wintergerst). An der Gesamtausdehnung des Friedhofs ändert sich dadurch nichts. Zu den Funden: Peek, Grabfunde.

9 Vgl. von Guttenberg, Regesten, Nr. 21.

schildern ist, rückt die Gründung von Kirche und Friedhof zwangsläufig in die erste Hälfte, eher noch an den Anfang des 9. Jahrhunderts.

Wie oben erwähnt, soll eben zu dieser Zeit die erste mörtelgebundene Wehrmauer an der Südseite des Dombergs entstanden sein. Allerdings gibt es keine Beschreibung, die einen Vergleich dieser Mauer mit den uns zugänglichen Teilen der frühen Kirche erlaubt. Es ist aber nicht unwahrscheinlich, dass beide Bauwerke der gleichen Periode angehören. Eine schräg unter dem südlichen Seitenschiff und Südostturm des Heinrichsdoms verlaufende Mauer nahm vielleicht sogar unmittelbaren (?) Bezug auf jene Umwehrung, die nach unseren Feststellungen auch nicht südlich von Dom und Domkloster fast genau nach Osten verlaufen ist, sondern stärker nach Nordosten einbog, sodass sie parallel zur Kirchenachse etwa unter dem heutigen Diözesanmuseum zu liegen kam. Es ist deshalb durchaus akzeptabel, an einen engeren Zusammenhang von Kirche und Umwehrung zu denken und beide in die Zeit um oder nach 800 zu datieren. Gemeinsam dürften sie also die Entstehung der Babenburg als Befestigung bedeutenderen Ranges, nicht aber den Anfang frühmittelalterlicher Niederlassung auf dem Domberg markieren.

Darüber hinaus fällt beim Betrachten der Pläne sofort auf, dass die „Burgkirche", wie sie wohl genannt werden darf, zwar nicht die Mittelachse, doch umso genauer die ungewöhnlich weit gegen Südwest-Nordost abweichende Orientierung der späteren Kathedralen vorwegnahm, die obendrein der natürlichen Streichrichtung des Höhenrückens über dem Regnitztal zuwiderläuft. Welche Art von Zwängen hier vorgelegen haben mag, lässt sich aus dem archäologischen Fundgut nicht unmittelbar ablesen. Denkbar wäre aber, dass sich sowohl die Kirche als auch die erste Ringmauer nach der ursprünglichen, nach über Jahrhunderte weg wiederholten Eingriffen nicht mehr erkennbaren Hangkante ausrichteten. Auf jeden Fall aber blieb die einmal festgelegte Orientierung bis heute verbindlich. Und auch die Disposition des frühen 11. Jahrhunderts mit rechtwinklig zum Dom gelegenem Haupttrakt der königlich-bischöflichen Pfalz besaß offenbar schon ein Vorbild. An der Stelle des nachmaligen Verbindungsbaus zwischen dem Querhaus des ersten Doms und dem Palas gab es Fundamentreste, die auf ein älteres, ähnlich postiertes Massivgebäude an dieser Stelle deuten.

In einem anderen Punkt ist die „Kontinuität" noch offensichtlicher: Westlich des Repräsentationsflügels der neuen Pfalz mit der Thomas- und später der Andreas-Kapelle blieb es über das 11. Jahrhundert hinaus bei der insgesamt bescheidenen Holz- oder Fachwerkbebauung, wie sie dort seit den Anfängen der Besiedlung üblich war. Das gilt für den jetzt wohl als Vorburg in die Befestigung einbezogenen Westteil des Dombergs ebenso wie für die Alte Hofhaltung. Bis knapp vor ihrem Ostflügel erstreckten sich demnach auch jetzt Wirtschaftsbauten, wie sie innerhalb einer Burg oder Pfalz nun einmal unentbehrlich sind. Der heute zentral anmutende Innenhof der Alten Hofhaltung erhielt seinen auf uns so ansprechend wirkenden Charakter erst gegen Ende des Mittelalters, während der wirklich zentrale Platz östlich vor dem Palas an der Stelle des heutigen Domplatzes lag.

Wenngleich nach der späten Erstnennung der Babenburg Erwähnungen im 10. Jahrhundert weiterhin rar blieben, verwundert es doch, dass nicht einmal im Zusammenhang mit den Berichten über Gefangenschaft und Tod König Berengars II. von Italien von einer Kirche auf der Burg an der Regnitz die Rede ist. Der erste Hinweis auf ein bereits existierendes, den Heiligen Maria und Petrus geweihtes Gotteshaus stammt vielmehr aus den Tagen unmittelbar vor der Gründung des Bistums Bamberg und ist deshalb nicht sicher auf die Burgkirche zu beziehen.[9]

Die Entdeckung eines kirchlichen Vorgängers stellte deshalb bei den Domgrabungen 1969/70 eine Überraschung dar, doch zeigte sie im Verein mit den später gefundenen Resten eines mutmaßlichen vorbistumszeitlichen Palastrakts eigentlich nur an, dass Heinrich II. beim Bau des Zentrums für sein neues Bistum auf bereits länger vorhandene Strukturen auch baulicher Art zurückgreifen konnte. Allerdings scheinen gerade sie zu speziellen Lösungen gezwungen zu haben, zu denen neben der ungewöhnlichen Orientierung des Doms überdies sein in Relation zum Gesamtbau etwas kurz geratenes Langhaus (insbesondere das Mittelschiff) zählen mag.

Zunächst aber erforderten die großzügigen Neubauten erhebliche Veränderungen an vorhandener Architektur und am Geländerelief. Die ältere Kirche wurde – stellenweise bis in die Fundamente – abgetragen, ähnlich erging es den um 1000 noch westlich des gleichzeitig aufgelassenen Friedhofs stehenden hölzernen Gebäuden. Im Norden, und hier am stärksten für den nördlichen Querhausflügel, wurde das Niveau kräftig abgesenkt, das so gewonnene Material – vermutlich zusammen mit dem Aushub für die beiden Krypten – weiter südlich angeschüttet, sodass unter dem heutigen südlichen Seitenschiff und Querhausarm eine vielfach über einen halben Meter starke schützende Schicht über den älteren Siedlungshorizonten und einem Teil des Burgfriedhofs entstanden war.

Nachdem auf diese Weise ein Plateau für den Dom und jedenfalls auch das bis heute archäologischer Untersuchung unzugängliche Domkloster an seiner Südseite geschaffen war, hob man Gräben für die Fundamente von Lang- und Querhaus aus – nur diese waren für uns in größeren Teilen erreichbar –, wobei man einzelne der dabei angeschnittenen Bestattungen aus dem Burgfriedhof mit Kalk ausgoss. Die dort beerdigten Körper waren jedenfalls noch nicht so weit vergangen, dass man auf diese im Mittelalter gebräuchliche „Desinfektionsmaßnahme" hätte verzichten können – auch dies ein Hinweis auf die rasche Abfolge von Auflassung und Neubau nach 1000. Innerhalb der neuen Grundmauern fanden sich zwei in die sterile Sandaufschüttung im Süden eingetiefte Feuerstellen, die wir zunächst als Schmiedeessen zum Instandhalten von Baueisen und Gerät ansprachen. Die aus einer der beiden Schlackengruben geborgene „Ofensau" (Kat.-Nr. 63) dürfte der Materialanalyse nach jedoch eher aus einem Ausheizherd oder einer ähnlichen Einrichtung stammen, in der – vielleicht aus der Gegend um Königsfeld auf dem Jura herbeigeschaffte – Luppen, die Rohprodukte der Eisengewinnung im Rennofenverfahren, für die weitere Verarbeitung aufbereitet wurden.[10] Dies ist ein willkommener Hinweis auf die Arbeitsweise an hochmittelalterlichen Großbaustellen.

Die Kathedrale des neuen Bistums wurde am 6. Mai 1012 feierlich geweiht. Selbst wenn der Bayernherzog Heinrich IV. unmittelbar nach seiner Wahl zum König den Auftrag zu ihrem Bau erteilt hätte, standen demnach kaum zehn Jahre für ihre Errichtung zur Verfügung. Die Kathedrale stellt sich als Gebäude von etwa 75 Meter Länge dar, besaß ein basilikales Langhaus, ein Querschiff im Westen, je eine Krypta im Westen und Osten, war dementsprechend also doppelchörig, und zwei den Ostchor flankierende Türme. Auch wenn zum Zeitpunkt der Weihe nicht alle ihre Teile vollendet waren – obwohl die einschlägigen Berichte nicht erkennen lassen, dass wesentliche Bereiche noch unbenutzbar gewesen wären –, ist die Kürze der für die Verwirklichung eines solchen Bauvorhabens benötigten Zeit bemerkenswert.[11]

Diese grundsätzlichen Feststellungen konnten wir bereits in den ersten Vorberichten über die Domgrabung 1969/72 treffen. Auch eine weitere Aussage bleibt gültig: Da der erste Dom bei etwa gleicher Lage der südlichen Langhauswand beträchtlich schmaler war als sein Nachfolger aus dem 12. Jahrhundert, haben sich

10 Analyse von H. von Platen (3.10.1984), Institut für Geowissenschaften der Johannes-Gutenberg-Universität Mainz; zu den technischen Begriffen vgl. Osann, Rennverfahren.
11 Vgl. Kat.-Nr. 67.

82 Dom – Gesamtgrundriss

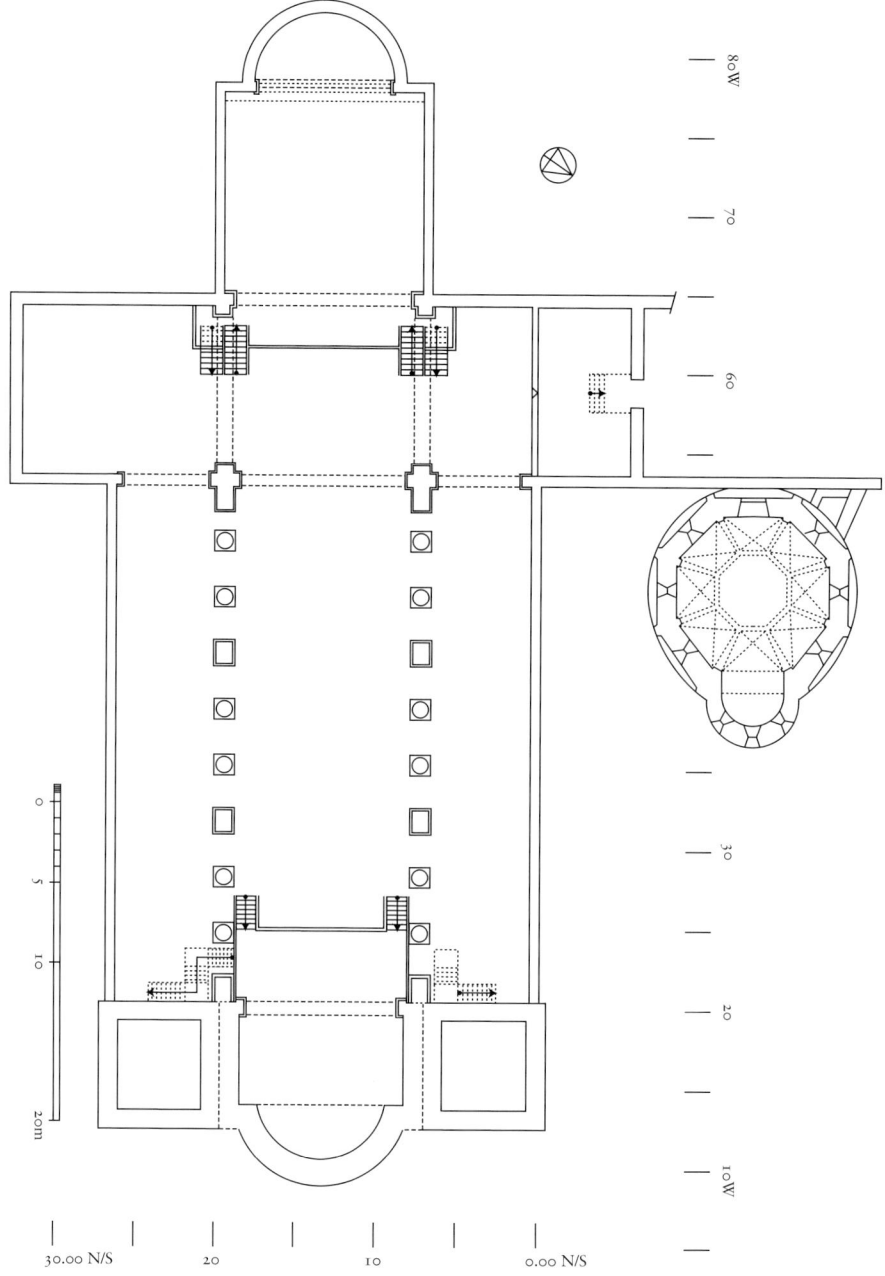

aussagefähige Reste vor allem von seiner nördlichen Hälfte erhalten. Das gilt besonders für das Langhaus und die beiden Krypten, denn im Süden hatte man bei der Errichtung der außergewöhnlich tiefen und massiven Fundamente für den Neubau nahezu alle älteren Mauerteile vernichtet. Da Kirchen im Allgemeinen aber spiegelbildsymmetrisch angelegt sind, genügen die erhaltenen Reste trotz zusätzlicher Störungen durch die vielen innerhalb des Doms gelegenen und seit dem Spätmittelalter in der Regel gemauerten Gräber für eine Rekonstruktion des Heinrichsdoms in seinen Grundzügen.

Alle Fundamente waren sorgfältig aus Sandstein und festem Mörtel in der Weise errichtet, dass sie die zuvor ausgehobenen Gräben möglichst vollständig ausfüllten. Soweit erhalten, lagen die Fundamentabsätze innen ebenso wie die Oberfläche der Fundamentbankette für die Langhausarkaden so, dass man das Unterfutter für den ersten Fußboden darüber ziehen konnte; für die Mittelschiffstützen selbst waren

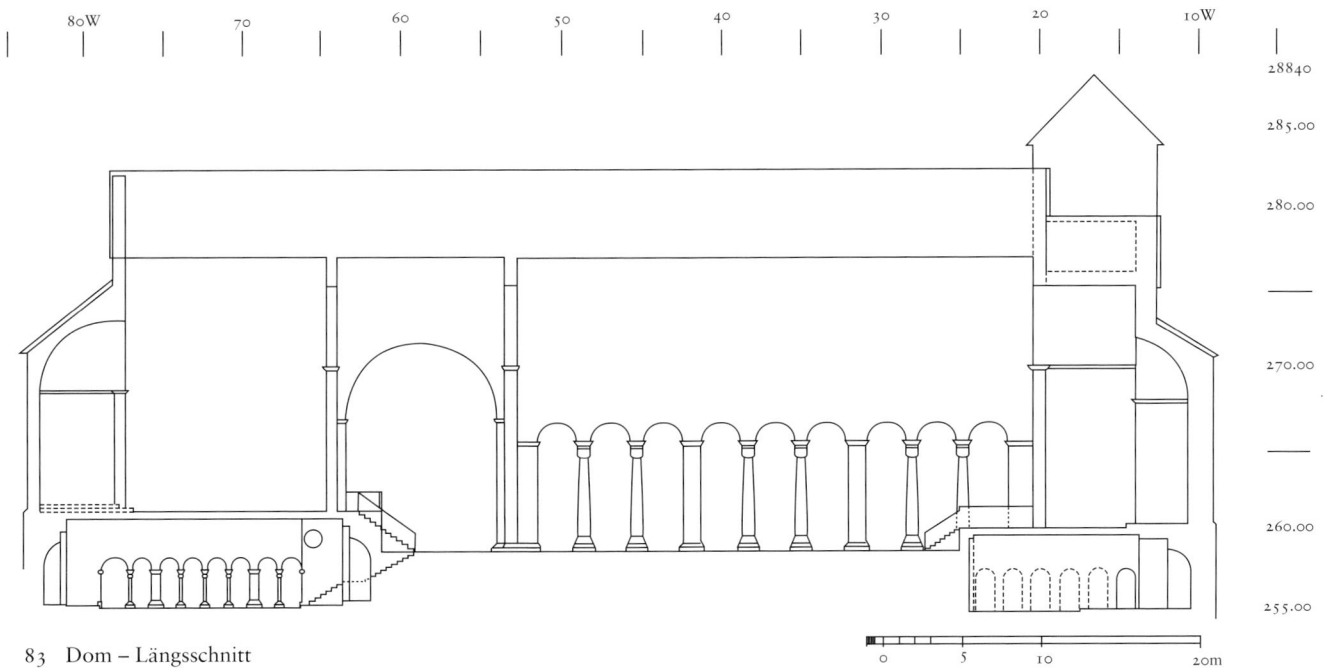

80W 70 60 50 40 30 20 10W

288.40
285.00
280.00
270.00
260.00
255.00

83 Dom – Längsschnitt

0 5 10 20m

entsprechend starke Mörtelpackungen vorhanden. Die Breite der Mittelschiff-bankette betrug um 1,5 Meter, jene der Seitenschiff- und Querhausfundamente nur etwa 90 bis 95 Zentimeter; das einzige Stück Aufgehendes von der Querhauswest-wand besaß nur eine Dicke von 60 bis 65 Zentimeter, etwa die gleiche Stärke darf man bei den Seitenschiffwänden voraussetzen. Die Sohltiefe der Fundamente folg-te weitgehend dem Gefälle des als natürlicher Untergrund anstehenden Sandes, in den man die Gräben stets ein Stück eingetieft hatte. Das zeigte sich am besten an der Querhauswestwand, deren Sohle im von uns erfassten Bereich um etwa 80 Zenti-meter gegen Süden fiel, während das West-Ost-Gefälle an den uns zugänglichen Tei-len der Langhausfundamente nur etwa 20 Zentimeter betrug. Allerdings staffelte sich die Tiefe der einzelnen Fundamentzüge von Nord nach Süd ähnlich dem Gefälle der westlichen Querhauswand. Die beiden Türme im Osten sowie die Krypten wa-ren unabhängig von den ebenerdigen Teilen der Kirche tiefer gegründet, die Türme bei etwa 257,00 im Norden und 256,50 NN im Süden, beide Krypten etwa bei 255,00–25 NN.

Die auf der Nordseite des Mittelschiffs erhaltenen, wenn auch 1185 unter-schiedlich stark beschädigten Sockel für Arkadenstützen und zwei nach Westen an-schließende Mörtelbettungen für weitere Pfeiler oder Säulen lassen einen Stützen-wechsel erkennen, wobei sich mit hoher Wahrscheinlichkeit die Folge A–B–B–A ablesen lässt; die größeren Sockel haben dabei mit Sicherheit Pfeiler, die kleineren vermutlich Säulen getragen. In einem Fundamentriegel des 13. Jahrhunderts war südlich der heutigen Ostkrypta eine Säulentrommel mit etwa 0,90 bis 1,00 Meter Durchmesser eingebaut, die aus statischen Gründen leider an Ort und Stelle ver-bleiben musste, ihren Maßen nach aber durchaus von einer der ursprünglichen Langhausstützen stammen könnte. Mit dem Stützenwechsel, der eine gewisse Pa-rallele in der Westkrypta findet, ist ein für die Zeit um 1000 ausgesprochen „fort-schrittlicher" Zug zu erkennen, was freilich im Gegensatz zu anderen, eher alter-tümlich geprägten Eigenarten des Heinrichsdoms steht.[12]

Gibt es am basilikalen Querschnitt des Langhauses allein schon wegen der unter-schiedlichen Fundamentstärken von Mittel- und Seitenschiffen keine Zweifel, so wirft die Rekonstruktion des Querhauses einige Fragen auf. Sie betreffen natürlich

12 Stützenwechsel vielleicht schon im Dom zu Hildesheim, 2. Hälfte 9. Jahr-hundert: Oswald/Schäfer/ Sennhauser, Kirchenbauten, S. 116 ff.; gesichert unter ande-rem: Halberstadt, ottonischer Dom: Leopold/Schubert, Dom, S. 54–74, Abb. 43–45; Gernro-de, St. Cyriakus: Oswald/Schä-fer/Sennhauser, Kirchenbauten, S. 98 ff.; Köln, Dom, Erweite-rung des Langhauses auf fünf Schiffe: Oswald/Schäfer/Senn-hauser, Kirchenbauten, Nach-tragsband, S. 212–216; Hildes-heim, St. Michael: Oswald/Schä-fer/Sennhauser, Kirchenbauten, S. 199 ff. Das letztgenannte Beispiel zeigt bekanntlich auch alle jene fortschrittlichen Elemente, die der knapp zuvor errichtete Bamberger Dom noch vermissen lässt, nicht zuletzt das „gebundene System" mit ausgeschiedener Vierung.

84 Dom – Querschnitt
Querhaus

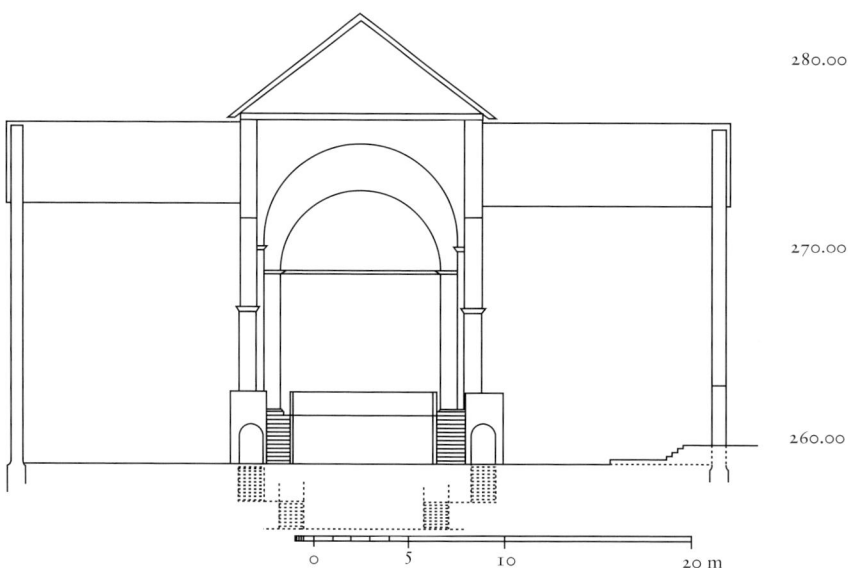

280.00

270.00

260.00

0   5   10   20 m

13 Einige markante Beispiele: Augsburg, Dom, spätes 10./11. Jahrhundert: Oswald/Schäfer/Sennhauser, Kirchenbauten, Nachtragsband, S. 28f., Abb. bei S. 24; Eichstätt, Dom, Mitte 11. Jahrhundert: Sage, Ausgrabungen in den Domen, S. 221 f. mit Beilage 6; Fulda, Dom/ehemalige Abteikirche, 9. Jahrhundert: Oswald/Schäfer/Sennhauser, Kirchenbauten, S. 84 ff., Nachtrag, S. 132 f.; Halberstadt, ottonischer Dom: Oswald/Schäfer/Sennhauser, Kirchenbauten, S. 105, Nachtrag, S. 161 ff.; Hildesheim, Dom, 9. Jahrhundert: Oswald/Schäfer/Sennhauser, Kirchenbauten, S. 116 ff., Nachtrag S. 181 ff.; Paderborn, Dom, 9. Jahrhundert: Lobbedey, Ausgrabungen, S. 147–157, Abb. 21; Seligenstadt, Einhardsbasilika, 9. Jahrhundert: Oswald/Schäfer/Sennhauser, Kirchenbauten, S. 309 ff.; Trebur, St. Laurentius, wohl ottonisch: Oswald/Schäfer/Sennhauser, Kirchenbaten, Nachtrag, S. 415 ff. Angesetzte, niedrigere Querflügel unter anderem: Köln, St. Pantaleon, ottonisch: Fußbroich, Ausgrabungen, S. 166–173, Taf. 3–7; Soest, St. Patrokli, ottonisch: Oswald/Schäfer/Sennhauser, Kirchenbauten, Nachtrag, S. 389 ff.; Steinbach/Odw., 9. Jahrhundert: Ludwig/Müller/Widdra-Spiess, Einhardsbasilika.

nicht seine Lage und auch nicht die wohl etwas ungleiche Länge seiner beiden Flügel, die im Norden durch Grabungsbefund nachgewiesen, im Süden vermutlich durch die kleine Gertrudis-Kapelle (Antonius-Kapelle) markiert ist, worauf bereits H. Mayer aufmerksam gemacht hatte. Da aber die mächtigen Fundamente des Mittelschiffs nachweislich nicht durch das Querhaus bis zum Westchor weiterliefen, schlossen wir zunächst auf ein „durchgeschobenes", als Raumeinheit von gleicher Höhe wie das Mittelschiff zwischen Langhaus und Peterschor gestelltes Querhaus, wie es nach römischem Vorbild nördlich der Alpen im frühen Mittelalter nicht ganz ungebräuchlich war.[13] Im Fall einer „ausgeschiedenen", also nach allen vier Seiten von gleich hohen Bögen umgrenzten Vierung, wie sie um 1000 gerade modern wurde, hätte man gemäß den damals herrschenden Vorstellungen von Baustatik gewiss die Fundamentbankette aus dem Mittelschiff als „Spannmauern" unter den Bögen gegen die Querschiffarme weitergeführt – so, wie man ein entsprechendes Fundament zwischen „Vierung" und Mittelschiff tatsächlich ausgeführt hat.

Die geringe Stärke der aufgehenden Westwand weckt jedoch Zweifel, ob sie – und mit ihr die übrigen Querhausmauern – überhaupt für die gleiche Höhe wie das Mittelschiff berechnet und geeignet war, eine Höhe, die wir in Anlehnung an vergleichbare Bauwerke des frühen 11. Jahrhunderts und an St. Jakob zu Bamberg, das sicher zu Recht als verkleinertes Abbild des Heinrichsdoms gilt, mit mindestens 18 bis 18,5 Meter ansetzen müssen. Dazu kommt eine weitere Beobachtung: Das nördliche Fundament des Mittelschiffs endete gegen das Querhaus mit einer sehr breiten und stärker nach Westen vorspringenden Vorlage, die im Süden erhaltenen minimalen Reste scheinen für gleiche Verhältnisse auch an dieser Stelle zu sprechen. Diese Feststellung gewann erst wirkliche Bedeutung, als nach Abschluss der letzten Untersuchung im Dom klar wurde, dass beidseits der Zugänge zur Westkrypta mächtige Mauerblöcke existiert hatten, die durchaus in der Lage schienen, die Last von Bögen zwischen „Vierung" und Querhausarmen aufzunehmen, zumal wenn diese etwas geringere Spannweite und deutlich niedrigere Höhe als jene gegen Chor und Mittelschiff besaßen. Einer entsprechenden Lösung wurde im Rekonstruktionsversuch deshalb der Vorzug gegeben, wobei von der Vierung abgeteilte Vierungsarme geringerer Höhenerstreckung als das Mittelschiff genau wie das „durchgeschobene" Querhaus zu den nach 1000 ein wenig antiquiert anmutenden

Bauteilen zählten und insofern im Kontrast zum Stützenwechsel des Langhauses stünden. Ein vergleichbares Nebeneinander retardierender und moderner Elemente begegnet auch in den Krypten und könnte überhaupt ein Charakterzug des Heinrichsdoms sein, der dessen Stellung am Auftakt zur eigentlichen Romanik in Deutschland wohl auch angemessen wäre.

Bleiben wir also dabei: An das basilikale Langhaus des ersten Doms schloss im Westen ein nur im Grundriss „durchgeschoben" wirkendes, im Aufgehenden aber aus „angeschobenen" Flügeln bestehendes Querschiff an, das zwar die Seitenschiffe überragte, aber deutlich unter der Höhe des Mittelschiffs blieb. Es vermittelte einerseits den Zugang zu Peterschor und Westkrypta, andererseits stand es, wie wir schon 1969 feststellen konnten, in echtem baulichem Verband mit dem Kerntrakt der königlich-bischöflichen Pfalz, von der vielleicht noch heute Mauerteile im Ostflügel der Alten Hofhaltung stecken.[14]

Da das Laufniveau im Dom seit der Wiederherstellung nach 1081 bei durchschnittlich 258,80 NN, zuvor allenfalls einige Zentimeter tiefer gelegen und nur im nördlichen Teil des Querschiffs um etwa zwei Stufen erhöht war, muss von Anfang an eine Treppe zum wesentlich höheren Außenniveau (nach unseren Beobachtungen mindestens bei 260,10–260,30 NN dicht vor dem heutigen Querhaus) bestanden haben. Da eine solche Treppe innerhalb des jetzigen Querhauses vom Veitsportal hinabführt, dürfte es im Vorgängerbau kaum anders gewesen sein, obwohl sich eine Treppe sicher auch im „Verbindungsbau" außerhalb des Doms hätte unterbringen lassen; im Nordteil dieses Trakts lag der Laufboden jedoch keinesfalls unter dem damaligen Außenniveau.

Da 1969 bis 1972 keine Gelegenheit zu ergänzenden Untersuchungen in der Westkrypta bestand und die seinerzeit von H. Mayer gefertigten Pläne dem Augenschein nach zuverlässig waren, übernahmen wir letztere in unsere eigenen Pläne und in die bis Ende der 1980er-Jahre publizierten Vorberichte.[15] Damit aber waren uns zwei Fehler unterlaufen. Der eine betraf die Ausrichtung der Westkrypta, deren Achse nicht so stark von der Orientierung des übrigen Doms abweicht, wie wir zunächst annehmen mussten. Der zweite Irrtum hatte weiter reichende Folgen. Eine nur oberflächlich erkennbare Fuge zwischen der südlichen Krypta- und der Querhauswestwand hatte sowohl H. Mayer als später auch uns als gewichtiger Hinweis auf den Ostabschluss der Krypta gegolten, deren Längenausdehnung demnach ausschließlich auf den Bereich unter dem Peterschor und westlich des Querhauses beschränkt schien. Diese Fuge sollte sich jedoch als rein technisch bedingt herausstellen; man hatte unterschiedlich tief gegründete Bauteile unabhängig voneinander hochgezogen. Dieser Umstand musste zunächst unberücksichtigt bleiben, und die durch H. Mayer geprägte Vorstellung vom Aussehen der westlichen Krypta veranlasste uns, eine ihr gleichende Länge auch bei der Rekonstruktion der Ostkrypta vorauszusetzen, zumal beider Abschlüsse gegen Westen respektive Osten so verblüffend übereinstimmten. Trotz ausdrücklicher Hinweise auf die bestehenden Unklarheiten sind unsere damaligen Rekonstruktionsvorschläge mehrfach wie gesicherte Ergebnisse in die Fachliteratur übernommen und gelegentlich als Grundlage für weiter reichende Theorien benutzt worden.[16]

Mittlerweile kennen wir die Westkrypta und ihre bei Ausgrabungen vom Niveau der Oberkirche praktisch unerreichbaren Zugänge besser als alle übrigen Teile des Bamberger Doms. Nur hier sind überdies „aufgehende" Partien des Gründungsbaus in nennenswertem Umfang erhalten geblieben. Entgegen den früheren Annahmen reichten die Krypta und mit ihr der Peterschor ein ganzes Stück in das Querhaus hinein. Das Mittelschiff der Krypta endete hier in einer eingezogenen Apsis,

14 Ausgrabungen können an dieser Stelle kaum noch Klarheit schaffen, da dieser Trakt überwiegend oder zur Gänze zu tief unterkellert ist.
15 Zuletzt in: Abels/Sage/Züchner, Oberfranken, Abb. S. 243.
16 Übernommen etwa in: Oswald/Schäfer/Sennhauser, Kirchenbauten, Nachtragsband, S. 42 f., Abb. bei S. 48; fehlinterpretiert von Rosner, Krypta, S. 131 ff. Der ursprüngliche, hinsichtlich der Krypten völlig überholte Grundriss des Heinrichsdoms (vgl. Anm. 2) wurde erstaunlicherweise jüngst von D. von Winterfeld nochmals unverändert publiziert: Jacobsen/Lobbedey/von Winterfeld, Ottonische Baukunst, S. 279 ff. mit Abb. 50, während U. Lobbedey an gleicher Stelle (S. 274–297 mit Abb. 39) immerhin den 1996 veröffentlichten Plan der Westkrypta (vgl. Anm. 2 – gleicher Plan auch bei Wintergerst, Freilegung, S. 153 ff.) abbildete.

85 Dom – Westkrypta Südfenster

86 Dom – Westkrypta
Grundriss

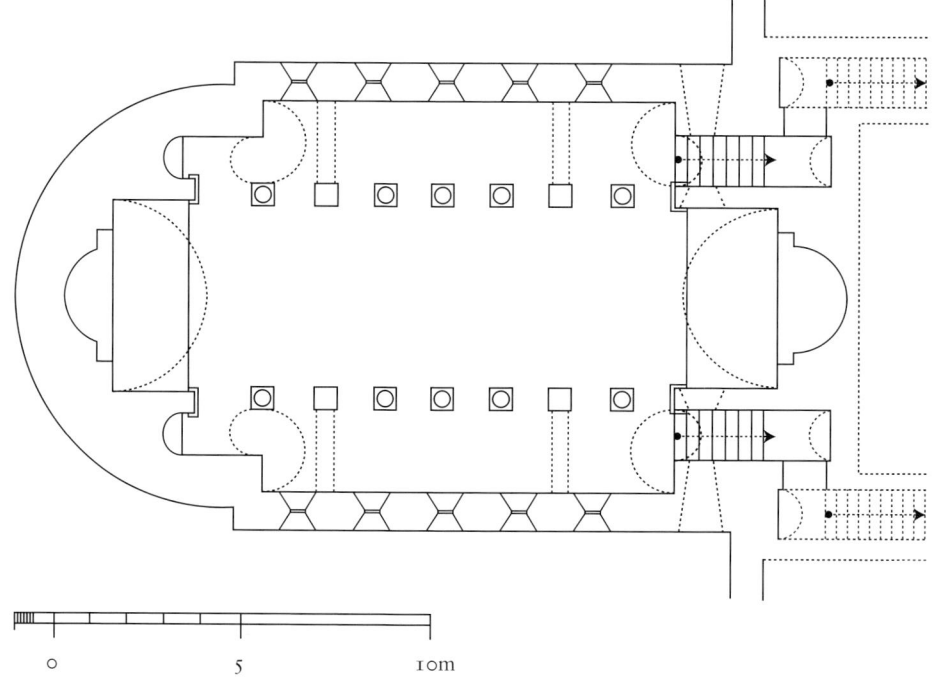

o   5   10m

während beidseits in Verlängerung der Seitenschiffe die Kryptazugänge lagen. Diese bestanden aus je zwei geradlinigen Treppenläufen, die auf etwa halber Höhe
durch einen überwölbten kurzen Quergang verbunden waren. Die Treppenzüge
waren jeweils um etwas mehr als die eigentliche Treppenbreite gegeneinander versetzt, sodass die Mündung des oberen, äußeren Zuges etwa in die Flucht der Langhausarkaden zu liegen kam. Es ist recht wahrscheinlich, dass innerhalb der
Kryptazugänge zwei weitere, näher zur Domachse gelegene Treppen auf den Westchor führten und vor dessen Stirn wohl einen Altar flankierten, wie es später (auch)
im Osten der Fall war. Die unteren Treppenläufe waren mit einer horizontalen, im
Süden noch ganz erhaltenen Tonne überwölbt, sodass dieser Teil der Zugänge wie
ein Gegenstück zu den ähnlich schmalen Stollen wirkte, welche die Kryptaseitenschiffe nach Westen fortsetzten.

Die eigentlichen Seitenschiffe waren ohnehin nur etwa 2 bis 2,10 Meter breit
und ebenfalls mit Längstonnen gewölbt, deren Ansatz an der Nordwand noch zu erkennen ist. Fünf Rundbogenfenster, davon das mittlere höher als die anderen, brachten Licht in die Krypta. Im Osten fanden sich zwischen äußerer Hälfte der Seitenschiffe und den Zugängen die bereits erwähnten massiven Mauerblöcke, durch die
hindurch und unmittelbar über die Scheitel der Gewölbe in den unteren Treppen-
stollen hinweg ein Oculus zum Endraum des Kryptamittelschiffs führte – eine recht
aufwändige und kaum sehr effektive Maßnahme zur Beleuchtung dieses Raumteils,
die aber vermuten lässt, dass hier einst ein Altar stand oder wenigstens geplant war.

Die wenigen auf der Südseite erhaltenen Reste ergänzen sich sowohl hinsichtlich
der Zugänge als auch der inneren Gliederung der Krypta. Zwischen den Seitenschiffen und dem Mittelschiff trugen zierliche Säulen – offenbar von geringer Höhe –
die an dieser Stelle üblichen Arkaden. Nur als zweite Stütze von Osten und wahrscheinlich ebenso im Westen fanden sich etwas stärkere, wohl quadratische Pfeiler
auf größeren Sockeln, sodass wir auch hier von einem Stützenwechsel sprechen können, allerdings in anderer Form als in der Oberkirche. Auch das relativ breite Mittelschiff dürfte tonnenüberwölbt gewesen sein, wobei das Gewölbe bei dem erforderlichen Radius ziemlich weit hinabgereicht haben muss, wie es für den jüngeren Teil

der Ostkrypta im Befund nachgewiesen ist. Über den Arkaden im Süden und Norden hat es jedenfalls Stichkappen gegeben, die bei größerer Höhe schon an Kreuzgratgewölbe erinnern konnten; eine Stichkappe im Seitenschiffgewölbe ist über dem Mittelfenster der Nordwand übrigens noch ansatzweise zu erkennen. Unterhalb der Fensterreihe haben sich in der Nordwand der Krypta außerdem die Ansätze zweier gewölbter Bögen erhalten, die jeweils auf die zweite Stütze von West und Ost in der Arkadenreihe zielten. Anscheinend hatte man mit dem Einbau dieser „Schwibbögen" dem seitlichen Schub des Mittelschiffsgewölbes entgegenwirken wollen. Trotz ihres hallenähnlichen Grundrisses war die Westkrypta demnach in ihrer Raumwirkung noch weit von echten Hallenkrypten wie etwa im Speyerer Dom oder auch der heutigen Bamberger Ostkrypta als spätem Vertreter dieses Typs entfernt.[17]

Originell war schließlich auch der westliche Abschluss der Krypta gestaltet; hier schloss an das Mittelschiff ebenfalls eine – im Grundriss anscheinend flachere – Apsis an, beidseits des „Westchors" verliefen Stollen von etwa der halben Breite des Seitenschiffs. Sie endeten in über niedrigem Sockel ansetzenden Halbkreisnischen und öffneten sich zum Mittelschiff im jeweils westlichsten Bogen der beiden Arkadenreihen. All dies war in das Fundament für den Abschluss des Peterschors, eine außen deutlich eingezogene mächtige Apsis, eingelassen. An der Nordseite der Krypta und um die Apsis verlief ein schmaler Gang, der im original erhaltenen Teil mit einem Tonnengewölbe aus kleinen Tuffsteinen – wie in allen Gewölben auch innerhalb der Krypta – geschlossen war. Schon H. Mayer hatte vermutet, dass er zur Ableitung von Hangwasser bestimmt war, was sich inzwischen durch den Nachweis zweier Brunnen und Wasser führender Schichten unter dem benachbarten Südflügel der Alten Hofhaltung als zutreffend erwiesen hat.

Der über der Westkrypta gelegene Peterschor war entsprechend geräumig, was seiner Rolle als dem wichtigeren der beiden Chöre entspricht. Der Georgenchor dagegen war – so müssen wir das jetzt interpretieren – in seiner ersten Gestalt deutlich kleiner und weniger stark gegenüber dem Langhaus überhöht. Die darunter gelegene Krypta fügte sich zwischen die Fundamente der Türme und des östlichsten Teils der Mittelschiffarkaden und blieb deshalb schmaler als ihr westliches Gegenstück. Dass ihre Überwölbung eine entsprechend geringere Scheitelhöhe besaß, zeigt der an der Westwand ihrer Erweiterung aus dem 12. Jahrhundert erhaltene Gewölbeansatz.

17 Kubach, Dom, Abb. 491–597, Taf. 10, S. 536–559; Bamberg: von Winterfeld, Dom, Bd. 1, Fig. 9. 20–24, 30–31, 38, Gesamtansicht S. 323. Das Gewölbe über dem Mittelschiff der Westkrypta setzte nach der jüngsten Vermessung durch H. Kreisel etwas höher an, als in den Rekonstruktionszeichnungen angenommen.

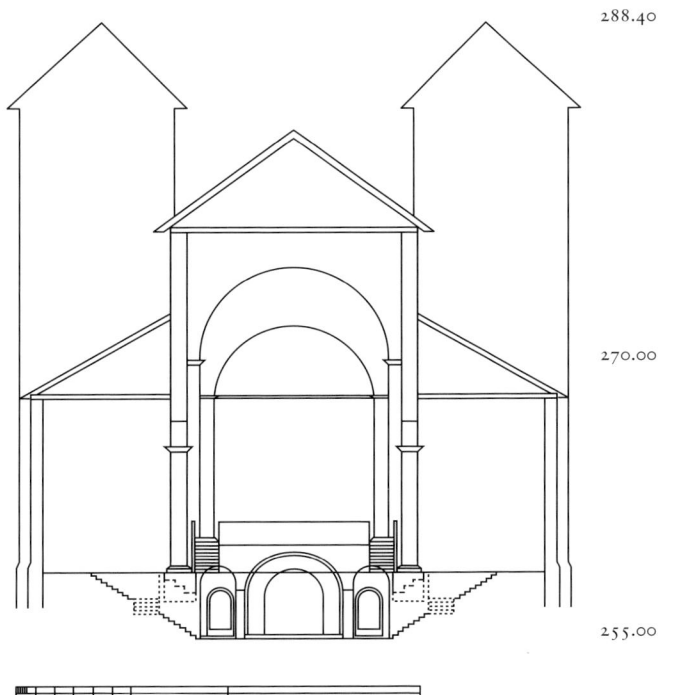

288.40

270.00

255.00

87 Dom – Querschnitt Ostchor

0   5   5   20 m

18 Die beste Übersicht über die verschiedenen Arten und Muster verzierter Fußböden aus dem Mittelalter bietet noch immer Kier, Schmuckfußboden. Die in Bamberg gefundenen Plättchen gehörten zum Teil offenbar zu Motiven ähnlich den Mustern 60 (unter anderem Worms, Burchhard-Dom gegen 1022) – 61 (Magdeburg, Dom um 1040) – 62 (Halberstadt, Dom 1060/71) (alle in: Kier, Schmuckfußboden, S. 175). Neben geradlinig begrenzten muss es auch kreisförmig angeordnete Motive gegeben haben, doch reichen die wenigen erhaltenen Steine für eine Rekonstruktion nicht aus.

Der Ostteil, nur mit den untersten Steinlagen des Fundaments, stellenweise gar nur als Abdruck im anstehenden Fels dicht unter dem Fußboden der heutigen Krypta erhalten, entsprach offenbar spiegelbildlich genau der Anlage im Westen; mittlere Apsis und seitliche Nischen waren wie dort in das Fundament der Chorapsis eingefügt. Auch das Breitenverhältnis zwischen Mittel- und Seitenschiffen mit ihren nochmals verengten Stollen im Osten ähnelt dem in der Westkrypta.

Der Zugang erfolgte hier jedoch aus den Seitenschiffen, vielleicht sogar einseitig nur von Süden her, wo sich die unmittelbar vor die Westflanke des südöstlichen Turmfundaments gefügten Substruktionen für mindestens fünf Stufen erhalten haben, ebenso eine senkrechte Mauerkante im westlichen Zugangsgewände. Trotz Totalzerstörung aller tiefer gelegenen Teile wird man, anders als in unserem ersten Rekonstruktionsvorschlag, davon ausgehen müssen, dass auch diese Treppe nicht in einem Zug nach unten führte, sondern einmal versetzt war, und zwar nach Westen, wo kein Turmfundament den Weg versperrte und wo sie an statisch unbedenklicher Stelle unterhalb einer Arkadenöffnung des Mittelschiffs die Krypta erreichen konnte. Das Westende der Krypta dürfte deshalb anfänglich am ehesten zwischen den beiden zweiten Langhausstützen von Osten gelegen haben. Ob es sich dabei um eine einfache Wand oder eine aufwändigere Architektur, etwa mit Apsidiole, handelte, wird sich nicht mehr feststellen lassen, da im fraglichen Bereich der mehrere Meter starke Fundamentriegel unter dem heutigen Ostchoransatz bis in den gewachsenen Fels hinabreicht.

Der Ostchor selbst dürfte mit der Ostkrypta schon im ersten Bauzustand einige Meter in das Mittelschiff gereicht haben. In seinem östlichen, zwischen den Türmen gelegenen Teil könnte er wie beim kleineren Abbild St. Jakob mit einer Tonne überwölbt gewesen sein, während das gesamte Lang- und Querhaus sowie wohl auch das westliche Chorquadrum flach, also mit einer Holzdecke abschlossen.

Von seinen Ausmaßen her war der erste Bamberger Dom mit gut 75 Meter Länge gewiss ein dem neuen Bistum und seinem königlichen Stifter angemessenes Bauwerk, das allein schon durch seine Masse auf der ins Regnitztal vorgeschobenen Höhe Eindruck auf jeden Betrachter machen konnte. Aber auch seine Ausstattung wurde von Zeitgenossen geradezu überschwänglich geschildert, doch haben die beiden Dombrände und der vollständige Neubau nach 1185 an Ort und Stelle nichts von der einstigen Pracht übrig gelassen. Nur eine einzige Ausnahme lässt ahnen, dass Lobeshymnen wie die des Abts Gerhard von Seeon keineswegs unbegründet waren (Kat.-Nr. 69).

In Resten originaler Verfüllung fanden sich in einigen später wieder ausgeräumten Erdgräbern im Mittelschiff des ersten Doms rund 60 kleinere bis mittelgroße Steinplatten aus verschiedenfarbigem Marmor, fast schwarzem Kalkstein und vereinzelt grünem Porphyr. Dabei handelt es sich um typische Bestandteile eines Plattenmosaikbodens, wie er in der Spätantike in Mode kam und sich im Gefolge der Aachener Pfalzkapelle auch nördlich der Alpen im frühen und hohen Mittelalter großer Beliebtheit erfreute. Gute Vergleiche sind aus etwa gleichzeitig mit dem Bamberger Dom errichteten bedeutenden Kirchen bekannt, die dank Erhaltung der Böden in größeren Flächen zeigen können, welche Muster auch in Bamberg einst verlegt waren, sei es nun in größerem Zusammenhang oder Teppichen ähnlich in einzelnen Feldern.[18] Als einziger Stein dieses Schmuckfußbodens war eine große runde Marmorscheibe auf der Mittelachse des ersten Doms in situ verblieben oder in den jüngeren, sonst schmucklosen Boden einbezogen worden. Wir fanden sie stark zerstört und verglüht vor, sodass nur noch kleinere Brocken zu bergen waren. Ursprünglich könnte sie Teil einer ganzen Reihe gleicher Platten von mindestens

88 Dom – Ostkrypta
Westabschluss aus dem frühen
12. Jahrhundert

60 Zentimeter Durchmesser gewesen sein, welche die Achse einer Folge größerer Muster bezeichnet haben mögen. Gleichartige, an ihrer Zurichtung leicht kenntliche Steine waren in geringer Zahl auch in die Verfüllung der 1185 eingestürzten Ostkrypta geraten (Kat.-Nr. 64). Offenbar hatte man sie nach dem ersten Dombrand auf dem Ostchor wieder- oder weiterverwenden können. Im Gegensatz zur aufwändigen Gestaltung in der Oberkirche genügte in den beiden Krypten eine Mörtelabgleichschicht auf dem anstehenden Fels als Fußboden.

Am 3./4. April 1081 brannte der Heinrichsdom aus. Er muss aber ziemlich schnell wieder in einigermaßen benutzbaren Zustand versetzt worden sein, da schon 1087 eine Synode in Bamberg stattfinden konnte. Der eigentliche Wiederaufbau wird jedoch von jeher Bischof Otto I., dem Heiligen (1102–1139), zugeschrieben. Er hat nach Angaben seiner Vita den Ostchor erhöhen, einen neuen Fußboden verlegen und die Säulen mit Zierrat aus Gips versehen lassen, an anderer Stelle wird auch von der Eindeckung des Doms mit Kupfer berichtet. Obwohl eine geradezu buchstäbliche Übereinstimmung von schriftlicher Überlieferung und Grabungsbefund generell zu den großen Ausnahmen zählt, ist in Bamberg ein solcher Glücksfall zu verzeichnen.

Mit dem ersten Suchschnitt der Plangrabungen waren wir im Sommer 1969, ohne dies anfänglich zu ahnen, in den Westteil der ersten Ostkrypta geraten, bei dem es sich aber bereits um eine Veränderung am originalen Bestand von 1012 handelte. Das wurde freilich erst klar, als die anschließenden Teile des Langhauses im Zusammenhang untersucht werden konnten. Demnach war die Ostkrypta beträchtlich in das Mittelschiff hinein verlängert, ihr Boden wegen der offenbar vorgegebenen Höhenbegrenzung gegenüber den original belassenen östlichsten Teilen um etwa zwei Stufen abgesenkt worden. Rein optisch dürfte diese Erweiterung durchaus einer – im Übrigen vielleicht auf seine Bedeutung zu beziehenden – „Erhöhung" gleichgekommen sein. Die beiden eine Mittelnische in der Westwand flankierenden Säulen besaßen ferner aus Stuck gegossene und an Ort und Stelle nachmodellierte Kapitele. In ähnlicher Weise könnte man natürlich auch beschädigte (?) Stützen in der Oberkirche verziert haben.

89 Dom – Mittelschiffspfeiler und Zugang zur Ostkrypta

Vor allem aber stellte sich bald heraus, dass der in Lang- und Querhaus großflächig erhaltene Fußboden aus rechteckigen Sandsteinplatten einen älteren Laufboden ersetzt hatte; nicht nur, dass seine Platten zwar sauber an die im Zusammenhang mit der Erweiterung der Ostkrypta entstandenen Bauteile anschlossen, während es beispielsweise an den Langhausstützen Versprünge gab, die Mörtelbettung für die Sandsteinplatten ruhte vielmehr fast überall auf einer älteren Fußbodenstickung, eben jener, die bis 1081 unter anderem die nur noch indirekt erfassten Plattenmosaikmuster getragen haben muss. Zu guter Letzt fand sich, größtenteils in der Schuttfüllung der Ostkrypta gelegen, eine Reihe mehr oder minder stark verglühter rautenförmiger Kupferschindeln mit ihren typischen Nagellöchern. So fanden sich alle Angaben über die Bautätigkeit Bischof Ottos am Dom bestätigt.

Zugleich wurde aber auch klar, dass nach dem ersten Dombrand kein Umbau erfolgt ist, der sich außerhalb der Ostkrypta bis in den Fundamentbereich ausgewirkt hätte. Letztere erhielt damals auch neue, auffallend kompliziert angelegte Zugänge. Im Süden und Norden führte je eine Treppe aus dem Mittel- und dem jeweiligen Seitenschiff des Doms auf innerhalb der Kryptaseitenschiffe in halber Höhe gelegene Podeste, von denen dann je ein weiterer Treppenlauf in den Seitenschiffen nach Osten bis auf den Kryptaboden hinabstieg. Unmittelbar innerhalb der vom Mittelschiff des Langhauses in die Krypta führenden Zugänge lagen die Treppen zum Ostchor, zwischen ihnen vor der Mitte der Kryptastirn ein Altar. Diese nur an der Nordseite noch vollständig nachgewiesene Anordnung diente später als Vorbild für die ursprüngliche Lösung der Zugänge zu Ostchor und Ostkrypta aus dem 13. Jahrhundert und war ihrerseits wohl von der nicht ganz so komplizierten Treppenführung von 1012 im Bereich von Westchor und Westkrypta beeinflusst worden.

Abgesehen vom Plattenboden und den beiden Säulchen mit Stuckkapitellen in der Ostkrypta blieben auch von der Domausstattung des 12. Jahrhunderts nur minimale Spuren erhalten. So könnten zwischen und unter dem Sandsteinfußboden erstarrte Brocken aus Bronze von einem in der Vierung aufgehängten und 1185 in der Hitze geschmolzenen Radleuchter stammen, kleine Glasscheibchen in verschiedenen Farben eher von Lampen, Reliquiaren oder dergleichen als von Fenstern, von denen aber Reste der Verbleiung gefunden wurden.

Der zweite Großbrand hat 1185 offenbar nicht nur den Dom und seine engere Umgebung, sondern fast den ganzen Domberg in Schutt und Asche gelegt. Auch die weit westlich der Kathedrale an der Oberen Karolinenstraße von uns ausgegrabenen Holzbauten waren damals niedergebrannt, was bedeuten könnte, dass es zu der Zeit keine Unterteilung in Haupt- und Vorburg mit trennenden und die Ausbreitung eines Feuers vielleicht behindernden Wehranlagen (mehr) gab. Innerhalb des Doms selbst zeigten sich Spuren der Verwüstung in der typischen Hitzeverfärbung fast aller Fußbodenplatten und besonders der Sockel für die Langhausstützen, darüber hinaus war der Fußboden an zahllosen Stellen von Trümmern aus der

Dachzone zerschlagen. Die Ostkrypta, zumindest im Westteil nur mit dünnen Mauerschalen zwischen die Fundamente des Mittelschiffs, darunter den anstehenden Sand geblendet, war zusammengebrochen, die Mauerstirnen in ihrem Mittelschiff oberhalb des Laufniveaus ebenfalls angeglüht, in der Südwestecke gar völlig verbrannt. Nur die Westkrypta zeigte keinerlei Spuren von Feuereinwirkung, obwohl auf dem in großen Flächen erhaltenen hellen Putz selbst leichtere Rußspuren sofort auffallen müssten. Dieser Teil des Heinrichsdoms hat demzufolge beide Großbrände unbeschadet überstanden.

Wiederum folgte auf die Katastrophe eine provisorische Instandsetzung, die sich unter anderem in einem Mörtelauftrag auf den stärker zerstörten Partien des Sandsteinfußbodens zu erkennen gab. Dieser behelfsmäßige Estrich war anschließend noch eine ganze Weile belaufen worden, sodass sich an seiner Oberfläche eine typische dünne „Trampelschicht" hatte bilden können. Die Ostkrypta und ihre Zugänge aber schüttete man zu und richtete die Ostchorstirn, wie der Einbau neuer, bei ihrer Aufdeckung fast werkstattfrisch wirkender Profilsteine als Pilasterbasen zeigt, so weit her, dass man entweder den Ostchor nochmals benutzen oder hinter einer an dieser Stelle errichteten Trennwand mit den Vorarbeiten für den Bau der heutigen Kathedrale beginnen konnte, die sich in der Tat nicht nur in Details wie den Ostkryptatreppen, sondern im Gesamtgrundriss eng an ihren rund 200 Jahre älteren Vorgänger anlehnt, ohne aber an irgendeiner Stelle gezielt dessen Fundamente zu benutzen. Insofern verbindet der 1237 geweihte Meranier-Dom recht altertümliche Züge mit für seine Zeit moderner Ausführung der Einzelformen, eine Eigenart, der im Beitrag von A. Hubel in diesem Band besondere Aufmerksamkeit gewidmet wird (Kap. XV).

KATALOG

Kat.-Nr. 205

I   LEBEN IN BODENNÄHE

Prospice Terrigenas – Achte auf die Erdgeborenen
(Basler Antependium)

Zu Beginn des 11. Jahrhunderts lebte der weitaus größte Teil der Bevölkerung auf dem Land, und über 80 Prozent der Menschen waren in der Landwirtschaft tätig. Man lebte in Gehöften, die – im Mittelgebirgsraum – aus mehreren Gebäuden mit unterschiedlicher Funktion bestanden (Kat.-Nr. 1). Neben einem großen, nicht unterkellerten Haupthaus, das als Wohn(stall)haus und Arbeitsgebäude diente, gab es Ställe, Speicher und als Werk- oder Vorratsräume genutzte Grubenhäuser.

In der Regel waren die Häuser aus Holz gebaut; es handelte sich also um Mobilien, die sehr viel leichter als ein Steinhaus ab- und wieder aufgebaut werden konnten. In den kellerlosen Wohnhäusern bestand der Fußboden meist aus einem ebenerdigen oder leicht eingetieften, direkt auf die blanke Erde aufgetragenen gestampften Lehmestrich. Die Fensteröffnungen waren sehr klein und normalerweise nicht verglast. Als Kochstelle und einzige Wärmequelle gab es eine ebenerdige offene Feuerstelle, oft an zentraler Stelle in der Mittelachse des Raums. Die Verhältnisse in einem Wohnhaus zur Zeit Heinrichs II. dürfen wir uns als dunkel, zugig, schlecht beheizt, verräuchert und mit anderen unangenehmen Gerüchen belastet vorstellen.

Die Inneneinrichtung dieser Häuser war sehr spärlich. Tische und Betten galten als repräsentative Möbelstücke, die man ohnehin nur in herrschaftlichen Wohnungen oder Klöstern kannte. Die einfachen Leute kochten, arbeiteten und lebten „in Bodennähe". Sitzgelegenheiten boten Schemel oder Hocker. Als Bettstatt hatte man vielleicht Podeste oder Bänke von innen an die Hauswände angebaut. An Vorratsmöbeln gab es wohl schlichte Regale oder allenfalls Truhen.

Jedes Gehöft besaß eine eigene Wasserversorgung in Form eines Brunnens oder eines direkten Zugangs zu einem Wasserlauf. An die Gebäude schloss sich der Hausgarten an, in dem Gemüse, Kräuter und Blumen gezogen sowie Obst- und Nussbäume kultiviert wurden. Das ganze Gehöft einschließlich des Gartens war mit einem Zaun oder einer Hecke umschlossen. Auch die adlige Führungsschicht lebte zur Zeit Heinrichs II. in derartigen Gehöften. Erst ab dem 11. Jahrhundert beginnt sich der Adel mit der Errichtung höherwertiger, aus Stein gebauter Häuser auch im Wohnstatus von der übrigen Bevölkerung abzuheben.

An die Gehöfte grenzten die Felder, deren Bild durch streifenförmige, oft mehrere 100 Meter lange, schmale Äcker geprägt war. Mit der aus heutiger Sicht ungewöhnlichen Länge der Ackerfluren vermied man das häufige und Zeit raubende Wenden der Pflüge. Mit dem schollenwendenden Streichbrettpflug, der seit der Karolingerzeit bekannt war und sich im 10. und 11. Jahrhundert auch langsam im Ostreich durchsetzte, konnte die Scholle allerdings nur in eine Richtung gewendet werden, nicht wie beim modernen Pflug in beide. Die Scholle wurde immer zur Mitte hin gewendet, sodass sich das Ackerbeet allmählich zu einem Wölbacker aufwarf, der über einen Meter Höhe erreichen konnte. Der fruchtbare Humus wurde so trotz tiefgründiger Bodenbearbeitung in der Mitte des Ackers festgehalten, und gleichzeitig war eine gute Drainage des Bodens möglich. Die einzelnen Ackerstreifen waren zu größeren Feldern zusammengefasst, denn bei der geringen Breite der Äcker war es wichtig, dass auf benachbarten Äckern zu ähnlichen Zeiten gepflügt und geerntet wurde.

Aus der Regierungszeit Heinrichs II. ist uns keine katastrophale Hungersnot bekannt. Zu großen Hungersnöten kam es erst im späten Mittelalter, als für die wachsende Bevölkerung nicht mehr genügend Getreide angebaut werden konnte. Wenngleich in der Zeit Heinrichs II. demnach die Versorgung weitgehend gesichert war, bedrohten andere Gefahren die Menschen. Das Leben war kurz. Bei einer Säuglingssterblichkeit von 25 bis 30 Prozent belief sich die Lebenserwartung lediglich auf 17 bis 27 Jahre, wobei hier die hohe Säuglingssterblichkeit eingerechnet ist. Heinrich II. und Kunigunde gehörten mit einem Alter von 52 bzw. 58 Jahren also – nachdem sie das Säuglingsalter überlebt hatten – nicht zu den Ausnahmen. Die harte körperliche Arbeit und das Wohnen in zugigen, schlecht beheizbaren Häusern griffen die Gesundheit an. Medizinische Versorgung wurde nur in geringem Umfang von den Klöstern geleistet, wenn man auch die zahlreichen naturheilkundlichen Arzneimittel und medizinischen Kenntnisse der Zeit nicht unterschätzen sollte. Doch konnten heute einfach zu heilende Krankheiten oder Unfälle lebenslange Behinderung oder den Tod bedeuten.

Zeit ihres Lebens waren die Menschen eingebunden in das System der Grundherrschaft, das ihren Alltag bestimmte. Die abhängigen Bauern, die Grundholden, Leibeigenen, Hintersassen und die unfreien Handwerker und Dienstleute – also die Masse der Bevölkerung – unterstanden dem geistlichen oder weltlichen Grundherrn. Diesem waren Frondienste in Form von Arbeitsleistungen zu erbringen und Abgaben zu entrichten. Im Gegenzug garantierte der Grundherr Recht und Ordnung sowie Schutz im Kriegsfall. Ab dem frühen 11. Jahrhundert bildete sich, ausgehend von Frankreich, eine Gesellschaftsstruktur in drei Ständen aus. Die Funktion einer Person wurde nun entscheidend für ihre Zugehörigkeit zu einer der drei Gesellschaftsgruppen der „oratores" (Betende = Geistlichkeit), „bellatores" (Kämpfer = Krieger, Ritter) und „laboratores" (Arbeiter = Bauer).

Im Mittelalter spielte sich das tägliche Leben in Kleinräumen ab. Nur die wenigsten Menschen hatten die Gelegenheit, jemals ihr heimatliches Gehöft zu verlassen. Mobilität bedeutete ein Privileg, wobei als Beispiel der Kaiser selbst genügen soll, der ständig mit einem Gefolge von etwa 300 bis 1000 und mehr Personen unterwegs war. Schriftquellen wie archäologische Funde belegen aber auch, dass es in der Zeit Heinrichs II. durchaus einen lebhaften, über das Lokale hinausgehenden Handel gab. Zentren des Handels waren die Bischofssitze, wie das Beispiel Regensburg (Kat.-Nr. 36 ff.) zeigt. Seit dem 9. Jahrhundert hatte sich dieses Netz größerer Handelszentren durch neue Gründungen wie das Bistum Bamberg verdichtet, aber auch durch kleinere Knotenpunkte, wie sie vor allem die Klöster darstellten.

Brigitte Haas-Gebhard

Literatur:
Dirlmeier, Ernährung;
Duby, Ordnungen;
Herrmann, Zugänge;
Leighton, Transport;
Oexle, Dreiteilung;
Ohler, Reisen.

Der Großteil der Bevölkerung bewohnte auch um 1000 n. Chr. wie von jeher Häuser und Gehöfte aus Holz. Für die Steinbauweise dieser Zeit hingegen ist der Bamberger Dom ein bis heute imponierendes Beispiel.

NACHBAU EINES LÄNDLICHEN GEHÖFTS

Rekonstruktionsversuch anhand von Grabungsbefunden

Planung: Walter Sage

I

Allem Anschein nach gewann die Steinbauweise vor allem im Rahmen der Sakral- und Repräsentationsarchitektur in der Zeit um 1000 n. Chr. sprunghaft an Bedeutung. Trotzdem herrschte der altüberkommene „urtümliche" Holzbau noch lange vor, und dies nicht nur im ländlichen Bereich, sondern nahezu überall, da auch in Klöstern und Burgen viele Bauten wie Wirtschaftsgebäude und Gesindewohnungen weiterhin in der gewohnten Weise errichtet wurden. Das anlässlich der Ausstellung auf dem Bamberger Domplatz aufgebaute Gehöft zeigt dementsprechend keineswegs Bauwerke, die nur in Dörfern um 1000 oder während der Frühphase der Besiedlung auf dem Domberg selbst zu finden gewesen wären; auch in der Babenburg und selbst noch in der Domburg des 11./12. Jahrhunderts standen vergleichbare Gebäude, die nachweislich unmittelbar westlich an den Repräsentationstrakt der Pfalz (heute Ostflügel der Alten Hofhaltung) anschlossen. Das Modellgehöft kann insofern auch die gewaltige Spanne verdeutlichen, die Spitzenleistungen höfischer Architektur vom Milieu der Durchschnittsbewohner im Reich Heinrichs II. trennte.

Die Bezeichnung „urtümlich" ist bei einem Teil der hochmittelalterlichen Gebäude durchaus wörtlich zu nehmen, denn die seit der Jungsteinzeit in weiten Gebieten Europas übliche Pfostenbauweise war in dieser Zeit noch oft zu finden. Diese Bauweise mit Wänden aus – eventuell lehmverstrichenem – Flechtwerk und Dächern aus Stroh oder Reet (Schilf), deren Hauptlast von Rofen über die Firstpfette auf die mittlere von drei, seltener auch fünf Pfostenreihen übertragen wurde, bot einen großen Vorteil: Ein Gerüst aus in den Boden eingegrabenen Pfosten erforderte wegen seiner Standfestigkeit nur wenige Sicherungen in der Kopfzone und stellte deshalb geringe Ansprüche an das handwerkliche Geschick der Erbauer. Derart einfache Bauwerke ließen sich in „Heimwerk" oder mit Nachbarschaftshilfe errichten.

Der größte Nachteil der Pfostenkonstruktion aber war das Abfaulen der stehenden Hölzer in Bodennähe. Im Allgemeinen überdauerten diese Pfostenbauten kaum mehr als eine Generation. Abhilfe konnte man schaffen, indem man die tragenden Hölzer nicht eingrub, sondern ebenerdig auf eine isolierende Unterlage, etwa einzelne Steinplatten oder durchlaufende Sockel aus (Trocken-)Mauern, stellte („Ständerbau"). Umlaufende Schwellenkränze waren hierzulande um 1000 noch kaum gebräuchlich. Allerdings machte die nunmehr fehlende Versteifung in der Fun-

Literatur:

Abels/Sage/Züchner, Oberfranken; Ahrens, Holzkirchen; Böhme, Siedlungen; Dapper/Schuler, Rekonstruktion; Donat, Gebesee; Kaller, Hausgrundriß; Kind, Ulm-Eggingen; Losert/Sage, Ausgrabungen, Abb. 2–5; Sage, Fränkische Siedlung; Sage, Mittelalter; Westoll, Rekonstruktion; Zimmermann, Pfosten.

damentzone die exakte Verbindung der einzelnen Hölzer und eine bessere Verstrebung des aufgehenden Gefüges nötig, es bedurfte also höheren handwerklichen Geschicks bei den Bauleuten.

Ein weiteres Problem ergab sich aus den Firstsäulen, die ausgerechnet die Mittelachse des Gebäudes verstellten. Dem entging man zunächst offenbar dadurch, dass man die zur Gefügefixierung in Kopfhöhe ohnehin erforderlichen Querhölzer so verstärkte, dass sie die Firststiele unterhalb des Dachraums abfangen und die Dachlast aufnehmen konnten. Eine elegantere Lösung war jedoch, die ehedem am Firstbaum aufgehängten Rofen oben ohne sonstige Unterstützung paarweise fest miteinander zu verbinden und sie unten auf ein Rähm, die ursprüngliche Fußpfette, zu stellen. Damit war das Sparrendach geschaffen, dessen gesamte Last über die Längswände eines Gebäudes abgeleitet wurde.

Dank zahlreicher Siedlungsgrabungen – allerdings vor allem in Küstengebieten oder auf anderen für die Erhaltung von Holz günstigen Feuchtböden – lässt sich feststellen, dass wesentliche Schritte der hier nur knapp angedeuteten konstruktiven Entwicklung bereits im frühen Mittelalter, andere – insbesondere der Übergang zu Frühformen des Sparrendachs – gar in vorgeschichtlicher Zeit erfolgt waren. Wir wissen inzwischen auch, dass es um 1000 neben den Flechtwänden bereits Gefachfüllungen mit liegenden („Ständerbohlenbau") oder stehenden Planken („Stabbau") gab, im germanisch-frühdeutschen Bereich dagegen der Blockbau kaum gebräuchlich war. Auch dieses Nebeneinander unterschiedlicher baulicher Lösungen wird im Modellgehöft angedeutet.

Obwohl Mittel- und Oberdeutschland wegen schlechter Erhaltungsbedingungen bisher meist nur sehr fragmentarische Befunde geliefert haben, zeichnet sich eine gewisse Vielfalt an Haus- und Hofformen ab, die alles andere als eine uniforme Entwicklung des Hausbaus in Mitteleuropa vermuten lässt. So waren im Nordsee-Küstengebiet spätestens seit der vorchristlichen Eisenzeit Wohnstallhäuser von oft beachtlicher Länge gebräuchlich. Sie vereinten Mensch und Vieh unter einem Dach, weshalb Nebengebäude hier eine vergleichsweise geringe Rolle spielten. Im anschließenden Binnenland gab es im Frühmittelalter zeitweilig große einschiffige „Hallen", die im Verband mit mehreren kleineren Gebäuden unterschiedlicher Art ein Gehöft bildeten, doch scheint sich dort bereits um 1000 eine Frühform des später weit und lange verbreiteten „niederdeutschen Hallenhauses" (mit einem meist dreischiffigen Stallteil) entwickelt zu haben. Im Mittelgebirgsraum bis zum Alpennordrand waren ebenfalls Mehrhausgehöfte mit unterschiedlichen, für uns scheinbar regellos angeordneten Einzelbauten üblich. Die Hauptgebäude hatten meist nur mittlere Größe. Das Modell am Domplatz repräsentiert diese Landschaft, während etwa der stark abweichende Holzbau im slawisch besiedelten Teil des Ottonenreichs und die stärker von der Massivbauweise geprägte Architektur südlich des Alpenhauptkamms hier völlig außer Betracht bleiben.

Wohnhaus — Das etwa 7 auf 13 Meter große Gebäude hat sein Vorbild in der fränkischen Siedlung bei Gladbach, Kr. Neuwied, findet aber hinsichtlich Größe und Gefüge Parallelen in anderen frühmittelalterlichen Siedlungen. Dank relativ guter Erhaltung der Spuren von Pfosten und stellenweise auch Wandgräbchen ließen sich nicht nur seine Gesamtgröße, sondern auch eine Unterteilung quer zur Hausachse – wahrscheinlich die durch einen Kranz kleinerer Pfosten markierte Herdstelle vor der Trennwand – und die Schwelle für eine in den beheizten größeren Raum führende Tür nachweisen. Dem Schutz des Eingangs diente offenbar eine von zwei vor die Längswand gestellten Pfosten getragene Vorschleppung des Dachs. Das

Fehlen starker Mittelpfosten in den Schmalwänden schließlich spricht für die Existenz eines Walmdachs, wie es für viele mittelalterliche Bauernhaustypen charakteristisch werden sollte.

Das Haus vertritt den größten in Gladbach nachgewiesenen Typ und besaß offensichtlich einen Herd, weshalb es als Haupt- und Wohnhaus eines von mehreren Gladbacher Gehöften angesehen werden darf. Trotzdem bleibt der handwerkliche Aufwand im Modell auf ein Minimum beschränkt, was dem Grabungsbefund Rechnung trägt und so gewiss in vielen Fällen auch zutraf. Dass dies aber keineswegs immer so sein musste, beweist die Tatsache, dass die Pfostenfüße zum Schutz vor rascher Verwitterung auch dort manchmal rund und mit Rinde belassen wurden, wo das aufgehende Gefüge sorgfältig kantig verzimmert war.

Als Dachdeckung kommt bei diesem und den übrigen Häusern des Modells Stroh oder Schilf in Betracht, da andere Materialien wie etwa Schindeln lediglich regional verbreitet und Hartdeckung wie Ziegel im ländlichen Bauwesen bis ins Spätmittelalter kaum gebräuchlich waren. Bei einem Walmdach, wie es der Befund erfordert, ließen sich unter der Giebelspitze problemlos Öffnungen für den Rauchabzug aussparen. Über Fenster oder die Beschaffenheit der in diesem Fall immerhin lokalisierbaren Tür sagt der Grabungsbefund nichts aus, doch bieten Fundstücke – etwa aus Haithabu – immerhin Anhaltspunkte für das Aussehen derartiger Einrichtungen. Dagegen ist die Innenausstattung solcher Häuser bislang überhaupt nicht unmittelbar belegt: Stühle, Betten, Kästen oder dergleichen sind allenfalls aus merowingerzeitlichen Grabfunden oder aus viel jüngeren Epochen bekannt.

Ebenerdiges Haus auf Steinsockel — Zu einem Gehöft zählten vielfach auch kleinere ebenerdige Gebäude, beispielsweise Pfostenbauten in Firstsäulenkonstruktion von etwa 4 auf 7 Meter Grundfläche in der Siedlung bei Gladbach. Diese Maße wurden dem Haus auf Steinfundament zugrunde gelegt, da ähnliche Proportionen häufiger anzutreffen sind. Im Rahmen des Modellgehöfts vertritt dieser Bau allerdings die fortschrittlichsten Konstruktionsmerkmale. Er zeigt ein Gerüst aus drei Ständerpaaren, deren Füße als Nachklang des Pfostenbaus noch etwas in die – bei einem frühmittelalterlichen Original im Regelfall nicht mit Mörtel gebundenen – Sockelmauern eingelassen sind. Die Wandflächen bestehen aus in die Ständer eingenuteten liegenden Bohlen. Die Sicherung in der Fußzone gewähren Schwellriegel zwischen den Ständern, während Rähmbalken den oberen Abschluss der Längswände bilden und Queranker die Giebelwände abschließen. Die Giebeldreiecke muss man sich verbrettert vorstellen, wobei auch hier eine kleine Öffnung unter dem First wahrscheinlich ist.

Das relativ kleine Gefüge ist nicht zuletzt dank der stabilen Wandfüllungen in der Lage ein Sparrendach zu tragen, bei dem die nur durch einen „Hahnenbalken" versteiften Sparrendreiecke die Dachlast auf die Längswände übertragen. Innere Stützen sind ebenso wenig vonnöten wie eine Längsversteifung der Gespärre, die nur durch die zur Aufnahme der Dachhaut aufgenagelten oder aufgebundenen Dachlatten im richtigen Abstand gehalten werden. Der Innenraum steht in einem solchen Bau uneingeschränkt zur Verfügung.

Die relativ aufwändige, an teilweise schon länger bekannte Grabungsbefunde angelehnte Konstruktion mit ihren dicht schließenden Wänden kommt am ehesten für die Verwendung als Lagerraum in Betracht, in dem so wichtige Dinge wie das Saatgut aufbewahrt werden konnten. Da es im mittel- und oberdeutschen Bereich kaum archäologische Nachweise für „gestelzte" Speicher gibt und solche hier außerhalb des alpinen Gebiets im historischen Baubestand ebenfalls nur regional begrenzt auftreten, mögen besonders solide gebaute ebenerdige Häuschen deren Aufgaben erfüllt haben – ähnlich den späteren „Getreidekästen". Einfacher ausgeführte ebenerdige Häuser dieser Größenordnung können als Gesindewohnung, Viehstall oder Schuppen gedient haben; ihr Zweck bleibt mangels eindeutiger Funde aber meist unbestimmbar.

Grubenhaus — Ein Charakteristikum vor allem germanischer Siedlungen aus dem 1. Jahrtausend n. Chr. sind die meist weniger als einen, manchmal aber bis zu zwei Meter in den Boden eingetieften Bauten mit einem Gerüst aus zwei oder sechs, seltener vier oder acht Pfosten. Dank ihrer geringeren Zerstörung, etwa durch späteres Überpflügen, sind sie in weitaus größerer Zahl und besser deutbaren Resten erhalten als ihre ebenerdigen Begleitbauten. Was allgemein über die Entwicklung vom Pfosten- zum Ständerbau und die verschiedenen Arten der Wandbildung gesagt wurde, lässt sich auch an diesen kleinen Bauwerken ablesen. Die häufig in einfachster Pfostenbauweise mit Flechtwänden anzutreffenden Kleinbauten dienten allerdings im germanisch-frühdeutschen Gehöft üblicherweise untergeordneten Aufgaben, nicht wie ähnliche, jedoch beheizbare Anlagen bei den Slawen bevorzugt für Wohnzwecke. Das Dach solcher Grubenhäuser, insbesondere jener, die lediglich ein Gerüst aus zwei Pfosten und einer Firstpfette besaßen, konnte mit den Fußenden unmittelbar auf dem Erdboden ruhen, der zimmerungstechnische Aufwand war auf ein Minimum beschränkt. Besondere Fensteröffnungen sind hier nicht zu erwarten, der Eingang lag meist an einer Giebelseite, und zwar im Regelfall ebenerdig. Zugangsrampen finden sich nur selten, denn sie hätten das Eindringen von Regenwasser in die Gruben begünstigt.

Am bekanntesten sind Grubenhäuser in ihrer Funktion als „Webhäuser", doch ist diese Verwendung nur beim geringeren Teil der bekannten Objekte durch Funde von Webgewichten oder Standspuren der Webstühle wirklich belegt. Auch anders geartete handwerkliche Nutzung, etwa für Metallverarbeitung, lässt sich nachweisen. Am häufigsten jedoch werden sie die gleichen Aufgaben erfüllt haben wie reguläre Keller, von denen sie im Lauf des Mittelalters abgelöst wurden. Die Grubenhäuser dienten als Lagerräume, wenngleich sich dies bisher unmittelbar nur vereinzelt, etwa durch die Reihung von Vorratsgefäßen, nachweisen ließ.

Wenn ein Grubenhaus baufällig wurde, machte man sich offensichtlich kaum die Mühe, das morsche Gefüge zu reparieren oder gar vollständig zu erneuern. Man legte vielmehr ein neues an und nutzte die aufgelassene ältere Grube als „Müllkippe". Nur so wird verständlich, dass sich auf einer Hofstelle nicht selten bis zu sechs oder mehr Grubenbauten um ein einziges Wohnhaus scharten und sich dabei oft gegenseitig überschnitten. Auch darin kommt die mindere Bedeutung dieser Gebäudegattung zum Ausdruck.

Bauten der drei beschriebenen Typen bilden gewissermaßen die Grundausstattung früh- bis hochmittelalterlicher agrarischer Siedlungen im Mittelgebirgsraum, sie waren aber auch auf herrschaftlichen Wirtschaftshöfen vertreten. Wie eingangs erwähnt, fanden sie sich mit gewissen Varianten sowohl auf dem Domberg als auch an anderen Stellen Bambergs, wobei neben einfachen Grubenbauten und Pfostengerüsten zudem die fortschrittlichere Pfostenbohlenbauweise mit Beispielen des 12. Jahrhunderts auf dem Westteil des Dombergs, am Katzenberg und im Tal an der Schranne vertreten war.

Zum Ensemble eines Gehöfts gehörten spezielle Einrichtungen wie Brunnen, Backöfen und Bienenstände, darüber hinaus gab es wohl immer ein rechtlich sehr bedeutsames, archäologisch aber selten gut zu fassendes Element: die Umzäunung.

Außer einfachen Staken- und Planken- scheint es auch geflochtene Zäune gegeben zu haben, vermutlich vielfach auch „lebende" Zäune aus Hecken. Erst sie runden das Bild einer Hofstelle ab. Im Fall guter Erhaltung könnten sie genaueren Aufschluss über die oft kaum abzuschätzende Größe der Gehöfte geben, die mit Gewissheit ebenso wenig landesweit genormt war wie die Einzelgebäude selbst.

W. S.

Kleider machen Leute: Auch im Mittelalter bedeutete Kleidung mehr als Schutz vor Witterung. Sie machte Rang und Stand einer Person sichtbar.

Reproduktionen mittelalterlicher Kleidung 2

Tunika Heinrichs II. (Kat.-Nr. 206), Heinrich II. und Kunigunde im Krönungsbild des Perikopenbuchs Heinrichs II. (Kat.-Nr. 75), Bauer, Händler und Spinnerin aus der Hrabanus-Maurus-Handschrift, Montecassino 1023, Heinrich der Zänker im Regelbuch von Niedermünster (Kat.-Nr. 111)

Vollständige Kleidungsstücke aus der Zeit Kaiser Heinrichs II. sind kaum erhalten, und wenn, so gehören sie in hochadliges oder geistliches Milieu. Am besten ist Kleidung in zeitgenössischen bildlichen Darstellungen überliefert. Das bei allen Bevölkerungsschichten verbreitete Kleidungsstück zur Zeit Heinrichs II. war ein von Männern und Frauen gleichermaßen getragenes hemdartiges Schlupfkleid mit oder ohne Ärmel. Die so genannte Tunika wurde als Ober- und Untergewand getragen, wobei ihre Länge durch eine Gürtung in der Taille variiert werden konnte. Gesellschaftliche Unterschiede waren an den verwendeten Stoffen, der Verzierung und der Farbgebung abzulesen. Erst in der zweiten Hälfte des 11. Jahrhunderts kam es zu tief greifenden Änderungen in der Kleidung: Erstmals wurden nun Kleider auf Figur geschnitten, geschnürt oder geknöpft.

Im Prinzip trugen alle Frauen die gleiche Kleidung, wie der Vergleich einer Darstellung Kaiserin Kunigundes mit der einer Spinnerin zeigt. Im Widmungsbild des Perikopenbuchs Heinrichs II. begegnet Kunigunde in einer ungegürteten, bodenlangen, petrolgrünen Tunika, die man auch „Cotte" nennt. Die Tunika ist am Fußsaum mit einem breiten Streifen aus perlengesäumtem Brokat (?) verziert. Ein ähnliches Band läuft vorne in der Körpermitte senkrecht über das Kleidungsstück und um den Halsausschnitt. Kunigundes Cotte besitzt ellbogenlange Ärmel, die sich tütenförmig öffnen und das ebenfalls wie eine Tunika geschnittene Untergewand, das man auch als „Niderkleit" bezeichnet, sehen lassen. Dieses ist hellblau und besitzt eng anliegende Ärmel, die am Bündchen auch mit einem Brokatstreifen abschließen. Über der Cotte trägt Kunigunde einen purpurroten Umhang als Mantel. Diese Mäntel mit halbkreisförmigem oder rechteckigem Schnitt wurden auf der rechten Schulter mit einer Fibel geschlossen. Als verheiratete Frau hat Kunigunde um Kopf, Hals und Nacken ein Tuch aus weißem Stoff (Leinen oder Seide) drapiert, das man als „Guimpe" bezeichnet.

Die in der Handschrift des Hrabanus Maurus dargestellte Spinnerin trägt wie die Kaiserin Niderkleit und Cotte, aber keinen Mantel. Das Untergewand ist ebenfalls hellblau. Es blitzt am Fußsaum und an den Ärmeln auf, die Unterarme bleiben aber bedeckt. Die naturfarbene Cotte ist mit gelben Streifen um den Halsausschnitt, an den Ärmelbündchen und in der Körpermitte vorne besetzt. Die Spinnerin hat ihre Cotte, im Gegensatz zur Kaiserin, für die Arbeit zweckmäßig in der Taille gegürtet. Die Cotte erscheint dadurch lediglich knöchellang und lässt die Schuhe sehen. Mit dem Fehlen der Guimpe gibt sich die Spinnerin als unverheiratete Frau zu erkennen und erlaubt einen Blick auf ihre Haartracht: Sie trägt das überschulterlange Haar in der Mitte gescheitelt und im Nacken zu einem Pferdeschwanz zusammengebunden.

Tunika Heinrichs II.
(Kat.-Nr. 206)

Literatur:
Boehn, Mode; Brüggen,
Kleidung; Pinasa, Costumes.

Auch die Männerkleidung ließ den Stand ihres Trägers auf den ersten Blick erkennen. Heinrich II. ist auf dem Krönungsbild in seinem Perikopenbuch mit einem purpurroten Mantel dargestellt, den er auf der rechten Schulter mit einer runden Fibel geschlossen hat. Der rechte Arm ist somit frei, um das Zepter zu halten. Unter dem Mantel ist eine bodenlange, langärmlige, purpurrote Tunika zu erkennen, die mit Brokatborten verziert ist. Der Kaiser trägt eine Art Halbschuhe, die um den Knöchel mit einem Riemen verschlossen sind. Neben den bodenlangen Tuniken trugen die Männer – im Gegensatz zu den Frauen – auch kürzere, knielange Gewänder, wie Heinrich der Zänker auf einer Darstellung im Regelbuch von Niedermünster (Kat.-Nr. 111). Er hat seine Tunika hier offenbar mithilfe eines Gürtels gerafft; sein auf der rechten Schulter verschlossener Mantel passt sich in der Länge der Tunika an. Er trägt ähnliche Schuhe wie sein Sohn auf dem oben genannten Krönungsbild. Seine Beine bedecken bis knapp unters Knie reichende Strümpfe, in welche die Hosenbeine gesteckt sind. Die Strümpfe lagen nicht eng an, da die verwendeten Materialien einen trikotartigen Zuschnitt nicht gestatteten. Sie wurden unter dem Knie mit einem Strumpfband gebunden oder mit Binden umwunden, wie bei den Pontifikalstrümpfen von Papst Clemens II. zu sehen ist (Kat.-Nr. 182).

Bauern und Handwerker trugen bei der Arbeit lediglich einen knielangen Kittel von tunikaähnlichem Zuschnitt. Normalerweise gingen sie barfuß. Händler kleideten sich in eine bodenlange, in der Taille gegürtete Tunika und trugen Halbschuhe. Stiefel waren nur im militärischen Bereich gebräuchlich. *B. H.-G.*

Frauen machen Kleider: Textilherstellung im Mittelalter war Frauenarbeit.

3 NACHBAU EINES GEWICHTSWEBSTUHLS

> Winfried Auer, 2002
>
> Holz, Wolle, Leinen, Tongewichte, ca. 200 x 170 x 50
>
> Stadtmuseum Schlüsselfeld (SMS 021.02)

Die Herstellung von Kleidung erforderte große Fertigkeiten und Kenntnisse. Sie gehörte zum Alltag und wurde von Frauen aller Schichten betrieben. Die abhängigen Bauernfamilien fertigten ihre Kleidung selbst an, während die Herrenhöfe Tuche und Kleidungsstücke aus den Abgabeleistungen ihrer Untertanen bezogen. Über regelrechte Textilwerkstätten verfügten Königtum, Kirche und Adel. Die dort hergestellten Stoffe wurden auch auf Märkten verkauft.

Für die Kleidung verarbeitete man im Mittelalter hauptsächlich Wolle, zumeist Schafwolle, und Leinen. Leinen wurde in einem sehr aufwändigen Verfahren aus Flachsfasern der Leinpflanze gewonnen.

Der vorherrschende Webstuhltyp war zur Zeit Heinrichs II. der Gewichtswebstuhl. Es handelt sich dabei um eine senkrechte Holzkonstruktion, an deren oberem Teil, dem quer liegenden Tuchbaum, die Kettfäden befestigt werden, die durch Webgewichte unterschiedlicher Form aus Stein oder Ton gestrafft werden.

Die Rohstofffasern wurden mit der Handspindel zu Garn verarbeitet. Das Spinnrad, mit dem man doppelt so schnell feineres und gleichmäßigeres Garn herstellen konnte, ist erst in der zweiten Hälfte des 13. Jahrhunderts greifbar. Für das Spinnen mit der Handspindel braucht man einen Spindelstab, „Rocken" oder „Kunkel" genannt. Der Rocken steht am Boden auf oder wird von der Spinnerin in einer Gürtelschlaufe getragen. Auf den Rocken werden die zu spinnenden Fasern „gedockt", mit Daumen und Zeigefinger zupft man einzelne Fasern heraus und dreht sie kontinuierlich zu einem fortlaufenden Faden. Eine zumeist hölzerne Spindel zieht den Faden in gleichmäßiger, schneller Rotation nach unten. Die Spindel besitzt eine kleine Schwungscheibe aus Ton oder Stein, die man „Wirtel" nennt.

Literatur:
Bohnsack, Spinnen und Weben;
Sporbeck, Textilherstellung.

Am Gewichtswebstuhl werden zur Fachbildung unterschiedliche Gruppen der Kettfäden angehoben, und in dieses Fach wird der Schussfaden eingezogen. Dann öffnet man ein weiteres oder mehrere Fächer, je nach Webart. Zum Anheben der Fadengruppen werden Hilfsmittel benutzt, wie eine eingeschobene Latte oder eine Leiste, die durch Schlingen mit einem Teil der Kettfäden verbunden ist. Normalerweise ermöglicht der Gewichtswebstuhl eine Tuchbreite von 1 bis 1,2 Meter. Im Gegensatz zum Gewichtswebstuhl arbeitet man am Rahmenwebstuhl, der heute noch für Gobelins verwendet wird, von unten nach oben. Hier sind die Kettfäden an den Querstangen eines Rahmens befestigt, und die Fachbildung erfolgt durch einen Litzenstab. Um das Jahr 1000 wird in der Forschung der Beginn der so genannten Schaftweberei angesetzt, bei der das Fach mittels fußbewegter Schäfte gebildet wird. Dies ermöglicht zwei Webern gleichzeitig größere Tuchbreiten zu produzieren.

Mithilfe der Webstühle konnten verschiedene Bindungen hergestellt werden, die den Stoffen entsprechende Eigenschaften und Muster verliehen. Nach den archäologischen Funden waren im 11. Jahrhundert in Mitteleuropa hauptsächlich fünf Stoffbindungen verbreitet: die einfache Tuchbindung, zwei Varianten der Köperbindung und die aufwändigen Bindungen des Fischgrats und des Diamantkaros. Fischgrat- und Diamantkarobindung lassen im Stoff ein charakteristisches Muster entstehen. Sie wurden deshalb gerne für kostbarere Kleiderstoffe eingesetzt, während Köper- und Tuchbindung zumeist bei Stoffen für Alltags- und Arbeitskleidung Anwendung fanden. Die Köperbindung ist sehr strapazierfähig; in dieser Bindung werden heute noch Jeansstoffe hergestellt.

Oft wurden die Stoffe nach Abschluss des Webvorgangs weiter bearbeitet. Beim Walken wird das Gewebe mit Druck, Wärme und einer Walkflüssigkeit (beispielsweise gemahlene Tonerde, heißes Wasser, Ammoniumkarbonat, Kernseife) behandelt. Die Fasern quellen auf, und die einzelnen Haare verfilzen, anschließend wird der Stoff mit Wollkratzern oder Distelkarden aufgeraut. *B. H.-G.*

Gelb, Rot und das seltene Blau – gegen die Einheitsfarbe „Natur" setzte man mit Pflanzenfarben Akzente.

FÄRBERPFLANZEN UND STOFFBEISPIELE   4
Inszenierung

Die ursprüngliche Farbe der aus Pflanzen und Tierhaaren gewonnenen Fasern ist ein Naturton, in dem wir uns auch einen großen Teil der Kleidung zur Zeit Heinrichs II. vorstellen müssen. Daneben gibt es aber Belege, dass man Wolle und Gewebe eingefärbt hat. Neben überlieferten Färberezepten und den farbigen Darstellungen in der Buchmalerei zeigen dies archäologische Funde. Gefärbt wurde mit aus Pflanzen gewonnenen Naturfarbstoffen. Die Pflanzen wurden dazu in der Regel gekocht, in dem Sud wurde die gewaschene und eventuell gebeizte Wolle erwärmt, dann gespült und getrocknet. Die Menge der aufbereiteten Pflanzen, die Dauer des Farbbades und die verwendeten Beizen bestimmten die unterschiedlichsten Farbtöne. Es gibt ungemein viele Pflanzen, die zum Färben geeignete Farbstoffe enthalten. Gelb in den Nuancen von sehr hellem bis zu fast bräunlichem Gelb erhält man beispielsweise aus Birke, Rainfarn, Gilbkraut, Wildapfel, Berberitze, Saflor und Zwiebelschalen. Die wichtigste Färbepflanze für Rot ist der Krapp (*Rubis tinctorium L.*), daneben eignen sich Gänsefuß, Labkräuter, Ahornwurzel, Schlehdorn, bestimmte Flechten und Walnussschalen. Für Blau gibt es dagegen nur eine einzige Färbepflanze, den Färberwaid (*Isatis tinctoria L.*). Er bekam erst in der zweiten Hälfte des 16. Jahrhunderts Konkurrenz, als mit der Entdeckung des Seewegs nach Ostindien 1560 der echte Indigo nach Europa eingeführt wurde. Sehr beliebt war im

Literatur:
Codreanu-Windauer/Bartel,
Spindel; Ploss, Buch; Schweppe,
Handbuch; Tomlinson, Use.

Mittelalter auch der aus der Kermesschildlaus gewonnene rote Farbstoff, während das aus der Purpurschnecke gewonnene kostbare Purpur den Kleiderstoffen der Vornehmsten vorbehalten blieb.　　　　　　　　　　　　　*B. H.-G.*

Holz wird als scheinbar unbegrenzt nachwachsender Rohstoff von jeher vom Menschen in vielfältiger Weise genutzt.

5　TECHNIKEN UND WERKZEUGE DER HOLZBEARBEITUNG
Inszenierung
Forstamt Scheßlitz

Literatur:
Hägermann, Technik;
Radkau/Schäfer, Holz.

Die Eigenschaften des Holzes, die von besonderer Festigkeit bis zu hoher Elastizität reichen, ermöglichen den Einsatz dieses Materials in verschiedensten Bereichen. Wo es aufgrund der naturräumlichen Gegebenheiten nicht vorkam, wurde es unter hohem Aufwand importiert. Der Rohstoff Holz ist im Zusammenhang mit dem Wald und der Waldnutzung zu sehen. Schon in karolingischer Zeit wurden einzelne Waldgebiete im Altsiedelland von den Grundherren unter Bann gelegt, also vor fremdem Zugriff geschützt. Damit sicherten sie sich die Holzversorgung und ihre Jagdreviere in einer Landschaft, in der Holz nicht mehr unbegrenzt für jeden verfügbar war.

In den östlichen Neusiedelgebieten waren dagegen im 11. Jahrhundert Waldflächen noch in dem Maße vorhanden, dass sie eher ein Hindernis bei der Ausweitung der Herrschaftsgebiete darstellten. Die Landerschließung erfolgte hier über planmäßige Siedlungsgründungen. Die Landesherren stellten den Bewohnern Parzellen zur Verfügung, die sie roden und anschließend landwirtschaftlich nutzen konnten. Ortsnamen mit Bestandteilen wie -reuth, -rode oder -schlag zeugen noch heute davon. Die an die Felder grenzenden Wälder sicherten die Holzversorgung und dienten als Weide für das Vieh. Der Wald war unverzichtbarer Bestandteil des täglichen Lebens. Holz wurde als Baumaterial, als Rohstoff für die Handwerker und als Brennholz benötigt.

Die Baumstämme wurden mit Zugtieren transportiert oder wenn möglich auf Flüssen und Seen geflößt. Wahrscheinlich wurde das Holz auch gleich am Ort zu Halbfertig- oder Endprodukten verarbeitet. Im Verlauf des Mittelalters kam es aufgrund des steigenden Holzbedarfs zu vermehrten Rodungstätigkeiten. Die damit verbundenen ökologischen Probleme wurden schon früh erkannt, wenngleich nur regional begrenzte Lösungsansätze zu erkennen sind. Die Gründung von Forstämtern und Forstschulen im 16. Jahrhundert deutet an, dass spätestens am Übergang zur Neuzeit übergreifende Regulative die Waldnutzung steuern mussten.

M. Sche.

Für das Werkzeug zur Holzbearbeitung wurden bereits in vor- und frühgeschichtlicher Zeit zweckmäßige, bis heute gebräuchliche Grundformen entwickelt. Die Techniken des Drechselns, Böttcherns und Schnitzens reichen in die Antike und teilweise weiter zurück.

6　REKONSTRUKTION EINER DRECHSELBANK
Georg Brütting, 2001
Haus der Bayerischen Geschichte, Augsburg

Literatur:
Heine, Werkzeug, S. 190;
Reallexikon der Germanischen
Altertumskunde, Bd. 1,
Berlin 1973, S. 536.

Aus dem vielleicht ältesten Werkzeug des Menschen, dem Faustkeil, entwickelte sich das Steinbeil, ein Vorläufer der heute noch gebräuchlichen Werkzeuge Axt und Beil. Deren Unterscheidung ist nicht eindeutig; weder die Art der Schäftung noch die Stiellänge und Händigkeit ergeben eine unzweifelhafte Zuordnung. Die Fällaxt hat einen langen Stiel zur beidhändigen Führung und eine einfache, schmale Klinge, während die Spaltaxt durch einen größeren Keilwinkel der Klinge gekennzeichnet ist. Die Bundaxt besitzt eine schmale, lange, stechbeitelförmige Klinge. Beim Dechsel ist die Klinge quer zum Stiel angebracht und mehr oder weniger hohl geschliffen. Das Beschlagbeil oder Breitbeil zur Oberflächenbearbeitung von Balken hat eine breite, einseitig angeschliffene Klinge und einen gebogenen Stiel, der unterschiedlich lang sein kann.

Bereits vor 4000 Jahren kannten die Ägypter die Säge mit Metallblatt. Es war eine „gespannte" Bogensäge, die das Holz, unabhängig von dessen Faserverlauf, „auf Zug" durchtrennen konnte. Für die römische Zeit sind die frühesten Sägen „auf Stoß" nachgewiesen. Hier sind die Zähne geschränkt, also abwechselnd nach außen gebogen; dadurch vermindert sich die Reibung und die Gefahr, dass die Säge abknickt und verbiegt. Sägen werden nach Größe und Form ihrer Zähne unterteilt und danach, ob sie gespannt wie die Rahmen- und Gestellsäge oder ungespannt wie die Schottsäge, Stoßsäge, Bund- oder Schrotsäge sind. In der Zeit Heinrichs II. dürften dem Holzhandwerker gespannte wie ungespannte Sägen bekannt gewesen sein.

Durchbohrte Steingeräte zeugen von der Kenntnis des Bohrers bereits in allerfrühester Zeit. Aus der Zeit um 1000 n. Chr. sind in Mitteleuropa Löffelbohrer in verschiedensten Größen archäologisch nachgewiesen. An sonstigen Werkzeugen zur Holzbearbeitung wurden im Mittelalter Stemmeisen, Stechbeitel, Hobel, Raspel, Hammer, Keil, Zugmesser, Drechselwerkzeug und Drechselbank sowie Geräte zum Messen, Anreißen und Markieren benutzt.

Das Schnitzen ist die einfachste Form der Holzbearbeitung, bei der im Grunde nur ein scharfes Messer benötigt wird. Das Werkstück wird mit einer Hand gehalten oder auf eine Unterlage gedrückt und mit dem Werkzeug in der anderen Hand bearbeitet. Auf einer Schnitzbank, die für das 11. Jahrhundert jedoch nicht belegt ist, kann das Werkstück durch Fußdruck eingeklemmt und mit einem zweihändigen Zugmesser beschnitzt werden.

Bei einer Zugschnurdrechselbank wird die Zugschnur um das Werkstück gewickelt. Ein Gehilfe zieht die Antriebsschnur hin und her. Der Drechsler hebt mithilfe scharfer Meißel Späne vom Werkstück ab, wenn dieses sich auf ihn zudreht. Die Technik ändert sich auch an der Fidelbogendrehbank nicht, nur dass der Drechsler selbst durch einen Bogen, dessen Schnur um das Werkstück gewickelt wird, das Holz antreibt. Zum Halten des Meißels hat er deshalb nur eine Hand frei, sodass das Werkzeug mit den Zehen geführt werden muss. Im Mittelalter arbeitete der Drechsler zumeist stehend an einer Wippdrehbank, wie sie auch für dieses Modell Vorbild war. Diese hat eine drei bis fünf Meter lange Rute mit einer um das Werkstück gewickelten Schnur, die an einem Fußpedal endet. Bei jedem Tritt kann der Drechsler Späne abheben; die biegsame Rute dreht beim Entspannen das Werkstück zum Ausgangspunkt zurück, sodass das Werkzeug mit beiden Händen geführt werden kann.

Eine ebenfalls in die Antike zurückreichende Technik der Holzverarbeitung, die sich bis heute im Prinzip nicht verändert hat, ist das Böttchern. Die einzelnen Dauben des herzustellenden Gefäßes bestehen aus radial zu den Jahrringen gespaltenen Holzscheiten, die zur Gefäßinnenseite hin leicht ausgehöhlt werden. Um den meist kreisrunden Boden einzusetzen, werden die Dauben mit einer Nut am unteren Ende der Innenseite, quer zum Faserverlauf, versehen. Die Dauben werden aneinander gefügt und mit einem oder mehreren Ringen aus Birken- oder Weidenruten umwickelt.

G. B.

Rasenerz, Rennfeuer und Luppe – die bis ins 12./13. Jahrhundert gebräuchliche Rennfeuerverhüttung ist eines der ältesten Verfahren zur Eisengewinnung.

7 Karte der Erzlagerstätten im Reich

Entwurf: Fabian Westphal

Literatur:
AK Otto der Große, Bd. 2, S. 69f. (L. Klappauf), S. 70f. und S. 72f. (L. Klappauf/W. Brockner); Henning, Eisenverarbeitungsstätten; Jöns, Eisengewinnung; Maus, Europas Mitte; Steuer, Bergbau.

In der Natur kommt Eisen so gut wie nie in reiner Form vor, sondern als Eisenerz in Verbindungen mit Silikaten. Die für das frühe Mittelalter bedeutendsten Eisenerze sind die verschiedenen Formen der obertägig vorkommenden Raseneisenerze sowie Brauneisenerz, Roteisenerz und Magneteisenerz. Eine der ergiebigsten Erzlagerstätten für Eisen, aber auch für Blei, Silber und Kupfer lag im Harz (Altes Lager im Rammelsberg, Oberharzer Gangerzlagerstätten). Die wichtigsten Erze für die Kupfergewinnung waren Kupferkies, Azurit und Malachit. Aus dem meist silberhaltigen Bleiglanz wurde, wie der Name sagt, Blei gewonnen.

Die Rennfeuerverhüttung zählt zu den ältesten Verfahren der Eisengewinnung und wurde bis ins 12./13. Jahrhundert mit wohl nur geringen Veränderungen angewendet, bis sie von der neu aufkommenden Verhüttung in Hochöfen verdrängt wurde. In den Rennöfen (von „zerrennen" = rinnen lassen, schmelzen) erfolgt eine Reduktion des Eisenerzes mittels Holzkohle. Es entsteht dabei kein flüssiges Roheisen wie bei der Verhüttung in Hochöfen, da es erst noch „veredelt" werden muss (Verringerung des Kohlenstoffgehalts). Das entstandene schmiedbare Eisen setzt sich als „Luppe" (Schlackenkuchen) am Boden des Ofens ab. Die Luppe musste aus dem Ofen herausgebrochen werden, wobei dieser teilweise oder vollständig zerstört wurde. Nur durch kontinuierliche Luftzufuhr mittels Blasebalg konnten die nötigen Temperaturen von über 1000 Grad Celsius erreicht werden.

Eine Rennfeuerhütte bestand für gewöhnlich aus einem Rennofen mit Vormulde, einem flachmuldigen Schmiedefeuer, einem Holzkohle- und Erzlagerplatz sowie einer Halde. Es waren zwei Typen von Öfen im Einsatz, die beide zwar zeitgleich zu datieren sind, aber nur selten parallel an einem Hüttenplatz verwendet wurden. Bei Rennfeuerhütten mit flachen Rennfeuerherden waren meist drei bis vier Herde nacheinander in Gebrauch.

Der eingemuldete Schachtofen war 70 bis 100 Zentimeter in die Oberfläche oder einen Stützhang eingelassen. Er hatte einen bis zu 150 Zentimeter aufgehenden Schacht aus Lehm, teils mit größeren Steinen versetzt, der um ein hölzernes Stützgerüst errichtet wurde. Vor allem in Friesland sind auch frei stehende Schachtöfen bekannt, die sich dadurch auszeichneten, dass die Schlackengruben eine Füllung aus holzkohlehaltigem Sand mit Fließschlacken aufwiesen. Bei der eingemuldeten Variante bildeten sich Schlackenklötze. Seitlich oder über dem verschlossenen Abstich ragten keramische Blasdüsen etwa zehn Zentimeter oberhalb der Herdsohle waagrecht in den Ofen. Durch das breite Abstichloch konnte die Laufschlacke in die Vormulde abfließen, die Luppe wurde aus dem Ofen herausgebrochen. Der zweite Ofentyp, der flache Rennfeuerherd, hatte einen Schacht von 60 bis 80 Zentimeter Höhe, zum Teil aus Lehm, zum Teil aus größeren Steinen. Schacht und Herd hatten einen Durchmesser von ca. 40 bis 50 Zentimeter und waren bis zu 20 Zentimeter eingetieft oder direkt auf den gewachsenen Boden gebaut. Vor dem Herd befanden sich ein Schlackenkanal und eine Vormulde für die Abstichschlacke. Die Luppe wurde nach oben aus dem Herd gehoben. Die flüssige Schlacke wurde durch Aufschlagen des Ofenmundes in die Vormulde abgelassen. *F. W.*

Das Schmieden von Eisen hat ebenso wie Metallverhüttung und Bronzeguss eine lange Tradition. Sie hat sich bis zum Einsatz von Maschinenkraft in der frühen Neuzeit kaum verändert.

Techniken und Werkzeuge zur Metallbearbeitung

Inszenierung

8

Literatur:

AK Ex aere Solido; AK Vom heißen Eisen (J. Feldkamp); Brepohl, Theophilus Presbyter; Drescher, Glocken; Drescher, Technik; Heindl, Werkzeuge; Henning, Eisenverarbeitungsstätten; Lietzmann/Schlegel, Schmiedeisen; Westphalen, Eisenschlacken.

Die gängigste Art, Eisen zu verarbeiten, war das Schmieden. Es gab wohl, je nach Größe und Bedarf einer Siedlung, ortsansässige Schmiede mit fester Werkstatt oder Handwerker, die in ihrer Werkstatt auch Schmiedearbeiten erledigten. Daneben waren auch so genannte Wanderschmiede tätig.

Im archäologischen Befund gibt es verschiedene Anhaltspunkte für Schmiedewerkstätten. Der Werkplatz war unter freiem Himmel, eventuell mit einer Überdachung, oder auch in einem Gebäude eingerichtet. Schmiedeesse, Blasebalg und Essenstein sowie Ambossplatz und Löschtrog gehörten zur üblichen Grundausstattung. Des Weiteren kann man mit Funden von Werkzeugen – Hammer, Zange und Amboss, Meißel, Nageleisen, Durchschläge sowie Formsteine und -eisen –, Werkstücken und Rohmaterial in Form von Barren, Eisenluppe, Alteisen sowie Holzkohle rechnen.

Zwei grundlegende Techniken sind zu unterscheiden. Das Freiformschmieden ist die älteste Art der mechanischen Verformung von Metallen und wohl nur wenig jünger als die Technik des Metallgusses. Dabei wird dem Material die Form durch gezielte Schläge mit dem Schmiedehammer gegeben. Durch ständiges Drehen des Werkstücks und Biegen, Tordieren, Spalten unter Zuhilfenahme anderer Werkzeuge wie Zange, Zugeisen, Meisel, Durchschlag, Ball- und Setzhammer wird eine große Formenvielfalt erreicht, die ihre Grenzen in der Struktur des Metalls und der Belastbarkeit des Materials findet.

Im Gegensatz zum Freiformschmieden wird beim Gesenkschmieden das Werkstück mithilfe einer meist zweiteiligen Hohlform (Gesenk) geformt. Bei komplexen Formen wird in mehreren Zwischenschritten gearbeitet. Frühe Ausprägungen dieser Technik sind die Verwendung von Stempeln und Punzen, die auch bei der Münzprägung eingesetzt werden.

Neben Eisen war Bronze das im Mittelalter meistgenutzte metallische Material. Im Gegensatz zu dem bis dahin nicht im flüssigen Zustand verarbeitbaren Eisen stellt Bronze eine Metalllegierung dar, die eine außerordentlich exakte und feine Bearbeitung sowie dünnwandige Formgebung erlaubt. Darüber hinaus schätzte man die Festigkeit und Widerstandsfähigkeit des Materials, insbesondere gegenüber Witterungseinflüssen. Die Abgrenzung zu anderen Metallzusammensetzungen wurde im Mittelalter nicht exakt vollzogen, die Bezeichnungen „bronzium" (Bronze), „auricalcum" (Messing), „aes" (Erz) wurden nebeneinander verwendet.

Die Bronzelegierung bestand aus drei bis neun Teilen Kupfer und einem Teil Zinn (im Mittelalter ungefähr 4:1). Je größer der Anteil an Zinn war, desto härter und spröder wurde das Material. Die seit vorgeschichtlicher Zeit bekannte Technik des Bronzegusses ging am Übergang von der Antike zum Mittelalter größtenteils verloren und wurde nur in der Herstellung von Kleinbronzen tradiert. Die Wiederaufnahme des Gusses von Großbronzen nach antiker Tradition ging wohl von Karl dem Großen aus. Er begründete in Aachen eine große Gießhütte, aus der auch die Türflügel und die Brüstungsgitter der Pfalzkapelle stammen. Aber erst um 1000 erlebte diese Technik eine neue Blüte, an deren Beginn die Türflügel des Mainzer Doms stehen. Technisches und künstlerisches Zentrum des Bronzegusses war die Hildesheimer Gießhütte Bischof Bernwards, in der 1015 die Bernwardtüren und 1020 die Bernwardsäule geschaffen wurden.

Für den Bronzeguss benötigte man einen durch einen Blasebalg angeheizten Schachtofen, von dem das Schmelzmaterial entweder durch einen Gusstiegel (bei Kleinbronzen) oder direkt durch eine Gussrinne (bei Großbronzen) in die Form gebracht wurde. Der technisch recht einfache Vollguss (offener Herdguss), bei dem mit einer Form aus Stein, Lehm oder Ton gearbeitet wurde, fand bei der Herstellung kleinerer Gebrauchsobjekte wie Kruzifixe (Kat.-Nr. 12 und 14), Fibeln (Kat.-Nr. 22) und Gürtelschnallen Anwendung. Um einen größeren Gegenstand zu gießen benötigte man eine aus mindestens zwei Teilen bestehende Hohlform (Schalenguss), zumeist aus Ton, Speckstein oder Metalllegierungen, mit einem Stein- oder Tonkern zur Schaffung des Hohlraums. Von diesen mehrteiligen Formen zeugen die Gussnähte an verschiedenen Bronzegeräten.

Für die Herstellung großer, dünnwandiger Objekte, wie etwa Glocken, kannte man das so genannte Wachsausschmelzverfahren. Bei diesem „Guss in verlorener Form" geht sowohl das aus Wachs bzw. Talg bestehende Modell beim Ausschmelzen verloren als auch die Gussform, die zur Freilegung des Objekts zerstört werden muss. Das Wachs, das der späteren Bronzewandung entspricht, ummantelt zunächst einen meist durch ein Gerüst verstärkten inneren Kern. Als nächste Schicht wird eine Lehmpackung aufgetragen, in die Einguss- und Luftröhren eingelassen sind, durch die das flüssige Wachs während des Erhitzens abfließen kann, sodass eine Hohlform entsteht. Diese wird in einem meist um das Objekt herum errichteten Ofen aus Trockenmauerwerk gebrannt. Danach füllt man den entstandenen Hohlraum wieder mit der geschmolzenen Bronze auf. Anschließend wird der abgekühlte Rohguss gereinigt und gegebenenfalls durch Feilen, Schleifen, Ziselieren mit einem Stichel oder Punzieren mit einem meißelartigen Stempel vollendet. *J. R. / F. W.*

Gegenstände aus Bein waren im Mittelalter in allen Lebensbereichen in Gebrauch.

9 TECHNIKEN UND WERKZEUGE DER BEINBEARBEITUNG
Inszenierung

Literatur:
Kokabi u. a., Schmuck;
Lobisser, Versuche;
MacGregor, Bone;
Steuer, Tagungsbericht;
Ulbricht, Geweihverarbeitung;
Ulbricht, Verarbeitung.

Im Mittelalter war der Rohstoff Bein im Gegensatz zu heute von ständiger Präsenz. Geweih, Knochen und Horn waren relativ leicht verfügbar, während Elfenbein aus dem Orient ein Luxusartikel war, der hauptsächlich im liturgischen und im Herrschaftsbereich zu finden ist. Geschätzt waren auch die preiswerteren „Elfenbeinimitationen" aus Narwal- oder Walrosszahn.

In der Zeit um 1000 zeigen sich deutliche Veränderungen in der Beinverarbeitung. War im Frühmittelalter vor allem Geweih verarbeitet worden, so wurde seit dem Hochmittelalter der Werkstoff Knochen bevorzugt. Dieser war zwar schwerer zu bearbeiten, dafür jedoch leichter zu bekommen, und er bot aufgrund unterschiedlichster Formen eine größere Variationsbreite. In Burgen und Klöstern und in den entstehenden Städten gibt es aus dieser Zeit Hinweise auf Produktionsstätten, die sich im archäologischen Befund in einer Vielzahl von Halbfertigprodukten und Abfällen niederschlagen. Eine zunehmende Spezialisierung vom Hauswerker, der für den Eigenbedarf arbeitete, zum Handwerker, der für Handel und Verkauf produzierte, lässt sich beobachten.

Die aus Geweih, Knochen, Horn und Zahn hergestellten Produkte zeichnen sich durch eine bemerkenswerte Vielfalt aus. Es gibt Beingegenstände für alle Lebensbereiche und für alle sozialen Schichten. Zu den Gerätschaften des täglichen Gebrauchs zählen Haarkämme, Gewand- und Nähnadeln, Knebel, Messergriffe und Schlittknochen (eine Frühform der Schlittschuhe). Für die Textilherstellung wurden Spinnwirtel, Webbrettchen und -kämme aus Bein verwendet; der Muße dienten Spielsteine, Würfel, Spielbretter, Flöten und Pfeifen. Im kirchlichen Bereich sind

Bucheinbände aus Elfenbein (Kat.-Nr. 168 ff.), Reliquienkästchen mit Beschlägen aus Bein und liturgische Kämme zu nennen.

Bei der Herstellung von Gegenständen aus Geweih, Knochen und Horn bestimmte die Beschaffenheit des Materials die Funktion des Gegenstands. Bevor das Rohmaterial bearbeitet werden konnte, mussten Vorbereitungen getroffen werden: Horn musste von dem am Schädel verwachsenen Hornzapfen gelöst werden. Geweih wurde mit der Säge oder dem Beil grob zerlegt. Ob es wegen seiner Härte vor der Bearbeitung eingeweicht wurde, konnte bisher nicht eindeutig geklärt werden. Knochen mussten zuerst von Weichteilen, Haut und Sehnen befreit werden. Bevorzugt wurden deshalb Metapodien, also Mittelhand- bzw. Mittelfußknochen, vom Rind, da hier nur relativ wenige Sehnen und wenig Haut zu entfernen waren. Darüber hinaus zeichneten sich Extremitätenknochen durch besondere Festigkeit aus.

Der Arbeitsaufwand war je nach dem herzustellenden Gegenstand sehr unterschiedlich. Einen Knebel aus einer Geweihspitze oder eine Nadel aus einem Stück Röhrenknochen mit dem Messer zu fertigen, war bei weitem weniger schwierig als einen Dreilagenkamm zustande zu bringen, der wohl zu den kompliziertesten Artefakten aus Bein zählt.

Gegenstände aus Bein wurden häufig mit Mustern verziert, die mit Bohrern mit verschiedenen Aufsätzen, stechzirkelartigen Instrumenten, feinen Sägen oder mit einem einfachen Messer eingeritzt oder geschnitzt wurden. Zusätzliches Schleifen, etwa mit Quarzsand, und Polieren, beispielsweise mit Schachtelhalm oder Bimsstein, verliehen den Objekten eine glatte, teils glänzende Oberfläche, die den Knochen wie wertvolles Elfenbein erscheinen ließ. *A. B.*

Die Bamberger Götzen – ein Zeugnis vorchristlicher Kultvorstellungen?
GRUPPE ANTHROPOMORPHER STEINFIGUREN   10

Fundort: Bamberg-Gaustadt
Keupersandstein mit einzelnen Kalkfarbresten (?), Gipsreste rezenter Abformungen, teilweise mit Betonsockel
Maße (ohne Sockel): bartlose Figur 148 x 49, in der Figurenmitte horizontaler Bruch, alt restauriert; Bartträger 144 x 52, im unteren Drittel horizontaler Bruch, alt restauriert; gesichtslose Figur 107 x 24
Historisches Museum Bamberg
(Pl 2/40-42)

1858 wurden bei den Bauarbeiten zum Turbinenkanal der ERBA-Spinnerei in Bamberg-Gaustadt drei Steinfiguren aus einer Tiefe von 3,5 bis 4,5 Meter und im Abstand von „drei und sechs Schritt zueinander" geborgen (Haupt, Beiträge). Aus dem gleichen Aushub stammen zahlreiche Tierknochen, mindestens ein menschlicher Schädel, Bruchsteine, Drehscheibenkeramik, eine Eisensichel sowie ein Schwert. Später im Umgriff der Fundstelle beobachtete Bohrprofile bezeugen mächtige alluviale Überdeckungen. Die

Literatur:
Haberstroh, Germanische Funde;
Haberstroh, Slawische Siedlun-
gen; Hahn, Morphogenetische
Wirksamkeit; Haupt, Beiträge;
Herrmann, Slawen; Hofer,
Bewaffnung; Jakob, Bamberger
Götzen. Relikte; Jakob,
Bamberger Götzen. Rückschau;
Minžulin, Rüstung; Tomka,
Alanen; Wamser, Pyxis,
Anm. 42; Weigel, Bildwerke.

mitgeförderten Scherben zeigten, dass diese erst seit dem 13./14. Jahrhundert aufgetragen wurden. Die Figuren sind demnach vorher entstanden und wurden spätestens in diesem Zeitraum am Fundort abgelagert. Keinesfalls können sie jedoch, wie
in der Literatur vielfach dargestellt, als Flussfunde gelten.

Die größte der Figuren zeigt eine uneinheitlich bearbeitete Oberfläche; die
Zurichtung mit einer Picke wechselt mit einem flächenartigen Gerät, andere Partien
blieben unbearbeitet. Die Nasen-Augen-Partie ist spärlich angedeutet, der Mund
kaum erkennbar, ein Bart fehlt (bartlose Figur). Die Hände sind wie bei der zweiten
Großplastik übereinander auf dem Oberkörper dargestellt, wobei in beiden Fällen
die linke oberhalb der rechten Hand liegt. Im Brustbereich entsteht zwischen den
Oberarmen der Eindruck eines gerahmten Feldes. Die Hände könnten Gegenstände halten oder einen Adorationsgestus zeigen. Die bartlose Gestalt trägt offenbar ein
kürzeres Obergewand über einem bodenlangen Kleidungsstück. Während das Ende
des Obergewands etwa in Kniehöhe mit zwei umlaufenden Rillen angegeben ist,
die wohl als Borte zu verstehen sind, ist das untere Kleid durch den auch im unteren
Drittel bearbeiteten Werkstein erkennbar. Die wellig belassene Steinoberfläche am
unteren Gewandabschluss wirkt wie eine Gewandfalte. Oberhalb der Borte endet
auf der Rückseite ein durch neun horizontale Rillen gegliedertes ovales Zierfeld.

Die Oberfläche der zweiten Großplastik ist wie die der dritten Figur durchgängig
mit einem pickenartigen Gerät bearbeitet und zeigt eine männliche Figur mit Kinn-
und Oberlippenbart (Bartträger). Das Gesicht ist durch gewölbte Augenbrauen über
dem Nasenbein und mandelförmige Augen angedeutet. Der Randsaum eines geschlossenen, fußlangen Gewandes wird durch zwei umlaufende Wülste angegeben.
Auch bei dieser Figur zeigt die Rückansicht ein durch vier Rillengruppen gegliedertes Oval, das in ähnlichem Abstand zur Borte wie bei der bartlosen Gestalt endet.
Dieser Bezug legt die Vermutung nahe, dass es sich auch bei den Zierfeldern um
einen Bestandteil des Gewands handeln soll.

Bei der kleinsten Figur fehlt jede Andeutung des Gesichts. Die ähnlich schema-
tische Behandlung der Arm- und Handhaltung lässt hier die rechte Hand oberhalb
der linken liegen. Auf weitere Andeutung von Kleidung und Gesicht wurde verzichtet. Allerdings ist der Kopf von allen Seiten deutlich vom Rumpf abgesetzt, und
auch hier wird der Feldcharakter zwischen den Oberarmen durch eine Wulst zwischen Kopf und Rumpf unterstrichen.

Die von A. Haupt vorgeschlagene Einordnung der Figuren in das Neolithikum
konnte sich ebenso wenig durchsetzen wie die Theorie Weigels, der die Entstehung
der Figuren in „altslavischer" Zeit sah. Eine neue These stellte H. Jakob 1967 zur
Diskussion, der in den Gestalten reiternomadische Krieger bzw. Grabstelen der
Attilazeit erkennen wollte. Beschreibungen westslawischer Kultstelen durch mittelalterliche Chronisten und die spärlichen archäologischen Funde haben in den „Götzen" tatsächlich aber keine Entsprechungen. Insbesondere fehlen selbst Andeutun-
gen von Attributen (Trinkhorn) oder die Mehrköpfigkeit der Gottheit. Von
verschiedenen Seiten wurde die These, die „heidnischen" Figuren könnten im Zuge
der christlichen Mission in den Fluss gestürzt worden sein, aufgegriffen.

Seit im Main-Regnitz-Gebiet die Zahl ostgermanischer Funde des 4./5. Jahrhunderts stark angewachsen ist, stellt sich die Frage neu: Handelt es sich tatsächlich
um hunnische oder allgemein steppennomadische Krieger? Grundlage dieser Interpretation sind ausschließlich die Rückansichten der bartlosen Gestalt und des Bart-
trägers, die als Schilde der östlichen Reiterkrieger gedeutet wurden.

Der archäologische Befund und die Darstellung in mitteleuropäischen Bildquellen verdeutlichen hier den Gebrauch runder Schilde bis in ottonische Zeit. Im Ver-

lauf des 11. Jahrhunderts erscheinen mandelförmige und annähernd dreieckige Schilde als Schutzwaffen für Fußkampf und Reiterei. Langrechteckig-ovale Schildformen, zumal auf dem Rücken getragen, tauchen im westlichen Kontext nicht auf. Als charakteristische Schutzwaffe gelten sie für berittene Verbände aus der innerasiatischen Steppe seit skythischer Zeit (Goldkamm aus dem Seitengrab des Solocha-Kurgans).

Die Berührung des Main-Regnitz-Gebietes durch reiternomadische Kriegszüge ist für vier Perioden der Vor- und Frühgeschichte vorstellbar. Die Möglichkeit skythischer Einfälle in der Hallstatt- und frühen La-Tène-Zeit (6. bis 3. Jahrhundert v. Chr.) ist dabei nur theoretisch, nicht zuletzt weil einschlägige Funde in weitem Umkreis fehlen. In Völkerwanderungszeit und Frühmittelalter kommen Verbände unter hunnischer Führung, awarische Scharen des 7./8. Jahrhunderts sowie die magyarische Reiterei des 10. Jahrhunderts in Betracht.

In der archäologisch nachgewiesenen Bewaffnung der völkerwanderungszeitlichen Hunnen fehlt der Schild. Allenfalls bei den Alanen der nordiranischen Sprachfamilie könnte der Schild (unbekannter Form) größere Bedeutung besessen haben, wie vielleicht die Verbreitung des Lehnwortes „vért" (Helm oder Schild) andeutet. Für Ausrüstung und Kampfweise der frühen Awaren fehlt in den schriftlichen Traditionen wie im archäologischen Fundstoff jeder Hinweis auf den Gebrauch des Schildes, der erst in jüngerawarischer Zeit unter karolingisch-fränkischem Einfluss übernommen wurde. Zeitgenössische westliche Darstellungen der magyarischen Reiterei des 10. Jahrhunderts zeigen Schilde, die denen der ottonischen Panzerreiter gleichen.

Es verwundert deshalb nicht, wenn außer der skizzenhaften Zeichnung einer weiblichen (?) Figur aus Meskety keine Vergleiche zu den Zierfeldern auf dem Rücken der Gaustadter Figuren vorliegen. Offen bleibt die Frage, weshalb sich ein attilazeitlicher Führer zwar mit dem Schild als Schutzwaffe, aber ohne die gefürchteten Angriffswaffen wie Reflexbogen oder Langschwert darstellen lässt. Schließlich sollte ein steppennomadischer Reiter den Schild quer zur Körperachse tragen. Die Gaustadter Figuren dagegen tragen diese offenbar abhängig von der Gewandlänge in unterschiedlicher Größe. Damit fehlt den drei Figuren jeder sichere Hinweis auf eine Bewaffnung.

Gibt es weitere Möglichkeiten? Trotz aller Unbeholfenheit gelang es dem Bildhauer Signaturen festzuhalten, deren Interpretation für die Zeitgenossen möglich war. Die Wiederholung dieser Details belegt die Herstellung der Figuren von einer Hand und damit wohl auch ihre gleichzeitige Entstehung. Die wenigen – noch erkennbar – angedeuteten Merkmale dürfen ebenso als absichtlich gewählt gelten wie der Verzicht auf andere. Gewandlänge, Handhaltung und Rückansicht werden wiederholt gezeigt. Sie verbinden die Figuren zu einer Gruppe und machen sie innerhalb der so genannten Primitivplastik singulär. Allein deshalb sind Vergleiche mit Kult- oder Grabstelen aus dem steppennomadischen wie auch slawischen Milieu schlecht möglich, wo Figurengruppen kaum nachzuweisen sind und die Gottheit, zumindest im westslawischen Bereich, in der Einzahl verehrt wurde. Dagegen ist für die christliche Bildsymbolik die Darstellung von Personengruppen nicht ungewöhnlich. Der erzählende Charakter christlicher Überlieferung macht Figurengruppen sowie deren Differenzierung und Hierarchisierung erforderlich.

Mit großem Eifer wurde neben Handhaltung und Gesicht vor allem das Gewand ausgearbeitet. Könnte es sich in beiden Fällen bei den linierten Feldern auf dem Rücken um einen Überwurf, einen verzierten Umhang oder eine Kapuze handeln? Sind das fußlange Gewand und die schildartige Rückansicht als Vorform der Cappa oder des Pluviales zu verstehen? Mittelalterliche Mönchsdarstellungen zeigen seit der Frühzeit rückenlange Kopfbedeckungen, wie sie im Drogo-Sakramentar überliefert sind. Glaubensboten vorromanischer Zeit könnten an der Regnitzmündung eine frühe Verehrung erfahren haben. Zeugnisse dieser Mission finden sich im Petrus-Messer des Bamberger Domschatzes sowie im Pettstadter Flussfund einer Pyxis. Dann wäre die gesichtslose Figur vielleicht als Vertreter des noch ungläubigen „populus" zu sehen, da ihr das Gesicht, gleichsam die Erkenntnis fehlt. Dieses Volk wird bei der Ausstattung der 14 Slawenkirchen durch Karl den Großen als „noviter conversus" (793/94?) bezeichnet.

Die Voraussetzungen für die Herstellung einer derart reduzierten Plastik waren bei der ansässigen Bevölkerung – ob sie zur slawischen Siedlergruppe oder zum elbgermanisch geprägten Bevölkerungssubstrat gezählt wird – unzweifelhaft vorhanden. Die Verbindung mit slawischen Siedlern des 8. bis 10. Jahrhunderts könnte gar die vordergründige Ähnlichkeit mit osteuropäischen Babafiguren erklären. Die Tätigkeit von Kilian, Totnan und Kolonat in Würzburg im späten 7. Jahrhundert oder des Angelsachsen Willibrord an der Fränkischen Saale (713/14) bildet nicht nur legendenhaft die Grundlagen kirchlicher Organisation im Maingebiet. Bonifatius etablierte mit der Einrichtung des Würzburger Bistums und der Klostergründung von Fulda die wichtigsten kirchlichen Grundherrschaften in der „terra sclavorum". Der Fundort der Figuren kann schon wegen ihrer Vollständigkeit nicht allzu weit vom ursprünglichen Standort entfernt sein. Ein Zusammenhang mit dem nahe gelegenen Quellhorizont am Fuß des Keupersandsteinsockels (Fischerhof, Gumpertsbrunnen), der sich flussaufwärts auf Bamberger Gemarkung fortsetzt (Ottobrunnen, Maienbrunnen), ist immerhin denkbar. Die später nicht seltene gemeinsame Darstellung der Heiligen Bonifatius und Willibrord gäbe dieser Spekulation Nahrung, auch der archäologische Befund bezeugt für das 9. und 10. Jahrhundert das Nebeneinander christlicher und heidnischer Glaubensvorstellungen. Und Heinrich II. selbst wirft das Motiv der Mission bei seiner Bistumsgründung in die Waagschale. Ungeachtet der Mängel aller Interpretationsversuche aber bleibt die Figurengruppe Zeugnis früher Religionsvorstellungen vor seinem neuen Rom.   *J. H.*

Im Bildprogramm dieses kostbaren Altarvorsatzes wird die Vorstellung vom baldigen Anbruch des Jüngsten Gerichts spürbar: Das Kaiserpaar erfleht die Gnade Gottes und die Vermittlung der Erzengel Gabriel, Michael und Raphael und des hl. Benedikt.

11   KOPIE DES BASLER ANTEPENDIUMS

Original: zwischen 1006 und 1024 (1019?)

Gold, Edelsteine, Gips, Holzkern, 120 x 178 x 14

Musée National du Moyen Âge – Thermes et Hôtel de Cluny, Paris (Cl. 2350)

Kopie: Heinrich Baumgartner und Gregor Mahrer, Basel 2000

Haus der Bayerischen Geschichte, Augsburg

Details Abb. 69ff. Der Entstehungsort des goldenen Altarvorsatzes aus der Domkirche von Basel ist nicht mit Sicherheit zu bestimmen. Erwogen wurden Fulda, Regensburg oder eine Werkstätte in Lothringen. Neuerdings wird mit guten Gründen die Entstehung in der kaiserlichen Goldschmiedewerkstatt in Bamberg selbst angenommen (Aufsätze S. 13ff.). Ob das einzigartige Kunstwerk von Anfang an für den Hochaltar des Basler Münsters bestimmt war, ist umstritten. Da auf ihr auch der Mönchsvater Benedikt dargestellt ist, hat die Annahme viel für sich, dass die Tafel zunächst für ein Kloster, vorzugsweise für Michelsberg in Bamberg, gedacht war. Es ist aber nicht auszuschließen, dass Basel der ursprüngliche Empfänger war. Nachdem die Stadt 1006 vom burgundischen König Rudolf III. an Heinrich II. abgetreten worden war,

11

widmete dieser dem Bischofssitz sein besonderes Interesse. Das neue Münster von Basel, das am 11. Oktober 1019 geweiht wurde, erhielt von ihm eine reiche Ausstattung, und es liegt nahe, dass auch das Antependium dazugehörte. Bereits im 11. Jahrhundert zählte das Kunstwerk jedenfalls zu den Schätzen des Münsters.

Die Mittelposition der Tafel innerhalb einer vergrößerten Arkade nimmt Christus ein, versehen mit einem edelsteingeschmückten Kreuznimbus. In seiner Linken hält er eine goldene Sphaira mit den griechischen Anfangsbuchstabens seines Namens: Chi und Rho. Mit Alpha und Omega werden Anfang und Ende der Welt bezeichnet. Zu Füßen Christi kauern als kleine, demutsvolle Gestalten Heinrich II. und Kunigunde. Sie erflehen die Gnade Christi für das Leben nach dem Tod. Als Helfer beziehen sie die drei abgebildeten Erzengel ein: Michael zur Rechten Christi, Gabriel und Raphael zu seiner Linken. Hinzu kommt der hl. Benedikt von Nursia (ganz links ohne Flügel). Die Inschrift der Tafel lautet: „Quis sicut Hel Fortis Medicus Soter Benedictus / Prospice terrigenas clemens mediator usias." Dies ist zu übersetzen etwa mit: „Wer ist wie Gott, stark, ein Arzt, ein Heiland, ein Gepriesener? Sorge, gütiger Mittler, für die irdischen Wesen." „Hel" ist nach den Etymologien des Isidor von Sevilla (lib. VII, 5, 10–13) nicht nur der „erste Name" für Gott, sondern steht im übertragenen Sinn auch für Michael, denn Michael wird übersetzt mit: „dieser ist wie Gott" („interpretatur: ‚Qui sicut Deus"). „Fortis" bezeichnet das Wesen Gabriels („Gabriel Hebraice in linguam nostram vertitur fortitudo Dei") und als „Medicus" ist Raphael gekennzeichnet („Raphael interpretatur curatio vel medicina Dei"). Der hl. Benedikt schließlich, dessen Regel sich Heinrich II. in seinen letzten Lebensjahren mit besonderer Aufmerksamkeit widmete, spricht durch seinen Namen als „Gepriesener" Gottes.

Literatur:

Buddensieg, Basler Altartafel; Caillet, L'antiquité classique; Fillitz, Goldschmiedekunst; Gaus, Bestimmung; Pfaff, Kaiser Heinrich II.; von Roda, Altartafel; Suckale-Redlefsen, Goldene Altartafel; Wollasch, Bemerkungen.

Alle vier verkörpern somit Teile der Eigenschaften, die in Christus, dem Mittler („mediator"), vereint sind. Mit ihm zusammen und durch ihn bilden sie die Hoffnung der Menschen (der „irdischen Wesen") beim Jüngsten Gericht. Auch in diesem Programm, wie so häufig im Umkreis Heinrichs II., tritt die gesteigerte Naherwartung der Endzeit stark hervor. Hier ist sie ganz speziell auf die beiden Stifter, Heinrich II. und Kunigunde, bezogen, die sich demutsvoll der Gnade Christi anvertrauen. *St. W.*

An den Rändern des Reichs stießen noch im 11./12. Jahrhundert christliche und heidnische Glaubenswelt aufeinander.

12 A) Gussform für Kreuzanhänger

> Skandinavien, 9./10. Jahrhundert
>
> Fundort: Haithabu, Lkr. Schleswig-Flensburg
>
> Speckstein, fragmentiert, Kreuzform vollständig, 11 x 5,1 x 3,7
>
> Stiftung Schleswig-Holsteinische Landesmuseen, Archäologisches Landesmuseum, Schleswig (6554)

B) Gussform für Thorshammeranhänger

> Skandinavien, 9./10. Jahrhundert
>
> Fundort: Haithabu, Lkr. Schleswig-Flensburg
>
> Speckstein, fragmentiert, Thorshammerform vollständig, 7,8 x 3,7 x 2
>
> Stiftung Schleswig-Holsteinische Landesmuseen, Archäologisches Landesmuseum, Schleswig (6542)

Literatur:
AK Bernward von Hildesheim, Bd. 2, Kat.-Nr. VI-22, S. 349 (E. Wamers); AK Otto der Große, Bd. 2, Kat.-Nr. VI. 72, S. 516 f. (H. Eilpracht); Gräslund, Thorshammer; Lyngstrøm, Gußform; Resi, Specksteinfunde, S. 64 f.; Staecker, Rex regum, Kat.-Nr. 6 und 12.

„ ... auf dass sowohl das Heidentum der Slawen zerstört als auch das Gedächtnis des christlichen Namens dort allezeit gefeiert werde". So überliefert das Protokoll der Frankfurter Synode vom 1. November 1007 die Motive Heinrichs II., die ihn zur Gründung des Bistums in Bamberg veranlasst hatten. Noch auf der Bamberger Diözesansynode von 1059 wurde vom heidnischen Leben der Slawen berichtet. Zu ihrer Christianisierung hatte Karl der Große nach 793 im Osten der Diözese Würzburg die so genannten 14 Slawenkirchen errichten lassen, in einem Gebiet, das nach 1007 im Wesentlichen zum Bistum Bamberg gehören sollte. In Amlingstadt und neuerdings wohl auch in Seußling, beide Lkr. Bamberg, scheint der archäologische Nachweis zweier dieser Kirchen gelungen zu sein. Sieht man von den nicht sicher deutbaren Bamberger Götzenfiguren (Kat.-Nr. 10) ab, fehlen dagegen eindeutige archäologische Hinweise auf ein noch zu Anfang oder zur Mitte des 11. Jahrhunderts in Oberfranken bestehendes slawisches Heidentum.

Die christliche Mission bei Slawen und Skandinaviern – vom ostfränkisch-deutschen Reich ausgehend und hauptsächlich getragen von den Erzbistümern Hamburg-Bremen und Magdeburg mit ihren Suffraganen – war von wechselhaftem Erfolg. Erst der Aufbau einer lokalen Pfarrorganisation, im westslawischen Bereich im 12. und 13. Jahrhundert, konnte endgültig das Christentum durchsetzen.

Eine besondere Rolle in der Auseinandersetzung der heidnischen Skandinavier mit christlichen Einflüssen aus dem ostfränkisch-deutschen Reich und aus England dürfen die so genannten Thorshämmer beanspruchen. Die mit dem Gott Thor in Verbindung zu bringenden hammerförmigen Symbole können als sichtbares Zeichen der Reaktion auf das Eindringen des Christentums verstanden werden.

Beide Gussformen aus dem in Norwegen und Westschweden vorkommenden Rohstoff Speckstein wurden bei Grabungen in den 1930er-Jahren in der frühstädtischen Siedlung Haithabu, Lkr. Schleswig-Flensburg, gefunden. Speckstein ist ein sehr weicher Stein und kann leicht mit Werkzeugen bearbeitet werden, daher eignet er sich gut als Ausgangsmaterial für Gussformen.

Die Gussform für einen Kreuzanhänger (a) trägt an den Schmalseiten zusätzlich Vertiefungen zum Guss von Stangenbarren. Einer der Arme des Kreuzes fluchtet nicht korrekt. Auch die Thorshammergussform (b) hat auf der Rückseite eine zusätzliche Vertiefung für einen Barren. Die Aussparung für den Thorshammer hat einen geraden Stiel mit einem rechteckigen Hammerkopf und einem kleinen halbkreisförmigen Fortsatz.

Aus Haithabu stammen zahlreiche weitere Gussformen, sowohl für Kreuze als auch für Thorshämmer. Auch fertige Kreuze und Thorshämmer aus unterschiedlichen Materialien liegen vor. Haithabu gehört zu den Fundplätzen, für die mit Sicherheit ein direkter Kontakt und ein zeitweiliges Zusammenleben von Christen und Heiden nachgewiesen werden kann. Die örtlichen Handwerker produzierten für den Bedarf beider Seiten. Noch eindrucksvoller zeigen dies „gemischte" Gussformen zur gleichzeitigen Herstellung von Kreuzen und Hämmern. Ein solches Exemplar liegt aus Haithabu vor, ein weiteres stammt aus Trendgården, Nordjütland, Dänemark.

Es ist strittig, ob die Kreuze als direktes Bekenntnis ihrer Träger zum Christentum aufgefasst werden dürfen oder ob sie allgemein als Glück bringende Amulette oder Zeichen synkretistischer Vorstellungen getragen wurden. Damit hängt auch zusammen, ob man die Thorshämmer als direkte Reaktion auf das Tragen von Kreuzen bei Christen ansehen will oder mehr als allgemeines Bekenntnis zum alten Glauben in einer Zeit der Begegnung mit der allmählich auch nach Skandinavien vordringenden christlichen Vorstellungswelt. In jedem Fall zeugen die Gussformen und die damit hergestellten Gegenstände von einer Phase des zu Ende gehenden nordischen Heidentums, in der sich bereits christliche Einflüsse bemerkbar machen. *F. F.*

Kleinformatige Abbilder des vierköpfigen Gottes Svantevit und Idole heidnischer Götter dienten bei den Slawen dem persönlichen Gebrauch.

A) SVANTEVIT-STAB

> Svendborg, Fünen, Dänemark, 12. Jahrhundert
>
> Fundort: Svendborg, Fünen, Dänemark
>
> Wacholderholz, geschnitzt, 13,5 x max. 1,5
>
> Svendborg og Omegns Museum, Svendborg (10764)

B) MINIATUR-BRETTIDOL

> Starigard/Oldenburg i. H., Ende 10. Jahrhundert
>
> Fundort: Starigard/Oldenburg i. H., Lkr. Ostholstein
>
> Nadelholz, geschnitten, H. 5,1
>
> Stiftung Schleswig-Holsteinische Landesmuseen, Archäologisches Landesmuseum,
>
> Schleswig (Old. 0816058)

Der vierköpfige Svantevit zählt zu den am besten überlieferten slawischen Gottheiten. Der zwischen 1928 und 1930 bei Erdarbeiten in der Altstadt von Svendborg gefundene Stab wurde erst in den 1980er-Jahren in seiner Bedeutung erkannt. Der schmale, nach unten spitz zulaufende Stab zeigt in seinem oberen Viertel vier eingeschnitzte Gesichter unter einem einheitlichen Hut. Die einzelnen Gesichter mit Augen, Nase, Mund und Kinnbart weichen nur geringfügig voneinander ab.

Im Jahr 1168 war die Burg von Arkona auf Rügen vom dänischen König Waldemar dem Großen und Bischof Absalon von Roskilde erobert worden. Der dabei zerstörte heidnische Tempel des Svantevit wird in diesem Zusammenhang ausführlich von dem dänischen Geschichtsschreiber Saxo Grammaticus (XIV, 39) beschrieben. Demnach befand sich im Tempel ein Abbild des Gottes, das ihn mit vier Köpfen zeigte, die in alle vier Himmelsrichtungen schauen.

13

Quellen:
Ebonis, Vita; Saxo
Grammaticus, Historie.

Literatur:
AK Bernward von Hildesheim,
Bd. 2, Kat.-Nr. VI-3, S. 331
(I. Gabriel); Gabriel, Hof- und
Sakralkultur; Jansen,
Svantevit-Figur;
Müller-Wille, Opferkulte.

Der Stab aus Svendborg (a) und der bekanntere, ebenfalls viergesichtige Stab aus Wollin können als „Taschenausgaben" des Svantevit für den persönlichen Gebrauch angesehen werden. Sie gehören zu den wichtigsten Zeugnissen für das slawische Heidentum, da die Hauptfiguren in den Tempeln im Zusammenhang mit der Christianisierung zerstört wurden. Die Datierung des Svendborger Fundes kann nur allgemein durch spätere Nachgrabungen an der Fundstelle auf das 12. Jahrhundert eingegrenzt werden. Die Anwesenheit von Slawen in der süddänischen Inselregion ist sowohl durch archäologische Funde wie auch durch Ortsnamen belegt.

Das aus einem einfachen Kienspan gearbeitete flache Brettchen (b) wurde im slawischen Burgwall von Starigard/Oldenburg i. H., Lkr. Ostholstein, bei archäologischen Untersuchungen entdeckt. Dreieckige Einkerbungen im oberen Viertel trennen einen rautenförmigen Kopf vom nach unten spitz zulaufenden Rumpf. So einfach und flüchtig dieses Objekt auch gearbeitet ist, so deutlich wird doch die stilisierte menschliche Gestalt im Umriss wiedergegeben. Insbesondere der Vergleich mit den „Brettidolen" des slawischen Tempels von Groß Raden und dem einzelnen Stück aus Ralswiek erlaubt es, den Oldenburger Fund als eine verkleinerte Nachbildung derartiger kultischer Darstellungen aufzufassen. Die Kopfplanke aus Ralswiek zeigt zusätzlich eingeschnittene Gesichtszüge und einen Kinnbart. Ebo (III, 1) erwähnt, dass kleinformatige Idole für den persönlichen Gebrauch verbreitet waren. In diesen Zusammenhang ist auch das Brettidol aus Oldenburg einzuordnen.

F. F.

Kreuze sind sichtbare Zeichen der Christianisierung.
Während der Bronzekruzifixus, ursprünglich an einem hölzernen Kreuz befestigt, in der Liturgie in Gebrauch war, wurde das wohl aus Italien oder Osteuropa importierte Reliquienkreuz als Brustkreuz getragen.

14

A) KRUZIFIXUS
    Rheinland oder Westfalen, 1. Hälfte 11. Jahrhundert
    Fundort: Ulenrode bei Meckbach, Lkr. Hersfeld-Rotenburg
    Bronzehohlguss, 16,2 x 14,4
    Stadtmuseum Bad Hersfeld (K 89/272)

B) RELIQUIENKREUZ
    Mittelmeeraum (Byzanz, Italien ?), 11. Jahrhundert
    Fundort: Altfalter, Lkr. Schwandorf (Einzelfund, wohl verlagert aus Richt)
    Messing, 8,8 x 6,9
    H. Schwarz, Altfalter

14a

Der 1914 im Bereich der Ortswüstung Ulenrode bei Meckbach, Lkr. Hersfeld-Rotenburg gefundene Bronzekruzifixus (a) zeigt den Gekreuzigten mit ausgebreiteten, leicht nach oben gewinkelten Armen. Der nach rechts geneigte Kopf ist mit einer Krone bekrönt, deren vier Zacken beschädigt sind. Die geschlossenen Augen und der Vollbart bestimmen den Gesichtsausdruck, das mittig gescheitelte Haar fällt auf die Schultern herab. Ein in der Mitte geknotetes Lendentuch, das bis kurz über die Knie herabreicht, bedeckt Hüfte und Oberschenkel. Die gerade gestreckten Beine enden in leicht überdimensionierten Füßen. Die Figur steht auf einem kleinen Suppedaneum. Der Kruzifixus wurde mithilfe von Nagellöchern durch beide Hände sowie unterhalb des Suppedaneums am nicht mehr erhaltenen, wohl hölzernen Kreuz befestigt. Die Finger der linken Hand sind im Bereich des Nagellochs abgebrochen. Details der Darstellung, besonders am Lendentuch, wurden eingeritzt, die Oberfläche wurde nach dem Guss jedoch nicht poliert. Der Kruzifixus fand sicher im liturgischen Bereich Verwendung. Die Flurnamen „Am Kirchberg" und „Kirch-grund" weisen auf das Vorhandensein einer Kirche in Ulenrode hin. Stilistisch lassen sich Parallelen zu Motiven auf der Bernwardtüre und der Christussäule in Hildes-heim herstellen.

Das Reliquienkreuz (b) gehört zu einer Gruppe von Brustkreuzen mit abgerun-deten Balkenenden und paarig angebrachten Rundeln an den Kreuzarmen. Die Vorderseite zeigt den reliefartig erhabenen Christus in Frontalansicht, auf einem Suppedaneum stehend. Auf den Kreuzbalkenenden links und rechts der Hände so-wie oberhalb des Kopfes des Gekreuzigten befindet sich jeweils das Brustbild eines Heiligen. Nach Vergleichsfunden zu urteilen könnte es sich bei den Figuren auf dem waagrechten Kreuzbalken um Maria und Johannes handeln.

Während diese Form bei einfachen Brustkreuzen öfter zu beobachten ist, sind nur sehr wenige Stücke vom speziellen Typ des Reliquienkreuzes oder Enkolpions mit einem inneren Hohlraum zur Aufnahme von Reliquien nachweisbar. Zwei stammen aus Italien, eines aus Dänemark. Der Ursprung der Form ist sicher im byzantinischen Raum zu suchen, allerdings sind auch Produktionsorte in Italien und im byzanti-nisch beeinflussten Russland anzunehmen. Eine weitestgehende Übereinstimmung in der Darstellung besteht zu dem sekundär im Welfenkreuz aus dem Welfenschatz eingearbeiteten Reliquienkreuz-Vorderteil. Allerdings ist dieses in einer völlig anderen Technik, dem Grubenschmelz, gefertigt. Bei dem 1991 gefundenen Reli-quienkreuz aus Altfalter handelt es sich mit hoher Wahrscheinlichkeit um ein qua-litätvolles Importstück, wobei sowohl eine osteuropäische als auch eine italienische Herkunft möglich ist. Als Entstehungszeit ist, besonders im Vergleich mit dem Wel-fenkreuz, das 11. Jahrhundert anzunehmen. Im deutschen Raum stellt es in jedem Fall einen Ausnahmefund dar. F. F.

Der Bestattungsplatz auf dem Barbaraberg bei Speinshart ist eine der wichtigsten archäologischen Quellen zur slawischen Besiedlung in der heutigen Oberpfalz.

A) ZWEI EISERNE SCHLÄFENRINGE

15

Fundort: Barbaraberg, Lkr. Neustadt/Waldnaab, Grab 27
a: Drahtring mit S-Schleife und stumpfem Ende, Enden leicht aufgebogen, Eisen, Ø 5,1
b: Drahtring mit S-Schleife und stumpfem Ende, Enden leicht aufgebogen, Eisen, Ø 5,2
Bayerisches Landesamt für Denkmalpflege, Außenstelle Regensburg

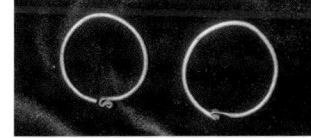

B) ZWEI SCHLÄFENRINGE

Fundort: Barbaraberg, Lkr. Neustadt/Waldnaab, Grab 59
a: Drahtring mit stumpfem Ende und verschliffenem Knöpfchenende, an der Drahtaußenseite umlaufend unregelmäßige Strichpunzierung, Bronze, Ø 2,2
b: Drahtring mit stumpfem Ende und Knöpfchenende, Silber, durch einen 2 x 3 großen Lederrest geschoben, Ø 2,2
Bayerisches Landesamt für Denkmalpflege, Außenstelle Regensburg

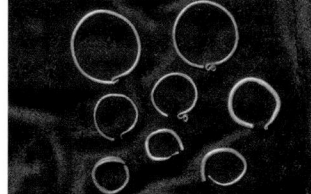

C) ZWEI SILBERNE SCHLÄFENRINGE

Fundort: Barbaraberg, Lkr. Neustadt/Waldnaab, Grab 99
a: Drahtring mit S-Schleife und Knöpfchenende, Silber, Ø 3,9
b: Drahtring mit S-Schleife und Knöpfchenende, Silber, Ø 3,7
Bayerisches Landesamt für Denkmalpflege, Außenstelle Regensburg

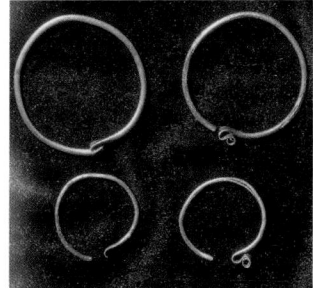

D) ZWEI SILBERNE SCHLÄFENRINGE

Fundort: Barbaraberg, Lkr. Neustadt/Waldnaab, Grab 105
a: Drahtring mit spitzem und stumpfem Ende, Silber, Ø 2,3, unter dem Ring Holzreste
b: Drahtring mit S-Schleife (abgebrochen) und stumpfem Ende, Silber, Ø 2,9
Bayerisches Landesamt für Denkmalpflege, Außenstelle Regensburg

Literatur:
AK Rom und Byzanz,
Kat.-Nr. 296–298, S. 202f.
(Ch. Schmidt); Bramm,
Bronzecruzifixus;
Strickhausen, Kruzifixus,
Kat.-Nr. 154, S. 134.

e) Drei Schläfenringe und ein Fingerring

Fundort: Barbaraberg, Lkr. Neustadt/Waldnaab, Grab 117

a: Drahtring mit S-Schleife und stumpfem Ende, Silber, Ø 2,7

b: Drahtring mit abgebrochener S-Schleife und stumpfem Ende, Silber, Ø 2

c: Drahtring mit abgebrochener S-Schleife und stumpfem Ende, Silber, Ø 2,6, mit Lederrest

d: Fingerring, Bronze

Bayerisches Landesamt für Denkmalpflege, Außenstelle Regensburg

Literatur:
Ericsson, Slawen;
Gross, Terra sclavorum;
Haberstroh, Slawische
Siedlungen; Heidenreich,
Friedhof, Taf. 2.5–6, 94, 124
(zu a), Taf. 6.4–5, 100–101, 128
(zu b), Taf. 10.1–2, 108, 132
(zu c), Taf. 11.2–3, 109–110,
133 (zu d), Taf.12.3–6, 112,
134 (zu e); Losert, Besiedlung.

Auf dem Ruinenareal der Wallfahrtskirche St. Barbara kamen 1979 bei Kanalarbeiten erste Skelettfunde zutage. Bei planmäßigen Ausgrabungen (1992 bis 1995) gelang es, Knochenreste von 297 Individuen zu bergen. Die südlich der mittelalterlichen Kirche gelegene Nekropole umfasste einen zentralen Bereich von etwa 12 mal 15 Meter, der nach den Seiten ausdünnte. Die Toten wurden in gestreckter Rückenlage mit seitlich am Körper liegenden Armen oder mit im Becken sich berührenden Händen bestattet.

Den bestatteten Frauen und Mädchen waren insgesamt 71 Schläfenringe beigegeben. Die als Kopfschmuck seitlich getragenen Ringe sind aus Silber-, Bronze- oder Eisendraht gefertigt und haben einen Durchmesser von zwei bis fünf Zentimeter. Einen Hinweis auf die Befestigung der Ringe am Kopf geben erhaltene Lederreste. Die überwiegende Zahl dieser Kopfschmuckringe zeigt einen „Verschluss" aus S-Schleife mit stumpfem Ringende. Diese Formen haben ihren Verbreitungsschwerpunkt im slawischen Siedlungsgebiet (Kat.-Nr. 26). In den Gräbern wurden zudem Perlen verschiedener Machart geborgen. Aufgefundene Keramikscherben sind eher zufällig in die Grabverfüllung geraten. Sie weisen Übereinstimmungen mit slawischer Keramik aus Mitteldeutschland und Böhmen auf.

Die genaue Entstehungszeit der frühen Steinkirche, die sich durch einen einfachen Saalbau mit eingezogenem Rechteckchor auszeichnet, ist nicht bekannt. Lage und Größe des mittelalterlichen Vorgängerbaus sowie die spätere Aufgabe der Sepultur weisen auf eine regionale Bedeutung hin. Die Hauptbelegungsphase des Bestattungsplatzes wird in das 10. Jahrhundert datiert.

Der Bestattungsplatz auf dem Barbaraberg bei Speinshart ist von großer Bedeutung für die Siedlungsforschung der Oberpfalz. Der Barbaraberg liegt im nördlichen Teil des Oberpfälzer Hügellands in erhöhter Spornlage. Schriftliche Quellen über den Barbaraberg existieren nur in geringer Anzahl. Danach gehörte der Fundort kirchenrechtlich zum Bistum Regensburg und lag in der Grenzzone zum Radenzgau. In einer päpstlichen Besitzbestätigung von 1181 wird ein Seitental des Barbarabergs erwähnt, der Fundort selbst jedoch nicht. Eine Nennung im Salbuch Ludwigs des Strengen belegt 1280 eine Ansiedlung auf der Bergkuppe als „villa migra". *P. R.*

Gefäßfunde aus Keramik und Holz verweisen auf die Sitte der Grabbeigaben bei den Slawen.

16 a) So genannte slawische Wanne

Fundort: Friesen, Stadt und Lkr. Kronach, Oberfranken

9./10. Jahrhundert

Keramik, ca. 50 x 100 x 60

Bayerisches Landesamts für Denkmalpflege, Archäologische Außenstelle für Oberfranken, Schloss Seehof, Memmelsdorf

b) Holzdaubeneimer

Fundort: Wirbenz, Gemeinde Speichersdorf, Lkr. Bayreuth, Oberfranken, Grab 8

9./10. Jahrhundert (?)

Zwei bandförmige Reifen und ein tordierter Henkel mit gegabelten Attaschen aus Eisen, rekonstruierte Dauben aus Holz

Archäologische Staatssammlung – Museum für Vor- und Frühgeschichte,

München (1999, 4007 g)

c) Zwei Töpfe

Fundort: Iffelsdorf, Lkr. Schwandorf, Oberpfalz

8./9. Jahrhundert

Keramik, H. 14,5, Ø 13 und H. 7, Ø 8,5

Museen der Stadt Regensburg (1960/134)

Bei der Ausgrabung einer Wüstung bei Friesen (nördlich von Kronach) im Jahr 1998 konnte als älteste von drei Siedlungsperioden eine Besiedlung im 9./10. Jahrhundert nachgewiesen werden. Zu dieser gehören Pfostenstandspuren als Reste ebenerdiger Holzbauten und ein in den Boden eingetieftes Grubenhaus. An Funden aus dieser Zeit liegen neben Schmuck und slawischer Gefäßkeramik auch Reste einer so genannten slawischen Wanne vor (a). Solche rechteckigen oder ovalen Keramikobjekte mit flachem Boden, die bis zu einem Meter Breite erreichen konnten, sind aus dem gesamten westslawischen Siedlungsgebiet bekannt. Sie dienten wohl als Back- und Teigwannen oder zum Rösten von Getreide.

Den Toten wurden häufig Speisen und Getränke für die Reise ins Jenseits mitgegeben. Davon zeugen neben erhaltenen Tierknochen vor allem Gefäße, die im Allgemeinen zu Füßen der Bestatteten niedergelegt sind. Während im Gebiet der heutigen Oberpfalz zur Aufbewahrung der Speise- und Trankbeigaben in den Gräbern hauptsächlich Keramiktöpfe verwendet wurden, benutzte man in Oberfranken dafür hölzerne Eimer (b).

Die Holzdauben der zylindrischen oder konischen Eimer sind durch ein bis vier eiserne Reifen zusammengehalten, die sich mit den Henkeln und deren Attaschen erhalten haben. Die für die Henkel und zum Teil auch Reifen verwendeten vierkantigen oder runden Eisenstäbe sind in einigen Fällen in sich verdreht („tordiert"). Die Reifen wurden jedoch häufiger bandförmig ausgeschmiedet.

Ein Teil der frühmittelalterlichen Keramik aus Nordostbayern besitzt enge Parallelen im slawischen Siedlungsgebiet. Bei den beiden Keramikgefäßen aus Iffelsdorf in der Oberpfalz (c) handelt es sich möglicherweise ebenfalls um Grabbeigaben. Die Töpfe weisen mit ihrer Verzierung, Form und Machart deutlich slawische Herstellungstraditionen auf. *R. Gr.*

Literatur:
Endres/Haberstroh, Apud chrana domum lapideam, S. 131, Abb. 115,7; Krebs, Friedhof bei Wirbenz. Gemeinde Speichersdorf, S. 148, Abb. 97,3; Krebs, Der karolingische Friedhof, S. 98–102, Taf. 3,12, Abb. 22; Losert, Besiedlung, S. 253, Abb. 14,8, S. 255, Abb. 15.

Im heutigen Nordostbayern lebte die slawische und fränkische Bevölkerung nebeneinander.

Karte zur slawischen Besiedlung in Nordostbayern   17

Vorlage: Jochen Haberstroh, Slawische Siedlung in Nordostbayern, in: Wieczorek, Alfried/ Hinz, Hans-Martin (Hg.): Europas Mitte um 1000. Beiträge zur Geschichte, Kunst und Archäologie, Bd. 2, Stuttgart 2000, S. 713 f., Abb. 459/460

Zeitgenössische Schriftquellen berichten, dass ab dem 8. Jahrhundert in Nordostbayern neben der einheimischen fränkisch geprägten Bevölkerung auch zugewanderte slawische Bevölkerungsgruppen lebten. Karl der Große beauftragte um 800 den Würzburger Bischof Missionskirchen für die an Main und Regnitz siedelnden Slawen zu errichten. Im Jahr 805 wurden Hallstadt, Forchheim, Premberg bei Burglengenfeld und Regensburg als Zollorte für den Handel zwischen Franken und Slawen genannt. Gemeinsam mit den slawischen Ortsnamen (Kat.-Nr. 18) zeigt dies, wie weit die slawische Besiedlung nach Westen reichte. Die Binnenkolonisation und der Landesausbau im 10./11. Jahrhundert geschahen im Obermaingebiet wohl unter Heranziehung weiterer slawischer Siedler. Noch bei der Gründung des Bistums

Literatur:
Endres, Slawenmotiv;
Endres, Slawenfrage;
Ericsson, Slawen;
Haberstroh, Slawische Siedlungen; Losert, Besiedlung.

Bamberg wurde ausdrücklich auf die Christianisierung der Slawen hingewiesen. Das letzte Mal erscheinen sie im Jahr 1059 in den schriftlichen Quellen.

Wesentliche Aussagen zur slawischen Besiedlung ermöglicht auch die Archäologie. Bestimmte Funde, besonders Keramikgefäße mit Wellenverzierungen und Metallschmuck, weisen enge Parallelen zu dem slawisch besiedelten Ostmitteleuropa auf (Kat.-Nr. 16). Sie zeigen, dass nahe Beziehungen vor allem zu dem Gebiet zwischen Elbe und Saale und dem heutigen Tschechien bestanden. Bereits um die Jahrtausendwende waren diese eigenständigen kulturellen Traditionen jedoch schon wieder weitgehend aufgegeben worden.

Wichtige Aufschlüsse lassen sich aus den Gräbern gewinnen, wenngleich deren genaue zeitliche Einordnung zwischen dem 8. und 10. Jahrhundert schwierig ist. Anders als in den weiter westlich gelegenen Gebieten des Reichs wurden in Nordostbayern den Toten noch Gegenstände wie Kleidung, Schmuck und Speisen (Kat.-Nr. 16) mit ins Grab gegeben. Dies gilt auch bei Bestattungen, die an Kirchen vorgenommen wurden, wie auf dem Barbaraberg bei Speinshart (Kat.-Nr. 15). Männer wurden mit ihren Waffen und Frauen mit ihrem Schmuck bestattet, wie unter anderem die Funde von Schläfenringen zeigen. Diese Grabsitten weichen deutlich von dem sonst üblichen christlichen Grabbrauch ab und zeigen noch heidnische Relikte. Unter den so Bestatteten waren sicher auch Slawen, da auf den Friedhöfen und Gräberfeldern wahrscheinlich nicht streng nach Bevölkerungsgruppen getrennt bestattet wurde.

R. Gr.

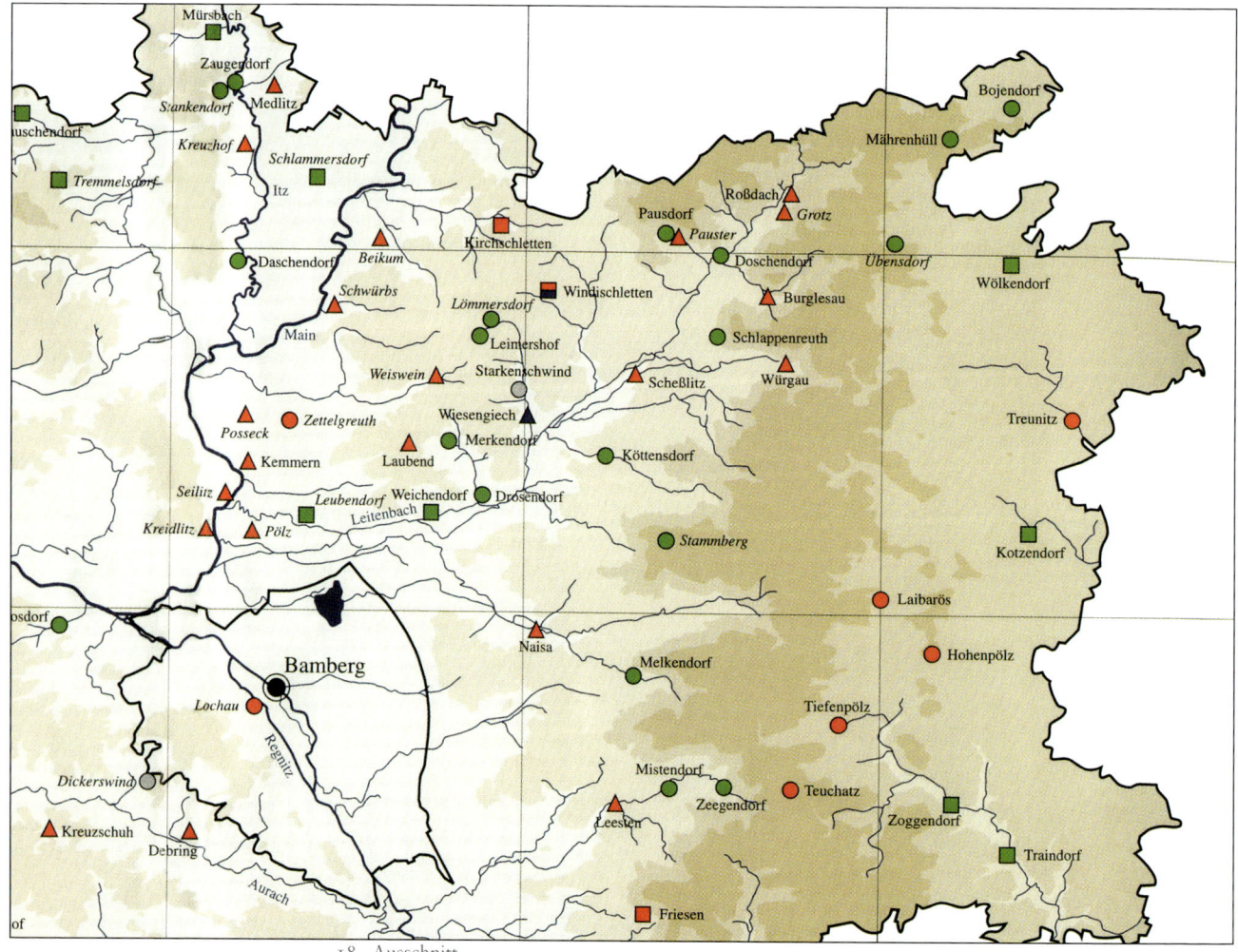

18 Ausschnitt

Die Ortsnamenforschung zieht aus sprachlichen Relikten Rückschlüsse auf die slawische Besiedlung in Nordbayern.

Slawische Ortsnamen im Landkreis Bamberg

Mit freundlicher Genehmigung von Prof. Dr. Klaus Trost sowie dem
Universitätsverlag C. Winter, Heidelberg

18

Literatur:
Eichler u. a., Beiträge; Schwarz, Sprache; Ziegelhöfer/Hey, Ortsnamen.

Die Karte ist der von Ernst Eichler, Albrecht Greule, Wolfgang Janka und Robert Schuh verfassten Monografie „Beiträge zur slavisch-deutschen Sprachkontaktforschung, Bd. 1: Siedlungsnamen im oberfränkischen Stadt- und Landkreis Bamberg", Heidelberg 2001, entnommen. Sie enthält alle im lexikalischen Teil dieses Buchs als eigenes Stichwort behandelten Siedlungsnamen des Landkreises Bamberg (in seinen heutigen Grenzen). Die Siedlungsnamen sind mit verschiedenen Symbolen eingetragen. Diejenigen Namen, die vom Autorenteam als sicher bzw. sehr wahrscheinlich slawisch gedeutet werden, sind mit einem Kreis (Siedlungsnamen aus Personennamen, wie *Laibarös* < slaw. **Ľuborožь* zum Personennamen **Ľuborodъ*, *Treunitz* < slaw. **Drogunici* zum Personennamen **Drogunъ*) oder mit einem Dreieck (Siedlungsnamen aus Appellativum, Gewässernamen usw., vgl. *Leesten* < slaw. **Lěščina* oder Ähnliches zu **lěska* ‚Haselstrauch‘, *Scheßlitz* < slaw. **Česlica* zu **česlъ* ‚Kamm, Rechen‘) versehen. Namen, bei denen sowohl eine Herleitung aus dem Slawischen als auch aus dem Deutschen bzw. (Vor-)Germanischen in Betracht kommt, sind durch ein Quadrat gekennzeichnet (*Feilshof*, *Weichendorf*). Dazu gehören auch einige Siedlungsnamen, bei denen eine Erklärung aus dem Slawischen problematisch ist (so *Friesen*, *Mürsbach*). In der älteren Forschung (E. Schwarz, A. Ziegelhöfer / G. Hey) wurde für diese Namen slawische Herkunft angenommen, was aus heutiger Sicht nicht bzw. kaum mehr haltbar erscheint.

Zu den farbig hervorgehobenen besonders wichtigen Namentypen gehören die so genannten Mischnamen, die aus einem slawischen Personennamen und einem deutschen Grundwort (meist *-dorf*) bestehen (wie *Dreuschendorf*, *Köttmannsdorf*). Dabei dürften in vielen Fällen slawische Vorformen bestanden haben (etwa **Družьkov* oder **Družьkovici*, Ableitungen vom slawischen Personennamen **Družьkъ*, zu *Dreuschendorf*), deren Suffix (wie *-ici*, *-ov*) später durch *-dorf* etc. ersetzt wurde. Die *Winden-* und *Windisch*-Namen (wie *Burgwindheim*, *Windischletten*) enthalten die Volksbezeichnung *Winde* ‚Slawe, Wende‘ bzw. das Adjektiv *windisch* ‚slawisch, wendisch‘ und weisen damit auf die (ehemalige) slawische Bevölkerung des jeweiligen Orts hin.

Die oben genannte Monografie resultiert aus der Arbeit des Forschungsprojekts „Slaven in Nordbayern" („Bavaria Slavica") an der Universität Regensburg, das unter der Leitung von Prof. Klaus Trost, Prof. Marek Nekula und Prof. Albrecht Greule steht. Ziel dieses Projekts ist unter anderem die vollständige Erfassung und sprachwissenschaftliche Analyse des auf slawische Siedlung in Nordbayern zurückgehenden sprachlichen Materials. Für das Jahr 2002 ist die Veröffentlichung des zweiten Bands („Siedlungsnamen im oberfränkischen Stadt- und Landkreis Bayreuth") geplant.

W. J.

Zahlreiche Funde von Kinderspielzeug zeigen, dass die Kindheit auch vor 1000 Jahren ihre schönen Seiten hatte.

19 A) HOLZSCHIFFCHEN
Fundort: Haithabu (Hafen), Gem. Busdorf, Kr. Schleswig-Flensburg
9.–11. Jahrhundert
Erlenholz, geschnitzt, L. 59
Stiftung Schleswig-Holsteinische Landesmuseen, Archäologisches Landesmuseum, Schleswig

19b

B) PFEIFE
Fundort: Magdeburg, Domplatz
10./11. Jahrhundert
Knochen, L. 10,6
Kulturhistorisches Museum Magdeburg (DN51, 20; 017, 75/54, 17/1)

C) RASSELTIER
Fundort: Schkeuditz, Lkr. Leipziger Land, Anstaltsgasse 4 „Sattelhof"
11./12. Jahrhundert
Heller Ton, erh. L. 7,3, erh. H. 4,1, max. B. 3,3
Landesamt für Archäologie mit Landesmuseum für Vorgeschichte Dresden (SK-01/459)

D) TIERFIGUR
Fundort: Wiprechtsburg bei Groitzsch, Kr. Borna, Sachsen
Um 1100
Graugrün glasierter ziegelfarbener Ton, Durchbohrung, L. 4,8, max. H. 3,8, max. B. 2,5
Landesamt für Archäologie mit Landesmuseum für Vorgeschichte Dresden

Literatur:
AK Bernward von Hildesheim;
Fansa, Sassen speyghel;
Hoffmann, Allerley kurtzweil;
Tamboer, Klänge; Vogt,
Wiprechtsburg.

Die von Philippe Ariès vertretene These, die Lebensphase der Kindheit sei eine Entdeckung der Neuzeit, kann anhand von archäologischen Funden deutlich widerlegt werden. Flöte, Holzschiff und Tontiere stellen nur einen kleinen Ausschnitt der bekannten hochmittelalterlichen Kinderspielsachen dar. Bälle, Kreisel und Puppen finden sich ebenso im archäologischen Fundgut wie Miniaturgegenstände, welche die Erwachsenenwelt nachahmen. Oftmals entzieht sich Spielzeug dem archäologischen Nachweis, da Dinge nur als das erfasst werden können, was sie primär und offensichtlich sind. Der kindlichen Fantasie sind jedoch keine Grenzen gesetzt, und schnell werden Stecken und Topfdeckel zu Schwert und Schild. Ein weiteres Problem stellt die Vergänglichkeit der meist aus organischen Materialien gefertigten Spielsachen dar. Unter optimalen Erhaltungsbedingungen – wie beispielsweise in Nowgorod oder Wollin – können erstaunliche Mengen Spielzeug geborgen werden. Wer, wie viel und bis zu welchem Alter gespielt hat, kann die Archäologie zwar nicht klären, doch beweisen die Funde, dass Kinder bereits vor 1000 Jahren die Freiheit zu spielen hatten.

Das im Hafen der Händler- und Handwerkersiedlung Haithabu, einem der wichtigsten Umschlagplätze des 8. bis 11. Jahrhunderts, geborgene Schiffchen ist eine sorgfältige Arbeit. Das gut erhaltene Stück erinnert in seiner Form an die langen, schlanken Kriegsschiffe der Wikinger. Einzelne Bauelemente, wie Kiel und Klinkerung, sind deutlich zu erkennen. Im Gegensatz dazu handelt es sich bei der aus dem Unterschenkelknochen eines Schafs oder einer Ziege gearbeiteten Pfeife um ein einfaches Spielzeug. Diese Form der Pfeife gibt es bereits seit vorgeschichtlicher Zeit. Gegenstände aus Keramik schließlich bilden die größte Gruppe an Spielzeugfunden, da diese sich im Gegensatz zu organischen Materialien in jedem Boden erhalten. Rasseln für die Kleinsten sind ebenso zu finden wie Tonfiguren in den verschiedensten Ausführungen. Bei Tierfiguren, die eine Durchbohrung aufweisen, wurde möglicherweise von unten ein Haltestab oder von oben ein Reiter gesteckt.

P. M. / A. E.

Um die Jahrtausendwende wird erstmals das Schachspiel im europäischen Abendland bekannt.

20

A) SCHACHFIGUR: SPRINGER
> Fatimidisch, 10. Jahrhundert
>
> Bergkristall, H. 4
>
> Museen der Stadt Köln, Museum Schnütgen (F 52)

B) SCHACHFIGUREN: 2 KÖNIGE, 1 DAME, 1 LÄUFER
> Fundort: Adelsdorf, Kr. Neustadt-Aisch
>
> Hirschhorn, H. 3,5–4
>
> Germanisches Nationalmuseum, Nürnberg (HG 2173–2176)

Schach, das anspruchsvollste aller Spiele, soll im 6. Jahrhundert n. Chr. in Persien eingeführt worden sein und erfreute sich im 8. Jahrhundert bei den Arabern großer Beliebtheit. Auch Kaiser Heinrich II. war im Besitz von Schachfiguren, die möglicherweise noch aus dem Schatz der aus Byzanz stammenden Kaiserin Theophanu, der Gemahlin Ottos II., stammten. Wir wissen allerdings nicht, ob Heinrich II. tatsächlich das Schachspiel beherrschte, denn seine Schachfiguren aus Achat und Chalzedon wurden als Schmuckstücke in den Ambo eingearbeitet, den er dem Aachener Dom stiftete.

Als wertvoller Besitz gelangten auch Schachfiguren aus Bergkristall, die im Nahen Osten oder in Spanien gefertigt worden waren, in das Reich, beispielsweise in der Mitgift einer böhmischen Prinzessin, die 1083 Graf Wiprecht von Groitzsch heiratete. Diese Figuren galten als so wertvoll, dass sie von ihren Besitzern häufig als kostbares Geschenk der Kirche überlassen wurden. Daneben wurde Schach aber sicherlich auch gespielt. Einfachere Figuren aus Knochen oder Hirschgeweih sind im 11. Jahrhundert aus dem Besitz von Ministerialen und Adligen bekannt. Die Figuren sind meist extrem abstrahiert: König und Dame sind durch eine thronartige Gestalt symbolisiert, der Läufer besitzt zwei kegelförmige Buckel (Elefant mit Stoßzähnen), der Springer eine dreieckige, gesichtsartige Protome. Der Turm hat im Gegensatz zu allen anderen Figuren einen rechteckigen Grundriss. *B. H.-G.*

Literatur:
AK Schönes Schach; Kluge-Pinsker, Schach; Wentzel, Kleinkunstwerke; Wichmann, Schach.

Goldene Schmuckstücke befanden sich im 11. Jahrhundert nur im Besitz der Vornehmen.

21

FIBEL
> Fundort unbekannt, Italien (?)
>
> Gold, Glasflüsse, Zellenschmelz (verloren), Ø 5,2
>
> Germanisches Nationalmuseum, Nürnberg (F. G. 1973)

Nach bildlichen Darstellungen zu schließen wurde seit dem 7. Jahrhundert der Mantel auf der Brust oder der rechten Schulter mit einer runden Scheibenfibel zusammengehalten. Die Fibeln funktionierten durch eine Nadelkonstruktion auf der Rückseite im Prinzip wie heutige Sicherheitsnadeln. In der Zeit Heinrichs II. wurden sie sowohl von Männern wie von Frauen getragen. Ein besonders prächtiges Stück ist die hier gezeigte Goldfibel. Die Analyse einzelner auf der Fibel angewandter Schmuckformen durch M. Schulze-Dörlamm ergab, dass sie aller Wahrscheinlichkeit nach von einem Goldschmied in Italien hergestellt wurde. In den vier runden, jetzt leeren Fassungen auf der Randzone der mehrzonig aufgebauten Fibel saßen vermutlich Perlen, die verloren gegangen sind. In dem

Literatur:
Haseloff, Email, S. 11;
Rademacher, Goldfibeln;
Schulze-Dörlamm,
Goldscheibenfibeln.

zentralen runden Medaillon befand sich wohl eine Zellenschmelzeinlage aus grünem und blauem Glas. Zellenschmelzverzierungen findet man vorwiegend auf Goldobjekten. Dazu fixierte man flache Streifen aus Goldblech mit einer Klebemasse oder Wachs auf dem Metalluntergrund. In die so entstandenen Zellen wurde die Emailmasse eingefüllt und im Ofen geschmolzen. Die farbige Glasmasse musste dabei so oft nachgefüllt und geschmolzen werden, bis das erkaltete Email die Höhe des Goldstegs erreicht hatte. Abschließend wurde die Oberfläche abgeschliffen und poliert. Ähnlich kostbare Stücke aus der 1. Hälfte des 11. Jahrhunderts sind sehr selten und betonen eindringlich die Exklusivität von Goldschmuck in der Zeit Heinrichs II. Diese wertvollen Stücke hatten gewissermaßen Vorbildcharakter, denn ihre Formen wurden im preiswerten Material Bronze für eine breitere Käuferschicht imitiert (Kat.-Nr. 22). *B. H.-G.*

Häufiger als Gold waren bronzene und emailverzierte Gewandverschlüsse.

22 A) RUNDE BRONZEFIBEL MIT GLASEMAILEINLAGEN
Fundort: Hagelstadt, Lkr. Regensburg
Bronze, Ø 2,4
Privatbesitz

22b

B) HALBMONDFÖRMIGE BRONZEFIBEL MIT GLASEMAILEINLAGEN
Fundort: Eußenheim, Lkr. Main-Spessart
Bronze, Glas, L. 3,3
Archäologische Arbeitsgemeinschaft des Historischen Vereins Karlstadt

C) RECHTECKIGE BRONZEFIBEL MIT GLASEMAILEINLAGEN
Fundort: Kasendorf, Lkr. Bamberg
Bronze, Glas, L. 3,7
Privatbesitz

22d

D) DURCHBROCHENE BRONZESCHEIBENFIBEL
Fundort: Altbessingen, Lkr. Main-Spessart
Bronze, Ø 2,3
Archäologische Arbeitsgemeinschaft des Historischen Vereins Karlstadt

Vergleicht man diese vier Fibeln mit dem goldenen Prachtstück Kat.-Nr. 21, so wird der große Unterschied zwischen den Spitzenwerken der Goldschmiedekunst und der „Massenware" deutlich. Die Fibeln für das einfachere Volk bestanden aus Bronze und wiesen einfache Verzierungen in Form von mitgegossenem Ornament (a), Durchbrechungen (d) oder Glasemaileinlagen auf (a–c). Bei dem Email handelt es sich – im Gegensatz zu dem vorwiegend auf Goldobjekten angebrachten feinschmiedtechnisch aufwändig herzustellenden Zellenschmelz – um den einfacheren Grubenschmelz. Dabei werden mit einem Stichel Vertiefungen in den metallenen Untergrund eingebracht, in die dann das Email eingeschmolzen wird. Die Motive sind häufig geometrisch (b), ab und zu finden sich auch Tierdarstellungen, wie der aufsteigende Adler auf der Fibel aus Kasendorf (Kat.-Nr. 38).

Literatur:
Giesler, Emailschmuck;
Wamers, Lesefunde;
Wamser, Bedeutung;
Wintergerst, Emailfibel.

Am häufigsten waren runde Scheibenfibeln, daneben gab es halbmondförmige und quadratische (Kat.-Nr. 24) oder rechteckige Formen. Dabei scheinen Halbmondformen wie die Fibel aus Eußenheim vor allem im süddeutschen Raum beliebt gewesen zu sein, während die runde Fibel mit sieben kreisförmigen Durchbrechungen aus Altbessingen eher Vergleichsstücke in Norddeutschland findet. Die einfache Kreuzemailfibel von Hagelstadt gehört dagegen einem Typ an, der im ganzen Reich Heinrichs II., von der Nordseeküste bis nach Ungarn, gebräuchlich war.

B. H.-G.

Herz und Kreuz: Das Kreuz mit herzförmigen Armen ist eine charakteristische Verzierung des ausgehenden 10. und frühen 11. Jahrhunderts.

RUNDE BRONZEFIBEL MIT GLASEMAILEINLAGEN 23

> Fundort: Hiltpoltstein, Lkr. Forchheim
>
> Bronze, Glas, Ø 5
>
> Fränkische Schweiz-Museum, Tüchersfeld

Die mehrzonige Zier der gegossenen Fibel von Hiltpoltstein zeigt im Mittelfeld einen stark stilisiert dargestellten aufsteigenden Adler in Grubenemail (Kat.-Nr. 22c). Dieses Medaillon bildet den Mittelpunkt eines Kreuzes, dessen Arme von vier herzförmigen Feldern, ebenfalls in Grubenemail, gebildet werden. Zwischen den Herzformen sind vier zum Fibelrand hinbeißende Tierköpfe zwischen je zwei ausgestreckten Tatzen in Aufsicht dargestellt.

Das Kreuz mit herzförmigen Armen ist nach den Untersuchungen von M. Schulze-Dörlamm ein relativ kurzlebiges Ziermotiv, das auf zahlreichen Schmuckstücken aus Gold und Bronze vorkommt. Es ist nach H. Westermann-Angerhausen typisch für die im ausgehenden 10. Jahrhundert arbeitende Trierer Egbertwerkstatt, die auch den Codex Aureus von Echternach (983/85–991) hergestellt haben soll. Die nachweislich jüngsten Kreuze mit herzförmigen Armen finden sich dagegen auf einem Objekt, das Heinrich II. im frühen 11. Jahrhundert dem Bamberger Domstift geschenkt hat. Es handelt sich dabei um die Verzierung der Schmuckscheiben im Querbalken des so genannten „Mahlschatzes", ein großes Prunkkreuz, das nur in einer Zeichnung des 17. Jahrhunderts erhalten geblieben ist (Abb. 78). Die Arbeiten der Goldschmiedemeister, die für den hohen Adel tätig waren, hatten sicherlich Vorbildfunktion. Die Kreuze mit herzförmigen Armen wurden so von den Spitzenstücken der Goldschmiedekunst auf die einfachen bronzenen Schmuckstücke übertragen.   *B. H.-G.*

Literatur:

Losert, Scheibenfibel; Schulze-Dörlamm, Kreuze; Westermann-Angerhausen, Goldschmiedearbeiten; zum „Mahlschatz": Schramm/Mütherich, Denkmale, S. 160, Abb. 119.

Ohrringe wie diese mit einem halbmondförmigen Zierfeld gehörten zum Schmuck hochrangiger Frauen. Kaiserin Kunigunde ist auf dem Basler Antependium mit einem solchen Ohrring dargestellt.

A) ZWEI HALBMONDFÖRMIGE OHRRINGE AUS BRONZE   24
MIT GLASEMAILEINLAGEN

> Fundort: Purk-Langwied, Lkr. Fürstenfeldbruck, Grab 1
>
> Bronze, Glas, L. 4,6 und 4,2
>
> Archäologische Staatssammlung München – Museum für Vor- und Frühgeschichte
>
> (1977, 1140 b, c)

B) RECHTECKIGE BRONZEFIBEL MIT GLASEMAILEINLAGEN

> Fundort: Purk-Langwied, Lkr. Fürstenfeldbruck, Grab 1
>
> Bronze, Glas, L. 2,4
>
> Archäologische Staatssammlung München – Museum für Vor- und Frühgeschichte
>
> (1977, 1140 a)

In der Form ähnliche Ohrringe erscheinen bereits im 6./7. Jahrhundert im Mittelmeerraum. Diese bestehen jedoch aus Gold und sind mit christlichen Motiven verziert. Bis in die Zeit der salischen Kaiser blieben solche Ohrringe beliebt. Im Gebiet des deutschen Reichs waren halbmondförmige Ohrringe auf Süddeutschland beschränkt.

Auch unter den Schmuckstücken des prominenten Schatzfundes, der 1880 bei Kanalbauarbeiten im Keller eines mittelalterlichen Hauses in Mainz geborgen wurde, befanden sich halbmondförmige Ohrringe aus Gold. Die Besitzerin dieser Schmuckstücke war entweder Kaiserin Gisela, die Gemahlin Konrads II., oder Agnes

Literatur:

Riemer, Körbchen- und Halbmondohrringe; Schulze-Dörlamm, Mainzer Schatz; Völk, Fundchronik.

von Poitou (1043–1062, † 1077), die Kaiserin an der Seite Heinrichs III. Folgt man der Darstellung auf dem Basler Antependium (Kat.-Nr. 11 und Abb. 69), war Kaiserin Kunigunde ebenfalls im Besitz von halbmondförmigen Ohrringen. Auch ihre Schmuckstücke werden mit Sicherheit aus Gold bestanden haben, während entsprechende Stücke aus Bronze wie die hier gezeigten von einer anderen Gesellschaftsschicht getragen wurden. Dabei darf allerdings nicht übersehen werden, dass Schmuck in jeder Form bereits ein Rangabzeichen darstellte und keinesfalls für alle Frauen erreichbar war. *B. H.-G.*

Silberne oder bronzene Ringe mit S-förmigem Verschluss gehörten zur Zeit Heinrichs II. in bestimmten Regionen des Reichs zum weiblichen Kopfschmuck.

25 S-FÖRMIGE SCHLEIFENRINGE
Fundort: Adelsdorf, Lkr. Erlangen-Höchstadt
Silber, vier Schleifenringe mit drei Blechbeeren aus gegossenem Silber und zwei aus gegossenem Silber, Ø 6,4–7 und 5,2
Germanisches Nationalmuseum, Nürnberg (FG 715)

Literatur:
Raschke, Frankens
Vorgeschichte;
Schwarz, Landesausbau im
östlichen Franken, S. 59 ff.

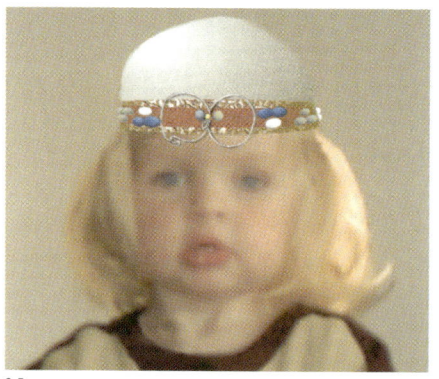
25

Wie Grabungsbefunde zeigen, wurden diese Ringe nicht wie die halbmondförmigen Ringe aus Purk (Kat.-Nr. 24) im Ohrläppchen getragen, sondern an einem Stirnband oder an einer Haube angebracht. Die zehn Ringe von Adelsdorf, von denen hier sechs gezeigt werden, stammen nicht aus einem Grabfund wie die vergleichbaren Ringe aus Wirbenz (Kat.-Nr. 26), die uns das Aussehen eines solchen Kopfputzes vermitteln können. Die Ringe von Adelsdorf wurden vielmehr von ihrer Besitzerin – wohl in Notzeiten – in einem Tongefäß in der Erde vergraben und konnten von ihr nicht mehr geborgen werden. Das Tongefäß ist im Zweiten Weltkrieg verloren gegangen. *B. H.-G.*

Das frühmittelalterliche Gräberfeld von Wirbenz in Nordostbayern ist vor allem wegen der zahlreichen Schmuck- und Trachtbestandteile in den Frauengräbern von Bedeutung.

26 VERSCHIEDENE SCHMUCKTEILE
Fundort: Wirbenz, Gem. Speichersdorf, Lkr. Bayreuth, Oberfranken
9./10. Jahrhundert
Archäologische Staatssammlung München – Museum für Vor- und Frühgeschichte
Kopfschmuckringe
Grab 10: 4 S-Schleifenringe, Silber; 1 Hakenring, Silber (1999, 4009 b, c)
Grab 16: 2 S-Schleifenringe, Bronze (1999, 4013 b)
Grab 17: 1 Hakenring, vielleicht ein Ende auch abgebrochen?; 1 Hakenring mit Ansatz zur S-Schleife, beide Silber (1999, 4014 c)
Fingerring
Grab 5: Bandfingerring mit „Buckelchendekor", Bronze (1999, 4004 e)
Nadeln
Grab 4: Nadel mit einfach eingerolltem Kopf, Bronze (1999, 4003 c)
Grab 12: Nadel mit einfach eingerolltem Kopf, Bronze (1999, 4011 b)

Grab 9: Herzspiralkopfnadel, Bronze (1999, 4008 b)

Glasperlen

Grab 4: 14 olivenförmige Perlen, transluzid mit Metallröhrchen, unterschiedliche Farb-
schattierungen; 6 große, hohle Mehrfachperlen, transluzid; 2 kleine Ringperlen,
opak (1999, 4003 a)

Grab 16: 1 olivenförmige Perle, bichrom-transluzid; 1 Hohlperle (1999, 4013 b)

Grab 17: 19 kleine Ringperlen; 4 kleine Mehrfachperlen mit Gold- und Silberüberfang (1999,
4014 c)

Grab 28: 2 große, längs gerippte Perlen (1999, 4021)

Knöpfchenringe

Fundort: Altenkunstadt

Historisches Museum Bamberg

Nahe Wirbenz wurde ein für die Region typischer Friedhof des 9./10. Jahrhunderts
vollständig ausgegraben. Die mit 30 Gräbern geringe Zahl der Bestattungen und
die lockere Belegung ohne Nachbestattungen oder Überschneidungen deuten darauf
hin, dass der Platz nur über zwei bis drei Generationen benutzt wurde. Neun Männer, neun Frauen und sieben Kinder wurden gestreckt auf dem Rücken in West-Ost-
Richtung beigesetzt. Die Grablegen bestanden aus überwiegend langrechteckigen
Erdgruben, von denen manche teilweise oder vollständig mit Kalksteinplatten eingefasst waren. Zum Inventar der Männer- und Knabengräber gehören Gürtel-
bestandteile, große Messer sowie Teile der Bewaffnung. Bei den weiblichen Bestattungen fanden sich Glasperlen, Kopfschmuckringe, ein Fingerring, Bronzenadeln
und kleinere Messer.

Dominierend ist der Perlenschmuck, über den fast jede Frau in Wirbenz verfügte. Das Mädchen in Grab 5 besaß einen Halsschmuck aus 48 grünlichen, blauen und
wenigen farblosen und schwarzen Perlen in Olivenform. Wie bei den längs geripp-
ten Perlen findet sich ein bronzenes Metallröhrchen im Fadenloch. Goldgelbe oder
blaue Hohlperlen sowie Mehrfachperlen liegen deutlich seltener vor. Kleine Ringperlen in Blau und Gelb runden das Wirbenzer Perlenspektrum ab. Alle Varianten
sind typisch für den nordostbayerischen Raum. Die Perlen liegen im Grab meist im
Kopf- und Halsbereich der Toten und können als Bestandteil des Kopf- oder Hals-
schmucks interpretiert werden. Textilrestauratorische Untersuchungen am Wirbenzer Material haben ergeben, dass die Perlen in vielen Fällen auf textilem Untergrund
aufgenäht waren. Demnach zierten sie nicht nur Halsketten, sondern schmückten
wohl auch Kopfbedeckungen oder Kleidersäume.

Als charakteristisch können auch bronzene und silberne Kopfschmuckringe
gelten. Aus dünnstabigem Draht gebogen oder massiv gegossen, variieren sowohl
Stärke wie Durchmesser des Ringkörpers stark. Anhand der unterschiedlichen Ausgestaltung des Drahtendes werden die Ringe in Haken- und S-Schleifenringe ein-
geteilt. Während bei Ersteren das Drahtende nur einen einfachen Haken bildet, wurde es bei Letzteren zweifach in S-Form gebogen. Varianten dieser S-Schleifenringe
ergeben sich durch die unterschiedliche Bearbeitung dieses Ringendes. Das gegenüberliegende Drahtende war zu einem Gegenhaken ausgeformt oder endete stumpf.
Dieser „Verschluss" ist vor allem aus slawischen Grabinventaren Mitteldeutsch-
lands und Böhmens bekannt. In Wirbenz sind alle Typen der S-Schleifenringe mit
Gegenhaken vertreten. Besonders Grab 10 lieferte mit insgesamt fünf Ringen sämtliche Varianten und bestätigt damit deren gleichzeitige Verwendung.

Aus anderen Gräberfeldern Nordostbayerns liegen Ringe mit aufgeschobenen
Blech- oder Glasperlen oder mitgegossenen, oft auch olivenförmigen Verdickungen
vor. Kopfschmuckringe waren häufig auf Leder oder Textil aufgenäht, weshalb an-

zunehmen ist, dass sie wohl an einer Kopfbedeckung oder einem Stirnband getragen wurden. Die Lage der Ringe in ungestörten Gräbern bestätigt diese Annahme. Für Grab 4 gelang es in der archäologischen Textilrestaurierung, den Kopfschmuck des etwa dreijährigen Mädchens zu rekonstruieren. Verschiedene Perlen wurden in Dreiergruppen auf einem Stoffband aufgenäht, wobei nur die hinteren Enden des Stoffs frei blieben. Das Zentrum schmückten zwei S-Schleifenringe, auf die je eine kleine Ringperle aufgeschoben war. Ringe und Perlen gehörten in diesem Fall also zum Zierbesatz eines Stirnbands.

Weniger häufig sind bislang Fingerringe in frühmittelalterlichen Grabzusammenhängen unserer Region. Im Mädchengrab 5 aus Wirbenz fand sich ein bronzener Bandfingerring. Dessen gesamte Schauseite ziert ein „Buckelchendekor". Vergleichbare Exemplare sind aus den Friedhöfen von Kleetzhöfe und Eggolsheim bekannt. Im 9. und 10. Jahrhundert haben Bandfingerringe mit Kreisaugen- und Buckelchendekor ihren Verbreitungsschwerpunkt im heutigen Thüringen und Sachsen-Anhalt.

Schließlich zählen auch in Wirbenz Nadeln zum Schmuckensemble der Frauentracht. Dabei handelt es sich um Exemplare mit einfach eingerolltem, kerbverziertem Kopf. Zwei weitere Nadeln gehören zur Gruppe der so genannten Herzspiralkopfnadeln, bei denen das obere Drahtende gespalten und die zwei so entstandenen Enden gegenläufig zueinander einfach oder mehrfach eingerollt wurden. Herzspiralkopfnadeln treten, abgesehen von zwei Exemplaren aus Regensburg und Würzburg, ausschließlich im Obermaingebiet auf und können daher als lokale Sonderform der nachmerowingischen Periode angesprochen werden.

Da münzdatierte Gräber oder gut datierte Importe aus Nordbayern fehlen, ist die zeitliche Einordnung der nordostbayerischen Gräberfelder nach wie vor umstritten. Jüngste Radiokarbondatierungen auch an Knochenmaterial aus Wirbenz deuten jedoch eine längere Laufzeit als vielfach angenommen an. So muss inzwischen damit gerechnet werden, dass die Wirbenzer Frauentracht in Nordbayern noch zur Zeit Heinrichs II. der Mode entsprach. *C. H.*

An Schmuckstücken aus Nordbayern sind byzantinische Einflüsse zu beobachten.

27 Halbmondförmiger Schmuckanhänger

Fundort: Wötzelsdorf, Stadt Kronach, Lkr. Kronach

10./11. Jahrhundert

Bronze, Ø 6,3

Privatbesitz

Der lunulaförmige Umriss des an zwei ca. zwei Millimeter starken Bohrungen getragenen Anhängers entspricht einer vom 9. bis zum 11. Jahrhundert beliebten Grundform, die sowohl im Fibelschmuck, bei Zwischengliedern von Ohrringen oder im Brustschmuck beliebt war. Die Schauseite der Mondsichel ist durch acht mit Tremolierstich gefüllte Felder gegliedert. Der randbegleitende Dekor aus Kreisaugenpunzen findet sich auf den Armen des Kreuzanhängers mit Mittelbuckel wieder. Er hängt mit einer Öse in einer ca. drei Millimeter starken Bohrung zwischen den Sichelspitzen und gibt damit die ungewöhnliche Orientierung des Stücks vor. Halbmond- oder brezelförmige Fibeln blieben einer zwar wohlhabenden, aber nicht unbedingt führenden Gesellschaftsschicht vorbehalten und fanden damit weite Verbreitung. Dagegen verfügten wohl nur wenige Frauen über lunulaförmige Schmuckanhänger, wie auch ihre überwiegende Herstellung aus Edelmetall belegt. Bei diesen Arbeiten weist der Rücken der Mondsichel oft nach unten, und zwischen den Sichelspitzen erscheinende Einsätze sind unbeweglich befestigt. Die kostbar verzierten Schauseiten der Edelmetallarbeiten zeigen häufig Motive aus der christlichen Symbolik.

Bei dem in der Region singulären Stück handelt es sich um eine „einfache" Variante solcher unter byzantinischem Einfluss entstandenen Spitzenerzeugnisse der Feinschmiedekunst. Die Orientierung an zeitgenössischen byzantinischen Arbeiten ist gerade in Nordbayern an zahlreichen Schmuckstücken zu beobachten und spiegelt damit die recht gute Kenntnis des höfischen Modewandels der Zeit wider, der möglicherweise durch das Vorbild Kaiserin Theophanus (972–991) begünstigt wurde. So verwundert es nicht allzu sehr, dass Grundform und Trageweise des Stücks Parallelen bei fatimidischen Halsketten finden, die ihrerseits noch den Brustschmuck aus dem Schatz der Kaiserin Agnes beeinflussten. *J. H.*

Literatur:

Schulze-Dörrlamm,

Mainzer Schatz.

Seit dem 10. Jahrhundert fanden überall in Europa gewaltige Rodungen statt. Das Ackerland drang auf Kosten der Weiden, Sümpfe und Wälder vor, die Viehwirtschaft ging zugunsten des Getreideanbaus zurück.

A) NACHBAU EINES BEETPFLUGS
     Freilandmuseum Bad Windsheim

28

B) PFLUGSCHAREN
     Fundort: Reisberg bei Burgellern, Lkr. Bamberg
     Eisen, L. 15,2 und 20
     Privatbesitz

C) EISERNE SICHELN
     Fundort: Reisberg bei Burgellern, Lkr. Bamberg
     Eisen
     Privatbesitz

28b

28c

D) LAUBMESSER
     Fundort: Reisberg bei Burgellern, Lkr. Bamberg
     Eisen, L.16,5
     Privatbesitz

Das wichtigste landwirtschaftliche Gerät ist bis heute der Pflug. Im frühen 11. Jahrhundert wurden Pflüge im modernen Sinn entwickelt, die ein Radvorgestell und ein integriertes Streichbrett hatten. Dieser so genannte Beetpflug mit den im Vergleich zu heute erstaunlich kleinen Pflugscharen erwies sich als derart effektiv, dass er in der Landwirtschaft bis in das 19. Jahrhundert hinein verwendet wurde. Nach den bildlichen Darstellungen wurden die Pflüge von einem oder zwei Paar Ochsen am Doppeljoch gezogen, doch gab es auch noch den einfachen Hakenpflug. Die Getreidesorten des Mittelalters zeichneten sich durch extrem hohe Halme aus und wurden mit Sicheln geerntet, wobei man nur die Ähren abschnitt.

Durch das Vordringen der Ackerflächen und den großen Bedarf an Holz begann bereits im Mittelalter die Übernutzung der Wälder. Der Wald wurde auf vielfältige Art und Weise ausgebeutet. Beispielhaft steht dafür das ausgestellte Messer, mit dem Laub geschnitten werden konnte. Ähnliche Messer wurden auch bei der Weinlese benutzt.

Eine wichtige Voraussetzung für höhere Getreideerträge war auch die so genannte Dreifelderwirtschaft. Sie sieht eine Dreiteilung des Ackerlandes vor, wobei alternierend auf einem Feld Wintergetreide und auf einem anderen Feld Sommergetreide angebaut wird. Ein drittes Feld dient als Brache zur Viehweide. *B. H.-G.*

Literatur:

Abel, Landwirtschaft;

Ennen/Janssen, Agrargeschichte;

Hägermann, Technik;

Herrmann, Pflügen.

Getreidebrei und Brot bestimmten die eintönige Kost der meisten Menschen zur Zeit Heinrichs II.

29 MAHLSTEIN

Fundort: Reisberg bei Burgellern, Lkr. Bamberg

Granit, Ø ca. 44

Privatbesitz

Literatur:

Behre, Ernährung;

Körber-Grohne, Nutzpflanzen;

Lohrmann, Getreidemühlen;

Rösener, Bauern.

Roggen war das wichtigste Getreide neben Gerste, Hafer und Dinkel – Saatweizen, Emmer, Einkorn und Hirse spielten eine untergeordnete Rolle. Die Getreideähren standen auf einem sehr langen, schlanken Halm; die modernen „Kurzstrohharten" wurden erst in jüngster Zeit gezüchtet.

Mit dem intensiven Getreideanbau ging die Entwicklung und Verbreitung der Mühlentechnik mit der wassergetriebenen Getreidemühle einher. Der Müller galt als angesehener Spezialist, der eine hochkomplizierte Anlage zu bedienen hatte, was ihm auch eine geheimnisvolle Aura verlieh. Für den Hausgebrauch wurde weiterhin die von alters her bekannte Handmühle verwendet.

Basis der Ernährung war das Getreide, das es in einer deutlich größeren Vielfalt gab als heute. Hauptnahrungsmittel war der Getreidebrei aus zerkleinerten Getreidekörnern, die in Wasser oder Milch unter Beigabe von Salz in einem Topf gekocht wurden. Der Brei wurde mit Gemüse oder Obst angereichert und geschmacklich variiert oder auch als Fladen geröstet. Brot im eigentlichen Sinn, das durch die Zugabe eines Treibmittels wie Hefe oder Sauerteig entsteht, war im Mittelalter noch lange Zeit der Oberschicht vorbehalten.

Man aß unregelmäßig und größere Mengen auf einmal. Auch in den Klöstern gab es höchstens zwei Mahlzeiten am Tag. Rohe Nahrung zu verzehren galt als ungesund. Unsere heutigen Ernährungsgewohnheiten unterscheiden sich also grundlegend – nicht zuletzt durch die Gewürze, die erst durch den Orienthandel Venedigs nach Europa gelangten, und durch viele heute unverzichtbar erscheinende Pflanzen, die ursprünglich aus der 1492 entdeckten „Neuen Welt" stammen.

Gefürchtet war im Mittelalter das Mutterkorn (Secale cornutum), ein Pilzbefall des Getreides, dessen Verzehr zu einer mit entsetzlichen Symptomen einhergehenden Vergiftung führt, häufig auch zum Tod. Die nach dem im Mutterkorn wirksamen Alkaloid Ergotamin auch als Ergotismus bezeichnete Erkrankung trat im Mittelalter offenbar häufig auf. Der 1095 gegründete Orden der Antoniter widmete sich speziell den von diesem „Antoniusfeuer" befallenen Kranken. *B. H.-G.*

Die Ernährungsgewohnheiten des Mittelalters unterschieden sich wesentlich von den heutigen.

30 MITTELALTERLICHER SPEISEPLAN

Zusammenstellung: Brigitte Haas-Gebhard

Das universale Nutztier des Mittelalters war das Rind, dessen Zugkraft für die Feldbestellung und dessen Milch und Fleisch für die Ernährung unverzichtbar waren. Bis in das 11. Jahrhundert lag in Mitteleuropa der Rindfleischverzehr bei 33 Kilogramm Rindfleisch pro Kopf/Jahr (zum Vergleich in Deutschland 1986: 23,5 Kilogramm). Vom Schaf bzw. von der Ziege wurden Fleisch, Milch und Wolle gewonnen. Das Schwein war vor allem Fleischlieferant. Die Schlachttiere wurden zur Gänze verwertet: Neben dem Muskelfleisch wurden die Innereien sowie Füße und Maul, auch die Därme geschätzt. Der Verzehr von Pferdefleisch war aus religiösen Gründen verboten. Das Fleisch wurde meist als Kochfleisch zubereitet, Gebratenes galt als „Herrenessen". Die Jagd war ein Vorrecht des Adels, das mit drakonischen Strafandrohungen überwacht wurde. Gejagt wurden Rothirsch, Bär, Wildschwein, Reh,

Wolf, Biber, Hase und Rebhuhn. Wegen der strengen Fastenvorschriften spielten Fischzucht und -handel eine wichtige Rolle. Bäche, Flüsse und Seen boten eine reiche Auswahl an Fischen und Krebsen. Allerdings waren auch die Fischfangrechte eingeschränkt.

Der Siegeszug von Obst und Gemüse in ihrer Sortenvielfalt begann erst in der Neuzeit. Die häufigsten Sorten im mittelalterlichen Gemüsegarten waren offenbar Linsen, Erbsen und Pferdebohnen. Daneben kannte man Dill, Fenchel, Petersilie, Mangold, Sellerie, Gurke, verschiedene Rüben- und Kohlarten sowie heute fast ausgestorbene Pflanzen wie den Amarant. Natürlich wurden auch wild wachsende Pflanzen wie Brennnessel, Ampfer, Sauerampfer, Rapunzel und Löffelkraut gegessen. Beerensträucher, Obst- und Nussbäume wurden ebenfalls kultiviert oder in den Wäldern abgeerntet. Man kannte Weintrauben, Birnen, Äpfel, Süß- und Weichselkirschen, Pflaumen sowie an Wildobst Walderdbeeren, Himbeeren, Brombeeren, Heidelbeeren, Hagebutten, Kratzbeeren, Schlehen und Schwarzen Holunder.

Wasser aus dem Brunnen oder einem Wasserlauf gab es in jedem Gehöft. Von begrenzter Haltbarkeit, aber einfach herzustellen war der Met: Wasser und Honig wurden in einem bestimmten Verhältnis gekocht und zur natürlichen Gärung beiseite gestellt. Die Bierherstellung war wesentlich schwieriger. Das schmackhafte und länger haltbare Bier verdrängte im Lauf des Mittelalters den Met vollständig. An der Entwicklung der Bierkultur waren wohl klösterliche Braustuben entscheidend beteiligt. Bier wurde zum Volksgetränk; es wurde aus allen vorhandenen Getreidesorten hergestellt und mit Geschmacksstoffen, beispielsweise Hopfen, versetzt. Es gab eine weitaus größere Vielfalt an Biersorten als heute.

Das einzige Getränk, das über längere Zeit haltbar blieb – auch Wasser kann verderben –, war der Wein. Noch zu Beginn des 11. Jahrhunderts war er der Oberschicht vorbehalten, im Spätmittelalter entwickelte er sich neben dem Bier zum Volksgetränk. Er wurde im Mittelalter an vielen oft ungeeigneten Orten angebaut, mit entsprechend mäßiger Qualität. Wein wurde gesüßt, gewürzt, mit Wasser vermischt und in der kälteren Jahreszeit auch als „Glühwein" getrunken.   *B. H.-G.*

Literatur:
Becker, Nutzung; Behre, Ernährung; Benecke, Haustiere; Janssen/Knörzer, Niederungsburg; Kerth, Haustier- und Jagdwildreste; Knörzer, Teilergebnis; Reichmann, Krefeld; Rösener, Bauern.

Lagern, Dörren, Räuchern und Pökeln waren bis ins 19. Jahrhundert die Methoden der Vorratshaltung.

Speisekammer   *31*
Inszenierung

Es gab zwar keine Konservendosen, Kühl- oder Gefrierschränke, doch standen auch im Mittelalter zahlreiche Möglichkeiten der Vorratshaltung zur Verfügung. Bei Ausgrabungen in mittelalterlichen Siedlungen sind zahlreiche Gruben zu finden, die als Vorratslager für kühl zu haltende Lebensmittel angesprochen werden müssen. Für Getreide existierten – im Alpengebiet – offenbar regelrechte Stadel, deren Lagerflächen auf Stelzen über dem Boden für Mäuse und Ratten unerreichbar bleiben sollten. Ansonsten dienten wohl auch einfache ebenerdige Häuschen diesem Zweck (Kat.-Nr. 1). Gemüse, Hülsenfrüchte und Obst wurden entweder frisch genossen oder gedörrt als Wintervorrat aufbewahrt. Obwohl der archäologische Nachweis dafür nicht zu führen ist, wollen wir davon ausgehen, dass das Räuchern bekannt war. Die teuerste Konservierungsmaßnahme war das Einlegen in Salz. Salinen oder Salzbergwerke waren neben Eisenproduktionsstätten und Mühlen die technischen Großanlagen des Mittelalters. Die Gewinnung des „weißen Goldes" befand sich weitgehend in der Verfügungsgewalt der weltlichen und geistlichen Herrscher. Überschussproduktion durch die reichen Salzvorkommen in den Alpen ermöglichte einen ausgedehnten Handel mit Salz auf dem Fluss- und Landweg.

Literatur:
Gebelin, Eingelegtes Fleisch; Wanderwitz, Studien.

Die insgesamt dennoch begrenzten Konservierungs- und Aufbewahrungsmöglichkeiten führten sicherlich häufig zu Schimmelbefall und Verderbnis, wodurch die Gesundheit der Menschen stark bedroht war (Kat.-Nr. 30). *B. H.-G.*

Die Grundherrschaft regelte mit ihren abgestuften Abhängigkeitsverhältnissen das Zusammenleben der Menschen.

32 MÖNCHSKOPF

Sandstein, 8,4 x 6,4 x 8
Domkapitel Fulda

Literatur:
Weinfurter, Heinrich II.,
S. 180ff.; Nicht, Dommuseum.

Rechte und Pflichten, Abgaben und Dienste der Untertanen an ihren Grundherrn waren genau festgelegt (Kat.-Nr. 33). Die Grundherrschaft hatten sowohl weltliche wie geistliche Würdenträger inne. Heinrich II. griff mehrmals persönlich in die Geschicke des Klosters Fulda ein, vermutlich, um die Mönche zur Beachtung des monastischen Armutsgebots zu bewegen.

Das lebensnah gestaltete Sandsteinköpfchen wurde 1918 im Füllschutt der Ostkrypta des Fuldaer Doms geborgen. Ursprünglich gehörte es vielleicht zu einem Relief oder Säulenkapitell. Das Kloster Fulda war seit der Karolingerzeit einer der größten Grundherrn des Reichs, dessen Besitztümer tief in den heute hessischen und in den fränkischen Raum reichten. *B. H.-G.*

Das älteste bayerische Güterverzeichnis gibt einen Einblick in die Organisation der mittelalterlichen Grundherrschaft. In seiner exakten Auflistung aller von den Untertanen an den Grundherrn zu leistenden Abgaben steht es den komplexen Steuergesetzen unserer Zeit kaum nach.

33 URBAR DES KLOSTERS ST. EMMERAM

Regensburg, 1031
Abschrift des 12. Jahrhunderts
Handschrift / Pergament (R)
Bayerisches Hauptstaatsarchiv, München (Lit. 5 1/3, Kriegsverlust)

Literatur:
Dollinger, Bauernstand;
Mai, St. Emmeramer Rotulus;
Rösener, Agrarwirtschaft;
Rösener, Strukturen.

Das Urbar des Klosters St. Emmeram von 1031 ist das erste umfassende bayerische Güterverzeichnis. Es ist in zwei Abschriften des 12. Jahrhunderts erhalten. In anderen Landschaften sind seit karolingischer Zeit Verzeichnisse (Prüm, Weißenburg, Lorsch) überliefert, in Bayern nur zwei Teilurbare aus dem Bistum Augsburg und Freising. In der Beschreibung der Klostergrundherrschaft St. Emmeram wird nach Salland (Herrenland) und von Bauern bewirtschafteten Hofstellen unterschieden. Organisiert war die Grundherrschaft in über 30 Villikationen, die jeweils von einem Meier, dem Vorsteher des Fronhofs, geleitet wurden. Er war für die Bewirtschaftung der Felder durch die abhängigen Bauern sowie für die Erhebung der Abgaben aus den Hofstellen zuständig. Die Abgaben waren überwiegend Naturalleistungen, nur der Kopfzins wurde durchgehend als Geldabgabe entrichtet.

Die Getreideabgaben von Hafer, Roggen, Weizen standen an erster Stelle. Gerste kehrte nur in vergorener Form, als Bier, an den Fronhof zurück. Weitere Abgaben waren Heu und Flachs. Als Färbemittel der Leinenstoffe verzeichnet das Urbar Kermesläuse, die Basis für die Rotfärbung von Stoffen. Schweine, Schafe, Lämmer, vor allem aber Hühner und Eier mussten aus der tierischen Produktion der Höfe abgeliefert werden.

Die auf dem Herrenland lebenden Bauern waren zu täglichem Herrendienst verpflichtet. Arbeitsleistungen, die nur dreimal in der Woche eingefordert werden konnten, bedeuteten schon eine wesentliche Besserstellung. Die lockerste Form der Abhängigkeit bestand in den halbjährlich wiederkehrenden Dienstleistungen, meist zur Saat- und Erntezeit.

Unterschiedlich war die Art der Dienste: Das Spektrum reichte von täglich anfallenden Arbeiten, dem Herstellen von Leinenstoffen, mehrmals im Jahr geforderten Pflug- und Ernteleistungen über Transportfuhren von Wein und Salz bis hin zu Instandsetzungsarbeiten auf dem Fronhof. Abgaben und Dienste wurden nicht auf das Land, sondern auf die Person des Inhabers bezogen.

Die „servi salici", die unfreien Bauern auf dem Fronhof, waren zur täglichen Arbeit verpflichtet und rangierten auf der untersten Stufe. Die Hiltischalken mussten Transportleistungen erbringen, sie stiegen im 11. Jahrhundert zur Stufe der Zensualen auf. Barschalken waren Leiheinhaber mit beschränkten Freiheitsrechten, die keinen Zins, sondern wie die Hiltischalken ihre Abgaben in Form von Transportleistungen entrichteten. Die Zensualen, Menschen, die sich unter den Schutz der Kirche stellten oder ihr per Schenkung übergeben wurden, hatten einen Kopfzins zu entrichten. Ihr Rechtsstatus und ihre Besitzverhältnisse waren nicht einheitlich.

P. L.

Die unterschiedlichen Lebensverhältnisse von Adel und einfachem Volk wurden zunehmend auch in den Wohnbauten sichtbar. Als besonders luxuriös gilt die unter dem Fußboden installierte Heizanlage.

MODELL EINER ADELSBURG UM 1000   *34*

Entwurf: Rosa Karl, Marianne Singer, Katrin Kania

Modellbau: Engelbert Sommer, 2002

Haus der Bayerischen Geschichte, Augsburg

In der Zeit um 1000 ist ein Wechsel in der Bauart der Adelsburgen zu verzeichnen: Das „feste Haus", ein meist zweigeschossiger Wohnbau mit rechteckigem Grundriss und einer Mauerstärke von 80 bis 100 Zentimeter wird abgelöst durch den neuen Typus des Wohnturms mit eher quadratischem Grundriss. Der deutlich fortifikatorische Charakter der neuen Bauart zeigt sich in der massiven Mauerstärke und dem stets hoch gelegenen Eingang. Die größere Mauerstärke erlaubt auch mehr als zwei Stockwerke, was den Bau imposanter erscheinen lässt.

Im Modell wird dieser Typenwechsel durch die Gegenüberstellung des „festen Hauses" und des im Bau befindlichen Turms angedeutet. Beide Bauten sind idealtypisch nach archäologischen Befunden rekonstruiert. Das auffälligste Element im Wohnbau ist die unter dem Fußboden installierte Heizanlage. Die außerhalb der Wohnräume gelegene Feuerkammer ermöglicht in Kombination mit einem System von Warmluftkanälen die rauchfreie Beheizung des Erdgeschossraums. Damit ist dieser Bau ein Beispiel luxuriöser adliger Wohnkultur. Im üblicherweise eher kühlen und stark verrauchten Wohnklima der Zeit bietet die Heizanlage nicht nur Komfort, sondern stellt darüber hinaus ein herausragendes Statussymbol dar.

Die Räume sind bewusst ohne Binnengliederung rekonstruiert. Eine Raumeinteilung durch Mauern lässt sich an erhaltenen Estrichen nicht erkennen. Neben der Nutzung des ungeteilten Raums ist auch eine Aufteilung durch leicht gebaute,

34

eventuell mobile Strukturen denkbar. Wie eine funktionale Trennung zwischen verschiedenen Bereichen ausgesehen haben mag, lässt sich aus heutiger Sicht nicht entscheiden. Im Modell wird das Obergeschoss durch eine Blockstufentreppe aus Holz erschlossen, die kein gemauertes Fundament benötigt.

Mehrere Elemente mussten hypothetisch ergänzt werden, da erhaltene Baubefunde viele Fragen unbeantwortet lassen. So bleiben die Stockwerkshöhen, Anzahl und Verteilung der Fenster sowie die genaue Art und Lage der Erschließung des oberen Stockwerks Vermutungen. Weiterhin ist der Bau des oberen Geschosses auch als Fachwerk möglich. Auf die Rekonstruktion des Dachs wurde verzichtet; erhaltene Dächer, meist von Kirchen, datieren erst wesentlich später.

Ähnlich stellt sich die Lage bei der Ausstattung dar: Wandmalereien sind als repräsentativer Raumschmuck anzunehmen; in den späteren Burgen sind zahlreiche Beispiele erhalten. Ein Verhängen der Wände mit Stoffbahnen als Dekoration und zur Isolierung ist ebenfalls wahrscheinlich, besonders in Rückenhöhe hinter den Sitzgelegenheiten. Als Möbel lassen sich außerdem Betten und Tische sowie Truhen und Borde annehmen. Deren genaue Form muss ungeklärt bleiben, da in den bildlichen Quellen keine diesbezüglichen Details überliefert sind.

Eine gewisse Vorstellung vom Leben auf einer adligen Burg um 1000 ist dennoch erkennbar. So war die Burg nicht nur ein Rückzugsort, eine gegen militärische Angriffe geschützte Wohnung, sondern immer auch ein Mittel, die Herrschaft „baulich" zu manifestieren. Die Form des zentralen Wohnbaus kann als Demonstration von Reichtum und Macht aufgefasst werden; die Burg war der Ort feierlicher Rechtsakte und der Repräsentation dienender Feste. Im Vergleich mit den Lebensbedingungen der niederen Stände war die alltägliche Wohnsituation auf der Burg ausgesprochen komfortabel. Auch darin äußert sich das Selbstverständnis ihrer Bewohner. Speziell für die Adelsburg ist eine Grenze zwischen Öffentlichem und Privatem nicht zu ziehen; hier war Wohnkultur zugleich Repräsentation von gesellschaftlicher Stellung und persönlichem Machtanspruch. *R. K. / M. S. / K. K.*

Obwohl erst 902 erwähnt, wurde wahrscheinlich bereits um oder bald nach 800 auf dem heutigen Bamberger Domberg eine Burganlage errichtet, die so genannte Babenburg.

35 DIE BABENBURG UND IHR UMFELD UM DAS JAHR 1000
Videoprojektion

Die an der Stelle einer bereits früher existierenden Siedlung errichtete große Mittelpunktsburg sollte unter anderem einen Verkehrsknotenpunkt und die Transportwege auf Main und Regnitz schützen und sichern. Auch scheint die Babenburg den karolingischen Pfalzhof in Forchheim als wichtigstes königliches Machtzentrum in dieser Region abgelöst zu haben. Aufgrund der Tatsache, dass ab 965 der abgesetzte König Berengar von Italien mit seiner Gemahlin auf der Bamberger Burg in „ehrenvoller" Haft gehalten und nach seinem Tod dort gebührend bestattet wurde, ist anzunehmen, dass die Burg sowohl starke Wehranlagen als auch repräsentative

Gebäude und umfangreiche Wirtschaftsanlagen besessen hat. Über die vorhandene starke Umwehrung können keine exakten Angaben gemacht werden. Obwohl sich die bei archäologischen Untersuchungen entdeckten Befunde und Funde der „Vorbistumszeit" auf den Bereich um den Dom und die Hofhaltung beschränken, ist es möglich, dass die Burg bereits die volle Fläche der späteren bischöflichen Anlage einnahm. Bei den Ausgrabungen konnte ein dem Verlauf des Dombergs folgender Graben dokumentiert werden, der aber nicht eindeutig den Befestigungsanlagen der Babenburg zuzuordnen ist.

Archäologisch nachgewiesen wurde die vermutlich schon in der ersten Hälfte des 9. Jahrhunderts errichtete Burgkirche samt dazugehörigem Friedhof, die unter der Nordhälfte des heutigen Langhauses des Doms gelegen hat. Von dieser Kirche blieb nur die Südwestecke erhalten. Die dichte Belegung des Friedhofs deutet auf einen Gebrauch über mehrere Generationen hin. Die Ausrichtung der Kirchenbauten des 11. und 13. Jahrhunderts an der Achse der Burgkirche spricht für die Bedeutung dieses Sakralgebäudes, aber auch für seine Zugehörigkeit zu einem größeren Gebäudeensemble, dessen Position bei der Gründung des Bistums nicht mehr zu verändern war.

Rechtwinklig an diese Kirche schloss sich ein Gebäudetrakt in Massivbauweise an, der die Ausrichtung des späteren Palastgebäudes der Pfalz vorwegnahm. Daneben gab es weitere Gebäude aus Holz. Sowohl Kirche als auch Friedhof wurden im Zuge der Bistumsgründung und der Erbauung des Heinrichsdoms zwischen 1002 und 1007 aufgelassen.

Anders als Regensburg weist Bamberg keine kontinuierliche Stadtentwicklung seit der Spätantike auf. Regensburg, seit dem 8. Jahrhundert Sitz der herzoglichen und königlichen Pfalz und „Hauptort" in Bayern, konnte auf seine römische Infrastruktur zurückgreifen, die im frühen und hohen Mittelalter neu belebt wurde. Die kirchlichen Strukturen reichen ebenfalls bis in die Spätantike zurück.

Bamberg dagegen wurde neu gegründet und „planmäßig" aufgebaut. Die im Zuge der Bistumsgründung 1007 entstandenen Kirchen und Klöster bildeten das Gerüst für die Stadtentwicklung Bambergs. Für das 10. Jahrhundert wird ein zur Babenburg gehörender Hof als Siedlungskern im Kaulberggebiet und eine gleichzeitige Händlersiedlung zwischen Burg und Fluss angenommen. Daneben wird es im Mündungsgebiet der Regnitz in den Main einzelne verstreute Siedlungsbereiche gegeben haben. Auch scheinen zur Versorgung der Burg und der Siedlung bereits seit dem Frühmittelalter Mühlen existiert zu haben.

Die wenigen archäologischen Untersuchungen mit Befunden und Funden des 11. Jahrhunderts erlauben einen punktuellen Einblick in die Geschichte der Stadt, nicht jedoch eine umfassende Interpretation der städtischen Strukturen dieser Zeit, wie der Heinrichsdom und weitere Bebauung in dessen Umfeld auf dem Domberg, der Bohlenweg in der Lugbank, Gebäudereste in der Karolinenstraße, ein Grubenhaus im Palais Schrottenberg, Gebäudereste auf dem Katzenberg, diverse Bebauungsstrukturen auf der Schranne, die Martinskirche am Maxplatz, ein Befestigungsgraben auf dem Michelsberg und schließlich Gebäudereste im „Deutschen Haus" in der Königstraße.

Bei den Ausgrabungen auf dem Michelsberg trat neben Gebäuderesten des 10. bis frühen 12. Jahrhunderts auch ein Befestigungsgraben zutage, der vermutlich im Zuge der Ungarneinfälle angelegt worden war. Nach der Gründung des Benediktinerklosters St. Michael um 1015 wurde dieser Graben durch eine Mauer zur Befestigung des Nordhangs zugesetzt. Auch eine Glockengussgrube vom Bau der Klosterkirche aus dem frühen 11. Jahrhundert konnte untersucht werden.

Literatur:
Breuer/Gutbier, Kunstdenkmäler; AK Geschichte aus Gruben und Scherben; Hensch/Vetterling, Mons Monachorum; Abels/Sage/Züchner, Oberfranken; Vetterling, Anmerkungen; Vetterling, Befunde.

Die Befunde aus dem „Deutschen Haus" sind wegen ihrer Lage am rechten Regnitzufer, weit abgelegen vom damaligen Siedlungskern, besonders interessant. Hier wurde ein Holzgebäude aufgedeckt, das spätestens im 10. Jahrhundert einem Brand zum Opfer gefallen war. An derselben Stelle wurde – wohl schon im späten 11. Jahrhundert – ein Steingebäude errichtet. Dabei wird deutlich, dass bereits zu dieser Zeit Parzellen entstanden, die sich teilweise bis heute erhalten haben, und auch außerhalb des eigentlichen Siedlungskerns entwickelten sich bereits städtische Strukturen. Die Reste einer hölzernen Uferbefestigung und die Lage an einem Fernhandelsweg könnten auf eine Schiffslände bzw. einen Warenumschlagplatz an dieser Stelle hinweisen.

Nach der Gründung des Bistums durch Heinrich II. im Jahr 1007 erlebte Bamberg einen enormen Aufschwung. Der Dom befand sich vermutlich bereits im Bau, 1009 wird erstmals das Chorherrenstift St. Stephan erwähnt, um 1015 das Kloster St. Michael gegründet. Hinzu kamen 1057 St. Theodor, 1058 das Gangolfstift und ab 1071 das Jakobstift. 1039 werden die bereits vorhandenen Mühlen erwähnt, und 1062 wird erstmals von den in Bamberg ansässigen „mercatores", den Händlern, berichtet. Auch einen Markt und eine Münzprägestätte wird es, vielleicht schon seit der Vorbistumszeit, gegeben haben.   *T. H.*

II DIE HEINRICHE

Regalis Dux – Königlicher Herzog
(Chronicon Venetum)

Nur widerwillig gaben sich die Heinriche mit dem Herzogtum Bayern zufrieden, denn als Nachkommen König Heinrichs I. (919–936) beanspruchten sie eigentlich Anteil an der Königswürde. Aber dem Gründer der Dynastie folgte 936 nur sein ältester Sohn Otto der Große (936–973) in der Herrschaft, der jüngere Bruder Heinrich ging leer aus. Das war neu: Seit Jahrhunderten wurde beim Tod eines Königs die Herrschaft unter allen legitimen Söhnen aufgeteilt. Jetzt setzten sich die Unteilbarkeit des Reichs und die Thronfolge des ältesten Prinzen durch. Jahrzehntelang pochten die Entrechteten auf ihr Erbe und kämpften gegen Bruder oder Vetter. Mühsam nur besänftigte Otto der Große seinen jüngeren Bruder Heinrich, der die bayerische Herzogstochter Judith aus der vornehmen Familie der Luitpoldinger geheiratet hatte. Als ihr Onkel, Herzog Berthold, starb, griff der König zu und übertrug das Herzogtum Bayern 948 dem eigenen Bruder. 950 erhielt Herzog Heinrich I. zudem die Oberhoheit über Böhmen, zwei Jahre später das Herzogtum Friaul mit den Markgrafschaften Istrien, Aquileia, Verona und Trient. Im Sog des ottonischen Aufstiegs blühte Bayern als königliches Nebenland auf. Insbesondere der Hauptort Regensburg erfreute sich reicher Förderung. In ihrer Stiftung Niedermünster richtete Herzogin Judith Grablege und Gedächtnisort der bayerischen Heinriche ein. Als Witwe unternahm sie eine Wallfahrt nach Jerusalem, „wie es Könige zu tun pflegen". Von dort brachte sie kostbare Reliquien nach Regensburg.

Nach Heinrichs Tod 955 fiel die Herzogswürde an den gleichnamigen Sohn. Seinen Rang demonstrierte die Ehe mit der burgundischen Königstochter Gisela. Auch dieser Heinrich, später „der Zänker" genannt, fand sich mit dem Ausschluss vom Thron nicht ab. Zweimal griff er nach dem Herrschaftsantritt Ottos II. (973–983) wie Ottos III. (983–1002) vergeblich nach der Krone. Dabei hatte sich Kaiser Otto II. durchaus um einen Ausgleich mit dem Vetter bemüht und ihm 973 die königliche Burg Bamberg mit Stegaurach zugewiesen. Zweimal scheiterte Herzog Heinrich II., und 976 wurde ihm nach kriegerischen Auseinandersetzungen das Herzogtum Bayern genommen. Zum Nachfolger bestimmte der Kaiser einen Luitpoldinger, Herzog Heinrich III.

978 kam der „Zänker" in Haft. Erst nach dem Tod des Kaisers erlangte er die Freiheit. Sogleich brachte er den dreijährigen Kindkönig Otto III. in seine Gewalt und ließ sich 984 schon als König feiern. Aber das Eingreifen der verwitweten Kaiserinnen Theophanu und Adelheid vereitelte auch diesen Griff nach der Krone. 985 musste sich Heinrich öffentlich unterwerfen. Ein zeitgenössisches Spottlied sang: „Herzog Heinrich wollt' regieren, Gott der Herr wollt's leider nicht!" Dafür erhielt er sein Herzogtum Bayern zurück. 989 und 993 kamen das Herzogtum Kärnten und die Marken Verona wie Friaul dazu. Die neue Loyalität zu Otto III. zahlte sich

aus. Im gemehrten Bayern bauten sich Heinrich und sein gleichnamiger Sohn, der ihm 995 als Heinrich IV. in der Herzogswürde folgte, eine nahezu königsgleiche Stellung auf. Deutlich wird das in den Beschlüssen des Herzogs und der bayerischen Bischöfe wie Grafen, die um 990 auf einem Hoftag in Ranshofen am Inn gefasst wurden. Der Wortlaut dieser Statuten präsentiert einen überragenden Herzog, der das Rechtssystem in Bayern kontrollierte und die Grafen in sein Autoritätsgefüge hineinzog. Ihn lobten die Zeitgenossen als „unseren einzigen Herrn nach Gott", als „höchsten Fürsten", als „königlichen Herzog".

Die Ranshofener Statuten sind in einer von Bischof Abraham von Freising (957–994) in Auftrag gegebenen Sammelhandschrift überliefert, die zudem die berühmten altslawischen Sprachdenkmäler und wichtige liturgisch-rituelle Texte enthält. In neun Einzelbestimmungen sanktionieren sie den von Heinrich dem Zänker erhobenen Hoheitsanspruch auf die Wahrung von Recht und Frieden in seinem regnum Bayern. Der erste Abschnitt verfügt – vor dem Hintergrund des Ende des 10. Jahrhunderts forcierten Landesausbaus – beispielsweise die Rückgabe eines geflohenen bäuerlichen Hörigen an seinen früheren Herrn. Die zweite und sechste Bestimmung weisen dem Herzog die alleinige Aufsichts- und Disziplinargewalt über sämtliche öffentlichen Amtsträger (Vögte, Schöffen) zu. Zur Erhöhung der Rechtssicherheit überträgt der dritte Abschnitt dem Grafen als Inhaber der öffentlichen Amtsgewalt die Verantwortung für die Wahrung von Recht und Gerechtigkeit. Der vierte Abschnitt erkennt dem Herzog – und nicht dem König – die Kontrolle über die Amtsführung der Grafen, Vögte sowie Zenturionen und die strafrechtliche Ahndung ihrer dienstlichen Vergehen durch Amtsverlust zu. Abschnitt fünf regelt den Fall, dass sich ein Grundherr weigert, seinen straffälligen Hörigen vor das zuständige Gericht des Grafen zu führen. Insgesamt gesehen ermöglichen die Beschlüsse von Ranshofen einen einzigartigen Einblick in die herrschaftliche Organisation Bayerns in der späten Ottonenzeit. Die gesamte Rechts- und Friedenswahrung war auf den Herzog als höchste Kontrollgewalt ausgerichtet, der damit den König an der Spitze der Rechtsordnung ablöste. In Sachsen oder Lothringen wäre eine derartige herzogliche Machtstellung zu dieser Zeit völlig undenkbar gewesen.

Vom herzoglichen Glanz profitierte auch Regensburg. Neben der Kathedrale entstanden neue Gotteshäuser, die Stadt wurde zur Kirchenlandschaft ausgebaut. Bischof Wolfgang (972–994), enger Vertrauter Herzog Heinrichs II. und Erzieher

„Constitutio venerabilis ducis Heinrici et omnium primatum tam episcoporum quam comitum" – die Ranshofener Statuten sind in dieser vor 994 angelegten Sammelhandschrift (Bayerische Staatsbibliothek, München, Clm 6426) vollständig überliefert, während eine Abschrift in Clm 19415 aus Tegernsee in Zeile 5 abbricht.

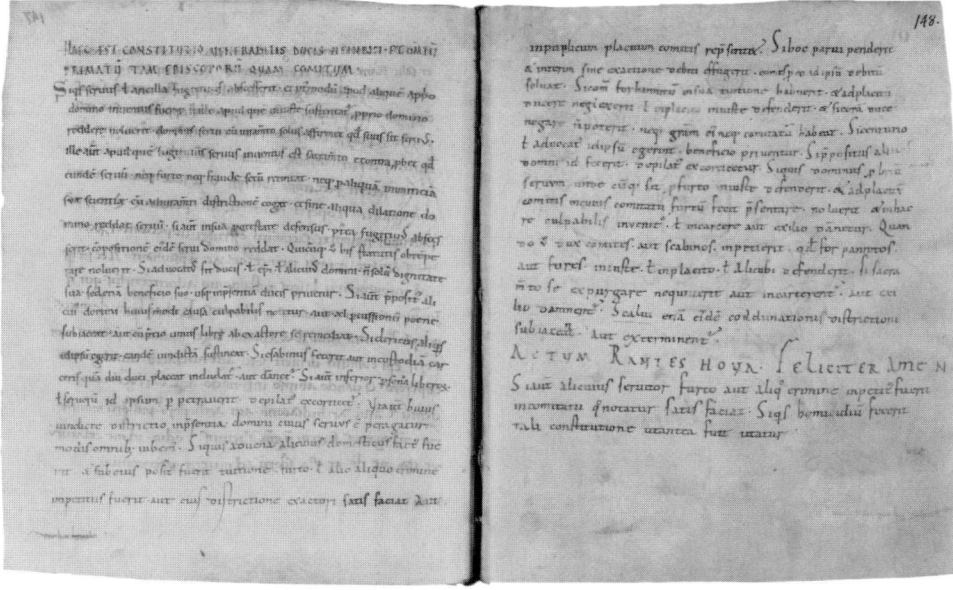

des Herzogssohns, gab den steinernen Hüllen ein erneuertes inneres Leben. Mit Ramwold, aus St. Maximin (bei Trier) als Abt in das Kloster St. Emmeram geholt, hielt die Kirchenreform in Regensburg Einzug. Bischof Wolfgang förderte tatkräftig ihre Ausweitung auf die Damenstifte Obermünster wie Niedermünster und auf das Frauenkloster Mittelmünster (St. Paul). Niedermünster wurde zum Gedächtnisort der bayerischen Heinriche. Hier fanden Herzog Heinrich I., Herzogin Judith und Herzogin Gisela ihr Grab. Dass Kaiser Otto III. Regensburg nicht ganz den bayerischen Heinrichen überließ, zeigte sich beim Tod des überragenden Bischofs Wolfgang. Nicht der herzogliche Kandidat Tagino, sondern der kaiserliche Hofkaplan Gebhard trat 995 die Nachfolge an. Niemals vergaß Heinrich später als König diese Niederlage.

Der Übergang der Herzogswürde vollzog sich 995 reibungslos. Loyal diente auch der neue Herzog seinem Kaiser. Heinrichs Eheschließung mit Kunigunde aus einem vornehmen moselländischen Grafengeschlecht markierte den angesehenen Platz, den der Bayernherzog in der Adelsgesellschaft des Reichs einnahm. Dass er wie der Vater und Großvater noch einmal nach der Krone greifen würde, schien in dieser Zeit wegen des jugendlichen Alters Kaiser Ottos III. unwahrscheinlich.

Bernd Schneidmüller / Hubertus Seibert

Die alte Bischofsstadt Regensburg war der politische, wirtschaftliche und kirchliche Zentralort der bayerischen Herzöge.

REGENSBURG UM DAS JAHR 1000   36

Entwurf und Zeichnung: Stefan Ebeling

Ihrlerstein, 2002

Haus der Bayerischen Geschichte, Augsburg

Am nördlichsten Punkt der Donau gelegen, könnte sich die Stadt Regensburg um 1000 dem auf den Hügeln im Norden stehenden Betrachter so dargestellt haben: Eingebettet in die teils verfallene römische Kulturlandschaft mit ihrem Verkehrsnetz, erhebt sich die Stadt; ihr alter Kern wird dominiert von der erhaltenen römischen Legionslagermauer. Deren massive Bauweise war bereits im frühen Mittelalter der ausschlaggebende Faktor für die Wahl des Orts als Residenz der bajuwarischen Herzöge und in der Folge für die Erhebung zum Bischofssitz gewesen. Daran setzt erkennbar die Befestigung der Stadterweiterung an, welche 920 unter Herzog Arnulf mit Mauer und Doppelgraben im Westen errichtet wurde.

Aus der Masse der Wohngebäude, die man sich zu dieser Zeit noch überwiegend in Holzbauweise mit Strohdachdeckung und Freiflächen für Gärten, Ställe und Höfe vorstellen muss, treten die steinernen Kirchen, Klöster und Repräsentationsbauten im Umfeld des Herzogssitzes markant hervor (auch Abb. 1, Detail). So findet sich in der Nordostecke des ehemaligen Legionslagers (links vorne) das politische Machtzentrum der Stadt mit der Pfalz, der Alten Kapelle und dem Damenstift Niedermünster sowie den umliegenden Bischofshöfen, den Niederlassungen süddeutscher Bistümer nach dem Vorbild des römischen Laterans. Daran schließt sich das kirchliche Zentrum mit dem Dom, der Taufkirche St. Johannes, dem Bischofshof und den Frauenklöstern Ober- und Mittelmünster an. Innerhalb der Römermauern befanden sich auch die Ansiedlung einer bedeutenden jüdischen Gemeinde und die Pfarrkirche St. Kassian.

Vor den Toren des Römerlagers, aber innerhalb der Befestigung der Westvorstadt lagen das Kloster St. Emmeram und die Händlerstadt mit Markt und Ahakirche. Die Hauptstraße dieses Stadtbezirks führte nach Westen zum Ruozanburgtor. Entlang des Donausüdufers erstreckte sich wohl der Hafen mit Schiffsländen; die

Literatur:

Codreanu-Windauer / Hoernes u. a., Städtebauliche Entwicklung; Codreanu-Windauer / Wintergerst, Regensburg.

36

Wasserkraft wurde auf den Inseln in der Donau für Mühlen genutzt. Das ehemalige römische Nordtor, die porta praetoria, auch „Wassertor" genannt, gewann seine Bedeutung wohl durch einen darauf zuführenden Flussübergang, den man sich zu dieser Zeit als hölzerne Pontonbrücke vorstellen könnte.

Trotz der beachtlichen Größe des ummauerten Stadtgebiets war die Umgebung nicht siedlungsleer. So ist archäologisch Streubesiedlung an der nach Osten führenden Donausüdstraße ebenso nachgewiesen wie ein wohl befestigtes Gut an der Brunnleite oder Handwerkerniederlassungen im Westen vor der Stadt. Im Hügelland südlich der Stadt ist das Kloster Prüll zu nennen, das bei einem verfallenen römischen Gutshof über der Quelle des Vitusbaches errichtet wurde, welcher der Stadt zur Wasserver- und -entsorgung diente.

E. W.

Bei Grabungen wurde unter der Kirche und im Kreuzgang des
Regensburger Damenstifts Niedermünster eine große Menge von Schmuck
und Alltagsgut gefunden.

SCHMUCK- UND ALLTAGSFUNDE   *37*

Fundort: Regensburg, Damenstift Niedermünster

8.–10. Jahrhundert

Museen der Stadt Regensburg (a und e)

Archäologische Staatssammlung München – Museum für Vor- und Frühgeschichte (b–g)

A) PRESSBLECHFIBEL MIT ADLERDARSTELLUNG

9. Jahrhundert

Eisen, Bronze, Ø 3,5 (1989/89.5)

B) OHRRINGE

9./frühes 10. Jahrhundert

Silber, 10,2 x 4,6 (1992/3156b)

C) HERZSPIRALKOPFNADEL

8./9. Jahrhundert

Bronze, L. 5,9 (1992/1069h)

D) SACKNADELN

8./9. Jahrhundert

Bronze, L. 9,3 und 12 (1992/70a, 1992/917a)

E) SPATELKOPFNADELN

8./9. Jahrhundert

Bronze, L. 6,3; 7,5; 7,9; 8,1; 6,0; 7,5; 4,2; 8,2 und 7,2; 4,7; 3,4 (München: 1992/70b,
1992/168, 1992/172, 1992/318f, 1992/515h, 1992/517, 1992/527f, 1992/1056 und
Regensburg: 1989/89.2–4)

F) KAMM

9./10. Jahrhundert

Knochen, 2,8 x 3,3 (1992/1088c)

G) STILUS

10. Jahrhundert

Bronze, L. 12,3 (1992/507g)

Literatur:
Angerer, Regensburg, S. 47
(Kat.-Nr. 4.2 und 4.4);
Schwarz, Regensburg;
Wintergerst, Niedermünster.

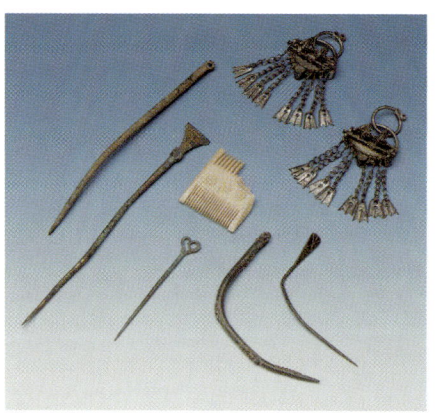

Das Niedermünster ist urkundlich spätestens seit 889 als Damenstift belegt. Seine enge Verbundenheit mit dem bayerischen Herzogshaus wird ab der Mitte des 10. Jahrhunderts deutlich, als Herzog Heinrich I. die Kirche von Grund auf neu erbauen ließ. Der Neubau, dessen Ausmaße weitgehend der heutigen Kirche entsprechen, war beim Tod Heinrichs 955 so weit fertig gestellt, dass der Herzog in bevorzugter Lage direkt vor dem Chor bestattet werden konnte. Seine Frau Judith, eine Tochter Herzog Arnulfs, wird heute noch als Erneuerin des Klosters verehrt. Der grundlegende Klosterneubau geht auf sie zurück und war bei ihrem Eintritt in den Konvent um 973 wohl abgeschlossen.

Bei den Ausgrabungen in der Kirche und im ehemaligen Kreuzgang des Niedermünsters wurde einer der größten stratifizierten Fundkomplexe des 9. und frühen 10. Jahrhunderts in Regensburg geborgen. So stammt aus den Schuttplanierungen des zerstörten karolingischen Damenstifts für den Garten des neuen ottonischen Kreuzgangs eine Scheibenfibel, die als Verschluss eines Mantels diente. Das altgeflickte Schmuckstück mit eiserner Grundplatte und ehemals vergoldeter bronzener Pressblechauflage zeigt einen nach rechts blickenden Adler mit ausgebreiteten Flügeln. Während Form und Herstellungstechnik noch an Pressblecharbeiten des späten 7. und frühen 8. Jahrhunderts angelehnt sind, weist die Darstellung des Adlers bereits in karolingisch-ottonische Zeit. Die ins 9. Jahrhundert zu datierende Adlerfibel stellt damit die Verbindung zwischen den Funden aus frühmittelalterlichen Reihengräbern und den tierverzierten Emailschmuckstücken aus der Zeit Heinrichs I. dar (Kat.-Nr. 22 c).

Der Kirchenneubau Heinrichs überlagerte neben der karolingischen Kirche auch den südlich daran anschließenden Friedhof. Aus ihm stammt unter anderem der silberne Ohrschmuck. Es handelt sich um halbmondförmige, filigranverzierte Gehänge mit halbrundem Bügel, an denen Kettchen mit flossenförmigen Klapperblechen befestigt sind. Damit ist eine deutliche Anlehnung an byzantinische Schmuckstücke gegeben. Im Ohr oder an der Haube wurde dieser Schmuck durch S-Schleifenringe befestigt. Am ehesten findet man für einen derartigen Ohrschmuck Vergleiche in den slawischen Siedlungsgebieten und im Großmährischen Reich. Die mit ihrem Ohrschmuck beigesetzte Frau lebte Ende des 9. oder Anfang des 10. Jahrhunderts. Ihr Schmuck gibt einen Hinweis darauf, dass diese Regensburgerin Kontakt zu den Slawen hatte oder möglicherweise selbst Slawin war.

Aus dem Friedhofshorizont stammt auch eine Vielzahl von bronzenen Schmucknadeln. Dabei stellt die Herzspiralkopfnadel eine eher in Oberfranken übliche Form dar (Kat.-Nr. 26). So genannte Sacknadeln, gebogene Bronzenadeln mit Öse, sind meist aus spätmerowingischen Männergräbern bekannt. Die Nadeln mit spatelförmig abgeflachtem Kopf sind vor allem in Regensburg und Umgebung verbreitet. Ihr Vorkommen in Gräbern und in Siedlungszusammenhängen – beispielsweise im Kreuzgang des Niedermünsterstifts – des späten 8. bis 10. Jahrhunderts zeigt, dass es sich nicht um reines Totengerät handelt, sondern um multifunktionale Schmucknadeln des täglichen Gebrauchs.

Ebenfalls im täglichen Gebrauch stand der kleine Knochenkamm, der durch seinen Fundort im Friedhofshorizont wie auch durch seine Größe und die Herstellung aus einem Stück der karolingisch-ottonischen Zeit zugewiesen werden kann.

Von den hier vorgestellten Funden gelangte lediglich der Griffel erst nach dem Tod Heinrichs I. 955 in den Boden. Das bronzene Gerät diente zum Schreiben auf Wachstafeln, wobei mit dem abgeflachten Kopf die Wachsoberfläche geglättet wurde. Es fand sich zwischen dem Fußboden der ottonischen Kirche und dessen Flickung, die nach der Bestattung Heinrichs notwendig geworden war. *E. W.*

Die wohlhabende Regensburger Bevölkerung orientierte sich am Lebensstil des Adels.

A) EMAILSCHEIBENFIBEL UND ANHÄNGER

    Regensburg, St. Emmeram und Brunn, 9./10. Jahrhundert

    Bronze, Grubenschmelz, Ø 3,4 und 2,9

    Museen der Stadt Regensburg (A 880 und A 881)

B) SPIELSTEIN

    Fundort unbekannt, 11. Jahrhundert

    Hirschgeweih, Ø 3,2

    Museen der Stadt Regensburg (K 1952/132)

38

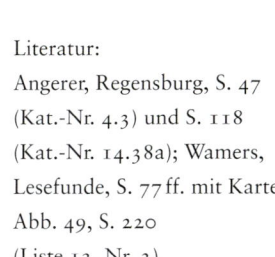

Die beiden Bronzeschmuckstücke sind der großen Gruppe der karolingisch-ottonischen Emailscheibenfibeln mit Plateau und abgesetztem Rand zuzurechnen. Darunter sind jene mit Vierfüßerdarstellung von der Nordsee bis nach Norditalien und Slowenien verbreitet. Die unbeholfene Art der Tierdarstellung sowie das Material Bronze mit Grubenemail deuten darauf hin, dass hier Schmuckstücke des Adels für eine gehobene Bevölkerungsschicht nachgeahmt wurden. Dabei ging wohl das Verständnis für die ursprüngliche Zier zugunsten einer starken Stilisierung verloren. Als Träger dieser Schmuckstücke kommen durchaus die in Regensburg ab dem 9. Jahrhundert immer bedeutender werdenden Händler in Betracht, auf deren Druck hin Herzog Arnulf die Kaufmannssiedlung 920 mit einer neuen Stadtbefestigung sichern ließ.

Ähnlich unbeholfen in der Tierdarstellung ist der Spielstein aus Hirschgeweih. Er gehörte sicherlich zu einem ganzen Satz von Spielsteinen für ein Brettspiel wie Tricktrack. Die aus dem Orient stammenden Brettspiele erfreuten sich seit dem

Literatur:
Angerer, Regensburg, S. 47
(Kat.-Nr. 4.3) und S. 118
(Kat.-Nr. 14.38a); Wamers,
Lesefunde, S. 77 ff. mit Karte
Abb. 49, S. 220
(Liste 12, Nr. 2).

frühen Mittelalter zunehmender Beliebtheit. Sie finden sich bereits im 11. Jahrhundert häufiger im Fundgut gehobener Haushalte. E. W.

Vom 10. bis ins 12. Jahrhundert wurden in Regensburg Kannen dieser Art als Gebrauchsgeschirr benutzt.

39 ZWEI SCHANKGEFÄSSE

Regensburg, Erhardihaus und Dachauplatz, 10.–12. Jahrhundert

Goldglimmer- und reduzierend gebrannte Keramik, H. 19,9, Ø 11,6 und H. 8,6, Ø 7

Museen der Stadt Regensburg (K 1953/6 und 1971/119)

Literatur:
Angerer, Regensburg, S. 124 f.
(Kat.-Nr. 14.50.21 und
Kat.-Nr. 40.50.22);
Wintergerst, Keramik.

Zeugnisse früher Tischkultur sind im archäologischen Fundgut äußerst selten vertreten. Das allgemein übliche Holzgeschirr ist meist vergangen, Metallgefäße unterlagen häufig einem frühen Wertstoffrecycling, und Glas war nur einer ganz herausgehobenen Bevölkerungsschicht vorbehalten. So bleibt allein die Keramik, um ein Schlaglicht auf das in Regensburg übliche Tischgeschirr der Zeit zu werfen.

Die beiden Gefäße besitzen eine auf der Schulter angebrachte Ausgusstülle, die sie als Kannen ausweist. Während man das kleine Gefäß ohne weiteres Hilfsmittel handhaben könnte, muss man sich bei der großen Kanne eine Seilschnürung um den Hals als Bügelersatz vorstellen. Die beiden Schankgefäße unterscheiden sich in ihrem keramischen Material nicht vom üblichen Gebrauchsgeschirr im Regensburg dieser Zeit. Bei der großen Kanne handelt es sich um die vom 10. bis ins frühe 12. Jahrhundert gebräuchliche so genannte Goldglimmerkeramik, die noch von Hand aufgebaut und dann nachgedreht wurde. Zeitgleich ist die herstellungstechnisch entsprechende reduzierend gebrannte Keramik, der die kleine Kanne mit ihrem markanten Gefäßumbruch zuzuweisen ist.

E. W.

39

40

Aus dem Kloster St. Emmeram hat sich ein besonders altes Holzfenster erhalten.

40 FENSTER

Fundort: Regensburg, St. Emmeram, um 1100 (?)

Eichenholz, 126 x 42 x 11

Museen der Stadt Regensburg (HV 1356c)

Literatur:
Angerer, Regensburg, S. 106
(Kat.-Nr. 14.1);
Schnieringer, Bürgerhaus;
Strobel, Bauplastik,
S. 23, S. 26, S. 128
(F 158 a, b).

An der Wende vom 10. zum 11. Jahrhundert beginnt in Regensburg allmählich der Massivbau in Stein die bis dahin dominierende Leichtbauweise aus Holz in der Profanarchitektur zu verdrängen. Reste römischen Mauerwerks dienten dabei mitunter als Vorbild und Steinbruch. In der wohl einige hundert Jahre langen Übergangszeit von Holz zu Stein ist davon auszugehen, dass einfache Holzfenster als Modell für die ersten schlichten, monolithen Steinfenster dienten. Das hier vorgestellte schmale, rundbogige Fenster aus einer Eichenholzbohle mit Schräge und einfachem Absatz zum Einsetzen des Fensterverschlusses ist eines von vier ähnlichen Stücken, die in den Museen der Stadt Regensburg mit der Herkunftsbezeichnung „aus St. Emmeram", jedoch ohne nähere Angabe des Bauzusammenhangs verwahrt werden. Die dendrochronologische Untersuchung des Holzes ergab eine vorläufige Datierung auf 1086; diesem Enddatum sind aber wegen der fehlenden Waldkante rund 20 Jahre hinzuzufügen. Solche kleinen, wegen der einfachen Form kaum datierbaren Fenster geben einen Eindruck vom Aussehen der frühen mittelalterlichen Fensteröffnungen. Dabei macht der Herkunftsort, das angesehene Kloster St. Emmeram, deutlich, dass Baudetails aus Holz auch an wichtigen Gebäuden parallel zur Steinarchitektur durchaus längere Zeit Verwendung fanden. E. W.

Ein Zeichen herrscherlicher Autorität: Heinrich II. ließ sein Bildnis
auf Münzen prägen.

HEINRICH II. ALS HERZOG (HEINRICH IV.) VON BAYERN (995–1002)

A) DENAR, REGENSBURG

> Silber, 1,39 g, 20,2 mm
>
> Vs.: Kreuz, in zwei Winkeln eine Kugel, im dritten ein Ringel,
> im vierten ein Keil. HENRICVS DVX (rückläufig)
>
> Rs.: „Letternkirche". Münzmeister VVIC. REGINA CIVITAS
> (entstellt)

HEINRICH II. ALS KÖNIG UND KAISER (1002–1024, KAISER SEIT 1014)

B) DENAR, REGENSBURG

> Silber, 1,58 g, 20,1 mm
>
> Vs.: Gekröntes Brustbild nach rechts, an den Seiten
> HEINRIC RX
>
> Rs.: Kreuz, in den Winkeln Dreipunkt, Ringel, Dreipunkt,
> Keil. RT CISV ECCHO (Ratispona civitas, Mm. Eccho)

C) DENAR, SALZBURG

> Silber, 1,58 g, 20,2 mm
>
> Vs.: Brustbild mit Diadem nach links. HEINRICVS REX
>
> Rs.: Kreuz, in den Winkeln Keil, Dreipunkt, Ringel, Dreipunkt.
> +SC-S RVODP(er)TVS

D) DENAR, BAMBERG

> Silber
>
> Vs.: Gekrönter Kopf nach rechts. HEINRICVS DI GRA REX
>
> Rs.: Zweizeiliger Stadtname BABEN/BERC

E) DENAR, ESSLINGEN

> Silber, 1,31 g, 20,8 mm
>
> Vs.: Brustbild mit hoher Krone nach rechts. HEINRICVS
>
> Rs.: Segnende Hand auf Kreuz (Dextera Dei). S VITALIS

F) DENAR, MAINZ

> Silber, 1,72 g, 19,8 mm
>
> Vs.: Halb rechts gekehrtes Brustbild mit Krone und Zepter.
> HEIMRICHVS REX
>
> Rs.: Mauerring mit drei Türmen, auf den Türmen Kreuze.
> MOGONCIA CIVITAS

G) DENAR, TRIER

> Silber, 1,23 g, 18,7 mm
>
> Vs.: Gekröntes Brustbild nach rechts. HEINRICVS REX
>
> Rs.: Kirchengebäude mit Portal und zwei Türmen. TRE-VE-RIS
> (Trier)

41

41, a

41, b

41, c

41, d

41, e

41, f

41, g

41, h
41, i
41, j
41, k
41, l

H) DENAR, UTRECHT

Silber, 0,91 g, 18,9 mm

Vs.: Gekröntes Brustbild von vorn. HEINRICVS REX

Rs.: Kirchengebäude, darin TRAIECTV (Traiectum, Utrecht).
Außen XRISTIANA RELIGIO

I) DENAR, DORTMUND

Silber, 1,27 g, 18 mm

Vs.: Brustbild mit Diadem nach links

Rs.: Kleines Kreuz mit vier Kugeln in den Winkeln, an den vier Kreuzenden
jeweils ein zweites Kreuz; entstellte Umschriften aus HENRICVS IMP (Vs.)
und THERTMANNI (Rs.)

J) DENAR, UNBESTIMMTE MÜNZSTÄTTE (MAINZ?)

Silber, 1,52 g, 18 mm

Vs.: Kreuz mit Mittelrund und Kugel in den Winkeln. +HEINRICVS

Rs.: Kopf nach rechts. +IMPERATOR

K) DENAR, UNBESTIMMTE MÜNZSTÄTTE (MAINZ?)

Silber, 1,40 g, 18,6 mm

Vs.: Kreuz mit Mittelrund und Kugel in den Winkeln. +HEINRICVS

Rs.: Zwei gekrönte Brustbilder im Stil byzantinischer Goldmünzen. Die
Umschrift nennt die Namen Michael und Konstantin in griechischen Buchstaben.
Bild und Schrift kopieren einen 830–840 gemünzten Solidustyp des byzantini-
schen Kaisers Theophilos.

L) DENAR, UNBESTIMMTE MÜNZSTÄTTE (MAINZ?)

Silber, 1,39 g, 18,2 mm

Vs.: Kreuz mit Mittelrund und Kugel in den Winkeln. +HEINRICVS

Rs.: Arabische Schriftzeilen, die Namen und Titel des omaijadischen Kalifen
Hischam II., 976–1008, in al-Andalus/Spanien enthalten. Im Außenrand
Koranvers. Kopiert ist ein zeitnaher Münztyp des omaijadischen Spaniens der
Jahre 391–392 A.H. (= 1000–1002 A.D.).

Staatliche Museen zu Berlin, Münzkabinett (a–c, e–l)

Museum Burgkunstadt (d)

Da nach drei aufeinander folgenden Ottos (936–1002) mit
Heinrich II. ein anderer Königsname erscheint, lassen sich dessen Münzen gut von seinen ottonischen Vorgängern und von
seinem salischen Nachfolger Konrad II. abgrenzen. Das Königtum Heinrichs II. ist aber nicht nur formal eine „numismatische Zeitenwende".
Heinrichs kraftvolle Regierung hat auch inhaltlich im Münzwesen neue Akzente
gesetzt.

Bayern wurde zum Kronland. Seinen Nachfolger im bayerischen Herzogtum,
seinen gleichnamigen luxemburgischen Schwager (Heinrich „der Mosler"), hat König Heinrich nicht mehr mit dem alten bayerischen Privileg einer autonomen Her-
zogsprägung ausgestattet. Nach dessen Absetzung 1009 hat Heinrich II. das Münzwesen vermutlich ganz neu strukturiert. Die Münzämter Nabburg, Neuburg und
Cham wurden geschlossen, nur Regensburg blieb in Betrieb. Gleichzeitig wurde ein
neues königliches Münzatelier in der Bischofsstadt Augsburg parallel zur dortigen
Bischofsprägung eingerichtet. Im Zuge der Reform wurde offenbar den bayerischen
Bischöfen das Münzrecht erteilt (Salzburg, Eichstätt, Freising). Äußerlich manifestiert sich die Reform in einem Wechsel des Münztyps: An die Stelle des traditionellen so genannten Letternkirchentyps mit dem Namen des Münzmeisters unter
dem Giebel (a) trat das Königsbild (b–c).

Eine kleine Sensation stellt die 1978 im Aushub einer Baugrube in Burgkunstadt gefundene Bamberger Münze Heinrichs II. dar (d; ein zweites Exemplar ist inzwischen in einem polnischen Schatzfund aufgetaucht). Sie verdeutlicht die besondere Beziehung des Herrschers zu „seiner" Stadt. Das Münzrecht in Bamberg scheint Heinrich bereits mit der Bistumsgründung 1007 an die Bischöfe abgetreten zu haben, sodass diese Münze davor oder – wie auch vermutet wurde – gewissermaßen als Festprägung zur Domweihe des Jahres 1012 ausgegeben worden sein könnte.

Als König hat Heinrich in allen deutschen Herzogtümern Münzen ausgegeben, für die hier als Beispiele Esslingen (Schwaben), Mainz (Franken), Trier (Oberlothringen), Utrecht (Niederlothringen) und Dortmund (Sachsen) stehen. In Mainz (f), Trier (g) und Dortmund (i) hat Heinrich ottonische Münztraditionen fortgesetzt. Esslingen (e) und Utrecht (h) sind Beispiele für neu gegründete bzw. für den Ausbau bis dato nicht genauer fassbarer Münzstätten. Nach den Rückseitenbildern zu urteilen scheinen von den Münzstätten auch die jeweiligen geistlichen Institutionen profitiert zu haben (die Cella St. Vitalis in Esslingen; der Bischof in Utrecht). Das liegt auf der Linie der Kirchenpolitik Heinrichs II. und hat in den erwähnten gleichzeitigen Münzbegünstigungen für die bayerischen Bistümer eine Parallele.

Die Münzen Heinrichs II. bieten überwiegend das – unter seinen Vorgängern noch nicht übliche – Bild des Herrschers. Auch wenn sie keine Porträts, sondern den Topos der Königsdarstellung liefern, verdienen sie als zeitgenössische Bildzeugnisse Aufmerksamkeit. Der König ist sowohl in Frontalansicht (f, h) als auch im Profil (b–e, g, i–j) dargestellt. Am eindrucksvollsten ist der strenge Regensburger Kopf mit kurzem Bart (b). Meist ist das Bildnis gekrönt, es kommen aber auch barhäuptige Darstellungen vor (j). Der Dortmunder Kopf zeigt im Perlkreis über dem Haar nur die Andeutung einer Krone (i), die Krone des Mainzer Pfennigs ist mit langen seitlichen Pendilien geschmückt (f), auf dem Salzburger Pfennig ist ein Diadem mit Stirndiamant und Bändern abgebildet (c).

Heinrichs Mainzer Münzen (f) zeigen im Königsbild byzantinischen Einfluss, sodass die Numismatik eine andere Münzgruppe mit dem Namen Heinrichs ebenfalls unter Vorbehalt nach Mainz verwiesen hat (j–l). Sie ist das Eigenartigste, was wir aus der deutschen Münzprägung des 11. Jahrhunderts kennen. Die immer gleiche Kreuzseite mit dem Namen Heinrichs ist außer mit dem Bildnis des Kaisers (j) mit einem byzantinischen Münztyp (k) und – fast unglaublich – mit einem arabischen (islamischen) Münztyp gekoppelt (l). Eine überzeugende Erklärung für diese seltsamen Münzen ist bis heute nicht gefunden worden. Man hat an einen Zusammenhang mit dem Sklavenhandel gedacht, der im muslimischen Spanien seinen Hauptabnehmer und in Verdun einen seiner Umschlagplätze hatte. *B. K.*

Literatur:
Berghaus, Münzen, Nr. 20 (i); Berghaus, Darstellung; Dannenberg, Die deutschen Münzen, Nr. 1071 f/g (A), Nr. 1077 a (b), Nr. 1139 (c), Nr. 951 (e), Nr. 788 (f), Nr. 462 (g), Nr. 539 (h), Nr. 753 (i), Nr. 1184 (j), Nr. 1186 (k), Nr. 1185 (l); Hahn, Moneta Radasponensis, Nr. 25 e3 (a), Nr. 29 b3 (b), Nr. 91 (c); Hahn, Münzgeschichte; Hahn, Münzzeugnisse (d); Hatz/Linder Welin, Deutsche Münzen, Nr. 1 Typ a/A (j), Nr. 2 Typ A/b (k), Nr. 3 Typ A/c (l); Ilisch, Münzprägung, Nr. 10.1 (h); Klein/Raff, Münzen, Nr. 4.1 (e); Kluge, Münzgeschichte, Nr. 268 (a), Nr. 87 (b), Nr. 90 (c), Nr. 78 (d), Nr. 84 (e), Nr. 73 (f), Nr. 61 (h), Nr. 71 (i), Nr. 74 (j), Nr. 75 (k), Nr. 76 (l); Kluge, Conspectus Nummorum, Typ 17.10 (g); Krug, Münzen, Nr. 2 (d); Weiller, Münzen, Nr. 45 (g).

Spätestens seit dem 10. Jahrhundert lebten in Regensburg jüdische Fernhändler.

Privileg Kaiser Ottos II.

42

Rom, 2. April 981

Handschrift/Pergament, 54 x 39

Bayerisches Hauptstaatsarchiv, München (St. Emmeram Urk. 28, Kaiserselekt Nr. 156)

In einer in Rom ausgestellten Urkunde (D OII. 247) gibt Kaiser Otto II. dem Regensburger Kloster St. Emmeram das Gut Sierstadt in der Regensburger Vorstadt (Stadtamhof) zu Eigen, das dieses von dem Juden Samuhel gekauft hatte. Da sich nach der Absetzung des bayerischen Herzogs Heinrich II. des Zänkers im Jahr 978 mehrere Urkunden des sächsischen Kaisers für das Regensburger Kloster finden, wäre diese Urkunde keiner weiteren Erwähnung wert, würde der als Verkäufer genannte Jude Samuhel nicht den ältesten erhaltenen schriftlichen Beleg für die An-

Literatur:
Angerstorfer, Judensiedlung; MGH DD 2,1, Nr. 247, S. 278f.; Schott, Geschichte.

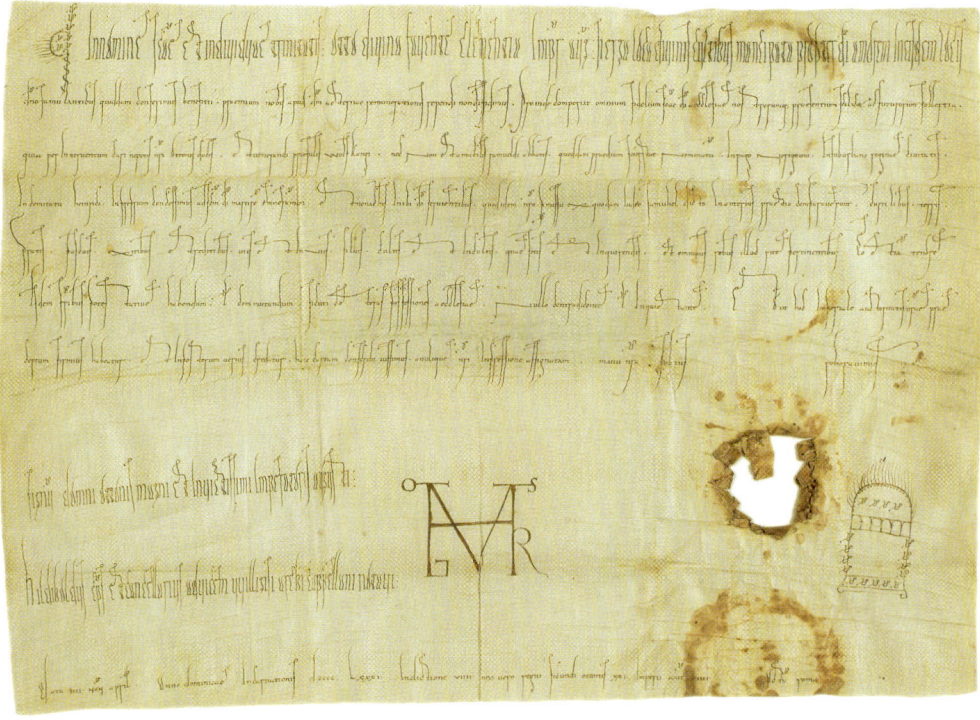

42

wesenheit von Juden in Regensburg und damit in Bayern darstellen. Weitere urkundliche Belege folgen erst im 11. Jahrhundert: So schenkte 1020 ein Regensburger Bürger drei Höfe bei den „Judenwohnungen" („habitacula Judaeorum") wiederum an das Kloster St. Emmeram. Tatsächlich ist der Standort der jüdischen Ansiedlung ein Beweis für eine noch frühere Ansiedlung der Juden. Das Judenviertel lag bis zur Vertreibung der Juden im 16. Jahrhundert innerhalb des alten römischen Kastells. Dieser unmittelbar am alten Stadtzentrum gelegene Platz lässt darauf schließen, dass Juden bereits seit dem 6. oder 7. Jahrhundert in Regensburg ansässig waren. Sie waren in dieser Zeit hauptsächlich im Fernhandel tätig. Die Raffelstetter Zollordnung von 906/08 für den Donauhandel erwähnt sie noch vor allen anderen (christlichen) Kaufleuten. Auch im Pelzhandel mit Kiew und Russland waren Juden vertreten. Ein jüdisches Rechtsgutachten nennt im 11. Jahrhundert zwei jüdische Kaufleute aus Regensburg namentlich, die sich wegen eines Radbruchs eines Sabbatvergehens schuldig gemacht hatten.

Spätestens seit dieser Zeit existierte in Regensburg eine größere jüdische Gemeinde mit Synagoge, Mikwe, dem rituellen Bad, sowie Friedhof und rabbinischem Gericht. Sie sollte sich zu einem geistigen Zentrum des europäischen Judentums mit einer bedeutenden Talmudschule entwickeln, wie zahlreiche jüdische Quellen belegen.

Die Zeit eines unbelasteten Zusammenlebens von Juden und Christen ging mit dem ersten Kreuzzug 1096 zu Ende, als es im Rheinland zu schweren Übergriffen und Verfolgungen gegen die Juden gekommen war. Auch in Regensburg blieben sie nicht unbehelligt: Sie wurden der Zwangstaufe unterzogen.

Im 12. Jahrhundert, als in Bamberg und Würzburg jüdische Gemeinden entstanden, und dann im 13. Jahrhundert in vielen kleineren Orten, vor allem in Franken, Schwaben und Niederbayern, war jüdisches Leben bereits mit einer Vielzahl rechtlicher und wirtschaftlicher Beschränkungen verbunden. Grundbesitz – wie er für den in der Urkunde von 981 erwähnten Juden Samuhel möglich war – und der Handel wurden den Juden weitgehend verboten, sie waren nur noch als Geldleiher geduldet. Im 14. Jahrhundert war es vor allem die Pestzeit, die schwere Verfol-

gungen für die jüdischen Gemeinden brachte und in vielen Landesteilen zum Er-
löschen jüdischen Lebens führte. Die Regensburger jüdische Gemeinde blieb
zunächst verschont. Teile der Regensburger Bürgerschaft, denen die Einnahmen aus
der Judensteuer verpfändet waren, stellten sich vor die Juden und verteidigten sie gegen den ausdrücklichen Willen der bayerischen Landesherren. Erst 1519, als in den
übrigen bayerischen Städten schon lange keine jüdischen Gemeinden mehr existierten, wurde auch die Regensburger Gemeinde, die älteste jüdische Gemeinde Bayerns,
vertrieben. *J. K.*

Sklavenhandel ist für das 10. Jahrhundert auch in Regensburg nachgewiesen.

FESSELSCHLOSS 43

> Fundort: Reisberg b. Scheßlitz, Lkr. Bamberg, Lesefund
> 10./11. Jahrhundert
> Runder Schließzylinder für zwei Riegel, Zylinderende aus einem Stück zu einer Öse
> für die Bügelaufnahme umgeschmiedet, Eisen, L. (Zylinder) 14,1, Ø (Bügel) 11,1
> Privatbesitz

Zylinderschlösser dieser Art dienten zum Verschluss eiserner Ketten, die
zuletzt mehrfach im Zusammenhang mit so genannten Skla-
venfesseln gezeigt wurden. Obwohl dies nicht der einzig
mögliche Verwendungszweck sein muss, kann der Bügel-
durchmesser diese Verwendung durchaus bestätigen. Der
Handel mit Sklaven aus den slawischen Siedlungsgebieten, ist unter anderem für Prag und Koblenz und auch
für Regensburg im 10. Jahrhundert schriftlich überliefert.

J. H.

Literatur:
AK Reich der Salier, S. 34 f.
(A. Kluge-Pinsker); AK Europas
Mitte, S. 128, Abb. 04.05.04 45,
(H. Neumayer); AK Otto der
Große, S. 60 ff., Abb. II.32,
(I. Gabriel).

**Der weite Weg, den eine in Franken gefundene indische Münze des 10. Jahr-
hunderts genommen hat, mag zeigen, wie klein die (Handels-)Welt auch damals
schon war.**

INDISCHE DRAMMA 44

> Fundort: Werneck-Eßleben, 10. Jahrhundert
> Silber, Ø 1,7, Gewicht 3,3 g
> Privatbesitz

Die mittelalterliche Wüstung Adelshausen, deren erste urkundliche Erwähnung auf
das Jahr 1338 zurückgeht, liegt in der Gemarkung Eßleben. Man fand dort größere Mengen frühmittelalterlicher Keramik und im Februar 1998 eine indische Sil-
bermünze, eine so genannte Dramma (von griechisch Drachme) der Hindu-Shahi-
Dynastie von Ohind (jetzt Nordpakistan). Die Vorderseite der Dramma zeigt einen
kauernden Zebu-Bullen nach links. Auf seinem Rücken liegt eine Satteldecke, seine
Flanke schmückt ein Dreizack. Über dem Rücken des Bullen steht die gut lesbare Legende: „Sri Samantadevah". Die Rückseite der Dramma zeigt einen Reiter nach
rechts, der in seiner rechten erhobenen Hand eine Standarte hält.

Die Münzprägungen des Samantadevah können in die Zeit um 900 n. Chr. da-
tiert werden. Ihr Umlauf umfasst das ganze 10. Jahrhundert. Um 1000 zerstörte
Mahmud bin Ghazni den Staat Ohind, womit ein Terminus ante quem für die
Umlaufzeit der Dramma gegeben ist.

Die Samaniden, Nachfolger der Abbasiden im Iran, betrieben intensiven Handel einerseits mit Byzanz, andererseits mit den Kiewer Rus. Zu
den wichtigsten Exportgütern zählten ihre Silber-Dirhems, von denen
aus der Zeit zwischen etwa 900 und 1010 an die 100 000 Stücke aus

Literatur:
Abels, Dramma.

russischen Hortfunden stammen. Ihr Silbergewicht von drei Gramm entspricht nahezu dem dieser Dramma aus Ohind, die somit als gleichwertiges Entgelt eingetauscht werden konnte.

Sieht man von dem Exemplar in Eßleben ab, so sind bislang nur vier Drammas von Samantadevah in Russland, zwei in Estland, zwei in Polen, eine in Kiew und eine in der Mark Brandenburg gefunden worden. Der bekannteste Fund dürfte wohl der Hort von Gnezdowo bei Smolensk sein, wo eine solche Münze mit arabischen Prägungen und skandinavischem Fundgut vergesellschaftet ist. Westlich der Elbe treten nur ganz vereinzelt arabische Dirhems auf. Im Zuge des weitläufigen Warägerhandels könnte die hier gezeigte Münze über das Schwarze Meer und die Donau nach Prag gelangt sein, um von dort ihre Reise auf der Eger und dem Main über Bamberg und Schweinfurt nach Eßleben fortzusetzen. In Hohenberg an der Eger wurde ein byzantinischer Goldanhänger des 10. Jahrhunderts gefunden, und in der frühmittelalterlichen Befestigung auf dem Turmberg bei Kasendorf wurde ein byzantinisches Bleisiegel gleicher Zeitstellung ausgegraben. Diese Funde mögen den Weg andeuten, den ein Kaufmann im Frühmittelalter genommen hat, um zu wichtigen Handelsorten wie Schweinfurt, Würzburg oder Karlstadt zu gelangen.

B.-U. A.

Die Landwege waren um die Jahrtausendwende in schlechtem Zustand, den schnellsten Transport bot der Wasserweg.

45 HANDELSWEGE UND HANDELSWAREN
Inszenierung

Literatur:
Düwel, Wege; Eckoldt,
Schiffahrt; Ellmers,
Binnenschiffahrt; Ellmers,
Handelsschiffahrt; Fischer,
Im Namen Gottes;
Szabó, Übergang.

Hinsichtlich des Straßennetzes zerfiel Europa im Mittelalter in zwei Teile: Im Süden und Westen des Reichs waren noch Teile des römischen Wegenetzes mit seinen geraden Trassen, einer vereinzelt noch sichtbaren Pflasterung und wegbegleitenden Meilensteinen intakt. Im Norden und Osten war das Straßenbild dagegen geprägt von Hohlwegen, Staub- und Schlammpisten, die nur auf schwer überwindlichen Abschnitten, im Moor etwa durch Holzbohlen, präpariert waren. Die Pflege des Wegenetzes lag nicht mehr – wie in römischer Zeit – in der Hand der Zentralgewalt, sondern bei lokalen Autoritäten und wurde deshalb ohne einheitliches Konzept durchgeführt. Aus Schriftquellen ist zu erfahren, dass einzelne Straßenabschnitte bei Heerzügen hergerichtet wurden, auch Klostergründungen erforderten eine Erschließung über ein neu zu bauendes oder instand zu setzendes Wegenetz. Möglicherweise waren auch interessierte Kaufleute an Erhaltungsmaßnahmen beteiligt.

Der schnellste und leichteste Transport von Menschen und Waren erfolgte seit der Vorzeit über den Wasserweg. Mit den kleinen und leichten mittelalterlichen Booten waren die Flussläufe viel weiter flussaufwärts schiffbar als heute. Kurze Landwege, über die man die Schiffe an niedrigen Wasserscheiden zog, ermöglichten die Verbindung der unterschiedlichen Flusssysteme. Für Fluss, See und Hochsee waren entsprechende Schiffstypen in Gebrauch. Ausgangspunkt für die Binnenschifffahrt war wohl der seit der Vorzeit bekannte Einbaum, doch muss man mit einer großen Typenvielfalt an Schiffen rechnen. Flussabwärts ließ man die Schiffe treiben, für die Bergfahrt wurde mittels Staken und Treideln die Kraft von Mensch und Tier eingesetzt.

Schwere Lasten konnten nur auf den großen Flüssen transportiert werden. Die einzige Verbindung Mitteleuropas in den Südosten und in den östlichen Mittelmeerraum stellte die Donau dar. Als nördlichstes Handelszentrum an diesem Fluss etablierte sich spätestens im frühen Mittelalter Regensburg. Die bayerische Herzogsstadt war das Tor zur slawischen Welt. Weitere Handelsrouten führten von hier über die Donau und den Inn in den Alpenraum und nach Italien bzw. über Passau und den Goldenen Steig nach Nord- und Osteuropa.

Über Warenstruktur und Handelsumfang können für das 10. und 11. Jahrhundert keine detaillierten Angaben gemacht werden. Neben dem Salz aus dem Alpenraum dürften böhmische Metalle, Nahrungsmittel, vor allem Getreide und auch Wein, sowie der Handel mit Leder und Pelzen eine zentrale Rolle gespielt haben. Auch Sklavenhandel fand in Regensburg statt (Kat.-Nr. 43). *B. H.-G. / J.K.*

Die Ersterwähnung Bambergs 902 findet sich in der Chronik Reginos von Prüm, der wichtigsten Geschichtsquelle des frühen 10. Jahrhunderts.

REGINO VON PRÜM, CHRONIK 46

Abschrift: Freising, 962–993/94 (wohl bald nach 967)
Handschrift/Pergament, 198 Blätter, 25 x 17, fol. 180ᵛ
Bayerische Staatsbibliothek, München (Clm 6388)

Bamberg wird als „Babenberh" erstmals 902 im Zusammenhang mit der Babenberger Fehde erwähnt, einer der heftigsten Auseinandersetzungen der ausgehenden Karolingerzeit. Ihre Schilderung füllt einen Großteil der letzten Jahresberichte in der bis 906 geführten Weltchronik Reginos, des Abts von Prüm (892–899, † 915) und später von St. Martin/Trier. Im Kampf um die Vormacht in Franken siegten die vom karolingischen Königtum unterstützten Konradiner 906 über ihre babenbergischen Rivalen Adalbert, Adalhard und Heinrich. Deren Familie – in der zweiten Hälfte des 9. Jahrhunderts vom Königtum mit militärischen Aufgaben betraut, im östlichen Franken begütert und mit den Liudolfingern/Ottonen verwandt – erhielt erst im 11. Jahrhundert die Sammelbezeichnung „von Babenberg". Nach Regino brach Adalbert mit seinen Brüdern Adalhard und Heinrich aus der Burg Babenberg („ex castro, quod Babenberh dicitur") zur Schlacht gegen die konradinischen Brüder Eberhard, Gebhard und Rudolf auf. Die blutigen Kämpfe dauerten bis 906, als Adalbert mit „Kriegsbeute und ungeheurem Raub" zur Babenberg zog. Wenig später von König Ludwig dem Kind in Theres belagert, unterwarf er sich, wurde aber von seinen Gefolgsleuten verraten und im Königsgericht zum Tode verurteilt. Sein tragisches Ende fand großes Echo in einer quellenarmen Zeit. Der konfiszierte Besitz fiel zum Großteil an den König und vererbte sich auf seine ottonischen Amtsnachfolger.

Neuerdings werden frühere Daten für Bambergs Eintritt in die Geschichte genannt; eine ältere Besiedlung des Platzes mit seiner günstigen Lage ist ohnehin wahrscheinlich. Gleichwohl muss an der Nennung von 902 in Reginos Chronik als historischer Ersterwähnung gegen Spekulationen festgehalten werden, die sich nur auf eine obskure späte Überlieferung stützen.

Quellen:
Regino, Chronik, a. 902, S. 149, a. 906, S. 151 f.; von Guttenberg, Regesten, Nr. 1–4.

Literatur:
AK Otto der Große (H. Hoffmann), S. 459 ff.; Althoff, Verformungen; Daniel, Handschriften, S. 105 f., 146; Schleidgen, Überlieferungsgeschichte.

Reginos Chronik, die wichtigste Quelle jener Zeit, ist breit überliefert. Die hier ausgestellte Handschrift, entstanden in Freising zur Zeit Bischof Abrahams, zählt zu den frühen Textzeugen (fol. 86ʳ–183ᵛ; Continuatio 907–967 fol. 183ʳ–197ᵛ; Nachtrag fol. 198ʳ). Die ersten beiden Teile des Codex mit den Werken Liutprands von Cremona (fol. 1ʳ–85ᵛ) wurden erst später vorgebunden. Am Schluss von Reginos Vorrede (fol. 86ᵛ) trugen spätere Schreiber knappe Königsgenealogien von Arnulf von Metz bis zu Heinrich IV. nach. Dort wird Kaiser Heinrich II. als Heinrich „der Babenberger" bezeichnet.

Die Sprachwissenschaft hat die Bedeutung des Namens Bamberg eindeutig geklärt. Die Schenkungsurkunde Kaiser Ottos II. von 973 enthält den ältesten urkundlichen Originalbeleg für den Namen der Stadt in der Form „Papinberc". Die erste Erwähnung des Namens in der Chronik Reginos von Prüm spricht von einem „castrum", also wohl einer befestigten Anlage, „welche[s] babenberh heißt". Diese Schreibung findet sich in der kurz nach 967 in Freising verfassten Handschrift Clm 6388. Eine Urkunde Ottos III. von 985 ist „actum Babenberge", also in Babenberg, ausgestellt. In einer Urkunde Heinrichs II. von 1021 wird die Schreibung „Bavenberc" verwendet. Bischof Thietmar von Merseburg benutzt in der von ihm eigenhändig korrigierten Handschrift seiner Chronik konsequent „Bavanberg". Die heutige Schreibung begegnet zuerst in einer Urkunde Friedrichs I. von 1174.

Der Name ist eine Zusammensetzung mit dem Grundwort Berg, das auch in althochdeutscher Zeit die Bedeutung „Berg, Anhöhe, Bodenerhebung" besaß und weder „Burg" bedeutete noch etwa mit dem Wort Burg identisch war. Der erste Bestandteil des Namens ist die Genitivform des Personennamens Babo. Die Schreibvarianten des Namens erklären sich aus den damaligen Dialektverhältnissen: p für b und auslautendes c (= k) für g sind vor allem bairisch, inlautendes v für b und auslautendes h eher mittel- und niederdeutsch. Alle überlieferten Schreibungen lassen sich widerspruchsfrei miteinander vereinbaren. Bei dem Personennamen Babo handelt es sich um eine Lallform zu einem nicht mit Sicherheit bestimmbaren zweigliedrigen Personennamen, der vermutlich den Vokal a enthielt und im Erst- oder Zweitglied mit b anlautete. Es könnte sich durchaus um den Namen Adalbert gehandelt haben; der ostfränkische Graf dieses Namens führte die Babenberger in der erwähnten Fehde mit den Konradinern. Früher erwogene slawische Deutungen des Erstbestandteils werden von der Slawistik heute nicht mehr ernsthaft diskutiert. Die zweite Silbe des Erstbestandteils wurde an den Anlaut b des Grundworts Berg angeglichen und mit der ersten Silbe zusammengezogen: Baben > Bam.

Mittelalterliche Deutungen zeigen, wie man den vielleicht nicht mehr durchsichtigen Namen zu verstehen suchte, zum Beispiel in dem Sachwörterbuch „Summarium Heinrici" (1. Hälfte des 11. Jahrhunderts) und bei Gottfried von Viterbo († 1192/1200) als „mons pavonis" (Pfauenberg). Die verbreitet zitierte, Abt Gerhard von Seeon zugeschriebene Deutung papae mons (Berg des Papstes) steht überhaupt nicht in dieser Form im Text seines Widmungsgedichts aus dem Anfang des 11. Jahrhunderts. Mehrere Chroniken ordnen den Namen einer angeblichen Schwester Heinrichs I. namens Baba zu. Ein Historiker des 16. Jahrhunderts interpretierte Papenberg als Pfaffenberg. Alle diese Deutungen – so erhöhend oder passend sie erscheinen mögen – sind sprachlich jedoch nicht möglich. *B. Sch. / R. B.*

Bamberg war durch eine Schenkung Kaiser Ottos II. an den bayerischen Herzog Heinrich II. den Zänker gelangt. Dessen Sohn Heinrich IV., der spätere König Heinrich II., gab Bamberg als Heiratsgut an seine Frau Kunigunde, bevor er hier 1007 das Bistum Bamberg gründete.

SCHENKUNGSURKUNDE KAISER OTTOS II. FÜR HERZOG HEINRICH II. DEN ZÄNKER   47

Worms, 27. Juni 973

Handschrift/Pergament, Siegel durchgedrückt, 32 x 46

Staatsarchiv Bamberg (Bamberger Urkunden [Münchner Abg. 1993] Nr. 8   Abb. 12
[Kaiserselekt Nr. 138])

Seit der Niederlage der „Babenberger" gegen die Konradiner 906 gehörte Bamberg zum Königtum. Doch schenkte Kaiser Otto II. wenige Wochen nach seinem Regierungsantritt auf Bitten seiner Mutter Adelheid beim Hoftag zu Worms die Königsburg („civitas") Bamberg samt Zugehörungen und den Ort Stegaurach an seinen Neffen Herzog Heinrich den Zänker von Bayern. Die Besitzübertragung – die erste urkundliche Erwähnung Bambergs (Kat.-Nr. 46) – war sicherlich eine außerordentliche Geste, denn zum Herrschaftsgut („praedium") Bamberg gehörten umfassende Rechte und Besitzungen; zudem lag es an strategisch günstiger Stelle. Dass Otto der Große König Berengar von Italien dorthin in die Verbannung geschickt und dieser in Bamberg eine königsgleiche Bestattung erfahren hatte, spricht für sich.

Mit der Schenkung von 973 wollte Kaiser Otto II. ganz offensichtlich einen Ausgleich mit seinem Konkurrenten um die Königswürde bewerkstelligen, jedoch scheint der Stolz der seit Jahrzehnten nach der Königskrone strebenden, sich königsgleich wähnenden Heinriche zu sehr gekränkt gewesen zu sein. Mehrmals empörten sich Herzog Heinrich und sein gleichnamiger Sohn gegen die ottonische Königsherrschaft, sie blieben aber letztlich auf diesem Weg erfolglos (vgl. Einleitung zu Kap. II). Der seit 995 regierende Herzog Heinrich (IV.), der spätere König Heinrich II., übertrug die Herzogspfalz „Babenburg" bei der Hochzeit seiner Frau Kunigunde als Heiratsgut, was als Zeichen der besonderen Bedeutung der Pfalz für den Herzog, der dort vielleicht seine Jugendjahre verbracht hatte, gewertet werden kann.

Dem Urkundentext vorangestellt ist das so genannte Chrismon, ein großes verschnörkeltes „C", das als symbolische Anrufung Christi gedeutet wird. Die erste Zeile, in der sich der Aussteller samt Titel nennt, ist in Auszeichnungsschrift (Elongata) gehalten. Der Kontext mit dem rechtserheblichen Teil (Dispositio) als Zentrum ist in der so genannten diplomatischen Minuskel geschrieben mit den typischen Ober- und Unterlängen bei bestimmten Buchstaben. Abgesetzt vom Urkundentext sind die Signumzeile (= Siegelankündigung) mit dem Herrschermonogramm und die Rekognitionszeile, die den verantwortlichen Kanzler und den Notar nennt. Letzterer hatte das Konzept für die Urkunde geliefert und im Original als versierter Urkundenschreiber selbst das in Auszeichnungsschrift gehaltene Schlussprotokoll verfasst. Der Notar schloss die Urkunde dann eigenhändig am unteren Rand mit der Datierungszeile. Aus vielen Urkunden Ottos II. ist bekannt, dass der Notar – von der Forschung mit der Sigle „WC" versehen – ein schlechter Rechner war. So darf man sich nicht wundern, wenn er das (falsche) Inkarnationsjahr 975 einsetzte, das seinerseits nicht zur zusätzlich genannten Indiktion bzw. der Zählung nach Königsbzw. Kaiserjahren passt. Ausstellungstag und -monat der Urkunde werden wie üblich zu Beginn der Datierung nach dem römischen Kalender angegeben.

Bei dem durchgedrückten Siegel, für das in der rechten unteren Hälfte besonders viel Platz gelassen wurde, handelt es sich um das Kaisersiegel Ottos des Großen, das sein Sohn Otto II. weiterbenutzte. Es zeigt den Herrscher in Frontalansicht, mit

Quellen:
MGH DD O II. 44; von Guttenberg, Regesten, Nr. 8.

Literatur:
Forster, Urkundenlehre, Taf. X.; von Guttenberg, Bistum Bamberg; Pfeiffer, Bamberg-Urkunde; Weinfurter, Heinrich II., S. 24 ff., S. 250 ff.; Zimmermann, Bamberg.

Bart, die Krone auf dem Haupt, das Zepter in der rechten und den Reichsapfel in der linken Hand. Rechts neben dem Siegel findet sich das Rekognitionszeichen des Notars samt Kurzschriftzeichen.   *K. R.*

Die Nachkommenschaft des Sachsenherzogs Liudolf ist als Bildtafel in der Weltchronik von St. Pantaleon in Köln versammelt. Heinrich II. wird als Nachfolger König Heinrichs I. und Königin Mathildes eingereiht.

48 CHRONICA S. PANTALEONIS

Aachen oder Köln, um 1240/50

Handschrift/Pergament, 159 und drei ungezählte Blätter sowie ein Papierdeckblatt an Anfang und Ende, 32,8 x 23; aufgeschlagen fol. 43ʳ

Bibliothèque royale Albert Iᵉʳ, Bruxelles/Koninklijke Bibliotheek Albert I, Brussel (Cod. 467)

Literatur:
Gädeke, Zeugnisse, S. 206 ff.,
S. 260 ff.; Gaspar/Lyna,
Principaux manuscrits, Nr. 41,
S. 108 ff. (Handschriften-
beschreibung); Groten,
Geschichtsschreibung, S. 50–78
(zur Überlieferung und Text-
geschichte); Schieffer, Familien-
bild; Schmid, Verlorenes
Stemma, S. 223 f.

Bis zum Berichtsjahr 1237 wurde im Kölner Kloster St. Pantaleon eine Darstellung der Weltgeschichte geführt. Deren stoffliches Fundament bildete eine 1145 in Köln angelegte und dann in mehreren Redaktionsstufen bis 1220 fortgesetzte „chronica regia“. Berichtsperspektive und politischer Standpunkt ändern sich in dem titellos überlieferten chronikalischen Werk, das in St. Pantaleon von einem unbekannten Verfasser neu konzipiert wurde.

Nicht dessen Urfassung, sondern einen Mischtext bietet die vorliegende Handschrift, dazu eine redaktionell eingeflochtene Kompilation von Texten der Hildegard von Bingen. Eröffnet wird die Handschrift mit einem Bild Hildegards (fol. 64ʳ) von gleicher Machart wie die über den gesamten Codex verteilten Miniaturen Karls des Großen sowie der deutschen Könige von Lothar III. bis einschließlich Friedrich II. Nicht das Textensemble, wohl aber die Miniaturen begründen den exklusiven Charakter des Manuskripts. Dieser Befund korrespondiert mit der Entstehungsgeschichte, scheint der Codex doch von Anfang an für das Aachener Marienmünster bestimmt gewesen zu sein, die Krönungskirche der deutschen Könige. In Versen auf dem ungezählten Blatt vor fol. 1 nennt sich der (1245 bezeugte) Neusser Schöffe Otto, wohl der Schreiber oder wenigstens Beschaffer der Handschrift.

Die Idee herrschaftlicher Kontinuität und der Souveränität des deutschen Königtums scheint das Bildrepertoire der Miniaturen zu leiten. Zu diesem zählen auch eine programmatisch die antiken Kaiser einbeziehende Roma-Abbildung (fol. 1ʳ), eine Lehrszene mit Adam und Seth (fol. 1ᵛ), eine Karolingergenealogie (fol. 17ᵛ) sowie die Tafel mit den Nachkommen des Sachsenherzogs Liudolf. Deren zentrales Element formt (fol. 43ʳ) im oberen Blattdrittel das textlich eingerahmte Medaillon König Heinrichs I. und seiner Gemahlin Mathilde. Direkt unter ihnen rangiert der Thronfolger, Kaiser Otto I., rechts neben ihm sein Bruder, der Bayernherzog Heinrich. Dessen Filiation führt zum rechten Blattrand hin über Herzog Heinrich II. den Zänker von Bayern auf diesem Zweig der Liudolfinger zu „Kaiser“ Heinrich II. (rechts außen in der fünften Bildreihe von unten). Weder für die Auswahl der Herrscherminiaturen noch für diese Genealogie ist jedoch eine durchweg klare Struktur zu erkennen.   *V. H.*

Die Lebensbeschreibung Mathildes, der 968 gestorbenen, heiligmäßig verehrten Gemahlin König Heinrichs I., ist eine wichtige Quelle für das Selbstverständnis König Heinrichs II.

Vita Mathildis posterior 49

Köln, St. Pantaleon, 14. Jahrhundert

Handschrift/Pergament, Sammelhandschrift 259 Blätter, 32 x 22

Bibliothèque royale Albert Ier, Bruxelles/Koninklijke Bibliotheek Albert I, Brussel (Cod. 3134 [329-41])

Das unter dem Eindruck des nicht unumstrittenen Herrschaftsantritts Heinrichs II. 1002/03 von einem Unbekannten verfasste Werk, dessen ältester vollständig erhaltener Textzeuge der Brüsseler Codex (fol. 83ra–136vb) ist, gibt sich als Auftragsarbeit des Königs, dem es gewidmet ist. Die Vita posterior ist die Überarbeitung des älteren Mathildenlebens, das wohl 973/74 zum Beginn der selbstständigen Regierung Kaiser Ottos II. entstand. Im Gegensatz zu dieser Vita antiquior stehen in der Vita posterior – neben umfangreichen hagiografischen Abschnitten – die Geschicke der bayerischen Liudolfinger, besonders Herzog Heinrichs I. von Bayern, im Vordergrund. Die fehlgeschlagenen Versuche des Vaters und Großvaters Heinrichs II., gegen die sächsischen Ottonen das Königtum zu erlangen, werden zwar im Einzelnen nicht geschildert, doch vom Verfasser in Anlehnung an Lukas 14,11 („Wer sich erhöht, der wird erniedrigt werden, und wer sich erniedrigt, der wird erhöht werden") gedeutet, sodass sich die Erfüllung dieses Bibelworts in König Heinrich II. zeige. Darüber hinaus greift der Verfasser zu einer geschickten Konstruktion: Um die Herrschaftsansprüche Heinrichs II. zu rechtfertigen, wird das besondere Verhältnis hervorgehoben, das dessen gleichnamiger Großvater, der Bruder Ottos I., zu Mathilde gehabt haben soll. Dieser Heinrich sei im Gegensatz zu Otto nicht nur geboren worden, als der Vater bereits König war (was zutrifft), sondern er habe auch mit König Heinrich I. die größte Ähnlichkeit gehabt. Nach dem Tod Herzog Heinrichs I. habe Mathilde ihre Zuneigung auf dessen Sohn, Herzog Heinrich den Zänker, übertragen. Seiner Nachkommenschaft habe Mathilde die Königsherrschaft prophezeit. In diesem Zusammenhang wird König Heinrich II., der Sohn des Zänkers, emphatisch angesprochen, um das Eintreffen dieser Voraussage nunmehr zu feiern (fol. 121^{r}–121^{v}): So habe sich von König Heinrich I. über Herzog Heinrich I. und Herzog Heinrich den Zänker bis hin zu König Heinrich II. das „nomen Heinrici" gehalten. Das Selbstverständnis Heinrichs II. spiegelt sich zudem in zahlreichen herrscherparänetischen Abschnitten wider, unter denen ein Zitat aus dem in literarischen Quellen sonst nicht rezipierten Mainzer Krönungsordo hervorzuheben ist. *B. Schü.*

Quelle:
Vita Mathildis.

Literatur:
Bornscheuer,
Miseriae regum; Corbet, Saints,
S. 155–234; Weinfurter,
Heinrich II., S. 14ff.

Schon in seiner Herzogszeit rühmten Tegernseer Mönche Heinrich wegen seiner königlichen Herkunft.

Tegernseer Briefsammlung: Empfangsgedicht vom Frühjahr 1001 50

Froumund von Tegernsee (um 960–um 1008)

Tegernsee, nach 1005 angelegt

Handschrift/Pergament, 247 Blätter, 13,5 x 11,5; aufgeschlagen fol. 41^{v}

Bayerische Staatsbibliothek, München (Clm 19412)

Der kurz nach 1005 geschriebene, chronologisch angelegte erste Teil der Handschrift (S. 1–136) umfasst Briefe und Gedichte des Tegernseer Mönchs und Lehrers Froumund sowie zahlreiche Briefe anderer Verfasser, die in Tegernsee eingingen oder von hier abgesandt wurden. Froumunds Sammlung ist nicht nur die wichtigste Quel-

Quelle:
Froumund, Tegernseer
Briefsammlung, S. XIX–XXIII
(zur Handschrift) und
S. 57f. (Text).

Literatur:
AK Zwölf Jahrhunderte, S. 46,
Nr. 16; Eder, Schule, S. 24,
S. 36f., S. 41f.

le zur Geschichte Tegernsees in spätottonischer Zeit, ihr kommt auch besondere kulturhistorische Bedeutung zu, gewährt sie doch Einblick in so verschiedenartige Bereiche wie Fischfang, Metallguss und klösterliche Schullektüre.

Zahlreiche Briefe und Gedichte zeugen von dem engen Verhältnis des Reichsklosters Tegernsee zu den bayerischen Herzögen Heinrich dem Zänker und seinem Sohn Heinrich IV. Allein vier Gedichte Froumunds (Nr. XIV, XVII, XVIII, XX) sind Herzog Heinrich IV. gewidmet. Sie rühmen seine königliche Abstammung und heben seine königsgleiche Stellung in Bayern hervor: „Sei gegrüßt, Herzog Heinrich, du von deinen Völkern Geliebter,// du Nachkomme der Könige, auch du hältst Zepter in Händen.// Kein Sterblicher wird dich von den Königen jemals übersteigen."

In diesem im Frühjahr 1001 entstandenen Gedicht (Nr. XX) weiten die Mönche von Tegernsee ihr Lob – erfreut über die glückliche Heimkehr Heinrichs, „unseres Fürsten", aus Italien – auch auf seine Nachkommenschaft aus, die sie bald zu sehen wünschen – ein Wunsch, der sich nicht erfüllen sollte. *H. S*

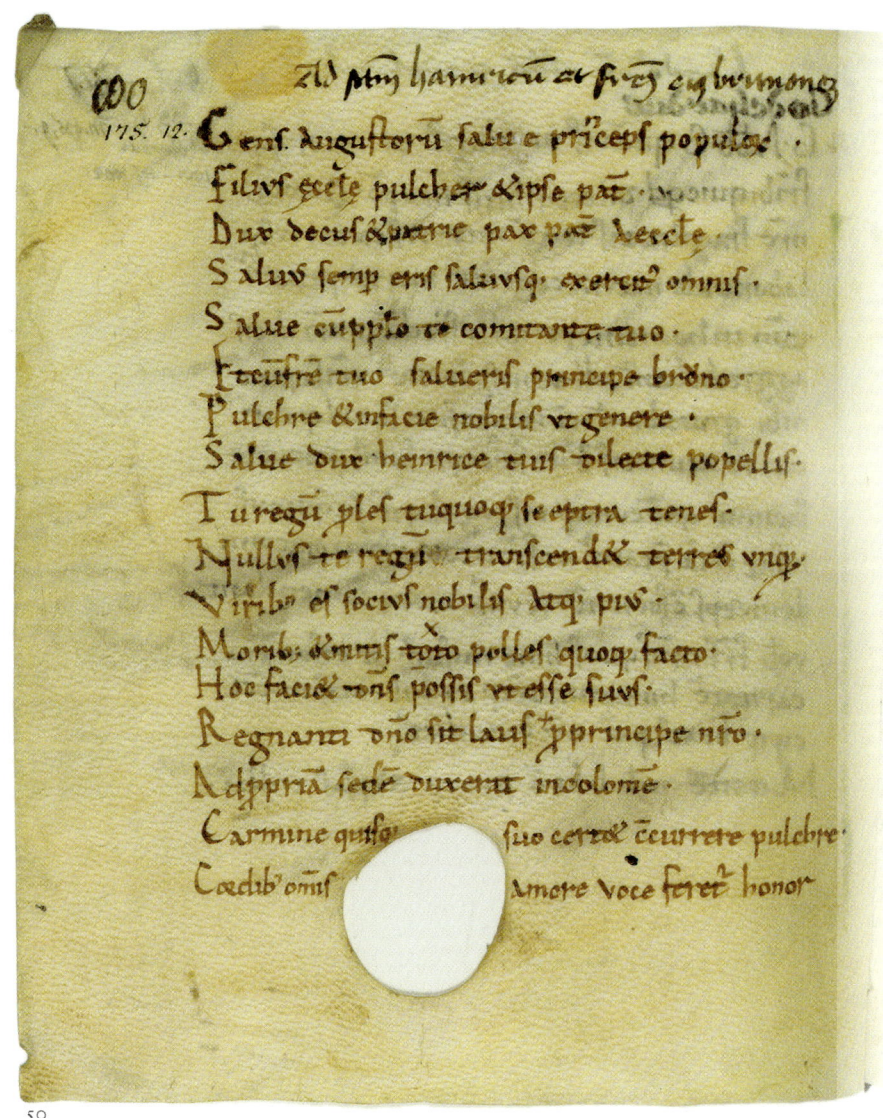

III   DER NEUE KÖNIG

Triumphat Baioaria – Bayern triumphiert
(Leo von Vercelli)

Am 24. Januar 1002 starb ganz unerwartet der jugendliche Kaiser Otto III. auf der Burg Paterno. Das Gefolge von Bischöfen und Fürsten, das seinen Leichnam über die Alpen brachte, wurde im Februar 1002 von Herzog Heinrich IV. von Bayern in Polling in Empfang genommen. Dort brachte der Bayernherzog erstmals seinen Anspruch auf die Nachfolge im Königtum mit großer Entschiedenheit zum Ausdruck und nahm die Reichsinsignien an sich. Die Heilige Lanze, das wichtigste königliche Herrschaftszeichen, war vom Kölner Erzbischof, der das Königtum Heinrichs zu verhindern suchte, heimlich fortgeschafft worden. Doch sie musste auf Druck des Bayernherzogs schließlich ausgeliefert werden. Die Eingeweide des verstorbenen Kaisers ließ Heinrich in Augsburg in der Ulrichs-Kapelle der St.-Afra-Kirche beisetzen. Damit inszenierte er die Fürsorge für das Totengedächtnis des Vorgängers, wie es einem legitimen Nachfolger zuzukommen pflegte.

Heinrichs Anspruch war heftigst umstritten. In Italien hatte sich mit Arduin von Ivrea am 15. Februar 1002 bereits ein eigener König etabliert, sodass sich das italische Reich zu verselbstständigen schien. Im Reich konkurrierten vor allem Markgraf Ekkehard von Meißen (985–1002) und Herzog Hermann II. von Schwaben (997–1003) mit Heinrich um die Königswürde. Aber auch andere Große wie Herzog Dietrich I. von Oberlothringen (978–1027/32), Herzog Bernhard I. von Sachsen (973–1011) oder Pfalzgraf Erenfried (Ezzo) (996–1034) nahmen am Ausscheidungskampf teil. Während die Konkurrenten durch Neider und Rivalen in ihrer Durchsetzungskraft gemindert waren – Ekkehard musste sich vorwerfen lassen, dass ihm „das vierte Rad am Wagen" fehle –, konnte sich Heinrich auf den zuverlässigen Block seiner bayerischen Getreuen, Grafen und Bischöfe stützen; auch einige fränkische Anhänger schlossen sich ihm an. Von besonderer Bedeutung war, dass Erzbischof Willigis von Mainz (975–1011) für ihn Partei ergriff und ihn am 7. Juni 1002 zum König weihte und krönte. Durch die Ermordung Ekkehards von Meißen am 30. April in Pöhlde, die Anerkennung Heinrichs durch die Sachsen am 25. Juli in Merseburg und die Unterwerfung Hermanns II. am 1. Oktober 1002 in Bruchsal war der Weg für Heinrich frei. Nach einem „Huldigungsumritt" versammelte der neue König am 15. Januar 1003 einen Hoftag in Thionville (Diedenhofen) und legte den Großen des Reichs die Grundlinien seiner Herrschaftsauffassung dar. Im Anschluss daran präsentierte er sich in einem „Kirchenumritt" den wichtigsten Bischofskirchen seines Reichs.

Die Überlegenheit Heinrichs II. erwuchs aus der Überzeugung, in mehrfacher Weise für das Königtum legitimiert zu sein. So konnte er sich auf die Abstammung von König Heinrich I. (919–936), seinem Urgroßvater, berufen. Nicht weniger wichtig war für ihn die Nähe zu seinem Vorgänger, Kaiser Otto III., wie er in einer in Thionville ausgestellten Urkunde vom 15. Januar 1003 (Kat.-Nr. 58) selbst betonte. Die Unterstützung durch die Schwestern Ottos III., die „kaiserlichen Frauen" Adelheid (Äbtissin von Quedlinburg, † 1043) und Sophie (Äbtissin von Gandersheim, † 1039), dürfte diese Begründung verstärkt haben.

Entscheidend aber war sicherlich die Vorstellung, von Gott selbst für das Königtum vorbestimmt und als Stellvertreter des himmlischen Königs eingesetzt zu sein. Dieses Bewusstsein machte für Heinrich eine Königswahl durch die Großen des Reichs im Grunde überflüssig. Durch die Königsweihe und die Salbung, vorgenommen von den Bischöfen, war der Auftrag Gottes in Kraft getreten. So ist es im Krönungsordo von Mainz (um 960) beschrieben, der in der Zeit Heinrichs II. in zum Teil reich ausgeschmückten Handschriften wie dem Bamberger Pontifikale verbreitet war. Auch in Krönungs- und Herrscherbildern hat sich der enge Bezug zur göttlichen Gnade und Beauftragung niedergeschlagen. Die Vorstellung, wie ein zweiter Moses dazu ausersehen zu sein, dem auserwählten Volk die Gebote und die Ordnung Gottes zu vermitteln, kommt vor allem im Krönungsbild des Regensburger Sakramentars (Kat.-Nr. 112) zum Ausdruck. Es scheint, als ob die gesteigerte „Naherwartung" des Weltgerichts um die Jahrtausendwende das Bewusstsein, im Volk die Ordnung Gottes durchsetzen zu müssen, noch gefördert hätte. Die Bamberger Apokalypse darf als Zeichen dieser Erwartungshaltung gelten.

Eine zweite Herrscherdarstellung im Regensburger Sakramentar, das Thronbild, zeigt den majestätischen Herrscher in Anlehnung an ein karolingisches Bild. So kraftvoll und autoritativ wie ein Karolinger wollte Heinrich II. regieren. Dies dürfte auch als Aussage in seiner Bullendevise enthalten sein: „Renovatio regni Francorum", „Erneuerung der fränkischen Königsherrschaft" (Kat.-Nr. 59). Dementsprechend führte er ein strenges Regiment, das ihn immer wieder mit den mächtigen Adelsfamilien in Konflikt brachte. Besonders Markgraf Heinrich von Schweinfurt († 1017), der das Herzogtum von Bayern erstrebte, musste dies erfahren. Als er sich in seinem Bemühen von Heinrich II. betrogen fühlte und seine Empörung öffentlich machte, wurde er mit Macht niedergeworfen.

Dem König zur Seite stand dagegen die Mehrheit der Bischöfe. Sie sahen den in der Theologie geschulten Herrscher geradezu als einen der Ihren an. Stets verlassen konnte sich Heinrich II. auf seine Gemahlin Kunigunde aus dem Haus der Grafen von Luxemburg, mit der er sich um das Jahr 1000, also noch in seiner Zeit als Herzog, verheiratet hatte. Sie brachte ihm ein großes Verwandtschaftsnetz im Westen des Reichs ein. In Bayern, wo sie reich begütert und hoch angesehen war, lenkte sie ein Beziehungsgefüge führender Adelshäuser, zu denen die Aribonen, die Kühbacher und die Welfen gehörten. Als Helfer seiner Herrschaft setzte Heinrich II. insbesondere Gefolgsleute und Vertraute aus seiner bayerischen Herzogszeit ein, die seine Herrschaftskonzeption mittrugen und bereit waren ihm Gehorsam zu erweisen. Wichtige Bischofsstühle wurden mit Bayern besetzt, und auch am Hof übernahmen sie häufig führende Positionen. „Bayern triumphiert" – so hatte ein Zeitgenosse, Bischof Leo von Vercelli, schon zum Herrschaftsbeginn Heinrichs II. treffend bemerkt.

Stefan Weinfurter

Die Heilige Lanze war Christusreliquie und Herrschaftszeichen. Sie verhieß Sieg und sollte zum ewigen Leben führen.

NACHBILDUNG DER HEILIGEN LANZE

51

18. Jahrhundert

Holz, Draht, Papier, Goldprägung, L. 51,5

Kath. Pfarramt St. Andreas, Ochsenfurt (St. A. 2/246)

Die Heilige Lanze ist eine aus (vor-?)karolingischer Zeit stammende Flügellanzenspitze, in deren ausgebrochener Mitte ein Eisenstift eingepasst ist, der später als Nagel vom Kreuz Christi galt, während nach dem ältesten Bericht Späne der Nägel vom Kreuz Christi in die Lanze eingearbeitet waren. Den unteren Teil umgibt eine unter Heinrich IV. angefertigte Manschette. Sie trägt die Inschrift: „CLAVVS DOMINICVS + HEINRICVS D(E)I GR(ATI)A TERCIVS ROMANO(RV)M IMPERATOR AVG(VSTVS) HOC ARGENTVM IVSSIT FABRICARI AD CONFIRMATIONE(M) CLAVI D(OMI)NI ET LANCEE SANCTI MAVRICII SANCTVS MAVRITIVS". Diese silberne Manschette wurde in der Zeit Karls IV. mit einer goldenen Manschette umhüllt (Inschrift: „+ LANCEA ET CLAVVS DOMINI").

Die Lanze ist wohl identisch mit derjenigen, die Liutprand von Cremona in seiner „Antapodosis" beschreibt und auf Konstantin den Großen zurückführt. 926 übergab König Rudolf II. von Hochburgund die Heilige Lanze dem ostfränkisch-deutschen Herrscher Heinrich I. Sie war eine Christusreliquie und wurde vermutlich als Lanze des Longinus angesehen, der mit ihr die Seite des gekreuzigten Christus geöffnet hatte. Am Longinustag 933 hatte Heinrich I. bei Riade die Ungarn geschlagen und vermutlich die Heilige Lanze als Sieg verheißende Reliquie bei sich gehabt. Als solche führte sie auch Otto der Große in der Schlacht von Birten 939 gegen die aufständischen Großen seines Reichs und 955 in der Lechfeldschlacht gegen die Ungarn mit sich.

Otto III. ließ sich die Lanze bei seinem Zug zur Kaiserkrönung in Rom 996 voraustragen und 1001 im Kampf gegen das aufständische Rom durch Bischof Bernward von Hildesheim führen. Zu Beginn des Jahres 1000 schenkte er bei seiner Reise nach Gnesen dem polnischen Herzog Boleslaw Chrobry eine Kopie der Heiligen Lanze, in die Reliquien von dieser eingearbeitet waren. Eine ähnliche Schenkung Ottos III. an König Stephan von Ungarn ist bezeugt. Beide Schenkungen gehören in das Umfeld der Organisation der kirchlichen und politischen Strukturen des östlichen lateinischen Europa.

Vermutlich galt die Heilige Lanze damals bereits als Lanze des Mauritius, des Anführers der Thebäischen Legion. Erstmals wird sie 1008 von Brun von Querfurt mit diesem von den Ottonen besonders verehrten Heiligen in Verbindung gebracht, aber bereits Quellen zur Gnesen-Reise Ottos III. bezeichnen sie als Mauritius-Lanze (Ademar von Chabannes, Fassung C, wohl 11. Jahrhundert; Gallus Anonymus, 12. Jahrhundert).

Nach dem Tod Ottos III. (1002) galt die Heilige Lanze als zentraler Bestandteil des königlichen Reliquienschatzes und als wichtiges Herrschaftssymbol. Der Bayernherzog Heinrich zwang den Kölner Erzbischof Heribert, der Ottos III. Leichnam zur Beisetzung nach Aachen überführte, ihm in Augsburg die Insignie auszuliefern und demonstrierte so seinen Anspruch auf die Königswürde. Im Krönungsbild des Regensburger Sakramentars (Kat.-Nr. 112) wird die Heilige Lanze von einem Engel in die rechte Hand Heinrichs gelegt. Zu seiner Rechten steht der seit 992/93 als Heiliger verehrte Bischof Ulrich von Augsburg, der 955 seine Bischofsstadt gegen die Ungarn verteidigt hatte. Der neue König Heinrich II. trat über diese Darstellung in die Herrschafts- und Siegestradition seiner ottonischen Vorgänger ein und erhielt

Literatur:
AK Europas Mitte, S. 532f.
Nr. 27.01.04–05; Fried, Otto
III., S. 133–149, S. 178f.;
Körntgen, Königsherrschaft,
S. 56–59, S. 212–235;
Schramm, Herrschaftszeichen,
Bd. 2, S. 492–537; Weinfurter,
Heinrich II., S. 38–46, S. 53,
S. 78; Wolf, Prolegomena.

gleichzeitig die geistlichen Waffen, die ihn zum ewigen Leben führen sollten. Indem der Lanzenschaft durch die Hinzufügung von Knospen dem altestamentlichen Stab Aarons angeglichen wurde, beschwor man die Sakralität der Königsherrschaft Heinrichs. Bei seiner Krönung in Mainz (Kat.-Nr. 52ff.) soll die Heilige Lanze verwendet worden sein (möglicherweise auch bei seinem Nachfolger Konrad II.), für die Anerkennung seiner Königsherrschaft durch die Sachsen in Merseburg ist das gesichert.

Eine zweite Darstellung der Heiligen Lanze in einer Herrscherminiatur (Bayerische Staatsbibliothek, München, Clm 7383, fol. 1ᵛ), die vermutlich Heinrich V. zeigt, entbehrt derartiger herrschaftsideologischer Züge. Als Symbol konkreter Königsherrschaft trat die Heilige Lanze in der Zeit nach Heinrich II. in den Hintergrund und wurde durch die Krone abgelöst. Sie blieb aber ein wichtiger Bestandteil des königlichen Reliquienschatzes. Etwa seit der Mitte des 13. Jahrhunderts galt sie wieder mehr und mehr als Lanze des hl. Longinus.   *E.-D. H.*

Das kirchliche Ritual der Salbung und Krönung machte Heinrich zum König.

52 SCHAFFHAUSER PONTIFIKALE

Südostdeutsch, Mitte/2. Hälfte 11. Jahrhundert

Feder, Handschrift/Pergament, 180 Blätter, drei ganzseitige Federzeichnungen, 21,5–22 x 16,5; aufgeschlagen fol. 29ʳ

Stadtbibliothek, Ministerialbibliothek Schaffhausen (Min. 94)

Literatur:
AK Bernward von Hildesheim
(R. Lauer); Butzer/Augustyn,
Katalog, S. 69f., Nr. 70;
Gamper/Knoch-Mund/Stähli,
Katalog, S. 209–214;
Hoffmann, Buchkunst, Bd. 1,
S. 41; Lauer, Kunst; Ott, Krone
und Krönung; Weidemann,
Pontifikale; Schramm,
Die deutschen Kaiser,
S. 237 und 415, Nr. 165.

Durch ein geschicktes Manöver gelang es Heinrich II. die Truppen seines Rivalen Hermann von Schwaben ins Leere laufen zu lassen und selbst mit seinem Gefolge bei Worms den Rhein zu überqueren, um sich am 7. Juni 1002 in Mainz von Erzbischof Willigis zum König salben und krönen zu lassen. Der kirchliche Krönungsritus wird in einer Federzeichnung des Schaffhausener Pontifikale illustriert, einer Handschrift, in der Gebete und rituelle Anweisungen für die dem Bischof vorbehaltenen liturgischen Handlungen zusammengestellt sind. Fol. 29ʳ zeigt den König zwischen zwei mit dem Pallium ausgezeichneten Erzbischöfen; der eine, mit dem Bischofsstab in der linken Hand, berührt mit der rechten die Krone auf dem Haupt des Königs, der andere, der im verhüllten rechten Arm ein liturgisches Buch trägt, berührt mit der linken Hand das Zepter. Gemäß dem Mainzer Krönungsordo, der in der Handschrift unmittelbar auf die Illustration folgt, übergeben Bischöfe dem König nach der Salbung mit deutenden Worten die Herrschaftsinsignien, zuletzt Zepter und Stab, bevor der Erzbischof dem Herrscher die Krone aufsetzt. Die Zeichnung zeigt die ungenaue Wiedergabe einer Bügelkrone mit Lilien und Pendilien. Der Globus in der rechten Hand des Königs hat keine Funktion in der Krönungszeremonie.

Eine zweite Zeichnung auf der Rückseite (fol. 29ᵛ) zeigt den unter einem Baldachin thronenden Herrscher, der auf einem in spätantiker Tradition mit Löwenköpfen geschmückten Armlehnstuhl, einem so genannten Faldistorium, sitzt; mit Säulen und Giebeln ist eine Palast- oder Kirchenarchitektur angedeutet. Dem Text des Pontifikale ist ein Widmungsbild vorangestellt (fol. 2ᵛ), das die Übergabe einer Handschrift an einen König zeigt.

Obwohl schon während des Investiturstreits entstanden, sind die Zeichnungen deutlich älteren Vorbildern verpflichtet. Die nächste Parallele zum Schaffhausener Krönungsbild ist in einer ottonischen Handschrift der gleichen Textversion des Pontifikale aus Seeon überliefert (Staatsbibliothek Bamberg, Lit. 53, fol. 2ᵛ). Sie zeigt die feierliche liturgische Einholung des Königs durch zwei Erzbischöfe (sustentatio), die nicht nur bei Krönungen vollzogen wurde. Vielleicht ist in Mainz, wo das so genannte römisch-deutsche Pontifikale um 960 zusammengestellt worden ist, auch ein begleitender Illustrationszyklus geschaffen worden. Die älteste vergleichbare Illustration einer Krönungshandlung im Sakramentar des Bischofs Warmund von Ivrea (Biblioteca Capitolare, Ivrea, Ms. 86, fol. 2^r) ist aber sicher nicht von einer solchen Vorlage abhängig.

Die Handschrift ist nicht in Schaffhausen entstanden, aber dort wahrscheinlich schon am Ende des 11. Jahrhunderts benutzt worden. Einzelne Textzusätze deuten auf ein Benediktinerkloster als Entstehungsort. *L. K.*

Am 7. Juni 1002 wurde Heinrich nach dem Mainzer Krönungsordo an Haupt, Schultern und Armgelenken in Mainz von Erzbischof Willigis zum König gesalbt und gekrönt.

SALBÖL

Bistum Bamberg

53

Die Salbung zum König durch die Hand eines Erzbischofs symbolisierte die enge Verbindung von weltlicher und geistlich-kirchlicher Sphäre in der mittelalterlichen Herrschaftsvorstellung; denn angeknüpft wurde damit an die alttestamentlichen Salbungen zu Propheten und vor allem zu Königen Israels wie Saul oder David. Der Herrscher sollte mit dem Heiligen Geist „gesalbt" werden, um für seine politische Aufgabe, die gleichzeitig eine religiöse war, befähigt zu werden.

Salbungen waren seit alters Bestandteil der Liturgie bei Taufe, Firmung, Bischofs- und Priesterweihe und der Krankensalbung. Dabei verwendete man, je nach Anlass, drei Sorten von Salböl: Katechumenenöl, Krankensalbungsöl und – als kostbarstes – das Chrisma (Chrisam). Die Öle wurden und werden in der Regel entsprechend der Herkunft aus der Mittelmeerwelt auf der Basis von reinem Olivenöl hergestellt. Mit der Ausbreitung des Christentums in andere Kulturkreise in der Neuzeit hat sich dies verändert; so ist heute auch der Gebrauch von Kokosöl in der Liturgie erlaubt. Chrisam zeichnet sich durch Beifügung von Balsam oder anderen Duftstoffen aus. Alle drei Öle wurden in einem feierlichen Gottesdienst am Gründonnerstag durch den Bischof gesegnet („Chrisammesse"). Heinrich II. wohnte selbst mehrfach solchen Weihen der heiligen Öle bei.

Bei der Salbung des deutschen Königs wird in den Quellen lediglich von „oleum sanctificatum" (geheiligtem Öl) gesprochen. Es kam also wohl nur Katechumenenöl zur Verwendung, also Öl, über das lediglich ein besonderer Segen gesprochen wurde. Heute wird es in vorbereitenden Riten der Taufe benutzt, während das Tauf- wie auch das Firmsakrament mit Chrisam gespendet werden. Die Salbung mit dem einfacheren Katechumenenöl geschah wohl nicht ohne Grund: Damit war der König zwar in die geistliche Rangordnung aufgenommen, aber auch deutlich tiefer gestuft als die übrigen durch eine Salbung in ihre Würde eingesetzten Personen wie Priester oder Bischöfe. Zur Zeit Heinrichs II. nahm man am grundsätzlich geistlichen Charakter des Königs noch keinen Anstoß. Dazu kam es erst in der zweiten Hälfte des 11. Jahrhunderts, als dem König jeglicher geistliche Rang abgesprochen wurde (Investiturstreit).

Auch wenn zur Zeit Heinrichs II. im ostfränkisch-deutschen Reich die Salbung bei der Königsweihe noch Ausdruck einer fortschreitenden „Vergeistlichung" der weltlichen Gewalt war, blieb das Salböl doch eingebunden in das System der liturgischen Öle und wurde nicht mythisch überhöht wie etwa das Salböl der französischen Könige, das über Jahrhunderte im Kloster Saint-Denis in der „heiligen Ampulle" aufbewahrt wurde. Einer frühmittelalterlichen Legende nach war das heilkräftige Öl von einem Engel zur Taufe des ersten Frankenkönigs Chlodwig vom Himmel auf die Erde gebracht worden. *H. Sch.*

Literatur:
Beyreuther, Osterfeier; Fattinger, Ölgefäße; Maier, Feier; Reifenberg, Duft; Schramm, Ablauf.

In der mehrstündigen Krönungszeremonie erklangen teils schlichte, teils virtuose Gesänge.

54 MUSIK ZUR KRÖNUNGSZEREMONIE HEINRICHS II.

Rekonstruktion: Christof Nikolaus Schröder

Literatur:
Hiley, Plainchant;
Schramm, Ablauf;
Schröder, Krönungsmusik.

Die Feierlichkeiten aus Anlass einer Königskrönung bzw. -salbung gliederten sich nach dem 1002 vermutlich verwendeten und unter Heinrich II. reichsweite Verbreitung findenden Mainzer Ordo in zwei Teile: die eigentliche Krönung und die Messe für den König. Die Krönung bestand hauptsächlich aus der Rezitation von Gebeten sowie der Befragung des Königs. Beides hatte eine musikalisch eher schlichte Form. Lediglich beim Empfang des Königs durch zwei Bischöfe und als Antwortgesang nach der Krönung erwähnt der Mainzer Ordo feierliche Responsorien (Antwortgesänge). Über das Repertoire der Krönungsmesse geben der Mainzer Ordo sowie die weiteren überlieferten Krönungsordines keine genauen Informationen. Lediglich für den Übergang von der Krönung zur Messe wird erwähnt, dass, während Hymnen erklingen, eine einzelne Stimme das „Te Deum laudamus" singt.

Nach dem „Pontificale Romanum", dem römischen Zeremonial-Buch für alle besonderen Anlässe, sind für eine Krönungsmesse keine eigenen Texte bzw. Gesänge vorgesehen. Vielmehr ist das Proprium des entsprechenden Sonntags zu singen, im Falle der Krönung Heinrichs (7. Juni 1002) des zweiten Sonntags nach Pfingsten (später: erster Sonntag nach Trinitatis). Dieser Sonntag hatte nach dem Bamberger Graduale (Kat.-Nr. 114) das Proprium „Factus est", was auch andere zeitgenössische Handschriften überliefern wie Einsiedeln 121. Sämtliche Stücke dieses Propriums sind heute noch in Gebrauch. Ergänzt wurde die Krönungsmesse durch das Element der „Laudes Regiae", das feierliche Königslob. Auch dieses findet sich im Bamberger Graduale.

Für die Rekonstruktion einer Musik zur Krönung Heinrichs II., welche alle wichtigen Elemente der Zeremonie sowie einige Stücke aus dem Sondergut des Bamberger Graduales enthält, wurden folgende Hauptquellen verwendet: Die Handschriften Bamberg Lit. 6 (B) und Einsiedeln 121 (E) für die Messe, Laon 263 (L) für das Kyrie der Messe, Sankt Gallen 390/391 (Antiphonarium Hartkeri, H) sowie Worcester F 160 (W) für die Responsorien. Die „Laudes Regiae" wurden nach dem Text in B und der – wenngleich jüngeren – Melodie von W rekonstruiert, da B keine Melodie überliefert. Editionen standen mit dem „Graduale Romanum" und dem „Offertoriale Triplex" für die Messe sowie dem „Nocturnale Romanum" für die Responsorien zur Verfügung. In den vor oder um 1000 entstandenen Handschriften B, E und H wird Neumenschrift (von griech. neuma = Wink) verwendet, welche zwar relative Melodiebewegungen sowie die gesangliche Gestaltung der Stücke sehr präzise wiedergibt, nicht jedoch die genauen Tonhöhen. Hierfür benötigt man jüngere Vergleichsquellen (z. B. W), die den Melodieverlauf in Notenschrift enthalten, oder moderne Editionen, wobei mitunter der Melodieverlauf den Neumen der älteren Handschriften anzupassen ist.

Was die eigentliche Krönungszeremonie angeht, so musste hier eine Auswahl getroffen werden, da deren Gebete mehrere Stunden dauern und nach melodisch einfachen Orationstönen gesungen werden. Dennoch wird die Spannbreite zwischen virtuoser Singweise der Responsorien und schlichter Melodik der Gebete aufgezeigt. Die Befragung des Königs und die Gebete zur Salbung zeigen die Bedeutung der Krönung für das Verhältnis des Königs zur Kirche und seine Herrschaftsausübung.

Welche Hymnen beim Übergang von der Krönung zur Krönungsmesse zum „Te Deum" zu singen waren, teilen die Quellen nicht mit. Es gibt jedoch im Repertoire durchaus Kompositionen zum Empfang des Königs. Daher wurde der „Hymnus In

Adventu Regis ‚En, adest Caesar' ausgewählt, den Bischof Theodulf von Orleans (†821) für Ludwig den Frommen schrieb.

Das Proprium (die veränderlichen Eigentexte) der Messe sind durch die Handschriften vorgegeben. Für die beiden Lesungen (Altes Testament und Evangelium) wurden mangels entsprechender Hinweise in den Quellen die Salbung Sauls und der königliche Einzug Jesu in Jerusalem ausgewählt. Für das Ordinarium (die unveränderlichen Texte) wurden zuerst die in B überlieferten Stücke geprüft und in jüngeren Handschriften und Editionen nach Parallelüberlieferung mit Notenschrift gesucht. Für das tropierte „Agnus Dei" aus B fand sich lediglich eine ähnliche Parallelüberlieferung, was eine Teil-Neukomposition nötig machte. Die übrigen Teile des Ordinariums wurden dem vor oder zur Zeit Heinrichs entstandenen Repertoire entnommen. Das „Kyrie fons bonitatis" als eine feierliche Komposition des 10. Jahrhunderts zeigt, wie der feststehende Text durch Zwischenverse (Tropen) kommentiert wird, welche unter die weit ausufernden Melismen (lange Tonfolgen über einer Einzelsilbe) gelegt wurden. Mit dem „Gloria" des Bruno von Dagsberg (1002–1054), dem späteren Bischof Bruno von Toul und Papst Leo IX., konnte ein virtuoses Stück aus der Zeit Heinrichs in das Programm aufgenommen werden, dessen Komponist namentlich bekannt ist. Da das tropierte Sanctus aus B mangels geeigneter Parallelüberlieferungen nicht befriedigend zu restituieren war, wurde das in Tonart und Melodieverlauf verwandte und zum Agnus Dei passende „Sanctus I" aus dem 10. Jahrhundert gewählt. Wenngleich die „Rekonstruktion" der Krönungsmusik für Heinrich II. aus Mangel an geeigneten Quellen keineswegs den Anspruch erheben kann, historisch gesicherte Realität zu vermitteln, so kann sie doch in eindrücklicher Weise den Charakter der Zeremonie der Krönung Heinrichs in unsere Zeit vermitteln. *Ch. N. Sch.*

In seiner Totenklage auf Otto III. verbindet Bischof Leo von Vercelli das Lob auf den neuen Herrscher Heinrich II. mit der Aufforderung an ihn, in Italien einzugreifen.

Leo von Vercelli, Versus de Ottone et Heinrico   *55*

Italien, 11. Jahrhundert

Handschrift/Pergament, 130 Blätter, 23,2 x 18; aufgeschlagen fol. 2ᵛ

Bayerische Staatsbibliothek, München

(Clm 14516: St. Emmeram F 19 [Regensburg])

Auf dem zweiten, nachträglich vorgesetzten Blatt einer italienischen Sammelhandschrift aus dem Kloster St. Emmeram in Regensburg befindet sich ein wohl im November/Dezember 1002 entstandenes Gedicht des Bischofs Leo von Vercelli (998–1026), der zu den wichtigsten Beratern der Kaiser Otto III., Heinrich II. und Konrad II. in Italien gehörte. Der Reichsbischof verbindet in den Versen, die in voneinander abweichenden Versionen und in veränderter Strophenfolge noch anderweitig überliefert sind (Kat.-Nr. 57), die Totenklage über Otto III. mit Glück- und Segenswünschen für den neuen König und schließt mit einer Aufforderung an Heinrich II., die Herrschaft in Italien wiederherzustellen. Ungeachtet der eigenwilligen Verbindung dieser Bestandteile ist das Gedicht, das wohl von zwei italienischen Händen abwechselnd, aber ohne Rücksicht auf Strophen und Verse, niedergeschrieben wurde, als Einheit zu betrachten. Seiner Trauer über den frühzeitigen Tod des jungen und viel versprechenden Kaisers gibt Leo bemerkenswert ausführlich Ausdruck, wobei er nicht nur biblische Zitate einsetzt, sondern auch Wendungen eines eigenen früheren Preislieds auf Papst Gregor V. und Otto III. umformt. Otto III. habe, wie es nun heißt, die Kirche triumphieren und die Welt aufblühen lassen

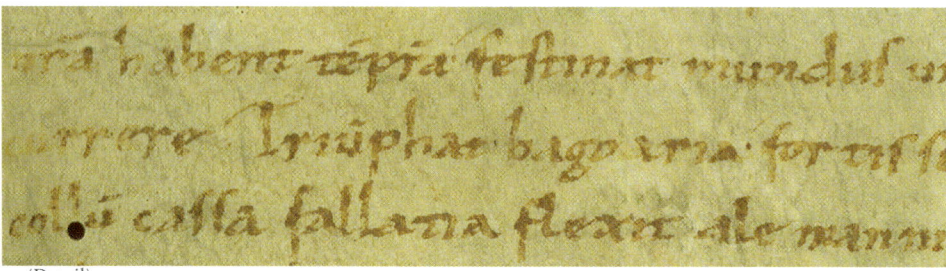

55 (Detail)

Quelle:
MGH Poetae latini 5,2,
S. 480–483, Nr. 19
(mit weiterer Literatur).

Literatur:
Bloch, Beiträge,
S. 99f., S. 115–121;
Bornscheuer, Miseriae regum,
S. 169–180; Dolbeau, Catalo-
gue, S. 222 (Planctus Othonis
imperatoris [von Leo von
Vercelli?] in einer (verlorenen)
Sammelhs. in Lobbes
[freundlicher Hinweis von
Hartmut Hoffmann, Göttingen];
Dormeier, Vescovo; Dümmler,
Anselm, S. 73–77, S. 80ff.
(Edition); Hoffmann, Mönchs-
könig, S. 115; Mayr-Harting,
Buchmalerei, S. 196, S. 203;
Schneider, Heinrich II., S. 439;
Weinfurter, Heinrich II.,
S. 227f.

(„salus fuit saeculo"). Durch seinen Tod schwand die Kraft der Königreiche dahin („regnorum robur periit"), allerorts machten sich Verderben, Verwirrung und Weh-geschrei breit zum Leidwesen der Welt, Roms und der Kirche („plangat mundus, plangat Roma, lugeat ecclesia!"). Der Zusammenbruch aller gesellschaftlichen Ord-nung, der „Einsturz der Himmel" und der „Zerfall der Elemente" wären unaus-weichlich („celi compluerent, elementa ruerent"), wenn nicht – so die effektvolle Überleitung Leos zum Lob des neuen Herrschers in der 7. Strophe – Heinrich lebte und Herrscher würde („nisi Heinricus viveret, nisi princeps fieret"). Dieser habe innerhalb von drei Monaten „ohne Blutvergießen", wie Leo im Gegensatz zum realen Geschehen den neuen Friedensfürsten preist, kraft der Gnade Gottes die Herr-schaft an sich gebracht („Quod nulla arma bellica, hoc dei potentia"). Abgesandte aus allen Reichsteilen, namentlich aus Bayern, Franzien, Schwaben, Lothringen, Thüringen, Sachsen, eilten zum Hof, um dem neuen Herrscher zu huldigen, während die Slawen wieder die gewohnten Tribute zahlten. Derartige Wendungen fügen sich gut in die übliche Panegyrik ein und erinnern an die Darstellung der huldigenden Stämme im Perikopenbuch Heinrichs II. (Kat.-Nr. 75) und auf anderen Herrscher-bildern. Sehr viel konkreter und ausgesprochen politisch werden die letzten drei Strophen, in denen Italien bzw. der namentlich genannte Leo, seinerseits auf dem Weg nach oder schon in Bayern, den König dringend bittet, in Norditalien dem Gegenkönig Arduin von Ivrea den Garaus zu machen („numquam sinas te principe Harduinum vivere").

Nur scheinbar vom Stil des Herrscherlobs abweichend, spricht Leo den König zum Schluss mit folgenden, den modernen Leser ungewöhnlich kühn anmutenden Versen an: Heinrich möge nur dann Freude und Glück genießen, wenn er „Bischof Leo auch überaus reich mache" und dessen Widersacher in Italien völlig unterwer-fe („Numquam Heinricus gaudeat, numquam felix valeat, si Leonem episcopum non facit ditissimum, si non submittit legibus hostes eius pedibus"). Doch so direkt und selbstbewusst wie hier hat sich der kaisertreue Reichsbischof auch in Briefen an Heinrich II. geäußert. Die ausführliche Würdigung der goldenen Zeit unter Otto III., die überschwängliche Lobrede auf den neuen Friedensfürsten Heinrich II. und die nachdrückliche Aufforderung zum Eingreifen in Italien lassen die politischen Absichten des Autors deutlich werden: generell die Einbindung des neuen Königs in die Tradition der ottonischen Politik, konkret der Wunsch des politisch und militä-risch bedrängten Bischofs nach der Wiederherstellung der Herrschaft auch in Nord-italien und nach der gewohnten Privilegierung des Bistums und des Bischofs von Vercelli. Es ist gut möglich, dass Leo bei seinem mutmaßlichen Aufenthalt in Bay-ern (vgl. Strophe 13) das Gedicht selbst am Hof vorgetragen oder übergeben hat, als sich der König vom Martinstag 1002 (11. November) an mehrere Wochen lang in Regensburg aufhielt.

H. D.

Der wichtigste Chronist für die Zeit Heinrichs II. ist der dem Herrscher nahe stehende Thietmar, Bischof von Merseburg.

A) Thietmar von Merseburg, Chronik 56

Merseburg, Anfang 11. Jahrhundert

Handschrift/Pergament, ursprünglich 207 bzw. 192 Blätter, stark beschädigt, 22 x 18,5

Sächsische Landesbibliothek – Staats- und Universitätsbibliothek Dresden (Mscr. Dresd. R. 147)

B) 2. Fassung der Chronik des Thietmar von Merseburg

Abdinghof oder Bödeken, 12. Jahrhundert (fol. 1–71) und Mitte 15. Jahrhundert (fol. 72–283)

Handschrift/Pergament, 283 Blätter, 37,5 x 24,5

Bibliothèque royale Albert Ier, Bruxelles/Koninklijke Bibliotheek Albert I, Brussel (Cod. 7503–7518)

Thietmar wurde am 25. Juli 975 geboren als Sohn des Grafen Siegfried von Walbeck und der Tochter des Grafen Heinrich von Stade. Er war verwandt mit zahlreichen, nicht nur in Sachsen einflussreichen Familien, und dieses Bewusstsein um seine adlige Herkunft prägte auch sein Werk. Die Eltern bestimmten ihn wie zwei weitere seiner vier Brüder für die geistliche Laufbahn. Im Quedlinburger Stift erhielt er den ersten Unterricht, mit 13 Jahren wurde er von seinem Vater dem Magdeburger Kloster Berge übergeben, drei Jahre später (990) ins Magdeburger Domstift aufgenommen und in der berühmten Domschule unterrichtet. 1002 wurde Thietmar Propst des Familienstifts Walbeck. Am 21. Dezember 1004 weihte ihn Erzbischof Tagino von Magdeburg in Gegenwart König Heinrichs II. zum Priester; 1009 erreichte der Erzbischof beim Herrscher die Erhebung Thietmars zum Bischof von Merseburg. Thietmar starb am 1. Dezember 1018 und wurde im Merseburger Dom beigesetzt. Sich selbst beschrieb der Chronist als klein, unansehnlich, entstellt durch einen Nasenbeinbruch und eine eiternde Fistel am Kinn.

Thietmars zwischen 1012 und 1018 verfasste und wohl von ihm selbst überarbeitete Chronik ist als historische Quelle für die Reichsgeschichte ab den 980er-Jahren von großer Bedeutung. Für die Zeit Heinrichs II. „gewinnt sie geradezu den Charakter einer Leitüberlieferung" (G. Althoff). Aus Thietmars Aufzeichnungen wird deutlich, dass sein Lebensziel die vollständige Wiederherstellung des 981 von Otto II. aufgehobenen Bistums Merseburg war. Daneben war ihm die Memoria der ihm nahe stehenden Verwandten, Freunde und Förderer, für die zu beten er seine Leser immer wieder bittet, ein Anliegen.

Thietmars Chronik ist in der Originalhandschrift überliefert, geschrieben von acht Schreibern mit Korrekturen und Ergänzungen von Thietmars Hand. Der Codex befand sich seit 1091 im Kloster St. Peter als Geschenk des Bischofs Werner und gelangte erst 1570 nach Dresden. Die Handschrift wurde bei der Bombardierung der Stadt 1945 so schwer beschädigt, dass nur wenige Seiten unversehrt blieben. Bereits 1905 war aber ein qualitätvolles Faksimile angefertigt worden.

Die Überlieferung von Thietmars Chronik in der Brüsseler Handschrift, die über das Jesuitenkolleg Paderborn an die Bollandisten nach Antwerpen und von da nach Brüssel kam, repräsentiert eine wohl von Thietmar selbst überarbeitete Fassung, die zudem Interpolationen aus dem Kloster Corvey enthält. Von dieser zweiten Fassung sind neben dem Brüsseler Codex noch zwei Fragmente aus dem 12. Jahrhundert erhalten (Collection Colker, Charlottesville/USA). *M. H.*

Quelle:
Thietmar, Chronik (Holtzmann).

Literatur:
AK Bernward von Hildesheim, Bd. 2, S. 239–242 (E. Schubert); AK Otto der Große, S. 136 ff. (H. Hoffmann); Colker, Manuscript, S. 62–67; Hoffmann, Mönchskönig, S. 151–176; Körntgen, Königsherrschaft, S. 121–136; Nass, Reichschronik, S. 143–178; Schmidt, Dresdner Handschrift; Tremp, Studien, S. 161 (weitere Literatur).

Bischof Adalbold legitimiert in seiner Herrschergeschichte Heinrichs Krönung zum König mit dessen Abstammung von Karl dem Großen.

57 ADALBOLD VON UTRECHT, VITA HEINRICI II IMPERATORIS

Abschrift: Niederrhein, um 1600

Handschrift/Papier, 7 Blätter, 30 x 22; aufgeschlagen S. 209

Martin-Luther-Universität Halle-Wittenberg, Universitäts- und

Landesbibliothek Sachsen-Anhalt in Halle (Saale) (Yd 2° 39 [78]), S. 207–232

Quelle:
Adalbold, Vita, S. 7–95,
S. 307-309.

Literatur:
Bornscheuer, Miseriae regum;
Deeters, Textzeuge;
Muller/Bouman,
Oorkondenboek;
Schneidmüller, Herrscherbild;
Schütz, Adalbold.

Adalbold (um 972–1026) erhielt seine Ausbildung in den lothringischen Bildungszentren von Lüttich und Lobbes durch Bischof Notker und Abt Heriger. Bereits unter Otto III. im Diplom 240 fassbar, findet sich seine Hand 1005 bis 1006 wiederum in der Hofkapelle unter der Kanzlerschaft von Heinrichs II. Bruder Brun. Eine klassische Laufbahn führte Adalbold von der Domschule über die Kanzlei 1010 im Alter von etwa 38 Jahren als Nachfolger Ansfrieds auf den Utrechter Bischofsstuhl.

Charakteristischerweise begegnet Adalbold als Notar oder Intervenient ausschließlich in Urkunden für lothringische Empfänger sowie das Nachbarbistum Paderborn unter Bischof Meinwerk. Man darf also annehmen, dass Adalbold aufgrund seiner Ausbildung und seiner Kontakte in diesem Raum stark verwurzelt war, wo er die Belange des Reichs gegen Graf Dietrich III. von Holland, Gräfin Adela und Graf Balderich vertrat.

Ein zeitgenössischer Brief rühmt Adalbolds Ratgebertätigkeit „etiam in castris imperialibus" (auch am kaiserlichen Hof). Heinrich II. ehrte ihn 1023 anlässlich der Neuweihe des Utrechter Doms mit seiner Anwesenheit. In den 1020er-Jahren formulierte der Bischof von Utrecht erneut Urkunden Heinrichs II., die in ihren Wendungen das sakrale Herrschaftsverständnis des Kaisers widerspiegeln. Bei der Verleihung der Grafschaft Drente trat Adalbold gleichzeitig als Intervenient, Notar und Empfänger auf.

Vermutlich um 1020 entstand eine Herrschergeschichte („gesta") Kaiser Heinrichs II., von der sich jedoch nur die Jahre 1002 bis 1004 und ein gelehrtes Vorwort über die Vorbildfunktion solcher Tatenberichte in zwei parallelen Abschriften (Niederrhein, um 1600) und einer älteren, aber gekürzten Fassung (Köln, um 1465) erhalten haben. Der im Original titellose Bericht hält sich eng an die Chronik Thietmars von Merseburg, die offenbar als Vorlage diente (Bücher IV–VI; Kat.-Nr. 56). Adalbold überträgt sie unter ausgiebiger Verwendung von Reimprosa, Parallelismus und Klimax in einen gehobenen Stil und konzentriert die Darstellung ganz auf die Person des Herrschers, die idealisierte Züge annimmt.

Nach Adalbolds Bericht hat Heinrich 1002 den Leichnam Ottos III. wie ein Sohn auf seinen Schultern getragen. Die Krönungshandlungen des Umritts gibt Adalbold in der Abfolge des Mainzer Ordos wieder, Heinrichs „ererbtes" Recht auf den Thron steht in der Retrospektive außer Frage. Seine Darstellung zählt alle Großen des Reichs als mögliche Thronkandidaten auf und relativiert damit die tatsächlichen Ambitionen von Hermann von Schwaben und Ekkehard von Meißen.

In Zusammenhang mit der Mainzer Krönung findet die Heilige Lanze keine Erwähnung. Die Verwandtschaft Heinrichs mit seinem Vorgänger Otto III. wird nicht mehr über die männliche Linie zu König Heinrich I. sondern über die gemeinsame mütterliche Abstammung von König Rudolf II. von Burgund konstruiert. Dieser Austausch ottonisch-sächsischer Motive im Bericht seines Merseburger Kollegen gegen eine neue, lothringische Legitimation steht im Gegensatz zur ostinaten Berufung auf die Linie der Heinriche, wie sie unter anderem die Mathildenvita zeigt (Kat.-Nr. 49). Mit einer genealogischen Herleitung von Karl dem Großen belegt die Vita Adalbolds ein am Kaisertum und an karolingisch-lothringischen Traditionen

orientiertes Verständnis der Herrschaft Heinrichs, wie sie außer in der Bamberger
Tafel (Kat.-Nr. 73) nur noch in der Renovatio-Bulle, dem einzigen frühen Beleg hierfür (Kat.-Nr. 59), so deutlich zum Ausdruck gebracht wird. *M. Sch.*

Heinrich II. schenkte auf dem Hoftag zu Diedenhofen der Bischofskirche von
Straßburg das Nonnenkloster St. Stephan. In dieser Urkunde begründete er –
vermutlich in eigenen Worten – die Legitimität seines Königtums.

Urkunde Heinrichs II. für Strassburg 58

Thionville (Diedenhofen), 15. Januar 1003

Handschrift/Pergament, 53 x 67

Archives Départementales du Bas-Rhin, Strasbourg (G 8)

Im Kampf um den Königsthron war Herzog Hermann II. von Schwaben der schärfs-
te Rivale Heinrichs II. In Straßburg befand sich eines der Zentren, ein „Vorort" des
schwäbischen Herzogs. Der Straßburger Bischof Werner dagegen stellte sich früh auf
die Seite Heinrichs II., weshalb es zu Angriffen und Plünderungen durch Hermann II.
kam. Am 1. Oktober 1002 jedoch musste sich der schwäbische Herzog dem neuen
König in Bruchsal unterwerfen und bei dieser Gelegenheit sein Kloster St. Stephan
in Straßburg („abbatia ancillarum dei") als Wiedergutmachung an den Straßburger

Quelle:
MGH DD 3, Nr. 34, S. 37 f.

Literatur:
Hlawitschka, Thronkandida-
turen; Hoffmann, Eigendiktat;
Körntgen, In primis Herimanni
ducis assensu; Weinfurter,
Anspruch; Weinfurter,
Heinrich II.

Bischof abtreten. Mit der Urkunde vom 15. Januar 1003 (D H II. 34) bestätigte Heinrich II. diese Übertragung in einem öffentlichen Akt.

Was die Urkunde so heraushebt, sind die ungewöhnlichen Formulierungen, mit denen die Grundlagen des Königtums Heinrichs II. beschrieben werden. Dieser selbst, so wird man annehmen dürfen, hat die Sätze diktiert. Sie dokumentieren die Meinung des Königs persönlich. In der Arenga, also in der allgemeinen Einleitung der Urkunde, wird zunächst betont, dass derjenige durchaus über das übliche Maß hinaus belohnt werden soll, der unter Einsatz seines gesamten Gutes und ohne Rücksicht auf Drohungen und Schmeicheleien für das öffentliche Wohl ("commune bonum") und die Gerechtigkeit gekämpft hat. In der folgenden Narratio, der Erzählung der Vorgeschichte der Rechtshandlung, wird der Straßburger Bischof Werner als ein solcher getreuer und unbeirrbarer Streiter für die gerechte Sache Heinrichs II. dargestellt. In der entscheidenden Passage werden die guten Gründe angeführt, die den Bischof zu dieser Haltung veranlasst haben: "Nach dem Tod des so großen Kaisers [Ottos III.] hat die alte, schon von Kindheit an gepflegte Vertrautheit zwischen uns und die elterliche und verwandtschaftliche Bindung, die wir zu einem solch bedeutenden Kaiser hatten, den erwähnten Bischof zusammen mit den anderen, deren Zahl unendlich ist, dazu bewogen, unserer Treue die Hand zu reichen, damit uns unter dem Vorsitz Gottes die einträchtige Wahl der Völker und Fürsten und die erbliche Nachfolge in der Königsherrschaft ohne irgendeine Aufteilung zuteil wurde." ("Post tanti itaque imperatoris ab hac vita discessum vetus inter nos a pueris propagata familiaritas et ea, quę cum tali cęsare nobis erat parentelę et consanguinitatis affinitas praefato persuasit antistiti cum cęteris, quorum infinitus est numerus, nostrae manus dare fidelitati, ut deo praeside concors populorum et principum nobis concederetur electio et hęreditaria in regnum sine aliqua divisione successio.") Heinrich II. bezeichnet hier also die Nähe zu seinem Vorgänger, die im vertrauten Umgang miteinander und in der verwandtschaftlichen Bindung begründet war, als entscheidende Voraussetzung für seinen Anspruch auf die Königswürde. Dies habe auch die Bischöfe und Fürsten überzeugt, sodass ihm die "erbliche Nachfolge in der Königsherrschaft" zuerkannt wurde. Mit "erblicher Nachfolge" wird keineswegs nur ein weltliches Erbrecht angesprochen, vielmehr geht es um die Weihe des Königs, durch die er in das Erbe des himmlischen Königs eintritt. Im Krönungsordo für den König, der um 960 in Mainz entstanden war und auf den hier offenbar Bezug genommen wurde, heißt es dazu, der König erhalte durch die Weihe das "hereditarium ius", das Erbrecht. Zu beachten ist schließlich auch, dass die Urkunde einst mit einer Bleibulle gesiegelt war. Aus dieser Zeit ist aber nur ein Typ einer Bleibulle Heinrichs II. bekannt, nämlich derjenige, der mit der Devise "Renovatio regni Francorum" (Erneuerung der fränkischen Königsherrschaft) versehen war (Kat-Nr. 59). Da die Urkunde vom 15. Januar 1003 die erste unter Heinrich II. ist, die eine Bleibulle trug, muss man sogar davon ausgehen, dass diese Bleibulle mit der berühmten Devise hier erstmals verwendet wurde. Damit wird unterstrichen, welche Bedeutung den Formulierungen der Urkunde als programmatische Aussage Heinrichs II. vor den versammelten Großen auf seinem Hoftag beizumessen ist. *St. W.*

59 Detail

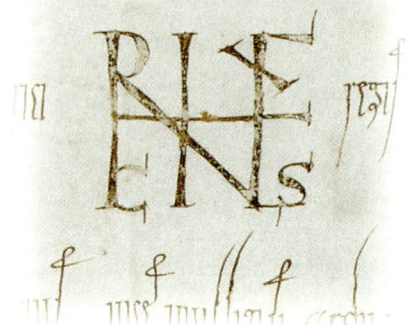

Mit dem Bleisiegel auf einer im Januar 1003 ausgestellten Urkunde bekräftigte
Heinrich II. die erfolgreiche Erneuerung der Königsherrschaft: „Renovatio regni
Francorum".

KÖNIGSBULLE HEINRICHS II.   59

Köln, 9. Februar 1003

Handschrift/Pergament mit Bleisiegel, 47 x 50

Umschrift Vs.: + HEINRICUS D(e)I GRATIA REX

Umschrift Rs.: RENOVATIO REGNI FRANCORUM   Abb. 3

Staatsarchiv Würzburg (Würzburger Urkunden 1253, Kaiserselekt 199)

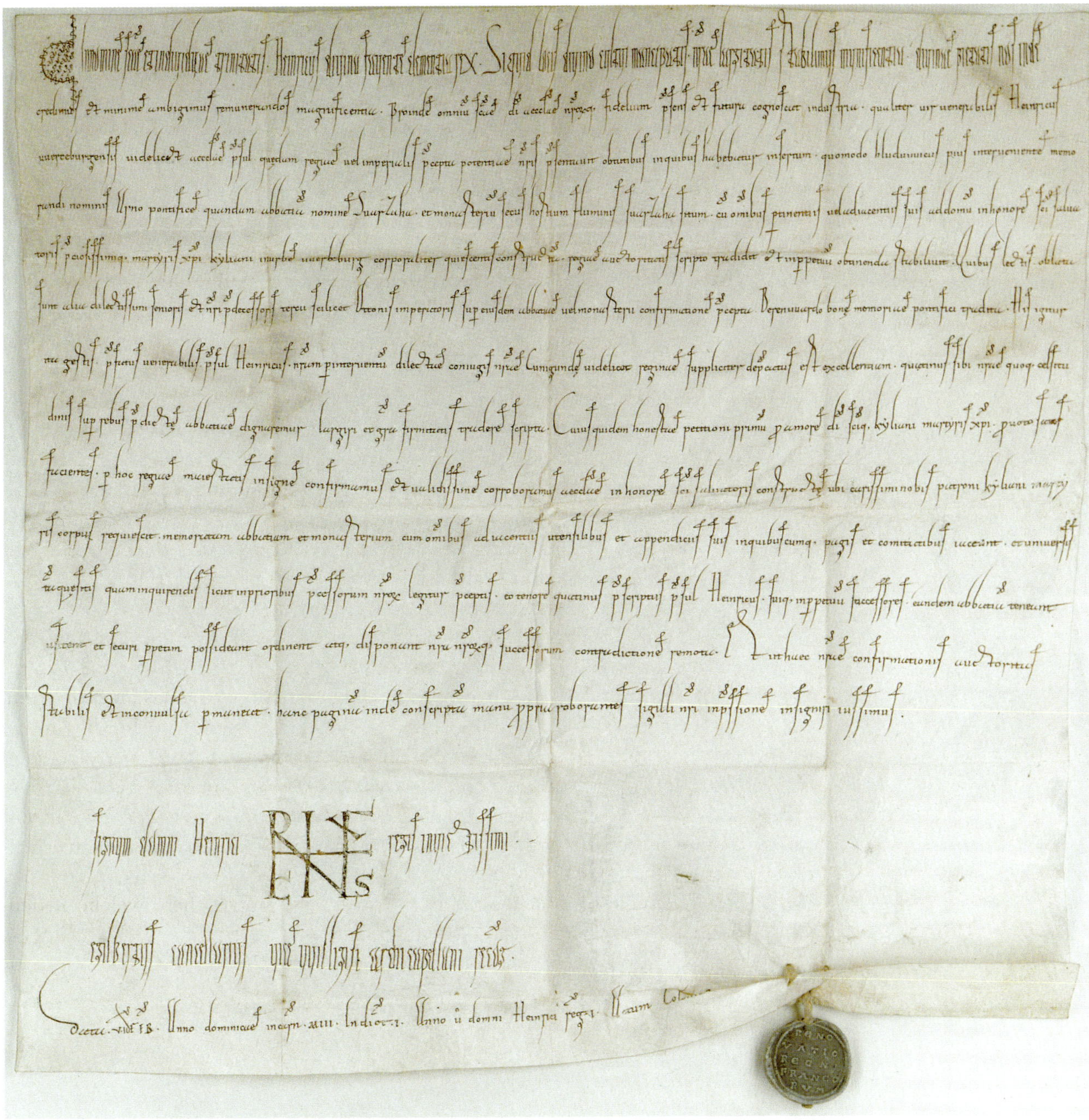

Literatur:
Görich, Otto III., S. 270–274;
Keller, Siegel, S. 773; Keller,
Oddo Imperator Romanorum,
S. 187 f.; Körntgen, In primis
Herimanni ducis assensu;
S. 179 f.; Posse, Siegel, Bd. 5,
S. 17, Nr. 4; Schneidmüller,
Otto III. – Heinrich II.,
S. 19–22; Weinfurter,
Heinrich II., S. 76–81;
Zotz, Gegenwart,
S. 366, Anm. 129.

Mit seiner Frontalansicht steht das Herrscherbild auf der Vorderseite des Siegels von König Heinrich II. in der Tradition der wächsernen Kaisersiegel Ottos des Großen und Ottos II. Allerdings zeigt es den König nicht als Brustbild, sondern eher in Dreiviertelfigur. Er erscheint im Schmuck der Insignien seiner Herrschaft: Krone, Zepter (mit einem unüblichen kugel- oder knopfförmigen Abschluss) und Reichsapfel (mit einem aus vier Punkten gebildeten Kreuz). Ein umlaufender Perlkreis schließt die Darstellung zur Umschrift hin ab, die ihrerseits von einem zweiten Perlrand gefasst wird.

Siegel aus Metall werden Bullen genannt. Blei als Siegelmaterial benutzten die byzantinischen Kaiser sowie die Päpste. Aber auch Otto I. und Otto II. hatten wohl gelegentlich mit Blei oder Gold gesiegelt, allerdings sind keine Exemplare dieser Bullen erhalten. Erst unter Otto III. wurde ab 998 ein erster, ab 1001 ein zweiter Typus bleierner Kaiserbullen verwendet, und zwar nicht nur ausnahmsweise, sondern regelmäßig.

Das Blei als Siegelmaterial und die Renovatio-Devise auf der Rückseite stellen die Königsbulle Heinrichs II. (D H II. 38) in die Tradition der Kaiserbulle Ottos III., wenngleich mit zwei bemerkenswerten Unterschieden: Zum einen bediente sich Heinrich II. der Bleibulle nicht als Kaiser, sondern schon als König. Will man bereits das bloße Material als Bedeutungsträger auffassen, so kann die Verwendung von Blei als Ausdruck von Heinrichs Anspruch auf das Kaisertum seiner Vorfahren verstanden werden. Zum anderen war die Renovatio-Devise nicht wie unter Otto III. auf das Imperium Romanorum bezogen, sondern auf das Regnum Francorum. Die ältere Forschung erkannte darin eine ausdrückliche Distanzierung Heinrichs II. von der Politik seines Vorgängers, der Rom bevorzugt und den deutschen Reichsteil als eigentliche Machtgrundlage des Kaisertums vernachlässigt haben soll. Heinrich II. habe stattdessen auf die in karolingischer Zeit verwendete fränkische Renovatio-Devise zurückgegriffen und der „Erneuerung der römischen Kaiserherrschaft" die „Erneuerung der Königsherrschaft der Franken" entgegengesetzt. Als die Königsbulle im Januar 1003 erstmals verwendet wurde, verbot sich ein Rombezug jedoch schon deshalb, weil Heinrich noch nicht zum Kaiser gekrönt war. Außerdem wurde seine Königsbulle nur sehr selten verwendet, ganz im Gegensatz zur Renovatio-Bulle Ottos III., die regelmäßig in Gebrauch war. Schon insoweit kann also von einer programmatischen „Antwort" auf die Bullendevise Ottos III. nicht die Rede sein. Soweit bekannt, wurde die Bulle nur im Januar 1003, vielleicht auch im April 1007 verwendet. Es stellt sich daher die Frage, ob es dafür einen besonderen Grund gegeben haben könnte. Heinrichs Königsbulle erscheint erstmals an der Urkunde, die der König am 15. Januar 1003 in Diedenhofen für den Bischof von Straßburg ausstellte (Kat.-Nr. 58). In Diedenhofen wurde Heinrichs Konflikt mit seinem Rivalen um den Königsthron, Herzog Hermann von Schwaben, beigelegt. Heinrichs fränkische Renovatio-Devise dürfte gänzlich situationsgebunden zu verstehen sein und das Ziel formuliert haben, Widerstände gegen sein Königtum überwinden und die Königsherrschaft ungeschmälert übernehmen zu wollen. *K. Gö.*

Im ersten Monat seiner Regierung verwendete Heinrich II. ein provisorisches Königssiegel.

PROVISORISCHES KÖNIGSSIEGEL HEINRICHS II.

60

> Sontheim, 1. Juli 1002
> Original: Staatsarchiv Bamberg (Bamberger Urkunden [Münchner Abg. 1993] Nr. 14
> [ex Kaiserselekt Nr. 189])
> Siegelabguss, Ø 8,2
> Silikonnegativ: Bayerisches Hauptstaatsarchiv, München (Nr. 2112)

Nach dem überraschenden Tod Kaiser Ottos III., der im Januar 1002 ohne Erben gestorben war, entbrannte im Reich ein Kampf um seine Nachfolge. Der Bayernherzog Heinrich gewann diesen mit seiner „zupackenden" Art, mit der er sich die Reichsinsignien aneignete, dank siegreicher Auseinandersetzungen und einer überlegenen Herrscherideologie. Bis zur endgültigen Anerkennung seines Königtums benötigte er jedoch – nach einem langen Umritt durch das ganze Reich – ein weiteres Jahr bis Januar 1003. Nach seiner Krönung im Juni 1002 benutzte er für kurze Zeit das hier gezeigte Siegel, das in der Forschung als „provisorisches Königssiegel" bezeichnet wird. Es handelt sich um ein Wachssiegel in einer Wachsschale, das im Original an einer Urkunde vom 1. Juli 1002 befestigt ist, mit der König Heinrich seinem Vasallen P. Besitzungen in Österreich schenkte.

60

Mit dem Siegel signalisierte Heinrich II. deutlich den Willen zur Kontinuität ottonischer Königstradition und -herrschaft, erinnert es doch stark an das unter Otto I. um 965 eingeführte Kaisersiegel. Das Brustbild zeigt den bärtigen Herrscher, der sich frontal dem Betrachter zuwendet. Als königliche Insignien trägt er in der rechten Hand den Globus mit einem aufgesetzten Kreuz, in der linken Hand das Zepter. Ob es sich bei dieser „falschen" Anordnung der Herrscherinsignien um ein Versehen des Stempelschneiders handelt oder ob Absicht vorlag – H. Keller hat diese Art der Darstellung des Öfteren nachgewiesen –, ist umstritten. Übrigens wird hier erstmals das Lilienmotiv aufgegriffen, das auf der Fläche des Globus zu erkennen ist. Der König lässt sich bezeichnenderweise noch ohne Krone darstellen, nur mit einem runden Helm als Kopfbedeckung, der vorn über der Stirn durch einen giebelförmigen, mit Perlen besetzten Streifen mit drei Lilien darauf abgeschlossen wird. Die Tracht des Königs ist die altrömische, also eine bis unters Knie reichende Tunika mit langen, engen Ärmeln, an den Hüften gerafft. Darüber trägt er einen Mantel, der auf der rechten Schulter durch eine Fibel zusammengehalten wird. Die Siegelumschrift lautet: „HENRICVS DEI GRATIA REX".   *K. R. / G. Z.*

Literatur:
Foltz, Siegel, S. 41 ff.;
Keller, Zu den Siegeln;
Posse, Siegel, Bd. 5, S. 16 ff.;
Schneidmüller, Neues.

Mit dem so genannten Majestätssiegel,
das den Herrscher auf dem Thron sitzend darstellt,
knüpfte König Heinrich II. bewusst an seinen Vorgänger an.

KÖNIGSSIEGEL HEINRICHS II. (MAJESTÄTSSIEGEL)

61

> 1003–1013/14
> Siegelabguss, Ø 9
> Original: Staatsarchiv Bamberg (Bamberger Urkunden [Münchner Abg. 1993] Nr. 54
> [ex Kaiserselekt Nr. 252])
> Silikonnegativ: Bayerisches Hauptstaatsarchiv, München (Nr. 66)

Die Ottonenzeit ist gekennzeichnet durch eine grundlegende Umgestaltung des Herrschersiegels. Bisherige Traditionen wurden aufgegeben und durch frontale und Ganzkörperdarstellungen (zunächst stehend, dann thronend) ersetzt. Unter Heinrich II. wurden diese Formen zum Standardtyp des hoch- und spätmittelalterlichen deutschen Königs- bzw. Kaisersiegels.

Literatur:
Enzensberger, Heinrich II.,
Foltz, Siegel, S. 41 ff.;
Görich, Otto III.;
Keller, Zu den Siegeln;
Posse, Siegel, Bd. 5, S. 16 ff.

Die Bleibulle mit der programmatischen Devise „Renovatio regni Francorum" ließ Heinrich II. nur für kurze Zeit, nachdem er die Königsmacht endgültig erlangt hatte, im Februar 1003 verwenden. Dann kehrte er zum Wachssiegel zurück. Darin gab er das „altmodischere" Brustbild auf zugunsten der Darstellung des Herrschers in ganzer Gestalt. Als Vorlage diente das letzte Kaiser- bzw. Königssiegel, das Thronsiegel Ottos III. Damit wollte Heinrich II. wohl die Legitimität seines zunächst umstrittenen Anspruchs auf den Thron seiner Verwandten aus dem Ottonenhaus demonstrieren (H. Keller).

Das Siegel zeigt den bärtigen König von vorn, in ganzer Figur auf dem Thron sitzend (= Majestätssiegel). Auf dem Kopf trägt er eine giebelförmige Krone mit drei gestielten Perlen; in der rechten Hand hält er das Zepter, in der linken Hand den Globus. Das Gewand scheint nun etwas kürzer und an den Enden gesäumt. Vor dem plastisch geformten, mit Lehnen und dicken Kissenwülsten versehenen Thron steht ein Schemel, auf dem die Füße des Herrschers ruhen. Die oben in der Längsachse beginnende Siegelumschrift ist nur in der Schreibung leicht geändert, in der Aussage, dem Bezug zum Gottesgnadentum, gleicht sie dem ersten Siegel: „Heinrich von Gottes Gnaden König" („+HEINRICHVS D[E]I GRATIA REX").

K. R. / G. Z.

61

IV BAMBERG ALS MODELL

Caput Orbis – Das Haupt der Welt
(Gerhard von Seeon)

Im früheren Mittelalter prägte die enge Verbindung von Königtum und Kirche das politische wie das geistliche Leben. Die Herrscher statteten die Bischofs- und Klosterkirchen mit riesigen Gütern und umfassenden Rechten aus und zogen dafür die Geistlichkeit für den Reichsdienst heran. Bischofsstädte wurden zum bevorzugten Aufenthalts- und Festort des Hofs, die Kirchen beschickten königliche Heeresaufgebote mit erheblichen Truppenkontingenten, Kleriker besaßen maßgeblichen Anteil an der Reichsverwaltung. In einer von Gewalt und Unsicherheit geprägten Zeit erhielten die Stifter dafür reichen immateriellen Lohn. „Ihre" geistlichen Gemeinschaften pflegten das Gebets- und Totengedenken und bahnten die Wege zum Himmelreich. Dafür beanspruchten die Könige das Recht zur Einsetzung von Bischöfen und Äbten. Gegen diese Praxis erhob sich bis zum 11. Jahrhundert kaum Protest. Das herrscherliche Handeln an der Kirche blieb von der selbstverständlichen Verknüpfung von Nutzung, Pflicht, Freigebigkeit und Erwartung geprägt.

Heinrich II. intensivierte die Handlungsgemeinschaft mit seiner Geistlichkeit noch weiter. Bildung und Amtsverständnis machten ihn in den Augen der Zeitgenossen fast zum „Kollegen" der Bischöfe. Immer wieder drückte er ihnen seinen gestaltenden Willen auf, band sie in die Präsentation seiner Herrschaft ein und suchte wie niemand zuvor ihre Nähe. Daraus erwuchsen reiche Stiftungen, aber auch große Erwartungen. Im Kreis seiner Bischöfe wusste sich Heinrich unter adligen Standesgenossen. Nur vier Geistliche unfreier Herkunft schafften den Sprung auf eine Kathedra, alle durch außergewöhnliche Bildung oder besondere Loyalität ausgezeichnet. 62 neue Erzbischöfe oder Bischöfe wurden zwischen 1002 und 1024 in den fast 40 Erzbistümern und Bistümern erhoben. Nahezu immer siegte bei der Ämterbesetzung der königliche Wille. Wenn Domkapitel eigene Personalvorstellungen vortrugen, scheiterten sie am Selbstbewusstsein des Herrschers. Sein göttliches Amtsverständnis schien ihm die Lenkung der Reichskirche zur Pflicht zu machen. Mindestens 24 Amtsträger kamen aus seiner engsten Umgebung, der Hofkapelle. Das hatte praktische Konsequenzen: Die kirchlichen Hochfeste verbrachte Heinrich II. bevorzugt in den Bischofskirchen, Kirchweihen nutzte er zur feierlichen Herstellung politischer Öffentlichkeit. Häufiger als seine Vorgänger hielt er Synoden ab. Auf den 15 Kirchenversammlungen waren durchschnittlich 23 Bischöfe versammelt, eine gewaltige Integrationsleistung in einem Reich mit offenen Ordnungsstrukturen. Wiederholt suchte der Herrscher Gebetsvereinigungen mit Bischöfen und Domkapiteln.

Hartnäckig verfolgte Heinrich seinen göttlichen Auftrag in der Reichskirche. Der Kanonikerreform, wie sie die Aachener Regel Kaiser Ludwigs des Frommen von 816 eingeleitet hatte, verhalf er zum Durchbruch. Zielstrebig wurde das richtige Zusammenleben geistlicher Gemeinschaften geordnet, erst im Hildesheimer Domkapitel, dann im Bamberger.

Nach der Wiedererrichtung des Bistums Merseburg 1004 entfaltete sich das 1007 neu gegründete Bistum Bamberg zum Modell für die Reichskirche. Nur mit Mühe gelang 1007 der große Plan. Beträchtliche Widerstände des Bischofs von Würzburg waren zu überwinden. In seine Diözese wurde Bamberg eingepflanzt; nördliche Teile des Eichstätter Sprengels kamen 1016 hinzu. Nach langem Zwist hielt das Protokoll der Frankfurter Synode vom 1. November 1007 den Konsens der Bischöfe fest. Zahlreiche Schenkungsurkunden des Königs sicherten dem neuen Bistum einen reichsweiten Besitz. Er umfasste ganze Grafschaften in Franken und viele Orte von Sachsen bis nach Kärnten und Schwaben, dazu ehrwürdige geistliche Institute wie das schwäbische Herzogskloster Stein am Rhein, das Pfalzstift Alte Kapelle in Regensburg oder Frauenklöster wie Kitzingen, Neuburg (Donau), Bergen (bei Neuburg), Gengenbach (Ortenau), Schuttern, Haslach (Elsass). Hallstadt oder Forchheim, wichtige königliche Orte aus karolingischer Zeit, kamen hinzu. Der gigantische Transfer von Reliquien, Schatzkammerstücken, Büchern und Menschen in die neue Bischofsstadt am östlichen Rand des Reichs lässt die gewaltigen Anstrengungen erahnen. Heinrich II. zog die großen Werkstätten seines Reichs zur Ausstattung Bambergs heran, übertrug seiner Stiftung alte Schätze und führte eine illustre Geistlichkeit an der Regnitz zusammen. Aus ihr sollten bald die Erzbischöfe von Trier oder Köln und die Bischöfe von Brixen, Eichstätt, Konstanz oder Würzburg hervorgehen. In glanzvollen Weiheakten (Dom 1012, Kollegiatstift St. Stephan 1020, Benediktinerkloster St. Michael 1021) präsentierte der stolze Herrscher sein großes Werk. Unter den vielen Aufgaben, die dem Bistum Bamberg damals zuwuchsen, ragt ein besonderer Wunsch des Stifters hervor: In der neuen Kathedrale wollte er sein Grab und ein ewiges Gedächtnis finden. *Bernd Schneidmüller*

Die Darstellung im Modell lässt erkennen, was vom Dombau Heinrichs II. übrig geblieben ist.

62 MODELL DES BAMBERGER DOMS

Entwurf: Walter Sage und Manfred Schuller unter Mitarbeit von Sabine Gress
Modellbau Birmann, Nürnberg

Literatur:
Burandt, Baugeschichte
(zur Andreas-Kapelle) S.83 f.,
S. 140 f.; Sage: Ausgrabungen
in den Domen; Sage: Frühgeschichte, S. 270–276; von
Winterfeld, Dom, Bd. 1.

Das Modell des Heinrichsdoms sieht auf den ersten Blick aus wie ein Trümmerfeld – ein Eindruck, der im Hinblick auf die Zerstörungen, von denen der Dom im frühen 11. Jahrhundert dreimal betroffen war, nicht falsch ist. 1081 und 1185 wüteten so verheerende Brände, dass jedes Mal eine Wiederherstellung des Doms nötig war. Nach dem Brand von 1185 war diese Maßnahme möglicherweise nur mehr ein Provisorium, da zu dieser Zeit vielleicht schon der Neubau des noch heute stehenden Doms in Angriff genommen wurde (im Modell sind die Umrisslinien des neuen Doms angegeben). Der Neubau bedeutete zugleich die endgültige Zer-

62

vgl. auch Abb. 17

62

störung des in seinen wesentlichen Teilen noch erhaltenen Baus aus dem 11. Jahrhundert. Systematisch abgetragen wurden alle störenden Bereiche oberhalb des alten Fußbodenniveaus. Dies betraf das gesamte aufgehende Mauerwerk einschließlich der Stützenreihen des Mittelschiffs. Erhalten blieben die Grundmauern und Reste der tiefer gelegenen Partien der Kryptenanlagen im Osten und Westen, wenngleich sie in wichtigen Teilbereichen durch die massiven Fundamentmauern des Neubaus dezimiert wurden. Für die archäologischen Ausgrabungen unter Heinrich Mayer 1935/36 und Walter Sage in den Jahren 1969 bis 1972 und 1987 bis 1995 bedeuteten die unantastbaren Baumassen des Doms aus dem 13. Jahrhundert eine enorme Erschwernis. Dennoch gelang es, die Reste des alten Doms in der Fläche vollständig zu erfassen.

Das Modell fasst erstmals alle verstreuten Baubefunde zusammen, die – bis auf die in größeren Partien erhaltenen Reste in den Krypten – weder sichtbar noch zugänglich sind. Der große Maßstab 1:33 erlaubt auch die Darstellung von Details wie einzelner Bodenplatten, des Steinschnitts, der Beschädigungen durch die beiden Brände und der Abrisskanten, die bei der Vorbereitung des Neubaus entstanden. Dargestellt ist auch die unmittelbare Verbindung vom Querhaus des Doms zur bischöflichen Pfalz im Norden mit den teilweise zweistöckig erhaltenen Mauerresten der Andreas-Kapelle. Das Modell beschränkt sich bewusst auf den objektiv nachweisbaren Befund aus den verschiedenen Forschungskampagnen und verzichtet weitgehend auf die Genauigkeit suggerierende Rekonstruktion von Details. Nur angedeutet ist eine mögliche Höhenentwicklung des verlorenen Dombaukörpers. Erstaunlich vieles lässt sich jedoch trotz der Kargheit der Befunde gesichert über die Architektur des alten Doms sagen (vgl. auch Aufsätze S. 13ff.). Deutlich ablesbar sind die Hauptzüge des Grundrisses: ein dreischiffiges Langhaus mit einem Turmpaar im Osten, ein ausladendes Querhaus im Westen und zwei Chöre – im Osten der Georgen-, im Westen der Peterschor – mit je einer Krypta.

Unterschieden wird im Modell zwischen vor Ort dokumentiertem und realitätsnah wiedergegebenem Befund sowie gesicherten, aber nur schematisch darstellbaren Ergänzungen wie Plattenboden in Lang- und Querhaus und wahrscheinlichen, aber nicht im Detail festzulegenden Ergänzungen wie Treppenläufen und schließlich freier Rekonstruktion wie dem Südostturm. Die Darstellung beschränkt sich auf Bauteile des 11. Jahrhunderts, nur im östlichen Bereich sind Reste der Erweiterung der Krypta des frühen 12. Jahrhunderts integriert. Trotz der Lücken lässt sich der Grundriss des Doms von 1012 dank der bei Kirchen üblichen Achsensymmetrie bis auf Details rekonstruieren. Die Westkrypta ist am besten erforscht: Ihre nördliche Außenwand mit Rundbogenfenstern und einem Okulus über dem unteren Treppenlauf des Nordostzugangs und mit den Ansätzen der beiden Kryptahäupter im Westen und Osten, der ebenfalls gut erhaltene Südzugang sowie einige Sockel, Basen und sogar ein in situ erhaltener Säulenschaft von den beiden Arkaden des Mittelschiffs erlauben die zuverlässige Rekonstruktion der Krypta (Aufsätze S. 13 ff.). Die erstaunlich gut erhaltenen Reste vermitteln darüber hinaus eine Vorstellung vom Aussehen des Heinrichsdoms von 1012 in seiner Gesamtheit; Architekturglieder wie Wandvorlagen oder Säulen waren vorzüglich bearbeitet, ansonsten beherrschte noch leicht unre-

gelmäßiges, verputztes Kleinsteinquaderwerk das Bild. Die komplizierten Kryptazugänge sind im Unterteil fast vollständig erhalten, die oberen Treppenläufe so weit
gesichert, dass man Lage und Zahl der Stufen bis zum Querhausniveau ergänzen
kann. Treppen zum Westchor können nach der Befundsituation nur im Querhaus gelegen haben, waren aber nicht direkt nachzuweisen. Die von den Kryptatreppen
umschlossenen mächtigen Fundamentblöcke trugen wohl Pfeiler am Ansatz des
Westchors; an den südlichen Chor schloss das einzige erhaltene Stück aufgehenden
Mauerwerks im Bereich des Querhauses an.

Im Norden zogen West- und Ostfundament des Querschiffs ohne Fuge weiter zur
bischöflichen Pfalz; der Verbindungsbau war also gemeinsam mit dem Dom im frühen 11. Jahrhundert errichtet worden. Der Fußboden lag am Nordende des Querhauses schon mindestens zwei Stufen über dem normalen Laufniveau, trotzdem war
– wie heute – zusätzlich eine Treppe nötig, um aus der Kirche auf das natürliche Bodenniveau im Bereich des Verbindungsbaus zu gelangen. Innerhalb des Verbin-
dungsgangs sind im Modell in einer Aussparung ausnahmsweise vorbistumszeitliche
Befunde dargestellt, nämlich Fundamentreste eines Vorläufers der Pfalz.

Östlich des Verbindungsbaus lag die Andreas-Kapelle. Sie wurde um 1050 wohl
als Privatkapelle des Bischofs an den Verbindungsbau zur Pfalz angelehnt. Von dem
oktogonalen, zweigeschossigen Bauwerk sind zwei Achtelseiten im Norden noch
bis zum zweiten Geschoss erhalten, während von ihrer Südhälfte nur geringe kreisförmige Fundamentreste nachzuweisen waren. Die erhaltenen Wandpartien sind in
die Außenmauer eines 1571 errichteten Gebäudes integriert, wobei die ehemalige
Innenseite der Kapelle zur Außenseite wurde. Das Mauergefüge besteht aus klein-
formatigen Handquadern, in das sorgfältig bearbeitete größere Werksteine für die
Lisenengliederung an den Innen- und Außenecken des Oktogons eingefügt sind. An
den Innenecken zeugen Wölbansätze davon, dass das kleine Gebäude in zwei wohl
miteinander durch einen mittleren Schacht verbundene Geschosse geteilt war.

Nach dem Dombrand von 1081 ersetzte im Quer- und im Langhaus der durch die
Ausgrabungen großflächig aufgedeckte Fußboden aus Sandsteinplatten den beschädigten ersten Fußboden. Von diesem blieb nur eine runde Scheibe aus rotem Marmor
– vielleicht in Zweitverwendung – in der Mittelachse des Langhauses in unmittelba-
rer Nähe eines markanten Sarkophags erhalten. Im Zusammenhang mit weiteren
Funden farbiger Steine dürfte dies ein Hinweis darauf sein, dass der Heinrichsdom
vor dem Brand einen prächtigen Steinmosaikboden besaß, der Teil einer kostbaren
Innenausstattung war. Der spätere Plattenboden aus Sandstein wurde beim Brand
von 1185 schwer beschädigt. Davon zeugen die im Modell hell erscheinenden Flecken
und Streifen, bei denen es sich um Mörtelausflickungen stark zerstörter Bodenpartien
handelt. Auch die vier noch in situ angetroffenen Sockel der nördlichen Mittelschiffstützen waren 1185 sehr verglüht, lassen aber zusammen mit zwei Mörtelbettungen für weitere Stützen einen Wechsel zwischen Pfeilern und Säulen erkennen,
wie er im Modell auf der gegenüberliegenden Südseite dargestellt ist. Mehrere größere
Fehlstellen im Plattenboden entstanden bei der spät- oder nachmittelalterlichen Ver-
legung von Gräbern aus dem Dommittelschiff. Genau in der Mittelachse liegt der
mit der ursprünglichen Beisetzung Heinrichs II. in Verbindung gebrachte große Steinsarkophag. Er stand auf einer genau bis zur Höhe des älteren Plattenbodens aufge-
füllten ehemaligen Grabgrube und war oben so weit abgeschlagen, dass der Fußboden des heutigen Doms ungestört darüber laufen konnte.

Der Fußboden endete im Mittelschiff an der Westwand der Ostkrypta. Ihre aufwändig gestalteten Zugänge und die erhalten gebliebenen Teile des Kryptamittelschiffs unterscheiden sich durch regelmäßige, eng gefugte Quadersichtflächen deut-

lich vom Mauerwerk der Westkrypta. Die Stuckkapitelle an den beiden Säulen der Mittelnische in der Westwand weisen mit anderen Indizien diesen Bauteil zusammen mit dem oben beschriebenen Plattenboden der Kirchenschiffe der Wiederherstellung des Doms im frühen 12. Jahrhundert zu. Hier im Osten haben sich Spuren der einst zum Georgenchor führenden Treppenanlage des 11. Jahrhunderts und eines vor dem Chor errichteten Altars gefunden, ferner mitten in der Krypta ein im Dom des 13. Jahrhunderts weiter benutzter Brunnenschacht.

Beim Brand von 1185 stürzte der Westteil der ersten Ostkrypta ein. Der gewaltige Fundamentriegel des 13. Jahrhunderts unter dem heutigen Ostchoransatz zerstörte zwar alle Zusammenhänge, doch fanden sich weiter östlich Spuren, die eine Teilabsenkung des Kryptabodens und Änderungen an ihrem Stützensystem nach 1100 anzeigen (Reste von Stufen, Basis für eine neue Wandvorlage). Der Ostabschluss blieb damals wohl unverändert, er entspricht im Grundriss dem Westende der Krypta unter dem Peterschor. Die ursprüngliche Länge der Ostkrypta des 11. Jahrhunderts wird mit einiger Wahrscheinlichkeit durch die Lage der nur im Süden nachgewiesenen und vielleicht auch nur dort vorhandenen älteren Treppe mit ihrem einmal versetzten Lauf markiert.

Wie sein Gegenstück im Westen schloss auch der Georgenchor in einer deutlich eingezogenen Apsis. Er war aber kürzer als der Peterschor und wurde beidseits von Türmen flankiert, deren Grundmaße an den Fundamentresten im Süden abzuschätzen sind. Die Frage nach Zugängen durch die Türme wie überhaupt nach den Portalen des Heinrichsdoms lässt sich aus dem Befund ebenso wenig beantworten wie die Frage nach den übrigen Details am aufgehenden Bau. So muss man sich mit Analogien behelfen, wie insbesondere der nicht weit entfernten Jakobskirche unmittelbar vor den Toren der Domburg (Kat.-Nr. 211). Dort sind zwei Zugänge durch die östlichen Turmhallen gesichert. Die Lage des etwa 1225 in der nördlichen Seitenschiffwand des Domneubaus errichteten Fürstenportals könnte auf einen Vorgängerbau an gleicher Stelle verweisen, zumal sich dort die Weite des Domplatzes bereits im 11. Jahrhundert öffnete. Der aus dem späten 11. Jahrhundert erhaltene Innenraum der Jakobskirche war auch Vorbild für die aufgehende Architektur einschließlich der Säulenproportionen und der Würfelkapitelle, wie sie hier im Modell mit aller Vorsicht angedeutet wird.   *W. S. / M. Schu.*

Aus einem während der Erbauung des Heinrichsdoms benutzten Schmelz- oder Schmiedefeuer hat sich eine so genannte Ofensau erhalten.

Stark eisenhaltiger Schlackenkuchen   *63*

Fundort: Bamberger Dom, Grabung 1971

Ca. 13,2 x 11,6 x 5,1

Zusammensetzung: SiO_2 (Gewichtsanteil: 26,10 %), P_2O_5 (0,43 %), TiO_2 (0,62 %), Al_2O_3 (1,55 %), Fe_2O_3 (11,00 %), FeO (56,50 %), MnO (0,57 %), MgO (0,31 %), CaO (0,28 %), Na_2O (0,10 %), K_2O (0,48 %), CO_2 (0,02 %), H_2O (1,48 %);

umgerechnet auf den Gesamtanteil: Fe_2O_3: 73,77 %, Fe (elementar): 51,60 %

(Analyse: Prof. Dr. H. von Platen, Universität Mainz, Institut für Geowissenschaften, 1984)

Nachrestaurierung: Jörg Schabesberger

Historisches Museum Bamberg

Unter dem südlichen Seitenschiff des Bamberger Doms kamen zwei von Steinen eingefasste Feuerstellen zutage, die sich in ihrem Aufbau und wegen der Spuren intensiver Hitzeeinwirkung deutlich von üblichen Herden unterschieden. Sie lagen innerhalb der Fundamente für das südliche Seitenschiff des ersten Doms, die besser erhaltene Feuerstelle nur wenig östlich des Querhauses, und durchschlugen eine vor

Literatur:
Böhm, Eisengewinnung;
vgl. auch Kat.-Nr. 8 vgl. sowie
Aufsätze S. 13 ff.

63

Beginn des Dombaus aufgetragene Sandplanierung bis in die darunter liegenden älteren Siedlungsschichten. Die am vollständigsten erhaltenen Wandungsteile jener Anlage, aus der die „Ofensau" stammt, waren unmittelbar unter dem Mörtelbett für den ersten Domfußboden abgebrochen worden. Es kann sich also nur um Einrichtungen handeln, die während des Dombaus gegen 1012 in Betrieb waren und der Vorbereitung von Baueisen oder der Reparatur von Werkzeug und Gerät im Rahmen der Baumaßnahmen dienten. Die Fundstelle des Schlackenkuchens war als rechteckige Grube von etwa 1,10 x 1,30 Meter Größe angelegt und noch auf maximal 65 Zentimeter (mit Unterteil des Steinkranzes bis 75 Zentimeter) Höhe erhalten. Zuunterst fand sich eine nur etwa 30 bis 40 Zentimeter breite und 80 Zentimeter lange Schlackengrube, aus deren Kernbereich unter der eigentlichen Feuerstelle der Schlackenkuchen stammt.

Nach der Beschaffenheit und der Zusammensetzung der Schlacke mit ihrem hohen Eisengehalt scheint es sich bei der während der Grabung als „Feuerstelle 2" bezeichneten Anlage nicht um eine herkömmliche Schmiedeesse, sondern eher um einen Ausheiz- oder „Zurenn"-Herd gehandelt zu haben. Ein solcher war nötig, wenn das noch ziemlich mit Schlacke durchsetzte Eisen aus einem Rennofen („Luppe") erst am Bestimmungsort gereinigt und für die eigentliche Verarbeitung im Schmiedeprozess aufbereitet wurde, was hier offensichtlich der Fall war (Kat.-Nr. 7 f.). Mit dieser scheinbar nebensächlichen Beobachtung erhalten wir einen unverhofften Einblick in technische Vorgänge auf einer Großbaustelle der Zeit um 1000 n. Chr.

Das Rohmaterial könnte durchaus von den nahe gelegenen Eisenerzvorkommen auf der nördlichen Frankenalb stammen. Dort ist stellenweise vorgeschichtliche Eisenverhüttung durch Funde gesichert, während der sich mehrfach abzeichnende Zusammenhang zwischen frühmittelalterlichen Siedlungsfunden und Schürfgrubenfeldern oder Spuren von Verhüttungsplätzen die erneute Ausbeute der Lagerstätten seit dem 7./8. Jahrhundert n. Chr. wenigstens wahrscheinlich macht. Überdies deutet der jedenfalls mit dem in karolingischer Zeit so genannten „Königshof auf dem Gebirge" identische Ort Königsfeld – später Besitz des Hochstifts Bamberg – auf frühe Inbesitznahme dieses Reviers durch den fränkischen König, als dessen Rechtsnachfolger Heinrich II. dann natürlich den Bau seiner Kathedrale auch mit der Bereitstellung eigenen Eisens fördern konnte. *W. S.*

Reste des Fußbodens lassen auf eine prunkvolle Ausstattung des ersten Bamberger Doms schließen.

64 Steinplatten von Zierfeldern im ersten Fussboden des Heinrichsdoms

Fundort: Mittelschiff des Bamberger Doms, Grabung 1969/70

Restaurierung: Jörg Schabesberger

Materialbestimmung: Harald Mielsch, Bonn

Historisches Museum Bamberg

I. Weißer großkristalliner Marmor (aus Thasos), regelmäßiges Achteck, gebrochen, L. 17,5, B. noch bis 15,5; Rs.: Rest eines Ornaments in stark profilierter runder Rahmung (?); demnach ursprünglich nicht Bestandteil eines Fußbodens, aber wohl schon antik dafür umgearbeitet (FZ Nr. 55523)

II. Schwarzer Muschelkalk (bigio morato), sechseckige Platte, ca. 10 x 10,1, Kantenlänge 5,6–5,8

III. Dunkelgrauer Kalkstein (Herkunft nicht bestimmbar), etwa quadratisch, 7,5 x 7,5; an den Kanten und einer Ecke leicht abgeschlagen (FZ Nr. 55532)

IV. Schwarzer Muschelkalk (bigio morato), etwa quadratisch, 7,3 x 7,4; an den Kanten und Ecken leicht bestoßen (FZ Nr. 55532)

V. Schwarzer Muschelkalk (bigio morato), länglich parallelogrammförmig; Basislänge 7,5, H. 4,7; eine Ecke gebrochen

VI. Weißer Marmor mit grauen Streifen (aus Prokonnesos), rechteckig, 7,3 x 5; Ecken leicht bestoßen (FZ Nr. 55532)

VII. Weißer Marmor mit grauen Streifen (aus Prokonnesos), rechteckig, ca. 6,8 x 4,5; eine Kante und Ecke leicht gebrochen (FZ Nr. 55532)

VIII. Weißer, violett geäderter Marmor (Pavonazetto aus Phrygien), etwa gleichschenklig dreieckig, L. ursprünglich ca. 11, H. 5,6; zwei Ecken gebrochen (FZ Nr. 55519)

IX. Schwarzer Muschelkalk (bigio morato), etwa gleichschenklig dreieckig,

L. ursprünglich ca. 9,4, H. 4,5; eine Ecke etwas gebrochen (FZ Nr. 55532)

X. Schwarzer Muschelkalk (bigio morato), etwa gleichschenklig dreieckig, L. ca. 8, H. 4,3; zwei Ecken etwas gebrochen

XI. Grüner Porphyr (Porfiro serpentino verde aus der Gegend von Sparta), etwa gleichschenklig dreieckig, L. ca. 6,8, H. 3,5; eine Ecke etwas gebrochen (FZ Nr. 55532)

XII. Schwarzer Muschelkalk (bigio morato), ringförmig gebogen, größte L. 11, B. 3–3,1, Außenradius ca. 17,2; an einer Ecke leicht gebrochen (FZ Nr. 55552)

XIII. Weißer großkristalliner Marmor (aus Thasos), in Form eines Kreissektors, B. ca. 9, H. noch 5; Spitze gebrochen (FZ Nr. 55532)

Bei den 1969/70 unter dem Mittelschiff des heutigen Doms vorgenommenen Ausgrabungen waren größere Störungen aufgefallen, die sich wegen ihrer fast reinen Erdfüllung stark von dem nach dem ersten Dombrand eingebrachten und im Allgemeinen großflächig erhaltenen Fußboden aus rechteckigen Sandsteinplatten abhoben. Sie konzentrierten sich auf den Mittel- und vor allem den Ostteil des Mittelschiffs im ersten Dom und bildeten hier stellenweise zusammenhängende Komplexe größerer Ausdehnung. Bei der weiteren Untersuchung stellte sich heraus, dass es sich dabei ausnahmslos um ehemalige Grabstätten handelte, die allerdings in jüngerer Zeit, stets ausgehend vom heutigen Laufniveau im Langhaus, ausgeräumt worden waren. Dies mag – zumindest teilweise – im Zusammenhang mit der überlieferten Translozierung von Bischofsgräbern nach St. Michael geschehen sein. Allerdings stand auch der vermutungsweise Heinrich II. zugeschriebene Steinsarkophag auf einer dieser wieder verfüllten Gruben.

In einigen Grabschächten hatten sich geringe Reste der originalen Verfüllung erhalten, und nur darin fand sich der Großteil der Platten und Plättchen eines im Übrigen verlorenen und nur noch anhand der zugehörigen Mörtelbettung nachweisbaren, in Art des Opus sectile (Opus alexandrinum) verzierten Fußbodens (ein geometrisch angeordnetes, mehrfarbiges Mosaik). Diese Steine müssen also aus ihrem Zusammenhang gerissen worden sein, als die Gräber im Mittelschiff ausgehoben wurden, und das kann nur vor 1081 geschehen sein, da nach dem ersten Dombrand der eingangs erwähnte Boden aus Sandsteinplatten eingebracht wurde. Vereinzelte

Literatur:
Aufsätze S. 13 ff.; Hennig, Andechs-Meranier, S. 351, Nr. 5.2 (hier unter d) auch „dünne, feine Marmorplättchen … vermutlich … Teile einer Wandverkleidung" zu den mittelalterlichen Funden gerechnet, die jedoch zur Wangenverkleidung der in der Barockzeit neu gestalteten Treppen vom Mittelschiff zum Ostchor gehörten; Kier, Schmuckfußboden.

Plättchen waren aber auch in die Verfüllung der 1185 eingestürzten Ostkrypta geraten, was annehmen lässt, dass noch brauchbare Teile des kostbaren Schmuckfußbodens nach dem ersten Brand und der Vergrößerung der Ostkrypta im Georgenchor weitere Verwendung fanden.

Die ausgestellten Stücke repräsentieren zwar alle unter den rund 60 geborgenen Platten vertretenen Formen, nicht aber so etwas wie bestimmte Einheitsgrößen oder alle Farbvarianten. Außer der großen weißen Achteckplatte (I) sind alle Typen mehrfach vorhanden, wobei gerade Rechtecke, Quadrate und Dreiecke in ihren Abmessungen besonders stark, vereinzelt bis hinab zu Größen um nur vier bis fünf Quadratzentimeter schwanken. Auch in ihrer Stärke weichen die grundsätzlich ähnlich, nämlich in der von antiken Plattenmosaiken her bekannten Weise hergestellten Steine beträchtlich voneinander ab. Sie können also kaum nur zu einem oder zwei – eventuell mehrfach wiederholten – Mustern gehört haben.

Die im Verhältnis zur vermutlich einst verzierten Fußbodenfläche minimale Zahl erhalten gebliebener Plättchen lässt Überlegungen darüber, welche der zahlreichen von anderwärts bekannten Ziermotive im Heinrichsdom vertreten waren, ob sie den gesamten Mittelschiffboden bedeckten oder in einzelne Felder aufgeteilt waren, müßig erscheinen. Nur zwei komplizierte Motive geben sich andeutungsweise zu erkennen: Die größere weiße Achteckplatte und anpassende dunklere Steine in Quadrat- und Rechteckform könnten Teile eines Musters gewesen sein, wie es fast gleichzeitig mit Bamberg im Burchard-Dom zu Worms verlegt wurde (vgl. Kier, Muster 60) und in Varianten auch in Magdeburg (vgl. Kier, Muster 61) und Halberstadt (vgl. Kier, Muster 62) im 11. Jahrhundert zu finden war. Die wenigen ring- oder kreissektorförmigen Plättchen belegen ferner das einstige Vorhandensein von Rosetten oder anderen auf Kreisformen basierenden Motiven, etwa vergleichbar mit Halberstadt (vgl. Kier, Muster 94). Hier anzuschließen wäre auch die einzige noch in Mörtelbettung auf originaler Fußbodenhöhe erhaltene Platte, eine große runde Marmorscheibe auf der Dom-Mittelachse von mindestens 60, vielleicht sogar 80 Zentimeter Durchmesser. Sie war allerdings so stark verglüht, dass nur kleine Reste (jetzt rot und schwärzlich gefärbt) geborgen werden konnten, die zusammen mit ihrer etwas besser erhaltenen Mörtelbettung durch jüngere Störungen völlig aus dem ursprünglichen Zusammenhang gerissen sind. Deshalb können wir diese Platte nur bedingt als wirklich in situ verbliebene Spur des Schmuckfußbodens betrachten. Sie könnte auch nach 1081 in einem anderen als dem originalen Zusammenhang wieder verwendet worden sein, wofür der Umstand sprechen mag, dass sie genau den Mittelpunkt des Mittelschiffs nach Verlängerung der Ostkrypta bezeichnete.

Insgesamt sind die nach Angaben von H. Mielsch allesamt als Spolien aus dem antik-mediterranen Gebiet stammenden Plättchen eines Opus-sectile-Bodens eine Bestätigung für die in zeitgenössischen Berichten geschilderte prächtige Ausstattung der Bamberger Gründungskathedrale. Derartige Böden waren in der Spätantike in Mode gekommen und im byzantinischen Bereich weit verbreitet. Nördlich der Alpen mag das Vorbild der Aachener Pfalzkapelle den Anstoß dazu gegeben haben, dass sie auch im frühen und hohen Mittelalter eine – gemessen an der inzwischen bekannten Zahl von Fundstellen – bemerkenswerte Rolle vor allem im Sakralbau gespielt haben.

W. S.

Nach zähem Ringen mit den Bischöfen des Reichs erhielt Heinrich II. die Zustimmung für die Gründung des Bistums Bamberg.

SYNODALPROTOKOLL ÜBER DIE GRÜNDUNG DES BISTUMS BAMBERG 65

Frankfurt am Main, 1. November 1007

Handschrift/Pergament, 49 x 56

Staatsarchiv Bamberg (Bamberger Urkunden [Münchner Abg. 1993] Nr. 21)

Abb. 14

Quellen:

Jaffé, Monumenta Bambergensia, S. 27; MGH DD H II. 143; Schneidmüller, Gründung; von Guttenberg, Regesten, Nr. 34.

Literatur:

AK Aus 1200 Jahren, S. 28 f.; von Guttenberg, Bistum Bamberg, Bd. 1; Meyer, Oberfranken; Weinfurter, Heinrich II., S. 254 ff.

Schon bald nach seiner Krönung zum König 1002 unternahm Heinrich II. erhebliche Anstrengungen zur Gründung des Bistums Bamberg. In seiner „von Kindesbeinen an einzig geliebten Stadt" ließ er einen prächtigen Kirchenbau mit zwei Krypten errichten. Die Gründe, die den König für Bamberg einnahmen, mögen vielfältiger Natur gewesen sein. Seine Kinderlosigkeit wurde offiziell genannt, doch fand mit der Wahl Bambergs auch eine politisch motivierte räumliche Schwerpunktverlagerung im Reich statt: Nach der Absetzung Markgraf Heinrichs von Schweinfurt wurde damit ein Machtvakuum im östlichen Franken geschlossen und die Möglichkeit geschaffen, eine stärkere christliche Durchdringung des noch in slawisch-heidnischer Tradition stehenden Raums zu erreichen. An seinem Geburtstag, dem 6. Mai 1007, übereignete Heinrich II. der Kirche in Bamberg großen Landbesitz. Die Verhandlungen mit den Bischöfen von Würzburg und Eichstätt, aus deren Diözesen der Bamberger Anteil herausgeschnitten werden sollte, waren zu diesem Zeitpunkt weit fortgeschritten. Nachdem er die Einwilligung der Bischöfe von Würzburg und Eichstätt erlangt hatte, sandte der König eine Gesandtschaft zu Papst Johannes XVIII., der eine – im Original verlorene – Bestätigungsurkunde ausstellen ließ, in der er der Bamberger Kirche seinen besonderen Schutz versprach.

Allerdings war in der Zwischenzeit Bischof Heinrich von Würzburg zum entschiedenen Gegner des Projekts geworden, weil die erhoffte und wohl auch versprochene Erhebung Würzburgs zum Erzbistum nicht erfolgt war. Deshalb musste der König erneut eine Bischofssynode einberufen, die am 1. November 1007 in Frankfurt am Main abgehalten wurde. Thietmar von Merseburg berichtet, dass die Meinungen dort heftig aufeinander prallten. Der König konnte die Entscheidung zu seinen Gunsten nur durch wiederholte Demutsgesten erwirken. Mehrfach warf er sich in kritischen Momenten vor den Bischöfen zu Boden.

Die ausgestellte Urkunde, das einzig erhaltene Synodalprotokoll dieser Zeit, berichtet nichts von den Turbulenzen bei der Frankfurter Synode – nach St. Weinfurter der Prüfstein für Heinrichs II. Königtum schlechthin. Ausführlich werden die vorangegangenen Rechtsakte zusammengefasst, auch der zum Ausgleich mit Würzburg vorgesehene Gütertausch, gefolgt von der Verlesung der päpstlichen Bestätigungsurkunde und der Protokollierung der Zustimmung jedes einzelnen Geistlichen. Beglaubigt wurde die Urkunde durch die eigenhändigen Kreuze der 35 anwesenden Erzbischöfe und Bischöfe, die diese vor oder hinter ihre Namen setzten, die das ganze untere Drittel des Schriftstücks einnehmen. Der Würzburger Bischof war der Versammlung aus Protest ferngeblieben; sein leiblicher Bruder, Erzbischof Heribert von Köln, verweigerte als einziger Anwesender sein Kreuz und vermerkte stattdessen „ad votum sinodi" („auf Verlangen der Synode"). Heinrich II. aber hatte sein Ziel erreicht. Noch am gleichen Tag, dem 1. November 1007, setzte der König seinen Kanzler Eberhard zum ersten Bischof von Bamberg ein. *K. R.*

Das Bistum Bamberg erhielt Besitz in der Umgebung, aber auch weit entfernt liegende Güter.

66 ZWEI URKUNDEN ÜBER DIE AUSSTATTUNG DES BISTUMS BAMBERG

Frankfurt am Main, 1. November 1007

Handschrift/Pergament, 54 x 47,5 bzw. 60 x 57,5

Staatsarchiv Bamberg (Bamberger Urkunden [Münchner Abg. 1993] Nr. 26 und 29 [ex Kaiserselekt Nr. 224 und 227])

Quellen:
MGH DD H II. 166 und 169;
Monumenta Boica,
Bd. 28/I, S. 346, S. 351;
von Guttenberg, Regesten,
Nr. 38 und 62.

Literatur:
Bresslau, Erläuterungen,
2. Abschnitt; van Eickels/Kunde:
Herrschaft; Enzensberger, Heinrich II.; von Guttenberg, Bistum
Bamberg, Bd. 1; Schneidmüller,
Neues; Störmer, Schenkungen
Heinrichs II.; Weinfurter,
Heinrich II., S. 254 ff.

Schon an der Ausstattung des neuen Bistums mit allen Erbgütern Heinrichs II. wird deutlich, dass Bamberg etwas Besonderes sein sollte, aufs Engste mit Heinrichs Königtum verbunden. Dem neuen Bistum als dem „zuverlässigsten Reichseigenbistum" (W. Störmer) galt es nun eine besonders reiche Ausstattung zukommen zu lassen. Aus Heinrichs II. Regierungszeit sind insgesamt 83 Schenkungsurkunden bekannt, mit denen er Güter in der unmittelbaren Umgebung Bambergs, aber auch in der gesamten südlichen Reichshälfte und darüber hinaus verteilte. Dazu gehörten, um nur wenige zu nennen, alte fränkische Königspfalzen genauso wie Grundherrschaften im Nordgau oder in Bayern (an Isar und Inn) bis hin zu den Besitzungen in Thüringen, in der Steiermark und in Kärnten und zudem zahlreiche altehrwürdige Klöster und Stifte wie Stein und Gengenbach am Oberrhein. Ob es sich dabei um Königs-, bayerisches Herzogs- oder Eigengut handelte, ist nicht immer zu klären.

Die beiden ausgestellen Ausstattungsurkunden repräsentieren zum einen mit der Überlassung des Herrschaftskomplexes Forchheim („praedium Vorhchem") – im späteren Hochstift Bamberg zweite Residenzstadt – die so genannte Nahausstattung und zum anderen mit dem Kloster Stein am Rhein die Fernausstattung. Für die Ausstattung des Bistums Bamberg mit fern gelegenen Besitztümern werden verschiedene Motive vermutet, so auch ganz praktische wie die Lage an wichtigen Verkehrswegen oder Pässen, also Stützpunkte für den Herrscher auf Reisen, oder die Schwächung bzw. Kränkung eines besiegten Feindes, etwa des Rivalen um die Krone, Herzog Hermann von Schwaben, dem Kloster Stein am Rhein als Hauskloster gedient hatte. Sicherlich stand aber hinter dieser vielfältigen Verankerung Bambergs im Reich Heinrichs II. Vorstellung von einem seinem Königtum besonders nahen Reichsbistum.

Für die Reichskanzlei bedeutete die Gründung des Bistums Bamberg eine Herausforderung, musste doch eine große Anzahl an Schenkungsdiplomen ausgefertigt werden. Dafür wurde eigens eine Art „Unterabteilung" der Reichskanzlei gegründet unter einem seit 1004 nachweisbaren Schreiber (Sigle: ED), der ein Franke gewesen sein soll. Er wurde von allen anderen Aufgaben befreit und bekam einen Schreiber (Sigle: Ba I) zur Unterstützung. Dieser schrieb neben dem Frankfurter Synodalprotokoll (Kat.-Nr. 65) die Schenkungsurkunde über Forchheim, während die Urkunde über Stein am Rhein von einem weiteren Schreiber verfertigt wurde, der bereits 1004 mit dem genannten Leiter der „Unterabteilung" in die Reichskanzlei eingetreten war. Da inzwischen zwei der vier allein für Bamberg tätigen Urkundenschreiber auch in anderen Bamberger Handschriften nachgewiesen wurden, liegt die Vermutung nahe, dass diese Abteilung zumindest zeitweise in Bamberg gearbeitet hat.

Der Aufbau der beiden Urkunden folgt dem Muster der ottonischen Königsurkunden. Das Chrismon, die symbolische Anrufung Gottes zu Beginn, ist jeweils reich mit Kurzschriftzeichen gefüllt. Das Eingangsprotokoll, unter anderem mit Herrschernamen und Legitimationsformel („divina favente clementia rex"), ist in der verlängerten Auszeichnungsschrift (Elongata) gehalten. Für den Rest des Kontexts mit der Arenga (allgemein gültige Begründung), der Narratio (Erzählung der

Umstände) und der Dispositio (rechtsbegründender Teil) ging der Schreiber zur diplomatischen Minuskel über – mit den nach rechts geschwungenen Oberlängen (vor allem bei s, b, l) und den nach links geschwungenen Unterlängen (bei r, p oder q). Signumzeile mit Herrschermonogramm und Rekognitionszeile sind wieder in verlängerter Schrift gehalten; die rechte Seite nimmt das Majestätssiegel ein. Die Datierung nach römischem Kalender, Inkarnationsjahr, Indiktion und Königsjahren gibt zu keinen Beanstandungen Anlass. Ausstellungsort („Frankonofurt") und Segenswunsch („AMEN") schließen die Urkunde. Schon im äußerlichen Vergleich, insbesondere der mangelnden Raumeinteilung, sieht man dem Schreiber des Forchheim-Diploms übrigens die geringe Übung an.

Die Annahme H. C. Faußners aus den 1980er-Jahren, es handle sich bei all diesen Schenkungsurkunden um Fälschungen des 12. Jahrhunderts, müssen heute als widerlegt gelten. Beide Urkunden werden – wie insgesamt 27 von den erwähnten 83 Schenkungsurkunden – auf den 1. November 1007 (Frankfurter Synode) datiert. Doch darf man sich dies nicht so vorstellen, dass die Urkunden genau an diesem Tag ausgefertigt worden wären, sondern muss die Datierung eher symbolisch als Verweis auf den Gründungstag des Bamberger Bistums bezogen wissen. So nennen die beiden hier zur Disposition stehenden Urkunden, obwohl zum gleichen Tag datiert, zwei unterschiedliche Kanzler, die verantwortlich zeichnen. Die Forchheimer Urkunde kann erst nach der Jahreswende 1008/09 ausgestellt worden sein, da erst zu diesem Zeitpunkt der erwähnte Kanzler Gunther im Dienst war. Der Schreiber Ba I taucht aber nach 1009 nicht mehr in der Kanzlei auf. Dass die Urkunde dennoch nachträglich auf den 1. November 1007 datiert wurde, begründet H. Bresslau damit, dass die Übergabe Forchheims schon damals fester Wille des Königs gewesen war. *K. R.*

Die Weihe der acht Altäre im Bamberger Dom fand in Anwesenheit von 45 Bischöfen am 6. Mai 1012, dem Geburtstag des Königs, statt.

BERICHT ZUR DOMWEIHE 67

> 1021–1024, Abschrift zwischen 1455 und 1471
> Nachtrag in einer liturgischen Handschrift, Bamberg 14. Jahrhundert
> Handschrift/Pergament, 70 Blätter, 29 x 21, fol. 64^r–64^v
> Staatsbibliothek Bamberg (Msc. lit. 64)

Die Weihe der acht Altäre im Bamberger Dom wurde am 6. Mai 1012 auf einem feierlichen Hoftag mit Synode im Beisein von 45 Erzbischöfen und Bischöfen – Thietmar von Merseburg spricht von „mehr als 30" – vorgenommen. Programmatisch wählte König Heinrich II. dafür den eigenen Geburtstag (laut eigenhändigen Eintrags Thietmars der 35., eher der 40. Geburtstag); fünf Jahre zuvor, am 6. Mai 1007, hatte der Herrscher der Bamberger Kirche die ersten Urkunden ausgestellt.

Den hervorgehobenen Altar im Westchor weihte Bischof Eberhard I. von Bamberg, den Kreuzaltar Patriarch Johannes von Aquileia, den Altar im Ostchor Erzbischof Erkanbald von Mainz, die vier Seitenaltäre wie den Kryptenaltar die Erzbischöfe Heribert von Köln, Megingaud von Trier, Hartwig von Salzburg, Tagino von Magdeburg und Ascherius von Gran in Ungarn. Mit Ausnahme des Erzbischofs von Bremen waren alle Metropoliten in den Staatsakt einbezogen. Die Fülle der Patrozinien und Reliquien lässt die Anstrengungen des Stifters zur angemessenen Ausstattung der Bamberger Kathedrale mit Heiltümern aus allen Teilen des christlichen Europas erkennen. Vergleiche mit zeitgenössischen Weiheberichten fördern nur wenige Parallelen für einen solchen Reichtum zutage, der den Menschen damals weit wichtiger als alle Schatzstücke oder Pergamente war. Das Programm der

Quellen:
Dedicatio eccl. S. Petri Babenbergensis, S. 479 ff;
Dedicationes Bambergenses, S. 4 f.; Thietmar, Chronik (Holtzmann) S. 348; von Guttenberg, Regesten, Nr. 103.

Literatur:
AK Altäre; Benz, Untersuchungen, S. 138 ff.; Leitschuh/Fischer/Dressler, Katalog, Bd. 1,1, S. 211 ff.; Schneidmüller, Herrscherbild, S. 27 ff.; Zimmermann, Bamberg, S. 212 ff.

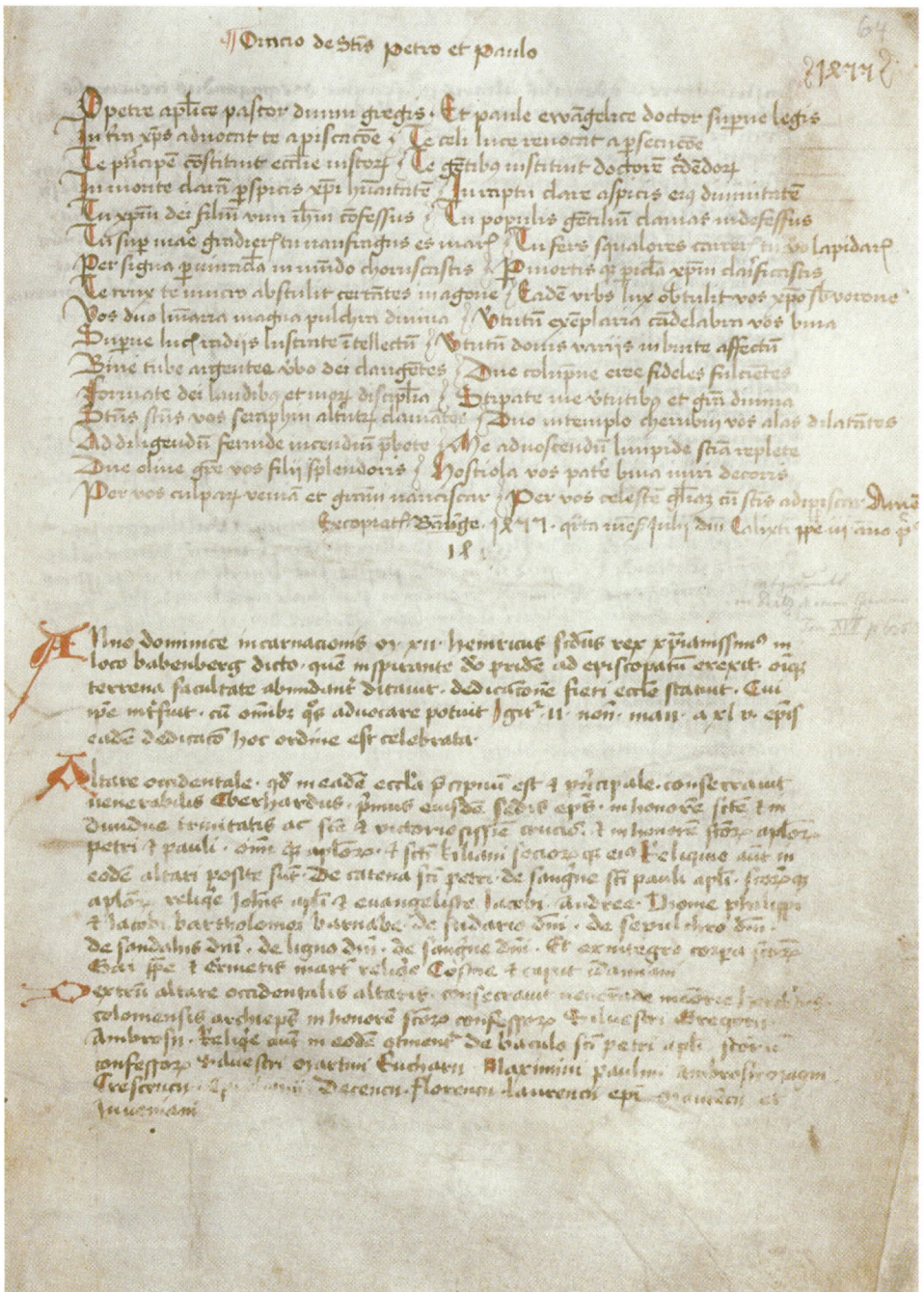

67

Altäre macht den Willen zum ordnenden Ensemble deutlich: Märtyrer- und Bekenneraltäre, Heilige aus dem westfränkischen oder aus dem bayerisch-slawischen Raum. Die neueste Rekonstruktion liest die Bezeichnungen „rechter/linker Altar" aus der Blickrichtung des hinter dem westlichen Hauptaltar stehenden Priesters in das Kirchenschiff; Klarheit geben der Bamberger Sprachgebrauch des Hochmittelalters (rechts/links) und die Kontinuität des Vitus- und Blasius-Altars nach der Weihe des Neubaus vom 6. Mai 1237.

Die Handschrift des 14. Jahrhunderts enthält einen Kalender (fol. 3ʳ–8ᵛ), ein Psalterium (1328, fol. 63ʳ) und Hymnen für das Kirchenjahr. Im 15. Jahrhundert wurden dem Psalterium auf drei freien Seiten des letzten Quaternio unter anderem eine „Oracio de sanctis Petro et Paulo" (1455, fol. 64^r), der ausgestellte Weihebericht (zwischen 1455 und 1471, fol. 64^r–64^v) und Verse auf Heinrich II. (1471, fol. 64^v) nachgetragen. Weitere Einträge (fol. 1^r–2^r, 9^r) deuten auf den Gebrauch durch den Domherrn Heinrich von Rabenstein (1473 als „dominus meus", fol. 1^r) hin. Der Weihebericht gilt als gute Abschrift eines verlorenen Originals, das nach dem Tod Erzbischof Heriberts von Köln (1021) und vor dem Ableben Heinrichs II. (1024) entstanden ist. *B. Sch.*

Heinrich II. bemühte sich um die Reform seiner Klöster. In seinem Auftrag reformierte Godehard als Abt von Niederaltaich die Reichsabteien Tegernsee und Hersfeld.

Vita Godehardi prior   68

Wolfhere von Hildesheim (vor 993/1022–nach 1054)

Hildesheim, um 1038

Handschrift/Pergament, 139 Blätter, teilweise Autograf, 17,8 x 14; aufgeschlagen fol. 96^v–97

Österreichische Nationalbibliothek, Wien (Cod. 612, fol. 75^v–138^r)

Literatur:
Coué, Bischofsviten; Coué,
Hagiographie; Goetting,
Bernward; Goetting, Bistum
Hildesheim, Bd. 3, S. 230–256;
Haarländer, Vitae, S. 39 ff.,
S. 111–115, S. 150 ff.,
S. 168 f., S. 267 f. u. ö.;
Hoffmann, Buchkunst,
Textband, S. 262.

Godehard († 1038) stammte aus einer Dienstmannenfamilie des Stifts Niederaltaich. Nach seiner Ausbildung in Salzburg und der Umwandlung des Stifts in ein Kloster legte er hier das Mönchsgelübde ab. Auf Drängen des späteren Kaisers Heinrich II. wurde er 996 Abt von Niederaltaich. Godehard vertrat die Prinzipien der Klosterreform nach Gorzer Vorbild. Diese Reform wurde auch von Heinrich II. favorisiert, weil sie ein strenges Leben nach der Regula Benedicti forderte, nicht aber die Einflussnahme des Königs auf die Abtwahlen der Reichsklöster infrage stellte. So betraute Heinrich Godehard zusätzlich mit der Abtswürde von Tegernsee (1001–1002), später mit der des Klosters Hersfeld (1005–1012). Im Jahr 1022 wurde Godehard von Kaiser Heinrich II. zum Bischof von Hildesheim bestimmt. Hier gelang es ihm den so genannten Gandersheimer Streit (Kat.-Nr. 101) zugunsten Hildesheims zu entscheiden.

Wohl in den letzten Lebensjahren Godehards verfasste der Hildesheimer Domkleriker Wolfhere eine Lebensbeschreibung seines Bischofs. Abt Ratmund von Niederaltaich, ein Neffe Godehards, hatte seinen ehemaligen Mitschüler Wolfhere darum gebeten. Ratmund war nach einem verheerenden Brand des Klosters in der schwierigen Situation, die Belange Niederaltaichs gegen die in der Umgebung mächtige Adelsfamilie der Aribonen vertreten zu müssen. Da es seinem Onkel geglückt war, die Hildesheimer Interessen im Streit um Gandersheim gegen ein Mitglied derselben Familie, Erzbischof Aribo von Mainz, durchzusetzen, ging es Ratmund vor allem um die Schilderung von Godehards Vorgehensweise. Hieraus erklärt sich der auffällig große Anteil, den die Darstellung des Streits mit ungefähr der Hälfte der Kapitel in der Vita einnimmt.

Die Vita Godehardi prior ist nur im Wiener Codex überliefert. Der Text wurde von verschiedenen Hildesheimer Händen und Wolfhere selbst, der auch zahlreiche Korrekturen anbrachte, niedergeschrieben. Der geringe Verbreitungsgrad liegt nicht zuletzt darin begründet, dass Wolfhere viele Jahre später eine zweite Lebensbeschreibung verfasste, die im Mittelalter Verbreitung fand. Diese Vita Godehardi posterior sollte den 1054 geweihten Bischof Hezilo von Hildesheim an seine Pflichten gegenüber dem Domklerus erinnern. Sie diente auch als Grundlage für das Kanonisationsverfahren Godehards im Jahr 1131. *T. B.*

Das Lobgedicht Gerhards von Seeon preist die Bamberger Kirche und bezeichnet sie als „Haupt der Welt".

69 PREISLIED GERHARDS VON SEEON

Seeon, 1007–1014

Handschrift/Pergament, 119 Blätter, 22,8 x 18,5; aufgeschlagen fol. 4^v–5^r

Staatsbibliothek Bamberg (Msc. Lit. 143)

siehe folgende Doppelseite

Quelle:
MGH Poetae latini 5, S. 397 f.
(Korrekturen zu V. 41–43 im
Nachdruck 1978, S. 682);
kodikologische Beschreibung:
www.staatsbibliothek-
bamberg.de/sondersammlungen/
hs/index.php.

Literatur:
Arnold, Städtelob, S. 258;
Classen, Stadt; van Eickels,
Preisgedicht (im Druck);
Hammer, Concept; Hoffmann,
Buchkunst, Textband, S. 407;
Kugler, Vorstellung; Meyer,
Kaiser; Weber, Geschichte;
Weinfurter, Heinrich II.,
S. 114, 172, 250 f., 265.

Das Preisgedicht Gerhards von Seeon auf die Bamberger Kirche ist überliefert in einer Sammelhandschrift (fol. 4^v–5^r) aus der Bibliothek des Klosters Michelsberg, die verschiedene Mönchsregeln, das Martyrologium Bedas sowie andere Texte und Urkunden enthält. Die Form unterstreicht die Bedeutung des Gedichts. Geschrieben mit Goldinitialen und großzügigem Zeilenabstand auf ein Doppelblatt feinen weißen Pergaments, dessen Rückseiten jeweils frei blieben, geht es verschwenderisch mit dem wertvollen Beschreibstoff um und demonstriert so die Großzügigkeit des Stifters. Konzipiert ist das Blatt nach Form und Inhalt als Vorsatzblatt einer kostbaren Handschrift. Heute dagegen ersetzt es ein verloren gegangenes Doppelblatt in der ersten Lage der Regelhandschrift Msc. Lit. 143, die im Kloster Seon entstand. Für welche Institution der Codex angefertigt wurde, ist unklar. Da es sich um eine Sammlung monastischer Regeln handelt, erscheint es plausibel, dass Heinrich II. sie für das von ihm bald nach seiner Kaiserkrönung 1015/1017 gestiftete Kloster Michelsberg in Auftrag gab, wo sie sich im 12. Jahrhundert befand. Die Handschrift könnte aber auch zunächst für die Domschule angefertigt worden sein.

Das Gedicht Gerhards von Seeon entstand nach der Bistumsgründung 1007, wahrscheinlich nach der Domweihe 1012 – es erwähnt zahlreiche Reliquien – und vor der Kaiserkrönung Heinrichs II. 1014, wie die Anrede des Herrschers als „rex" nahe legt; die von H. Hoffmann gegen diese Datierung vorgebrachten Bedenken sind nicht überzeugend. Das Preisgedicht Gerhards von Seeon ist in der Forschung bislang überwiegend als Städtelob gedeutet worden. Es fehlen jedoch alle charakteristischen Bestandteile dieser Gattung, also die Schilderung der Vorzüge der Topografie, der Bewohner und der Bauwerke. Adressat des Gedichts waren zunächst Heinrich II. und sein Hof, langfristig der Bamberger Klerus. Gerhard von Seeon konnte daher kaum damit rechnen, den Ruhm Bambergs andernorts durch sein Gedicht zu mehren. Eingangs- und Schlussverse sind als Herrscherlob konzipiert; auch im Übrigen ist das Gedicht kein Lobpreis des Ortes Bamberg, vielmehr wird die Bamberger Kirche als herausragende Stätte der Liturgie und Wissensvermittlung herausgestellt. Zukünftiges vorwegnehmend schildert Gerhard von Seeon das Aufblühen der Bamberger Kirche unter dem Schutz des Herrschers und mahnt seine Bamberger Leser so an ihre Verpflichtung das Gebetsgedenken ihres Stifters zu pflegen.

K. v. E.

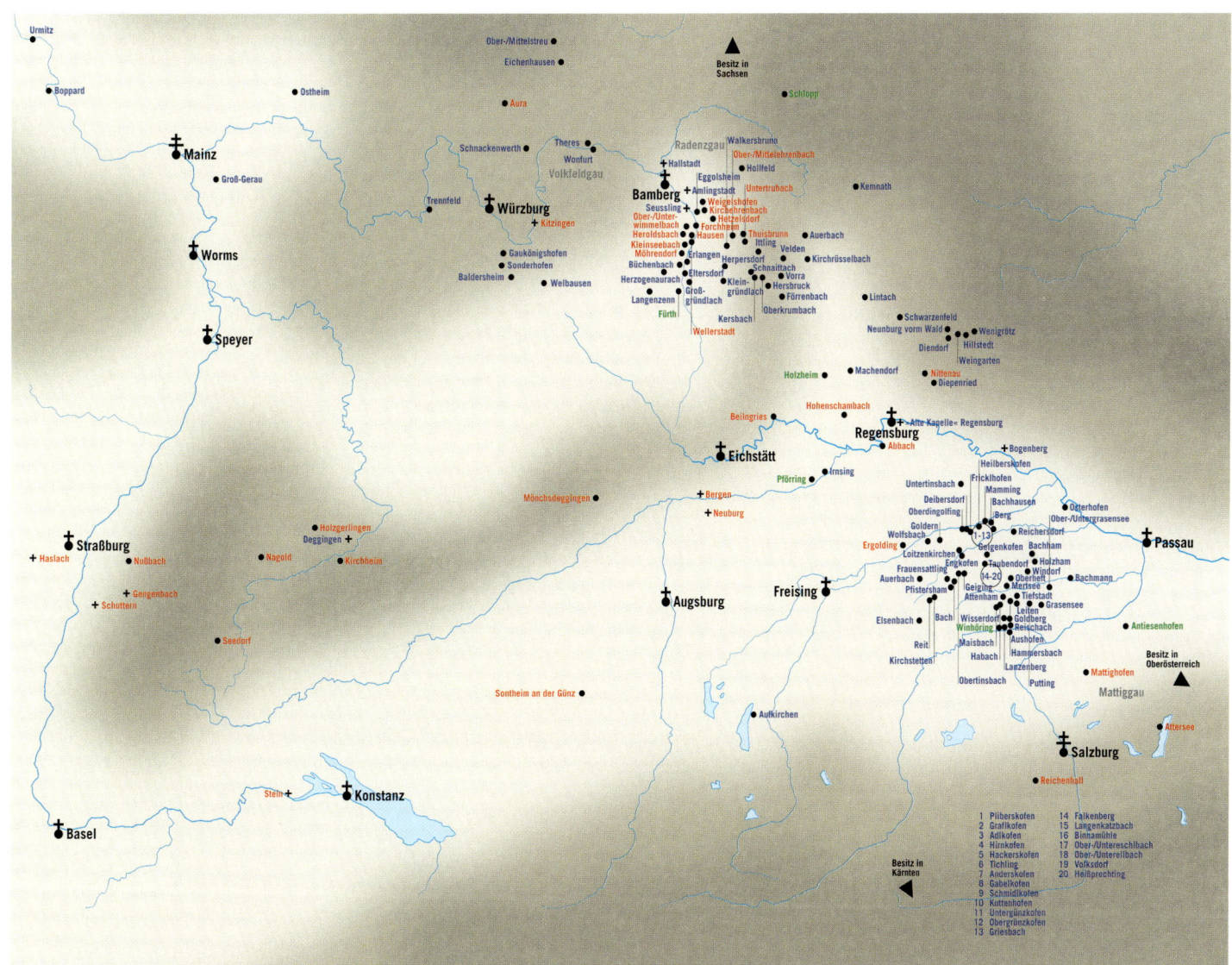

Bamberg erhielt bei seiner Gründung über 30 Einzelschenkungen von Heinrich II.
Der Bamberger Besitz erstreckte sich vom Harz bis ins südliche Kärnten.
Heinrich II. war bestrebt die Ausstattung des Bistums zeit seines Lebens zu
erweitern, auch das Domkapitel bedachte er mit Schenkungen.

KARTE DER SCHENKUNGEN HEINRICHS II. AN DAS BISTUM UND DAS DOMKAPITEL BAMBERG

70

Entwurf: Sven Pflefka, Bernd Schneidmüller, Wilhelm Störmer, Stefan Weinfurter,
Franz Westphal

Schon vor der Bistumsgründung schenkte König Heinrich am 6. Mai 1007 der
Bamberger Kirche, die zu Ehren der hl. Maria und des hl. Petrus erbaut und geweiht war, jene Besitzungen im Gau „Volkfeld", die er von seinem Vater, Herzog
Heinrich dem Zänker, zusammen mit dessen Burg Bamberg geerbt hatte, desgleichen
den nördlich von Bamberg gelegenen Herrschaftskomplex Hallstadt.

    Zum 1. November 1007 berief Heinrich II. ein Generalkonzil nach Frank-
furt/Main, das die offizielle Gründung des Bamberger Bistums aussprechen sollte.
Die Synode stimmte dem königlichen Plan zu und bestätigte die Errichtung des neu-
en Bistums (Kat.-Nr. 65), das der König daraufhin mit Besitzungen ausstattete. An

Quelle:
MGH DD H II.

Literatur:
von Gutenberg, Regesten;
von Gutenberg, Territorienbildung; Störmer, Schenkungen
Heinrichs II.; Weinfurter,
Heinrich II.

Gerhard von Seeon: Carmen Bambergense

Iussor amande tuis, pie rex Heinrice, subactis,
Gemma nitens regni, totius flos microcosmi,
Dante deo rutilans, fastigia summa gubernans,
Ad cuius nutum stat nostrum vivere tutum,
Suscipe perscriptum te pręcipiente libellum,
Plenum legiferis patrum fratrumque statutis,
Quem tibi non tardus, mihi tardior, abba Gerhardus
Nomine, non meritis, Sewensis et altor ovilis
Exiguus tribuo magno pro munere voto
Ut stillam roris stagnis miscendo marinis.
Pabunpergensis donanda cacumina sedis,
Cuius constructor, fautor numeraris et auctor,
Quae quasi pręsago per longa moramina signo
Tempus adusque tuum protraxit nominis ortum;
Nunc quia sceptrigeras moderante potenter habenas
Te, pater, aecclesię matris mons pollet opime,
Regia iura serens, summo sub pręsule degens
Virtutum studiis semper sudante beatis
Cleris ac populis expendit pabula legis.
Haec Iebusaicę partem capit inclita doxae,
Aucta salutiferi pretioso sanguine Christi,
Condit et aureolis crucis almę fragmina thęcis.
Arcem Romanam se gestit habere coaequam,
Archilegato dans prima cubilia Petro
Plaudit et agiae loca ferre secunda Mariae,
In medio magnum gaudet sustollere Iesum,
Estque domus dominus martyr Georgius almus
Undique congestis solidis numero sine sanctis,
Quorum pręsidio clarebit honoribus aevo.
In fundamentis redimitur nunc quia tantis,
Matribus ut priscis sit filia maior opellis
Ornatus cuncti, quibus utitur area mundi.
Non minus ista Sepher Cariath cluit arte scienter,
Inferior Stoicis nequaquam, maior Athenis,
In cuius laribus gladium dat diva duabus
Mater natabus, quo findant nexile corpus
Particulas per sex; quibus extat tertia iudex
Partibus adiectis, et sic crescentibus offis
Quadruvio mensas trivium proponit amicas,
Quis mulcet pueros, famosos nutrit ephebos
Pascit et almarum pastores aecclesiarum
Illustres viri spargentes semina verbi,
In quibus ut firmis cernuntur stare columnis.
Hic onus argenti collucet montibus auri,
Adduntur variis radiantia serica gemmis.
Haec inopum fotrix ut magnorum dominatrix,
Haec caput est orbis, hic gloria conditur omnis,
Pro nihilo męret, dum te sude vincta cohęret,
Principe te crescit semper semperque virescit,
Floret, maturat venturaque sęcula durat.
Quid loquor ingenii balbosus somniculosi,
Non Maro cum lepidus nec dicax posset Homerus
Texere multiplices laudabilis urbis honores,
Horum si vita potuisset surgere tanta.

Befehliger, liebenswert deinen Untergebenen, frommer König Heinrich,
strahlender Edelstein des Königreiches, des ganzen Menschengeschlechtes Blüte,
durch Gottes Geschenk schimmernd wie Gold, die höchsten Höhen regierend,
auf dessen Willen die Sicherheit unseres Lebens beruht,
nimm das auf deine Anordnung niedergeschriebene Büchlein entgegen,
voll gesetzgebender Weisungen der Väter und Brüder.
Dieses überreiche ich dir, für dich nicht zu spät, für mich allzu spät – ich, Gerhard,
dem Namen, nicht den Verdiensten nach Abt von Seeon und geringer Schafhirt –
anstelle des versprochenen großen Geschenks,
wie um einen Tropfen Tau in die Fluten des Meeres zu mischen.
Beschenkt werden müssen die Gipfel des Bamberger Bischofssitzes,
als dessen Errichter, Förderer und Urheber man dich zählt,
des Bischofssitzes, der gleichsam aufgrund eines durch lange Zeiten vorausdeutenden Zeichens
bis zu deiner Zeit den Aufgang des Namens hinausgezögert hat.
Weil nun – da du, Vater, machtvoll die zeptertragenden Zügel lenkst –
der Berg der Mutterkirche überreich gedeiht,
königliche Rechte sammelnd, lebend unter dem höchsten Bischof,
der stets mit seligem Eifer um die Tugenden sich abmüht,
spendet er Klerus und Volk die Nahrung des Gesetzes.
Erhaben nimmt diese (Mutterkirche) teil am Ruhm Jerusalems,
Gemehrt durch das wertvolle Blut Christi, des Heilbringers,
birgt sie in herrlich goldenen Schreinen Splitter des Segen spendenden Kreuzes.
Heftig verlangt (oder: frohlockt) sie, der römischen Burg gleich zu sein,
als eine, die dem Erzapostel Petrus erste Ruhestätten gibt,
und spendet sich Beifall, dass sie zweite Orte der heiligen Maria überträgt.
In der Mitte erhebt sie freudig den großen Jesus
– der Herr des Hauses ist der Segen spendende Märtyrer Georg –,
nachdem man von überall her ohne Zahl wahrhafte Heilige zusammengetragen hat,
unter deren Schutz sie auf ewig in Ehren erglänzen wird,
da sie jetzt auf solche Fundamente gegründet losgekauft wird,
damit die Tochter größer sei als die altehrwürdigen Mütter durch schmückende Werke
aus aller Welt, welche die Stätte nun genießt.
Nicht weniger als Kirjath Sepher ist sie durch Bildung berühmt,
keineswegs unterlegen ist sie den Stoikern, größer ist sie als Athen.
In ihrem Haus gibt die göttliche Mutter das Schwert ihren beiden Töchtern,
mit dem diese den verknoteten Körper in sechs Teile teilen.
Als Richterin aber ist die dritte Tochter beigegeben
diesen zueinander gefügten Teilen und, da die Bissen so (schrittweise) größer werden,
stellt sie dem Quadrivium das Trivium als einladende Mahlzeiten voran.
Wer liebkost die Knaben, nährt die ruhmvollen Heranwachsenden,
weidet auch die Hirten der Segen spendenden Kirchen?
Berühmte Männer, die Samenkörner des lebendigen Wortes aussäen,
auf denen sie erkennbar wie auf festen Säulen stehen.
Hier leuchtet die Fülle des Silbers mit Bergen von Gold,
unterschiedliche Edelsteine liegen neben schimmernden Seidenstoffen.
Diese ist die Hegerin der Mittellosen, die Beherrscherin der Großen,
diese ist das Haupt der Welt, hier ist aller Ruhm gegründet.
Um nichts trauert sie, solange sie dir als umklammertem Pfahl (wie eine Weinrebe) anhängt,
unter deiner Herrschaft wächst sie stets und grünt immer,
sie blüht, reift und überdauert die kommenden Jahrhunderte.
Was rede ich Stammelnder mit schläfrigem Geist:
Weder der anmutige Vergil noch der beredte Homer
könnten die vielfältigen Ehren der lobenswerten Stadt besingen,
wenn zu deren Lebzeiten eine so große hätte erstehen können.

(Übersetzung: Klaus van Eickels)

erster Stelle stand der Ort Bamberg aus seinem väterlichen Erbgut, ferner alle ihm zu Eigen gehörigen Güter im Volkfeldgau mit Weilern, Dörfern, Knechten und Mägden. Es dürfte sich dabei um das westliche und südwestliche Umland Bambergs gehandelt haben. Es folgen die Hofkomplexe Forchheim, Hohenschambach bei Parsberg/Oberpfalz, Nittenau am Bayerischen Wald, Bad Abbach an der Donau, Ergolding bei Landshut, Reichenhall, Attersee und Mattighofen/Oberösterreich, Rottenmann/Steiermark, Deggingen im Ries, Sontheim an der Günz und verschiedene Orte um den Schwarzwald und den Tübinger Raum. Die Güter der frühen Bistumsausstattung lagen keineswegs nur im Raum der neuen Diözese, sondern auch in anderen Teilen Frankens sowie in Schwaben, Bayern, Thüringen und Sachsen, in der Steiermark und in Kärnten.

Unter den Schenkungen des 1. November 1007 befanden sich königliche Abteien, die nicht in der neuen Bamberger Diözese, sondern im Bereich anderer Kirchensprengel lagen. Zu nennen sind die Frauenklöster Kitzingen am Main, über dessen Grundherrschaft wir durch das Urbar des 11. Jahrhunderts genau unterrichtet sind, Bergen bei Neuburg und die Abtei im ehemaligen Bischofssitz und königlichen Zentralort Neuburg an der Donau. Von keinem dieser Nonnenkonvente sind ernsthafte Existenzprobleme bekannt. Die meisten Klöster waren herzogliche Gründungen, Neuburg – zumindest unter Heinrich II. – und Kitzingen waren Reichsabteien.

An Bamberg übertragene Mönchsklöster lagen vor allem in der Oberrheinebene und am Eingang in den Schwarzwald: Gengenbach in der Ortenau, Schuttern, ferner die ursprünglich auf dem Hohentwiel im 10. Jahrhundert vom schwäbischen Herzog gegründete und von König Heinrich II. nach dem Fernverkehrsort Stein am (Hoch-)Rhein verlegte Abtei sowie Haselbach im Elsass. Diese Männerklöster hatten bis zu den Anfängen Heinrichs II. im Herrschaftsbereich seines Widersachers, Herzog Hermanns II. von Schwaben, gelegen.

Die reichen Stiftungen Heinrichs zur Dotation der Domkirche und des Bistums Bamberg stammten aus väterlichem, wohl auch mütterlichem Erbgut, bayerischem Herzogsgut und Königsgut, teilweise auch aus eingezogenen Gütern der Markgrafen von Schweinfurt.

Kaiser Heinrich II. erweiterte zeitlebens die Besitzpositionen des Bistums Bamberg, wenngleich nicht mehr so massiert wie am 1. November 1007, so doch zu bestimmten Anlässen, die im Einzelnen aber nicht mehr zu rekonstruieren sind. Von 1008 bis 1017 schenkte er jährlich, dann nochmals 1019 bis 1021. 1008 sicherte er der Domkirche durch zwei Schenkungen die südliche Bamberger Umgebung, 1009 griff er mit seinen Schenkungen wieder weit über den Bamberger Diözesanraum aus: nach Thüringen, in den Donauraum zwischen Regensburg und Passau, nach Hessen (Gerau), in den Ochsenfurter Gau, der fruchtbarsten Gegend des Würzburger Umlands, sowie in den bayerischen Nordgau, die Oberpfalz.

Im Mai 1008 konnte Heinrich II. durch Tausch erste kirchliche Bereiche zwischen Würzburg und Bamberg abgrenzen; noch im gleichen Monat schenkte er den Gutskomplex Büchenbach westlich von Erlangen. Im Jahr 1009 ist die Übertragung zweier Kollegiatstifte mitten in Bayern an Bamberg signifikant: die Alte Kapelle unmittelbar neben der bayerischen Königs- und Herzogspfalz in Regensburg und das Stift Osterhofen an der Stelle der ehemaligen Pfalz, fast gegenüber der alten Königsabtei Niederaltaich an der Donau. Diese beiden Übertragungen müssen gleichsam ein Stoß gegen die bayerische Herzogsmacht gewesen sein. Im gleichen Jahr setzte der König seinen Schwager Heinrich V. als Bayernherzog ab und übernahm selbst die Herzogsgeschäfte in Bayern, unterstützt von seiner Frau Kunigunde.

Die weiteren Schenkungen von 1009 bezogen sich auf Besitz in Thüringen, Groß-Gerau/Hessen, den bayerischen Nordgau und schließlich Sonderhofen, Gaukönigshofen und Baldersheim im Ochsenfurter Gau südlich von Würzburg. Dieser Güterkomplex südlich des Maindreiecks war 50 Jahre vorher in den Besitz von Heinrichs Großmutter, Herzogin Judith, gelangt. Die Schenkungen des Jahres 1010 betrafen Gebiete nördlich des Mains in Thüringen und im östlichen Rhönvorland. Nur Theres, offensichtlich ein wichtiger Komplex, der ursprünglich in der Hand der Schweinfurter Markgrafen und der älteren Babenberger war, lag am nördlichen Mainufer. Im folgenden Jahr schenkte Heinrich II. Gutskomplexe im Amberger und Hersbrucker Raum, vor allem aber im niederbayerischen Isar- und Vilsgebiet an das Bistum Bamberg. Vielleicht entstammten alle in diesem Jahr übertragenen Güter dem bayerischen Herzogsbesitz des 10. Jahrhunderts. Da der König im selben Jahr, an seinem eigenen Geburtstag, die Bamberger Domweihe feierte, könnten diese bayerischen Schenkungen im Hinblick auf dieses Fest erfolgt sein.

Im Jahr 1013 übertrug Heinrich II. Besitztümer durch eine Tauschaktion mit dem Bischof von Würzburg die Kirchen Hallstadt, Amlingstadt und Seußling im Bamberger Raum und einen weit gestreuten Besitzkomplex im niederbayerischen Vilstal, 1014 im Raum Kelheim/Donau sowie in Kärnten und im oberösterreichischen Mattigtal, 1015 wiederum im Raum Nabburg/Oberpfalz an Bamberg.

Das Jahr 1016 brachte der Bamberger Domkirche die südliche Diözesanabgrenzung an der Pegnitzlinie, zum Nachteil der Diözese Eichstätt, aber auch ein weiteres Kloster, die Abtei (Mönch-)Deggingen im Ries. Von ähnlich zentraler Bedeutung dürfte 1017 Heinrichs Tauschaktion mit Würzburg gewesen sein, die Bambergs Position im Raum Erlangen, Forchheim und Eggolsheim erheblich stärkte.

Ein paar Jahre später griff der Kaiser noch einmal mit Diepenried bei Roding auf die Oberpfälzer Positionen zurück, schenkte ferner im Rheingebiet, vor allem aber die mittelfränkischen Komplexe Langenzenn und Herzogenaurach. Dies sind am 13. November 1021 die letzten Schenkungen Heinrichs an die Domkirche selbst.

Mit Blick auf die eindrucksvolle Schenkungskarte wird man feststellen müssen, dass der Kaiser mit diesem ausgedehnten, offenbar wohl überlegten Schenkungskonzept nicht nur Bamberg zum „Überbistum" (St. Weinfurter) gemacht, sondern auch die politischen Gewichte Süddeutschlands erheblich verändert hatte.

Die Fürsorge Heinrichs II. galt nicht nur der Domkirche und dem Bistum Bamberg, sondern auch den Domkanonikern, jenen an der Domkirche tätigen Geistlichen, die offensichtlich gleichzeitig mit der Bistumsgründung zu einem Collegium canonicorum zusammengeschlossen worden waren. Sie verfügten über eigene Wirtschaftseinheiten, darüber hinaus über Anteile am Domgut, und zwar in der Form der Mensa canonicorum, zumindest später über eigene Disziplinargewalt, das Recht auf eigene Statutengebung, ein unabhängiges Versammlungsrecht sowie das Recht auf Selbstergänzung. Mit Sicherheit hatten sie vielfältige Aufgaben für den Bischof wie für den König auszuführen.

Die Schenkungen Heinrichs II. an das Domkapitel bzw. an die Bamberger Domkanoniker sind im Vergleich zu seinen umfangreichen Besitzübertragungen an die Domkirche selbst eher bescheiden. Im Bamberger Diözesanbereich war es nur der Ort Fürth im (bayerischen) Nordgau, der am 1. November 1007 an das Domkapitel gelangte. Heinrich II. bezeichnete Fürth als ihm zu Eigen gehörig. Dieser „locus" kam also offensichtlich aus dem Erbe seines Vaters. Der Ort stellte aber weit mehr als eine Siedlung dar, denn Heinrich II. schenkte ihn mit allen Zugehörungen, Weilern, Dörfern, Kirchen, Knechten und Mägden. Es muss sich demnach um einen beträchtlichen Krongutsbereich gehandelt haben, dessen Vorort am Regnitzübergang der Fernstraße Frankfurt/Main – Regensburg lag. Hier konnte sich rasch ein Markt entwickeln, der ein halbes Jahrhundert später Konkurrenz durch Nürnberg erfuhr.

Am gleichen Tag schenkte Heinrich den Ort bzw. Fronhof Pförring an der Donau sowie drei Hofstätten am Donauufer zu Regensburg an das Domkapitel. Es fällt auf, dass auch diese Schenkung einen wichtigen Verkehrspunkt betrifft, denn in Pförring führte seit alters eine Fernstraße aus dem Mittelrhein über die Donau. Nur bei dem gleichzeitig „zur Ausstattung der am Bischofssitz klösterlich Gott dienenden Kanoniker" geschenkten Besitzkomplex Holzheim bei Burglengenfeld in der Oberpfalz lässt sich bislang eine verkehrsstrategische Bedeutung nicht nachweisen. Dies gilt auch für die 1014 geschenkten 30 königlichen Hufen im Gut „Godtinefeld" im fernen Pagus Österreich.

In den folgenden Jahren sollte dem Bamberger Domstift weiterer Besitz im Raum südlich der Donau zufließen. 1014 tauschte Papst Benedikt VIII. an Kaiser Heinrich drei bayerische Wirtschaftshöfe (Wolenbach [Lage strittig], Antiesenhofen und Winhöring), die im Umkreis des unteren Inns lagen und dem Römischen Stuhl gehörten, gegen einen großen Königshof in Italien. Diese drei bayerischen Höfe schenkte Heinrich vier Jahre später, am 8. Februar 1018, den Bamberger Domkanonikern als Pfründegut. Interessant ist, dass der Kaiser den Kanonikern für diesen Besitz eigens Schutz gegen eventuelle Eingriffe des Bischofs gewährte.

Bei seinem letzten Bamberg-Aufenthalt wenige Monate vor seinem Tod schenkte Heinrich dem Bamberger Domkapitel am 8. März 1024 ein Praedium – also einen Besitz, der nicht nur aus Gebäuden, sondern auch aus Wäldern, Jagden und unfreien Personen bestand – im Dorf Schlopp bei Stadtsteinach/Oberfranken. Dieser Besitz hatte sich in der Hand Hicilas (Eilica), der späteren Äbtissin des Niedermünsters in Regensburg, einer Tochter des Grafen Otto von Schweinfurt, befunden. Ob ihr das Praedium abgenommen oder abgekauft worden war, ist nicht bekannt. *W. St.*

V Der Kaiser

Decus Europae – Zierde Europas
(Inschrift auf dem Sternenmantel Heinrichs II.)

In den ersten Jahren seines Königtums hat sich Heinrich II. nur zögernd Italien zugewandt. Erst 1004 reagierte er auf die Hilferufe einiger lombardischer Bischöfe, darunter Novara, Vercelli und Ivrea. Sie sandten an ihn die dringende Bitte, ihnen Hilfe gegen König Arduin zu schicken, dem sie vorwarfen, dass er mit seinen Anhängern, mächtigen Grundherren und bischöflichen Vasallen, unrechtmäßigerweise Kirchengüter besetze. 1004 endlich unternahm Heinrich II. seinen ersten Italienzug. Am 14. Mai dieses Jahres ließ er sich in einem demonstrativen Akt in der Michaelskirche von Pavia, der alten Königsstadt der Lombardei, zum Gegenkönig von Italien krönen. Als ein Aufstand der Pavesen nur mühsam niedergeschlagen werden konnte, eilte Heinrich überstürzt ins Reich nördlich der Alpen zurück.

Nur schrittweise trat er in den folgenden Jahren dem Gedanken näher, die Kaiserkrone anzustreben. Mit dem neuen Papst Benedikt VIII. (1012–1024), der Heinrichs Schutz erstrebte und dafür die neue Bistumsgründung Bamberg bestätigte, kamen rasch engere Kontakte zustande. Am Hof und im Umfeld Heinrichs II. scheint die „Konzeption des Kaisertums" seither entscheidend vorangeschritten zu sein. Eine Stammtafel mit den Vorfahren Heinrichs II. und Kunigundes, die sich in der Bamberger Bischofskirche erhalten hat und heute in der Bayerischen Staatsbibliothek aufbewahrt wird (Kat.-Nr. 73), bezeichnet den Urgroßvater des Herrschers, also Heinrich I. (919–936), als Kaiser. Somit wurde der gesamten Dynastie der kaiserliche Rang zugewiesen. In diesen Zusammenhang der Imperialisierung gehört möglicherweise auch das Herrscherbild im Perikopenbuch, auf dem die Apostelfürsten Petrus und Paulus Heinrich und seine Gemahlin Kunigunde zur Krönung führen (Kat.-Nr. 75). Dies – wie auch die huldigenden Figuren mit Lorbeerkranz und Weltkugel – scheint auf die Kaiserkrönung in Rom zu verweisen.

Am 14. Februar 1014 wurden Heinrich II. und Kunigunde von Papst Benedikt VIII. in der Peterskirche zu Kaiser und Kaiserin gekrönt. Dazu ist überliefert, Heinrich II. habe bei diesem Vorgang seine „frühere Krone" wie eine Opfergabe Petrus geweiht. Für die Kaiserkrone muss demnach eine neue, zumindest eine andere Krone verwendet worden sein. Man kann nicht ausschließen, dass es sich dabei um die heute noch in Wien erhaltene Kaiserkrone (Kat.-Nr. 72) gehandelt hat. Verschiedene Teile der Krone scheinen jedenfalls in die Zeit Heinrichs II. zu gehören.

Trotz seiner Würde als Kaiser überließ Heinrich II. die Stadt Rom (anders als sein Vorgänger Otto III.) der Herrschaft Petri und des Papstes. Die neue kaiserliche Verantwortung für die Christenheit der römischen Kirche bestimmte dagegen die Politik der künftigen Jahre ganz deutlich. In Zusammenkünften mit König Robert II. von Frankreich (996–1031) und Rudolf III. von Burgund (993–1032) stimmte er sein Handeln ab. Als der byzantinische Kaiser, Basileios II. (976–1025), daranging durch seinen Statthalter (Katepan) in Süditalien die byzantinische Herrschaft wieder durchzusetzen und dadurch die Interessen des Papstes gefährdete, kam es zum Papstbesuch im April/Mai des Jahres 1020 in Bamberg. Bei dieser Gelegenheit bestätigte Heinrich II. der römischen Kirche in einer feierlichen Urkunde („Heinricianum") die Rechte und Besitzungen, die auf die so genannte „Konstantinische Schenkung" zurückgeführt wurden. Das besondere Selbstverständnis Heinrichs II. manifestierte sich offenbar auch in der Goldbulle, die damals in Fulda für eine Urkunde für das Kloster Göß verwendet wurde und die älteste erhaltene Goldbulle eines mittelalterlichen Kaisers darstellt (Abb. 18).

Ein Jahr später begab sich Heinrich II. auf seinen dritten Italienzug. 1022 wurde die byzantinische Grenzfestung Troia in Nordapulien eingenommen. Damals könnte die Konzeption für ein Herrscherbild entstanden sein, das einen „Heinricus" (Heinrich) als gerechten Richter im byzantinischen Kaiserornat zeigt (Kat.-Nr. 115). Der rasche Rückzug des Reichsheers machte die Erfolge allerdings bald wieder zunichte.

Im Osten des Reichs befand sich Heinrich II. in einem jahrelangen Dauerkonflikt mit dem polnischen Fürsten Boleslaw Chrobry (992–1025). Dieser beanspruchte den königlichen Rang und entwickelte ein ähnliches Selbstverständnis wie Heinrich II. Die kirchliche Mission, angeführt von Bischof Brun von Querfurt († 1009), konnte sich auf Chrobrys Hilfe stützen. Heinrich II. forderte von Boleslaw Chrobry Unterwerfung und Gehorsam. Ihn, der sich mit der politischen Elite Sachsens, den Billungern und Ekkehardingern, eng zusammenschloss, bekämpfte er trotz ständiger Rückschläge unermüdlich. Die Kriege, nur kurz unterbrochen vom Frieden von Posen (1005) und dem Frieden von Merseburg (1013), fanden erst ein Ende, als Heinrich II. im Frieden von Bautzen 1018 im Grunde resignierte. Polen war seither in Europa, das damals seine künftige Gestalt der Völker und Reiche ausformte, als neues Reich fest etabliert. In Ungarn vollzog sich dieser Schritt im engen Einvernehmen mit Heinrich II. Seine Schwester Gisela war die Gemahlin des ersten christlichen Königs Stephan (997–1038), der seinen Söhnen Namen der Ottonen gab: Otto und Emmerich (Heinrich).   *Stefan Weinfurter*

Heinrich II. unternahm während seiner Herrschaftszeit drei kurze Italienzüge.

71 KARTE DER ITALIENZÜGE HEINRICHS II.

Entwurf: Sabine Berger, Ebersberg

Literatur:
Brunhofer, Arduin;
Weinfurter, Heinrich II.,
S. 227–249.

Italien besaß für Heinrich II. in den Anfangsjahren seiner Herrschaft einen vergleichsweise geringen Stellenwert. Es war für ihn von größerer Wichtigkeit seine Herrschaft im Reich nördlich der Alpen zu befestigen, zumal sich in Italien schon kurz nach dem Tod Ottos III. Arduin von Ivrea (1002–1015) als König durchgesetzt hatte. Doch 1004 konnte sich Heinrich II. den Hilferufen einiger lombardischer Bischöfe nicht mehr verschließen und rüstete zum ersten Italienzug. Das Heer zog vom traditionellen Versammlungsort der meisten Italienzüge – Augsburg – über den Brenner nach Trient, wo Heinrich II. wohl mit den weltlichen und geistlichen Fürsten seines Heers und lombardischen Bischöfen eine Gebetsverbrüderung einging, um sein Unternehmen auch liturgisch abzusichern. Inzwischen hatte Arduin mit seinen Anhängern die Klausen im Gebiet von Trient und Verona gesperrt, um dem Heer den Zugang nach Italien zu verstellen. Doch mithilfe der Kärntner gelang es Heinrich II. diese Sperre zu umgehen. Er zog über Verona, Brescia und Bergamo nach Pavia. Hier wurde er Mitte Mai 1004 in einer feierlichen Thronsetzung als König von Italien anerkannt. Die anschließenden Feiern wurden jedoch durch eine Erhebung der Lombarden gestört – Heinrich II. zog überhastet in sein Reich nörd-

Mainz

Bamberg

Straßburg

Augsburg

1004

1013/1014   1021/1022

Zürich

)(

Locarno

)(

Bergamo   Trient   Primolano
Lizzana
Rho   Brescia
Locate   Mailand   Dolce   Verona
Pontelungo
Pavia   Mantua

Nach Cluny

Piacenza

Königskrönung
Heinrichs II.
14.5.1004

Priuaria

Ravenna

Pappiano
Fasciano

Sutri   Chieti
Rom   Montecassino

Kaiserkrönung
Heinrichs II.
14.2.1014   Benevent   Troia

Capua   Belagerung
März–Juni 1022

Byzantinischer
Einflussbereich

71

lich der Alpen zurück, ohne die Kaiserkrönung erlangt oder Arduin geschlagen zu haben. Es sollten Jahre vergehen, bis Heinrich II. erneut italienischen Boden betrat.

Seit 1012 wurde Rom durch Auseinandersetzungen um die Papstwürde erschüttert. Wiederum bat man Heinrich II. um Unterstützung, der sich Ende 1013 von Augsburg aus auf den Weg machte. Diesmal bot ihm Arduin sogar seine Königskrone an. Heinrich II. lehnte dieses Angebot jedoch ab. Unbestritten regierte er in Pavia und Ravenna als König. Dann zog er weiter nach Rom, wo er zusammen mit seiner Frau Kunigunde am 14. Februar 1014 von Papst Benedikt VIII. (1012–1024) die Kaiserkrone erhielt. Anschließend wurde unter dem Vorsitz von Kaiser und Papst in Rom eine Synode abgehalten, doch schon kurz darauf zog Heinrich II. wieder nach Norden. Rom überließ er der Herrschaft des Papstes, von kaiserlichen Eingriffen in die Verhältnisse Italiens ist nur wenig überliefert.

In den folgenden Jahren versuchte der byzantinische Kaiser Basileios II. (976–1025) seine Präsenz in Süditalien auszuweiten und gefährdete damit die Interessen des Papstes. Nach einigen militärischen Fehlschlägen päpstlicher, süditalienischer und normannischer Krieger reiste Benedikt VIII. 1020 über die Alpen nach Bamberg, um Heinrich II. persönlich um Unterstützung zu bitten. Ein Jahr später brach der Kaiser nach Süditalien auf. Nachdem er die Alpen überschritten hatte, hielt Heinrich II. in Verona eine Gerichtsverhandlung ab. Danach zog er nach Mantua und von dort die Ostküste entlang, wo sich ihm der Papst sowie weitere Heereskontingente anschlossen. Von März bis Juni 1022 belagerte Heinrich II. erfolgreich die byzantinische Zentralfestung Troia in Nordapulien. Die Mauern der Stadt wurden nach ihrer Übergabe lediglich an einer Stelle niedergerissen und durften nach dem Treueid der Bürger und der Stellung von Geiseln wieder aufgebaut werden. Offensichtlich hielt Heinrich II. nun den Zweck seines dritten Italienzugs für erfüllt, denn er entließ seine Heeresaufgebote und zog zum burgundischen Kloster Cluny, um dort in die Gebetsverbrüderung aufgenommen zu werden. Doch der scheinbare Erfolg darf nicht darüber hinwegtäuschen, dass der dritte Italienzug letztlich nichts an den süditalienischen Verhältnissen änderte. Zu einem offenen Kampf mit byzantinischen Truppen war es nicht gekommen, und kurz nach Heinrichs II. Abzug nahm Basileios II. seine Expansionspläne wieder auf. Nur sein Tod 1025 setzte diesen ein Ende. Anders als seine Vorgänger verbrachte Heinrich II. nur wenige Jahre in Italien – das Reich nördlich der Alpen blieb Zeit seines Lebens sein bevorzugter Herrschaftsraum. *S. B.*

Heinrich II. fügte der bis 1806 benutzten Reichskrone der Ottonen das heutige Kreuz als Bekrönung der Stirnplatte hinzu.

72

REPLIK DER REICHSKRONE
Original: Weltliche Schatzkammer, Wien

Acht Platten der Krone oberitalienische Werkstatt, 962 oder 967

Kronenkreuz deutsch (Regensburg?), 1002 oder später

Kronenbügel deutsch (?), 1027 (?)

Gold, Goldfiligran, Email (Grubenschmelz), Edelsteine, Perlen, Niello, H. der Stirnplatte 14,9, H. des Kronenkreuzes 9,9

Replik: Louis Beschor, Wien 1913

Kupfer, vergoldet, Gold, Edelsteine, Glasperlen, Email, H. 25, Ø 25

Historisches Museum Frankfurt am Main (X 26454)

Die Krone besteht aus drei zeitlich und werkstattmäßig verschiedenen Teilen: erstens den acht Platten, die den Körper der Krone bilden, zweitens dem Kronenkreuz, das in einer eigenen Scheide steckt, die auf der Stirnplatte hinter den obersten Stein der Mittelreihe lose eingeschoben wird (Abb. 76, Detail), und drittens dem Bügel, der die Stirn- mit der Nackenplatte verbindet und mittels zweier Zapfen, von denen einer beweglich ist, in Ösen an den Innenseiten der beiden Platten fixiert wird. Er trägt in aus Perlen geformten Buchstaben die Inschrift: „CHVONRADVS DEI GRATIA ROMANORV(M) IMPERATOR AVG(VSTVS)".

Der Typus der Krone ist italienisch. Er ist belegbar in der Ikone von Sta. Maria in Trastevere, Rom, und in der Krone König Hugos von Italien († 948), die dieser zum

Kopfreliquiar des hl. Mauritius nach Vienne stiftete – sie ist in der Skizze des Peiresc von 1612 (Bibliothèque Nationale de France, Paris, lat. 17558, fol. 28ᵛ) hinreichend genau überliefert. Auch Details der Goldschmiedearbeiten der Platten finden in oberitalienischen Arbeiten Parallelen. Es ist daher anzunehmen, dass Otto der Große, der diese Krone für seine Krönung in Rom 962 oder anlässlich der Erhebung seines Sohnes Otto II. zum Mitkaiser 967 anfertigen ließ, eine oberitalienische Goldschmiedewerkstatt betraut hatte. Er selbst hielt sich in dieser Zeit zumeist in Oberitalien (Pavia, Mailand) auf.

Die vier Hauptplatten der Krone sind mit Edelsteinen und Perlen in einer Anordnung geschmückt, die symbolischen Charakter hat: So kann man in den zwölf Steinen der Stirnplatte Symbole der zwölf Apostel sehen, denen auf der Nackenplatte zwölf Steine als Symbole der zwölf Stämme Israels antworten. Neuer Bund und Altes Testament – die gesamte Weltzeit ist hier symbolisch erfasst. Andererseits wurde einem Stein, dem „Weisen", besondere Bedeutung zugemessen; Walther von der Vogelweide bezeichnete ihn als „aller Fürsten Leitestern". Der seit der Zeit Kaiser Karls IV. verlorene Stein saß vermutlich in der obersten Fassung der Mittelreihe auf der Stirnplatte, in der heute ein herzförmiger Saphir, der in seiner Form nicht der Fassung entspricht, seinen Platz hat.

Auf den vier kleineren Zwischenplatten stellen Emails Christus als Weltenherrscher („PER ME REGES REGNANT") dar, dann die Szene, als der Prophet Isaias dem kranken König Ezechias Gottes Ratschluss mitteilt, demzufolge ihm noch fünfzehn Lebensjahre geschenkt würden (Is 38,5), schließlich die Könige David und Salomon als Repräsentanten für Gerechtigkeit und Weisheit. Diese Darstellungen beziehen sich auf die Gebete, die für den König während der Krönungsmesse gesprochen werden.

In die heute leeren Ösen am oberen Rand der Stirn- und der Nackenplatte sowie der beiden Schläfenplatten waren ursprünglich Kolbenperlen eingeschoben. Die jeweils drei quer liegenden Ösen am unteren Rand der Schläfenplatten dienten zur Befestigung von so genannten Pendilien, juwelengeschmückten Gehängen, die über die Ohren herabfielen. Alle diese abnehmbaren Teile sind verloren.

Es ist fraglich, ob die Krone bei den Nachfolgern Ottos I., seinem Sohn Otto II. und seinem Enkel Otto III., dieselbe Bedeutung hatte, das heißt die offizielle Krone war. Auf allen Abbildungen, die Kronen der beiden Herrscher zeigen, handelt es sich um schmale Reifenkronen mit vier Aufsätzen, die scheiben- bzw. rautenförmig oder in der Gestalt von Lilienpalmetten gearbeitet sind. Erst bei Heinrich II. tritt wieder die Krone mit dem deutlich sichtbaren Hochbügel auf (Situla im Aachener Domschatz; Regensburger Sakramentar, fol. 11ʳ, Kat.-Nr. 112). Es scheint, dass Otto II. und Otto III. einen anderen Kronentypus bevorzugten, während Heinrich II. entsprechend seiner an Otto I. orientierten Politik auf dessen Krone zurückgriff.

In diesem Zusammenhang ist auch die Ergänzung des Kronenkreuzes durch Heinrich II. zu sehen. Das ursprüngliche Kreuz und der ursprüngliche Kronenbügel waren wohl nach 973 verloren gegangen. Vor allem durch die Niello-Darstellung des Gekreuzigten auf der Rückseite des Kreuzes lässt sich die Datierung in die Zeit Heinrichs II. eingrenzen: Sie gehört in dieselbe Gruppe wie das Kreuzreliquiar des Kaisers (Schatzkammer der Residenz, München) und das Reichskreuz (Weltliche Schatzkammer, Wien). Die Goldschmiedearbeiten der Vorderseite unterscheiden sich deutlich von denen der Kronenplatten, wobei die Krallenfassungen der fünf großen Steine in den Fassungen der Kronenplatten Vorbilder haben, aber älter als die der beiden anderen Werke zu sein scheinen. Das Kreuz steckt in der älteren (originalen?) Scheide. Sein Zapfen ist aber zu groß, sodass er einerseits um nahezu fünf Millime-

Literatur:
Fillitz, Bemerkungen zur Datierung; Schramm/Mütherich, Denkmale, S. 140 und 481, Nr. 67 (mit älterer Literatur); Schulze-Dörlamm, Kaiserkrone; Wolf, Reichskrone, Bd. 1.

ter aus dem unteren Ende der Scheide herausragt, andererseits allzu fest in der Scheide klemmt. Das wiederum hatte zur Folge, dass die ursprünglich auf der Stirnplatte fixierte Scheide einmal losgerissen wurde und seither bei der Montierung der Krone das Kronenkreuz samt Scheide nur locker hinter den obersten Stein eingeschoben wird.

Der Bügel der Krone stammt von Konrad II. und dürfte für dessen Kaiserkrönung, die besonders prunkvoll gewesen sein soll, angefertigt worden sein. Die Inschrift, deren Buchstaben aus Perlen gebildet sind, könnte als eine Art Denkmal angesehen werden für den Kaiser, dessen Namen auch das Reichskreuz trägt – der einzige Kaiser vor Karl IV., der namentlich auf Objekten der Reichskleinodien verewigt ist. Die Goldschmiedewerkstatt des Bügels lässt sich bisher nicht lokalisieren. *H. F.*

Kunigunde und Heinrich II. werden in dieser Stammtafel als Nachkommen zweier großer Kaisergeschlechter, der Karolinger und der Heinriche, dargestellt.

73 „BAMBERGER TAFEL"

Wohl Bamberg, nach 1014 (–1017?)

Handschrift/Pergament, Einzelblatt, Wiederverwertung als Deckblatt in einer Regensburger Handschrift, 20,3 x 17

Bayerische Staatsbibliothek, München (Clm 29880/6)

Quelle:
Tabula genealogica,
S. 314 (fehlerhaft).

Literatur:
Gädeke, Zeugnisse,
S. 221–225, Abb. 16 im
Anhang; Margue, Autorité,
S. 206–251; Pflefka, Kunigunde,
S. 251–254; Schmid, Geschlechterbewußtsein, Abb. 3, S. 160;
Schmid, Verlorenes Stemma,
Abb. 1, S. 226; Schieffer, Familienbild; Settipani, L'apport;
Weinfurter, Heinrich II., S. 236 f.,
Abb. 12, S. 140.

Die „doppelte" Kaisergenealogie Kunigundes und Heinrichs II. stellt die älteste Karolingergenealogie in der Form eines aus Medaillons gebildeten Stemmas dar. Zwei Umstände erschweren ihre Interpretation: Zum einen ist sie nur als Einzelblatt unbekannter Herkunft erhalten und so aus ihrem historischen Kontext gelöst. Zum anderen ist in ihr eine Endfassung zu sehen, die auf der Basis einer älteren Karolingergenealogie in mehreren, schwer datierbaren Phasen ergänzt und überarbeitet wurde.

Der älteste Teil der Kaisergenealogie ist im lotharingischen Metz entstanden, dem Bistumssitz an der mittleren Mosel, wo die Erinnerung an den hl. Arnulf, Bischof von Metz (612–629), und an seine Nachfolger, Pippiniden und Karolinger, besonders gepflegt wurde. Hier hielt sich seit der Mitte des 9. Jahrhunderts eine arnulfingisch-karolingische Tradition westfränkischen Ursprungs (aus St. Wandrille?), die – entgegen der seit Karl dem Großen offiziellen Version – den hl. Arnulf vom aquitanischen Herzog Botgisus abstammen ließ. Diese Tradition war im Bischofskloster St. Arnulf fest verankert, in dem der Arnulf-Kult unter anderem von den Metzer Bischöfen aus der Familie Kunigundes und ihren Verwandten, den so genannten „Luxemburgern", gepflegt wurde: in Form eines Grabmonuments, verschiedener Stiftungen sowie einer Chronik und Genealogie zu Ehren des Heiligen.

Als die Luxemburger Schwäger Heinrichs II. ab 1005 zunehmend mit dem König in Konflikt um die Besetzung der Metzer und Trierer Bischofsstühle gerieten („Luxemburger Fehde"), bot die Arnulf-Genealogie ein willkommenes Mittel, um die Ansprüche der Luxemburger auf Metz zu legitimieren. An die Genealogie des Metzer Heiligen wurde ab Ludwig dem Stammler ein Luxemburger Seitenzweig angefügt, der sie über Kunigundes gleichnamige Großmutter und deren Mutter Ermentrude als Nachfahren des hl. Arnulf auszeichnete. Insbesondere Kunigundes Bruder Dietrich (1005–1047), der sich gegen den Willen Heinrichs II. und trotz des Einsatzes militärischer und kirchenpolitischer Mittel (zweifache Belagerung von Metz 1009/1012, Exkommunikation 1012) auf dem Metzer Bischofsstuhl behauptete, wird sich im Kreis der Metzer Kirche, aber auch auf Reichssynoden gerne als Nachfolger des hl. Arnulf dargestellt haben.

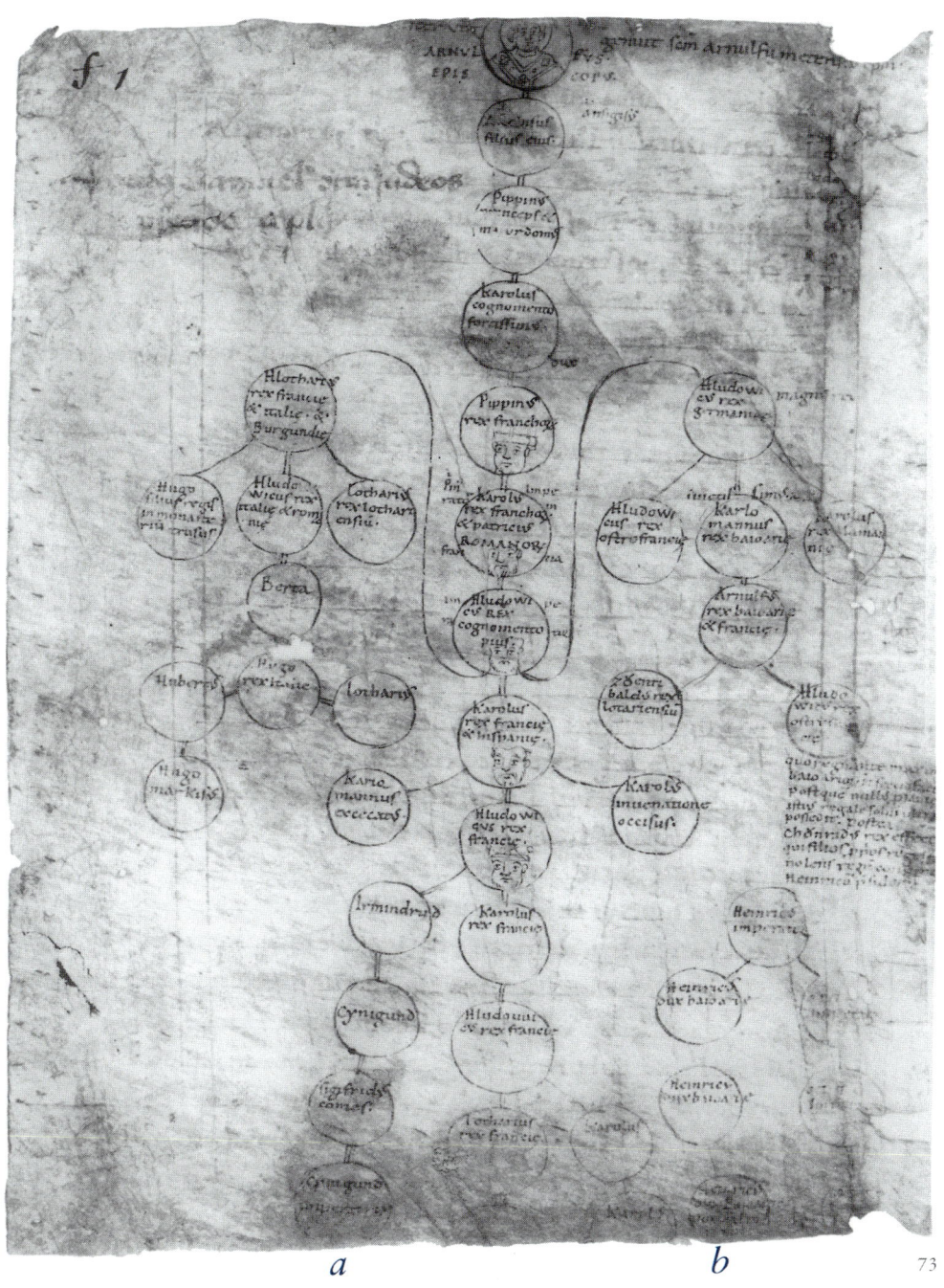

a: Cynigund imperatrix

b: Heinricus dux Baioariae
Romanorum imperator

73

1012 hielt sich Bischof Dietrich von Metz in Bamberg auf, um mit Heinrich II.
über die Beilegung der Luxemburger Fehde zu verhandeln; doch erst 1017 kam es
zur endgültigen Schlichtung. In dieser Zeitspanne – wohl erst nach der Kaiserkrönung Heinrichs und Kunigundes 1014 – wird die Arnulf-Genealogie in Bamberg im
Umkreis des Kaiserpaars neue Verwendung gefunden haben. Sie wurde zur doppelten Kaisergenealogie: Neben Kaiserin Kunigunde und ihren karolingisch-imperialen
Vorfahren sollte auch Heinrich II. durch seine Abstammung vom fälschlicherweise
als Kaiser bezeichneten Heinrich I. und dessen textuelle Anbindung an Ludwig das
Kind zu kaiserlichem Rang gelangen.

Von dieser komplexen Entstehungsgeschichte in drei Etappen zeugt noch in seinem Endstadium der unregelmäßige Aufbau der „Bamberger" Stammtafel: Die sym-
metrische Darstellung der ersten Arnulfinger-Karolinger-Genealogie vom hl. Arnulf

als „Spitzenahn" bis zu den (von links nach rechts) mittel-, west- und ostfränkischen Seitenzweigen wurde durch die italienischen, französischen und deutschen Zusätze aktualisiert, die mit den luxemburgischen (links unten) und ottonischen (rechts unten) Ergänzungen die Harmonie des Bildes definitiv zerstören. So wurde aus einer westfränkischen Karolingergenealogie eine Luxemburger Darstellung und schließlich ein Bamberger Kaiserstammbaum.

Die „Bamberger Tafel" ist eine frühe Illustration des Selbstverständnisses mittelalterlicher Kaisergeschlechter und Grafensippen; trotz ihrer politischen Konnotation darf nicht vergessen werden, dass sie in erster Linie einem liturgischen Kontext – auf der Vorderseite sind liturgische Texte aufgezeichnet – entspringt und zur Pflege der Memoria der Karolinger, dann der Luxemburger und schließlich des Bamberger Kaiserpaars diente. *M. M.*

Mit dem „Heinricianum" bestätigte Kaiser Heinrich II. dem Papst sämtliche Rechte und Besitzungen der römischen Kirche.

74 „Heinricianum"

Abschrift der Prachturkunde im Codex Ottobonianus, fol. 148

April/Mai 1020, Abschrift um 1185

Biblioteca Apostolica Vaticana, Città del Vaticano (Ottob. Lat. 3057)

Quellen:
MGH DD 3, Nr. 427;
MGH Const. 1, Nr. 33.

Literatur:
Althoff, Otto III. und Heinrich II., S. 171–174; Drabek, Verträge; Görich, Otto III.; Hoffmann, Ottonianum, S. 431 f.; Stengel, Kaiserprivileg; Weinfurter, Heinrich II., S. 227–249, S. 244 f.

Zum Osterfest 1020 besuchte Papst Benedikt VIII. Kaiser Heinrich II. in Bamberg. Der Papstbesuch bedeutete eine außergewöhnliche Ehrung für das noch junge Bistum und war zugleich als demonstratives Zeichen gegen Byzanz und das Ostkaisertum geplant. In diesen Zusammenhang gehört wohl auch die Ausstellung einer Prachturkunde, des so genannten Heinricianum, denn Heinrich II. bestätigte dem Apostel Petrus und seinem Stellvertreter, dem Papst, sämtliche Rechte und Besitzungen der römischen Kirche, darunter diejenigen, die zu dieser Zeit durch die Expansionsbestrebungen des byzantinischen Kaisers bedroht waren. Die Urkunde beruht in fast allen Teilen auf dem Pactum, das Otto I. kurz nach seiner Kaiserkrönung 962 mit Papst Johannes XII. geschlossen hatte („Ottonianum") und steht damit am Ende einer langen Reihe von Privilegien der fränkischen Herrscher für das Papsttum seit 754.

Ottonianum und Heinricianum bestätigen im Wesentlichen – zumindest auf dem Pergament – die Ausdehnung des Kirchenstaats, halten Vereinbarungen zur Papstwahl und einige rechtliche Bestimmungen in Kompetenzfragen zwischen Kaiser und Papst fest. Heinrich II. fügte die Bestätigung über einen Gebietstausch hinzu, außerdem übergab er dem Papst die Oberhoheit über das Kloster Fulda und verlieh ihm das Bistum Bamberg. Der Wert des Heinricianums für den Papst lässt sich nicht allein an der hochwertigen Ausfertigung ablesen, sondern auch daran, dass Otto III. sich seinerzeit ausdrücklich gegen die Zugeständnisse des Ottonianums gewandt und es nicht bestätigt hatte.

Das Heinricianum ging verloren, der Text ist jedoch mehrfach in Abschriften überliefert. Zu diesen zählt auch die im Codex Ottobonianus. Über das Aussehen des Originals sind wir dennoch aufgrund einer Beschreibung aus dem Jahr 1339 informiert: Man hatte es mit Goldschrift auf Purpurpergament ausgefertigt und mit einer goldenen Bulle versehen. Die Datierung des Heinricianum fehlt. Der Ausstellungszeitpunkt lässt sich jedoch aufgrund der Unterfertigungen der Zeugen in die Zeit von Anfang 1020 bis März 1021 datieren. Da in diese Zeit der Besuch Benedikts VIII. beim Kaiser fällt, ist eine Ausfertigung im April oder Mai 1020 sehr wahrscheinlich. Als Ausstellungsort vermutet man Bamberg oder Fulda. *T. B.*

In einer Darstellung des kostbaren Perikopenbuchs krönt Christus selbst das von Petrus und Paulus geleitete Herrscherpaar.

PERIKOPENBUCH HEINRICHS II.

75

Abb. 10

> Reichenau, zwischen 1007 und 1014 (um 1012/13?)
> Handschrift/Pergament, 206 Blätter, 42,5 x 32, 10 Initialzierseiten,
> 28 ganzseitige Miniaturen (R)
> Bayerische Staatsbibliothek, München (Clm 4452)

Das Perikopenbuch, in Auftrag gegeben von Heinrich II. und Kunigunde, zählt zu den bedeutendsten Werken der Buchkunst. Sein Einband prunkt mit Gold, Silber, Edelsteinen, Perlen und Emails sowie einer wiederverwendeten Elfenbeintafel aus der Hofschule Karls des Kahlen (um 870; Vorderdeckel), die Christi Kreuzestod illustriert. Die Texte sind geschmückt mit Goldrankeninitialen, zehn Initialzierseiten und 28 ganzseitigen Miniaturen: dem Stifterbild, Porträts der vier Evangelisten und 23 meist doppelseitig angeordneten Darstellungen solcher Episoden aus den Evangelien, deren an hohen kirchlichen Festtagen gedacht wird. Schrift- und Malstil entsprechen der Schule der Bodenseeinsel Reichenau, der Einband wurde vielleicht in Regensburg oder Bamberg hergestellt.

Da Heinrich II. in der Handschrift als „rex" betitelt wird, lässt sich schließen, dass sie während seiner Königszeit zwischen 1002 und 1014 entstanden ist. Eine genauere Datierung und die Bestimmung des Buches lassen sich aus dem Widmungsgedicht (fol. 1ᵛ) und der Stifterminiatur (fol. 2ʳ) erschließen. Im Gedicht wird als Stiftungsort ein „templum" genannt, gemeint ist allem Anschein nach der Bamberger Dom. Folglich wurde der Codex frühestens zur Zeit der Gründung des Bistums Bamberg 1007 angefertigt, vermutlich aber erst anlässlich der Domweihe 1012 oder kurz danach. Hauptadressat des Gedichts nämlich ist der hl. Petrus, Patron eines der wichtigsten der damals geweihten Domaltäre. Zielort der Buchstiftung könnte dieser Altar gewesen sein, ihr Zweck möglicherweise der einer Votivgabe mit Blick auf das 1012/13 dringendste Ziel Heinrichs II., in Rom – am Petrusaltar in St. Peter – die Kaiserkrone zu erlangen, was am 14. Februar 1014 geschah. Als Hinweis darauf kann die kompositorisch einzigartige untere Bildhälfte der dem Widmungsgedicht gegenüberstehenden Stifterminiatur gewertet werden, auf der neun spätantiken Bildmustern nachgestaltete Figuren Gaben emporhalten. Die Beischrift darunter nennt als Empfänger den „rex", womit analog der Titulierung im Widmungsgedicht Heinrich II. gemeint sein muss. Die drei stehenden Figuren präsentieren Insignien, angeführt von einer Person mit Mauerkrone, bei der es sich offensichtlich um Roma handelt, traditionell die personifizierte Verleiherin der Kaiserwürde. Dies könnte verheißend signalisieren, dass sich Heinrichs Hoffnung auf die bedeutendste irdische Krone erfüllen werde – eine Parallele zur Botschaft der oberen Bildhälfte: Diese zeigt den im Widmungsgedicht formulierten Wunsch Heinrichs und Kunigundes nach dem ewigen Leben vorwegnehmend als erfüllt, indem Christus dem von den Apostelfürsten Petrus und Paulus geleiteten Königspaar die Kronen des Lebens verleiht; die Beischrift darüber mahnt indes als Vorbedingung hierzu gerechte Regentschaft an. Als reines Memorialbild fernab jeglicher politischen Perspektive wäre die Miniatur allerdings dann zu verstehen, wenn man, wie jüngst vorgeschlagen, die Figuren der unteren Bildhälfte als Sinnbild des Erdkreises mit Rom als Zentrum versteht, dessen Ehrerbietung gänzlich dem oben thronenden Christus gilt.

Die Handschrift enthält 194 in der Liturgie zu lesende, gemäß dem Ablauf des Kirchenjahres geordnete Textabschnitte (Perikopen) aus den Evangelien, sodass es sich hier, präziser gesagt, um ein Evangelistar handelt. Folglich wäre der Codex im Bamberger Dom liturgisch nutzbar gewesen, wird aber aufgrund seines Wertes wohl

Literatur:

AK Zierde; Dressler, Prachthandschriften; Körntgen, Königsherrschaft, S. 236–250 passim; Kuder, Perikopenbuch; Mütherich/Dachs, Perikopenbuch; Ott, Regi nostro; Schemmel, Perikopenbuch; Suckale-Redlefsen, Goldschmiedewerkstatt.

im Kirchenschatz unter Verschluss gehalten und allenfalls an kirchlichen Hochfesten einem größeren Kreis präsentiert worden sein. Infolge der Säkularisation kam das Buch 1803 aus dem Bamberger Domschatz nach München in die heutige Bayerische Staatsbibliothek. *J. O.*

Auch als Kaiser präsentierte sich Heinrich II. auf seinem Siegel als von Gott legitimierter erhabener Herrscher.

76 KAISERSIEGEL HEINRICHS II.

1014–1023

Siegelabguss, Ø 9,4

Original: Staatsarchiv Bamberg (Bamberger Urkunden [Münchner Abg. 1993] Nr. 85 [ex Kaiserselekt 293])

Silikonnegativ: Bayerisches Hauptstaatsarchiv, München (Nr. 2113)

Literatur:
Foltz, Siegel, S. 41 ff.;
Keller, Zu den Siegeln;
Posse, Siegel, Bd. 5, S. 16 ff.

Hatte Heinrich II. bereits nach seiner endgültigen Durchsetzung als König 1003 kurzzeitig eine Bleibulle als Siegel genutzt, so wiederholte sich diese Praxis nach der Kaiserkrönung 1014. Doch kehrte er auch diesmal bald zum einfachen Wachssiegel zurück und betonte in Form und Gestalt die Kontinuität zur ottonischen Königsherrschaft. Wieder ist der Herrscher in ganzer Figur auf dem Thron sitzend dargestellt. In der rechten Hand hält er das Zepter mit Lilien, in der linken den Globus mit dem eingezeichneten Kreuz. Die Unterschiede zum 2. Königssiegel, dem so genannten Majestätssiegel, sind gering (Kat.-Nr. 61). Der vor dem Thron stehende Schemel wirkt nun etwas höher, das Gesicht des Kaisers ist schmäler und das Gewand ist nicht gesäumt. Die Krone auf dem Haupt ist jetzt rund; zu beiden Seiten und darüber befinden sich gestielte Perlen. Die Siegelumschrift nimmt Bezug zur römisch kaiserlichen Würde: „HEINRICHVS D[E]I GRA[TIA] ROMANOR[UM] IMP[ERATOR] AVG[USTUS]".

Der häufige Wechsel in der Wahl des Siegelbildes um das Jahr 1000 und der oft nur kurze Gebrauch von Siegeln für bestimmte politische Situationen belegen deren Rolle als bewusste Symbole von Herrschaftsverständnis und -repräsentation. Insbesondere das Thronsiegel, das unter Heinrich II. im Reich zum Herrschersiegel schlechthin wurde, hat deutliche Bezüge zu Christus-Darstellungen (maiestas domini). Mit Urkunde und Siegel wollten die Herrscher ihre Erhabenheit und Macht demonstrieren, eine Macht jedoch, die allein von Gott kam. Durch die Gestik wird dies versinnbildlicht. Der betende König empfängt seine Herrschaft – die Insignien – von Gott und wird so zur Majestät. Die hohe Krone weist auf die göttliche Einsetzung und Legitimation hin, die auch in der Siegelumschrift mit der Legitimationsformel „DEI GRATIA" aufgegriffen wird. Der Globus steht für die Teilhabe an der Weltherrschaft und der Stab bzw. das Zepter für den göttlichen Auftrag. So ging es wie bei bildlichen Darstellungen auch beim Siegel um die Vermittlung eines bestimmten Herrscherbilds, das unter den letzten Ottonen und Heinrich II. mit Gottunmittelbarkeit und Erhabenheit, die allein von Gott verliehen ist, umschrieben werden kann. *K. R. / G. Z.*

Die Urkunde, die Heinrich II. am Tag nach seiner Kaiserkrönung ausstellte, wurde mit einer Bleibulle besiegelt.

Kaiserbulle Heinrichs II. vom 15. Februar 1014

1749

Kupferstich/Papier (R)

Aus: Giovanni B. Biancolini: Notizie storiche delle chiese di Verona, Bd. 1, Verona 1749, S. 47

Das Aussehen der heute verlorenen Kaiserbulle überliefert eine Beschreibung in einem Notariatsinstrument dieser Urkunde von 1475. Zudem ist das Siegel in zwei Drucken des 18. Jahrhunderts abgebildet. Seine Vorderseite präsentiert eine Darstellung des Herrschers, deren Auffassung erkennbar eng der Königsbulle Heinrichs II. verpflichtet ist: Frontalansicht, Insignienpräsentation und Armhaltung sind ähnlich, wenngleich der das Zepter tragende Arm weniger stark abgewinkelt ist und das längere, nun über die Schulter deutlich hinausragende Zepter nicht in einer Kugel, sondern in einer Blüte endet. Die Umschrift auf der Vorderseite lautet: „+ HEINRICUS D(ei) G(ratia) ROMANOR(um) IMP(erato)R AUG(ustus)".

Die Rückseite zeigt einen aus der Vogelschau gesehenen Mauerkreis, der mit Tor, Türmen und Zinnen ausgestattet und durch die Beischrift „ROMA" als Sinnbild der Stadt erkennbar ist. Auch die beiden Kaiserbullen Ottos III. enthielten mit der weiblichen Personifikation der Roma, die zweite Kaiserbulle zusätzlich durch die Umschrift „AUREA ROMA" einen ausdrücklichen Bezug zu Rom. Auf der Kaiserbulle Heinrichs II. erscheint jedoch eine männliche Halbfigur im Mauerkranz, die durch den Heiligenschein und die beiden in den Buchstaben „PRS" endenden Schlüssel als Petrus zu identifizieren ist. Die Schlüsselzepter des Petrus sind auch aus der Krönungsszene im Perikopenbuch Heinrichs II. bekannt (Kat.-Nr. 75).

K. Gö.

77

Abb. 9

Literatur:
Erben, Rombilder, S. 32 f.;
Posse, Siegel, Bd. 5, S. 17,
Nr. 5a; Weinfurter, Heinrich II.,
S. 240

An dieser Urkunde für das Kloster Göß findet sich die älteste erhaltene Goldbulle im Abendland.

Kaiserbulle Heinrichs II.

Fulda, 1. Mai 1020

Umschrift auf der Vorderseite:

+ HEINRICUS D(ei) G(ratia) ROMANOR(um) IMP(erato)R AUG(ustus)

Umschrift auf der Rückseite: D – P – I – R; Monogramm

Handschrift/Pergament, Goldbulle, 40 x 31

Steiermärkisches Landesarchiv, Graz (AUR 28)

Gegenüber der Königsbulle und der durch Abbildungen bekannten ersten Kaiserbulle zeigt die Frontalansicht der erstmals am 21. Juni 1014 verwendeten zweiten Kaiserbulle einen größeren Herrscherkopf; der Dreiviertelansicht entspricht hier ein Brustbild des Herrschers.

Die Rückseite zeigt im Zentrum eine Raute; Kombinationen aus je zwei Buchstaben bilden insgesamt vier von der Raute ausgehende Arme. Im oberen Rautenwinkel ist der Querbalken eines A erkennbar. Die Buchstaben bilden ein Monogramm, das W. Erben unbeschadet der etwas wirren Buchstabenanordnung als „S(an)C(t)US PETRUS AP(osto)LUS" aufgelöst hat. Das Monogramm wird gefasst von einem Kreisring, der – im Uhrzeigersinn gelesen – die Buchstaben D – P – I – R aufweist, für deren Auflösung „DEUS PROTEGE IMPERIUM ROMANORUM" (Gott schütze das Reich der Römer) vorgeschlagen wurde. Das Petrus-Monogramm stellt den inhaltlichen Zusammenhang zwischen den beiden Kaiserbullen Heinrichs II. her, die – einmal als Bild und einmal als Monogramm – den Bezug zum Apostelfürsten betonen.

78

Abb. 18

Literatur:
Appelt, Diplom, S. 10–13;
Erben, Rombilder, S. 31 ff.;
Posse, Siegel, Bd. 5,
S. 17, Nr. 5.

Die zweite Kaiserbulle Heinrichs II. wurde nur selten verwendet, ganz im Gegensatz zu den Gepflogenheiten unter seinem Vorgänger Otto III., der ab 998 ausschließlich mit Bullen siegeln ließ. Heinrichs Kaiserurkunden dagegen wurden überwiegend mit einem einseitigen Wachssiegel besiegelt, das den thronenden Herrscher zeigte und jeder Bezugnahme auf Petrus entbehrte.

Das einzige erhaltene Exemplar des in Gold ausgeprägten zweiten kaiserlichen Bullenstempels Heinrichs II. hängt an roten Seidenschnüren an einer Urkunde des Kaisers für das Kloster Göß in der Steiermark. Dieses Exemplar ist gleichzeitig die älteste überlieferte Goldbulle eines deutschen Herrschers. Die Gründung des Benediktinerinnenklosters Göß geht auf Adela zurück; deren Sohn, der kaiserliche Kapellan und Salzburger Archidiakon Aribo, vollendete diese Gründung und übergab das Kloster in die Gewalt des Kaisers. In seiner vom 1. Mai 1020 datierenden Urkunde gewährte der Kaiser dem Kloster freie Wahl der Äbtissin und des Vogts sowie die Immunität. Aribo, später Erzbischof von Mainz, wird in der Urkunde als Verwandter des Kaisers bezeichnet. In der Besieglung der Urkunde mit einer Goldbulle spiegelt sich das hohe Ansehen, das er bei Heinrich genoss. Soweit bekannt, wurde nur eine andere Urkunde Heinrichs II. ebenfalls mit Gold gesiegelt – die in Goldschrift auf Purpurpergament geschriebene Prunkausfertigung des ungefähr zur gleichen Zeit ausgestellten Diploms für die römische Kirche, die allerdings nicht im Original, sondern nur mehr abschriftlich überliefert ist (D H II. 427).   *K. Gö.*

In diesem Trienter Diptychon haben sich Namen der Teilnehmer an den Italienzügen Heinrichs II. erhalten.

79 SACRAMENTARIUM UDALRICIANUM
Trient, 1038–1045
Handschrift/Pergament, 29,5 x 21,5; aufgeschlagen fol. 11$^\mathrm{v}$–12$^\mathrm{r}$
Castello del Buonconsiglio, Trento (M.N. 1587/A)

Quelle:
Monumenta lit. eccl. Trident.

Literatur:
Althoff, Gebetsgedenken;
Wollasch, Hintergründe.

Im „Canon missae" des Trienter „Sacramentarium Udalricianum" sind ab fol. 11$^\mathrm{v}$, unmittelbar an das „memento mortuorum" anschließend, rund 300 Personennamen verzeichnet, die durch farbige Überschriften in „ordines" gegliedert sind. An der Spitze erscheint der „ordo episcoporum sanctae tridentinae aecclesiae"; es folgen die der Bischöfe fremder Kirchen, der Laien und Frauen, der Priester, Diakone, Subdiakone und Akolythen und schließlich der Kaiser und Kaiserinnen. Die Aufzeichnung, für die sich zwei Schreiber unterscheiden lassen, darf als ein einziger Vorgang verstanden werden, der wahrscheinlich ins Jahr 1038 gehört, als der verstorbene Stiefsohn Kaiser Konrads II., Herzog Hermann von Schwaben, in Trient beerdigt wurde. Er erscheint neben seinem Stiefvater im „ordo imperatorum vel imperatricum", dessen Namenreihe Kaiser Heinrich II. († 1024) eröffnet. Da auch im „ordo" der Bischöfe fremder Kirchen, der insgesamt immerhin 47 Namen aufführt, solche dominieren, die in der Zeit Kaiser Heinrichs II. amtierten, liegt die Annahme nahe, dass auch ältere Aufzeichnungen in die Anlage eingingen. Die Identifizierung der weltlichen wie der geistlichen Würdenträger ergab, dass der weitaus überwiegende Teil der genannten Personen bereits zur Zeit Heinrichs II. amtierte, sodass nach Anlässen in dieser Zeit zu fragen ist, die eine Aufzeichnung der fraglichen Personen im Gedenken der Trienter Domkirche bewirkt haben könnten. Einen Anknüpfungspunkt bildet die Tatsache, dass sich Heinrich II. in besonderer Weise um das Gebetsgedenken für sich und die Seinen kümmerte und dafür so genannte Gebetsbünde schloss, deren Teilnehmer sich gegenseitige Gebetshilfe versprachen. Auch die Aufzeichnung der Namen in Trient scheint auf solche Bünde zurückzugehen, denn die italienischen wie die deutschen Bischöfe lassen sich fast lückenlos den drei Zügen zuordnen, die Heinrich II. in den Jahren 1004, 1014 und 1021 nach Italien unternahm. Hierbei dürfte sein Heer den üblichen Weg über den Brenner genommen und sich in Trient mit italienischen Getreuen getroffen haben (Kat.-Nr. 71). Da auch im „ordo" der Laien auffällig viele Namen stehen, die bayerische Grafen aus der Zeit Heinrichs II. trugen, ist der postulierte Zusammenhang der Namensaufzeichnungen mit den Heereszügen Heinrichs II. einigermaßen gut begründbar. Angesichts der Gefährdung, etwa durch den Gegenkönig Arduin von Ivrea, überantwortete man die Namen der Verbündeten dem Gebet der Trienter Kleriker, und Kaiser Konrad II. bat ebenfalls um solche Gebetshilfe, als 1038 eine Seuche sein Heer dezimierte und auch mehrere Mitglieder der Königsfamilie hinwegraffte.   *G. A.*

Reliquienschätze aus dem byzantinischen Ostrom waren sehr begehrt. Vor allem Kreuzreliquien wurden in den Kirchen des Reichs verehrt.

STAUROTHEK MIT KREUZPARTIKEL   *80*

Byzanz, Italien, Augsburg (Franz Anton Bettle)

Anfang 11. Jahrhundert, um 1212/1716

Nadelholzkern, Silberblech, vergoldet, Goldblech, 17,5 x 13,5

Pädagogische Stiftung Cassianeum, Donauwörth

Eine Bulle Papst Leos IX. vom 3. Dezember 1049 nennt den Stifter des Heilig-Kreuz-Klosters in Donauwörth, Graf Mangold von Werd, als Überbringer einer Kreuzreliquie anlässlich einer Gesandtschaft Kaiser Konrads II. nach Konstantinopel. 1027 begleitete Mangold von Werd offenbar Bischof Werner von Straßburg und erhielt die Reliquie mitsamt einer edelsteingeschmückten Goldfassung aus dem Schatz des Kaisers Romanos III. Ein abweichender Bericht des 12. Jahrhunderts nennt Kaiser Konstantin VIII. als früheren Besitzer.

Quelle:
Historia (Rer. Boic. SS 1).

Literatur:
Münsterer, Partikelkreuze; Stößl, Kreuzpartikel.

Der Deckel der Tafel ging im Dreißigjährigen Krieg verloren, sodass das Reliquienbehältnis nicht sicher mit dem von 1027 identifiziert werden kann. Zumindest in Teilen wurde die Staurothek später überarbeitet, was die stilistische Bestimmung der unterschiedlichen Ornamente erschwert. Die Anordnung der zehn Partikel in Form eines zweibalkigen Kreuzes war im Westen unüblich und kann als Hoheitssymbol des byzantinischen Reichs gedeutet werden. Zusätzlich ist der Fuß des Kreuzes als Suppedaneum verbreitert und bildet im Ansatz einen dritten Querarm. Die vier Ecken bergen unter den in kreuzförmigen Mustern durchbrochenen Deckeln Nebenreliquien. Die Vorderseite ist mit kreuzförmigen, gepunzten Rosetten und Blütensternen geschmückt, die Rückseite zieren fünf von einem Palmettenband umfangene Adlermedaillons mit Perlrand. Die Seitenflächen der Tafel zeigen unterschiedliche Medaillonornamente, je abwechselnd mit eingeschriebenen rosetten- und kreuzförmigen Motiven. An der Oberseite ist ein Tragring angebracht.

Die Kreuzpartikel befinden sich wie beim Heinrichs-Portatile (Abb. 59) in einer kreuzförmigen Aussparung in der Mitte der mit vergoldetem Silberblech beschlagenen Holztafel. Anders als in den geschlossenen westlichen Reliquiaren dieser Zeit sind die nur mit zwei Spangen unterschiedlichen Alters fixierten Reliquien unverhüllt sichtbar und können berührt werden.

Das griechisch sprechende Ostrom verfügte über sagenhaften kulturellen Reichtum und Reliquienschätze aus dem Heiligen Land. Trotz der Angriffe der islamischen Völker, die 1009 zum Fall Jerusalems geführt hatten, herrschte der Basileus von Konstantinopel aus über ein Reich, das von Süditalien bis Syrien reichte. Berührungspunkte mit dem westlichen Kaisertum gab es wiederholt unter den Ottonen. Die Mutter Ottos III. war eine byzantinische Prinzessin. Kaiser Heinrich II. scheint dagegen am weiteren Horizont seines Reichs im Norden und Südosten kein

Interesse gehabt zu haben. Nur auf Intervention Papst Benedikts und Fürst Ismahels von Bari zog er 1021/22 bis in das von Byzanz beherrschte Süditalien.

Weithin begehrt waren dagegen die Schätze des östlichen Kaiserreichs: Seide, Bergkristallgefäße und vor allem Reliquien, die Heinrich II. an Kirchen stiftete. Um das Jahr 1000 setzte im Reich die Verehrung von Kreuzreliquien ein. Heinrich selbst schenkte Kreuzpartikel nach Bamberg, Basel, Merseburg und an König Robert II. von Frankreich, die als unmittelbare Christusreliquien demonstrativ auf den König der Könige hinwiesen. *M. Sch.*

Mit dem Polenherrscher Boleslaw Chrobry stand Heinrich II. in einem Konflikt, der über 15 Jahre dauerte.

81

KARTE DER POLENZÜGE HEINRICHS II. GEGEN BOLESLAW CHROBRY

Entwurf: Sabine Berger, Ebersberg

Literatur:
Görich, Wende; Lübke,
Regesten; Lübke, Slaven;
Ludat, Elbe; Weinfurter,
Heinrich II., S. 206–220.

Am 25. Juli 1002 kam der Polenherzog Boleslaw Chrobry (992–1025) nach Merseburg und huldigte zusammen mit den Sachsen dem neuen König Heinrich II. In den nachfolgenden zähen Verhandlungen konnte Boleslaw Chrobry jedoch nur erreichen, dass der König ihn mit der Lausitz und dem Milzener Land belehnte. Die von ihm kurz zuvor besetzte Mark Meißen musste Boleslaw Chrobry wieder herausgeben. Enttäuscht wollte er Merseburg verlassen, als er mit seiner Begleitmannschaft in einen Hinterhalt geriet. Aus diesem konnte er sich nur mithilfe Markgraf Heinrichs von Schweinfurt und Herzog Bernhards I. von Sachsen befreien. König Heinrich II. als sein Lehnsherr hatte den Polenherzog weder geschützt noch bestrafte er die Täter. Als Heinrich II. zudem ein Jahr später Boleslaw Chrobrys Anspruch auf Böhmen missachtete, begann ein Dauerkonflikt, der die Herrschaft Heinrichs II. bis 1018 begleiten sollte.

1003 schloss Heinrich II. ein Bündnis mit den heidnischen Redariern und Liutizen gegen den christlichen Polenherzog, um mit militärischen Mitteln die Anerkennung seiner Machtstellung, seiner gottunmittelbaren Autorität, von Boleslaw Chrobry zu erzwingen. Der Polenfürst seinerseits hatte offenbar eine ganz ähnliche Konzeption wie Heinrich II. entwickelt. Auch er sah sich als Lenker eines von Gott auserwählten Volkes. In den nächsten Jahren unterstützten Heinrich II. vor allem die sächsischen Bischöfe auf seinen Kriegszügen, während viele sächsische weltliche Große den Piastenfürsten Boleslaw Chrobry aufgrund verwandtschaftlicher Beziehungen zu seinem Haus als einen der Ihren betrachteten. Im Jahr 1004 sammelte Heinrich II. sein Heer in Merseburg zum ersten Polenzug. Er führte es über das Erzgebirge bis nach Nordböhmen und zog über Prag zur Burg Bautzen, die er erfolgreich belagerte. Nach der friedlichen Übergabe der Burg kehrte Heinrich II. nach Sachsen zurück – ein erster Erfolg war ihm gelungen.

Doch schon ein paar Monate später unternahm Heinrich II. 1005 seinen zweiten Polenzug. Er gelangte bis vor Posen, wo ein erster Friedensschluss ausgehandelt wurde; doch keiner der beiden Herrscher wollte die Position des anderen in der Form anerkennen, auf die dieser Anspruch erhob. So überdauerte dieser Frieden von Posen nur fünf Jahre.

1010 erging wiederum ein königlicher Aufruf, sich in Belgern an der Elbe zu versammeln. Kurz zuvor waren Verhandlungen mit dem Polenherzog gescheitert. Bei der Burg Jarina erkrankte Heinrich II. jedoch und kehrte in Begleitung einiger Bischöfe ins Reich zurück. Die übrigen Kontingente verwüsteten das umliegende Gebiet, bevor sie ebenfalls den Heimzug antraten.

Die nächsten Jahre nutzte Heinrich II., um die adlige Front gegen den Polenherzog zu verstärken, doch Kriegszüge in seinem Namen scheiterten schon in den

Anfängen. 1013 war die Romfahrt zur Kaiserkrönung geplant – Heinrich II. brauchte Frieden im nördlichen Reichsteil. Er traf sich 1013 auf einem Hoftag in Merseburg persönlich mit Boleslaw Chrobry. Man einigte sich auf einen Kompromiss: Boleslaw Chrobry leistete dem König den Lehnseid und diente ihm danach als Schwertträger. Als Gegenleistung für diese öffentlichen Huldbezeugungen erhielt Boleslaw Chrobry die Lausitz und das Milzener Land zu Lehen. Doch schon ein paar Monate später verweigerte der Pole seine Mithilfe beim zweiten Italienzug.

Nach seiner Rückkehr aus Italien rüstete Heinrich II. daher 1015 zum nächsten Polenfeldzug. Von Magdeburg aus rückte er vor bis Crossen. Unterdessen versuchten Herzog Bernhard von Sachsen von Norden her und der böhmische Fürst Udalrich zusammen mit bayerischen Kontingenten von Süden her vergeblich zum kaiserlichen Heer zu gelangen. Geschwächt gerieten die Truppen Heinrichs II. auf dem Rückzug in einen Hinterhalt. Über die Burg Strehla kehrte der Kaiser nach Merseburg zurück – seine Pläne waren gescheitert.

Während sich Heinrich II. 1016 in Burgund aufhielt, organisierte Kaiserin Kunigunde in Sachsen die Landesverteidigung. Verhandlungen mit Boleslaw Chrobry über einen längeren Waffenstillstand scheiterten, und ein erneuter Feldzug schien 1017 unvermeidlich. Über Magdeburg zog Heinrich II. in Begleitung Kunigundes mit seinem Heer nach Leitzkau, wo sich ihnen größere Truppenkontingente anschlossen. Heinrich II. erreichte die Burg Glogau, in der sich Boleslaw Chrobry verschanzt hielt. Doch der Kaiser wich einer militärischen Konfrontation aus und zog zur Burg Nemzi, die er vergeblich belagerte. Durch Krankheiten geschwächt musste sich das Heer unverrichteter Dinge über Böhmen nach Merseburg zurückziehen. Angesichts dieser Niederlage fand sich Heinrich II. endlich zu ernsthaften Friedensverhandlungen bereit. Im Frieden von Bautzen stimmte der Kaiser 1018 einem „Resignationsfrieden" zu, der für ihn so demütigend gewesen sein muss, dass er sich nicht persönlich daran beteiligte. An eine öffentliche Unterwerfung des Polenherzogs unter die kaiserliche Autorität war nicht mehr zu denken. Im Grunde war mit dem Frieden von Bautzen 1018 die Gleichrangigkeit Polens anerkannt worden. Heinrich II. verlor das Interesse, Polen etablierte sich als eigenständiges Reich.

S. B.

Brun von Querfurt, der sich ganz der christlichen Mission verschrieben hatte, übte harsche Kritik an der unerbittlichen Haltung Heinrichs II. gegen den Polenherrscher Boleslaw Chrobry.

82 Brun von Querfurt, Epistola ad Heinricum regem

1008

Handschrift / Pergament

Universitätsbibliothek Kassel – Landesbibliothek und Murhardsche Bibliothek der Stadt Kassel (Ms. 4° philol. 1, fol. 151ᵛ–153ᵛ)

Der einem bedeutenden ostsächsischen Adelsgeschlecht entstammende Brun von Querfurt, geboren zwischen 974 und 978, wurde zusammen mit seinem Verwandten Thietmar, dem späteren Bischof von Merseburg und Geschichtsschreiber (Kat.-Nr. 56), an der Magdeburger Domschule erzogen. Dass sich Brun später ganz der Heidenmission verschrieb, hatte zwei Gründe: Erstens stand er unter dem Eindruck des Aufstands der kaum christianisierten Elbslawen (Lutizen), der 983 das auf Magdeburg ausgerichtete, noch locker geknüpfte Netz der unter Otto I. gegründeten Bistümer jenseits der Elbe zerrissen hatte. Zweitens machte der Märtyrertod Bischof Adalberts von Prag (23. April 997) einen tiefen Eindruck auf Brun: Adalbert war ebenfalls in Magdeburg erzogen worden, und das römische Kloster S. Alessio e S. Bonifacio, in dem sich Adalbert vor seiner Missionsreise zu den Pruzzen aufgehalten hatte, war ab 998 auch Bruns Aufenthaltsort, nachdem er 997 von Otto III. in die Hofkapelle berufen worden war. Später schloss er sich der Eremitengemeinschaft des Romuald von Camaldoli in Pereum bei Ravenna an. Der persönliche Kontakt zum Kaiser riss jedoch nicht ab. Zusammen mit anderen Mönchen sollte Brun 1001 zur

Mission nach Polen aufbrechen. Otto III. hatte dafür dem polnischen Herrscher Boleslaw Chrobry Unterstützung zugesagt. Mit dem unerwarteten Tod Ottos III. veränderte sich die politische Konstellation jedoch schlagartig: Heinrich II. blieb den traditionellen Bindungen der bayerischen Herzöge zu Böhmen treu, was ihn zum Gegner des mit Böhmen verfeindeten polnischen Herrschers machte. Bereits 1003 brachen bewaffnete Konflikte aus, die mit Unterbrechungen bis 1018 dauerten. Das polnische Missionsprojekt war damit zunächst undurchführbar. Statt zu den Elbslawen führten Brun zwei Missionsreisen nach Ungarn bis zu den „schwarzen Ungarn", den Széklern im östlichen Siebenbürgen. Von dort zog er an den Hof des russischen Fürsten Vladimir nach Kiew und bat ihn um Unterstützung bei einer höchst gefährlichen Missionsreise zu den Petschenegen, die am unteren Dnjepr bis zur Schwarzmeerküste siedelten. Nach seiner Rückkehr reiste Brun im Sommer 1008 nach Polen an den Hof Boleslaws. Mit dessen Hilfe brach er Anfang 1009 zu seiner letzten Missionsreise auf, die ihn zu den Pruzzen führte. Dort erlitt er wohl am 9. März 1009 im Gebiet von Suwałki das Martyrium.

Über seine Missionsreisen berichtete Brun in einem Brief an Heinrich II. Seine eigentliche Absicht aber war, Heinrich II. zum Frieden mit Boleslaw Chrobry zu bewegen. Scharf kritisierte er das Bündnis, das der König, wohl unter Einfluss seiner böhmischen Verbündeten, mit den heidnischen Elbslawen (Lutizen) gegen den Polen geschlossen hatte. Statt im Bund mit den Heiden gegen einen christlichen Fürsten Krieg zu führen, solle Heinrich mit Boleslaw gemeinsam die Lutizen bekehren. Unter Hinweis auf die vorbildhaften Bekehrerkaiser Konstantin und Karl den Großen beklagt Brun, dass es niemanden mehr gebe, der die Heiden bekehre, wohl aber jemanden, der Christen verfolge. Den Grund für den Konflikt mit Boleslaw sieht Brun in Heinrichs Streben nach „weltlicher Ehre" („honor saecularis"), das den König Unmögliches verlangen lasse – eine Anspielung auf demütigende Formen der Unterwerfung, die Heinrich II. von Boleslaw unnachgiebig forderte. Dieser weltlichen stellt Brun die Aussicht auf himmlische Ehre gegenüber: Es sei eine größere Ehre und gereiche dem König zum Seelenheil, wenn er die Kirche mehre, den Heiden taufe und dem Christen, der ihn bei der Heidenbekehrung unterstützen wolle (also Boleslaw), den Frieden schenke. In Bruns Argumentation treten Konfliktbereitschaft und strikter Gehorsamsanspruch als charakteristische Züge von Heinrichs Herrschaft ebenso deutlich zutage wie Heinrichs Unfähigkeit, in seinem Handeln gegenüber Boleslaw laienadlige und christliche Normen zu verbinden. Für Brun war es die vornehmste Pflicht des Herrschers, solche Feinde zu bekämpfen, die er „nach dem Befehl des Evangeliums zwingen solle hereinzukommen (in die katholische Kirche)" – „compellere intrare". Das war eine klare Aufforderung zum Missionskrieg; für Brun waren die Elbslawen nach ihrem Aufstand von 983 Apostaten, also vom christlichen Glauben Abgefallene, die um ihres eigenen Seelenheils willen in den Schoß der Kirche zurückgezwungen werden sollten.

Heinrich II. war diesen Vorstellungen unzugänglich. Sein noch jahrelang nach Bruns Tod fortgesetzter Konflikt mit Boleslaw hat die unter Otto III. entstandene Perspektive einer von Kaiser und polnischem Herrscher gemeinsam betriebenen Mission der Elbslawen gründlich zerstört. Im historischen Rückblick war es Heinrichs Politik, die eine Christianisierung der Elbslawen um ein gutes Jahrhundert verzögerte.   *K. Gö.*

Quellen:
Brun, Epistola; Übersetzungen: Zeissberg, Kriege, S. 265 ff.; Voigt, Brun, S. 436–443.

Literatur:
Fried, Otto III., S. 173; Görich, Otto III., S. 18–51; Görich, Wende, S. 162 ff.; Kahl, Compellere intrare, S. 180 ff.; Lotter, Völkergemeinschaft; Lübke, Fremde, S. 328–332; Poppe, Politik, S. 401 f.; Wenskus, Studien.

Auf Herrschertreffen mit den Königen von Frankreich und Burgund wurde in fein abgestimmten Ritualen die gegenseitige Wertschätzung in Szene gesetzt.

83 Karte der Herrschertreffen im Westen des Reichs
Entwurf: Sabine Berger, Ebersberg

Literatur:
Brühl, Deutschland-Frankreich, S. 658–668; Voss, Herrschertreffen, S. 65–71; Weinfurter, Heinrich II., S. 220–226.

Der Tod Herzog Ottos von Niederlothringen führte im Jahr 1006 zu Auseinandersetzungen zwischen lothringischen Adelsgruppen. In diesen Streit griff auch Graf Balduin IV. von Flandern ein, ein Lehnsmann König Roberts II. von Westfranken (996–1031). Wohl im Lauf dieser Ereignisse und wegen der Bedrohung ihrer jeweiligen Einflusssphären durch Balduin von Flandern kam es 1006 zwischen dem westfränkischen König und Heinrich II. zu einem ersten Treffen in der Gegend von Mézières. Man begegnete sich in Booten auf dem Grenzfluss Maas. Dieses Herrschertreffen setzte die Gleichrangigkeit der Könige demonstrativ in Szene: Keiner verließ so sein Herrschaftsgebiet. Das Verhältnis beider Reiche zueinander wurde durch ein Freundschaftsbündnis neu definiert. Anschließend ging man gemeinsam an die Bekämpfung Balduins IV. von Flandern und seiner Verbündeten.

Auch beim zweiten Treffen der Herrscher des West- und Ostreichs 1023 ging die Initiative von Heinrich II. aus. Doch nun hatte sich die Gleichrangigkeit zwischen den Herrschern zugunsten des Kaisers verschoben. Der französische König lagerte

im lothringischen Mouzon, während Kaiser Heinrich II. mit seinen Gefolgsleuten östlich davon in Ivois an der Chiers lagerte. Um der veränderten Rangordnung öffentlich Rechnung zu tragen begab sich Heinrich II. – erfüllt von der Souveränität des Höherstehenden – zunächst in das Lager Roberts II. von Westfranken, bevor dieser am nächsten Tag in das Lager des Kaisers zog. Anschließend wurde das alte Freundschaftsbündnis erneuert, danach vereinbarten beide für 1024 die Abhaltung eines allgemeinen Konzils in Pavia unter dem Vorsitz des Papstes. Doch der Tod Heinrichs II. vereitelte diesen Plan. Er hatte sich als Kaiser von einem wachsenden Verantwortungsbewusstsein für die gesamte Christenheit erfüllt gesehen, wobei nicht nur der französische König, sondern auch der Papst in ein umfassendes Reformprogramm eingebunden werden sollten.

Das Königreich Burgund stellte hingegen ganz andere Anforderungen an Heinrich II. Über seine Mutter Gisela war Heinrich II. ein Neffe des kinderlosen burgundischen Königs Rudolf III. (993–1032). Dessen Herrschaft galt als schwach und stets gefährdet, sodass Heinrich II. schon frühzeitig Vereinbarungen anstrebte, die ihm den Zugriff auf das burgundische Erbe ermöglichen sollten. So traf er sich 1006 wohl in Basel zum ersten Mal mit seinem Onkel. Hier trat ihm Rudolf III. die Bischofsstadt Basel ab und übergab ihm damit einen der wichtigsten Verkehrsknotenpunkte am Oberlauf des Rheins. Außerdem ging Rudolf III. eine Art Lehnsverhältnis zu Heinrich II. ein, womit dieser eine Schutzverpflichtung für das burgundische Königtum übernahm.

Bei einem weiteren Treffen 1016 in Straßburg wurde dieses Lehns- und Schutzverhältnis bestätigt. Als sich beide Herrscher 1018 in Mainz zum letzten Mal trafen, erfüllten sich Heinrichs II. Pläne. In einem feierlichen Akt vor burgundischen Großen übergab Rudolf III. seine Krone und sein Zepter an Heinrich II. Er legte damit symbolhaft das burgundische Reich in Heinrichs Hände. Von diesem Moment an herrschte Rudolf III. sozusagen nur noch im Auftrag des Kaisers über Burgund. Allerdings konnte Heinrich II. dieses Erbe nicht mehr antreten, da er noch vor seinem Onkel 1024 starb. Sein Nachfolger jedoch, der Salier Konrad II., brachte auf der Grundlage der unter Heinrich II. getroffenen Rechtsvereinbarungen die burgundische Königsherrschaft an sich und begründete damit die Trias der Reiche Deutschland, Burgund und Italien unter einer Kaiserkrone.   *S. B.*

Beim Treffen Heinrichs II. mit Robert II. von Frankreich an der Chiers ehrten sich Kaiser und König gegenseitig durch Geschenke.

Radulfus Glaber, Historiarum libri quinque   *84*

Burgund, 1015/16–1047

Handschrift/Pergament, 34,5 x 18,4, fol. 24ᵛ–25ʳ (R)

Bibliothèque Nationale de France, Paris (ms. lat. 10912)

Nachdem sich die beiden Herrscher bereits 1006 an der Maas getroffen, ein Freundschaftsbündnis geschlossen und ein gemeinsames Vorgehen gegen unbotmäßige Vasallen vereinbart hatten, fand die zweite Begegnung am 10. und 11. August 1023 an der Chiers, einem Nebenfluss der Maas, südöstlich von Sedan, statt. Bei diesem Treffen, das der Diskussion von Problemen der gesamten Christenheit dienen sollte, handelt es sich um die am besten dokumentierte Zusammenkunft jener Zeit. Obwohl Heinrich II. inzwischen die Kaiserwürde erlangt hatte, bemühte sich zumindest die französische Seite die Gleichrangigkeit der Gesprächspartner zu betonen. König Robert II. lagerte in Mouzon und damit auf Reichsgebiet, Heinrich in Ivois (heute Carignan), beide mit großem Gefolge. Am 10. August, dem Festtag des hl. Laurentius, stattete der Kaiser dem französischen König einen Besuch ab. Sie

Quellen:

Radulfus, Historien (Arnoux), 3/8, S. 156 ff.; Radulfus, Historien (Cavallo/Orlandi), S. 124 ff.; Radulfus, Historien (France), S. 108 ff.; Böhmer/Graff, Regesta Imperii 2,4, S. 1105, Nr. 2041a.

Literatur:
Brühl, Deutschland-Frankreich,
S. 666 ff.; Garand, Éditions,
S. 116–122;
Hirsch/Pabst/Bresslau,
Jahrbücher, Bd. 3, S. 260–264;
Kolb, Herrscherbegegnungen;
Pfister, Études, S. 369 ff.;
Theis, Robert le Pieux, S. 180 ff.;
Voss, Herrschertreffen;
Weinfurter, Heinrich II., S. 224 ff.

umarmten und küssten sich, um dann der von Bischöfen zelebrierten Messe beizuwohnen. Anschließend frühstückten sie, bevor Robert dem Kaiser wertvolle Geschenke überreichte, von denen dieser jedoch nur ein Evangeliar und ein Reliquiar annahm. Am folgenden Tag begab sich König Robert II. in das Lager des Kaisers. Gemeinsam nahmen sie eine Mahlzeit ein, und nun war es an Heinrich seinen Gast mit Geschenken zu überhäufen. Wie Heinrich tags zuvor lehnte Robert die meisten ab. Sodann trat man in die politischen Verhandlungen ein. Das alte Freundschaftsbündnis wurde erneuert, und Robert II. bat den Kaiser um Hilfe gegen Graf Odo II. von Blois, dessen ausgedehntes Herrschaftsgebiet eine Gefahr für die Krondomäne darstellte. Heinrich II. hingegen legte Wert darauf, kirchliche Missstände anzusprechen, und vereinbarte mit Robert die Abhaltung eines großen Konzils in Pavia.

Radulfus Glaber (980/985–1047?), dessen Schilderung wir wichtige Einzelheiten des Treffens verdanken, nahm an der Zusammenkunft nicht persönlich teil; er gibt mit der Maas einen falschen Ort an. Radulfus scheint seine Informationen aber von einem Augenzeugen, vielleicht Abt Odilo von Cluny, bezogen zu haben. Er beschränkt sich ganz auf das Zeremoniell des Treffens und widmet dem Inhalt der Verhandlungen kaum Interesse. Der aus dem Burgund stammende Autor, der auch eine Vita Wilhelms von Volpiano verfasste, war unter anderem Mönch in Saint-Germain zu Auxerre, Saint-Bénigne zu Dijon sowie in Cluny. Seine vor allem kulturgeschichtlich wertvollen „Historien" behandeln Ereignisse seit dem frühen 10. Jahrhundert. Ihre Abfassung begann er in Saint-Bénigne, wohl auf Bitten von Abt Wilhelm. Das vorliegende Manuskript ist der älteste Textzeuge des Werks. Wahrscheinlich wurden große Teile der Handschrift sogar von Radulfus, der bis zu seinem Tod an den Aufzeichnungen arbeitete, selbst geschrieben. Dazu dürften auch die aufgeschlagenen Seiten gehören, die er vor 1036 in Cluny zu Pergament brachte.

R. Gro.

VI DER FRIEDENSKUSS

Sollempnitas sollempnitatum – Das Fest der Feste
(Bebo)

Zweimal während seiner Herrschaft wurde Heinrich II. nördlich der Alpen von einem Papst aufgesucht: 1012 reiste Gregor VI., der in strittiger Wahl erhoben worden war, an den Hof Heinrichs II., um dessen Unterstützung in der Auseinandersetzung mit seinem Konkurrenten Benedikt VIII. zu gewinnen. Als der König in seiner dafür bevorzugten Pfalz Pöhlde das Weihnachtsfest beging, erschien Gregor, angetan mit allen Abzeichen des päpstlichen Amtes („cum omni apparatu apostolico"), um allen Anwesenden vor Augen zu führen, dass er der rechtmäßige und zu Unrecht aus Rom vertriebene Papst sei. Heinrich II. verweigerte ihm jedoch die Anerkennung: Er ließ ihm die Abzeichen seiner bischöflichen Würde abnehmen und verwies ihn auf eine in Rom zu fällende Entscheidung.

Unter ganz anderen Bedingungen traf acht Jahre später Benedikt VIII. in Bamberg mit Heinrich II. zusammen: Seine Anerkennung als rechtmäßiger Papst stand nicht infrage; Heinrich II. hatte ihn vor aller Augen anerkannt, als er 1014 von ihm zum Kaiser gekrönt worden war. Allerdings hatte Benedikt VIII. nun bei seinem Besuch höchstes Interesse, Heinrich II. zu einer Demonstration seines Anspruchs auf ganz Italien und zu einem gegen die byzantinische Expansion in Süditalien gerichteten Italienzug zu bewegen. Den Crescentiern, der Familie Gregors VI., war es gelungen, in Rom ihre Herrschaft wieder aufzubauen. Die Sarazenen bedrohten das Patrimonium Petri von Sizilien und Sardinien aus. Vor allem aber festigten und erweiterten Kaiser Basileios II. und der von ihm eingesetzte Katepan der Provinz „Italia" die byzantinische Präsenz in Süditalien beständig. Gegen diese Expansionsbestrebungen hatte sich 1017 Melus (Ismahel) aus Bari mit den langobardischen Fürsten von Capua und Salerno verbündet, die ihrerseits von angeworbenen normannischen Verbänden unterstützt wurden. Melus war allerdings nach einer vernichtenden Niederlage im Oktober 1018 an den Hof Heinrichs II. geflohen.

Bereitwillig nahm Benedikt VIII. daher die Einladung Heinrichs II. an, zu weiteren Beratungen nach Bamberg zu kommen. Als Termin wählte man das Osterfest, das einen besonders festlichen liturgischen Rahmen für die Begegnung bot. Am Gründonnerstag traf der Papst in Bamberg ein. Vier Chöre empfingen ihn diesseits der Regnitzbrücke und jenseits, vor dem Tor der Burg und im Atrium der Domkirche, wo ihn der Kaiser erwartete. In der Kirche betete der Papst an drei verschiedenen Altären, nahm dann auf der bischöflichen Kathedra Platz, während das „Te Deum" des versammelten Klerus und das „Kyrie eleison" des Volks in die Gründonnerstagsliturgie überleiteten. Diese erlaubte dem Papst in doppelter Weise die Demonstration seiner kirchlichen Vormachtstellung und seines Rangs. Teil der Gründonnerstagsliturgie war die Rekonziliation der vor der Kirche wartenden Büßer, die der Papst nach dem „Gloria" in die Kirche holte. Bei der Weihe von Chrisam und

Öl assistierten dem Papst zwölf Bischöfe. Das Zeremoniell war offenbar gezielt als erweiterte Gründonnerstagsliturgie, nicht jedoch als Empfang des Papstes durch den Kaiser gestaltet. Im Mittelpunkt stand nicht das Verhältnis von Kaiser und Papst, sondern die Anwesenheit des Papstes in Bamberg. Anders als die Päpste, die in karolingischer Zeit in das Frankenreich gekommen waren, benötigte Benedikt VIII. 1020 kein Zeichen demonstrativer Anerkennung. Auf Einholung durch einen Verwandten des Kaisers über mehrere Tagesreisen, Fußfall oder Fußkuss durch den Kaiser und seinen Hof, Marschall- und Stratordienst, also das Halten des Steigbügels für den Papst und das Führen seines Pferdes am Zügel, als Zeichen der Ehrerbietung und Anerkennung wurde verzichtet. Weder die demonstrative Anerkennung des Papstes durch Gesten der Unterwerfung noch die kompensierende Ehrung des Kaisers durch den Papst in Form von Umarmung, Kuss und gemeinsamem Einzug in die Kirche waren 1020 erforderlich. Der Diakon Bebo, dem wir einen ausführlichen Bericht über den Besuch der Papstes verdanken, erwähnt nicht, dass ein Verwandter des Kaisers den Papst eingeholt hätte oder auch nur, dass feierliche Gesandtschaften ausgetauscht worden wären. Über die Begrüßung oder einen gemeinsamen Einzug von Kaiser und Papst in die Kirche erfahren wir bei Bebo gleichfalls nichts. Erst nach dem „Gloria" trat Heinrich II. einen Augenblick lang für alle sichtbar in Erscheinung, als ihm der Papst den Friedenskuss („osculum caritatis") gewährte.

Im Vordergrund der Zeremonie stand vielmehr die Auszeichnung des erst gut ein Jahrzehnt zuvor gegründeten Bistums Bamberg durch die Anwesenheit eines Papstes. Seine Gebete an drei Altären hoben den Rang der Reliquien hervor, mit denen Heinrich II. seine Gründung ausgestattet hatte (Abb. 16). Am Sonntag nach Ostern weihte der Papst die Stiftskirche St. Stephan in Gegenwart von angeblich vierzig, sicher aber zwanzig Bischöfen. Auch die Thomas-Kapelle in der Bamberger Pfalz wurde vielleicht vom Papst konsekriert.

Demonstrative Unterstützung durch den Kaiser erwartete Benedikt VIII. allerdings gegenüber Byzanz. Heinrich II. erkannte, wie es scheint, Melus als „Herzog von Apulien" an. Als Melus wenige Tage später starb, bestätigte der Kaiser der römischen Kirche in einer mit Gold auf Purpur geschriebenen Urkunde die Rechte und Besitzungen, die ihr Otto der Große 962 im „Pactum Ottonianum" zugesichert hatte. Otto III., der die Herrschaft über Rom nicht dem Papst überlassen wollte, hatte dies verweigert. Heinrich II. dagegen trug keine Bedenken die päpstlichen Rechte in Italien zu erneuern. Indem er dem Papst den Besitz Süditaliens und Siziliens bestätigte, versicherte er ihn seines Schutzes gegen jegliche byzantinische Ansprüche auf diese Regionen. Der Episkopat und die weltlichen Großen des Reichs wurden als Zeugen und damit als Garanten der Zusagen einbezogen, in deren Folge es 1021/22 zum dritten Italienzug Heinrichs II. kam.

In der Urkunde explizit angesprochen wurden auch die päpstlichen Rechte an der Abtei Fulda und dem Bistum Bamberg, eine Bestimmung, die es zukünftigen Päpsten erlaubte und sie verpflichtete, Fulda und Bamberg unter ihren Schutz zu nehmen. Für Bamberg bedeutete dies eine Sicherung gegen mögliche Versuche einer Aufhebung des Bistums nach dem Tod seines Stifters, für Fulda dagegen eine Kompensation für die 1013 von Heinrich II. gewaltsam durchgesetzte Reform, die von vielen Mönchen als ungerechter Eingriff in ihre Eigenständigkeit empfunden wurde. Dazu passt, dass auch Fulda durch einen gemeinsamen Besuch von Kaiser und Papst ausgezeichnet wurde, bevor Benedikt VIII. im Mai 1020 nach Italien zurückkehrte.

Klaus van Eickels

In einem Widmungsbrief berichtet Bebo als Augenzeuge über den Besuch Papst
Benedikts VIII. in Bamberg zu Ostern 1020.

a) Bericht des Diakons Bebo zum Papstbesuch in Bamberg 85

Bebo († nach 1021)

Bamberg, 1021

Handschrift/Pergament, 28 x 20,5

Staatsbibliothek Bamberg (Msc. Bibl. 78 [alt B. IV. 18], fol. 1ʳ–7ʳ)

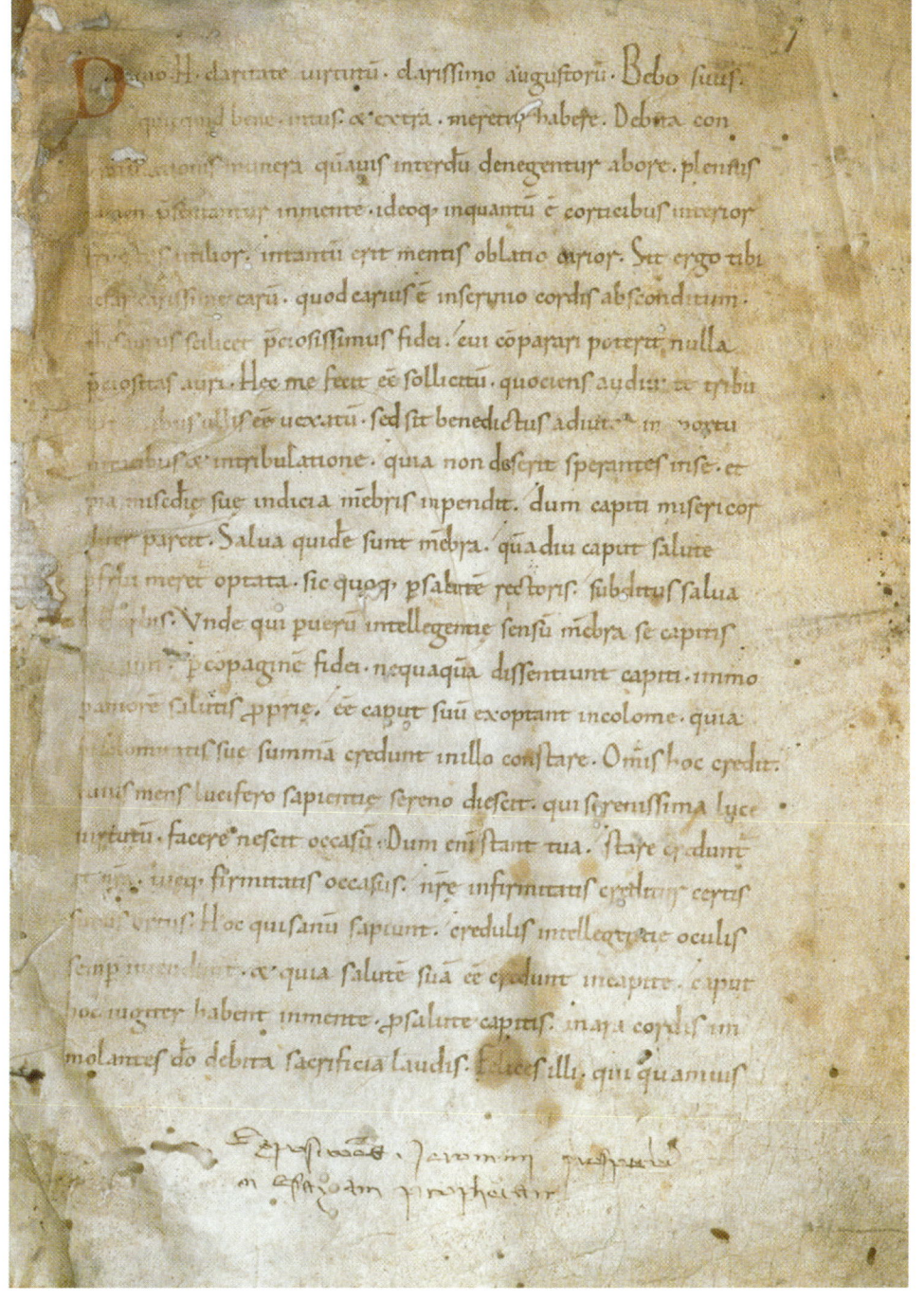

Quellen:
Bebo; Zimmermann, Papstregesten: RI II.5, Nr. 1209–1226
(1210, 1219 ff., 1223 f.); von
Guttenberg, Regesten, Nr. 155.

Literatur:
Hack, Empfangszeremoniell;
Hoffmann, Buchkunst,
S. 231 f.; Hoffmann, Bamberger
Handschriften, S. 112;
Hoffmann, Mönchskönig,
S. 26, 119; Schimmelpfennig,
Bamberg, S. 15 f., 21 f.;
Weinfurter, Heinrich II.,
S. 243 ff.

B) „Nachrichtensendung" zum Papstbesuch in Bamberg

Darsteller: E.T.A.-Hoffmann-Theater, Bamberg

Chorgesang: E.T.A.-Hoffmann-Gymnasium, Bamberg

Regie: Rainer Lewandowski, Bamberg

Kamera und Schnitt: Georg Schmidbauer, Chronik-Videoproduktion München

Über den Verfasser der wichtigsten Quelle zum Papstbesuch von 1020 ist wenig bekannt. Kodikologische Untersuchungen seiner Handschriften haben zu der Vermutung geführt, dass er zum Umfeld des Mainzer Erzbischofs gehörte; sein Eintreten für die Rechte der Diakone legt es nahe, ihn dieser Gruppe zuzurechnen. Für Heinrich II. schrieb Bebo mehrere Bücher, von denen zwei im Autograf erhalten sind (Staatsbibliothek Bamberg, Msc. Bibl. 43 und 78). Bei der hier gezeigten Handschrift handelt es sich wohl um eine von Bebo selbst verfasste Bearbeitung des Hieronymus-Kommentars zum Buch Jesaja (fol. 84–255^r); vorgeschaltet sind ein Prolog, ein kurzes Lobgedicht auf Heinrich II. und ein ausführlicher Widmungsbrief (fol. 1^r–7^r). Dieser enthält längere theologische Erörterungen und schließt mit einer Erinnerung an den „unvergesslichen" Besuch von Papst und Kaiser in Bamberg im Jahr zuvor. Bebo war augenscheinlich Zeuge der Ereignisse; sein Widmungsschreiben, mit dem er sich das Wohlwollen des Kaisers erhalten wollte, ist jedoch nicht als sachlicher Bericht angelegt. Bebos Interesse galt den Aspekten des Papstbesuchs, die den Glanz der von Heinrich II. gestifteten Bamberger Kirche hervorhoben und so den Ruhm des Stifters mehrten. Dem Anlass und dem Adressaten gleichermaßen Rechnung tragend, bewegt sich der Bericht Bebos auf einer hohen Stilebene. Neben bemerkenswerter Sprachrichtigkeit und mitunter ausgefeilter Periodik fällt das reichhaltige liturgische Vokabular auf. Zahlreiche Bibelzitate unterstreichen die beabsichtigte sakrale Überhöhung. *K. v. E. / E. L. Sch.*

VII Unterwegs im Reich

Regis presentia – Die Gegenwart des Königs
(Adalbold von Utrecht)

Für die Geschichtsschreiber der Jahrtausendwende war das Reich schwer fassbar. Es besaß keine fest umrissenen Grenzen und lieh sich seinen Namen „regnum" von der Herrschaft eines gemeinsamen Königs. Der Begriff „regnum" meinte zunächst allgemein „Herrschaft, Herrschaftsbereich, Königtum". Selbst einzelne Herzogtümer begegnen als „regnum". Um den Herrscher sammelten sich Sachsen und Thüringer, Lothringer und Friesen, Franken, Schwaben und Bayern. Als „teutonici" wurden sie nur wahrgenommen, wenn das Heer über die Alpen nach Italien zog. „Deutsch" war dieses Reich noch nicht, eher fränkisch in der Tradition Karls des Großen oder römisch in der Kontinuität zum antiken Kaisertum.

Erst die Person des „rex", des Herrschers, und seine Gegenwart machten dieses Reich erfahrbar: Heerzüge und Hoftage, personelle Kontakte über die verschiedenen Reichsteile hinweg und vor allem das ständige Bereisen des Herrschaftsraums schufen trotz der großen Distanzen und der mühsamen Fortbewegungsmöglichkeiten einen gemeinsamen Horizont und eine gemeinsame Handlungsebene für die Großen, die mit dem König unterwegs waren. In diesem permanenten Umritt lag eine der großen Leistungen Kaiser Heinrichs II. für die Integration des Reichs.

Auch in seiner Herzogszeit war Heinrich in diesem Reich unterwegs gewesen – von der Ausbildung in Hildesheim bis hin zu seiner Teilnahme an den Romzügen Ottos III. Nach seiner Krönung dehnte Heinrich das Reisekönigtum systematisch aus. Seine Urkunden dokumentieren, wer den König aufsuchte und wo er in seinem Siegelbild dauerhaft gegenwärtig blieb. Dem Krönungsumritt von 1002 folgte ein Kirchenumritt und eine unablässige Reisetätigkeit. Zuweilen führte ein Heerzug an die Grenzen des Reichs bis nach Polen, Burgund und Süditalien. Meist aber forderten die Pflichten des Königs innerhalb des Reichs seine ständige Anwesenheit. Überall waren Streitfälle zu schlichten und dem Königtum Geltung zu verschaffen, Getreue durch Geschenke zu ehren und die rechte Ordnung auf Hoftagen, Synoden oder durch Waffengewalt durchzusetzen. Die Quedlinburger Annalen und die Vita Adalbolds beschreiben den „Berufsalltag" des Königs als „Regieren, Vergeben, Beschenken und Belohnen": „Wer Recht forderte, dem verschaffte es der König, wer ihn aufsuchte, dem erwies er Ehre, so wie es der Würde eines jeden entsprach."

Dort, wo der König unter der Krone ging, wurde sein Reich sichtbar. Unter der Herrschaft Heinrichs II. fanden die für die Festkrönungen notwendigen Krönungsordnungen reichsweite Verbreitung, die Feste des Kirchenjahrs nutzte er intensiv als Rahmen dieser Repräsentation. Denn Königtum und Reich begegneten dem mittelalterlichen Menschen vor allem in der Liturgie: vom königsgleichen Einzug Jesu in Jerusalem und dem „rex Iudeorum" der Passion bis hin zum Davidskönigtum und der Bitte des Vaterunser „Dein Reich komme".

In der Reichskrone steht Christus als „König der Könige" zwischen den alttestamentlichen Königen David und Salomon. In einem Diplom für Straßburg beruft
sich Heinrich II. auf die „voluntas regis regum", den Willen des Königs der Könige. Krone und Schriftzeugnisse vergegenwärtigen immer wieder, wessen Königtum
für Heinrich II. und seine Zeitgenossen Reich das Maß aller Herrschaft war: das
Reich Gottes.   *Markus Schütz*

Die außerordentlich zahlreichen Anekdoten um Heinrich II. erlauben Rückschlüsse auf die Kommunikation zwischen dem König und seinen Ratgebern.

86 GESCHICHTEN UND LEGENDEN UM HEINRICH II.

„Der Mönch, der Kaiser und des Bären Appetit": Everhelm: Vita Popponis abbatis Stabulensis
c.12, hg. von Wilhelm Wattenbach, Hannover 1854 (MGH SS 11)

„Ein geheiligter Raub" und „Der Maultiere Seelenheil": Vita Meinwerci episcopi Patherbrun-
nensis c.182 und c.186, hg. von Franz Tenckhoff, Hannover 1921 (MGH SS rer. Germ. [59])

Quellen:
Othloh, Vita;
Hirsch/Pabst/Bresslau,
Jahrbücher, Bd. 3, S. 359–370;
Thietmar, Chronik (Trillmich),
Kap. IV, 52/V, 2/VI, 31–32.

Anekdoten, die Kaiser Heinrich II. als oft recht wunderlichen Herrscher zeigen,
spiegeln Wahrnehmungen seines engsten Umkreises wider. Den Bischöfen und Äbten
dieser Reform- und Aufbruchzeit wurden bald nach ihrem Tod Lebensbeschreibungen gewidmet, in denen überliefert wird, wie die Gefolgsleute ihren Vorteil im
direkten Kontakt mit dem König zu erreichen versuchten. Die Überzeugungskraft
solcher Pointen und Gesten kommt in der bei Thietmar bezeugten Episode vom fehlenden vierten Rad oder in den außergewöhnlichen Kniefällen Heinrichs II. vor der
Frankfurter Synode zum Ausdruck. Zu erwähnen sind auch die Visionen und
Redewendungen der Vita Bischof Wolfgangs und der Chronik Thietmars, die sich
um die unerwartete Königswürde für Heinrich ranken.

Heinrich II., dessen unnachgiebige Strenge in anderen Quellen dokumentiert ist,
erhält hier menschlichere Züge. Milde (misericordia) und Heiterkeit (hilaritas) waren grundlegend für den Umgang des Herrschers mit seinen Gefolgsleuten. Auch
Kritik vermochte er anzunehmen: Poppo, einer der aktivsten Reformäbte der Zeit
Heinrichs II., tadelte den grausamen Zeitvertreib des Hofs, der sich daran delek-
tierte, einen mit Honig beschmierten Mann von Bären ablecken zu lassen. Der König
zeigte sich einsichtig, nahm sich die Mahnung seines Getreuen zu Herzen und ehrte ihn für seinen Rat.

Huldvolle Milde bewies Heinrich auch Bischof Meinwerk gegenüber, der einen
königlichen Becher in der Weihnachtsnacht zum Messkelch hatte umschmieden lassen. Heinrich respektierte den durch die Messfeier geheiligten Raub, rächte sich
aber auf ebenso heitere Weise. Er tauschte im Messbuch Meinwerks die „Diener"
(famulis) des Herrn gegen „Esel" (mulis) aus und überführt so den hochadligen
Bischof mangelnder Lateinkenntnisse.

Für die Charakterisierung der ottonischen Könige waren bis dahin vor allem die
schematischen Topoi der Vita Karls des Großen verwendet worden. Die Gestalt Kaiser Heinrichs II. wirkte nun in diesen neuen, anekdotenhaften Geschichten jenseits
der offiziellen Überlieferung fort.

Ganz andere Motive begegnen später in legendenhafter Überformung, als durch
die Heiligsprechung Bedarf an systematischer Sammlung entstand. Frutolf von Michelsberg und vor allem Adalberts Bamberger Heiligenvita (Kat.-Nr. 193 und 194)
sind hier zu nennen. Aus Heinrichs Koliken hatten sich ein Hüftleiden und eine
entsprechende Wundertätigkeit entwickelt. Die Kinderlosigkeit des Kaiserpaars war
bereits in der Heiligsprechungsbulle (Kat.-Nr. 184) als Josephsehe interpretiert
worden. Neben Bamberg und Paderborn hatte vor allem das Kloster Montecassino
mit den frühesten Berichten zur Heilung seines Steinleidens durch den hl. Benedikt

und zur Seelenwägung, die im letzten Augenblick zu Heinrichs Gunsten ausging, zum Legendenkanon dieses so außerordentlich geschichtenreichen Herrschers beigetragen.   *M. Sch.*

Ihre Wege führten die mittelalterlichen „Reisekönige" unermüdlich durch das Reich. Wie seine Vorgänger musste Heinrich II. großen Aufwand betreiben, um allerorts gegenwärtig zu sein.

Die Wege des Königs   87

Entwurf: Sabine Berger, Ebersberg

Literatur:

Bernhardt, Itinerant kingship; Beyreuther, Osterfeier; Brühl, Fodrum; Hehl, Herrscher, S. 169–203; Reinke, Reisegeschwindigkeit; Rieckenberg, Königsstraße; Weinfurter, Heinrich II., S. 127–185; Zotz, Gegenwart.

Frühmittelalterliche Könige und Kaiser herrschten im übertragenen Sinn „aus dem Sattel" über ihre Untertanen. Der Gedanke an eine Regierungshauptstadt war ihnen fremd. Nur ein anwesender, sichtbarer Herrscher stärkte das Vertrauen in seine Herrschaft. Längere Abwesenheit wurde als Vernachlässigung, ja Hintansetzung gegenüber anderen verstanden und barg die Gefahr, dass sich Fehden entwickelten. Um dies zu vermeiden, war der König auf seinen Reisen grundsätzlich um Ausgleich bemüht, auch wenn er nicht immer seine Bevorzugung eines bestimmten Gebiets oder einer Gruppe verleugnen konnte. So schätzte beispielsweise Heinrich II. nach Aussage der Quellen die Bayern besonders, die Lothringer hingegen bedachte er mit Argwohn.

Seine Vorgänger hatten sich meist in den Kernländern Sachsen, Rheinfranken sowie am Niederrhein aufgehalten, Heinrich II. beschritt neue Wege. Er bezog neben Sachsen vor allem Bayern und mit seiner Gründung Bamberg Franken stärker in seine Herrschaft ein; die Forschung spricht von einer Tendenz zur Regionalisierung seiner Urkundenausstellung. Rastlos bereiste Heinrich II. sein Reich, wobei er – anders als seine ottonischen Vorfahren – nicht mehr so häufig in Königspfalzen wie Quedlinburg oder Ingelheim, sondern verstärkt in Bischofsstädten verweilte. Hier zelebrierte er zusammen mit dem Reichsepiskopat hohe Kirchenfeste wie Weihnachten, Ostern und – erstmals unter seiner Regentschaft – auch Pfingsten. Dabei spielten Städte wie Regensburg, Frankfurt, Paderborn, Pöhlde, Magdeburg, vor allem aber Bamberg und Merseburg eine herausragende Rolle. Heinrich II. inszenierte die Kirchenfeste wie Staatsakte: Das Reich mit dem König an der Spitze versicherte sich seiner Verankerung in Gott. Dabei band Heinrich II. die Reichsbischöfe in die gemeinsame Verantwortung für die Kirche Gottes ein. Diese Verantwortung legitimierte sein Eingreifen in Angelegenheiten der Kirche, dem sich sogar der Papst zu beugen hatte. Heinrich II. rief in neuartiger Regelmäßigkeit Synoden ein und führte hier den Vorsitz. Bei einer großen Zahl von Kirchweihen war er persönlich anwesend und überzog so das Reich mit einem Netz liturgischer Akte. Heinrich II. verstand sich als Stellvertreter Gottes auf Erden, und keinem Zeitgenossen sollte dies verborgen bleiben.

„Der König kommt!" war nicht nur ein Freudenruf. Mit dem Herrscher war stets eine große Zahl von Fürsten unterwegs, und weitere kamen herbei, wenn in ihrer Nähe Hof gehalten wurde. Bei Versammlungen wie 1007 in Frankfurt oder 1012 in Bamberg waren über 30 Bischöfe und viele der ranghöchsten Fürsten des Reichs, jeder mit eigenem Gefolge, anwesend. Kunigunde war oft zusammen mit ihrem Gemahl unterwegs. Die Hofkapelle, also seine engsten Mitarbeiter, begleitete den Herrscher ebenfalls. Schätzungen über die Personenstärke des Hofs bewegen sich zwischen 300 und 1000 Menschen. Pfalzen, Königsgut und Eigenbesitz waren über das Reich verteilt und ernährten den reisenden Hof. Doch selbst die großen Städte an der Verkehrsader des Rheins hatten damals kaum mehr als einige Tausend Einwohner. Für manches Kloster oder kleinere Bistum sprengte die Menschenansammlung des durchreisenden Hofs die gewohnten Maßstäbe und ließ Konflikte auftreten. Meist jedoch revanchierte sich der König durch reiche Geschenke.

Spärlich sind die Quellen über die Dienerschaft. Bei der Paderborner Krönung Kunigundes plünderten „domestici" des neuen Königs die Felder im Umland. Offenbar reichten die Vorräte in der Bischofsstadt nicht für den überraschenden Besuch eines so großen Hofstaats.

Überliefert ist, dass zumindest im ersten Regierungsjahr Heinrichs Gefolge hauptsächlich aus Bayern bestand. Als königlicher Mundschenk ist ein Heinrich aus der Familie der Grafen von Ebersberg genannt, dessen Bruder Egilbert später Kanzler und schließlich Bischof wurde. Bei der Krönung Heinrichs II. in Mainz waren neben den Anhängern des Erzbischofs Willigis ebenfalls Bayern und Moselländer anwesend, letztere wohl aus dem Gefolge Kunigundes.

Wenn keine überraschenden Ereignisse eintraten, scheint das königliche Itinerar von langer Hand geplant worden zu sein – Voraussetzung für die Verpflegung einer solchen Menschenansammlung in einer Zeit knapper Ressourcen. Aufenthalte von mehr als sechs Wochen an einem Ort waren selten. Obwohl von Boten Tagesleistungen von über 100 Kilometern dokumentiert sind, lagen die Tagesetappen des Hofs im Schnitt bei etwa 30 Kilometern. Als Ausstellungsort von Urkunden lassen sich viele dieser Etappenorte rekonstruieren.

In Italien war der König auf die Unterstützung des einheimischen Adels angewiesen. Im Jahr 1002 versuchte ein 500 Mann starkes Aufgebot vergeblich sich gegen das doppelt so große Heer Arduins durchzusetzen. Die zahlreichen Konflikte während der drei Italienzüge Heinrichs II. machen deutlich, dass der Erfolg weniger von den ohnehin seltenen Schlachten oder der Belagerung von Städten abhing als davon, ob es gelang das Heer zusammenzuhalten und ausreichend zu verpflegen.

S. B. / M. Sch.

Herrscherhandeln und Herrschaftsverständnis dokumentieren sich in den Urkunden, die in der königlichen Kanzlei ausgestellt wurden.

88 DIE KANZLEI HEINRICHS II.

Historikerwerkstatt: Erläuterung einer Urkunde

Quelle:
MGH DD 3.

Literatur:
Bernhardt, Herrscher;
Hoffmann, Eigendiktat.

Der eigenhändige Vollziehungsstrich des Herrschers im Monogramm und die Besiegelung einer Urkunde stehen am Ende eines Prozesses mit vielen Beteiligten. Die Empfänger hatten durch Befürworter beim König eine Rechtsverleihung oder -bestätigung erwirkt, die durch die Geistlichen der Hofkapelle schriftlich festgehalten und in feierlicher Form beglaubigt wurde. Jede Urkunde beginnt mit der Anrufung Christi im C-förmigen „Chrismon". „Im Namen der heiligen und unteilbaren Dreifaltigkeit" handelt der König, der in der Urkunde sodann mit seinen Ratgebern und dem Empfänger genannt wird, während der Kanzler und der Erzkapellan als Leiter der Hofkapelle am Schluss vermerkt ist.

Aus den 22 Herrscherjahren Heinrichs II. sind 509 Urkunden überliefert, deutlich mehr Schriftstücke als von seinen Vorgängern, zwischen 11 und 50 pro Jahr. Zwar sind auch herzogliche Kanzleien bekannt, doch zeigen die unter Heinrich II. nun bis auf wenige Ausnahmen an geistliche Institutionen gehenden Urkunden ein deutliches Übergewicht der schriftlichen Verwaltung bei den Kirchen. Die Domschulen und Klöster stellten auch das schreib- und lateinkundige Personal für die Kanzlei, die in karolingischer Tradition nach dem Verwahrungsort des als königliche Reliquie angesehenen Martinsmantels, der „cappa", als Hofkapelle bezeichnet wird. Denn auch die Seelsorge am reisenden Hof oblag den Kapellanen, deren Vorsteher (Erzkapellan) mit dem Mainzer Erzbischof der ranghöchste Geistliche des Reichs war. Als Schreiber oder Notare waren gleichzeitig etwa zwei bis drei Kapelläne tätig, daneben bediente man sich – vor allem in Magdeburg und Bamberg – bischöflicher Notare. Häufig brachten Empfänger vorgefertigte Urkunden mit. Leo von Vercelli und Adalbold von Utrecht schrieben noch als Bischöfe Urkunden für den König mit eigener Hand.

Traditionelle Formeln und Beglaubigungszeichen sicherten die Rechtswirksamkeit des Schriftstücks. Dazu gehörten neben der Titulatur, den Rechtsbeschreibungen, den Siegeln mit ihren Umschriften und Bildern auch das Monogramm und die Kanzleivermerke. Hier griff man Traditionen auf oder entwickelte sie in Nuancen weiter. Immer wieder bezog sich Heinrich II. auf seinen Vorgänger Otto III. und betonte damit die Kontinuität des Rechts. Als „rex invictissimus" oder „imperator augustus" führt Heinrich die im Westen seit Jahrhunderten unveränderten Königs- und Kaisertitel. Herausragend war allerdings die Rolle, die Kunigunde als gekrönter Königin und Kaiserin zukam. Obwohl sie erst nach Heinrichs Tod Urkunden in ihrem eigenen Namen ausstellte, ist sie als Intervenientin in einem Drittel aller Diplome genannt, zuweilen ausdrücklich als Teilhaberin an der Herrschaft („consors regni"). Dies belegt ihre tragende Rolle – funktional wie repräsentativ.

Neben den in den Urkunden aufgeführten Intervenienten sind vor allem die aufgezeichneten Beweggründe für den betreffenden Rechtsakt aussagekräftig. Verweise auf die Bekräftigung alten Rechts, auf die Verpflichtung aus dem Andenken der Vorgänger, auf den Schutz der Kirchen oder auf die gerechte Gegenleistung für erbrachte Dienste sind die häufigsten Motive königlichen Handelns.

In den Urkunden Heinrichs II. finden sich aber neben den traditionellen Wendungen auch individuell anmutende Formulierungen, die oft Bibelstellen entlehnt sind. Wenn wie in Gen 2,24 davon die Rede ist, dass das Herrscherpaar „zwei in einem Fleisch" ist oder mit Mt 25,14–30 ausdrücklich auf die von Gott als Verwalter verliehenen Talente hingewiesen wird, könnte es sich um ein Eigendiktat des Königs handeln, somit um die einzigen unmittelbar überlieferten Äußerungen Heinrichs. Andere Formulierungen könnten dem König ebenso gut von einem seiner Notare in den Mund gelegt worden sein.

Wenn es auch nur in den seltensten Fällen gelingen wird, Formulierungen Personen zuzuordnen, so macht vor allem das Zusammenspiel von Eigendiktat, traditionellen Formeln, Empfänger, Ratgeber und Schreiber die Urkunden zu einer spannenden Quelle für die Zeit Heinrichs, da hier das Herrschaftsverständnis der Führungsschicht des Reichs in ihren eigenen Worten überliefert wird.   *M. Sch.*

Der König umgab sich mit geistlichen Beratern, der so genannten Hofkapelle. Aus diesem Kreis berief er viele Bischöfe, die mit der Zeit ein reichsumfassendes Netzwerk bildeten.

Treue Weggefährten Heinrichs II.   *89*

Rosemarie Zacher

München, 2002

Ton, handgeformt, patiniert, 7 x 7 x 30

Im Besitz der Künstlerin

Der Klerus an Dom- und Stiftskirchen rekrutierte sich zu einem großen Teil aus dem Adel. Nach einer Ausbildung in den Kloster- oder Domschulen erhielten die Zöglinge als Kanoniker eine Pfründe zur Bestreitung ihres Lebensunterhalts. Dieses Kanonikat versorgte sie auch weiter, wenn sie als Notare in den Dienst der Hofkapelle traten. Bei mindestens 24 von 62 neu zu besetzenden Bistümern hat Heinrich II. die Bischofsstühle mit Mitgliedern der Hofkapelle besetzt.

Quelle:
MGH DD 3.

89

Literatur:
Finck von Finckenstein, Bischof;
Zielinski, Reichsepiskopat.

Dieser „cursus honorum" war schon unter seinen Vorgängern üblich gewesen. Doch während Otto III. nur ein einziges Mal in seinen Urkunden das Recht eines Klosters zur freien Abtwahl einschränkte, betonte Heinrich II. immer wieder die Notwendigkeit seiner Zustimmung zur Wahl und setzte seinen Kandidaten bei für ihn wichtigen Bistümern selbst gegen den Willen der Domkapitel durch. Dies sorgte für eine am Königshof geschulte Führungsschicht, die im Lauf der Regierungszeit Heinrichs II. das gesamte nordalpine Reich abdeckte. Die anders gearteten Voraussetzungen in Italien ließen ähnliche Einflussnahmen nur ansatzweise zu.

Die Geistlichkeit war in adlige Verwandtschaftsverbände ebenso eingebunden wie in kirchliche Strukturen. Schulkontakte und häufige Versammlungen auf Hoftagen und Synoden machten diese Bindungen zwischen den etwa 38 Bistümern des Reichs engmaschig und weitreichend. Zahlreiche Männer aus der Umgebung des Königs, viele noch aus seiner Herzogszeit, gelangten so auf die wichtigen Bischofsstühle im Reich. Tagino wurde gemeinsam mit dem jungen Heinrich im Kloster St. Emmeram in Regensburg erzogen und vom Regensburger Bischof Wolfgang gefördert. Später Kapellan des neuen Königs wurde Tagino 1004 von Heinrich gegen den Widerstand des dortigen Domkapitels als Erzbischof von Magdeburg mit einer Schlüsselfunktion in Sachsen betraut. Bischof Adalbolds Laufbahn begann in der Domschule von Lüttich. Er sammelte unter Otto III. und während der Kanzlerschaft von Heinrichs Bruder Brun Erfahrungen in der Hofkapelle. Seit 1010 vertrat er in Utrecht die Interessen des Königs und Kaisers gegen die Grafen von Flandern.

Als Gastgeber, Berater und Intervenienten behaupteten die Bischöfe unter Heinrich II. die zentrale Rolle bei der Erschließung des Reichs für die königliche Herrschaft. Gleichzeitig vertraten sie mit Nachdruck die Interessen ihrer Diözese beim König, der gerade dort die Kirchen in erheblichem Umfang förderte, wo Männer seiner Umgebung die kirchlichen Reformen in seinem Sinne durchgesetzt hatten.

Einzelne bereits vor 1002 eingesetzte Bischöfe regierten bis in die 1020er-Jahre. Manche Bistümer blieben fest in der Hand des Adels. Dennoch zeigen Persönlichkeiten wie Meinwerk von Paderborn, Sigebert von Minden oder Godehard von Hildesheim, wie stark die unter Heinrich II. zusammen mit der Geistlichkeit entwickelten Vorstellungen die Kirche des Reichs geprägt und geeint hatten. *M. Sch.*

Die von der Münchner Künstlerin Rosemarie Zacher gefertigten Keramikfiguren dienen der inszenatorischen Verlebendigung des „inneren Zirkels" um Heinrich II. in der Ausstellung. Ihre Absicht ist es, mit den Figuren skizzenhafte Entwürfe einer nicht wieder belebbaren Vergangenheit zu schaffen, die zwar rekonstruiert und allgemein ist, aber dennoch individuelle Züge trägt. So verweisen die handgeformten Plastiken auf die Menschen ihrer Zeit als Schlüssel zu einer weit entfernten und fremd erscheinenden Epoche: Der Joviale, der zurückhaltend Vorsichtige, der Taktierer, der mürrisch Verstockte, der Eingeweihte, der Skurrile, die graue Eminenz sind hier versammelt in ihrer Gegenwart. Dass die Dargestellten ebenso gut auf unsere Gegenwart zielen, drückt sich in ihrem Erscheinungsbild aus. Die Spuren des Herstellungsprozesses bleiben durch Fingerabdrücke im gekneteten Lehm bestehen. Die kalkig gesinterte Patinierung verbirgt nicht, dass es sich hier um eine Suche nach dem Menschlichen im Menschen handelt, wobei ein heiter-ironischer Grundzug, wie er sich im Werk von Rosemarie Zacher häufig feststellen lässt, den cantus firmus der Personengruppe bildet. *E. B.*

Ringpanzer, Helm und Schild waren die wichtigsten Schutzwaffen des Kriegers im 10. und 11. Jahrhundert.

MITTELALTERLICHE SCHUTZWAFFEN 90
Nachbildungen

Das Bild des Kriegers des 10. und 11. Jahrhunderts kann nur vage beschrieben werden, da die überkommenen Realien sehr spärlich sind. Dies hängt zum einen mit dem Ende der Beigabensitte zusammen, zum anderen mit der schlechten Erhaltung von organischem Material wie Stoff, Filz, Leder oder Horn, aus dem die wesentlichen Teile der Rüstung meist bestanden. Eisen war verhältnismäßig teuer und in der Verarbeitung viel aufwändiger, sodass nur wenige Krieger Rüstungen aus Metall trugen. Es wird davon ausgegangen, dass Rüstungen – so es ihr Zustand zuließ –, auch wenn sie veraltet waren, über mehrere Generationen in Gebrauch blieben.

Die einfachsten Formen der Rüstung waren wohl Kleidungstücke aus Fell oder dickem, gestärktem Leinen. Besseren Schutz boten Wämser mit aufgenähten Lederstreifen. Ungarische Reiter schützten ihre Brust durch dicken Filz oder Ledermatten, die eine hohe Beweglichkeit gewährleisteten und sie im Kampf vom Pferd aus kaum behinderten. In unseren Breiten wurde der Schuppenpanzer bevorzugt: eine kurzarmige, knielange Tunika aus Stoff oder Leder, auf die schuppenartige Plättchen aus Horn, Kupfer, Bronze oder Eisen, im Dachziegelprinzip, aufgenäht oder aufgenietet waren. Eine solche Rüstung bot hervorragenden Schutz, doch war sie steif, schwer und ließ kaum Luftzirkulation zu.

Größeren Tragekomfort bot der Ringpanzer. Er war relativ leicht, schränkte die Bewegungsfreiheit nicht ein, war luftig und gewährte ein hohes Maß an Schutz. Er

Literatur:
Grosz, Harnisch; Müller/Kunert, Helme; Müller/Wirtgen, Geharnischte Zeiten; Ohler, Krieg; Verbruggen, Art of Warfare.

bestand aus verschweißten oder vernieteten Drahtringen, wobei in jeden Ring vier weitere Ringe griffen. Beim Vernieten wurde eine spezielle Zange verwendet, mit der die Enden der Ringe zusammengepresst wurden. Rundungen erzielte man durch das Aussparen von Ringen. Die Länge der Ringbrünne war beliebig, auszugehen ist jedoch zumeist von einem Hemd mit Ärmeln bis zum Ellenbogen und einem angehefteten rechteckigen Latz aus Ringgeflecht auf der Brust. Der Latz konnte vor Mund und Wangen geklappt werden, um die Gesichtspartien zu schützen, da die Helme dieser Zeit dem Gesicht keinen Schutz boten. Um die Jahrtausendwende erhielt das Kettenhemd zusätzlich eine Haube, die mit dem Kragen verflochten war.

Eine solche Rüstung wog zwischen 12 und 15 Kilogramm, wobei bis zu 200 000 Ringe verarbeitet wurden. Man schätzt, dass vom Maßnehmen zur körpergenauen Anpassung bis zur Fertigstellung rund 300 Arbeitsstunden benötigt wurden. Der hohe Aufwand an Zeit, Material und handwerklichem Können machte das Ringpanzerhemd zu einem sehr wertvollen Ausrüstungsgegenstand. Unter dem Kettenhemd trug man Kleidung aus gestepptem Stoff oder Leder, um den Körper vor Schürfwunden zu bewahren und gleichzeitig zusätzlichen Schutz vor Hieben und Stößen zu haben.

Nach den gleichen Prinzipien wie der Körper wurde auch der Kopf geschützt. Die einfachste und billigste Variante war eine Haube aus Stoff oder Leder (mit oder ohne Kragen), teurer waren die erwähnte Ringpanzerhaube oder der Helm aus Eisen. Ein durch Funde belegter Helmtyp dieser Zeit ist der so genannte Nasal- oder Normannenhelm, wie er auf dem Teppich von Bayeux und anderen Darstellungen des 11. und frühen 12. Jahrhunderts zu sehen ist. Dieser Helm weist auf einen technischen Fortschritt in der Eisenverarbeitung hin. Denn im Gegensatz zu Vorgängern wie dem Spangenhelm wurde er meist aus einem Stück zu einer konischen oder halbkugelartigen Form getrieben, was ihm größere Widerstandsfähigkeit verlieh. Es gab auch einfachere Nasalhelme, die aus zwei getriebenen Hälften zusammengeschweißt oder -genietet wurden. Begrenzten Schutz für das Gesicht bot ein schmales, am Helmrand befestigtes Naseneisen. Umlaufende Lochreihen der Fundstücke weisen darauf hin, dass diese Helme ein Futter aus organischem Material besaßen.

Zu den wichtigsten Ausrüstungsgegenständen des Kriegers gehörte der Schild. Während im 10. Jahrhundert runde oder seltener ovale Schilde vorherrschten, verbreitete sich im Lauf des 11. Jahrhunderts der mandelförmige Schild. Die Materialien blieben weitgehend dieselben: Holz, Rohhaut bzw. Leder und Eisen. Der Rundschild variierte in der Größe. Während Reiter kleinere Schilde führten, trugen Fußtruppen größere Versionen. Nach den bildlichen Quellen gab es sowohl flache als auch gewölbte Rundschilde aus lederbespanntem oder blankem Holz, mit Eisenbeschlägen und einem zentralen Schildbuckel. Dieser entsprach einer hohlen Halbkugel oder lief, speziell bei Rundschilden, spitz zu. Hinter dem Schildbuckel befand sich der Griff, der die Faust des Trägers schützte und eine leichtere Handhabung ermöglichte. Auf der Innenseite war der Rundschild mit Riemen versehen, wobei durch einen Riemen der Arm geführt wurde und ein zweiter als Griff diente, ein weiterer erlaubte das Umhängen oder Befestigen am Sattel. Schildgriffe gab es allerdings auch aus Holz oder Eisen, und man geht davon aus, dass auch die Armschlinge nicht immer vorhanden war.

Der ähnlich konstruierte Ovalschild kam vor allem als großer, den Körper deckender Schild vor. Auch der Schildbuckel war wohl nicht zwingend vorhanden, wie sein Fehlen auf manchen Darstellungen belegt. Der mandelförmige Schild deckte fast den ganzen Körper und wurde von Reitern wie Fußvolk gleichermaßen geführt. Die Oberkante dieses Schildtyps war oval abgerundet, während er nach unten spitz zulief. Die rückwärtige Seite wurde oft mit einer zusätzlichen Polsterung aus gestepptem Stoff versehen. Auch dieser Schildtyp hatte einen Schildbuckel, jedoch war das Tragesystem aus Leder nicht mehr derart angebracht, dass der Buckel speziell die Hand schützte, dafür aber konnte der Schild auf mehrere Arten geführt werden. Eine weitere Neuerung im Tragesystem war die nun Standard gewordene Schildfessel, ein Lederband, das um den Nacken gelegt wurde, was dem Kämpfer das Tragen und Führen des Schilds erleichterte. *I. K.*

Die Reiterkrieger des 10./11. Jahrhunderts bildeten die militärische Elite und waren entsprechend ausgerüstet.

A) SPORENGARNITUR

Fundort: Hetzleser Berg, Gde. Hetzles, Lkr. Forchheim (Lesefunde)

10./11. Jahrhundert

Sporn mit langem Stachel und Nietplattenbefestigung, Stachel keulenförmig zum Stimulus verdickt, Eisen, L. 16,8, L. (Stachel) 6,4; kleine Schnalle mit beweglichem Beschlag, Eisen, 5,6 x 3,2; schmal-rechteckiger Riemenschieber, Eisen, B. 2,6; B. (Riemen) 2

Privatbesitz

B) STEIGBÜGEL

Fundort: Reisberg b. Scheßlitz, Lkr. Bamberg

11./1. Hälfte 12. Jahrhundert

Eisen, 13,4 x 14,5

Privatbesitz

C) HUFEISEN

Fundort: Wattendorf, Lkr. Bamberg, Lesefunde

9.–11. Jahrhundert

Wellenrand und 6 Nagellöcher, 1 Hufnagel erhalten, Eisen, Ø 12,1, vier Bruchstücke von Wellenrandhufeisen, L. 6,2; 8,6; 9,3; 12,3

Privatbesitz

91

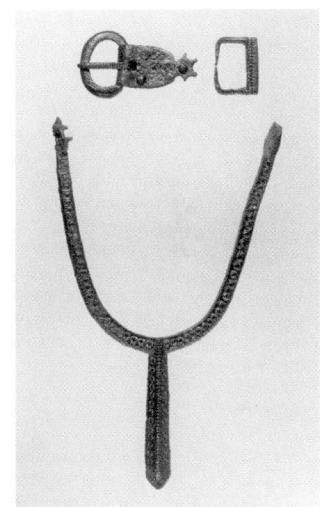

Alle Teile der Garnitur tragen Punzdekor. Der Stimulus zeigt zusätzlich eine Verzierung mit Strichgruppen. Mit der ungewöhnlich qualitätvollen und vollständigen Garnitur liefert die frühmittelalterliche Befestigung auf dem Hetzleser Berg einen wichtigen Beleg für die Anwesenheit hochrangiger Reiterkrieger. Ähnliche Funde stammen auch von weiteren frühmittelalterlichen Befestigungen Nordbayerns wie dem Kahlberg bei Neudorf, Stadt Weismain, Lkr. Lichtenfels, und bezeugen damit die intensive Bautätigkeit im Befestigungswesen der Region während des 10. Jahrhunderts.

Der Steigbügel mit trapezoid-dreieckigem Umriss hat eine abgesetzte verbreiterte Trittfläche; die Öse ist aus den breit ausgeschmiedeten Schenkeln geformt. Vorläufer dieser Steigbügel zählen seit karolingischer Zeit zur Reitausrüstung im Reichsgebiet. Zunächst einzeln getragen ist in ottonischer Zeit die paarweise Befestigung am Sattel üblich. Die annähernd runden Varianten von zwei frühmittelalterlichen Befestigungen im Bamberger Umland markieren den Endpunkt der typologischen Entwicklung in salischer Zeit.

Hufeisen mit Wellenrand und ohne Nagelrinne zählen zu den ersten Belegen für den Pferdebeschlag in Mitteleuropa. Ihr Vorkommen beschränkt sich nicht auf Burgen, sondern liefert, wie im vorliegenden Fall, mit Fundstellen in der Nähe von Altstraßen Anhaltspunkte für die Datierung von Hohlwegfächern und anderen Trassenabschnitten. *J. H.*

Literatur:
Abels/Haberstroh, Ausgrabungen, S. 59f. Abb. 49, 4–6; AK Reich der Salier, S. 93, Abb. 15/11 (B. Theune-Großkopf); AK Europas Mitte, S. 161, Abb. 07.01.13, Wrocław (P. Rzeźnik) und S. 336, Abb. 15.03.01, Zemplín (Š. Holčík); AK Otto der Große, S. 264f. (Th. Kind); Wamser, Bedeutung, S. 319–342, Abb. 28, 26–32.

Der 1998 in Augsburg gefundene Nasalhelm stellt das einzige bisher in
Deutschland zutage getretene Exemplar dieser für das 11. und 12. Jahrhundert
typischen Schutzhelme dar.

92 NASALHELM

Fundort: Hinter dem Schwalbeneck 5–9, Augsburg, Ausgrabung Stadtarchäologie / Römisches
Museum, 1998

11./Anfang 12. Jahrhundert

Eisen, 20,5 / 27,5 x 21,3 x 24

Römisches Museum der Städtischen Kunstsammlungen Augsburg (1998,5958)

Der aus einem Stück getriebene Helm mit Nasenschutz
weist eine spitzkonische Haube auf: Auf der Oberfläche
sind die Hammerschläge vom Treiben des Eisens deutlich
erkennbar. Der trapezoid geformte, in der Wandstärke
deutlich dickere Nasal besitzt am unteren Abschluss einen
kleinen, nach oben gebogenen Haken, an dem der Ge-
sichtsschutz, der „Kinnlappen" des Kettenhemds, einge-
hängt werden kann. Im unteren Rand der Helmhaube
befinden sich etwa 24 Nietlöcher, die der Befestigung des
verlorenen ledernen Helmfutters dienten. Das Lederfut-
ter selbst war vermutlich mit Gras oder Wolle ausge-
polstert.

Vollständig erhalten trat der Helm in einer nahezu vier
Meter tiefen Grube, die mit Flechtwerk ausgekleidet war,
zusammen mit zahlreichen Webgewichten in der Ret-
tungsgrabung „Hinter dem Schwalbeneck" zutage. Die
ebenfalls geborgene Gefäßkeramik und zwei in unmittel-
barer Nähe gefundene Schwertortbänder erlauben eine
Datierung in das 11. und frühe 12. Jahrhundert. Der Grund für die „Beseitigung"
des Helms in einer Vorrats- oder Zisternengrube lässt sich nicht mehr sicher ermitteln.

Als Typ ist der Augsburger Nasalhelm durch den Teppich von Bayeux, der den
Sieg Wilhelms des Eroberers in der Schlacht von Hastings 1066 darstellt, gut bekannt: Die Reiter und Fußsoldaten in knielangen Kettenhemden tragen als Kopf-
schutz derartige spitzkonische Nasalhelme. Nur fünf direkte Vergleichsstücke liegen
dagegen als Originale aus Europa vor, so unter anderem aus der niederländischen
Maas, aus dem Lednicki-See bei Posen und aus Olmütz in Mähren. Aus Deutschland
ist der Augsburger Helm bisher das einzige vollständige Exemplar. Wurde diese
Helmform öfter als „Normannenhelm" bezeichnet, zeigen die wenigen Fundorte,
dass sie sich von West nach Ost, sicher auch bis in den ungarischen Raum, verbreitet hat und charakteristisch für die Schutzbewaffnung von Kriegern und Rittern im
11. und 12. Jahrhundert in Europa war.   *L. B.*

Literatur:
AK Reich der Salier, S. 99 ff., Nr.
1–3 (B. Theune-Großkopf);
Bakker, Nasalhelm, S. 103 f.,
Abb. 101 / 102; Stenon, Wand-
teppich, S. 58–68 (J. Sir Mann).

Das Schwert war die Universalwaffe des ottonischen Reiterkriegers und zugleich
ein Symbol adliger Herrschaft.

93 SCHWERT

Süddeutschland (?)

frühes 11. Jahrhundert (?)

Stahl, geschmiedet, L. 85,5, L. (Klinge) 66, Länge (Parierstange) 20,5

Bayerisches Armeemuseum, Ingolstadt (A 3887)

93

Das für den einhändigen Gebrauch bestimmte Gefäß der Waffe hat einen einteiligen, pilzförmigen Knauf. Die Griffangel war ursprünglich zur Handhabung mit Holz und überzogen.

Die breite Parierstange, wie sie auch auf den Abbildungen von Schwertern im Reichenauer Evangeliar Ottos III. (um 1000) und im Regensburger Sakramentar Heinrichs II. (Kat.-Nr. 112) zu sehen ist, war für das Duell mit anderen Schwertkämpfern besser geeignet als die noch recht kurzen Parierstangen der Schwerter in der frühen Ottonenzeit, wie sie beispielsweise im St. Galler Makkabäer-Codex dargestellt sind.

An ältere Waffen erinnert hingegen der gerade Verlauf der Klinge bis zu ihrer Spitze (Ort), da sich die meisten aus dieser Zeit erhaltenen Schwerter von den Klingenschultern bis zum Ort merklich verjüngen. Die Klinge verfügt über eine beidseitige, bis zur Parierstange durchgehende Hohlkehle zur Reduzierung der Waffenmasse; im oberen Drittel, etwa 20 Zentimeter unterhalb der Parierstange, ist auf der Terzseite eine kreisförmige Marke erkennbar. Die zweischneidige Klinge war mehrfach gebrochen und wurde später wieder zusammengefügt. Der Ort zeigt sich ungewöhnlich spitz geformt, sodass dieses Schwert nicht nur zum Hieb, sondern auch zum Stich bestens geeignet ist.

In der Hand eines kräftigen und geübten Kämpfers war das Schwert eine fürchterliche Waffe, die einem ungeschützten, schwächeren Gegner binnen weniger Augenblicke tödliche Wunden zufügen konnte.

Gegenüber der Axt (Kat.-Nr. 94) hat das Schwert den Vorteil, dass der Kämpfer seinen Arm beim Gebrauch der Waffe weniger exponieren muss und er zugleich zustoßen kann. Die Lanze (Kat.-Nr. 95) verfügt zwar über die größere Distanzwirkung und verlangt auch, zumindest im Fußgefecht, weniger Können, sie ist jedoch nur sehr begrenzt als Hiebinstrument einzusetzen. Die hölzernen Schäfte von Lanzen und Äxten sind zerbrechlich. Zudem können weder Lanzenträger noch Axtkämpfer – ganz im Gegensatz zum Schwertfechter – sehr schnell ihre Kampfrichtung nach allen Seiten hin wechseln. So erscheint die Lanze für den mittelalterlichen Reiterkrieger gewiss als Waffe erster Wahl für den Beginn der Kampfhandlung, insbesondere zu Pferde, doch bedarf es im Lauf des Gefechts einer wirksamen Zweitwaffe.

Auch das Duell zwischen gepanzerten Schwertkämpfern wird man sich wohl, vor allem wenn zu Fuß durchgeführt, als eine sehr schnell und brutal ablaufende Aktion ohne „Ritterlichkeit" vorstellen dürfen. Die aufwändige Fertigung eines Schwertes und der erforderliche Übungsaufwand ließen es von jeher als Waffe der Herren und der berufsmäßigen Krieger erscheinen. Damit einher ging in der Buchmalerei die Darstellung des Schwerts auch als Herrschaftszeichen.

C. L.

Literatur:

AK Reich der Salier;

AK Otto der Große;

Geibig, Beiträge.

Beilwaffen fanden auch als Werkzeuge Verwendung.

94 A) BARTAXT

Fundort: Würgau, Stadt Scheßlitz, Lkr. Bamberg, Lesefund

9./10. Jahrhundert

Eisen, L. 12,2, L. (Klinge) 16,1, trapezoider Tüllenquerschnitt und einseitiger Schaftlappen,

Bartklinge symmetrisch ausgeschmiedet

Privatbesitz

B) AXT MIT SCHAFTLOCHLAPPEN

Fundort: Reisberg b. Scheßlitz, Lkr. Bamberg, Lesefund

9./10. Jahrhundert

Eisen, L. 16

Privatbesitz

95a

94a

94b

Literatur:

AK Europas Mitte, S. 147, Abb. 06.02.05, Bratislava-Devín (Š. Holčík); Haberstroh, Reisberg (im Druck); Stroh, Reihengräber, Taf. 15, B24,25 (Mockersdorf, Gde. Neustadt a. Kulm, Lkr. Neustadt a. d. Waldnaab).

Die beiden gleichermaßen als Werkzeug wie als Angriffswaffe benutzbaren Äxte besitzen ihre besten Vergleichsstücke in ostmitteleuropäischen Fundzusammenhängen. Beilwaffen dieser Zeitstellung lassen auf dem Reisberg bei Scheßlitz, Lkr. Bamberg, eine erneute Nutzung der völkerwanderungszeitlichen Abschnittsbefestigung im 10. Jahrhundert annehmen. *J. H.*

Lanzen waren seit der Antike als Angriffswaffen in Gebrauch.

95 A) LANZENSPITZE

Fundort: Unterleiterbach, Lkr. Bamberg

10./11. Jahrhundert

Eisen mit deutlichen Korrosionsspuren, 33,2 x 3,8

Historisches Museum Bamberg

B) LANZENSCHUH

Fundort: Reisberg b. Scheßlitz, Lkr. Bamberg

Eisen, L. 14,6, Ø (Schaft) 2

Privatbesitz

Literatur:

AK Reich der Salier, S. 93 f., Abb. 16/7, Alt-Wartburg, Oftringen, Kt. Aargau (B. Theune-Großkopf).

Die schwere Spitze weist einen weidenblattförmigen Blattumriss, rhombischen Blattquerschnitt und eine kurze Tülle auf. Seit der Antike waren Lanzen im Fußkampf wie in der Reiterei gebräuchlich als sehr effektvolle Angriffswaffen für Wurf und Stoß. *J. H.*

Während die gefürchteten Pfeile der Ungarn einen Schaftdorn aufwiesen, waren im Westen für Jagd und Krieg Pfeile mit Widerhakenspitzen in Gebrauch.

Pfeilspitzen   96

Fundorte: Reisberg b. Scheßlitz, Lkr. Bamberg und Stübig, Stadt Scheßlitz, Lkr. Bamberg

10. Jahrhundert

Eisen, fünf Pfeilspitzen mit Widerhaken, verziertem Schaft und Schlitztülle, eine mit Schaft-dorn, L. 5,5; 6,4; 8,5; 8,9; 11,5; 3,5

Privatbesitz

Die häufigste Waffe im archäologischen Fundstoff erlaubt im 10. Jahrhundert die Ausgrenzung so genannter typisch ungarischer Pfeilspitzen mit Schaftdorn. Diese sind, gemessen an den historischen Nachrichten über Ungarneinfälle, im süddeutschen Material außerordentlich selten nachgewiesen. Dagegen liegen Widerhakenspitzen in den einschlägigen Gräberfeldern Nordostbayerns in großer Zahl vor. Sie dürfen damit als Standardwaffe für Jagd und Angriff in ottonischen Verbänden gelten, die allerdings nicht über den Doppel-reflexbogen der magyarischen Reiterei verfügten. Ihre Kombination aus verschiedenartigen Typen in den zeitgenössischen Körpergräbern lässt auf ihre unterschiedliche Verwendung schließen. Schon seit der Zeit Heinrichs II. ist mit dem zunehmenden Einsatz der Armbrust als Angriffswaffe zu rechnen.   *J. H.*

Literatur:

Berger, Hesselberg, S. 71–80; Kluge-Pinsker, Bogen.

Der Ringpanzer, für den bis zu 200 000 Eisenringe verarbeitet wurden, zählte zu den wertvollsten Ausrüstungsgegenständen eines Kriegers.

Teil eines Kettenhemdpanzers   97

Fundort: Reisberg b. Scheßlitz, Lkr. Bamberg

10./11. Jahrhundert

6 ineinander hängende, doppelt vernietete Eisenringe, Ø ca. 3

Privatbesitz

Trotz des seltenen archäologischen Nachweises gelten Ringpanzer oder Ketten-hemden als wesentlicher Bestandteil der Schutzwaffen ottonisch-salischer Reiter-krieger.   *J. H.*

Literatur:

AK Otto der Große, Bd. 2, S. 259f. Abb. IV.51 (E. Szameit).

Burgen waren Stützpunkt, Wohn- und Verwaltungssitz sowie wirtschaftliches Zentrum.

Burganlagen in Franken   98

Kasendorf, Lkr. Kulmbach; Oberammerthal, Lkr. Amberg; Hetzles, Lkr. Forchheim

Neben den ständig bewohnten Burganlagen gab es in großer Zahl Befestigungen, die in Notzeiten vielen Menschen Zuflucht boten. Nicht selten wurde dafür alte, wüst gefallene, zum Teil vorgeschichtliche Anlagen wieder befestigt. Viele dieser Burgen sind im Umland von Bamberg als Wallanlagen erhalten. Der Befestigungsbau um das Jahr 1000 zeigt den Wandel vom bereits urgeschichtlich gebräuchlichen zum hoch-mittelalterlichen Befestigungsbau. Er ist geprägt durch eine große Variationsmög-lichkeit in der Bautechnik wie in der Ausdehnung.

Für den nordbayerischen Raum sind in den schriftlichen Quellen Burgen der Markgrafen von Schweinfurt überliefert: Oberammerthal, Creußen, Burgkunstadt, Kronach und die Burg auf der Peterstirn bei Schweinfurt. Kleinere archäologische Grabungen im Bereich der ehemaligen Burg in Schweinfurt brachten Befunde der Innenbebauung zutage. Einige der markgräflichen Stützpunkte wie Creußen und Oberammerthal repräsentieren einen großflächigen Burgentyp. Innerhalb ihrer Mau-

Literatur:

Abels, Archäologischer Führer; Abels/Endres, Befestigung; Ettel, Ergebnisse; Ettel, Karlburg; Hensch, Ausgrabungen; Hensch, Ausgrabungsergebnisse; Hensch, Kemenate; Sage, Frühgeschichte; Sage, Testgrabung; Schwarz, Anfänge; Schwarz, Landes-ausbau.

ern war genug Raum, um eine Siedlung mit Wohn- und Werkhäusern und eine größere Anzahl von Personen aufzunehmen. Die Ausgrabungen im Bereich der Burg von Oberammerthal dokumentieren eine für diese Zeit ungewöhnlich starke Umwehrung mit massiver Schalenmauer, die mit Türmen verstärkt war. In ottonischer Zeit lässt sich außerdem eine Zweiteilung der Anlage in eine kleinere Hauptburg mit Kapelle und eine Vorburg feststellen.

Einen für Süddeutschland einzigartigen archäologischen Befund stellt die Burg Sulzbach dar. Hier finden sich innerhalb einer massiven steinernen Umwehrung Befunde, die Aufschluss über das Leben des Hochadels um das Jahr 1000 geben. Auf einer Fläche von 50 x 80 Metern befindet sich ein Gebäudeensemble, dessen Bauten sowohl Wohnfunktionen als auch repräsentative Zwecke erfüllten. Eine Kapelle, die auch als Grablege diente, rundet das Bild ab. Zu dieser Anlage gehörte sicherlich auch eine geräumige Vorburg, wie sie in Oberammerthal vorhanden war.

C. B. / M. K.

Mächtige, schwer zu überwindende Gräben schützten die Burganlagen.

99 MODELL DER BEFESTIGUNGSANLAGE LAINECK AUS DEM 10. JAHRHUNDERT

Maßstab 1 : 20

Modellbau Birmann, Nürnberg

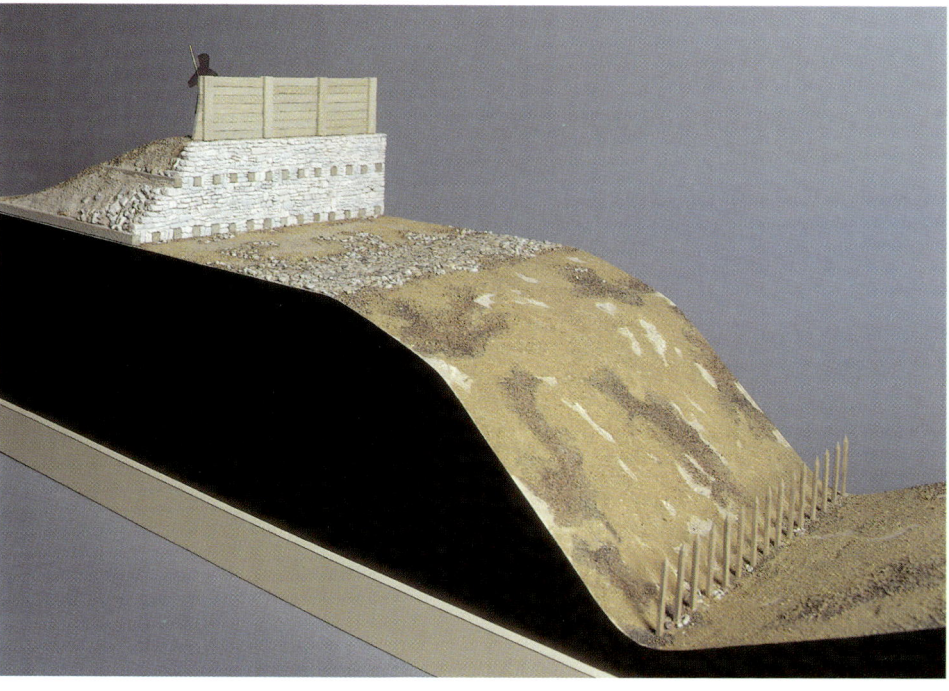

Literatur:
Abels, Archäologischer Führer,
S. 113–115; Abels, Burgflur;
Abels/Losert, Befestigungsanlge.

Der Ringwall in der „Burgflur" umschließt eine ebene Terrasse, deren Hänge an drei Seiten steil zum Roten Main und zur Steinach abbrechen. Der zwei Meter breiten Randbefestigung war ein Hanggraben vorgelagert. An der Nordwestflanke ist der Befestigungsverlauf nicht mehr deutlich nachweisbar. Im Nordosten sichert ein kaum noch wahrnehmbarer, 20 Meter breiter Wall aus ortsfremdem Muschelkalkstein die etwa drei Hektar große Wehranlage gegen das offene Gelände.

Die Ausgrabungen der Jahre 1980/81 in diesem Wall erbrachten drei Bauperioden: Periode 1 bestand aus einem vier Meter breiten Holzrahmenwerk, das man mit Erde gefüllt hatte. Von Periode 2 konnte eine dreireihige Pfostensetzung nachgewiesen werden, die auf eine drei Meter breite, aufwändig konstruierte Holz-Erde-Mauer schließen lässt. Dieser Mauer hatte man eine vier Meter breite Berme und einen 15 Meter breiten, viereinhalb Meter tiefen Doppelspitzgraben vorgelagert. Die jüngste Periode 3 war am besten erhalten. Man hatte in der Flucht der beiden Vorgänger eine sorgfältig gesetzte Trockenmauer von einem halben Meter Breite errichtet. In ihr befanden sich in regelmäßigen dichten Abständen Lücken, die quer zur Mauer liegende Holzanker aufnahmen, sodass lediglich deren Köpfe in der Mauerfront sichtbar wurden. Die hinterschüttete Erdrampe, die diese Anker aufnahm, ließ sich wegen der starken Überpflügung des Geländes kaum noch nachweisen. Die Höhe der Mauer dürfte nicht mehr als zwei Meter betragen haben. Auch dieser Mauer hatte man eine vier Meter breite Berme und einen 15 Meter breiten, viereinhalb Meter tiefen Spitzgraben vorgelagert, in dessen Sohle angespitzte Pfähle eingesetzt waren. Alle drei Bauperioden liegen an derselben Stelle, sodass bei der Erneuerung der Befestigung jeweils Reste der älteren Periode sichtbar gewesen sein müssen. Deshalb wird zwischen den einzelnen Bauperioden kein großer zeitlicher Abstand gelegen haben. Aufgrund der Mächtigkeit der Gräben, bei denen es sich um das eigentliche Annäherungshindernis handelte, sollten die beiden jüngsten Perioden in das späte 10. Jahrhundert datiert werden.

Bei der Anlage, deren Konstruktion Parallelen zum westslawischen Burgenbau aufweist, handelt es sich wahrscheinlich um eine Befestigung der Schweinfurter Grafen, die bis 1057 in diesem Raum tonangebend waren. Die ortsfremde Konstruktion deutet darauf hin, dass die Wehranlage durch slawische Baumeister im Auftrag dieser Landesherren errichtet wurde. Im Giechburgvertrag von 1143 heißt es: „Vetus Trebgast non edificabitur in castrum". Hierbei handelt es sich wohl nicht um unsere Befestigung, sondern eher um den Schlossbereich von St. Johannes, der unmittelbar unterhalb der Burgflur liegt. Der Ortsname Trebgast könnte allerdings die Herkunft der Baumeister aus einem slawischen Siedlungsgebiet erklären, in dem diese Mauerkonstruktion beheimatet war. *B.-U. A.*

Für die Durchsetzung königlicher Ordnungsvorstellungen nutzte Heinrich II. konsequent das Kirchenrecht. Dennoch gelang es ihm nicht immer, Frieden herzustellen.

Fehden, Rituale und Konflikte

Stammtafel Ottos und Irmingards von Hammerstein, Kaiser Heinrichs II., Kaiser Konrads II.

Consanguinitätstafel Burchards von Worms

(Staatsbibliothek Bamberg, Msc. Can. 6)

Nicht in allen Fällen lösten sich Konflikte für Heinrich II. so einfach wie zu Beginn seines Königtums, als mit Ekkehard von Meißen 1002 und Hermann II. von Schwaben 1003 mächtige Gegenspieler starben. Otto III. hatte sich vornehmlich auf Konradiner und Ezzonen gestützt. Heribert von Köln und Ekkehard von Meißen waren seine wichtigsten Ratgeber gewesen, auch der polnische Herrscher Boleslaw Chrobry wurde als „cooperator imperii" bezeichnet. Heinrich dagegen brachte seine eigene Anhängerschaft mit – Bayern, Luxemburger und Erzbischof Willigis von Mainz. Verwandtschaftliche Bindungen spielten dabei eine zentrale Rolle.

Der Wechsel der Eliten band neue Verbündete an den König, bewirkte aber auch oppositionelle Adelskoalitionen, die oft bis über 1024 hinaus wirksam blieben. Auseinandersetzungen wie der Gandersheimer Streit, das Vorgehen gegen die Opposition der Schweinfurter Markgrafen, der Luxemburger oder der Konradiner zeigen die Probleme, die das Herrschaftsverständnis Heinrichs II. auslöste.

Literatur:
Althoff, Otto III. und Heinrich II.; Althoff, Spielregeln; Görich, Wende; Hoffmann, Mönchskönig; Weinfurter, Zentralisierung.

Obwohl der neue König den Sachsen in Merseburg zunächst noch ihre eigenen Stammesrechte bestätigte, verfolgte Heinrich fortan seine Ordnungsvorstellungen zielstrebig im ganzen Reich. Um strenge und einheitliche Lebens- und Wirtschaftsformen zu schaffen, griff er in Klöster und Domkapitel ein. Er setzte seine reformorientierten Kandidaten als Äbte oder Bischöfe durch, sodass in Hersfeld oder auf der Reichenau fast der gesamte Konvent aus dem Kloster flüchtete (Kat.-Nr. 68). Nur eine regeltreue Lebensführung garantierte die Wirksamkeit der unter Heinrich verstärkt abgeschlossenen Gebetsbünde mit Domkapiteln und Klöstern.

Als gesalbter „Kollege" der Bischöfe nahm Heinrich II. persönlich Einfluss auf 21 Synoden und betrieb die konsequente Durchsetzung des kanonischen Rechts. Eherecht, Zölibat und das Verbot des Kaufs geistlicher Ämter klärten die Erb- und Besitzrechte der Kirchen und sicherten somit ihre wirtschaftlichen Grundlagen. Bereits in Diedenhofen wies er die Bischöfe scharf auf ihre Hirtenpflichten hin. Unter seiner Herrschaft entstanden die Kirchenrechtssammlungen von Freising, Köln und Worms. Das Modellbistum Bamberg erhielt eine umfangreiche Ausstattung von Mönchsregeln und liturgischen Handschriften, Sammlungen sowohl der Volksrechte wie des römischen Rechts.

Die konsequente Anwendung dieser rechtlichen Prinzipien durchbrach eine auf Ausgleich bedachte Praxis, die vorsah, dem Gegner im Gegenzug für dessen demonstrative Unterwerfung seine frühere Stellung zuzugestehen. Heinrichs eigener Vater und Großvater hatten auf diese Weise nach ihren Aufständen die Huld des Königs und ihren eigenen Rang wiedererlangt. Von beiden Seiten anerkannte Vermittler wirkten auf eine friedliche Konfliktlösung hin. Durch sichtbare Ehrungen, Geschenke oder Bürgen wurden Friedensschlüsse besiegelt und Rangverhältnisse inszeniert. Der flexible Umgang mit widerstreitenden Rechtspositionen war notwendig, da der König über kein Gewaltmonopol verfügte und auf die Unterstützung seiner Gefolgsleute angewiesen war.

Am Streit um die diözesane Zuständigkeit für Gandersheim wird deutlich, wie Heinrich zunächst den Konsens des Adels auf der Versammlung von Pöhlde herstellte und die Entscheidung zugunsten Hildesheims mit der gleichzeitigen Ehrung Willigis' als Metropolit bei der Kirchweihe in Gandersheim verband. Hier übergab der Mainzer Bischof in demonstrativer Freiwilligkeit seinen Stab an Bernward.

Die schwierige Suche nach Konsens und das Einfordern von Gehorsam bildeten einen Zwiespalt, der im Herrscherbild des Montecassino-Evangeliars aufscheint. Der zu Gericht sitzende König befindet sich zwischen zwei Polen: Auf der einen Seite stehen das mit einem Buch bezeichnete Gesetz (Lex) und der rationale Gesetzesvollzug (Iustitia). Auf der anderen Seite stehen das Recht (Ius) in Form eines altersweisen Mannes und die Milde (Pietas). Während der Henker bereits das Richtschwert zieht, unterwirft sich der Verurteilte barfüßig und auf Knien. Die Umschrift erwartet für den Flehenden ein mildes Urteil.

Trotz einer solchen Unterwerfungsgeste (deditio) versagte Heinrich II. in einigen Fällen ein mildes Urteil. Markgraf Hezelo von Schweinfurt, der 1003 vom König vergeblich die Nachfolge als bayerischer Herzog eingefordert hatte, verlor seine Machtstellung in Oberfranken und wurde trotz abgeleisteter Kirchenbuße lange in Haft gehalten.

Die zahlreichen Geschwister Kunigundes hatten dem Königtum ein machtvolles Verwandtschaftsnetz eingebracht, das von Friesland und Flandern über Ober- und Niederlothringen bis ins Elsass reichte. 1004 wurde Kunigundes Bruder Heinrich bayerischer Herzog, 1006 ein weiterer Bruder Bischof von Metz. Als aber durch die Gründung Bambergs Kunigundes Witwenausstattung verloren ging und das Erbrecht der Luxemburger wie auch das des Kaiserbruders Brun bedroht war, entzündete sich an der Neubesetzung des Erzstuhls Trier im Jahr 1008 ein Konflikt. Heinrichs Verwandte forderten ihre Beteiligung an der Macht, der König dagegen bestand auf dem kanonischen Mindestalter für Bischofskandidaten und dem Prinzip der freien Wahl. Als 1017 nach mehreren Kriegszügen, Hoftagen und der Exkommunikation von Kunigundes Bruder Adalbero ein Feldzug Heinrichs II. scheiterte und die Adelskoalition in Lothringen übermächtig wurde, setzte der Kaiser die Luxemburger Brüder erneut in ihre einflussreichen Stellungen ein.

Am hartnäckigsten erwies sich die Auseinandersetzung mit dem rheinfränkischen Geschlecht der Konradiner, dem Herzog Hermann von Schwaben angehört hatte. Der Tod Graf Gebhards im Jahr 1016 machte Graf Otto von Hammerstein zum letzten überlebenden männlichen Konradiner und ließ seinen Besitz gewaltig anwachsen. Seine Gemahlin Irmingard hatte nicht nur einflussreiche Verwandte in Lothringen und Schwaben, sondern auch beträchtliche Güter in Franken in die Ehe eingebracht.

Irmingards Urgroßvater mütterlicherseits war gleichzeitig der Urgroßvater Ottos von Hammerstein, sodass die Eheleute nach römischer Zählung im siebten, nach germanischer Zählung im vierten Grad verwandt waren. Beide Zählweisen konkurrierten damals miteinander. Die verschärfte Einhaltung des Kirchenrechts stieß auf den Widerstand des Adels. Nach der Exkommunikation durch die Synode von Nimwegen unterwarf sich Otto zwar, setzte aber seine Ehe fort. Heinrich übertrug die rheinischen und fränkischen Güter der Hammersteiner an das Bistum Bamberg und damit an das Reich. Nach der Eroberung der Burg Hammerstein waren die Konradiner entscheidend geschwächt – Heinrich II. hatte sein Ziel erreicht. Aribo von Mainz nahm 1023 auf der Seligenstädter Synode den Prozess noch einmal auf, worauf Irmingard nach Rom zog und an den Papst appellierte. Doch selbst nach fünf Synoden war der Fall Hammerstein nicht endgültig gelöst.

Ebenfalls mächtig war der Salier Konrad. Dieser hatte 1016 mit Gisela, der Tochter Hermanns von Schwaben, eine Frau geheiratet, mit der er im fünften Grad verwandt war. Heinrich II. entzog Gisela zwar die Regentschaft über ihren minderjährigen Sohn, trennen konnte er allerdings auch diese Ehe nicht. Als 1024 Konrad zum Nachfolger Kaiser Heinrichs II. gewählt werden sollte, spielte dieser Vorwurf der Nähe noch ein letztes Mal eine wichtige Rolle. *M. Sch.*

Während der gesamten Regierungszeit Heinrichs II. schwelte der Streit um die Zugehörigkeit des Klosters Gandersheim zum Bistum Hildesheim oder Mainz.

Urkunde Heinrichs II. zur Beilegung des Gandersheimer Streits

101

Februar/März 1013

Handschrift/Pergament, Wachssiegel, 53 x 54

Niedersächsisches Hauptstaatsarchiv, Hannover (Cal. Or. 31 Mainz Nr. 1)

Ein anlässlich der Kirchweihe in Gandersheim am 5. Januar 1007 ausgestelltes Diplom Heinrichs II. wurde am 21. Januar 1013 beim Brand des Hildesheimer Doms vernichtet. Im März 1013 wurde daher in der sächsischen Königspfalz Werla im Rahmen einer Erneuerung der für Bischof Bernward an Hildesheim ausgestellten Diplome Heinrichs II. dieser Verlust durch die hier gezeigte Urkunde D H II. 255 ersetzt, die auch die Unterzeichner des Diploms vom Januar 1007 aufführt. Obwohl in diesem von dem königlichen Notar GB, der auch das Deperditum vom Januar 1007 geschrieben hatte, verfassten Erneuerungsdiplom die Weihe der Kirche von Gandersheim irrtümlich auf den 12. Januar 1007 verlegt wird, gelten Urkundentext

101

und Zeugenliste, die sich auf den Januar 1007 beziehen, als zutreffend. Die ältere Forschung datierte die Liste der Anwesenden hingegen in das Jahr 1013 und musste daher die Authentizität des Diploms bezweifeln.

Anlass der verlorenen Urkunde Heinrichs war die Kirchweihe des Neubaus der Äbtissin Gerberga von Gandersheim, der bereits seit September 1000 fertig gestellt war. Die Weihe nahmen zwölf Bischöfe am 5. Januar 1007 vor. Heinrich II. nutzte diese Gelegenheit, um den Spruch des Pöhlder Hoftags zu Weihnachten 1006 über die Beilegung des Gandersheimer Streits zwischen Erzbischof Willigis von Mainz und Bischof Bernward von Hildesheim zu verkünden und zu beurkunden. Bernward wurde die diözesane Zuständigkeit über Gandersheim zugesprochen. Der König selbst hatte den Weihetermin festgelegt, um in einem Rahmen mit gebührender Aufmerksamkeit die Beilegung des langwierigen Konflikts zu erklären.

Bei dem Diplom, das Heinrich II. ursprünglich selbst unterzeichnet hatte – „Ego Heinricus secundus dei gratia rex huic reconciliationi vel pactioni consentiens signo sanctę crucis gaudens subscripsi" (Ich, Heinrich der Zweite von Gottes Gnaden König, unterschreibe zustimmend und erfreut diese [Urkunde der] Versöhnung bzw. diesen Vertrag mit dem Zeichen des Heiligen Kreuzes) –, handelt es sich um ein Eigendiktat des Königs. So dürfte die besondere Wertschätzung, die der Gottesmutter Maria in diesem Zusammenhang entboten wird, auf ihn zurückgehen, zumal sie auch an anderer Stelle bezeugt ist. Der einstweiligen Beilegung des Gandersheimer Streits in Pöhlde war ein starkes persönliches Engagement Heinrichs II. vorausgegangen, der vor allem auf Erzbischof Willigis von Mainz eingewirkt hatte. Dass es zu einer vorübergehenden Aussöhnung zwischen ihm und Bischof Bernward von Hildesheim kam, war ein von den Zeitgenossen beachteter kirchen- und reichspolitischer Erfolg, der nun anlässlich der Kirchweihe wirkungsvoll in Szene gesetzt wurde. Heinrich II. nahm aktiv an der Wiederweihe der Gandersheimer Kirche teil. Er blieb also nicht wie die übrigen Laien außerhalb des Baus, in dem sein am 28. August 995 in Gandersheim gestorbener Vater Herzog Heinrich der Zänker, beigesetzt war. Insofern sind die Handlungen des Königs auch vor einem familiären Hintergrund zu sehen.

Wie der König hatte auch Erzbischof Willigis von Mainz die Urkunde von 1007 eigenhändig unterschrieben: „ego Willigisus Mogontine sedis gratia dei archiepiscopus huic catholicę vel canonicę reconciliationi et taxationi gaudens signo crucis subscripsi" (Ich, Willigis von Gottes Gnaden Erzbischof zu Mainz, unterschreibe erfreut diese katholische und kanonische Versöhnungsurkunde und Bestimmung). Ferner waren bei der Kirchweihe Erzbischof Tagino von Magdeburg anwesend sowie die Bischöfe Bernward von Hildesheim (nicht als Unterzeichner aufgeführt), Rethar von Paderborn, Brun von Augsburg, Dietrich von Minden, Arnulf von Halberstadt, Bernhard von Verden, Ekkehard von Schleswig, Hildeward von Zeitz, Wigo von Brandenburg und Erluin von Cambrai. Neben Hofkaplan Meinhard, dem späteren Bischof von Würzburg (gleichfalls nicht in der Urkunde genannt), nahmen die Herzöge Bernhard von Sachsen und Hermann von Schwaben, Pfalzgraf Burkhard von Sachsen sowie zahlreiche Grafen teil. Die Liste der Unterschriften unterstreicht eindrucksvoll die Bedeutung der Vorgänge.

Nur wenig später entflammte der Gandersheimer Streit erneut, diesmal zwischen den jeweiligen Nachfolgern auf den Bischofsstühlen, Godehard von Hildesheim und Aribo von Mainz. Erst mit dessen Tod am 6. April 1031 kam es zu einer endgültigen Beilegung des Streits, die Heinrich II. jedoch nicht mehr erlebte.   *C. E.*

Quelle:
MGH D H II. 255.

Literatur:
Benz, Untersuchungen, S. 105 f.; Ehlers, Kanonissenstift Gandersheim, S. 280–286; Goetting, Gandersheim; Hehl, Bischof, S. 335 ff.; Hoffmann, Eigendiktat, S. 402 ff.; Schuffels, Urkunde, Bd. 2, S. 491 ff. mit Abb. VII–29.

Die Hörproben versuchen eine hypothetische Rekonstruktion der zur Zeit Heinrichs II. gebräuchlichen Volkssprachen.

EIN REICH UND VIELE SPRACHEN   *102*

Karte

Entwurf: Rolf Bergmann, Bamberg

Das Reichsgebiet zur Zeit Heinrichs II. umfasste Gebiete verschiedener Sprachen. Freilich ist uns die sprachliche Wirklichkeit dieser Zeit nur indirekt zugänglich. Denn wir verfügen nur über geschriebene Zeugnisse – und geschrieben wurde vorwiegend in Latein, der Schriftsprache West- und Mitteleuropas bis ins Hochmittelalter und weit darüber hinaus. In ottonischer Zeit ist die gesamte Schriftlichkeit des Rechtswesens und der Verwaltung, der Wissenschaft und der Literatur lateinisch. Das zeigen die Urkunden Heinrichs II. ebenso wie die Chronik Bischof Thietmars von Merseburg. Latein wurde auch mündlich verwendet, vor allem im kirchlichen Bereich. Daneben existierten die gesprochenen Vorstufen der heutigen Sprachen, die im Gegensatz zur Bildungssprache Latein als Volkssprachen bezeichnet werden.

Unser Wissen über die Volkssprachen im 10. und 11. Jahrhundert beruht auf vorsichtigen Rückschlüssen aus heutigen Sprachverhältnissen, vor allem aber auf schriftlichen Zeugnissen aus der Zeit selbst. Wenn Otto II. im Jahr 973 Ort und Gebiet Bamberg dem Bayernherzog überträgt, muss er natürlich in der lateinischen Urkunde den volkssprachigen Namen der Siedlung Bamberg verwenden. In derartigen Zusammenhängen sind aus dem Reichsgebiet insgesamt ziemlich viele Namen überliefert. Manchmal werden in den lateinischen Texten auch volkssprachige Wörter verwendet, um bestimmte Sachverhalte zu bezeichnen, für die es vielleicht keine genau passenden lateinischen Wörter gab. Schließlich wurden lateinische Texte

102

mit Worterklärungen in der Volkssprache versehen, so genannten Glossen, oder auch ganz in die Volkssprache übersetzt. Auch einzelne dichterische Texte sind überliefert. Insgesamt ist der Bestand für die Zeit am Ende des 10. und Anfang des 11. Jahrhunderts jedoch recht begrenzt.

Im Westen und Süden ging das Reichsgebiet über die heutige germanisch-romanische Sprachgrenze hinaus und schloss Gebiete ein, in denen Vorstufen des Französischen und Italienischen sowie der alpenromanischen Sprachen gesprochen wurden. Dazu gehörte auch eine länger existierende romanische Sprachinsel an der mittleren Mosel. Diese sprachlichen Verhältnisse sind so gut wie ausschließlich aus Namen erschlossen.

Von Holstein bis Kärnten reichte das slawische Sprachgebiet mit verschiedenen west- bzw. südslawischen Sprachen in das Reich hinein. Neben den noch heute existierenden Sprachen Sorbisch, Tschechisch und Slowenisch ist mit weiteren, heute ausgestorbenen Sprachen zu rechnen. Auch für diese slawischen Sprachen sind die früheren Geltungsgebiete nur aus Namen zu erkennen.

Auf dem Gebiet des Reichs Heinrichs II. werden heute die germanischen Sprachen Friesisch, Niederländisch und Deutsch gesprochen. Für die Zeit um 1000 sind ihre entsprechenden Vorstufen anzusetzen. Das Altniederländische ist in der frühen Zeit nur in sehr spärlichen Zeugnissen fassbar, das Altfriesische sogar erst seit dem 13. Jahrhundert. Besser bekannt sind das Altsächsische, die Sprache des sächsischen Stammesgebiets, und das Althochdeutsche.

Heute existieren neben der geschriebenen und gesprochenen deutschen Standardsprache die gesprochenen Dialekte. Die Standardsprache hat sich erst im Lauf der Neuzeit entwickelt. Wenn im Mittelalter deutsch geschrieben wurde, erscheinen regionale Formen der Sprache. Althochdeutsch – wie die Überlieferung bis zur Mitte des 11. Jahrhunderts genannt wird – meint also eigentlich Altbairisch, Altalemannisch und Altfränkisch.

In den Hörproben wird die regionale Vielfalt der volkssprachigen deutschen Mündlichkeit rekonstruiert. Überliefert sind uns die Sprachzeugnisse von der zweiten Hälfte des 10. Jahrhunderts bis zur Mitte des 11. Jahrhunderts natürlich nur handschriftlich. Die mündliche Wiedergabe beruht auf der Analyse der Schreibungen und dem Vergleich mit späteren Zeugnissen bis hin zu den heute gesprochenen Dialekten. Sie ist deutlich als hypothetische Rekonstruktion zu bezeichnen: So könnte Deutsch zur Zeit Heinrichs II. geklungen haben.   *R. B.*

VIII

ERINNERUNGEN

In medio ecclesiae – Inmitten der Kirche
(Bamberger Bischofskatalog)

Am 13. Juli 1024 starb Heinrich II. in der sächsischen Pfalz
Grone (heute Göttingen). In seiner Bistumsstiftung Bamberg hatte er sich die
Grablege bereitet. Der Platz in der Mitte des Doms, zwischen den beiden Chören,
vor dem Altar des Heiligen Kreuzes und des Erzmärtyrers Stephan, war programmatisch gewählt. Ein Steinsarkophag wurde bei neueren Ausgrabungen gefunden. Hatte er einst die sterblichen Reste des Kaisers oder der Kaiserin geborgen?
Nach den Heiligsprechungen und Erhebungen Heinrichs und Kunigundes zur Ehre
der Altäre 1146/47 und 1200/01 verlor er seine Funktion.

Kunigunde, bis zur Wahl König Konrads II. um die Nachfolge im Reich besorgt,
fand ihre Erfüllung als Witwe. Vergeblich suchte sie ihre bayerischen Belange durch
Urkundenausstellungen zu regeln. Zielstrebig brachte der neue König seinen
Gestaltungswillen zur Geltung. Am 13. Juli 1025, dem ersten Todestag ihres Ge-
mahls, trat Kunigunde als Nonne in das von ihr gestiftete Kloster Kaufungen (bei
Kassel) ein. Hier starb sie am 3. März 1033.

Die für das Herrscherpaar so wichtige Memoria, das Gedenken an die Verstorbenen, setzte 1024 und 1033 ein. Ihre Sterbetage wurden in den Totenbüchern no-
tiert. Die Texte ihrer Totenmessen haben sich erhalten. Im 12. Jahrhundert nutzte
der Bamberger Klerus das Kaisergrab zur Behauptung eigener Herrschernähe. Die
Heiligsprechungen Heinrichs II. 1146 und Kunigundes 1200 verschafften dem
Bistum an der Regnitz einen vornehmen Platz unter den hochmittelalterlichen
Reichskirchen. Legenden rankten sich um Heinrich und Kunigunde, wurden viel-
leicht auch in frommer Absicht erst jetzt fabriziert. Nur wenig hatten die späteren
Erzählstoffe mit den historischen Personen des 11. Jahrhunderts zu tun. Das Bistum
Bamberg schuf sich seine sakrale Vergangenheit. Im Wettlauf um offizielle päpstliche
Heiligsprechungen im 12. Jahrhundert triumphierte es. Kein anderer Ort in der
Christenheit konnte damals in vergleichbarer Zeit drei neue eigene Heilige vorwei-
sen: Kaiser Heinrich II., der Pommernapostel Bischof Otto I. von Bamberg, der
1189 heilig gesprochen wurde, und Kaiserin Kunigunde, die 1200 zur Ehre der
Altäre erhoben wurde.

Der Kult um das einzige heilig gesprochene Kaiserpaar des Mittelalters über-
deckte widersprüchliche Traditionen. Schon im 11. Jahrhundert erschien Heinrichs
Kirchenherrschaft in zwiespältigem Licht. Der Kirchenreformer Kardinal Humbert
von Silva Candida schalt ihn einen üblen Kirchenräuber und Simonisten. Darauf
bauten Traditionen auf, die von Joachim von Fiore ausgingen: Sie sahen den Kaiser
gar als Haupt des Bösen, als einen der sieben Köpfe des apokalyptischen Drachens.

Neben dieses kritische Gedenken trat im Reich nicht nur die sakrale, sondern
auch eine politische Erinnerung. In ihr erwuchs Heinrich II. zum Schöpfer der mittel-

alterlichen Ordnung. Rückschauende Chronisten erblickten im Jahr 1002 das Ende
dynastischer Erbfolge. Heinrichs Herrschaftsantritt galt fortan als Wende der
Reichsgeschichte. Damals hätte sich das Prinzip der Königswahl etabliert. Bis zum
Ende des Alten Reichs 1806 blieb die Kurfürstenwahl das unverwechselbare Kenn-
zeichen des Heiligen Römischen Reichs Deutscher Nation. Zwar entwickelte sie
sich in dieser Form erst im 13. Jahrhundert und erlangte mit der Goldenen Bulle
Kaiser Karls IV. von 1356 dauerhafte Geltung, doch seit dem 13. Jahrhundert führte man das Prinzip der Königswahl wie die Einrichtung des Kurfürstenkollegs auf
das Jahr 1002 zurück. Schließlich wurde die gesamte Reichsverfassung mit dem
heiligen Kaiser verknüpft. Er galt an der Wende vom 15. zum 16. Jahrhundert auch
als Schöpfer des Quaternionensystems. Dieses Ordnungs- und Verstehensmodell
fügte das Reich und seine Glieder symbolisch in Vierergruppen, jeweils vier Herzöge, Markgrafen, Burggrafen, Landgrafen, Grafen, Bannerherren, Ritter, Städte, Bauern und Dörfer.

Als Verfassungsgeber konkurrierte Heinrich II. im spätmittelalterlichen Denken
mit anderen Herrschern wie Karl dem Großen, Otto dem Großen oder Otto III.
Die Spurensuche nach diesen Deutungssystemen, die aus den vielen Traditionen der
deutschen Geschichte erwuchsen, hat in der historischen Forschung erst begonnen.
Dabei geht es nicht mehr um die Wirklichkeit der Heinrichszeit, sondern um die
Kraft erinnernder Fantasie. Diese Memoria wurde geschichtsmächtig. Sie verband
die Herrscherleistung Kaiser Heinrichs II. mit der wichtigsten Besonderheit des Alten
Reichs in der europäischen Geschichte: Den Kaiser machte nicht das Blut, sondern
die Wahl seiner Fürsten. Nur gemeinsam konnten das Haupt und seine Glieder über
das Imperium verfügen. Neuerdings tritt der Charme des Konsenses wieder deutlicher zutage. Kaiser Heinrich II. unternahm nicht viel zu seinem Ruhm. Dass die
Nachwelt ihn zum Schöpfer ständischer Ordnungen machte, beruht auf einem
Erinnerungsfehler. Dieser Kaiser ohne Erben bot den Nachgeborenen viele An-
knüpfungspunkte.   *Bernd Schneidmüller*

Die Zuschreibung des 1969/72 im
Bamberger Dom gefundenen Sarkophags an Heinrich II., Kunigunde
oder einen anderen Würdenträger ist
bis heute offen.

103   SARKOPHAGTROG AUS DEM
      BAMBERGER DOM
         Bamberg (?), ottonisch-romanisch
         Sandstein der Rhät-Formation
         (Bestimmung M. Fürst), rechteckig,
         außen 227,5 x 68, erhaltene max. H.
         40,5, Oberkante sekundär
         abgearbeitet, Deckel verloren
         Diözesanmuseum Bamberg
         (2723/22)

Bei Ausgrabungen im Bamberger Dom (1969–1972) fand sich der Sarkophag über
einem ausgeräumten, mit Schutt verfüllten Grabschacht zwischen den Bodenbelägen
des ersten Heinrichsdoms und dem Domneubau des 13. Jahrhunderts. Der Sarkophag enthielt keine Gebeine mehr und ist im oberen Teil stark zerstört. Im Innern
wurde an einer Schmalseite eine flache Stufe im Stein stehen gelassen, in die eine huf-

eisenförmige Mulde für Kopf und Hals des/der Toten eingetieft ist. In ähnlichen Sarkophagen wurden auch Konrad II. († 1039) und Heinrich III. († 1056) in Speyer, ebenso Lothar III. († 1137) in Königslutter begraben; flache Steineinlagen mit Kopfmulden fanden sich in den Sarkophagen Heinrichs IV. († 1106) und Heinrichs V. († 1125) gleichfalls in Speyer sowie in einem Steinplattengrab im Regensburger Niedermünster, das Herzog Heinrich I. († 955) zugeschrieben wird. Formal lässt sich der Bamberger Sarkophag also einer ottonisch-romanischen Oberschichtbestattung zuweisen.

Diese Einordnung wird unterstrichen, insofern es sich um den einzigen Sarkophagfund aus dem Dom handelt, der zudem in exponierter Position annähernd auf der Mittelachse des Heinrichsbaus zutage kam. Vor allem Stifter und Wohltäter begrub man an solcher Stelle, sodass der Sarkophag meist Heinrich II. zugeschrieben wird. Hierzu scheint die Nachricht zu passen, man habe 1513 nach einer Umbettung der Reliquien des Kaiserpaars die „alten Särg" an der ursprünglichen Stelle im Boden versenkt, was die Fundsituation über einem verfüllten Grabschacht erklären würde. Diese Annahme bedingt, dass man 1147 nicht nur die Gebeine des Kaisers, sondern auch das Behältnis erhob, das dann bis 1513 vielleicht als Schrein in tumbenähnlicher Aufstellung diente, wie sie heute noch für Otto I. in Magdeburg besteht. Der obere Teil des Sarkophags dürfte erst nach dessen erneuter Versenkung (Erneuerung des Bodenbelags 1657/58?) zerstört worden sein.

Alternativ könnte der zunächst mit den Gebeinen erhobene Sarkophag schon beim Domneubau des 13. Jahrhunderts zugunsten einer (neuen?) Tumba wieder unter die Erde geraten und dabei beschädigt worden sein. In diesem Fall kann die Nachricht von 1513 die Zuschreibung des Sarkophags an Heinrich II. nicht stützen. R. Baumgärtel-Fleischmann wird demnächst den Sarkophag mit Kaiserin Kunigunde († 1033) in Verbindung bringen (briefliche Mitteilung). Nach B. Schneidmüller erscheint es aber unsicher, ob und wann die Frau Heinrichs II. überhaupt je nach Bamberg überführt wurde.

Die Interpretation des Grabfundes wird durch die mehrfache Umgestaltung des Doms erschwert, weshalb sich frühe schriftliche Nachrichten zum Heinrichs- (und Kunigunden-)Grab nur vage lokalisieren lassen. Zudem steht ein Grabungsbericht noch aus, der den Sarkophag in Relation zu anderen Oberschichtbegräbnissen, etwa von Bischöfen oder den Königen Konrad III. († 1152) und Philipp von Schwaben († 1208), setzen würde. *Th. M.*

Literatur:
Haas, Stiftergrab, S. 126 f.; Kroos, Liturgische Quellen (1976), S. 130–136; von Reitzenstein, Grabmal; Sage, Bamberger Dom, S. 96 f.; Schneidmüller, Kaiserin.

Als Witwe regelte Kaiserin Kunigunde ihren bayerischen Besitz.

Urkunde Kaiserin Kunigundes für Freising 104

Regensburg, 1025 (April?)

Handschrift/Pergament, Chirograf ohne Siegel, 32 x 56,5

Bayerisches Hauptstaatsarchiv, München (Freising. Hochstift Urk. 19)

Die Schenkungsurkunde, die Kaiserin Kunigunde nach dem Tod ihres Mannes 1025 in Regensburg ausgestellt hat, dokumentiert ihre herausragende Position in Bayern. Sie ist in Regensburg von den mächtigsten bayerischen Grafen begleitet, die in die Beratungen und das Vertragsergebnis einbezogen wurden. Der neue König Konrad II. hielt im Mai 1025 in Regensburg einen Hoftag ab, auf dem der bayerische Adel, darunter 17 bayerische Grafen, vertreten war. Als Kunigunde, nachdem König Konrad den Hoftag verlassen hatte, ihre testamentarischen Bestimmungen in Bayern verfügte, „unterzeichnete" der versammelte Hochadel als Zeuge ihre Vereinbarungen. Mit Bischof Egilbert von Freising, einem engen Mitarbeiter Kaiser Heinrichs II., schloss Kunigunde folgenden „Prekarien"-Vertrag: Die Freisinger Domkirche soll-

Quelle:
MGH D Kunigunde 2.

Literatur:
Hagen, Herrschaftsbildung; Plefka, Kunigunde; Störmer, Kaiser Heinrich II.; Weinfurter, Heinrich II.

te nach ihrem Tod Königshöfe und Königsforsten weit östlich der Freisinger Diözese erhalten, und zwar die Höfe Ranshofen am Inn, in Hochburg (östlich von Burghausen) und Ostermiething mitsamt dem Reichsforst Weilhart. Dazu kamen Besitzungen in Feldkirchen (wohl nicht östlich von München, sondern östlich von Mattighofen) sowie im Salinenort Reichenhall. Bischof Egilbert von Freising wiederum überließ ihr zur lebenslangen Nutzung (daher Prekarien-Vertrag) bedeutende Besitzungen, die alle innerhalb der Freisinger Diözese lagen. Es waren dies das Kloster Isen im Erding-Dorfener Raum sowie die (Fron-)Höfe Isen, Burgrain, Dorfen und Tegernbach, wichtige Freisinger Positionen vor der Salzburger Barriere im Isengau.

Gleichzeitig traf Kunigunde aber auch mit dem Erzbischof von Salzburg ähnliche Vereinbarungen. Der Salzburger Kirche übertrug sie nach ihrem Tod den Königshof am Pfalzort Altötting und den dazugehörigen Reichsforst, den Königshof Burghausen sowie drei weitere Reichsforste im Inn-Salzach-Bereich. Dafür erhielt sie vom Salzburger Erzbischof vier Fronhöfe westlich von Mühldorf mit 50 Hufen zur Nutzung auf Lebenszeit.

Man sieht aus diesen Vereinbarungen, dass Kunigunde – vielleicht als Entschädigung für ihr zur Gründung des Bistums Bamberg 1007 abgegebenes Wittum am Obermain – bereits über ausgedehnte und hervorragende Königshof- und Pfalzenkomplexe im Raum der Salzachmündung sowie westlich anschließend am Inn verfügt hatte. Es war dies ein königlicher Fiskal- und Pfalzenkomplex, der in der ausgehenden Karolingerzeit eine hervorragende Rolle gespielt hatte und im 10. Jahrhundert in der Hand der bayerischen Herzöge, der Vorfahren ihres Mannes, gewesen war. Man wird aus dieser Konstellation den Schluss ziehen dürfen, dass Kunigunde seit 1009 oder gar schon seit 1004 eine herzogsähnliche Stellung in Bayern innegehabt hatte. *W. St.*

Wie ein goldener Kelch den heiligen Kaiser Heinrich vor der Hölle rettet: die Legende von der „Seelenwägung".

105 „Passional, das ist der Heiligen Leben"

Nürnberg: Anton Koberger, 1488

Druck/Papier, 25 x 35; aufgeschlagen S. LXIV

Staatsbibliothek Bamberg (Inc. typ. Ic. IV 20)

Quelle:
Brand u. a., Der Heiligen Leben, S. 233–250.

Literatur:
Geldner, Inkunabelkunde, S. 170f.; Hase, Koberger; Williams-Krapp, Legendare, S. 188–344.

Es ist das Totenbett, auf das sich Heinrich II. mit der Krone auf dem Haupt, dem Symbol weltlicher Würde, niedergelegt hat. Auch den Nimbus des Heiligen hat ihm der Künstler bereits verliehen, doch scheint seine Himmelfahrt noch ungewiss: Allzu klein und leicht wirkt Heinrichs Seele – dargestellt als nacktes Kind, das auf der linken Waagschale kniet – gegen den zappelnden Teufel am anderen Ende der himmlischen Waage. Ist der Dämon an Heinrichs Totenbett ein Reflex darauf, dass man Leben und Taten des Kaisers durchaus zwiespältig beurteilte? Im letzten Moment tritt der hl. Laurentius von links ins Bild, erkenntlich am Eisenrost, auf dem er bei seinem Martyrium lebendig gebraten wurde. Ein Kelch, den er neben Heinrichs Seele auf die Waagschale legt, verstärkt das Gewicht zugunsten des Kaisers. Das goldene Messgerät hatte Heinrich II. einst dem verarmten und in seiner Existenz bedrohten Bistum Merseburg – hier vertreten durch seinen Patron Laurentius – gestiftet.

Ein unbekannter Meister hat den Holzschnitt mit der Seelenwägung für den Nürnberger Druck des Legendars „Passional, das ist der Heiligen Leben" geschaffen. Das großformatige Werk von 1488 aus der Werkstatt Anton Kobergers gilt als Höhepunkt in der Geschichte der um 1400 entstandenen Legendensammlung. Nach dem Vorbild der „Legenda aurea" des Jacobus de Voragine stellt sie zu jedem Tag

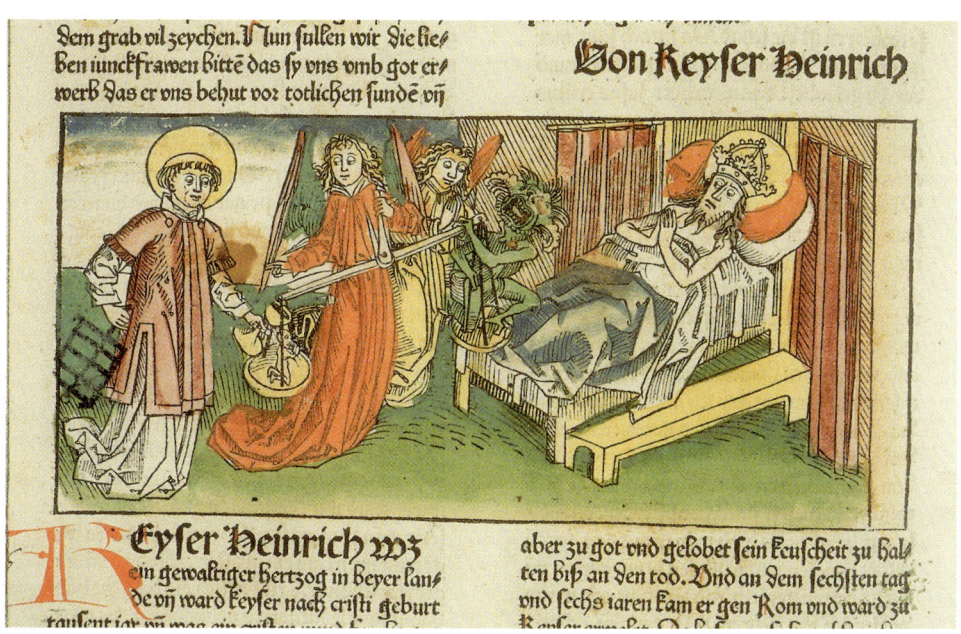

im Kirchenjahr Kurzviten der Tagesheiligen zusammen. Für die Predigt oder die Tischlesung im Kloster gut geeignet, entwickelte sich „Der Heiligen Leben" zum wirkungsmächtigsten Legendar des europäischen Mittelalters. Neben Koberger führten es 17 Druckereien in ihrem Verlagsprogramm, insgesamt erreichte es geschätzte 40 000 Exemplare. Durch seine Verbreitung im deutschen und niederländischen Sprachraum bis hin nach Skandinavien trug es maßgeblich dazu bei, dass die Bamberger Lokalpatrone Heinrich und Kunigunde in den Kreis der überregional verehrten Heiligen aufstiegen.

C. M.

Eine Kristallschüssel treibt legendarische Blüten: das „Pfennigwunder" der hl. Kunigunde beim Bau der Bamberger Stephanskirche.

Nonosius Stettfelder, Dye legend und leben des heyligen sandt Keyser Heinrichs …

106

Bamberg: Hans Pfeyl, 1511
Holzschnitte: vermutlich Wolf Traut
(um 1486–1520)
Druck / Papier, 13,5 x 20,5, 70 Blätter, 16 Holzschnitte; aufgeschlagen S. 88
Staatsbibliothek Bamberg (RB Inc. typ. E 1)

Zwar steht der Baukran noch nicht still, doch bis auf einen Steinmetz im Hintergrund haben die Arbeiter bereits Feierabend gemacht. Sie scharen sich um Kaiserin Kunigunde, der Legende nach die Bauherrin der Bamberger Stephanskirche, um ihren Tageslohn in Empfang zu nehmen. Einer der Arbeiter streckt die Finger

Literatur:
Klauser, Heinrichs- und Kunigundenkult, S. 118 ff.; Müller, Heinrichs- und Kunigundenlegende; Priest, Ebernand von Erfurt, S. 87–92.

107

bereits nach der randvoll mit Münzen gefüllten Schüssel aus. Da geschieht das Wunder: Er kann nur so viel Geld greifen, wie er redlich verdient hat. „Welcher spat oder langksam kumen was/erhub auch nit mer dan im zu stund", kommentiert Nonosius Stettfelder von St. Michael die Szene in seiner Vita des Kaiserpaars aus dem Jahr 1511.

Der Michelsberger Mönch († 1529) ist der Erste, der Kunigundes „Pfennigwunder" überliefert. Der Grund für Stettfelder, die Legende aufzuschreiben, mag der Stolz der Bamberger Benediktiner auf eine kostbare Kristallschale gewesen sein, die in der Bamberger Kirche St. Michael aufbewahrt wurde: Aus ihr soll Kunigunde die Arbeiter ausgezahlt haben. Ausdrücklich verweist Nonosius auf eine bildliche Darstellung der Szene, die sich in der im 17. Jahrhundert abgebrochenen Stephanskirche an der Stelle befand, an der das Wunder stattgefunden haben soll. Sie galt als Wallfahrtsort, für dessen Besuch „groß gnad vnd ablaß auch vergebung" gewährt wurden.

Das „Pfennigwunder" ist bezeichnend für die Verehrung des Kaiserpaars im 15. und 16. Jahrhundert, die sich wieder stärker auf seine Stiftertätigkeit für Bamberg besann. Dass der Kult um Heinrich und Kunigunde eine neue Blütezeit erlebte, davon zeugt nicht nur Stettfelders prachtvoll ausgestattete Vita im Quartformat mit den zehn Holzschnitten von Wolf Traut, gedruckt bei Hans Pfeyl in Bamberg. Steingewordenes Zeugnis für ihre Popularität ist auch das Grab von Tilman Riemenschneider, das 1513 im Dom enthüllt wurde. Es zeigt die bis heute bekannteste Darstellung des „Pfennigwunders" (Kat.-Nr. 215). *C. M.*

Über die Jahrhunderte machen sich die Menschen immer wieder ein Bild des heiligen Kaiserpaars.

107 KUNIGUNDE ALS WITWE UND HEINRICH ALS KAISER

Künstler unbekannt, um 1510

Holz, farbig gefasst, H. 80

Kath. Filialkirchenstiftung St. Felicitas, Untertrubach/Pfarrei Obertrubach

Literatur:
Bog, Forchheim; Guth, Die Heiligen, S. 120; von Guttenberg/Wendehorst, Bistum Bamberg, Pfarreiorganisation, S. 120; Hiller, Kirchenpatrozinien, S. 172; Schädler, Landkreis Pegnitz, S. 545–549.

Die Kirche St. Felicitas in Untertrubach/Ofr., ursprünglich eine Chorturmkirche aus der Mitte des 13. Jahrhunderts, erfuhr im frühen 18. Jahrhundert Veränderungen im Innenraum. Ehemalige Darstellungen von Kaiser Heinrich und Kunigunde an der Emporenbrüstung, die mit gemalten Figuren der zwölf Apostel und der vier Evangelisten verziert war, sind nicht mehr vorhanden.

Von den einst am Seitenaltar aufgestellten Schnitzfiguren sind nur die Figuren von Heinrich und Kunigunde im spätgotischen Stil (um 1510) erhalten. Sie verweisen auf Nürnberger Vorbilder oder die Riemenschneider-Werkstatt. Heinrich ist als Kaiser mit Umhang, Krone und Zepter dargestellt; das bärtige Gesicht erinnert an Züge Gottvaters in Gnadenstuhl-Darstellungen der gleichen Zeit. Kunigunde, durch das weiße Kopftuch und die Gewandung als kaiserliche Witwe erkennbar, hält als Attribut die Pflugschar in der linken Hand in Anspielung auf die Pflugschar-Probe. Mit dem unversehrten Gang über glühende Pflugscharen hat sie ihren misstrauischen Ehemann beschämt, überliefert die Legende. *K. G.*

IX PRACHTVOLLE BÜCHER

Prachthandschriften gehörten als kostspielige Unikate in der Regel den Kirchen, nur selten findet man sie im Besitz von Privatpersonen. Sie wurden von weltlichen oder geistlichen Herrschern gestiftet, die ihre Gaben als Unterpfand für himmlischen Schutz betrachteten und als Gegenleistung fortwährendes Gebet für ihr Seelenheil erwarteten. Nur weil die Bücher sorgfältig behütet im Kirchenschatz lagen und eher geschlossen als offen zur Schau gestellt wurden, haben sich die Miniaturen besser als alle anderen Kunstwerke aus ottonischer Zeit erhalten. Für die täglichen Messen und Gebetsstunden benutzte man bescheidener ausgestattete Handschriften, die sich im Lauf der Zeit verbrauchten.

Ottonische Buchkünstler hatten nicht die Aufgabe Wirklichkeit abzubilden, sondern sie sollten christliche Glaubensinhalte veranschaulichen. So war es auch nicht beabsichtigt, die Krönung Heinrichs II. als historisches Ereignis festzuhalten oder dem Herrscher im Bild seine persönliche Physiognomie zu geben. Vielmehr ging es darum, Unsichtbares sichtbar zu machen, Visionen vom Überirdischen vorzustellen und die Gegenwart des Stifters über seinen Tod hinaus zu bewahren. Gemäß den gesellschaftlichen Vorgaben, die dem in älteren Handschriften überlieferten Bilderschatz höchste Autorität zumaßen, hatten ottonische Buchmaler nach Vorlagen zu arbeiten. Ihre Kreativität bewiesen sie durch die Integration und das Umgestalten des Alten in Verbindung mit neuen ästhetischen und inhaltlichen Vorstellungen.

Weil das liturgische Buch aus diesen Gründen weder inhaltlich noch formal als Leistung eines Einzelnen angesehen werden konnte, blieben die Schreiber ebenso wie die Maler bis auf wenige Ausnahmen anonym. Das Entstehungsdatum einer Handschrift ist deshalb meist nur dann zweifelsfrei bestimmbar, wenn sich der Auftraggeber in Bild oder Text eindeutig verewigen ließ. Ansonsten muss ihre Herkunft stilanalytisch ermittelt werden.

In ottonischer Zeit gab es eine überaus reiche Handschriftenproduktion mit vielfältigen Texten unterschiedlicher Art. Doch der Schwerpunkt lag auf Büchern für die Liturgie. Statt Gesamtabschriften der Heiligen Schrift wie zur Karolingerzeit wurden nun bevorzugt Teilausgaben für die Messfeiern hergestellt. Zu den drei besonders reich ausgeschmückten Buchgattungen der Epoche zählt das Sakramentar, in dem die Gebete des zelebrierenden Priesters beim Hochamt zusammengefasst sind. Daneben kommt das Evangeliar häufig vor, das die vollständigen Berichte der vier Evangelisten über das irdische Leben Christi in der biblischen Abfolge enthält. Das Evangelistar, auch Perikopenbuch genannt, umfasst dagegen nur die Auszüge aus den Evangelien, die für die Lesungen in der Messfeier gebraucht wurden.

Die zunehmend wichtigere Rolle der Bischöfe kommt auch in der steigenden Zahl von Pontifikalhandschriften zum Ausdruck, in denen alle Texte gesammelt sind, die allein der Bischof für seine Amtshandlungen brauchte. Auch Musikhandschriften, wie das Graduale mit den von Vorsängern rezitierten Messgesängen, das Cantatorium mit Auszügen aus den Messgesängen und das Tropar mit ergänzenden Chorälen, bekamen in dieser Zeit besondere Bedeutung. Das relativ kleine Format dieser Codices zeigt, dass sie für den Gesang von Einzelnen, nicht für einen großen Chor gedacht waren. Ihre als Neumen bezeichneten Noten stehen ohne Linierung über dem Gesangstext.

Die ottonischen Prachthandschriften haben meist handliche Größe. Die aus karolingischen Bibeln bekannten Riesenformate fehlen. Wurde zur Grundausstattung einer Kirche eine vollständige Abschrift der Heiligen Schrift benötigt, wie beispielsweise für den Bamberger Dom, besorgte man sich einen älteren Codex. Bamberg erhielt eine sehr kostbare Handschrift aus der Mitte des 9. Jahrhunderts, zu deren Buchschmuck ein Bild Alkuins gehört, des angelsächsischen Gelehrten und Reformers des Buchwesens unter Karl dem Großen (Kat.-Nr. 108).

Gude Suckale-Redlefsen

108 (fol. 5ᵛ)

Der Besitz einer karolingischen Bibel im Großformat galt in ottonischer Zeit als besondere Auszeichnung.

108 ALKUIN-BIBEL

Frankreich (Marmoutier bei Tours), 834–843

Handschrift/Pergament, 423 Blätter, 47 x 35,5, 41 Initialen, 4 Kanontafeln, 2 Schriftzierseiten, 2 Miniaturen, Einband der Dombibliothek von 1611; auf fol. 339ᵛ: 2 Ausschnitte im Ornamentrahmen und Verschwärzung des Silbers, das teilweise über die Kontur auslief;

aufgeschlagen fol. 339ᵛ–340ʳ

Staatsbibliothek Bamberg (Msc. Bibl. 1)

Literatur:
AK Carlo Magno a Roma, Kat.-Nr. 55 (G. Morello); Ganz, Mass production; Koehler, Karolingische Miniaturen, Bd. 1.1, S. 209–226, S. 389 f., Nr. 34, Bd. 1.2, S. 102–105, S. 107; Schemmel, Staatsbibliothek Bamberg, Kat.-Nr. 15; Schramm/Mütherich, Denkmale, Nr. 128.

Die Bibel – seit früher Zeit gern als „bibliotheca" bezeichnet – steht als das Buch der Bücher im Mittelpunkt der christlichen Religion und Liturgie. Nach den Wirren der Völkerwanderungszeit sorgte Karl der Große (768–814) für die Bewahrung bzw. Wiederherstellung des orthografisch und grammatikalisch richtigen Textes und setzte mit der karolingischen Minuskel eine neue klare Schriftform durch, welche die unterschiedlichen und obendrein schwer lesbaren merowingischen und angloirischen Schriften ablöste.

Um sein anspruchsvolles Reformwerk durchzusetzen, holte Karl den Angelsachsen Alkuin aus der damals berühmtesten Ausbildungsstätte von York in sein Reich und übertrug ihm die Leitung der Hofschule in Aachen. Dann machte er ihn 796 zum Abt des Martin-Klosters in Tours, das auch noch lange nach dem Tod des Gelehrten 804 über ein leistungsstarkes Skriptorium verfügte. Alkuin sorgte mit eigenen Lehrbüchern für den geistigen Neubeginn und ließ die damals verbindliche lateinische Bibelübersetzung des Hieronymus, die Vulgata, redigieren. Um die Zusammengehörigkeit von Altem und Neuem Testament auch optisch zum Ausdruck zu bringen, wurden sämtliche Bücher der Bibel in einem Band vereint.

Ein sehr kostbar ausgeschmücktes Exemplar dieser Art, das Alkuin Karl dem Großen am Weihnachtsfest im Jahr 800 in Rom darbringen ließ, ging verloren. Erhalten blieben jedoch fast fünfzig Bibeln aus Tours und benachbarten Skriptorien in Westfrankreich, die sich alle in Textaufbau und Dekoration ähneln. Sie zeichnen sich durch ein außergewöhnlich monumentales Format aus, das sich ebenso gut zur Repräsentation wie zum Vorlesen in größerer Gemeinschaft eignete.

Die im Vergleich zu anderen kaiserlichen Prunkhandschriften der Karolingerzeit bescheiden ausgestattete Bamberger Bibel, der am Schluss die Apokalypse fehlt, ist durch das Widmungsgedicht und das Bildnismedaillon Alkuins (fol. 5ᵛ) besonders ausgezeichnet. Sie entstand erst Jahrzehnte nach seinem Tod zwischen 834 und 843 im Kloster Marmoutier nahe Tours. Heinrich II., der seinen Stammbaum auf die Karolinger zurückführte, dürfte dieses Werk dem Bamberger Dom gestiftet haben. Der Codex genoss dort schon in der Mitte des 11. Jahrhunderts große Wertschätzung, wie juristische Nachträge beweisen (fol. 174^v und 379^v).

Die Miniatur auf fol. 339^v mit der Maiestas des Lammes schmückt den Anfang des Neuen Testaments. Das goldene Agnus Dei steht als Christussymbol mit Kreuznimbus auf einer Buchrolle in einem Medaillon, das wiederum von einer großen, im Rahmen kreuzweise verankerten Raute umgeben ist. Der goldene Kelch verweist auf die unblutige Wiederholung von Christi Opfertod am Kreuz im eucharistischen Opfer am Altar. Die goldenen, sich im Opfertier kreuzenden Passionswerkzeuge, Lanze und Stab mit Essigschwamm, beziehen sich auf die Wiederkehr Christi beim Jüngsten Gericht im Zeichen des Menschensohnes (Mt 24, 29–31).

Dem Lamm Gottes wenden sich die vier geflügelten, Bücher haltenden Wesen zu, die Evangelistensymbole: oberhalb vom Lamm der Johannes-Adler, links der Markus-Löwe, rechts der Matthäus-Engel und unten der Lukas-Stier. In den goldge-

108 (fol. 339^v)

rahmten Medaillons befinden sich als Halbfiguren die vier großen Propheten des Alten Testaments. Sie tragen Buchrollen und sind inschriftlich bezeichnet: oben links: „ISAIAS PROPH(ETA)" und rechts: „HIERIMIAS PROPH(ETA)", unten links: „HIEZECHIEL PROPH(ETA)" und rechts: „DANIHEL PROPH(ETA)".

Die Verbindung der Propheten mit den Evangelisten versinnbildlicht die Einheit des Alten und des Neuen Testaments mit Christus in der Mitte. Zugleich ist die Gegenüberstellung von Evangelisten und Propheten Ausdruck der typologischen Beziehung von Verheißung und Erfüllung, während das Lamm für das ewige Leben nach dem Jüngsten Gericht steht (Kat.-Nr. 130). Bei einem derart hohen symbolischen Anspruch leuchtet ein, dass auch Raute, Kreuz und Kreis kosmologisch zu verstehen sind. Einzelne Bildelemente dieser Komposition kehren z. B. in ottonischen Maiestasbildern der Kölner Malerschule (Kat.-Nr. 126) oder im Rückdeckel des Perikopenbuchs (Abb. 66) wieder. Die Darstellung des Figürlichen wurde in der karolingischen Miniatur zugunsten des Symbolischen zurückgenommen, ein Indiz für die Reserviertheit gegenüber dem als heidnisch angesehenen Bilderkult.

Mit der reich verzierten L-Initiale auf fol. 340^r beginnt das Matthäus-Evangelium. Fein abgestufte Schriftarten gliedern den Text. Auf den Buchtitel in goldener

108 (fol. 340^r)

und roter Capitalis quadrata, „INC(I)P(I)T EVA(N)G(ELIUM) SEC(UN)D(UM) MATT(EU)M", folgt der zweizeilige Textanschluss in vergrößerter Halbunzialis, dann beginnt der eigentliche Text in karolingischer Minuskel. Der erste Buchstabe des Wortes „LIBER" ist zur Zierinitiale mit Tierköpfen an den Enden ausgestaltet. In der Mitte des Buchstabenschafts versteckt sich zwischen Segmenten mit Wellenranken ein Medaillon mit einer Personifikation des Windes, die Strahlen ausbläst.

G. S.-R

Dieses mathematisch-philosophische Lehrbuch wurde so prunkvoll ausgestattet, weil es wohl für Kaiser Karl den Kahlen, den Enkel Karls des Großen, bestimmt war.

109 Boethius, De institutione arithmetica

Westfrankreich (Tours), um 845
Handschrift/Pergament, 139 Blätter, 23 x 17, fast 100 mathematische Schemazeichnungen mit reichem Zierrat, 10 Schriftzierseiten, 9 ausgeschmückte Inhaltsverzeichnisse, 2 Miniaturen, Einband der Dombibliothek von 1611; aufgeschlagen fol. 2ᵛ–3ʳ
Staatsbibliothek Bamberg (Msc. Class. 5)

109 (fol. 2ᵛ)

Boethius (475/80–524) verfasste den Text für dieses mathematische Lehrbuch unter Verwendung der pythagoreischen Zahlen- und Harmonielehre der Griechen. Es ist ein Teil seiner Arbeit über die vier höheren Künste des Quadrivium (Arithmetik, Geometrie, Musik, Astronomie), die im Mittelalter als die eigentliche Pforte zum Studium von Philosophie und Theologie verstanden wurden, während die drei Künste des Trivium (Grammatik, Rhetorik, Dialektik) als Propädeutikum (Grundkurs) galten.

Die Dedikationsminiatur (fol. 2ᵛ) zeigt Boethius und Simmachus auf einer Steinbank. „BOECIUS" sitzt rechts und überreicht sein Werk seinem Schwiegervater „SIMMACHUS". Beide sind mit monumentalen Namensinschriften in silbernen Buchstaben auf dem horizontalen Purpurstreifen bezeichnet. Sie halten einen langen herrschaftlichen Stab und tragen die gleiche antikisierende Kleidung. Über einer roten Tunika mit Gürtel wird unter dem Mantelpallium jeweils ein fantastisch ausgestaltetes Schulterstück sichtbar, mit dem in der Antike lederne Oberkörperpanzer verziert waren. Rote Federbüsche bekrönen die Helme. Boethius wird durch den grauen Bart als Weiser charakterisiert.

Der Boethius-Brief an Symmachus (fol. 3ʳ) steht in Capitalis rustica auf neun farblich alternierenden Streifen. Der Text in Purpurschrift ist auf den farblosen Zeilen gut lesbar, die in Goldschrift auf die Purpurbänder geschriebenen Worte lassen sich hingegen nur noch schwer entziffern: „INCIPIT EPISTOLA BOECII/AD SIM-MACHUM PATRICIUM (ci: korrigiert)/SOCERUM V.C. DOMINO SUO PA/TRI-CIO SIMMACHO BOECIUS./MANILIUS SEVERINUS FLORUIT/TEMPORIB(US) TEODERICI REGIS ITAL/ORU(M) TRANSTULITQ(UE) LIBELLU(M)/ISTU(M) DE GRECO IN LATINUM/GEM(M)AVITQ(UE) FLORIB(US) FACUNDIAE ROMA-NAE".

Die Bamberger Abschrift aus der Karolingerzeit überliefert mit der Arithmetik nur einen Teil seiner Arbeiten zum Quadrivium. Für ein normales Schulbuch ist es zu kostbar ausgeschmückt. Dem vorangestellten Widmungsgedicht (fol.1^v–2^r) ist zu entnehmen, dass die Handschrift für einen nicht näher bezeichneten Kaiser („CAESAR") bestimmt war, der den „unbesiegbaren Namen seines Großvaters" trug. Damit können nur Kaiser Karl II. der Kahle, der von 840–877 regierte, und sein Großvater Karl der Große gemeint sein. Ob der Bamberger Codex diejenige Handschrift ist, um deren Übersendung Otto III. den damaligen Domschullehrer von Reims und späteren Papst, Gerbert von Aurillac, in einem Brief 996 bat (MGH Epistolae 4.2, S. 161 f.), ist ungewiss. Jedenfalls ist dieses Lehrbuch eines Kaisers würdig. G. S.-R.

Literatur:
Schemmel, Staatsbibliothek Bamberg, Nr. 7; Guillaumin, Boèce, S. LXV; Koehler, Karolingische Miniaturen, Bd. 1.1, S. 235 f., S. 255 f., S. 401 f., Nr. 39; Bd. 1.2, S. 65 f.

Bischof Bernward holte sich mit dem Diakon Guntbald einen Buchkünstler aus Regensburg nach Hildesheim, der eine breite Kennerschaft berühmter Prunkhandschriften hatte.

GUNTBALD-SAKRAMENTAR

110

Hildesheim, 1014

Handschrift/Pergament, 245 Blätter, 30,5 x 20, zahlreiche Initialen, 8 Schriftzierseiten, 1 Miniatur, moderner Schweinsledereinband; aufgeschlagen fol. 3^v–4^r und fol. 2b^v–3^r

Dom-Museum Hildesheim (DS 19)

Abb. 26

Der kunstsinnige Bernward von Hildesheim (993–1022) schmückte die Kirchen seines Bistums reich aus. Zu seinen Buchstiftungen gehört auch dieses Sakramentar, über dessen Einordnung verschiedene Einträge in einer für diese Zeit ungewöhnlich präzisen Form Auskunft geben. Die erste Notiz (fol. 2a^v) besagt, dass der Codex als Geschenk Bernwards in die von ihm gestiftete Benediktinerabtei St. Michael in Hil-

Literatur:
AK Bernward von Hildesheim, Bd. 2, Kat.-Nr. VIII–25 (U. Kuder); AK Buch und Bild, Kat.-Nr. 8; Hoffmann, Buchkunst, S. 285–289.

110 (fol. 2b^v und 3^r)

desheim gelangte. In der „Benedictio cerei" (fol. 78ᵛ) wird Heinrich II. als Kaiser bezeichnet und Bernward genannt. Ein Nachtrag von anderer Hand (fol. 243ᵛ) überliefert außerdem das Jahr 1014 als Datum und einen Diakon Guntbald als Schreiber. Wie H. Hoffmann ausführt, hatte Guntbald seine Ausbildung im Kloster St. Emmeram in Regensburg erhalten, war wohl auch als Maler tätig und verfertigte für Bernward noch andere Handschriften, darunter ein Evangeliar (Kat.-Nr. 136). Er orientierte sich bei der Ausstattung des Sakramentars an sehr unterschiedlichen Vorbildern und zeigt beispielhaft, wie weit der künstlerische Horizont eines Schreibers mit eher durchschnittlichen figürlichen Darstellungsmöglichkeiten in dieser Zeit war.

Die einzige figürliche Miniatur dieser Handschrift (fol. 3ᵛ Abb. 26) zeichnet den Beginn des Kanons „TE IGITUR CLEMENTISSIME PATER" mit einer Kreuzigung aus, die am entsprechenden Bild im Sakramentar Heinrichs II. (Kat.-Nr. 112) ausgerichtet ist. Die beiden Anfangsbuchstaben T und E bilden das Kreuz, vor dem Christus in majestätischer Ruhe dargestellt ist. Die Begleitfiguren, Maria und Johannes mit ausgeprägten Klagegesten, gleichen denen im Regensburger Vorbild weitgehend, und auch die beiden reich ornamentierten Schriftblöcke oben und unten erinnern an die großen Zierseiten in dieser Handschrift.

Die Präfation (Hochgebet, auf fol. 2bᵛ) wird durch eine besonders aufwändige Zierseite hervorgehoben. Die Anfangsworte „Vere dignum" stehen zu einem Zeichen verknappt als VD-Ligatur vor Purpurgrund in einer mächtigen Säulenstellung, die oben und unten von einem ornamentierten Schriftzierfeld gerahmt wird. Oben sind in goldenen, mit silbernem Rankenwerk durchzogenen Majuskeln die anschließenden Worte „ET IVST(UM)" und unten „EST EQVV(M)" zu entziffern. Durch die hellvioletten, weiß gepunkteten Binnengründe bekommen die Buchstaben den Charakter von Goldschmiedearbeiten auf fein punzierten Streifen, eine Schmuckform, die im Regensburger Sakramentar häufig zu finden ist. Die reich ornamentierten Säulen mit doppelstöckigen Blattkapitellen, Sockelplatte und Architrav dürften hingegen aus einer anderen Quelle stammen. Denn diese aus der Architektur übernommenen Würdeformeln zur Inszenierung von Buchstaben sind ein Charakteristikum ottonischer Handschriften des Fuldaer Skriptoriums, wie z. B. dem um 975 entstandenen Sakramentar (AK Otto der Große, Kat.-Nr. IV.20).

Dem „Vere Dignum" folgt auf fol. 3ʳ eine Schriftzierseite mit der Fortsetzung des Gebetstextes. Die zeilenweise alternierende Gold- und Silberschrift erinnert in ihrer Gestaltung an das Regelbuch aus Niedermünster (Kat.-Nr. 111). Doch bereicherte Guntbald seine Komposition noch dadurch, dass er die Schrift auf einen stoffartig gemusterten Hintergrund setzte. Derartig prunkvolle Textinszenierungen erfreuten sich seit der Heiratsurkunde der Kaiserin Theophanu (AK Otto der Große, Kat.-Nr. III.16) größter Beliebtheit. Im Bernward-Sakramentar ist der Purpurgrund mit einem Muster aus vier Medaillons bedeckt, in dem sich jeweils zwei Ranken speiende Löwen und Adler gegenüberstehen. Diese Motive kommen in heinrizischen Stiftungen häufig vor (Kat.-Nr. 172 und 135). G. S.-R.

Obwohl Heinrich der Zänker nie heilig gesprochen wurde, ist er hier mit einem Nimbus dargestellt.

111 REGELBUCH AUS DEM DAMENSTIFT NIEDERMÜNSTER IN REGENSBURG

Regensburg, um 990 — Handschrift/Pergament, 83 Blätter, 22,5 x 17, 116 Rankeninitialen, 2 Schriftzierseiten, — 4 Miniaturen, moderner Halbledereinband; aufgeschlagen fol. 4ᵛ–5ʳ
Staatsbibliothek Bamberg (Msc. Lit. 142)

Die Handschrift enthält die Ordensregeln der Heiligen Benedikt und Caesarius von Arles. Wie Schriftzierseiten und Bilder zeigen, ließ sie der bayerische Herzog Heinrich der Zänker für das Damenstift Niedermünster in Regensburg anfertigen. In dieser Kirche befand sich die Grablege der bayerischen Heinriche; der Vater des Zänkers war dort bestattet, und seine Mutter Judith trat 973 als Witwe in den Konvent ein. Sie vollendete mit Unterstützung ihres Sohnes den Neubau der Stiftskirche. Die Herzogsfamilie und ihr wichtiger Bündnispartner, Bischof Wolfgang (972–994), scheiterten jedoch beim Versuch, in der hochadligen Kongregation die Benediktregel, also eine strengere Observanz, einzuführen. Dies könnte der Grund dafür gewesen sein, dass Heinrich II. den Codex seinem ursprünglichen Bestimmungsort entzog, um ihn seiner Neugründung, der Benediktinerabtei auf dem Michelsberg in Bamberg, zu übereignen. Das späteste Datum für die Umwidmung dürfte die Weihe im Jahr 1021 gewesen sein. In dem für Frauen konzipierten Text wurden in Bamberg einige weibliche Wortendungen in männliche umgewandelt.

Die im 12. Jahrhundert nachgetragenen Urkundenabschriften (fol. 59ᵛ–61ᵛ)

111 (fol. 4ᵛ)

beziehen sich auf den Klosterbesitz von St. Michael und beweisen die besondere Wertschätzung dieses Werks durch seine neuen Besitzer. Einem Michelsberger Klosterinventar ist zu entnehmen, dass der Codex um die Mitte des 12. Jahrhunderts in der dortigen Sakristei aufbewahrt wurde und ursprünglich mit einem prächtigen Einband aus Gold, Silber und Edelsteinen sowie einer Darstellung des Gekreuzigten geschmückt war.

Die aufgeschlagene Seite (fol. 4ᵛ) zeigt vor einem teppichartig ornamentierten Bildgrund mit verschiedenen Kreuzvariationen Heinrich den Zänker, unbezeichnet, auf einer silbernen, goldumrandeten Fußbank stehend. Er hält einen lilienbekrönten Herzogstab und ein goldenes Buch mit silbernem Schnitt. Die kurze Tunika ist ebenso wie der Mantel und die Beinlinge reich mit Goldmustern verziert. Er trägt einen dunklen Backen- und Kinnbart und hat eine Mittelkopfglatze. Der Ornamentrahmen zwischen goldenen Außen- und silbernen Innenleisten ist mit einem gesprengten Akanthusfries zwischen blauen Palmetten verziert.

Durch das Widmungsgedicht auf der gegenüberliegenden Seite wissen wir, dass Herzog Heinrich der Zänker (955–995) als Stifter der Handschrift dargestellt ist. Seine Auszeichnung mit einem Nimbus ist für einen nicht kanonisierten, noch lebenden Herzog ungewöhnlich, steht aber in antiker Tradition, wonach nicht nur Heilige, sondern auch Herrscher in dieser Weise geehrt wurden.

Literatur:

AK Regensburger Buchmalerei, Nr. 14 (U. Kuder); AK Vor dem Jahr 1000, Nr. 13 (G. Bauer); Hoffmann, Buchkunst, S. 281 f.; Hoffmann, Bamberger Handschriften, S. 148.

Dass sich die Handschrift einige Zeit in Privatbesitz befand und am 16. Juli 1613 von Dorothea Dentzlin zurückgestiftet wurde, dokumentiert der gut lesbare Nachtrag an prominentester Stelle unter dem Bild Heinrichs des Zänkers: „Dono honestiss(imae), Matronae Dorotheae Dentzlin D. Dentzelij b(eatae). m(emoriae). nep(o)tis, D. Udalricj Heissij Augustensis relictae viduae adnumeror Biblothecae Monast(e)rij S. Michaelis in Monte Monachoru(m) prope Bambergam 16. Julij a(nno). ... MDCXIII.“

Das Widmungsgedicht (fol. 5^r) besteht aus zwanzig leoninischen Hexametern in goldenen Minuskeln in einem purpurroten, silbergerahmten Bildfeld. Die ersten drei Zeilen, in denen Heinrich der Zänker als Stifter und seine Mutter Judith als Wohltäterin des Klosters genannt werden, lauten: „Conspicitur pictus dux nobilis atq(ue) serenus/Heinricus praestans Bavvarica regna gubernans,/Progenies domnae uenerabilis alta Ivdittae.“

Die Regelhandschrift wurde im bedeutendsten Skriptorium der Stadt Regensburg, St. Emmeram, bald nach 987 geschaffen, das zur Entstehungszeit unter der Leitung des Abts Ramwold (975–1000) stand, der aus Trier nach Regensburg gekommen war und seiner neuen Wirkungsstätte wichtige Anregungen vermittelt hatte. Der Buchschmuck ist in der monumentalen Frontalität der Figuren vor teppichartig gemusterten Hintergründen am ehesten mit einem Psalter vergleichbar, den sich der Trierer Erzbischof Egbert (977–993) auf der Reichenau bestellte und der heute in Cividale aufbewahrt wird (vgl. Psalterium Egberti).   *G. S.-R.*

Diese Regensburger Handschrift, eine der prachtvollsten aus ottonischer Zeit, stiftete Heinrich II. dem Bamberger Dom.

112 REGENSBURGER SAKRAMENTAR

Regensburg (St. Emmeram), bald nach 1002

Handschrift/Pergament, 358 Blätter, 29,7 x 24, zahlreiche Initialen, 14 Schrift- bzw. Miniaturseiten, Prunkeinband aus der Entstehungszeit (Kat.-Nr. 168); aufgeschlagen fol. 4^v–11^r, fol. 11^v–4^r, fol. 21^v–12^r, fol. 12^v–21^r, fol. 18^v–15^r, fol. 15^v–18^r, fol. 19^v 14^r, fol. 14^v–19^r

Bayerische Staatsbibliothek, München (Clm 4456)

Literatur:
AK Bernward von Hildesheim, Kat.-Nr. II–43 (U. Kuder); AK Regensburger Buchmalerei, Kat.-Nr. 16 (U. Kuder); Dressler, Prachthandschriften, S. 70 f.; Hoffmann, Buchkunst, S. 293 f.; Körntgen, Königsherrschaft, S. 56 passim; Kuder, Ottonen, S. 140, 197 f.; Swarzenski, Regensburger Buchmalerei, S. 63–87.

Dieses römische Sakramentar enthält die Texte der Messe, die der Priester spricht, sowie den Kanon, die Präfationen und die Tagesgebete. Es beginnt mit einem zwölfseitigen Kalender in Goldschrift, in dem die Feste des Kirchenjahrs verzeichnet sind. Der Buchschmuck ist von außerordentlichem Reichtum und verschwenderisch im Umgang mit Gold und Silber. Im vorderen Teil hat jede Seite einen breiten ornamentgeschmückten Rahmen, der variantenreich gestaltet ist. Neben geometrischen Formen in perspektivischer Verkürzung, wie Mäander und Rauten, kommen Wellenranken und große, gefiederte Blattmotive häufig vor, die zum Teil auf einen klein gepunkteten Untergrund aufgebracht sind, sodass sie wie Goldschmiedearbeiten wirken. Die Miniaturen wurden alle mit zuweilen umfangreichen lateinischen Tituli (Bildüberschriften) in goldenen Majuskeln versehen, die meist in die damals gebräuchlichste Versform leoninischer Hexameter gefasst sind und den Bildsinn erläutern oder ihm weitere Bedeutung hinzufügen.

Eine der berühmtesten karolingischen Prunkhandschriften aus der Hofschule Karls II. (des Kahlen) von 870, der Codex Aureus von St. Emmeram (Abb. 29 und 30), diente den Buchkünstlern des Sakramentars als Vorbild. Dieses kostbare Buch war als Geschenk Kaiser Arnulfs von Kärnten (887–899) nach St. Emmeram gekommen. Abt Ramwold (975–1001) ließ es dort restaurieren. Einzelne Miniaturen, wie die mit dem thronenden König, dem Lamm oder der Hand Gottes, und die Incipit-Seiten zitieren mehr oder weniger genau Kompositionen dieser Handschrift.

Das Sakramentar birgt zahlreiche Hinweise auf das Regensburger Kloster St. Emmeram als Herstellungsort und Heinrich II. als Stifter. Die Bezeichnung des Auftraggebers als König, die seine Erhebung 1002 voraussetzt, führt zu einer Datierung vor der Kaiserkrönung 1014. Die Bevorzugung von Augsburger und Regensburger anstelle von Bamberger Heiligen lässt einen Zusammenhang mit der nachdrücklichen Unterstützung dieser Bistümer bei der Durchsetzung der Kandidatur des bayerischen Herzogs vermuten und die Fertigstellung dieses Werks vor der Gründung Bambergs 1007 wahrscheinlich erscheinen. Vermutlich war es zunächst für den Regensburger Dom bestimmt und wurde dann von Heinrich II. der neu gegründeten Domkirche in Bamberg zur Weihe 1012 geschenkt. Bamberger Nachträge über Synoden von 1058 und 1087 vor dem eigentlichen Text (fol. 1ᵛ–3ᵛ) unterstreichen ihre besondere Wertschätzung vor Ort. Im Zuge der Säkularisation kam die Handschrift 1803 nach München.

Das Regensburger Sakramentar wurde an verschiedenen Orten des Reichs nachgeahmt. Rückgriffe lassen sich unter anderem in Handschriften aus Hildesheim (Kat.-Nr. 110) und Minden (Kat.-Nr. 130) nachweisen.

fol. 4ᵛ: Zierseite zum Kalender

Das prunkvoll ausgestaltete Titelblatt zum Kalender, das wie ein Teppich vollständig gemustert ist, verdeutlicht die für die ottonische Buchkunst in Regensburg typische Vereinigung von Wort und Ornament zum Bild. Im Zentrum des achteckigen Mittelfelds steht in monumentaler Größe eine Ligatur aus den Initialen I und N, die durch Flechtbandwerk, das oben in zwei Ranken speienden Löwenköpfen ausläuft, miteinander verklammert ist. Der Textanschluss „[IN]CIPIT MARTYROLOGIUM" folgt auf vier Zeilen, bei denen Wellenranken die Buchstaben so umflechten, dass sie kaum noch als Schriftzeichen wahrgenommen werden können. Die vier Zwickel der äußeren und inneren Rahmung sind mit großen Faltsternen in Medaillons gefüllt.

fol. 11ʳ: Krönung Heinrichs II. (Abb. 2)

Die erste figürliche Darstellung, die Krönung Heinrichs II., folgt auf den Kalender. Vor einem Hintergrund aus vier mosaikartig gemusterten, sich diagonal in Form und Farbe entsprechenden Feldern steht der König mit kurzem Bart im Zentrum. Seine überdimensional große Gestalt reicht bis in den Himmel, wo Christus segnend auf einem Regenbogen in einer goldgrundigen Mandorla thront und ihm eine Bügelkrone aufs Haupt setzt, die mit Lilienaufsätzen verziert ist. Die Feierlichkeit des Krönungsakts wird durch die herrschaftliche Kleidung des Königs unterstrichen. Seine wadenlange Tunika mit breitem edelsteinbesetztem Gürtel und kreuzgemusterten Applikationen lässt klein gepunktete Beinlinge und goldene Prunkschuhe sichtbar werden. Alle Gewandsäume sind mit gemusterten Goldborten besetzt. Sein blaues Mantelpallium wird auf der Schulter mit einer goldenen, edelsteinverzierten Brosche geschlossen.

Vier nimbierte Begleitfiguren assistieren dem Herrscher paarweise. Zwei vom Himmel herabfliegende Engel überreichen ihm in ehrfurchtsvoll verhüllten Händen die Heilige Lanze und das mit Bändern umwickelte Reichsschwert, wobei die Lanze durch die Position zur Rechten Christi hervorgehoben ist. Lanze und Schwert haben durch die Umhüllung mit edelsteingeschmückten Futteralen ihren Charakter als Kriegswaffen verloren, sind aber auch nicht als Reichsinsignien erkennbar (Kat.-Nr. 51). Die Lanze ist vielmehr durch ihre Bekrönung mit einem kleinen Kruzifix über einer goldenen Kugel und durch sprießende Astansätze am Schaft als Kraft spendender Lebensbaum gekennzeichnet (Kat.-Nr. 135).

Zwei Bischöfe in Pontifikalgewändern stützen Heinrichs erhobene Arme. Der hl. Ulrich nimmt die Ehrenposition zur Rechten Christi ein und ist auch durch seine Haarfarbe als der Ältere ausgezeichnet. Der als Retter Augsburgs gefeierte Bischof (890–973) war erst rund zehn Jahre vor Fertigstellung der Handschrift, im Jahr 993, heilig gesprochen worden. Dass er von den ottonischen Kaisern besonders verehrt wurde, zeigt nicht zuletzt die ungewöhnlich schnelle Erhebung seiner Gebeine schon 20 Jahre nach seinem Tod (Kat.-Nr. 116). Die Verehrung des hl. Emmeram von Regensburg, eines fränkischen Missionsbischofs, beschränkte sich eher auf den süddeutschen Raum. Die Bedeutung der beiden rahmenden goldenen Säulen im Krönungsbild zwischen dem Herrscher und den Bischöfen ist ungeklärt. Sie könnten auf die beiden Säulen im Tempel Salomons verweisen, die Kraft und Festigkeit bzw. Altes und Neues Testament symbolisieren.

Überall auf der Bildseite sind Inschriften versteckt; die um die Mandorla herumgeführten Verse nach einem goldenen Segenskreuz oben rechts lauten: „+ CLEMENS XPE (CHRISTE) TUO LONGV(M) DA VIVERE XPICTO. VT TIBI DEUOTUS N(ON) PERDAT TEMPORIS VSUS" (Gnädiger Christus, gib deinem Gesalbten ein langes Leben, dass er dir ergeben den Gebrauch der Zeit nicht vergeude). Weitere Tituli umranden die Figurenfelder und beginnen unter den Füßen des Herrschers: „+ ECCE CORONATUR DIUINITUS ATQ(UE) BEATUR/REX PIUS HEINRICVS P(RO)AUORUM STIRPE POLOSUS./+ HUIUS UODALRICUS COR REGIS SIGNET ET ACTUS/+ EMMERAMMUS EI FAVEAT SOLAMINE DULCI./PROPULSANS CURAM SIBI CONFERT ANGELUS HASTA(M)./APTAT ET HIC ENSE(M) CUI P(RAE)SIGNANDO TIMORE(M)" (Siehe, von Gott wird gekrönt und gesegnet der fromme, durch den Stamm seiner Ahnen hoch gerühmte König Heinrich. Ulrich möge das Herz und die Taten des Königs segnen, Emmeram möge ihn mit süßem Trost beglücken. Ein Engel bringt die Lanze und wehrt dadurch ängstliche Sorge von ihm ab; der andere übergibt ihm das Schwert, mit dem er Furcht verbreiten wird.)

Durch Text und Bild wird deutlich, dass in dieser Miniatur nicht das konkrete Ereignis der Königskrönung im Mainzer Dom vom 7. Juni 1002 gemeint sein kann. Es ging vielmehr darum, den Herrscher als Stellvertreter Gottes auf Erden zu inszenieren. Die weit ausgreifende Armgeste des Königs erinnert an Mosesdarstellungen im Kampf gegen die Amalekiter, dem Aaron und Hur so lange die Arme stützten, bis die Schlacht mit Gottes Hilfe gewonnen war (Ex 17,8–16). Diese Präsentation der Hauptperson in einem Dreifigurenbild lässt sich verschiedentlich in dieser Zeit nachweisen, so im Pontifikale Heinrichs II. (Kat.-Nr. 117). Sie war aber auch auf Heilige und Bischöfe, wie den hl. Ulrich (Kat.-Nr. 116) oder Sigebert von Minden (Kat.-Nr. 131), übertragbar.

Weil es für das Krönungsbild im Codex Aureus von St. Emmeram kein Vorbild gab, entwickelte man eine neue, speziell auf Heinrich II. zugeschnittene Komposition, die sich an byzantinischen Herrscherbildern orientierte, wie sie etwa der Basileios-Psalter überliefert (Abb. 34).

11ᵛ: Thronbild Heinrichs II. (Abb. 31)

Auf die Krönungsdarstellung folgt das mit einem perspektivisch gestalteten Mäanderband gerahmte zweite Herrscherbild. Der König sitzt frontal auf einem kastenförmigen, reich mit Edelsteinen besetzten goldenen Thron unter der Kuppel eines mächtigen Ziboriums, das von vier Säulen getragen wird und als Abbild des Himmels zu verstehen ist. Das herrschaftliche Gewand ist noch reicher mit größeren Applikationen geschmückt als im vorangehenden Bild, der Krone fehlt hier der Bügel. Heinrich hält in seiner Rechten ein kleines Kreuzzepter und in der Linken einen kreuzbekrönten Reichsapfel. Sein Haupt wird von einem Ehrentuch hinterfangen, über dem die segnende Hand Gottes erscheint.

Vier Personen, die ihrer Bedeutungsperspektive entsprechend verkleinert sind, wenden sich dem Herrscher zu, zwei weitere befinden sich oben in den Zwickeln. Die beiden jugendlich gegebenen Waffenträger in kurzen Tuniken flankieren den Herrscher in schmalen, niedrigeren Arkaden mit Kronen, die von den Gewölbescheiteln herabhängen. Der zur Rechten präsentiert das mit Bändern umwickelte Schwert, der zur Linken Lanze und Schild. Von außen treten zwei gekrönte Frauen mit erhobenen Füllhörnern heran, denen blühende Ranken entwachsen. Es sind wie die beiden Dreiviertelfiguren in den Zwickeln neben dem Baldachin personifizierte Gaben bringende Völker.

Die gut lesbare goldene Inschrift in drei Zeilen über und unter der Darstellung lautet: „ECCE TRIUMPHATIS TERRARUM PARTIB(US) ORBIS. INNUMERAE GENTES DOMINANTIA IUSSA GERENTES MUNERIBUS MULTIS VENERATUR CULM(EN) HONORIS. – TALIA NUNC GAUDE FIERI REX O BENEDICTE NAM DITIONE TUA SUNT OMNIA IURA SUBACTA H(A)EC MODO SUSCIPIAS C(A)ELI SUMPTURE CORONAS." (Siehe, nachdem die Teile des Erdkreises besiegt sind, führen unzählige Völker die Befehle des Herrschers aus und verehren mit vielen Geschenken den Gipfel der Ehre. Freue dich, gesegneter König, dass jetzt solches geschieht, denn deiner Macht ist alles Recht unterworfen. Nimm dieses jetzt an, künftig wirst du die himmlische Krone erlangen.)

12ʳ: hl. Gregor

Die Miniatur folgt auf die Herrscherbilder und steht vor der Präfation. Unter einem Arkadenbogen sitzt Gregor als Papst mit Pontifikalgewändern und einem goldenen Manipel (Stola) über seinem linken Armgelenk bekleidet in einem Gehäuse, das mit Rundbogenreihen und Okuli (Rundfenstern) sowie einem Eckturm so ausgestaltet ist, dass man das Sitzmöbel für ein Gebäude halten möchte. Er hat sich nach rechts gewandt und hält als Autor des Sakramentars Schreibfeder und Radiermesser. Er ist dabei, den Text zu notieren, den ihm die vom Himmel herabfliegende Taube des Hl. Geistes eingibt. In den Rankenstreifen über seinem Haupt verbirgt sich seine Namensinschrift „GREG(ORIUS) P(A)P(A)". Dasselbe Thema wurde auf der Rückseite des Einbands ein zweites Mal von einem Goldschmied grundsätzlich anders ausgestaltet (Kat.-Nr. 168).

12ᵛ: Incipit-Seite

Dieses Blatt ist eine von zwei Titelseiten zum Sakramentar. Es enthält in kunstvoll verschlungener Anordnung nur das Wort „Incipit" (Es beginnt).

14ʳ: Vere-Dignum-Seite (Abb. 21)

Die Präfation beginnt mit einer großen Ligatur aus V und D, den Anfangsbuchstaben der ersten beiden Worte „Vere dignum". Mit Rankenwerk und Flechtbändern verziert und durch ein Kreuz fest mit-

112 (fol. 12ʳ)

einander verbunden, haben die Buchstaben ihren Schriftcharakter verloren und sind zu einem magischen Zeichen geworden. In den fünf sich anschließenden Zeilen wird das Gebet fortgesetzt.

14ᵛ: Schriftzierseite

Auf dieser vierzehnzeiligen Zierseite wird der Text der Präfation weitergeführt. Er beginnt mit den Worten: „PER QUEM MAIESTATEM TUAM LAUDANT ANGELI".

15ʳ: Kreuzigung (Abb. 27)

Der Beginn des Kanons ist wie in vielen Sakramentaren mit der Darstellung der Kreuzigung geschmückt. Im Zentrum wird Christus als bärtiger, langhaariger Toter mit geschlossenen Augen an einem halbseitig silbernen und goldenen Kreuz präsentiert. Da weder Hände noch Füße ans Kreuz genagelt zu sein scheinen, bekommt sein Stehen etwas Majestätisches, und die weit ausgebreiteten Arme erscheinen wie ein Segensgestus. Sein streng stilisierter Körper zeigt keine Spuren des Leidens, weil Christus als Triumphator über den Tod und als Erlöser der Menschheit figurieren sollte.

Maria und Johannes mit Buch wenden sich trauernd dem Kreuz zu. Ihre lateinischen Namensbeischriften sind in byzantinisierender Weise senkrecht untereinander gesetzt, sodass sie als Kolumnen die Figuren rahmen. Über den Kreuzbalken wenden sich Sol als männliche und Luna als weibliche Halbfigur klagend mit verhüllten, zur Wange gehobenen Händen vom Geschehen ab. Sie sind am Strahlenkranz und der Mondsichel ebenso wie durch Namensbeischriften gut erkennbar. Dagegen verschwinden die Köpfe und Flügel der vier Evangelistensymbole, die aus kleinen Wolkensegmenten auf den Gekreuzigten herabblicken, fast in den Ecken des breiten Rahmens. An dieser Bildkomposition orientierte sich auch der Maler des Kanonbildes im Sigebert- und Guntbald-Sakramentar (Kat.-Nr. 129).

In der gut lesbaren goldenen Inschrift auf dem Purpurstreifen unter dem Querbalken wurde die Benennung der Szene in teilweise missverstandenen bzw. fehlerhaften griechischen Buchstaben wiedergegeben: „НСТАΌ ΦΡΩСIС".

15ᵛ: Frauen am Grabe (Abb. 25)

Unmittelbar vor Beginn des Kanons steht das Osterbild. Das Zentrum der Bildfläche ist mit einem monumentalen, mehrstöckigen Grabbau gefüllt, neben dem auf der schräg gestellten Grabplatte ein riesiger Engel mit Kreuzstab sitzt. Er weist auf die leere Grabeshöhle, in der sich nur zwei zusammengewickelte Leichentücher befinden. Die Inschrift in der Türumrandung lautet: „PETRA SEPULCHRALIS DIGNE MERITO VENERARIS" (Grabstein, zu Recht wirst du würdig verehrt).

Der Engel wendet sich zwei Frauen zu, von denen die vordere ein Weihrauchgefäß schwenkt. Auf der Spitze des Mausoleums sitzen zwei winzige Wächter mit Schilden und riesigen Lanzenblättern zwischen zwei überdimensionierten Blattrosetten, welche die beiden den Grabbau flankierenden Bäume bekrönen. Die Umschrift lautet: „CUSTODES CASSI SERVANT HIC CLAUSTRA SEPULCHRI. ANGELUS HIC DOMINI SOLVIT SIGNACULA BUSTI" (Die Wächter des leeren Grabes halten es in Gewahrsam. Der Engel des Herrn löst die Versiegelung des Grabmals).

21ʳ: Pax Domini

Der Kanon schließt mit dieser Zierseite, in der die segnende rechte Hand Gottes im Zentrum steht. Sie reicht aus einem Wolkensegment heraus und weist auf einen kleinen goldenen Kelch. Der Titulus im Medaillonrahmen lautet: „S(AN)C(T)A D(E)I PATRIS BENEDICAT DEXTERA NOB(IS)+ OM(NES) ATQUE SUO NOS SALVET UBIQUE SUB UMBRO+" (Die heilige Rechte Gottvaters segne uns alle, und er bewahre uns überall unter seinem Schutz). Außerdem stehen in den beiden Schriftfeldern über und unter dem Mittelfeld die Worte des Schlusssegens: „PAX D(OMI)NI S(IT) SEMP(ER) VOB(IS)CU(M)" (Der Friede des Herrn sei immer mit euch).

21ᵛ: Lamm Gottes

Der Kanon schließt mit einer Bildseite, in der das Agnus Dei mit Kreuznimbus im Zentrum steht. Die Umschrift im Medaillonrahmen lautet: „AGNE. DEI. NOSTRUM MISERANDO TOLLE PECCATUM". Aus den vier Eckmedaillons wenden sich ihm die Evangelistensymbole mit Schriftbändern zu: oben links der Matthäus-Engel und rechts der Johannes-Adler, unten links der Markus-Löwe und

112 (fol. 21ᵛ)

rechts der Lukas-Stier. Die Tiere sind ganzfigurig, der Engel im Halbprofil gegeben. Im Bildfeld befinden sich außerdem sechs Schriftfelder, in denen die Schlussworte des Kanons gerahmt und mit Rankenwerk durchflochten aufgeführt sind: „AGN(US) D(E)I QUI TOLLIS. PECCATA. MUNDI. MISERERE NOBIS" (Lamm Gottes, das du hinwegnimmst die Sünden der Welt, erbarme dich unser). Die Inszenierung der Buchstaben zeigt, wie die Schrift als Darstellung des Wortes zum Schmuck wird.

G. S.-R.

Heinrich II. förderte den Kult der Gottesmutter auf besondere Weise.

EVANGELISTAR

113

> Vermutlich Seeon, 1002–1014
>
> Handschrift/Pergament, 124 Blätter, 24,5×17,5, 154 goldene Rankeninitialen,
>
> 3 Initialzierseiten, 10 Miniaturen, Einband der Entstehungszeit aus rotem byzantinischen
>
> Seidenstoff (Samit) mit Vogelmuster; aufgeschlagen fol. 7ᵛ–8ʳ und Vorderdeckel
>
> Staatsbibliothek Bamberg (Msc. Bibl. 95)

Abb. 6

Im doppelseitigen Dedikationsbild (fol. 7ᵛ–8ʳ) bringt Heinrich II. als Stifter Maria, die sich huldvoll zu ihm wendet, in bloßen Händen ein Buch mit kostbar geschmücktem Deckel dar (Abb. 6). In den Arkadenbögen sind beide Personen bezeichnet. Der lateinischen Inschrift „S(AN)C(T)A MARIA" folgt die mit einzelnen griechischen Buchstaben durchsetzte Bezeichnung „ΘΕΟΤΟCΟS", das griechische Wort für Gottesgebärerin. Der Herrscher ist als „HEINRICUS REX PIUS" benannt.

Die beiden Miniaturen schließen an die Evangelisten-Bilder an und stehen vor vier Szenen zum Christusleben. Die zweiteilige Darstellung, die in heinrizischer Kunst sehr häufig ist, entspricht spätantiken Elfenbeintafeln (Konsulardiptychen), die beim Amtsantritt römischer Konsuln angefertigt und als besondere Würdeformel in Byzanz auf Christus und Maria übertragen wurden. In den Miniaturen wird inhaltliche Zusammengehörigkeit auch durch formal einheitliche Gestaltung der Seiten mit gleichen Palmettenrahmen auf Bodenstreifen zum Ausdruck gebracht. Die beiden Figuren scheinen vor dem Goldgrund zu schweben, ihre Füße berühren die Standflächen nicht. Würdeformeln, wie die von Säulen getragenen Arkadenbögen mit den Namensinschriften und die mit Goldflecken verzierten seitlichen Purpurfelder, steigern den Eindruck. Den christusähnlichen Anspruch des Herrschers dokumentiert auch seine gleichrangige Darstellung mit der Gottesmutter, die sich nur

Literatur:
AK Evangeliar Heinrichs des
Löwen, Nr. 10 (F. Mütherich);
AK Schreibkunst, Nr. 19
(B. Schemmel); Hoffmann,
Buchkunst, S. 406; Hoffmann,
Bamberger Handschriften,
S. 114 f.; Schorta, Seidengewebe,
Kat.-Nr. 46; Schramm/
Mütherich, Denkmale, Nr. 115;
Suckale-Redlefsen,
Buchmalerei, S. 180 f.

durch den Heiligenschein von ihm unterscheidet. Heinrich II. ist bärtig und trägt auf dem Haupt eine Bügelkrone aus einem edelsteinverzierten Reif mit goldenen Kugeln und Pendilien. Sein Mantelpallium wird mit einer Schmuckfibel auf der Schulter zusammengehalten und ist am Saum mit goldenen Applikationen verziert.

Der Inschrift im Arkadenbogen ist zu entnehmen, dass Heinrich zum Zeitpunkt der Buchstiftung noch König war. Deshalb wird dieser Codex vor 1014 entstanden sein. Ob er von vornherein für die Bamberger Domkirche konzipiert wurde oder – wie das Regensburger Sakramentar (Kat.-Nr. 112) – zunächst für einen anderen Ort bestimmt war, muss offen bleiben. Denn das Marienpatrozinium wurde nicht nur für die Neugründung an der Regnitz, sondern für fast alle Domkirchen gewählt. Außerdem blieben andere für Bamberg spezifische Heilige, wie Petrus oder Georg, ohne Festeintrag. Weil der hl. Lambert als Seeoner Lokalpatron zusammen mit der hl. Walpurga vom benachbarten Frauenkloster in die Heiligenliste aufgenommen ist, wird die Handschrift in das Kloster Seeon lokalisiert. Stilistisch stehen die Miniaturen Regensburger Werken (Kat.-Nr. 111), aber auch Reichenauern der so genannten Ruodprecht-Gruppe des ausgehenden 10. Jahrhunderts nahe.

Die Handschrift zeichnet sich nicht zuletzt durch ihren originalen Einband aus. Anders als bei den nach München gelangten Prunkhandschriften des Bamberger Doms (Clm 4451–4454, 4456) mit ihren schweren, verzierten Holzdeckeln liegen die Buchseiten dieses Evangelistars nur zwischen doppelten Pergamentblättern, die mit einem kostbaren roten Seidenstoff aus Byzanz bezogen sind. Ursprünglich wird dazu ein reich geschmückter Buchkasten gehört haben, in dem der Codex aufbewahrt wurde.

G. S.-R.

Zur musikalischen Ausgestaltung des Gottesdienstes wurden die liturgischen Bücher mit Neumen (Noten) versehen, die zeilenlos über dem Text stehen.

114 Graduale und Sequentiar

Regensburg (St. Emmeram), 3. oder 4. Viertel 10. Jahrhundert

Handschrift/Pergament, 98 Blätter, 29 x 24, ca. 200 Rankeninitialen, davon ? historisiert, 1 Vorzeichnung, 1 Initiumzierseite, Einband der Dombibliothek von 1611;

Abb. 32 und 33

aufgeschlagen fol. 8ᵛ–9ʳ

Staatsbibliothek Bamberg (Msc. Lit. 6)

Literatur:
AK Otto der Große,
Kat.-Nr. IV.61 (R. Kahsnitz);
AK Regensburger Buchmalerei,
Kat.-Nr. 12 (U. Kuder);
Camilot-Oswald, Gebetbücher,
S. 113–156; Lank, Codex 121
Einsiedeln, Register; Hoffmann,
Buchkunst, S. 280 f.; Hoffmann,
Bamberger Handschriften,
S. 144; Paucker, Graduale.

Das Graduale enthält die Messgesänge für das Kirchenjahr, Antiphonen und Tropen, die vom Chor gesungen werden, sowie Sequenzen Notkers. Der St. Galler Mönch mit dem Zunamen Balbulus, der Stammler, zählte zu den berühmtesten Dichtern seiner Zeit. Die Bamberger Handschrift ist eine verlässliche Quelle für seine Gesänge. Vor allem ist sie wegen ihrer Neumen berühmt, einer Frühform der Notengebung, die im Graduale zeilenlos über dem Text stehen und als „litterae significativae" bezeichnet werden. Sie folgen den Bräuchen im Kloster Einsiedeln, wo der hl. Wolfgang seine Lehrjahre verbrachte.

Die „Laudes regiae", die Herrscherakklamationen (fol. 92ʳ), wenden sich an einen nur allgemein als „Serenissimo regi nostro" bezeichneten König und eine Königin. Bezöge sich dieser Eintrag auf Otto I., müsste die Handschrift vor seiner Kaiserkrönung im Jahr 962 entstanden sein. Gegen ein so frühes Datum spricht das Fehlen vergleichbarer Initialen in Regensburger Handschriften dieser Zeit. Die variantenreiche Rankenornamentik ist in die Regensburger Produktion von St. Emmeram zur Zeit des hl. Wolfgang (972–994) einzuordnen, die den südwestdeutschen Schulen St. Gallen, Einsiedeln und der Reichenau nahe stand (AK Regensburger Buchmalerei, Kat.-Nr. 12 und 15). Deshalb könnte die Formulierung auch ohne aktuellen Bezug aus einer Vorlage übernommen worden sein.

Auf eine Entstehung dieser Handschrift in Regensburg weist unter anderem die besondere Würdigung des Lokalpatrons Emmeram. Die Sequenz zu seinem Geburtstag wurde in Regensburg verfasst (fol. 88^r–v). Außerdem wird sein Name in der Litanei genannt (fol. 92^r). Da zudem das Fest des hl. Petrus, des Hauptpatrons des Regensburger Doms, mit einer großformatigen Initiale ausgezeichnet wurde, legt die Auswahl der Heiligen die ursprüngliche Bestimmung für diesen Ort nahe. Dass sich die Handschrift seit dem 11. Jahrhundert in Bamberg befand, beweisen Nachträge.

Die Initiumzierseite (fol. 8^v, Abb. 32) verzeichnet auf dem purpurroten, kostbar gerahmten Binnenfeld in goldener Capitalis rustica als ersten Festtag den 1. Advent, mit dem das Graduale beginnt: „DOMINICA QUARTA ANTE NATALE D(OMI)NI" (Der vierte Sonntag vor der Geburt des Herrn). Die Rahmenleisten sind mit unterschiedlichen Blattfriessegmenten dicht gefüllt. Ursprünglich befand sich diese Seite am Beginn der Handschrift und leitete den Introitus, den einführenden Messgesang, ein, der mit den Worten „[AD TE] LEVAVI" beginnt. Um das Blatt besser zu schützen, stellte man es vermutlich bei der Neubindung 1611 um. Heute hat es seinen Platz zwischen dem ersten und zweiten Messgesang für den Apostel Johannes.

Das Graduale muss viel benutzt worden sein, denn es zeigt überall Gebrauchsspuren, die auch den qualitätvollen Buchschmuck betreffen. So wurde auf der aufgeschlagenen Textseite (fol. 9^r) so intensiv radiert, dass in der 9. Neumenzeile ein Loch entstand. Außerdem ist der äußere rechte Rand teilweise verloren, ein Riss genäht und ein modernes Pergamentstück als rechte untere Ecke eingesetzt.

Ähnlich wie beim Regensburger Sakramentar (Kat.-Nr. 112) diente ein Blatt aus dem karolingischen Codex Aureus von St. Emmeram (fol. 13^r) als Vorlage zur Dekoration der Initiumseite (Abb. 33). Zusammen mit anderen Regensburger Handschriften, dem Sakramentar, dem Regelbuch aus Niedermünster (Kat.-Nr. 111) und dem Pommersfeldener Perikopenbuch kam das Werk sicherlich durch die Intervention Heinrichs II. nach Bamberg. G. S.-R.

Heinrich II. zeichnete die italienische Erzabtei der Benediktiner, das Kloster Montecassino, durch die Stiftung dieses kostbaren Evangeliars aus.

EVANGELIAR 115

Regensburg, vor 1024

Handschrift/Pergament, 256 Blätter, 27,8 x 22,5, 12 Kanontafeln, 4 Initialzierseiten,

4 Miniaturen, neuzeitlicher weißer Pergamenteinband; aufgeschlagen fol. 193^v–194^r

Biblioteca Apostolica Vaticana, Città del Vaticano (Ottob. lat. 74)

Die Handschrift mit den vier Evangelien stammt aus Montecassino, dem südlich von Rom gelegenen Mutterkloster des Benediktinerordens und der Begräbnisstätte des Ordensgründers, Benedikt von Nursia.

Dieser Heilige, den Heinrich II. besonders verehrte, soll ihn der Legende nach über Nacht von einem schweren Nierenleiden geheilt haben. Das mächtige Kloster war im 11. Jahrhundert ein wichtiger Bündnispartner der Kaiser im stark umkämpften Süditalien. Heinrich besuchte diesen Ort im Juni 1022, und Quellen überliefern unter seinen Geschenken auch ein kostbar ausgeschmücktes Evangelienbuch, bei dem es sich um diesen Codex handeln dürfte. Mit der Sammlung des Kardinals und späteren Papstes Pietro Ottoboni gelangte die Handschrift 1748 in die vatikanische Bibliothek. Der Buchschmuck ist teilweise beschädigt, wie die beiden ausgeschnittenen und neu aufgeklebten Miniaturen zum Matthäus-Evangelium (fol. 15^v–16^r) zeigen.

115 (fol. 193ᵛ)

Das Herrscherbild (fol. 193ᵛ) ersetzt das Bild des Evangelisten Johannes. Ob es ursprünglich hierfür geplant wurde oder anstelle des Autorenporträts später eingefügt wurde, ist umstritten. Es zeigt den Kaiser thronend im Zentrum und in der vordersten Ebene eines komplizierten dreischichtigen Bildschemas. Bekleidet mit herrschaftlichen Prunkgewändern und einer langen, goldenen Stola trägt er eine goldene Weltkugel mit einem kleinen aufgesteckten Kreuz und eine Bügelkrone mit Pendilien. Dem Kaisermedaillon sind zwei weitere Schichten zugeordnet, die in jeweils vier Feldern Herrschertugenden charakterisieren. Die erste besteht aus einer Vierpass-Komposition, die kreuzförmig um die Mitte gruppiert ist. Die weiblichen Halbfiguren rechts und links mit goldenen Juwelenkragen und offenen Büchern sind durch ihre Größe hervorgehoben. Zur Rechten des Herrschers ist die Sapientia (Weisheit) dargestellt, seit Salomon die wichtigste königliche Tugend, zur Linken die Prudentia (Klugheit). Die vom Himmel im oberen Kreissegment herabschwebende Taube des Heiligen Geistes versinnbildlicht die allgegenwärtige göttliche Gnade und die Gerichtsszene unten die richterliche Gewalt des Herrschers. Dort kniet mit flehend erhobenen Händen ein Mann vor einem Scharfrichter, der das

Richtschwert aus der Scheide zieht und auf Weisungen wartend zum Kaiser empor-blickt. Es ist eher unwahrscheinlich, dass hier auf ein bestimmtes historisches Ereignis angespielt wird, weil die richterliche Gewalt des Kaisers allgemein thematisiert ist.

Die Medaillonkomposition wird von einem blau-weiß-rot gemusterten Feld hinterfangen, das in den Ecken der Rahmenleisten Darstellungen von vier kleineren Tugendpersonifikationen als Ganzfiguren in Arkaden zeigt. Oben links ist die Gerechtigkeit (IUSTITIA) mit einer Waage, rechts die Frömmigkeit (PIETAS) mit demütig auf der Brust gekreuzten Armen dargestellt, unten links das Gesetz (LEX) und rechts das Recht (IUS).

Allen neun Bildfeldern sind ausführliche goldene Beischriften in abgestufter Größe zugeordnet, die sich mit der Rechtmäßigkeit der Herrschaft aufgrund der Erbfolge, des göttlichen Beistands und der würdevollen Herrschertracht als Zeichen priestergleichen Königtums beziehen. Weil Heinrich gleichzeitig als König, Kaiser und Augustus tituliert wird, können aus diesen Bezeichnungen keine genaueren Rückschlüsse auf die Datierung gezogen werden. Zweifel an der Identifizierung des Herrschers als Heinrich II. lassen sich durch ikonografische und stilistische Argumente widerlegen.

In der Auswahl der Tugenden und ihrer Anordnung wurden Ideen aus dem Ramwold-Bild im Codex Aureus von St. Emmeram (Abb. 29) aufgegriffen, die in verschiedenen Regensburger Handschriften wiederkehren. Das anspruchsvolle religiös-politische Programm entspricht in seiner Komplexität dem um 1020 entstandenen Uta-Evangelistar (Bayerische Staatsbibliothek, München, Clm 13601; Cohen, Uta Codex). Für die Handschrift aus Montecassino kann deshalb kein wesentlich späteres Datum infrage kommen.

Die Initialzierseite (fol. 194ʳ) leitet das Johannes-Evangelium ein. In der Mitte der Seite steht ein goldenes Geflecht aus Spaltleisten, Knollenblätterranken und Flechtbändern mit der Ligatur aus den Buchstaben „INO", das von einer Basis- und Kopfleiste mit den Anfangsworten des Johannes-Evangeliums eingeschlossen wird: „IN PRINCIPIO ERAT VERBUM (ET VERBUM) ERAT A(PU)D D(EU)M". Die an der linken Seite beginnende Rahmenumschrift lautet: „INICIUM SANCTI EUANGELII SECUNDUM IOHANNEM GL(ORI)A TIBI D(OMI)NE".

Es ist bezeichnend für Heinrich II., dass er am Ende seines Lebens noch einmal einen wichtigen Auftrag an das Skriptorium von St. Emmeram in Regensburg vergab und nicht an die Reichenau. St. Emmeram erschien ihm offensichtlich für den Entwurf des ausgeklügelten intellektuellen Programms besonders geeignet, mit dem er die Mönche in Montecassino beeindrucken wollte. Zugleich sollte es die politische Botschaft vermitteln, dass der von Gott auserwählte Kaiser in der Lage war mit harter Hand, aber besonnen durchzugreifen. Es ist jedoch an Motivzitaten in zahlreichen italienischen Handschriften des 11. und 12. Jahrhunderts ablesbar, dass man sich im Süden vor allem von der fremdartigem Schönheit der Initialornamentik, nicht vom Herrscherbild beeindrucken ließ. *G. S.-R.*

Literatur:

AK Bernward von Hildesheim, Bd. 2, Kat.-Nr. II–40 (U. Kuder); AK Biblioteca Apostolica Vaticana, Kat.-Nr. 13 (U. Surmann); AK Regensburger Buchmalerei, Kat.-Nr. 18 (U. Kuder); Hoffmann, Buchkunst, S. 300f.; Keller, Bildnis; Körntgen, Königs-herrschaft, S. 315 passim; Swarzenski, Regensburger Buchmalerei, S. 123 ff.; Wollesen, A pictorial Speculum Principis.

Das Andenken an den hl. Ulrich von Augsburg wurde von Heinrich II. und seinen Gefolgsleuten besonders gefördert.

116 HAGIOGRAFISCHE SAMMELHANDSCHRIFT

Reichenau, 1020–1030

Handschrift/Pergament mit Nachträgen des späteren 11. und 12. Jahrhunderts, 137 Blätter, 20,5 x 14,5, Buchschmuck im älteren Teil: 3 goldene Rankeninitialen, 1 Miniatur, Ledereinband (15. Jahrhundert) mit Blindstempeln von Jodocus Wist (Ulm), 2 Schließen verloren; aufgeschlagen fol. 26ᵛ–27ʳ – Österreichische Nationalbibliothek, Wien (Cod. 573)

116 (fol. 26v)

In der Handschrift sind Lebensbeschreibungen von Heiligen der Diözesen Konstanz und Augsburg zusammengefasst. Da sie teilweise unvollständig waren, ergänzte man sie im 12. Jahrhundert. Die Widmungsverse geben Auskunft über die Entstehungszusammenhänge des älteren Teils. Demnach beauftragte Fridebold den Reichenauer Abt Bern (1008–1048) mit einer Neufassung der Ulrichsvita. Da Fridebold von 1020 und 1030 dem Kloster St. Ulrich und Afra in Augsburg vorstand, sind die Eckdaten für die Datierung der Handschrift gesichert.

Ulrich hatte sich in seiner 50-jährigen Regierungszeit als Bischof von Augsburg (923–973) große Verdienste erworben. Seit seiner tatkräftigen Unterstützung im Kampf gegen die Ungarn im Jahr 955 feierte man den Vertrauten Kaiser Ottos I. als Retter Augsburgs. Schon 20 Jahre nach seinem Tod wurde er kanonisiert. Heinrich förderte den Ulrichskult unter anderem dadurch, dass er die Eingeweide Ottos III. in seiner Augsburger Begräbniskirche beisetzen ließ.

Die besondere Bedeutung des Bistums Augsburg für Heinrich II. wird auch durch die Berufung seines Bruders Brun auf den Bischofsthron deutlich, der dort von 1006 bis 1029 regierte. Noch heute befindet sich im Diözesanmuseum von St. Ulrich und Afra ein reich mit Miniaturen geschmücktes Evangeliar, dessen Stifter unbekannt ist. Ikonografisch und stilistisch gehört diese Handschrift jedoch in die Gruppe von Reichenauer Handschriften der Heinrichszeit.

Heinrich II. förderte auch Berns Erhebung zum Abt der Reichenau und übertrug dem Skriptorium des Inselklosters einige seiner wichtigsten Buchaufträge. Der berühmte Gelehrte verfasste neben der Ulrichsvita zahlreiche Schriften zur Liturgie, Musik und Komputistik. Für seine Lebensbeschreibung des hl. Ulrich griff Bern auf zwei ältere Textsammlungen des Augsburger Dompropstes Gerhard zurück. Die Wiener Handschrift gilt als Widmungsexemplar, das er vermutlich weitgehend selbst schrieb und in seinem Kloster mit Buchschmuck ausstatten ließ. Für die einleitende Miniatur wurde mit dem repräsentativen Dreifigurenbild ein in der Heinrichszeit geläufiges, in verschiedenen Werkstätten benutztes Kompositionsschema verwendet, wie beispielsweise die Krönung Heinrichs im Regensburger Sakramentar (Kat.-Nr. 112) bzw. seine Präsentation im Bamberger Pontifikale (Kat.-Nr. 117) zeigt. Aber auch Sigebert von Minden griff darauf zurück (Kat.-Nr. 131).

Die aufgeschlagene Seite (fol. 26ᵛ) zeigt im Bildzentrum übergroß den hl. Ulrich in prächtigen Pontifikalgewändern. Wie in seiner Vita berichtet wird (MPL 142, 1191), wird er von der Rechten Gottes (dextera Domini), die mit den ausgestreckten Fingern bis in seinen umpunkteten Nimbus hinein reicht, gesegnet. Als Mittler zwischen Gott und den Menschen gibt er den Segen durch Handauflegen auf die tonsurierten Häupter der Äbte weiter. Beide neigen sich ihm unter den Strahlen des Himmelssegments demutsvoll zu, sind als Lebende kleiner als der Heilige und tragen eine dunkle Mönchskutte sowie einen roten Abtsstab mit silberner Krümme. Die Namen der Geistlichen, Fridebold von St. Ulrich und Afra in Augsburg sowie Bern

Literatur:
AK Byzanz und das Abendland, Nr. 392 (O. Mazal); AK Vita sancti Uodalrici, Nr. 3 (G. Hägele); Berschin, Augsburger Buchmalerschule; Kuder, Bischof Ulrich.

von der Reichenau, werden in der Widmungsinschrift auf der ansonsten leeren Vorderseite des Miniaturblatts (26^r) genannt: „Presul sum(m)e dei regnantis culmine caeli/Suscipe servoru(m) clementer vota tuorum./Bern peccator. Frideboldus ab(bas)" (Erhabenster Bischof Gottes, der in der Höhe des Himmels regiert, nimm gnädig an die Wünsche deiner Diener. Der Sünder Bern. Frideboldus Abt).

Auf der rechten Seite (fol. 27^r) beginnt der Widmungsbriefs. Nach der Überschrift in roten Majuskeln: „INCIPIT EPISTOLA DE VITA SANCTI UODALRICI CONFESSORIS", folgt die goldene Rankeninitiale mit Textanschluss in goldener Capitalis: „[R]EVERENTISSIMI" (!).   G. S.-R.

Nach dem Verständnis ottonischer Zeit herrschte der Kaiser mithilfe der Kirche als Stellvertreter Christi auf Erden.

PONTIFIKALE UND BENEDIKTIONALE   117

> Vermutlich Salzburg, um 1020
>
> Handschrift/Pergament, 195 Blätter, 27,5 x 20, 3 Rankeninitialen, 1 Miniatur, Einband der
>
> Dombibliothek von 1611; aufgeschlagen fol. 2^v–3^r — Staatsbibliothek Bamberg (Msc. Lit. 53)   Abb. 15

Das Pontifikale enthält Formulare und Segensformeln, die der Bischof bei liturgischen Handlungen zu sprechen hatte. Die Szene veranschaulicht einen Akt im Krönungszeremoniell, den feierlichen Adventus des Herrschers, in dem der Gekrönte von den Erzbischöfen in die Kirche eingeführt wird. Aus der Litanei zum Kirchweihfest (fol. 31^r), wo neben Maria auch Petrus, Georg und Lambert als Patrone aufgeführt sind, geht hervor, dass der Codex für Bamberg angefertigt wurde.

In der rahmenlosen Miniatur (fol. 2^v, Abb. 15) steht der bärtige Herrscher frontal vor einer dreiteiligen Arkadenarchitektur, die durch das Kreuz auf dem Giebel des mittleren Bogens als Kirche bezeichnet ist. Seine Bügelkrone besteht aus einem edelsteinverzierten Reif mit Pendilien und erinnert an die Heinrichskrone im Bamberger Evangelistar (Kat.-Nr. 113). Die Kleidung des Monarchen ist schmucklos bis auf die goldene Kreuzfibel, welche die Chlamys (Mantelpallium) auf der Schulter zusammenhält. Ursprünglich präsentierte der Herrscher in beiden Händen Insignien. Heute ist nur noch eine Kugel mit eingezeichnetem Kreuz, der Reichsapfel, sichtbar. Vom Zepter in seiner rechten Hand sind noch weiße Umrissspuren auf dem Goldgrund erkennbar.

Zwei unbezeichnete, ihrer Bedeutung entsprechend verkleinerte Geistliche neigen sich dem Herrscher zu und stützen seine Arme. Der ältere steht in der Ehrenposition zur Rechten Heinrichs. Ansonsten tragen beide die gleichen Pontifikalgewänder und einen schlichten Bischofsstab. Sie sind durch schwarze Kreuze auf den weißen Pallien (Stola) als Erzbischöfe gekennzeichnet. Die zeremonielle Zurschaustellung mit erhobenen Armen gleicht dem Krönungsbild aus dem Sakramentar (Abb. 2).

Über dem Haupt des Herrschers ist im Streiflicht eine in den Goldgrund geritzte Inschrift: „REX HENRICUS (sic)" zu lesen. Die ungewöhnliche Anordnung der schlanken, hohen Buchstaben, von denen die ersten drei senkrecht untereinander stehen und die folgenden waagrechten in unregelmäßigen Abständen auf einer schiefen Ebene tanzen, spricht für Dilettantismus. Eine namentliche Bezeichnung Heinrichs brauchte das Bild ursprünglich nicht, weil keine spezielle Person, sondern generell der Herrscher als Inhaber des höchsten Staatsamtes gemeint war. Erst als diese Zusammenhänge nicht mehr verstanden wurden, hielt man die Ergänzung des Herrschernamens mit der Betitelung „REX" für notwendig. Deshalb bietet dieser Zusatz auch keinen zuverlässigen Anhaltspunkt zur Datierung.

Der Codex entstand nach H. Hoffmanns paläografischen Untersuchungen im Kloster Seeon. Für diese Einordnung spricht der durch Majuskeln hervorgehobene

Literatur:

AK Schreibkunst, Nr. 22 (B. Schemmel); Hoffmann, Buchkunst, S. 406 f.; Hoffmann, Bamberger Handschriften, S. 145; Schramm/Mütherich, Denkmale, Bd. 1, Nr. 136; Suckale-Redlefsen, Buchmalerei, S. 179 f.

Eintrag für den Lokalpatron Lambert (fol. 31ʳ). Auch die Initialen könnten dort ausgeführt worden sein. Doch lässt sich der Stil der Miniatur nicht mit dem für Seeon in Anspruch genommenen und im Bamberger Evangelistar überlieferten Duktus (Kat.-Nr. 113) verbinden. Weil dem Kloster in der Nähe des Chiemsees nur eine kleine Zahl von Mönchen angehörte, ist das Nebeneinander so unterschiedlicher Maler an diesem Ort undenkbar, wenn man nicht Gastmaler für bestimmte Aufträge annehmen will. Wie bei anderen Werken lässt sich demnach die Schriftheimat nicht einfach auf den figürlichen Bildschmuck übertragen. Die überaus gelängten Figurenproportionen mit kleinen Köpfen, die von Pflanzen bedeckten Standstreifen, der Goldhintergrund und die Architekturelemente kommen in ähnlicher Form in Miniaturen eines Meisters vor, der im Salzburger Perikopenbuch (Bayerische Staatsbibliothek, München, Clm 15713, fol. 24ᵛ und 29ᵛ) tätig war, das neuerdings um 1020 datiert wird. Auch die gedeckte Farbpalette, in der Gelb, Braun und Grün dominieren, ist am ehesten mit Werken dieses Skriptoriums verwandt. Aus diesen Gründen wird für das Heinrichsbild eine Datierung um 1020 und eine Lokalisierung nach Salzburg vorgeschlagen.

In der bewegten Linienführung und dem lebhaften Gesichtsausdruck mit lockerer Haarzeichnung ist die Bamberger Miniatur auch mit dem Boethius-Bild im Froumund-Codex der Berliner Staatsbibliothek zu vergleichen, der heute in Krakau aufbewahrt wird (Biblioteka Jagiellońska, Cod. lat. qu. 939, fol. 3ᵛ), dessen Einordnung allerdings ebenfalls nicht als gesichert angesehen werden kann. Die Zeichnung wird jedoch meist nach Tegernsee lokalisiert (Hoffmann, Buchkunst, S. 424).

G. S.-R.

Durch das Einfügen von Stifterbildern und Gründungsurkunden in kostbare ältere Handschriften sorgte man für die Existenzsicherung traditionsreicher Klöster.

118 SAMMELHANDSCHRIFT MIT DER VITA DES HL. REMAKLUS UND URKUNDEN DES KLOSTERS STAVELOT (STABLO)

Stablo, um 1020

Handschrift/Pergament, 140 Blätter, 17 × 12, 1 Rankeninitiale, 6 Schriftzierseiten, 2 Miniaturen, Einband der Bamberger Dombibliothek von 1611; aufgeschlagen fol. 11ᵛ–12ʳ

Staatsbibliothek Bamberg (Msc. Hist. 161)

118 (fol. 11ᵛ)

Die Handschrift enthält einen älteren Text über das Leben und die Wunder des hl. Remaklus, der als merowingischer Missionar das von König Sigebert gegründete Doppelkloster Stablo-Malmedy (Provinz Lüttich) leitete, neben der Abtswürde auch die Bischofsweihe erhielt und dort 673 oder 679 starb. Die vorliegende Abschrift entstand im 10. Jahrhundert und erhielt nachträglich Bilder sowie Kopien wichtiger Klosterurkunden.

Am Ende der Heinrichszeit wurde das Doppelkloster Stablo-Malmedy von dem lothringischen Adligen Poppo regiert (1020–1048), dem der Kaiser 1023 zusätzlich St. Maximin in Trier übertragen hatte. Poppo, Anhänger der Klosterreform und Zögling Richards von St.-Vanne in Verdun, hatte den Kaiser durch kompromisslose Kritik an einem makabren Spektakel der Hofgesellschaft tief beeindruckt (Kat.-Nr. 86). Der Abt sorgte durch Reformen für den wirtschaftlichen Aufschwung des ehrwürdigen Klosters St. Maximin und setzte neben der Heiligsprechung von Remaklus auch die Kanonisation von Willibrord durch, dem angelsächsischen Missionar und legendären Gründer Echternachs. Es spricht für die Einflussnahme Poppos, dass aus den beiden von ihm verwalteten Abteien Lebensbeschreibungen der Gründungsäbte mit Miniaturen überliefert sind.

Der hl. Remaklus ist segnend in Pontifikalgewändern mit Nimbus vor einem purpurfarbigen, gerahmten Bildgrund dargestellt (fol. 11ᵛ). Er hält ein kostbar eingebundenes Buch. Dass er auch zum Bischof von Tongern erhoben wurde, besagt die im 15. Jahrhundert nachgetragene Inschrift über der Miniatur: „S. Remaclus Ep(iscop)us Tungrensis eccl(es)iae". Wie in ottonischer Zeit üblich, ist der Bischof barhäuptig und ohne Mitra. Die monumental vergrößerte, seitlich durch Flechtbandknoten mit den Rahmenleisten verklammerte Initiale O bildet um ihn ein rosettengeschmücktes Medaillon. Der Textanschluss zur Initiale „[O]RIUNDUS FUIT" folgt in silberner Capitalis rustica in der unteren Zone des Bildfelds und wird auf der gegenüberliegenden Seite fortgesetzt.

Der Bildteil ist mit Ausnahme einer unfertigen Initiale (fol. 32ᵛ) einheitlich und wird zu den Frühwerken des Stabloer Skriptoriums gerechnet. Dass die lothringische Abtei engen Kontakt zum Erzbistum Köln pflegte, lässt sich an den Miniaturen ablesen. Denn das Remaklus-Bild steht stilistisch den Kölner Werken der Pilgrimzeit (Kat.-Nr. 126) näher als beispielsweise die Willibrord-Darstellung (Abb. 50).

Das Bild mit der Übergabe der Gründungsurkunde im hinteren Teil (fol. 109ᵛ) blieb unvollendet und könnte daraufhin deuten, dass die Handschrift in Eile ihrer neuen Bestimmung zugeführt wurde. *G. S.-R.*

Literatur:
AK Vor dem Jahr 1000, Nr. 43 (A. von Euw); Hoffmann, Bamberger Handschriften, S. 138; Lapière, Lettre, S. 245 f., Kat.-Nr. 116.

Dieses Sakramentar hat wie manch andere Handschrift eine wechselvolle Besitzergeschichte.

SAKRAMENTAR

119

Reichenau, nach 1018

Handschrift / Pergament, 270 Blätter, 24 x 17,5, 10 goldene Rankeninitialen, 5 Initialzierseiten, 5 Miniaturen, roter Ledereinband des 18. Jahrhunderts mit goldenen Prägestempeln; aufgeschlagen fol. 110ᵛ–111ʳ

By permission of the Curators of the Bodleian Library, Oxford (Ms. Canon. Liturg. 319)

Ähnlich wie im Regensburger Sakramentar (Kat.-Nr. 112) ist den Messtexten in diesem Codex ein ausführlicher Kalender vorangestellt. Er stammt von der anlegenden Schreiberhand und wurde durch Nachträge zu verschiedenen Zeiten ergänzt. Die Dominanz bayerischer Heiliger spricht für eine Erstbestimmung der Handschrift im bayerisch-österreichischen Raum. Weil der Hauptschreiber den Todestag des 1018 verstorbenen Markgrafen Heinrich aus der österreichischen Linie der Babenberger am 23. Juni (fol. 19ᵛ) berücksichtigte, dürfte sie bald nach diesem Datum entstanden sein. Heinrich I., der Sohn Leopolds, gründete das Kloster Melk und ließ sich dort beisetzen. Nachträge bekamen auch verschiedene Mitglieder aus dem altbayerischen Geschlecht der Sigehardinger, einer Familie, deren Stammesgebiet am Mondsee in Oberösterreich lag und die den Babenbergern nahe stand. Einen Hinweis auf den ersten Bestimmungsort könnte auch das Kirchweihfest für Maria am 29. März (nicht am 16. August wie auf der Reichenau) und für den hl. Nikolaus am 17. Dezember geben. Aufgrund von Nachträgen vermutet H. Hoffmann, dass sich die Handschrift im zweiten Viertel des 11. Jahrhunderts in Freising befand. Sie kam

Abb. 52

Literatur:
Bauerreiss, Sakramentar; Hoffmann, Buchkunst, S. 335 f.; Kauffmann, Ottonian sacramentary; Nilgen, Himmelfahrtsbild; Turner, Sacramentaries.

119 (fol. 31ᵛ): Kreuzigung

119 (fol. 95ᵛ): Frauen am Grabe

119 (fol. 110ᵛ): Himmelfahrt Christi

119 (fol. 115ᵛ): Pfingsten

um die Mitte des Jahrhunderts nach Aquileia, wo man die Todestage von sechs Patriarchen vermerkte, die alle aus bayerischen Adelsgeschlechtern stammten. Aus der Sammlung des Jesuiten Matteo Luigi Canonici wurde die Handschrift im frühen 19. Jahrhundert für Oxford erworben.

Der Buchschmuck gehört motivisch und stilistisch der Liuthar-Gruppe an und steht in der Nachfolge von Werken wie dem Perikopenbuch Heinrichs II. und der Bamberger Apokalypse (Kat.-Nr. 75 und 122). In diesem Skriptorium wurde offensichtlich nach Vorlagen gearbeitet, die vielfältig und auch in unterschiedlichen inhaltlichen Zusammenhängen eingesetzt werden konnten (Abb. 35–38).

Fol. 110ᵛ zeigt die Himmelfahrt Christi. In einer mit Streublümchen dekorierten Mandorla schwebt Christus mit Buch auf einer rosa Wolke segnend in den Himmel und wird von zwei kleinen, halbfigurigen Engeln verehrt. Von einem Hügel unter ihm weisen zwei große Engel mit mächtigen Flügeln staunende Menschen auf das wundersame Ereignis hin. Die beiden Gruppen bestehen aus jeweils sechs Figuren, die links von Maria und rechts von Petrus angeführt werden. Beide stützen ihre Hände zum Ausdruck tiefsten Erstaunens unter das Kinn. Der rechte Engel legt seinen Arm um die Schulter von Petrus, eine Geste des Heranführens, die auch in der Gruppe der Seligen beim Weltgericht der Apokalypse vorkommt (Kat.-Nr. 122, fol. 53ʳ). Die Himmelfahrt Christi gehörte zum Repertoire der Reichenauer Handschriften und wurde mit geringfügigen Varianten im Perikopenbuch Heinrichs II. und in der Apokalypse, aber auch in der Augsburger und Wolfenbütteler Handschrift (Kat.-Nr. 133) dargestellt.

Das Gebet zum Himmelfahrtsfest, „[C]ONCEDE QUAESUMUS" (fol. 111ʳ), beginnt mit einer Initialzierseite; dessen Anfangsbuchstabe mit goldenem Rankenwerk gefüllt und mit dem Binnenrahmen verknotet ist. *G. S.-R.*

Diese Handschrift befand sich im 11. Jahrhundert zunächst in Bamberg und kam dann über Paderborn nach Trier.

GRADUALE UND SAKRAMENTAR 120

Salzburg (?), um 1020/30

Handschrift/Pergament, 256 Blätter, 21,7 x 16,6, zahlreiche goldene Rankeninitialen, 2 Initialzierseiten, 1 Miniatur, moderner Einband; aufgeschlagen fol. 83ᵛ–84ʳ

Domschatz Trier (Hs. 151/62)

120 (fol. 83ᵛ)

Die Handschrift ist nicht nur am Anfang und Ende, sondern auch im Inneren unvollständig. Zum Graduale im vorderen Teil mit Neumen über den Gesangstexten gehört ein Kalendar (fol. 67ᵛ–77ᵛ) mit verlorenem Januarblatt und Nachträgen aus unterschiedlichen Zeiten von mindestens drei Händen. Ihm folgen Ostertafeln (fol. 78ʳ–79ᵛ), die mit dem Datum 1009 beginnen und 1039 enden. Ob das sich anschließende Sakramentar schon ursprünglich zum Graduale gehörte, muss zumindest in Frage gestellt werden, weil die Pergamentblätter eine andere Struktur haben. Unter den Messformularen befinden sich auffällig viele für bayerische Heilige, aber auch ein spezielles für Heinrich und eines für Kunigunde. Die „Missa Heinrici imperatoris specialis" (fol. 143ʳ) beginnt mit der Oratio: „Propitiare, q(uaesumu)s D(omi)ne, animae famuli tui H(einrici) et pr(aest)a, ut qui de tuis donis in hoc loco p(er)vigili cura nomini tuo cottidiana p(rae)paravit obseq(u)ia, perpetua cu(m) s(an)c(t)is tuis perfrui mereatur laetitia ..." (Erbarme dich, o Herr, der Seele deines Dieners Heinrich und gib, dass er, der von deinen Gaben an dieser Stätte mit immer wachsender Sorgfalt deinem Namen die täglichen Dienste bereitet hat, mit deinen Heiligen die immer währende Freude zu genießen für würdig befunden werde.).

Aus den unterschiedlichen Nachträgen im Kalender sind die Aufbewahrungsorte der Handschrift rekonstruierbar. Zunächst befand sie sich in Bamberg, wo mehr als 40 Gedenktage des Bistums vermerkt wurden. Neben den Todestagen von Heinrich und Kunigunde sind auch diejenigen der ersten fünf Bischöfe der Neugründung und der von Herzog Ismahel von Apulien verzeichnet, dem am 23. April

Literatur:

Ronig, Schatzkunst, S. 110; AK Schreibkunst, Kat.-Nr. 27 (A. Schütz); Hoffmann, Buchkunst, S. 412 f.; Sauerland, Bamberger Missale.

1020 in Bamberg verstorbenen Stifter des Sternenmantels (Kat.-Nr. 203). Aber auch Heilige und Bischöfe von Salzburg, Regensburg und Augsburg sowie zwei Patriarchen von Aquileia erhielten ein Memento. Als der Bamberger Dompropst Poppo im Jahr 1076 Bischof von Paderborn wurde, dürfte er den Codex mitgenommen haben. Zu den dort ergänzten rund 45 Sterbedaten gehören auch die von Kaiser Konrad II. und Heinrich III. sowie die von zehn Paderborner Bischöfen. Selbst drei wichtige Schlachten, in denen die Sachsen mit Kaiser Heinrich IV. kämpften, wurden verzeichnet.

Aufgrund der Ostertafeln schlug H. Sauerland ein Entstehungsdatum um 1009 vor. H. Hoffmann datiert dagegen das gesamte Werk nach 1041, weil er den Eintrag für Erzbischof Thietmar von Salzburg (†28. Juli 1041) der anlegenden Hand zuweist. Dies ist jedoch ebenso wenig zwingend wie seine Lokalisierung der Schrift nach Seeon. Ohne auf die komplexen Fragen der Memoria hier genauer eingehen zu können, bleibt festzuhalten, dass sich die Nekrologeinträge auf einige über Jahrzehnte versippte bayerische Adelsfamilien konzentrieren, unter denen die österreichischen Babenberger und die Aribonen besonders auffallen. Auch könnte der erste Schreiber lange vor 1041 mit dem Verzeichnis begonnen und es über viele Jahre fortgeführt haben.

Die Kreuzigung (fol. 83^v) leitet den Kanon ein. Das mächtige Kreuz mit leerer Inschrifttafel steht auf einer Sockelleiste mit den Anfangsworten des Kanons in goldenen Majuskeln auf Purpurgrund: „TE IGITUR CLEM(EN)TISSIME PAT(ER) P(ER) IHM(JESUM) XPM(CHRISTUM) FILIU(M) TUU(M)". Die Art der Präsentation des lebenden Christus, der in majestätischer Gelassenheit auf dem Suppedaneum steht, erinnert ebenso wie die Stilisierung von Körper und Lendentuch an das Kreuzigungsbild im Seeoner Evangelistar (Kat.-Nr. 113, fol. 53^v) oder im Sigebert-Sakramentar (Abb. 58), die beide mit dem Regensburger Sakramentar (Abb. 27) zusammenhängen. Da die üblichen Begleitfiguren hier jedoch in ungewohnter Weise durch Fisch und Schlange haltende Personifikationen von Wasser und Erde ersetzt sind, bekommt das Bild eine andere inhaltliche Aussage: Christus als Weltenherrscher mit weit über dem Universum ausgebreiteten Armen. Aber die beiden Elemente sind nicht als weibliche und männliche Sitzfiguren gegeben, wie beispielsweise auf einem Lütticher Kreuzigungs-Elfenbein des 11. Jahrhunderts aus der Kathedrale von Tongern (Goldschmidt, Elfenbeinskulpturen, Bd. 2, Nr. 57). Stilistisch passt die Miniatur am ehesten zu Salzburger Werken um 1020, dem Salzburger Perikopenbuch in der Bayerischen Staatsbibliothek, München (Clm 15713) oder dem Bamberger Pontifikale (Kat.-Nr. 117). *G. S.-R.*

Der Schmuck dieser ikonografisch innovativen Handschrift orientiert sich am Perikopenbuch Heinrichs II. und an der Bamberger Apokalypse.

121 KOLLEKTAR

Reichenau, zwischen 1010 und 1030

Handschrift/Pergament, unvollständig, 96 Blätter, 22 x 16,5, zahlreiche goldene Rankeninitialen, 6 Initialzierseiten, 9 Miniaturen, im vorderen Holzdeckel des modernen Einbands Reste eines roten Lederbezugs mit Abdrücken der verlorenen Verzierung;

aufgeschlagen fol. 83^v–84^r und fol. 36^v–37^r

Abb. 49   Dombibliothek Hildesheim (Hs 688)

Der Codex enthält Lesungen (Epistolar) und Kollekten zum kirchlichen Stundengebet (Orationale). Der Buchschmuck befindet sich nur im Gebetsteil (fol. 32^r–95^v) und blieb teilweise unvollendet, wie eine Skizze zum Gründonnerstag (fol. 53^r) sowie leer gebliebene Seiten zeigen. Vier Hochfeste – Weihnachten, Ostern, Mariä Himmelfahrt und Allerheiligen – sind durch Miniaturen ausgezeichnet. Obwohl H. Hoffmann die Schreiber in das Kloster Seeon lokalisiert, nimmt er an, dass die Handschrift über längere Zeit auf der Reichenau benutzt wurde. Für den Buchschmuck wurde auf Bildtypen aus dem Perikopenbuch Heinrichs II. (Abb. 48) und der Bamberger Apokalypse (Kat.-Nr. 122) zurückgegriffen.

Die Handschrift ist erst seit dem 18. Jahrhundert in Hildesheim nachweisbar. Die Versuche, den Hildesheimer Dom als ursprünglichen Bestimmungsort bzw. Heinrich II. als Stifter nachzuweisen, sind spekulativ. Die Einordnung der Handschrift als so genanntes Schulwerk der Reichenau beruht auf einem kunsthistorischen Entwicklungsmodell, das von der Vorstellung von Blüte und Verfall geprägt ist und für das überzeugende historische Anhaltspunkte fehlen.

Das Lamm Gottes schwebt, umgeben von einer Gloriole, vor goldenem Grund im Zentrum des zweizonigen Bildes (fol. 83ᵛ). Das Tier mit blutender Seitenwunde, Kreuznimbus und der verschnürten Buchrolle unter seinen Hufen ist ein Bild Christi. Am Ende der Tage wird es die Siegel am Buch des Lebens lösen und den Beginn des neuen Zeitalters einleiten. Vier Menschengruppen, zur Rechten Männer und zur Linken Frauen, neigen sich dem Lamm verehrend zu. Sie können nicht als die Vierundzwanzig Ältesten gemäß der Apokalypse (Apc 5) gedeutet werden; vielmehr handelt es sich um die Vertreter der 144 000 Gerechten, die in der Lesung zur Allerheiligenmesse genannt werden (Apc 7,2–12).

Die Männer werden von Erzbischöfen angeführt, die Frauen von einer gekrönten Herrscherin. Die beiden Anführenden im oberen Register tragen ein Prozessionskreuz, die im unteren Register schwenken ein Weihrauchfass. Auf den Erzbischof oben folgt ein Benediktiner mit Kukulle und über den Kopf gezogener Kapuze sowie ein älterer hochrangiger Laie. Unten ist die Reihung ähnlich. Die Frauen mit Schleiern auf der Seite gegenüber sind nicht eindeutig zu identifizieren. Es dürfte sich jedoch um Stiftsdamen handeln, deren Vorsteherin unten durch königliche Gewandung ausgezeichnet ist. Die Betonung der Frauen legt die Schlussfolgerung nahe, dass der Codex entweder von einer Königin oder einer entsprechend hochadligen Stiftsdame in Auftrag gegeben wurde. In der Hildesheimer Diözese läge es nahe an die Kaisertochter Sophia zu denken, die Schwester Ottos III. und Äbtissin von Gandersheim (1002–1039).

Literatur:
AK Bernward von Hildesheim, Bd. 2, Kat.-Nr. VII–23 (U. Kuder); AK Schreibkunst, Kat.-Nr. 25 (A. Schütz); Gallistl, Herrscherbild; Hoffmann, Buchkunst, S. 321 f.; Kahsnitz, Coronas aureas; Stähli/Härtel u. a., Handschriften.

121 (fol. 83ᵛ und 84ʳ)

Die gegenüberliegende Seite (fol. 84^r) stellt die Auszeichnung der Gerechten mit den Kronen des Ewigen Lebens und König David als Musikant dar. Das zweigeteilte Bild zeigt oben in der Mitte die Maiestas Domini mit Christus in einer Mandorla und den vier geflügelten, Bücher haltenden Evangelistensymbolen in den Ecken. Der Gottessohn thront übergroß auf zwei Sphärenbögen und krönt zwei sich verehrend verneigende Personen mit den Kronen des Ewigen Lebens. Der Mann zu seiner Rechten ist durch die Pontifikalgewänder als Erzbischof bezeichnet, der folgende durch die Kukulle als Mönch. Der dritte der vorderen Reihe ist ein hochrangiger Laie. Wie die Männer tragen auch die sieben Frauen auf der gegenüberliegenden Seite Kronen, zwei Männer und zwei Frauen des oberen Registers außerdem kleine rote, lilienbekrönte Zepter.

Die Mitte des unteren Registers nimmt David als jugendlicher König mit erhobener Harfe, umgeben von seinen Musikanten, ein. Zu seiner Rechten bläst ein höfisch gekleideter Mann, der eine Leier im Arm trägt, ein Horn. Ungewöhnlich ist die Anwesenheit einer Frau mit Horn neben ihm, ein weiteres Indiz für eine weibliche Auftraggeberin der Handschrift. Von den Musikanten auf der anderen Seite trägt der vordere ein Blasinstrument, der folgende eine Leier. Die Wahl der dargestellten Personen dürfte sich am ehesten aus der Verwendung des 32. Psalms in der Allerheiligenliturgie erklären lassen: „Exultate iusti in Domino ... confitemini Domino in cithara in psalterio decem cordarum psallite illi" (Frohlockt ihr Gerechten im Herrn ... preist den Herrn mit der Zither, spielt für ihn auf der zehnseitigen Harfe).

Die beiden ikonografisch einmaligen Bilder illustrieren das Allerheiligenfest und sind zwischen die Orationen zur Vigil und dem Fest selbst eingebettet. Einzelne Elemente der Kompositionen stammen aus dem Formenrepertoire der Liuthar-Gruppe. Das Grundschema der Maiestas mit identischer Anordnung der Evangelistensymbole gleicht dem der Bamberger Apokalypse (Kat.-Nr. 122, fol. 47^v). Dreieckige Giebelkronen kommen in dieser Handschrift ebenso vor (fol. 48^v) wie das Lamm Gottes auf der Buchrolle im Bild des Himmlischen Jerusalem (fol. 55^r). Musikanten mit ähnlichen Blasinstrumenten zeigt das Bamberger Tropar (Kat.-Nr. 137).

Die drei Hauptfiguren des Weihnachtsbildes (Abb. 49) sind so wie im Perikopenbuch Heinrichs II. angeordnet (Abb. 48). In der wannenförmigen Krippe liegt das ungewöhnlich groß proportionierte Christuskind und wird von Joseph und Maria, deren Lager senkrecht gestellt ist, sowie von drei Engeln im Himmel verehrt. Die Platzierung des Ochsen, der an einer Leine festgebunden unter der Krippe lagert, ist die einzige Veränderung der Vorlage.

Auch die Verkündigung an die Hirten entspricht bis in Details dem Perikopenbuch Heinrichs II. Die Gesten des riesigen, auf einem Berg erscheinenden Verkündigungsengels sind ebenso wie die der beiden Hirten fast identisch. Doch fehlte dem Maler des Hildesheimer Kollektars die Gestaltungskraft der in den Raum ausgreifenden Bewegungen des Vorbilds, wie an Flügeln und Gewandzipfeln deutlich wird.

Die Ikonografie der beiden Weihnachtsbilder (Abb. 49) basiert auf Kompositionen der Liuthar-Gruppe, wo allerdings Geburt und Hirtenverkündigung meist eine einzige Szene bilden. Das Auseinanderziehen beider Ereignisse auf zwei ganzseitige Miniaturen tritt zum ersten Mal im Perikopenbuch Heinrichs II. (Abb. 48) auf. Dass sich der Maler des Hildesheimer Kollektars daran orientierte, zeigt den besonderen Anspruch des Bildschmucks. Auch stilistisch stehen die Miniaturen diesem kaiserlichen Prachtcodex und der Apokalypse so nahe, dass sie nicht sehr viel später datiert werden sollten.

G. S.-R.

In karolingischer und ottonischer Zeit ließen sich weltliche Herrscher
in liturgischen Büchern als Stellvertreter Christi auf Erden mit huldigenden
Nationen abbilden.

BAMBERGER APOKALYPSE 122

Reichenau, vermutlich um 1010

Handschrift/Pergament, 106 Blätter, 29,5 x 20,5, über 100 Goldrankeninitialen,

4 Initialzierstreifen, 1 Initialzierseite, 57 Miniaturen, moderner Einband von 1960;

aufgeschlagen fol. 50ᵛ–60ʳ

Staatsbibliothek Bamberg (Msc. Bibl. 140)

Die sekundär überlieferte Inschrift des verlorenen Prunkeinbandes belegt, dass Kaiser Heinrich II. zusammen mit seiner Gemahlin Kunigunde dieses Buch dem von ihnen gegründeten Kollegiatstift St. Stephan in Bamberg schenkten, vermutlich zur Weihe am 24. April 1020. Von diesem Einband stammt eine Achatplatte, die heute in der Schatzkammer der Münchner Residenz aufbewahrt wird (Kat.-Nr. 123).

Das zweiseitige Herrscherbild mit der Huldigung des Kaisers durch die Gaben bringenden Völker und dem Triumph der Tugenden über die Laster ist in der Mitte der Handschrift zwischen den beiden Textteilen, der Apokalypse vorne und dem Evangelistar hinten, verborgen. Die beiden Miniaturen sind inhaltlich und formal einheitlich konzipiert und so auch zu interpretieren. Jede Seite ist durch Schriftbänder in zwei Zonen geteilt und wird von Goldgrund hinterfangen.

Oben in der Mitte thront frontal ein bartloser Herrscher mit dunklen, kurzen Haaren in reich verziertem Prunkgewand (fol. 59ᵛ). In seiner Rechten hält er zum Zeichen der Weltherrschaft ein Stabzepter mit Kugelbekrönung, in seiner Linken eine weiße Weltkugel mit goldenem, eingeschriebenem Kreuz (Sphaira). Er wird von Petrus und Paulus gerahmt. Die beiden Vertreter der Römischen Kirche halten Bücher und berühren zur Bestätigung seiner Herrschaft die Krone. In der unteren Zone präsentieren vier stehende, gekrönte Frauen als Personifikationen der Gaben bringenden Untertanen Schalen oder Füllhörner mit Edelsteinen. Sie stellen die Tribut zahlenden Nationen dar.

Die lateinischen Tituli (Inschriften) auf den Purpurstreifen lauten oben: „UTERE TERRENO. CAELESTI POSTEA REGNO+.", in der Mitte: „DISTINCT(A)E GEN-

Literatur:

Hoffmann, Buchkunst, S. 309 f.; Schramm/Mütherich, Denkmale, Bd. 1, S. 165, Nr. 135; Suckale-Redlefsen/Schemmel, Bamberger Apokalypse.

122 (fol. 59ᵛ und 60ʳ)

TES FAMULANT(UR) DONA FERENTES+" (Walte des irdischen, später dann des himmlischen Königtums – Verschiedene Völker dienen, indem sie ihre Gaben bringen).

Dem Herrscherbild sind vier Figurenpaare gegenübergestellt. Je eine größere Frau mit weißem Schleier triumphiert über eine kleinere nackte mit langen, strähnigen Haaren, die sich hilflos am Boden krümmt. Es sind die Personifikationen von vier Tugenden, die die feindlichen Laster besiegen und ihnen eine Lanze in den Mund stoßen. Jede Tugend zieht am Handgelenk einen Mann zu sich heran, dessen Identität nur aus dem Zusammenhang erschlossen werden kann. Dargestellt sind oben links Abraham als Personifikation des Gehorsams und rechts Moses für die Keuschheit, der statt der beiden Gesetzestafeln ein Buch hält. Unten links zieht die Bußfertigkeit David als jugendlichen König mit Lilienzepter und Krone zu sich heran. Rechts daneben steht der Dulder Hiob, dessen aussätziger Körper nur teilweise mit einem Mantel bekleidet ist. Die hier getroffene Auswahl der Eigenschaften weicht vom allgemeinen Kanon der Herrschertugenden erheblich ab.

Die Bildtituli lauten oben: „IUSSA D(E)I CO(M)PLENS. MUNDO SIS CORPORE SPLENDENS+", in der Mitte: „POENITEAT CULPAE. QUID SIT PATIENTIA DISCE+" (Gottes Gebote befolgend mögest du in einem reinen Körper erstrahlen – Bereue die Sünde. Lerne, was Geduld ist).

Da der Thronende selbst nicht bezeichnet ist, hängt seine Identifizierung von der Datierung der Handschrift ab, die kontrovers ist. Gegen die Meinung, der Codex sei für Otto III. angefertigt worden, sprechen vor allem stilkritische Argumente. Denn einige Miniaturen stehen dem vor 1012 datierbaren Perikopenbuch Heinrichs II. sehr nahe.

G. S.-R.

Durch den Einsatz kostbarer alter Schmucksteine in Buchdeckel suchte man den Wert der Stiftungen zu steigern.

123 ## ACHATPLATTE VOM EHEMALIGEN EINBAND DER BAMBERGER APOKALYPSE

> Vorderer Orient (spätsassanidisch oder frühislamisch), um 600–800
>
> Achat, 23 x 16
>
> Bayerische Verwaltung der staatlichen Schlösser, Gärten und Seen, Residenz München,
>
> Schatzkammer (Res. Mü. Schk. [6WL])

Kostbare Steine wie dieser Achat, der einst die Bamberger Apokalypse zierte (Kat.-Nr. 122), spielten in der Bibel eine besondere Rolle und wurden im Mittelalter hoch geschätzt. Denn Aaron, der erste Hohepriester des jüdischen Volkes, trug auf seinem Brustschild unter anderem einen Achat, und in der Bibel wird berichtet, dass die Mauern des Himmlischen Jerusalems auf zwölf verschiedenen Edelsteinen errichtet werden, unter anderem auf Chalzedon, also der Gesteinsart, der auch der Achat angehört. Doch ist die Wertschätzung von fremdartigen Steinen nicht allein durch die Heilige Schrift begründet, man schrieb ihnen auch heilende, ja magische Kräfte zu. Obendrein hatte man eine grenzenlose Bewunderung für alle Erzeugnisse des Orients, mögen sie uns heute auch zuweilen etwas grob erscheinen. Besonders Stücke dieser Größe galten als außerordentlich wertvoll.

123

Literatur:
Baumgärtel-Fleischmann,
Einband; Shalem, Achat-Platte.

Die hochovale Platte besteht aus rötlich braunem Achat in verschiedenen Tönungen und ist mit vegetabilen Ornamenten dekoriert. In der vertieften, gerahmten Mitte stehen sich zwei fächerförmige Palmetten spiegelbildlich gegenüber.

Als 1803 im Zusammenhang mit der Säkularisation auch der Besitz des Kollegiatstifts St. Stephan in Bamberg aufgelöst werden musste, trennte man den kostbaren Einband vom Buchblock. Die Handschrift blieb am Ort (Kat.-Nr. 122), den

Deckel zerlegte man in seine Bestandteile und versteigerte ca. 1600 Gramm Silber zusammen mit zahlreichen Edelsteinen. Es blieb nur der nach München gelangte Achat erhalten.

Nach einer Beschreibung aus dem Jahr 1739 war die Rückseite des Einbandes unter anderem mit „goldenen Sternlein" geschmückt. In der Mitte des Vorderdeckels befand sich der von „46 Edelsteinen" gerahmte Achat. Außerdem kennen wir durch eine Abschrift des 18. Jahrhunderts die verlorene Stifterinschrift, deren Anfangsbuchstaben allerdings zu dieser Zeit nicht mehr lesbar waren: „– – HENRIC ET KUNIGUNT HAEC TIBI MUNERA PROMUNT" (Heinrich und Kunigunde reichen dir diese Geschenke dar). Wo sich diese Verse auf dem Einband genau befanden und zu welchem Zeitpunkt die Handschrift vom Kaiserpaar gestiftet wurde, ist nicht mehr zu ermitteln. Doch liegt es nahe, dafür die Weihe von St. Stephan am 24. April 1020 anzunehmen.   *G. S.-R.*

Von der umfangreichen Ausstattung, die Kunigunde ihrem Witwensitz Kaufungen stiftete, ist nur dieses kleine Buch erhalten.

GEBETBUCH KUNIGUNDES   *124*

> Regensburg, um 1020
>
> Handschrift/Pergament, 198 Blätter, 23 x 10, weit über 100 Rankeninitialen, einige ausgeschnitten, Lederreste mit Blindpressungen des frühen 16. Jahrhunderts auf dem modernen Einband; aufgeschlagen fol. 134^v–135^r
>
> Universitätsbibliothek Kassel – Landesbibliothek und Murhardsche Bibliothek der Stadt Kassel (4° Ms. theol. 15)

Die kleine Handschrift in schmalem Hochformat enthält im vorderen Teil (fol. 1^r–166^v) ein Graduale mit den Sologesängen der Messe, die der Kantor vorträgt. Sie wird deshalb häufig auch als „Kantatorium" bezeichnet. Die Handschrift wurde im frühen 12. Jahrhundert mit Tropen, Sequenzen und Prozessionsgesängen ergänzt. Nachträge aus dem 11. Jahrhundert (fol. 167^v) bezeugen, dass sich der Codex damals in Kaufungen befand. Nach der Aufhebung des Klosters 1527 kam das Werk nach Kassel. Weil das Benediktinerinnenkloster Kaufungen vom Kaiserpaar 1017 als Witwensitz gegründet worden war und Kunigunde dort von 1024 bis 1033 zurückgezogen lebte, hat die Handschrift die volkstümliche Bezeichnung „Gebetbuch Kunigundes" erhalten. Wenn es überhaupt Hinweise auf Kunigunde als Stifterin gegeben hat, müssen sie sich auf dem verlorenen, ehemals sicherlich kostbaren Einband befunden haben. Es ist jedoch auszuschließen, dass die Kaiserin das Buch zur privaten Andacht benutzte, wie aus der oben beschriebenen Textanlage hervorgeht.

Ein um 1500 nachgetragener Vermerk auf dem Vorsatzblatt (fol. 1^v), der einen Kapellan „MARCUS", das Jahr 1020 und Kaiser Heinrich nennt, dürfte vom originalen, ebenfalls verlorenen Deckblatt bei der Neubindung übernommen worden sein. Dieses Entstehungsdatum wird durch die Nennung Heinrichs und Kunigundes als Kaiserpaar neben Papst Benedikt VIII. im Exultet zum Karsamstag (fol. 91^r) und den Laudes regiae (fol. 162^r) bestätigt. Aus paläografischen und liturgischen Gründen wird der vordere Teil des Graduales nach Regensburg lokalisiert. Das Fest des hl. Emmeram (22. September) ist besonders hervorgehoben und die Alleluja-Reihe der Sonntage nach Pfingsten stimmt mit anderen Regensburger Gradualien überein. Doch weicht die Auswahl der Gesänge ebenso wie die Neumierung (Notation) von älteren Regensburger Handschriften (Kat.-Nr. 114) ab. Der zweite Teil der Handschrift (ab fol. 167^r) wurde wohl zusammen mit dem Nachtrag für eine Äbtissin Hadawiga im frühen 12. Jahrhundert in Kaufungen hinzugefügt.

Literatur:

Broszinski, Gebetbuch; Camilot-Oswald, Gebetbücher; Hoffmann, Buchkunst, S. 290; Ott, Heinrich II. und Kunigundes Himmelskrone, S. 13 f.; Schader, Handschrift Kassel, Bd. 1, S. 55 passim; Wiedemann, Manuscripta Theologica.

Die einzige figürliche Initiale der Handschrift (fol. 134ᵛ) schmückt den Gesang zum ersten Sonntag nach Pfingsten. Die von einem Kreuz hinterfangene Segenshand Gottes greift aus dem goldenen Buchstabenschaft heraus und richtet sich auf einen demutsvoll niedersinkenden Herrscher, dessen Hände im Gebetsgestus erhoben sind. Da die Person nicht bezeichnet ist, kann nicht entschieden werden, ob hier König David als Verfasser der Psalmen oder Heinrich II. dargestellt ist. G. S-R.

124 (fol. 134ᵛ)

Ein Mönch überreicht dem thronenden Herrscher ein Buch.

125 GREGOR DER GROSSE, KOMMENTAR ZUM BUCH EZECHIEL

Süddeutschland (Bamberg?), 1. Viertel 11. Jahrhundert

Handschrift/Pergament, 122 Blätter, 40 × 29, 16 goldene Rankeninitialen, 1 ausgeschnittene Miniatur, Einband der Bamberger Dombibliothek von 1611; aufgeschlagen fol. 1aᵛ–1ʳ

Staatsbibliothek Bamberg (Msc. Bibl. 84)

125 (fol. 1aᵛ)

Die Miniatur auf fol. 1aᵛ wurde entlang der Rahmenleiste sauber aus dem alten Pergament geschnitten und auf die Rückseite eines Papierblatts geklebt, das man bei der Neubindung im 17. Jahrhundert dem Ezechiel-Kommentar voranstellte. Da sich die Widmungsverse des Bildes auf den nachfolgenden Text beziehen und derselben Schreiberhand zugeschrieben werden, gehörte die Darstellung wohl schon zum ursprünglichen Bestand der Handschrift.

Auf dem beschrifteten, schlicht gerahmten Purpurgrund sind drei Personen zu sehen, deren unterschiedliche Größe ihrer Bedeutung entspricht. Am größten ist der bärtige Kaiser, der auf einem Faltstuhl mit Löwenköpfen thront und dessen Füße auf einem kleinen Bänkchen ruhen. Er trägt eine Krone aus drei Reifen mit sieben langstieligen Aufsätzen und ein Stabzepter. Seine Bekleidung besteht aus einem goldgesäumten Untergewand, einem ebenso geschmückten Mantelpallium mit einer Schulterfibel, verzierten Beinlingen und Prunkschuhen.

Ein bärtiger Mönch in einer Kutte mit zurückgeschlagener Kapuze (Skapulierkukulle) überreicht dem Kaiser ein goldenes Buch. Die Segenshand Gottes verheißt himmlischen Lohn für dieses Geschenk. Im oberen Bildfeld thront Papst Gregor der Große (590–604), entrückt vom irdischen Geschehen, in Pontifikaltracht mit der Taube des Heiligen Geistes auf der Schulter als Zeichen seiner Inspiration durch Gott. Als Verfasser des Textes hält er Schreibfeder und Buch in seinen Händen.

Der Text der Widmungsverse in goldener Capitalis rustica wird durch die eingefügten Figuren unterbrochen und musste in den letzten Zeilen dicht zusammengedrängt werden, um auf die Seite zu passen. Im oberen Drittel nach den ersten fünf Zeilen teilt eine silberne, heute schwarz oxydierte Zierleiste die Inschrift in zwei Teile. In der oberen Hälfte wird Papst Gregor für seine vom Heiligen Geist erfüllten Erläuterungen zum schwer verständlichen Buch des Propheten Ezechiel gerühmt. Im unteren Teil bittet der Mönch den Herrscher voll Demut um die Annahme seines Werks: „PRAESUL. GREGORIUS./SEPTENO PNEUMATE/PLENUS +/OBSCURUM. VATEM. DILU/CIDAT. EZECHIELEM +/CAESAR. CARE. D(E)O./DIGNANTER. SUS/CIPE QUE/SO HOC MODI/CU(M)/MUN(US). QUOD DAT/TIBI. P(AUPER) AMICUS/PECTORE SINCERO QUI/(TE) COLIT INDICE XP (CHRISTO)."

Obwohl weder der Kaiser („CAESAR") noch der Mönch („PAUPER AMICUS", armer Freund) namentlich bezeichnet sind, wird aufgrund der Bamberger Provenienz angenommen, hier sei Heinrich II. dargestellt. Bei dieser Zuschreibung wird allerdings übersehen, dass sich der Herrscherornat und die Insignien von anderen Bildern des Kaisers unterscheiden (Kat.-Nr. 112, 115). Auch Gesichts- und Gewandstilisierung weichen von seinen gesicherten Herrscherbildern ab und sind am ehesten mit Darstellungen aus dem Regelcodex aus Niedermünster (Kat.-Nr. 111) vergleichbar. Dort trägt Heinrich der Zänker ähnlich gemusterte Beinlinge, und auch das Bild des hl. Benedikt in dieser Regensburger Handschrift stimmt mit dem thronenden Gregor des Bamberger Blattes überein. Doch fehlt der für Regensburg charakteristische Ornamentreichtum, wenn man nicht die Schrift als Ersatz dafür ansehen möchte. Die Übernahme Regensburger Elemente in einen anderen Kontext könnte für Bamberg als Entstehungsort sprechen. Dort dürfte man einige Jahre vorher für den rückwärtigen Einband des Regensburger Sakramentars (Kat.-Nr. 112) auf eine ähnliche Vorlage zurückgegriffen haben, die allerdings der Goldschmied mit viel größerer Gestaltungskraft verarbeitete als der wesentlich schwächere Miniaturmaler.

G. S.-R.

Literatur:
AK Evangeliar Heinrichs des Löwen, Nr. 12 (F. Mütherich); Schemmel, Staatsbibliothek Bamberg, Kat.-Nr. 35; Schramm/Mütherich, Denkmale, Bd. 1, Nr. 122.

Diese machtvolle Erscheinung von Christus als Weltenherrscher basiert auf einer im Alten Testament geschilderten Vision des Propheten Ezechiel.

Evangeliar aus St. Maria ad Gradus in Köln

126

Köln, um 1030

Handschrift/Pergament, 222 Blätter, 31,5 x 22,5, 10 Rankeninitialen, 10 Zierseiten, 12 Kanontafeln, 6 Miniaturen, alter mit Leinen überzogener Eichenholzdeckel; aufgeschlagen fol. 1^v–2^r

Diözesan- und Dombibliothek Köln (Diözesan Hs. 1a)

Das Evangeliar befand sich 1752 im Besitz der im 19. Jahrhundert abgerissenen Stiftskirche St. Maria ad Gradus östlich vom Kölner Dom, die Erzbischof Anno 1057 geweiht hatte. Von dort gelangte sie über das Priesterseminar in die Dombibliothek. Aus den Jahresringen des originalen Holzdeckels ist abzulesen, dass der Einband zu einem nicht näher bestimmbaren Zeitpunkt nach dem Fälldatum 1011 geschaffen wurde. Die Schrift stammt nach H. Hoffmann von demselben Schreiber wie das Bamberger Evangeliar (Kat.-Nr. 127) und wird von ihm in das erste Drittel des 11. Jahrhunderts datiert. Stilkritische Untersuchungen führten zur Einordnung des Buchschmucks in die so genannte Reiche Gruppe der Kölner Malerschule um 1030.

Literatur:
AK Glaube und Wissen, Nr. 78 (U. Surmann); AK Vor dem Jahr 1000, Nr. 6 (A. von Euw); Bloch/Schnitzler, Ottonische Kölner Malerschule, Bd. 1, Nr. X; Hoffmann, Bamberger Handschriften, S. 114.

126 (fol. 1ᵛ und 2ʳ)

Die Bildkomposition der Maiestas Domini (fol. 1ᵛ) entspricht weitgehend derjenigen in der Bamberger Parallelhandschrift (Kat.-Nr. 127). Neben zahlreichen Übereinstimmungen gibt es auch gewisse Unterschiede, die darauf hindeuten, dass nicht direkt voneinander kopiert, sondern nach einer gemeinsamen Vorlage gearbeitet wurde. So weichen der Positionswechsel von Daniel und Ezechiel in der oberen Prophetenreihe und die Typisierung ihrer Gesichter ab. Außerdem stoßen die beiden Schriftbänder der oberen Propheten im Evangeliar von St. Maria ad Gradus über dem Kopf des Gottessohnes zusammen und bilden dadurch ein Band, das dem Ehrentuch im Aachener Herrscherbild Ottos III. (Abb. 39) vergleichbar ist. Der Text aus der Apokalypse: „Ego su(m) alfa et o(mega) primus" (Apc 22,13) im erhobenen Buch des Gottessohns weicht ebenso ab wie sein dunkelrötliches Inkarnat.

Die erste Kanontafel auf der rechten Seite (fol. 2ʳ) ist mit der entsprechenden im Bamberger Evangeliar, abgesehen von der Leistenrahmung, nahezu identisch. Im Architrav ist in goldener Capitalis „CANON PRIMUS IN QUO QUATUOR" zu lesen.

Dass es innerhalb der Kölner Buchmalerei einen nachweisbaren Einfluss der Reichenauer Malerschule gab, zeigt unter anderem die Maiestas-Seite dieser Handschrift. Denn die Köpfe der unteren Propheten, Jesaja und Jeremias, heben sich deutlich von der Kölner Tradition ab, sind jedoch denen von Evangelisten oder Aposteln im Perikopenbuch Heinrichs II. (fol. 3ᵛ) oder dem Johannes der Bamberger Apokalypse (Abb. 54) verwandt. In diesen beiden Handschriften wurde Christus als Weltenrichter mit derselben rötlichen Hautfarbe wie in dem Kölner Bild ausgezeichnet. Auch der lebendig gezeichnete Adler in grau-blauem Federkleid findet sich in ähnlicher Form in den beiden Reichenauer Handschriften aus Bamberg.

Diese Beobachtungen zeigen, dass die Verwendung von heinrizischen Vorlagen in Köln vorausgesetzt werden muss. Für die Vermittlung und Verarbeitung dieser Anregungen war der Kölner Erzbischof Pilgrim (1021–1036) durch seine Herkunft aus Süddeutschland und seine engen Kontakte zu Bamberg besonders prädestiniert.

G. S.-R.

127 (fol. 9ᵛ und 10ʳ)

Zur hohen Geistlichkeit, die Heinrichs II. Neugründung in Franken tatkräftig förderte, gehörte Pilgrim, der zweite Bamberger Dompropst und spätere Erzbischof
von Köln.

EVANGELIAR 127

    Köln, 2. Viertel 11. Jahrhundert

    Handschrift/Pergament, 206 Blätter, 24,5 x 192, Vorzeichnungen, 8 Rankeninitialen,

    13 Zierseiten, 12 Kanontafeln, 8 Miniaturen, Einband der Dombibliothek von 1611;

    aufgeschlagen fol. 9ᵛ–10ʳ

    Staatsbibliothek Bamberg (Msc. Bibl. 94)

Die Maiestas-Domini-Darstellung (fol. 9ᵛ) zeigt Christus thronend als Herrscher
über dem Universum. Er wird nicht von einer mandelförmigen Gloriole, sondern
von zwei Sphärenkreisen hinterfangen, die durch goldene Sterne als Himmelszelt
gekennzeichnet sind. Seine Füße ruhen auf dem Erdkreis mit verschiedenfarbigen
Zonen für Erde, Wasser und Luft. In byzantinisierender Tradition schmückt ein silbernes, edelsteinverziertes Gemmenkreuz seinen großformatigen, goldenen Nimbus. Der Gottessohn segnet mit der Rechten und präsentiert in seiner Linken ein
offenes Buch. Über seinem Haupt stehen in goldenen Majuskeln die teilweise
radierten Worte: „REX REGU(M)" (König der Könige). Die folgenden Worte dieser Würdeformel: „domin(us) dominantium", die in der Bibel zweimal genannt werden (1 Tm 6,15; Apc 19,16) stehen in goldenen Minuskeln auf den aufgeschlagenen
Seiten seines Buchs.

    Der goldene Hintergrund ist durch Purpurstreifen mit Namensinschriften in vier
Zonen mit acht Halbfiguren geteilt. Sie sind mit golden und silbern alternierenden
Nimben ausgezeichnet und wenden sich mit erhobenen, leeren Schriftbändern oder
Büchern dem Erlöser zu. In den Ecken befinden sich die vier Großen Propheten des
Alten Testaments, links und rechts oben „DANIEL" und „HIEZECHIEL", unten
„ISAIAS" und „HIEREMIAS". Innen sind etwas verkleinert die vier geflügelten
Evangelistensymbole als Verkünder des Neuen Testaments dargestellt: links und
rechts oben „MATHEUS" und „JOHAN(NES)", unten „MARCUS" und „LUCAS".
Zu Beginn des Evangeliars wird demnach – ähnlich wie in der karolingischen Bibel

Literatur:

Schemmel, Staatsbibliothek
Bamberg, Kat.-Nr. 20;
Bloch/Schnitzler, Ottonische
Kölner Malerschule, Bd. 1,
Nr. XII S. 80–86; Hoffmann,
Bamberger Handschriften,
S. 114.

(Kat.-Nr. 108) – die zentrale Bedeutung des Gottessohnes für das Alte und Neue Testament bezeugt. In der Auswahl der Propheten und ihrer Kombination mit den Evangelistensymbolen stimmt das ottonische mit dem karolingischen Werk überein, ihre Position im Bild ist jedoch unterschiedlich. Außerdem erscheint Christus hier in Menschengestalt, nicht als Lamm Gottes.

Vor den vier Evangelientexten befindet sich eine Folge von zwölf ähnlich gestalteten Kanontafeln. Auf der ersten Kanontafel (fol. 10^r) unterteilen fünf unterschiedlich gefärbte und mit Bändern umwickelte Porphyrsäulen vier Spalten mit Zahlentabellen, in denen die Parallelstellen der vier Evangelien angegeben sind. Über Blattkapitellen erheben sich Rundbögen, wo jeweils in goldenen Majuskeln der Name des betreffenden Evangelisten verzeichnet ist. Die Arkadenbögen tragen einen Architrav mit der Überschrift: „INCIPIT CANON PRIMUS IN QUO IV". Darüber erhebt sich ein Dreiecksgiebel mit akroterartiger Palmettenbekrönung.

Der Bamberger Codex wird seit den Arbeiten von Bloch und Schnitzler aufgrund stilkritischer Erwägungen in die Zeit Erzbischofs Anno (1056–1075) datiert und der so genannten Reichen Gruppe der Kölner Malerschule angeschlossen. Mangels faktischer Anhaltspunkte entwickelten die Autoren ihre Einordnungskriterien für Kölner Miniaturen weitgehend aus Vergleichen von Evangelistenbildern, die in fast allen Werken vorkommen. Die Tatsache jedoch, dass innerhalb einer Handschrift zeitlich unterschiedliche Stiltendenzen nebeneinander vorkommen, blieb in diesem Entwicklungsmodell ebenso unbeachtet wie die Möglichkeit von auswärtigen Einflüssen auf die lokale Tradition der Stadt Köln. Die beiden außergewöhnlich lebendigen und ikonografisch ausgefallenen Illustrationen vor den Prologen zum Johannes-Evangelium im Bamberger Evangeliar (fol. 154^v–155^r) wurden deswegen in ihrer Aussagekraft für die Datierung zu wenig berücksichtigt und die Vorstellung von der Gleichzeitigkeit vielfältiger Ausdrucksmöglichkeiten unterdrückt.

Bezieht man jedoch alle Miniaturen der Bamberger Handschrift in die Betrachtung ein, dann wird aufgrund ihrer erregten Expressivität ein Datum um die Mitte des Jahrhunderts unwahrscheinlich, weil man in dieser Zeit stärker zur Formalisierung des überlieferten Formenguts neigte. Auch die Nähe zum Evangeliar aus St. Maria ad Gradus (Kat.-Nr. 126), das um 1030 datiert wird, schließt eine Distanz von fast 20 Jahren zwischen den beiden Werken aus. Hoffmann fand außerdem in den beiden Kölner Parallel-Handschriften denselben Schreiber wieder und plädiert aufgrund von Schriftanalysen für eine Entstehung der Bamberger Handschrift im ersten Drittel des 11. Jahrhunderts. Aus diesen Gründen muss die ältere Einordnung wohl revidiert und stattdessen ein Datum zwischen 1020 und 1030 zur Diskussion gestellt werden. Als Auftraggeber bzw. Stifter ist Erzbischof Pilgrim von Köln (1021–1036) in Erwägung zu ziehen, der wohl für die Verbreitung heinrizischer Bildvorstellungen in Köln sorgte. Er pflegte mit Bamberg auch während seines Pontifikats lebenslangen Kontakt.

G. S.-R.

Weil man den hl. Petrus, Patron des Kölner Doms, als Besitzer des Erzbistums und aller Schätze ansah, wurde ihm das kostbare Buch feierlich dargebracht.

128 Hillinus-Codex

Reichenauer Maler, um 1020

Handschrift/Pergament, 211 Blätter, 36,5 x 26, zahlreiche Initialen,

12 Kanontafeln, 4 Zierseiten, 3 Miniaturen,

restaurierter Einband mit Teilen aus dem 14. Jahrhundert;

aufgeschlagen fol. 16^v–17^r

Diözesan- und Dombibliothek Köln (Dom Hs. 12)

128 (fol. 16ᵛ)

Die Handschrift enthält die vier Evangelien mit verschiedenen Vorreden und am Schluss ein Capitulare Evangeliorum, das mit der Weihnachtsvigil beginnt. Von den Autorenbildern der einzelnen Evangelien ist nur der Matthäus erhalten. Wie einem Schreibervermerk (fol. 2ᵛ) zu entnehmen ist, wurde das Buch von einem Kölner Domherrn Hillinus bei zwei Mönchen, Purchardus und Chuonradus, in Auftrag gegeben. Aus dem Eintrag geht eindeutig hervor, dass die beiden Mönche Brüder waren und nicht aus Köln stammten. Sie wurden eigens zur Herstellung dieses Buchs nach Köln gerufen und dort so lange festgehalten, bis sie ihr Werk vollendet hatten. Es war bisher nicht möglich, die drei erwähnten Personen genauer zu identifizieren.

Literatur:
AK Glaube und Wissen, Nr. 76 (U. Surmann); AK Schreibkunst, Nr. 24 (A. Schütz); Hoffmann, Buchkunst, S. 410.

Das Dedikationsbild (fol. 16ᵛ) zeigt den mit Dalmatika und Kasel bekleideten Domherrn, der Petrus, dem Hauptpatron des Kölner Doms, das goldene Buch überreicht. Über dem Handgelenk des Geistlichen hängt ein Manipel, eine kurze weiße Stola mit roten Kreuzen. Petrus thront in Übergröße auf einer Steinbank mit Sitzkissen und Suppedaneum (Fußbank) zwischen zwei mächtigen Säulen, um die Vorhänge gerafft sind. Die obere Bekrönung bildet ein zeichenhaft vereinfachtes Kirchengebäude, das wohl den Kölner Dom darstellen soll. Erkennbar ist eine Basilika mit zwei Chören, deren Westfassade mit vortretender Apsis von zwei Türmen flankiert wird. Derartig konkrete Architekturdarstellungen hat es demnach schon vor den Saliern in ottonischer Zeit gegeben.

128 (fol. 17ʳ, Detail)

Auf der gegenüberliegenden rechten Seite (fol. 17ʳ) beginnt die zweite Vorrede zum Matthäus-Evangelium. Der Buchstabenkörper der M-Initiale besteht aus goldenen Leisten mit orangeroten Füllungen. Die Knollenranken mit Dreipass- und Pfeilspitzblättern schließen gegenständige Vögel und löwenartige Vierbeiner ein. Diese Motive kommen in Rankenleisten heinrizischer Goldschmiedewerke häufig vor. Die Anschlussworte zur Initiale [M]ATTHEUS sind in goldener Capitalis geschrieben.

Stilistisch schließen die Miniaturen des Hillinus-Codex an Darstellungen an, die Heinrich II. auf der Reichenau anfertigen ließ. Das Bild des Evangelisten Matthäus (fol. 22ᵛ) stimmt mit demjenigen im Perikopenbuch Heinrichs II. (Kat.-Nr. 75, fol. 3ᵛ) weitgehend überein. Das Kölner Dedikationsbild gleicht in den hart konturierten Umrisslinien und der Freistellung großformatiger, die Fläche beherrschender Einzelfiguren ebenso wie in der Stilisierung von Füßen, Händen und Gesichtern beispielsweise der Hirtenverkündigung im Perikopenbuch oder dem Mühlrad-Engel der Bamberger Apokalypse (Kat.-Nr. 122, fol. 46ʳ). Diese Bezüge dokumentieren die Tätigkeit von Reichenauer Buchkünstlern auch außerhalb ihres Heimatklosters.

Doch weil weder Schrift noch Initialornamentik die typischen Reichenauer Merkmale aufweisen, lokalisiert H. Hoffmann den Hillinus-Codex in das Kloster Seeon. Man dürfte demnach Spezialisten unterschiedlicher Herkunft für dieses anspruchsvolle Buchprojekt nach Köln geholt haben. Es liegt die Vermutung nahe, dass dies unter dem Einfluss des Erzbischofs Pilgrim (1021–1036) geschah. Denn er stammte aus dem bayerischen Adelsgeschlecht der Aribonen, der Gründerfamilie des Klosters Seeon, und war vor seiner Erhebung in Köln als Dompropst von Bamberg mit den kostbaren Stiftungen Heinrichs II. bestens vertraut, die Vorbildcharakter für das von Hillinus gestiftete Buch besaßen. *G. S.-R.*

Seine Verdienste als Stifter von Handschriften ließ Bischof Sigebert von Minden in dieser Miniatur verewigen.

129 EINZELBLATT AUS DEM ORATIONALE SIGEBERTS

Minden (?), 1024–1027
Beschnittenes Pergamentblatt, 12 x 9
Staatsbibliothek zu Berlin – Preußischer Kulturbesitz (Theol. lat. qu. 3 Fragm.)

Literatur:
Achten, Gebetbuch, Nr. 7;
AK Reich der Salier, S. 455
(S. von Roesgen/K. Weidemann); Fingernagel, Handschriften Berlin, Nr. 68;
von Schroeder, Mindener
Domschatzinventar, S. 22 f.,
Nr. 6; Vöge, Mindener Bilderhandschriftengruppe.

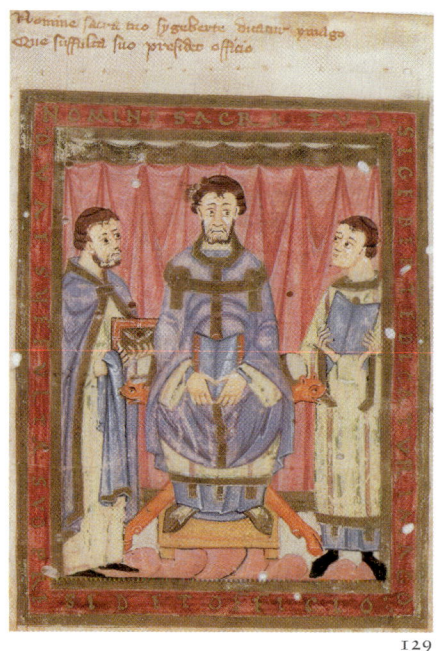

129

Bischof Sigebert von Minden (1022 bis 1036) thront auf einem Faltstuhl mit Löwenköpfen vor einem Ehrentuch. Seine goldenen Schuhe ruhen auf einer Fußbank. Wie im Elfenbein (Kat.-Nr. 131) trägt er über festlichen Pontifikalgewändern sein goldenes Rationale. Auf den Knien präsentiert er mit beiden Händen ein aufgeschlagenes Buch. Er wird wie bei einer Pontifikalmesse links von einem Priester mit geschlossenem und rechts von einem Diakon mit geöffnetem Buch flankiert. Im Rahmen befindet sich in goldenen Majuskeln die Inschrift: „NOMINE SACRA TUO SIGEBERTE DICATUR IMAGO. QUAE SUFFULTA SUO PRESIDET OFFICIO" (In deinem Namen, Sigebert, sei das heilige Bild geweiht, das erhoben seinem Amte vorstehe). Am oberen Bildrand ist die Inschrift von einer Hand des 14. Jahrhunderts wiederholt.

Ursprünglich war diese Miniatur das Titelbild eines Orationales, das sich heute in Wolfenbüttel befindet (Kat.-Nr. 132). Weil diese Handschrift als dritte Stiftung Sigeberts in der Mindener Bischofschronik detailliert beschrieben wird, wissen wir außerdem, dass ihr Vorderdeckel ursprünglich mit dem Sigebert-Elfenbein geschmückt war.

Die Miniatur dürfte ebenso wie das Elfenbein nach der Mitte des 15. Jahrhunderts und vor der Ausleihe an Matthias Flacius Illyricus (Kat.-Nr. 132) aus der Trägerhandschrift herausgelöst worden sein. Als 1683 das Domschatzverzeichnis erstellt wurde, befand sie sich, mittlerweile an den Rändern beschnitten, auf einem Vorsatzblatt eines Mindener Evangelistars, das nach Berlin gelangte (Theol. lat. qu. 3). Sie wurde 1975 herausgelöst. Es spricht für das ausgeprägte Selbstbewusstsein des Bischofs, sich gleich zweimal in einem Werk verewigen zu lassen und gleichzeitig Würdeformeln ottonischer Herrscherbilder, wie die im Evangeliar Ottos III., zu zitieren (Abb. 39). Das Einzelblatt gehört zusammen mit dem Sakramentar (Kat.-Nr. 130) und dem heute in Krakau befindlichen Tropar (Abb. 57) zum Handschriftenornat Sigeberts. Es zeigt stilistische Bezüge zu St. Galler Werken, besonders zu einem Tropar, das dort zwischen 1022 und 1034 entstand (Stiftsbibliothek St. Gallen, Cod. 376; vgl. Merton, Buchmalerei, S. 74f., Taf. LXXIII). Doch unterscheidet sich die Sigebert-Miniatur im Detail der Gesichts- und Gewandstilisierung deutlich von diesen St. Galler Kompositionen. Auch die Neigung zu ausführlichen Bildumschriften ist dort eher untypisch, aber charakteristisch für Stiftungen Heinrichs II. Da außerdem ikonografische Parallelen zu Reichenauer Herrscherbildern unübersehbar sind, erscheint die Darstellung eher als Synthese aus unterschiedlichen Anregungen. Diese Beobachtungen sprechen gegen St. Gallen als Herstellungsort und eher für die direkte Einflussnahme des Auftraggebers auf dieses Werk, wobei er sich an heinrizischen Vorbildern orientierte. Sigebert dürfte also die Handschrift nicht aus St. Gallen importiert, sondern einen dort ausgebildeten Buchmaler für seine Aufträge nach Minden geholt haben, der nach seinen Vorgaben etwas Neues für ihn schuf.

G. S.-R.

Von den neun Büchern, die Bischof Sigebert der Domkirche von Minden stiftete, ist dieses das prächtigste.

SIGEBERT-SAKRAMENTAR   *130*

> Minden (?), bald nach 1022
>
> Handschrift/Pergament, zahlreiche Goldrankeninitialen, 30 x 22, 5 Schrift- bzw.
> Initialzierseiten, 8 Miniaturen zum Messkanon und den Hauptfesten, im Einband 1. Hälfte
> 19. Jahrhundert, Elfenbeindiptychon mit den vier Kirchenlehrern aus der Entstehungszeit,
> zu dem ursprünglich ein Silberrahmen gehörte; aufgeschlagen fol. 8ᵛ–9ʳ
>
> Staatsbibliothek zu Berlin – Preußischer Kulturbesitz (Theol. lat. fol. 2)

Abb. 58

Bischof Sigebert (1022–1036) stattete die Mindener Domkirche ähnlich wie Heinrich II. Bamberg mit zahlreichen Handschriften aus. Obwohl die Stiftung des Geistlichen, seinem Rang entsprechend, im Vergleich zu der kaiserlichen bescheidener war, umfasste sie neun reich ausgeschmückte Codices in kostbaren Einbänden; dies war sozusagen die Grundausstattung eines Hochaltars bzw. ein Ornat (vgl. S. 71 ff.). Sigebert scheint sich seinem kaiserlichen Vorbild auch darin angenähert zu haben, dass er gerade das Sakramentar besonders reich ausstatten ließ. Dieser Codex ist größer im Format und aufwändiger geschmückt als die anderen. Er hatte einen Deckel, der mit seinen vier gekrönten Tugendpersonifikationen im heute verlorenen Silberrahmen eines der Leitthemen heinrizischer Kunst aufgriff. Der Beginn des Messkanons ist – wie im Regensburger Sakramentar (Abb. 27) – mit der Kreuzigung als Kanonbild (Abb. 58) geschmückt; dann folgen vor den Kommunionsgebeten zwei thematisch außergewöhnliche Bilder.

Dass man an dieser Stelle ein Bild des Agnus Dei (fol. 8ᵛ) auswählte, ist nicht ungewöhnlich (Kat.-Nr. 112 und 121), wohl aber die Darstellungsweise. In einer Mandorla steht auf einem sechseckigen altarähnlichen Thron das Lamm Gottes mit Nimbus. Die sieben Hörner und sieben Augen am Kopf symbolisieren die Sieben Gaben des Heiligen Geistes. Die blutende Seitenwunde im Zentrum verdeutlicht die Identität des Opferlamms mit dem Gekreuzigten und unterstreicht die eucharistische Bedeutung des Bildes entsprechend der Anrufung des Textes: „Agnus Dei qui tollis peccata mundi, misere nobis" (Lamm Gottes, das du hinwegnimmst die Sünden der Welt, erbarme dich unser). Das Tier präsentiert zwischen seinen Hufen das aufgeschlagene Buch des Lebens, in dem die Namen der Geretteten verzeichnet sind.

Der Mandorla sind vier kreuzförmig angeordnete Halbmedaillons zugefügt, in denen sich die Evangelistensymbole mit Heiligenschein und Büchern bzw. Buchrollen befinden, die sich verehrend dem Lamm zuwenden. Sie sind so angeordnet, dass

Literatur:
von Euw, St. Galler Kunst,
S. 198 f.; Fingernagel, Handschriften Berlin, Nr. 131;
Hoffmann, Buchkunst,
Nr. 374; von Schroeder,
Mindener Domschatzinventar;
Vöge, Mindener Bilderhandschriftengruppe.

122 (fol. 13ᵛ)

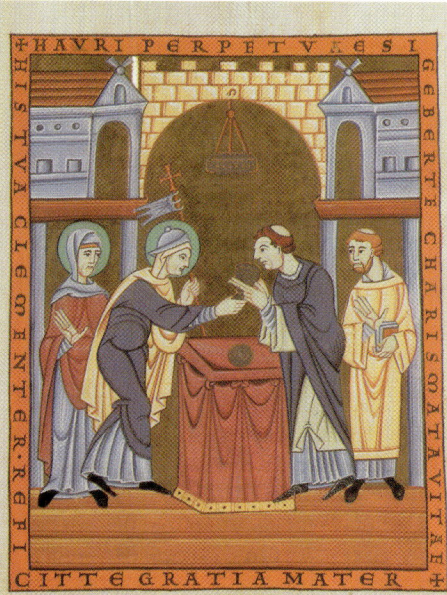

130 (fol. 8ᵛ und 9ʳ)

der Matthäus-Engel, der die irdische Herkunft Christi symbolisiert, unten steht und der Johannes-Adler für das vom Himmel kommende Wort Gottes oben. Die Hintergründe in der Mandorla und den Medaillons sind golden. In den Zwickelfeldern befinden sich die zinnenbekrönten Mauern des Himmlischen Jerusalems, die die Mandorlaform des Binnenfeldes aufnehmen. Die Umschrift im Rahmen lautet: „+ ECCE TRIVMPHATOR MORTIS. UITAE REPARATOR + AGNUS MIRIFICI PANDIT SIGNACULA LIBRI." (Siehe, der Triumphator über den Tod, Wiederhersteller des ewigen Lebens. Das Lamm öffnet die Siegelzeichen des wundersamen Buches).

Das Lamm Gottes wird gemäß dem Text der Geheimen Offenbarung des Johannes dargestellt (Apc 5,1–13), und die Umschrift unterstreicht diesen Aspekt. Ganzseitige Miniaturen mit dem Lamm Gottes zwischen den Evangelistensymbolen zieren auch das Regensburger Sakramentar (Kat.-Nr. 112) und die karolingische Bibel in Bamberg (Kat.-Nr. 108). Das Motiv der sieben Hörner und der sieben Augen im Sakramentar Sigeberts wurde jedoch anderen heinrizischen Vorbildern entnommen, der Bamberger Apokalypse (Kat.-Nr. 122) bzw. dem Bamberger Rationale (Kat.-Nr. 207). Sigebert wird diese Werke demzufolge in der Neugründung des Kaisers gesehen haben.

Das zweite außergewöhnliche Thema ist die Messfeier Sigeberts (fol. 9ʳ). Von links schreitet eine weibliche Figur, Ecclesia, also die Personifikation der Kirche, auf einen mit Stoff verhüllten und durch drei Stufen erhöhten Altar zu. Sie trägt einen Kopfschleier, Nimbus, Helm und Kreuzfahne und reicht Bischof Sigebert einen Kelch, den dieser mit beiden Händen zum Mund führt. Die umlaufende Bildinschrift bezieht sich auf diese Handlung. Auf dem Altartisch liegt eine goldene Patene als Teller für die Hostie. An der Messfeier nehmen außerdem zwei Personen teil; hinter der Ecclesia eine Frau mit Nimbus, vermutlich Maria, hinter dem Bischof ein Diakon mit geschlossenem Buch. Beide Assistenzfiguren drücken durch die nach außen gewendeten Handflächen ihre Anteilnahme am Geschehen aus. Vom Gewölbescheitel des Ziboriums hängt eine Krone herab. Die Architekturkulisse mit dem zinnenbekränzten Ziboriumsbogen beginnt mit einer doppelten Säulenstellung zu beiden Seiten, auf der jeweils eine Tempelarchitektur mit Schleifchengiebeln aufgesetzt ist. Von dem goldenen Bildhintergrund hebt sich das Türkisgrün der Nimben gut ab.

Die Umschrift im Rahmen lautet: „+ HAURI PERPETUAE SIGEBERTE CHARIS-
MATA VITAE + HIS TUA CLEMENTER. REFICIT TE GRATIA MATER" (Trink, Si-
gebert, die Gnadengaben des ewigen Lebens – mit ihnen erfrischt dich milde deine
Mutter in Gnade).

Kompositionelle Bezüge zur Darstellung Christi oder dem Zachariasbild, wie sie
das Perikopenbuch Heinrichs II. (Abb. 56) oder das in Wolfenbüttel (Abb. 47), aber
auch das Trierer Sakramentar in Paris (Abb. 51) zeigen, sind unverkennbar. Sigebert
trägt hier nicht das reich geschmückte Messgewand mit dem Rationale wie im Stifterbild (Kat.-Nr. 129) oder dem Elfenbein (Kat.-Nr. 131). Für die Datierung der
Handschrift liefern weder die „laudes" (fol. 227^r) noch die Messe für den Kaiser
(fol. 279^r) genaue Anhaltspunkte, weil der Herrscher nicht namentlich bezeichnet
wurde. Doch lässt sich das Handschriften-Ornat Sigeberts durch derartige Einträge
in anderen Werken dieser Gruppe zwischen 1024 und 1027 datieren. Der figürliche
Schmuck des Sakramentars steht dem Notkerbild (Abb. 57) besonders nahe, das
W. Vöge den frühen Stiftungen nach 1022 zurechnet.

In den Bildern des Sakramentars (Abb. 58) wurden offensichtlich Vorbilder
unterschiedlicher Provenienz verarbeitet. Neben den St. Galler gibt es Regensburger
(Abb. 27) und Reichenauer Komponenten, und zwar vor allem aus Handschriften,
die sich zu dieser Zeit im Bamberger Dom befanden. So entstand eine Synthese aus
kaiserlichen Vorlagen mit anderen Elementen. Deshalb dürften die Arbeiten von
Malern ausgeführt worden sein, die vielleicht in St. Gallen ausgebildet wurden, aber
unter der Aufsicht Sigeberts in Minden arbeiteten.   *G. S.-R.*

130, Elfenbein des Vorderdeckels

Wie in einem Herrscherbild nimmt Bischof Sigebert von Minden erhöht und
in überragender Größe die zentrale Position ein, die sonst Christus oder dem
Kaiser zukommt.

Elfenbeinrelief vom Orationale Sigeberts   131

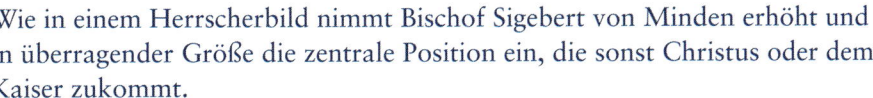

Minden oder Köln (?), zwischen 1024 und 1027

Elfenbein, 14 x 7, rechte untere Ecke fehlt, Bischofsstab durchgebrochen

Staatsbibliothek zu Berlin – Preußischer Kulturbesitz (Theol. germ. qu. 42, Einband)

131

Bischof Sigebert von Minden (1022–1036) trägt
festliche Pontifikaltracht und sein Rationale.
Über seinen Handgelenken liegt ein mit verschiedenen Kreuzmustern verziertes Manipel
(Stola). Der Bischof wird von zwei Geistlichen in
Messgewändern flankiert, die deutlich verkleinert auf Hügeln stehen und ihm in verhüllten
Händen Bücher präsentieren. Der Priester zu seiner Rechten hält ein aufgeschlagenes Evangeliar,
auf das Sigebert seine Finger legt, eine Geste des
Erklärens, die auf das bischöfliche Lehr- und Pre-
digtamt verweist. Der Priester auf der anderen
Seite hält ein geschlossenes Buch mit den Epis-
teln.

Zwei kleinere, demutsvoll niedergesunkene
Subdiakone knien zu seinen Füßen und breiten
ein Tuch aus. Der zur Rechten hält außerdem seinen Bischofsstab, der zur Linken erfasst als
Messdiener seinen Gewandzipfel. In den oberen

Literatur:

AK Reich der Salier, S. 455 f.
(S. von Roesgen, K. Weide-
mann); AK Ornamenta
Ecclesiae 1, Nr. B 6 (U. Berg-
mann); Goldschmidt, Elfenbein-
skulpturen, Bd. 2, Nr. 145; Fin-
gernagel, Handschriften Berlin,
Nr. 71; von Schroeder, Mindener
Domschatzinventar, S. 34,
Nr. 34.

Ecken erscheint in Himmelssegmenten mit züngelnden Flammenkränzen das Lamm Gottes gegenüber der Taube des Heiligen Geistes. Ein Perlband rahmt die Komposition. Geringe Farbspuren in den Augäpfeln und Pupillen der beiden knienden Messdiener sowie in den Haarsträhnen lassen erkennen, dass die Tafel ehemals teilweise gefasst war.

Das Elfenbeinrelief schmückte ursprünglich zusammen mit dem herausgelösten Stifterbild (Kat.-Nr. 129) ein von Sigebert gestiftetes Orationale, das sich heute in Wolfenbüttel befindet (Kat.-Nr. 132). In der Mindener Bischofschronik aus dem 15. Jahrhundert wird das Schnitzwerk bei der als Nr. 3 verzeichneten Handschrift erwähnt. Die Tafel blieb im Domschatz, als Matthias Flacius Illyricus (1520–1575) den Text entlieh, und zierte danach bis 1977 das Gebetbuch der Herzogin Maria von Geldern (Staatsbibliothek Berlin, Theol. germ. qu. 42).

Die Datierung der Elfenbeintafel lässt sich durch die Regierungszeit Sigeberts zwischen 1022 und 1036 eingrenzen, doch fällt die Lokalisierung schwer. Der routinierte Schnitzer schuf mindestens zwei weitere Werke für den Mindener Bischof: ein Sakramentar (Kat.-Nr. 130) und ein Hymnar (S. 75, Anm. 68), kann jedoch weder in St. Gallen noch in Bamberg oder anderswo nachgewiesen werden. Auch wenn der Schreiber des ehemals zugehörigen Textes aus dem Skriptorium von St. Gallen stammt, kann die Elfenbeintafel nicht dort eingeordnet werden, weil sich die Figurengestaltung mit großen breitwangigen Schädeln, ebenso wie Gewandstilisierung und Rahmenornamentik von den Miniaturen der Sigebert-Handschriften unterscheidet. Eine Spur für die Herkunft des Elfenbeinschnitzers könnte das selten nachweisbare Motiv der ein Tuch ausbreitenden Subdiakone liefern. Denn es findet sich in der Kölner Handschrift des Bamberger Doms (Kat.-Nr. 127) wieder, wo kniende Engel auf ähnliche Weise Christus Ehre erweisen. In der Miniatur der Verklärung in dieser Handschrift sind außerdem die Himmelssegmente ebenso wie auf dem Elfenbein mit züngelnden Flammen umkränzt.

Der Elfenbeinschnitzer Sigeberts orientierte sich offensichtlich an Darstellungen Heinrichs II., wie dem Krönungsbild des Regensburger Sakramentars (Kat.-Nr. 112) oder dem Bamberger Pontifikale (Kat.-Nr. 117). Darin zeigen sich das ausgeprägte Selbstbewusstsein und das hohe Anspruchsniveau des Bischofs, der sich in der Tafel ein allegorisches Bild auf sein bischöfliches Amt entwerfen ließ. *G. S.-R.*

Dieses Buch war ursprünglich mit zwei Darstellungen Bischof Sigeberts von Minden geschmückt.

132 ORATIONALE SIGEBERTS

Minden (?), zwischen 1024 und 1027

Handschrift/Pergament, 121 Blätter, 16 x 12, zahlreiche goldgetupfte Anfangsbuchstaben und einige Rankeninitialen, moderner, mittelbrauner Schweinsledereinband; aufgeschlagen fol. 32ᵛ–33ʳ

Herzog August Bibliothek Wolfenbüttel (Cod. Guelf. 1151 Helmst.)

Literatur:
Butzmann, Missa Illyrica;
Hoffmann, Buchkunst, S. 398;
Honselmann, Rationale,
S. 107 f.; von Schroeder, Mindener Domschatzinventar,
S. 22, Nr. 6, S. 24.

Die Handschrift erlangte als „Missa Illyrica" in der Reformationszeit eine gewisse Berühmtheit. Denn der aus Serbien stammende, lutheranische Theologe und Kirchenhistoriker Matthias Flacius Illyricus (1520–1575) hielt den Text irrtümlich für ein vorkarolingisches Missale. Er lieh sich das Buch aus, ohne es wieder zurückzugeben, und verwendete es für seine „Missa latina", die 1557 in Straßburg erschien. Sein Werk wurde jedoch von Anfang an heftig kritisiert und bald verboten.

Der Braunschweiger Herzog stiftete die 1597 aus dem Nachlass des Autors zurückgekaufte Handschrift der Universität in Helmstedt, von dort gelangte sie später nach Wolfenbüttel. Der Codex enthält einen Ordo Missae, eine Gottesdienstordnung, mit einer ungewöhnlich großen Zahl reumütiger Gebete. Am Anfang stehen kürzere, die zur Einkleidung des Bischofs vor der Messe gesprochen wurden. Für jedes Gewandstück gab es ein eigenes Gebet, beginnend mit dem für das Amikt (Schultertuch) und endend mit dem für das Rationale (Kat.-Nr. 207).

Wie der Mindener Bischofschronik zu entnehmen ist, gehörten die beiden einzelnen Bildnisse Sigeberts ursprünglich zur Ausstattung dieser Handschrift (Kat.-Nr. 129 und 131). Sie waren wohl schon vor der Ausleihe durch Matthias Flavius Illyricus entfernt worden und verblieben zunächst in Minden.

Die goldene Rankeninitiale (fol. 32ᵛ) zeichnet das Gebet „Gloria in excelsis deo" (Ehre sei Gott in der Höhe) zum Introitus der Messe aus. Die Auszierung des ersten Buchstabens mit fleischigen Rankenzügen, knolligen Blattendungen und einfachen Verknotungen in der Buchstabenrundung ist wesentlich schlichter als die im Sakramentar Sigeberts und wurde sicherlich nicht von demselben Maler ausgeführt. Sie ist aber im Duktus der Initialornamentik anderer Handschriften des zwischen 1024 und 1027 datierbaren Ornats Sigeberts vergleichbar und dürfte zusammen mit ihnen in Minden entstanden sein. *G. S.-R.*

Aus einer im Dreißigjährigen Krieg geplünderten Bibliothek gelangte dieses Meisterwerk aus der Nachfolge des Evangeliars Ottos III. in den Bücherschatz von Wolfenbüttel.

Evangelistar 133

Reichenau, um 1010

Handschrift/Pergament, 109 Blätter, 28 x 18,5, einige ornamentierte Goldmajuskeln, 6 Initialzierseiten, 9 Miniaturen, vom ursprünglichen Deckel eine byzantinische Elfenbeintafel mit dem Tod und der Aufnahme Mariens in den Himmel auf einem modernen Holzkasten erhalten; aufgeschlagen fol. 66ᵛ–67ʳ

Herzog August Bibliothek Wolfenbüttel (Cod. Guelf. 84.5 Aug. 2°)

Abb. 22, 38 und 47

Literatur:
AK Bernward von Hildesheim, Bd. 2, Kat.-Nr. VII–24 (U. Kuder); AK Europas Mitte, Bd. 3, S. 493, Kat.-Nr. 24.02.13 (I. Siede); Gallistl, Herrscherbild, S. 109 ff.; Hoffmann, Buchkunst, S. 347.

Der Codex umfasst 109 Perikopen aus den Evangelien in der Folge des Kirchenjahrs mit reichem Bilderschmuck, der vermutlich nicht vollständig ist. Herzog August der Jüngere von Braunschweig-Lüneburg erwarb ihn 1658/59 vielleicht von einem Hildesheimer Sammler. Doch lässt sich die Hildesheimer Herkunft bisher weder historisch absichern noch durch die Auswahl der Perikopen hinreichend begründen. Nach H. Hoffmann arbeiteten dieselben Schreiber im Evangeliar Ottos III. Auch der Buchschmuck steht motivisch und stilistisch den Bamberger Hauptwerken um diese Handschrift nahe (Abb. 35–38 und 46–49).

Die Miniatur (fol. 66ᵛ, Abb. 47) illustriert das Fest der Geburt Johannes des Täufers (24. Juni). Dargestellt ist der hoch betagte Priester Zacharias beim Tempeldienst, dem der Erzengel erscheint und die Geburt eines Sohnes verheißt. Es wird mehr Wert darauf gelegt, die liturgische Handlung des Beweihräucherns und die Ehrerbietung des Priesters gegenüber dem Engel darzustellen, als seinen Unglauben gegenüber dem Gehörten deutlich zu machen. Zacharias, der sich für zu alt hielt, um einen Sohn zu zeugen, wurde von einem Engel zum Verstummen gebracht. Die Zunge wurde ihm erst wieder gelöst, als sein Sohn geboren war.

Wie oft in Bildern der Liuthar-Gruppe ist die Szene dialogmäßig aufgebaut, was durch die zweiteilige Architekturkulisse noch gesteigert wird. Dabei wird dem Engel auf subtile Weise mehr Platz und Bedeutung eingeräumt als dem Priester. Der Vergleich mit derselben Szene in der Augsburger Handschrift (Abb. 46) macht die künstlerische Qualität der Wolfenbütteler Handschrift deutlich. Die Architekturkulisse wurde ausgetauscht, kommt aber in anderen Miniaturen der Gruppe vor.

Einzelmotive der Zacharias-Figur finden sich im Johannes des Einleitungsbildes der Bamberger Apokalypse (Kat.-Nr. 122, fol. 1ʳ). *G. S.-R.*

Da ottonische Herrscher nicht als Individuen, sondern als Repräsentanten ihres Amts dargestellt wurden, konnte durch Veränderung der Namensinschrift die Person des Dargestellten leicht ausgetauscht werden.

134 FLAVIUS JOSEPHUS, DE BELLO IUDAICO

Reichenau oder Trier, um 1000

Nicht zugehörige Pergamenthandschrift, 190 Blätter, 31,5 x 24,5, Federproben, 2 Miniaturen, Einband der Dombibliothek von 1611; aufgeschlagen fol. 1ᵛ–1aʳ

Staatsbibliothek Bamberg (Msc. Class. 79)

Abb. 41

Literatur:
AK Ein Leben für den Bamberger Dom, Nr. 68, 69 (G. Suckale-Redlefsen); AK Evangeliar Heinrichs des Löwen, Nr. 5 (F. Mütherich); Fischer, Miniaturen, Bd. 2, S. 1 passim, Taf. 1,2; Hoffmann, Buchkunst, S. 310 f.; Hoffmann, Bamberger Handschriften, S. 137; Körntgen, Königsherrschaft, S. 366 passim; Kuder, Ottonen, S. 140, 190 f.; Suckale-Redlefsen, Antlitz.

Obwohl sich die Miniaturen wie bei einem Diptychon auf zwei Seiten befinden und einzeln gerahmt sind, bilden sie eine Einheit. Dies kommt formal durch die gleich gestalteten, atmosphärisch verschimmernden Hintergründe mit grünlichen Standstreifen zum Ausdruck. Die Miniaturen sind schlecht erhalten: Die obere Malschicht ist weitgehend abgerieben und an vielen Stellen verkratzt. Das Doppelblatt muss ursprünglich zu einer anderen, heute verlorenen Handschrift gehört haben und wurde erst nachträglich diesem Geschichtsbuch vorgebunden. Ein Loch mit umlaufenden Rostspuren in der Mitte des oberen Blattrandes von fol. 1ᵛ zeigt, dass die ehemals zugehörige Handschrift zeitweise angekettet war. Diese Vorsichtsmaßnahme spricht für leichte Zugänglichkeit und häufige Benutzung, wahrscheinlich in liturgischer Funktion. Wie eine waagerecht über beide Seiten verlaufende Knickspur im oberen Bildviertel zeigt, bewahrte man das Doppelblatt längere Zeit zusammengefaltet auf.

Das Herrscherbild (fol. 1aʳ) stellt den bartlosen König in hieratischer Übergröße auf einer Steinbank mit Polsterkissen thronend dar. Ein Baldachin aus rosa marmorierten Säulen mit zweizonigen Blattkapitellen und perspektivisch verkürztem, rotem Ziegeldach mit bekrönendem Goldzapfen überhöht die majestätische Erscheinung. Sein kostbarer Herrscherornat besteht aus einer violetten Tunika mit goldenen, edelsteingeschmückten Zierstreifen, einem orange-roten Mantelpallium, das mit kleinen, goldenen Quadraten verziert und mit einer viereckigen Fibel auf der Schulter geschlossen ist. Seine Füße ruhen in goldenen Prunkschuhen auf einer Fußbank. Die goldene, edelsteinverzierte Giebelkrone ist mit drei rot umrandeten Lilien besetzt. In der hellen Weltkugel befindet sich ein goldenes Kreuz, in der Scheibe auf dem Stabzepter ein Vogel. Die Thronbank wird von einem grünen, medaillonverzierten Ehrentuch hinterfangen, das an einer Stange zwischen zwei stilisierten Löwenköpfen aufgehängt ist.

Zur Rechten des Kaisers stehen in der Ehrenposition zwei Erzbischöfe in Pontifikalgewändern mit goldenen Büchern in den Händen. Auf der anderen Seite wenden sich zwei Heerführer mit Schild und Lanze dem Herrscher zu. Sie tragen kurze Tuniken, lange Mantelpallien und halbhohe Stiefel. Die beiden innen stehenden Personen sind durch ihre Haarfarbe als Ältere gekennzeichnet.

Auf der gegenüberliegenden Seite (fol. 1ᵛ) ist die Huldigung des Herrschers durch die Nationen dargestellt. Vier barfüßige, gekrönte Frauen präsentieren dem Herrscher ihre Geschenke in edelsteingeschmückten Gefäßen. Es sind die Personifikationen der „gentes" (Völker des Reichs), die ihren Tribut darbringen. Die teilweise abgeriebenen Namensbezeichnungen in weißer Capitalis rustica befinden sich über ihren Köpfen. Ganz rechts, dem Herrscher am nächsten, steht „ITALIA". Ihr folgt „GERMANIA" mit einer Mauerkrone, dann „GALLIA", die eine runde, helle Scheibe mit einer nackten, auf winkelförmigem Gestänge sitzenden Gestalt mit Schriftrolle (Viktoria?) präsentiert. Mit der „SCLAVANIA" für die slawischen Länder, die sonst meist als „Sclavinia" bezeichnet wird, endet der Zug. Sie trägt eine Helmkrone und einen kostbaren Juwelenkragen.

Die Haut- und Haarfarbe der Gaben bringenden Frauen wechselt ebenso wie die von Tuniken und Mänteln. Dies darf jedoch nicht als Versuch missverstanden werden ethnische Unterschiede thematisieren zu wollen. Vielmehr folgte der Künstler dem ästhetischen Prinzip der Variatio, der Abwechslung, um mehr Lebendigkeit in die gleichförmige Reihe zu bringen.

Die Identifikation des dargestellten Herrschers macht der Wissenschaft bis heute große Probleme. Sie hängt vor allem an der in Capitalis rustica geschriebenen, weitgehend ausgelöschten Inschrift. Auf dem Goldgrund wurden neben dem Haupt des Herrschers nacheinander, und zwar in nicht allzu großem zeitlichem Abstand, zwei verschiedene Namen mit weißer Farbe aufgemalt. Von dem besser lesbaren und wohl auch jüngeren sind rechts vom Kopf die Buchstaben „CHUS" zu entziffern, mit einiger Sicherheit als „HEINRICHUS" zu ergänzen. Ähnlich hat es Subkustos Graff vor 1738 gelesen und auf seiner Nachzeichnung festgehalten.

Nahe an der Krone und etwas höher auf der rechten Seite ist jedoch ein nicht vollständig ausgewischtes „O" zu identifizieren und etwas deutlicher darunter auf jeder Seite des Kopfes ein „R". Letzteres wäre als „R(EX) R(OMANORUM)" aufzulösen. Die Deutung des O als Teil des Namens Otto liegt nahe. Sie wird bestärkt durch die Stellung der Bildkomposition in der Typengeschichte des Herrscherbildes. Es folgt beispielsweise in der Form des Ziboriums genau dem Bild des Gregor-Meisters (Abb. 40), während das auf den ersten Blick so ähnliche Herrscherbild im Evangeliar Ottos III. (Abb. 39) die Architektur neu gestaltet und darin von den beiden anderen Versionen absticht. Deshalb ist es wahrscheinlich, dass das Bild in der Flavius-Josephus-Handschrift davor entstand. Es ist als ein Werk aus der Zeit Ottos III. einzuordnen, das vielleicht nie seiner ursprünglichen Bestimmung zugeführt wurde, und dürfte um 1000 zu datieren sein. Nach dem frühen Tod Ottos III. wurde es mit einer neuen Inschrift versehen und für eine der Buchstiftungen Heinrichs II. wiederverwendet.   G. S.-R.

Die Prachthandschrift stammt aus dem Bamberger Dom und ist mit einem der schönsten Einbände aus ottonischer Zeit geschmückt.

EVANGELIAR   *135*

> Reichenau, um 1010
>
> Handschrift/Pergament, 266 Blätter, 30,5 x 23,5, 78 goldene Rankeninitialen, 4 Initialzierseiten, 12 Kanontafeln, 5 Miniaturen, goldener Vorderdeckel; aufgeschlagen fol. 20ᵛ–21ʳ und Vorderdeckel
>
> Bayerische Staatsbibliothek, München (Clm 4454)   Abb. 44

Die Handschrift umfasst die vier Evangelien, zudem vorangestellte Kanontafeln (Evangelienkonkordanzen), vier allgemeine Vorreden vor dem Gesamttext, dazu eine Vorrede (Argumentum) zu jedem Evangelium und am Schluss ein Capitulare Evangeliorum, ein kalendarisches Verzeichnis von Evangelienlesungen in der Abfolge des Kirchenjahrs. Die Textredaktion entspricht weitgehend derjenigen der beiden älteren Evangeliare aus dem Aachener und dem Bamberger Domschatz, doch fehlt ein christologischer Bilderzyklus. Stattdessen konzipierte man ein knappes, jedoch theologisch anspruchsvolles Miniaturenprogramm, indem die vier Evangelistenbilder jeweils durch eine christliche Heilstat in den Lünetten neben dem Symboltier erweitert wurden. Eine Inschrift verknüpft sie mit dem jeweiligen Autor des Evangeliums (Abb. 44).

135 (Vorderdeckel)

Heinrich II. wird diese Handschrift dem Bamberger Dom gestiftet haben. Sie befand sich dort bis zur Säkularisation und gelangte 1803 nach München. Ihre Einordnung lässt sich stilkritisch erschließen, denn der Codex zeigt vielfältige Bezüge zu anderen Bamberger Geschenken des Kaisers, die auf der Reichenau entstanden. Das Evangeliar dürfte nach dem Evangeliar Ottos III. (Abb. 39), aber vor dem Perikopenbuch (Kat.-Nr. 75) und der Bamberger Apokalypse (Kat.-Nr. 122), also nach 1002 und vor 1010, entstanden sein. Die Maler verwendeten dieselben Reichenauer Vorlagen, entwickelten aber für jede der vier Prachthandschriften ein eigenes Konzept.

Vor dem eigentlichen Beginn des Evangeliars, an einer Stelle, wo sonst häufig die Maiestas Domini dargestellt ist (Kat.-Nr. 126 und 127), findet sich mit Christus im Lebensbaum ein außergewöhnliches Thema (fol. 20ᵛ). Es verbildlicht in einer kosmischen Vision den Glauben an Christus als Mitte der Welt und Quell des Lebens. Der Gottessohn steht vor einem Baum und präsentiert in majestätischer Ruhe zum

131 (fol. 20ᵛ)

Zeichen seiner allumfassenden Herrschaft einen goldenen Globus. Die ausgreifende Geste der rechten Hand wird durch den weit ausflatternden Mantelzipfel unterstrichen. Mit seiner Linken umfasst er einen knospenden Ast, als wäre es eine Herrschaftsinsignie.

Zur Gestaltung des Baums griff der Maler auf ein streng stilisiertes Modell zurück, das geeignet schien die komplizierte symbolische Aussage zu fassen. Die Gestalt Christi bildet als Stamm die senkrechte Achse, von der sieben Äste mit gut sichtbaren Knospen nahezu symmetrisch abzweigen. Ihre Spitzen enden in großen, unterschiedlich gestalteten Blättern, die den Gottessohn, paarweise gleich, kranzförmig umgeben. Die beiden unteren folgen in einer großen züngelnden Lanzettform der inneren Rahmung und öffnen sich blütenartig. Die beiden mittleren und das bekrönende Blatt sind aus einem aufgefalteten Schirmchen mit roten Früchten gebildet. Der Lebensbaum gleicht dem siebenarmigen Leuchter des Alten Bundes und weckt Assoziationen an die Sieben Gaben des Heiligen Geistes.

Um zu verdeutlichen, dass der Baum im Himmel steht, wählte der Maler als rahmende Würdeformel eine goldene Mandorla und setzte sie vor den violett-grauen, oben rosa-rot abgesetzten Himmelsstreifen, der sich über der schmalen, türkisgrünen Erdenzone erhebt. Der Mandorla wurden vier Medaillons angefügt, um

Literatur:

AK Prachteinbände, Nr. 5 (B. Hernad); Dressler, Prachthandschriften, S. 70; Evangeliar aus dem Bamberger Domschatz. Christus im Paradies, Faksimile des Einzelblattes fol. 20ᵛ von Clm 4454, Stuttgart 2000; Hoffmann, Buchkunst, S. 333 f.; Kuder, Ottonen, S. 153; Leidinger, Evangeliarium; Shalem, Islam Christianized, S. 306 f., Nr. 278; Steenbock, Prachteinband, Nr. 47; Willenbring, Reichenauer Evangeliar.

Christus vor einer Kreuzform mit gleich langen Balken erscheinen zu lassen. Damit wird angedeutet, dass der Lebensbaum mit dem Kreuz Christi auf geheimnisvolle Weise identisch ist. Außerdem verstand man das Kreuz als das Strukturprinzip des Universums und interpretierte seine von Paulus im Epheserbrief (Eph 3,18) genannten Dimensionen kosmologisch.

Im Medaillon über dem Haupt Christi befindet sich das weißhaarige Antlitz von Uranos, der in der griechischen Mythologie den Gott des Himmels verkörpert. Die Rundbilder rechts und links zeigen Sol und Luna in goldverzierten Gewändern als rothäutige männliche und blauhäutige weibliche Figur. Die beiden Gestirne sind durch die roten Strahlen und die Sichel als Sonne und Mond gekennzeichnet. Im unteren Medaillon trägt eine halb nackte Frau mit offenen blonden Haaren als Personifikation der Erde wie ein Atlant den Baumstamm auf ihren Schultern. Christus im Lebensbaum ist demnach allumfassend die Mitte der Welt.

Die vier Ecken der Miniatur zwischen Mandorla und äußerer Rahmenleiste sind jeweils mit einer Zweifigurengruppe gefüllt. Als Personifikation eines der vier Leben spendenden Paradiesflüsse trägt je eine dunkelhaarige, nackte Frau mit grünlicher Hautfarbe, deren Oberkörper in drei Strömen endet, auf erhobenen Armen ein Evangelistensymbol. Oben, rechts von Christus, befindet sich der Matthäus-Engel mit geschlossenem Buch, darunter der Markus-Löwe, neben ihm der Lukas-Stier sowie der Johannes-Adler im oberen Register, der zum Zeichen seiner Offenbarung ein offenes Buch präsentiert. Die Blicke der Evangelistensymbole sind auf den Gottessohn gerichtet, die der Paradiesflüsse, des Uranos und der Terra wenden sich ebenso wie Christus direkt an den Betrachter. In der Konzeption dieser Miniatur wurden karolingische Vorstellungen weiterentwickelt, wie ein Blick auf das Agnus-Dei-Bild der karolingischen Bibel in Bamberg (Kat.-Nr. 108) zeigt.

Über den von Gott in den Garten Eden gepflanzten Lebensbaum berichtet die Schöpfungsgeschichte (Gen 2,9). Nach theologischer Deutung reichte er von der Erde bis zum Himmel. Johannes sah ihn in seiner Geheimen Offenbarung (Apc 2,7) zusammen mit dem Gottessohn als Quell des Lebens im Himmlischen Jerusalem (Kat.-Nr. 122, fol. 57ʳ). Der Legende nach wuchs aus einem in den Leichnam Adams eingepflanzten Setzling des Paradiesbaumes der Stamm, aus dessen Holz das Kreuz Christi gezimmert wurde, das die erste christliche Kaiserin, Helena, auf wunderbare Weise wiederentdeckte. Das Heilige Kreuz hatte für Heinrich II. als Reliquie besondere Bedeutung (vgl. S. 79 ff.).

Die Bedeutung der Szene wird in den lateinischen Versen der gegenüberliegenden Seite (fol. 21ʳ) in leoninischen Hexametern zusammengefasst: „PAX. BONITAS. UIRTUS. LUX. ET SAPIENTIA XPC (CHRISTUS)./SIGNIFERUM SUPRA. TENET ET GENERALE QUOD INFRA./HAC OPE (sic) DIUINA. PARADYSI CALCAT AMOENA./ET UELUT HIC STANDO. UICTORIS SIGNA GERENDO./IN SUPRA POSITIS. ANIMALIBUS ATQUE FIGURIS./FLUMINA LEGE PARI. DAT MYSTICA QUATUOR ORBI./QUI SITIT, INDE BIBAT. SALVUS P(ER) S(AE)C(U)L(A) UIUAT./" (Christus, der Friede, die Güte, das Licht und die Weisheit, hält den gestirnten Himmel und alles, was darunter ist, durchwandert durch göttliches Opfer, die Anmut des Paradieses, und, wie er hier steht, des Sieges Zeichen tragend, gibt er in den darüber gestellten Tieren und Figuren, nach dem gleichen Gesetz, dem Erdkreis die vier mystischen Ströme. Wer dürstet, trinke davon, er wird glücklich leben ewiglich.)

Der Einband der Handschrift birgt einen Holzkern, den 47 dünne, getriebene Goldplättchen vollkommen bedecken, die mit vielfältigem Schmuck dekoriert sind. Zum Besatz gehörten im 18. Jahrhundert noch 61 Edelsteine, 16 größere und über 100 kleinere Perlen. Heute sind davon noch einige Smaragdprismen, Amethystperlen, die ursprünglich vermutlich zu Ketten gehörten, Saphire und eine antike Gemme, in die ein Pegasus (geflügeltes Pferd) eingeschnitten ist, vorhanden. Doch diese nüchterne Aufzählung der kostbaren Materialien allein vermittelt noch keine Vorstellung vom Reichtum der künstlerischen Ausdrucksmöglichkeiten und der Bedeutungstiefe dieses außergewöhnlichen Goldschmiedewerks.

Der Komposition liegt ein vielschichtiges Konzept zugrunde, das von der Mitte aus, dem Schnittpunkt von zwei Kreuzformen, zu lesen ist. Dort erhebt sich über einem Kranz aus sechs Perlen und sechs Edelsteinen ein großer, ovaler blauer Sardonyx. In seiner eingetieften Mitte liegt in einem kostbar mit Goldfiligran verzierten Rahmen ein kleiner, unscheinbarer bräunlicher Sarder, ein Amulett, das in kufischen Schriftzeichen das arabische Wort „baraka" (Segen) trägt.

Von diesem Zentrum gehen vier breitere und vier schmalere Leisten aus, die in quadratischen Feldern des Rahmens enden und die Fläche in vier hochrechteckige Binnenfelder gliedern. Diese sind ebenso wie die Kreuzarme und die Rahmenleisten mit großformatigen Edelsteinen zwischen Perlen geschmückt, um die ein feines Goldfiligranornament gelegt ist, das häufig dreifache Schleifchenbügel für Goldperlen bildet. Die Perlen haben Fassungen aus Filigrankegeln, die größeren Edelsteine sind kastenförmig gefasst und weisen einen Blattbesatz auf. Die Rahmensegmente der vier Binnenfelder sind über zwei unterschiedliche Model getrieben, die in Spiralranken gegenständige Vierfüßler (Löwen?) oder Vögel (Adler?) zeigen, die in die Ranken beißen.

Durch diese künstlerische Inszenierung wurde der Buchdeckel zu einem kleinem Weltbild, in dem das Kreuz, an dem Christus seinen Opfertod erlitt, die Komposition beherrscht. Als edelsteingeschmücktes Triumph- und Siegeszeichen, als „crux gemmata", verspricht es den Sieg über das Heidentum und die Erlösung der Menschheit am Ende der Tage. Die Tiere in den Ranken versinnbildlichen in diesem Zusammenhang Paradiesvorstellungen und beziehen sich damit inhaltlich auf die Miniatur mit dem Lebensbaum.

Das Programm kehrt in verschiedenen Variationen in anderen Goldschmiedearbeiten der Zeit wieder, so im Basler Antependium (Kat.-Nr. 11), auf den Tragaltären aus Watterbach und der Sammlung Spitzer (Kat.-Nr. 166 und 167) oder dem Vorderdeckel des Fuldaer Sakramentars (Kat.-Nr. 172). Doch trotz Übereinstimmung ist die künstlerische Ausführung im Detail nicht mit diesen Werken in Einklang zu bringen. Der Goldschmied des goldenen Deckels orientierte sich offensichtlich an orientalischen Vorbildern, vielleicht an Stoffen. Seine Hand lässt sich an keinem anderen Ort, auch nicht auf der Reichenau, nachweisen. *G. S.-R.*

Bischof Bernward ließ sich von dem Schreiber Guntbald neben einem Sakramentar auch dieses Evangeliar anfertigen.

GUNTBALD-EVANGELIAR 136

> Hildesheim, 1011
> Handschrift/Pergament, 272 Blätter, 29 x 23, 2 Goldrankeninitialen, 15 Kanontafeln, 12 Schriftzierseiten, 4 Autorenbilder zu den Evangelien und 1 Miniatur, Ledereinband des 17. Jahrhunderts mit Prägestempeln; aufgeschlagen fol. 21^v–22^r und fol. 204^v–205^r
> Dom-Museum Hildesheim (DS 33)

Neben den vier Evangelien mit Prologen (Vorreden) enthält diese Handschrift 15 Kanontafeln und ein Capitulare Evangeliorum am Schluss. Jedes Evangelium ist durch ein Autorenbild und drei Schriftzierseiten geschmückt. Wie beim Guntbald-Sakramentar (Kat.-Nr. 110) sorgen auch in diesem Evangeliar Besitzeinträge für die Überlieferung der Entstehungsumstände. In der lobpreisenden Schreiberinschrift

Literatur:
AK Bernward von Hildesheim,
Bd. 2, Kat.-Nr. VIII–26
(U. Kuder); AK Buch und Bild,
Kat.-Nr. 6; Hoffmann,
Buchkunst, S. 289.

136 (fol. 21ᵛ)

(fol. 269ᵛ) nennt Guntbald zuerst König Heinrich, dann Bischof Bernward von Hildesheim (993–1022) als Auftraggeber und zum Schluss sich selbst. Auf der folgenden Seite (fol. 270ʳ) hat Bernward wohl eigenhändig seinen Auftrag und die Schenkung an seine Neugründung St. Michael verzeichnet. Daran schließt sich ein Nachtrag von anderer Hand mit dem Datum 1011 an.

Auf das Autorenbild folgt vor dem Beginn des Matthäus-Evangeliums die Maiestas Domini (fol. 21ᵛ). Christus sitzt als Weltenrichter mit einem geschlossenen Buch auf dem Thron. Aus dem runden, reich geschmückten Rahmen wenden sich ihm die vier Evangelistensymbole zu, die in kleinen, kreuzförmig angeordneten Medaillons um ihn gruppiert sind. Die Wesen halten zum Zeichen ihres Zeugentums Bücher oder Rollen und werden von vier Engeln begleitet, die ihre Hände im Orantengestus erhoben haben. In dieser Komposition wird ein ehrwürdiges Bild zitiert, das sich in einer berühmten, um 810 entstandenen Handschrift aus der Hofschule Karls des Großen, dem Lorscher Evangeliar, befindet (Bierbrauer, Lorscher Evangeliar). Auf der Reichenau muss es eine Zeichnung nach diesem Bild gegeben haben, die dort für zwei ältere ottonische Handschriften benutzt wurde, den Gero-Codex (Hessische Landes- und Hochschulbibliothek, Darmstadt, Cod. 1948) und das Petershausener Sakramentar (Universitätsbibliothek Heidelberg, Cod. Sal. IXb). Da Guntbald die Darstellung stark vereinfacht wiedergibt, hat er wohl nicht direkt auf eine dieser Handschriften, sondern eher auf ein Musterblatt zurückgegriffen, das ihm in Regensburg zugänglich gewesen sein dürfte.

Der Evangelist Johannes ist als Autor des Evangeliums dargestellt (fol. 204ᵛ). Er sitzt mit geschlossenem Buch frontal auf einer Thronbank und taucht seine Feder in ein Tintenhörnchen, das vor ihm auf dem Schreibpult steht. In der Lunette befindet sich sein Symboltier mit Buch. Auf der gegenüberliegenden Initialzierseite (fol. 205ʳ) sind die ersten Buchstaben des Johannes-Evangeliums „IN PRINC(IPIO)" zu sehen. Goldranken und Flechtbänder schmücken das gerahmte Bildfeld.

G. S.-R.

Unter den Ottonen erhielt die Musik eine neue Bedeutung innerhalb der Liturgie.

137 Tropar mit Tonar und Sequentiar

Reichenau, 1001

Handschrift / Pergament, 198 Blätter, 19 x 14,5, 11 Silhouetteninitialen, 1 Initialzierseite, 5 ganzseitige Miniaturen, Einband der Dombibliothek von 1611; aufgeschlagen fol. 2ᵛ–3ʳ

Staatsbibliothek Bamberg (Msc. Lit. 5)

In einem goldumrandeten Medaillon ist mit drei nach unten weisenden Goldstrahlen ein weißhaariger, vollbärtiger Mann auf einer Bank thronend dargestellt (fol. 2ᵛ). Er hat seine Füße übereinander geschlagen und seine Arme wie ein Dirigent weit ausgebreitet, zwei auf Erdschollen sitzende Männer schauen zu ihm empor. Der bartlose, jüngere Mann auf der linken Seite bläst auf einem gekrümmten Instrument, einem Doppelrohrblatt. Der weißhaarige, ältere Mann auf der rechten Seite hält in seiner erhobenen Hand eine dreieckige Harfe.

137 (fol. 2ᵛ–3ʳ)

Auf der gegenüberliegenden Seite (fol. 3ʳ) wird in einem goldumrandeten Medaillon ein bartloser, dunkelhaariger Mann in einer mönchsähnlichen Kutte mit geschlossenem Buch im Schoß gezeigt. Fünfzehn goldene Strahlen weisen von seinem Medaillon jeweils auf eine nach oben blickende Person der unteren Zone. Eine frontal in der Mitte stehende jugendliche Männergestalt (Chorführer) teilt die Gruppe in zwei Chöre.

Der Inhalt dieser Miniaturen, die als Titelbilder der Handschrift aufzufassen sind, konnte bisher nicht vollständig entschlüsselt werden. Es wird vermutet, dass auf der linken Seite Jubal als Vertreter der Instrumentalmusik dargestellt sei. Die beiden sitzenden Männer würden dann nach dem Text der Genesis (Gn 4,21) „cithara" und „organum" spielen. Für die Deutung des thronenden Mannes auf der gegenüberliegenden Seite als Boethius, dem Verfasser einer Musiktheorie, konnten bisher keine überzeugenden Argumente gefunden werden. Da die stehenden Männer keine Instrumente bei sich haben, könnte hier die Vokalmusik gemeint sein. Ob das Bildpaar außerdem die alte und neue Musik thematisieren soll, ist fraglich. Es fällt auf, dass herrschaftliche Würdeformeln wie die Gloriole, die zur Hervorhebung von Christus als Lamm Gottes oder in der Maiestas verwendet wurden, auch auf die beiden Vertreter der Musik übertragbar waren.

Das Bamberger Tropar gehört stilistisch zu den Frühwerken der Liuthar-Gruppe und enthält konkrete Hinweise auf die Datierung, Lokalisierung und Verwendung. Sie muss im Jahr 1001 auf der Reichenau entstanden sein. Doch weil der Auftraggeber Otto III. im Januar 1002 starb, blieb sie noch einige Zeit im Kloster und gelangte wohl erst durch den Abt Bern (1008–1048) in den Besitz Heinrichs II. In Bamberg wurden dann an einigen Stellen Reichenauer Besitzhinweise getilgt und durch eigene ersetzt. G. S.-R.

Literatur:

Fischer, Miniaturen, S. 18 passim, Taf. 5–8; Hoffmann, Bamberger Handschriften, S. 144; Hoffmann, Buchkunst, S. 311f.; Körntgen, Königsherrschaft, S. 190f.; Mayr-Harting, Buchmalerei, S.163f.; Messerer, Kaiserbild, S. 31f.; Schemmel, Staatsbibliothek Bamberg, Kat.-Nr. 27.

Das Traumbild Nebukadnezars ist als Endzeitvision zu verstehen.
Die alten Weltreiche stehen auf tönernen Füßen und zerbrechen
beim Anbruch des Reichs Christi.

138 DAS HOHE LIED UND DAS BUCH DANIEL MIT KOMMENTAR

Reichenau, um 1000

Handschrift/Pergament, 88 Blätter, 25 x 18,5, 4 ganzseitige Miniaturen,

davon zwei als historisierte Initialseiten, Einband der Bamberger Dombibliothek von 1611;

aufgeschlagen fol. 31ᵛ–32ʳ

Abb. 23

Staatsbibliothek Bamberg (Msc. Bibl. 22)

Zur Handschrift gehören neben dem Buch Daniel ein Kommentar zum Hohen Lied
und Fragmente zu anderen prophetischen Büchern des Alten Testaments. Der Bibeltext in der Mittelspalte wird an den Rändern von theologischen Kommentaren
in kleinerer Schrift begleitet und ist darin dem Jesaja-Kommentar (Kat.-Nr. 139)
vergleichbar.

138 (fol. 31ᵛ–32ʳ)

Die Miniatur (fol. 31ᵛ) fasst die Geschichte von Nebukadnezars Traum zusammen, die im Buch Daniel (Dn 2,31–35) erzählt wird. Was im Traum nacheinander
geschah, wird im Bild nebeneinander dargestellt. Ein Engel mit Stabzepter zeigt dem
König von Babylon, der schlafend auf einem von vier Soldaten bewachten Lager
liegt, eine Zukunftsvision. Ihm erscheint auf einem Säulensockel die riesige Statue
eines nackten Mannes mit langen Haaren und antikisierendem Goldhelm mit be-
schwörend erhobenen Armen. Sein Körper ist aus vier unterschiedlichen Metallen
gebildet: der Kopf aus Gold, Oberkörper und Arme aus Silber, Bauch und Oberschenkel aus Bronze und die Beine aus Eisen. Doch weil die Fußspitzen nur aus Ton
sind, zerbricht der mächtige Koloss beim Aufprall eines Steinbrockens am linken
Unterschenkel. Neben der zusammenbrechenden Statue erscheint in deutlich kleinerer Gestalt auf einem hohen Felsenberg der segnende Christus zwischen vereh-
renden Engeln. Als Herrscher trägt er Krone und Kreuzstab.

Gegenüber (fol. 32ʳ) schwebt in einem Arkadenbogen der Anfangsbuchstabe
zum Buch Daniel monumental vergrößert auf ungefärbtem Pergamentgrund. Das A
aus goldenen Knollenblattranken mit Pfeilspitzen trägt oben einen Dornenbusch, in
dem der von Gott inspirierte jugendliche Prophet Daniel sitzt. Er hält ein goldenes

Literatur:
AK Ein Leben für den Bamber-
ger Dom, Nr. 63, 64 (G. Suckale-
Redlefsen); Fischer, Miniaturen,
Bd. 1, S. 4–11, Abb. 3–6;
Hoffmann, Buchkunst, S. 308;
Hoffmann, Bamberger
Handschriften, S. 107 f.;
Schemmel, Staatsbibliothek
Bamberg, Nr. 28.

Tintenhörnchen und eine schwarze Schreibfeder über seine ausgebreitete Pergamentrolle. Als ob er seine Aufzeichnungen für einen Moment unterbrechen würde, wendet er sich auf Befehl des Erzengels Gabriel dem Traumbild zu.

Die beiden Miniaturen gehören inhaltlich und formal zusammen, sind jedoch nicht ganz gleichrangig, wie an der weniger reichen Gestaltung des Hintergrundes der Initialseite erkennbar ist. Der Prophet Daniel konnte nur mithilfe Gottes die Erscheinung des aus vier Metallen zusammengesetzten Idols deuten, das die vier aufeinander folgenden alten Weltreiche der Assyrer, Perser, Griechen und Römer versinnbildlicht, die dem Gottesstaat weichen müssen. Im Text dieses Buches gibt es apokalyptische Komponenten, denn es heißt: „Merke auf, Menschensohn! Denn das Gesicht geht auf die Zeit des Endes" (Dn 8,17).

Im Binnenfeld der Initialseite befinden sich außerdem drei Schriftblöcke mit dem Buchtitel „INCIPIT LIBER – DA(NIE)L(I)S – PR(OPHE)TA –" in goldener Capitalis rustica. Unter der A-Initiale folgen die drei Buchstaben des Worts „ANNO". Die Zwickelfelder des goldenen Arkadenbogens sind mit zwei gegenständigen, behelmten Frauenmasken gefüllt, aus deren Mündern Fadenranken mit Kugelblüten entwachsen. Die Helligkeit des Arkadengrundes wird durch die roten Porphyr-Säulen und die angrenzenden purpurroten Farbfelder gesteigert.

Der Codex selbst enthält weder Angaben zur Datierung noch zum Auftraggeber. Doch schon im zweiten Drittel des 11. Jahrhunderts trug ein Schreiber in Bamberg einen Brief Cuthberts nach (fol. 21ʳ–21ᵛ). Außerdem beweisen Urkunden, die vor 1108 zur Zeit Bischof Ottos I. auf den ursprünglich leeren vorderen Seiten hinzugefügt wurden, die Bedeutung dieser Handschrift für den Bamberger Bücherschatz. Denn in der Regel wählte man für die Bewahrung von Traditionsnotizen besonders kostbare Werke aus (Kat.-Nr. 108). Die Nachträge zeigen auch, dass dieses Buch zum Domschatz gehörte und nicht, wie vielleicht aufgrund der theologischen Kommentare zu vermuten wäre, zu den Lehrbüchern.

Wir wissen nicht, ob die Handschrift aus der Bibliothek Kaiser Ottos III. stammt. Stilkritisch ist der Buchschmuck in die Frühzeit der Reichenauer Liuthar-Gruppe einzuordnen. Dass mit der Nebukadnezar-Szene eine selten dargestellte Szene aus dem Leben Daniels zur Darstellung kam und nicht etwa seine Errettung aus der Löwengrube, zeigt ein auffälliges, auch an anderen Bamberger Handschriften zu beobachtendes Interesse an politischer Theologie. Das Reich Gottes wird ähnlich wie in der Bamberger Apokalypse (Kat.-Nr. 122) als Ziel der irdischen Geschichte vorgestellt. Andere visionäre Erfahrungen sind in der Parallel-Handschrift, dem Jesaja-Kommentar thematisiert (Kat.-Nr. 139).   *G. S.-R.*

Nur der mit glühenden Kohlen gereinigte Auserwählte darf Gott schauen und darüber sprechen.

Das Buch Jesaja mit Kommentar   *139*

> Reichenau, um 1000
>
> Handschrift/Pergament, 143 Blätter, 24,5 x 18,5, 2 ganzseitige Miniaturen, davon eine
>
> historisierte Initialzierseite, Einband der Bamberger Dombibliothek von 1611;
>
> aufgeschlagen fol. 10ᵛ–11ʳ
>
> Staatsbibliothek Bamberg (Msc. Bibl. 76)

Der Codex ist im formalen Aufbau wie in der künstlerischen Ausgestaltung aufs Engste mit dem Daniel-Kommentar (Kat.-Nr. 138) verwandt. An den Abschriften war ein Schreiber beteiligt, der auch am Aachener Liuthar-Codex nachweisbar ist (vgl. H. Hoffmann). Die beiden Jesaja-Miniaturen stellen zwei unmittelbar aufeinander folgende Sequenzen eines Ereignisses dar.

139 (fol. 10ᵛ und 11ʳ)

Literatur:
Fischer, Miniaturen, Bd. 1,
S. 2–4, Abb. 1, 2; Hoffmann,
Bamberger Handschriften,
S. 112; Hoffmann, Buchkunst,
S. 309; Schemmel, Staatsbiblio-
thek Bamberg, Nr. 29.

Die Gottesvision des Propheten (Is 6,1–9) erscheint in einer üppig gestalteten Umrandung (fol. 10ᵛ). Um das Außergewöhnliche der Erscheinung zum Ausdruck zu bringen, sind die Blattränder vollkommen purpurfarbig und reich mit Drolerie- motiven dekoriert. Die mit goldenem Rankenwerk gefüllten Zwickelfelder zeigen oben Enten und unten Kohl fressende Hasen. Der Blick des Betrachters wird wie durch ein Fenster auf die Erscheinung in dem türkisfarbenen Oval hingeführt. Dort hat sich unter Beben und Dröhnen der Himmel aufgetan. Mit ausgebreiteten Armen thront Gott in Christusgestalt auf einem Sphärenkreis zwischen sechs Seraphim (En- gel mit sechs feuerroten Flügeln) in einer Mandorla aus goldenen Strahlenblitzen und einem blattartig stilisierten Wolkenkranz. In seiner Rechten hält er eine sich öffnende Buchrolle, seine Linke ist in einer hinweisenden Gebärde auf den Prophe- ten der gegenüberliegenden Seite gerichtet. Zu seinen Füßen steht vor einem Tem- pelbau ein Altar mit kreuzförmig aufgelegten goldenen Stolen, von dem ein Seraph vorsichtig mit langer Zange eine glühende Kohle aufnimmt. Der zweite Teil der Be- rufungsszene folgt auf der gegenüberliegenden Seite.

Hier schließt sich die Reinigung des Auserwählten im ersten Buchstaben des Tex- tes an, der mit dem Wort „VISIO" beginnt (fol. 11ʳ). Der Seraph hat die glühende Kohle aus der Zange in die Hand genommen, um damit die Lippen des weißhaari- gen, bärtigen Propheten zu säubern, der in demütiger Haltung mit ausgebreiteten Armen auf den Himmelsboten zuschreitet. Die mit goldenen Knollenblätterranken reich verzierte V-Initiale schwebt wie ein magisches Zeichen frei im Raum und ist von den Buchstaben darunter getrennt. Die Darstellung wird von einer mächtigen Tempelfront auf Schollengrund gerahmt.

Da der Maler der Jesaja-Miniaturen auch an der Ausstattung des Daniel-Kom- mentars (Kat.-Nr. 138) beteiligt gewesen sein dürfte, ist für beide Propheten-Bücher eine gemeinsame Konzeption anzunehmen. Die Übereinstimmungen sind so groß, dass selbst die ursprüngliche Vereinigung beider Kommentare in einem Band nicht auszuschließen ist. Der für den Buchschmuck verantwortliche Künstler wurde auf der Reichenau ausgebildet und war dort um die Jahrtausendwende tätig. Stilisti- sche Parallelen zeigen frühe Werke der Liuthar-Gruppe. Ältere ikonografische Vor- bilder für die Berufung Jesajas sind allerdings nur in byzantinischen Handschriften überliefert.

G. S.-R.

X BILDUNG UND WISSENSCHAFT

Seit der christlichen Spätantike lag die Ausbildung des Klerikernachwuchses in der Verantwortung der Bischöfe, die zu diesem Zweck an ihren Kathedralkirchen Schulen einrichteten. Sie übernahmen das antike Wissenschafts- und Studiensystem der sieben freien Künste (septem artes liberales) mit den Fächern Grammatik, Rhetorik, Dialektik – zusammengefasst als „trivium"/Dreiweg – sowie Arithmetik, Geometrie, Musik, Astronomie – das „Quadrivium"/Vierweg. Als die karolingische Reform des 8. und 9. Jahrhunderts in großem Stil die literarische Hinterlassenschaft der römischen Kultur zu rezipieren begann, wurde die Grammatik zum wichtigsten Studienfach, denn sie vermittelte nicht nur die notwendige Kenntnis und vollkommene Beherrschung der lateinischen Sprache in Wort und Schrift, sondern auch weit greifende Kenntnis der heidnischen (Terenz, Vergil, Horaz, Lucan, Statius, Martial, Juvenal) und christlichen (Juvencus, Sedulius, Boethius) Autoren, an denen der Sprachgebrauch verbessert und schließlich perfektioniert werden konnte, der seit dem Zusammenbruch des Römischen Reichs und dem damit einhergehenden Ende seiner literarisch gebildeten Öffentlichkeit verwildert war.

Voraussetzung für solche Studien war möglichst umfangreicher Bücherbesitz: Neben den Klöstern haben deshalb auch die Bischofskirchen Bibliotheken unterhalten und durch eigene Kopierarbeit, Tausch und Kauf vergrößert. Die wichtigsten Orte der europäischen Bildungslandschaft lagen seit der Karolingerzeit im Westen (Chartres, Laon, Metz, Paris, Reims, Tours), und daran hat sich auch im 10. Jahrhundert nichts geändert. Trotz aller Ruhmredigkeit ottonischer Geschichtsschreiber konnten Domschulen wie Magdeburg oder Köln nicht mit den westfränkisch-französischen Zentren oder Instituten des linksrheinischen Reichsgebiets (Lüttich) konkurrieren. Die Gründe sind vielfältig und liegen nicht nur in der viel älteren und seither breiter als östlich des Rheins fundierten Schrifttradition, sondern sie ergaben sich auch aus der größeren Vitalität monastischer Reformbestrebungen in Verbindung mit spiritueller Aufgeschlossenheit des Laienadels, vor allem aber waren die Bischöfe des Westens in ihren meist kleineren Diözesen frei von politisch-administrativen und militärischen Diensten, wie sie die ottonischen Herrscher seit der Mitte des 10. Jahrhunderts immer stärker gefordert hatten. Ihr „Reichskirchensystem" brachte einen Bischofstyp hervor, dessen Karrieremuster vom Bedarf der Könige geprägt war und andere Fähigkeiten verlangte als exzellente Leistungen in Studium, Wissenschaft, Lehre und literarischer Produktion. Gradmesser für die Wirksamkeit von Bildung und für ihr gesellschaftliches Ansehen ist das Verhältnis der politischen Eliten zu ihr: Weil Episkopat und Domkapitel in den Händen des Königs und des Adels waren – sei es durch Entscheidung über die Vergabe der Würden, sei es durch ständische Beschränkung der Kandidatenauswahl –, ergaben sich

Literatur:
Ehlers, Domschulen; Märtl, Bamberger Schulen.

Qualifikationserwartungen, bei denen Studienleistung und wissenschaftliche Kompetenz keine erstrangig-eigenständige Bedeutung mehr hatten.

Diesen Rahmenbedingungen entsprechend konzentrierte sich der Unterricht deutscher Domschulen noch um die Jahrtausendwende auf die elementaren Kulturtechniken und die beiden ersten artes des Trivium, während in Reims unter Leitung Gerberts längst die Schriften des Boethius analysiert und durch deren Vermittlung die aristotelische Logik rezipiert, mathematische und astronomische Studien begonnen wurden. Hier versuchte Heinrich II. einen neuen Weg einzuschlagen, indem er in Bamberg die mönchische Disziplin der Hildesheimer Domschule, die er selbst durchlaufen hatte, mit der Lütticher Gelehrsamkeit zusammenführen wollte und Durand von Lüttich zum Leiter der neuen Domschule berief: Aus eigener Erfahrung suchte er die Wissenschaft nicht an einem der großen Rekrutierungsplätze der ottonischen Reichskirche, sondern in der westlichen Grenzzone mit ihren traditionell dichten Verbindungen zu den französischen Zentralorten der Gelehrsamkeit zu etablieren. Die Dombibliothek stellte er aus den Bücherbeständen seines Vorgängers Otto III., aus eigenem Besitz und aus Codices zusammen, die andere Bibliotheken auf königliche Anordnung nach Bamberg abgeben oder in ihren Skriptorien eigens herstellen mussten. Über die Konsequenzen der Maßnahmen Heinrichs II. für Lehre und gelehrte Produktion der Bamberger Domschule wissen wir nicht viel, ebenso wenig über das Kriterium eines erfolgreich abgeschlossenen Studiums bei der Entscheidung über seine Bischofskandidaten: Würden wir die Lütticher Bischofsgeschichte Anselms und die Chronik Thietmars von Merseburg nicht kennen, so sänke die Zahl der von Heinrich II. nach einer Domschulausbildung promovierten Bischöfe von 21 auf 13 (von insgesamt 64 Bischöfen, die er ins Amt brachte). Nur die glückliche Erhaltung zweier historiografischer Texte sichert diesem vergleichsweise intellektuellen Kaiser seinen knappen Vorsprung vor Konrad II. und Heinrich III. Wenn noch 1125 als wesentliches Ziel der Bamberger Domschulausbildung die Beherrschung der ars dictandi genannt wird, die Fähigkeit zum stilistisch einwandfreien Verfassen von Briefen und Urkunden, so charakterisiert das den praktischen Geist deutscher Schulgelehrsamkeit, der seit den Tagen Ottos des Großen das Bild bestimmte. *Joachim Ehlers*

Die Chronik gehört zu den wichtigsten Geschichtswerken des späten 10. Jahrhunderts und ist eine eigenhändige Niederschrift Richers von Reims mit zahlreichen Korrekturen.

140 RICHER VON REIMS, HISTORIEN

Reims, Ende 10. Jahrhundert (992–998), Handschrift/Pergament, 58 Blätter, ca. 24 x 15
Staatsbibliothek Bamberg (Msc. Hist. 5)

Quelle:
Richer, Historien.

Literatur:
AK Otto der Große, Bd. 2,
Nr. VI.36 (H. Hoffmann);
Hoffmann, Historien,
S. 445–532.

Dieses Manuskript, dem der mühselige Werkprozess noch anzusehen ist, hat für die Geschichtsschreibung außergewöhnliche Bedeutung. Denn es überliefert die Chronik des Mönches Richer von Saint-Remi in Reims († nach 998) nicht als perfekt geschriebenes Buch, sondern als Kladde mit unregelmäßig großen Blättern. Der Text ist nicht sauber geschrieben, sondern vielfach durchgestrichen und verbessert. Die Erstfassung und die Korrekturen stammen von der Hand Richers. In diesem Geschichtswerk schildert er die Anfänge Frankreichs bis zum Tod Hugo Capets 996 und berücksichtigt in besonderer Weise den Werdegang seines Lehrers Gerbert von Aurillac (Kat.-Nr. 145), dem er sein Werk widmete. Schon in der zweiten Hälfte des 11. Jahrhunderts diente der Text der Bamberger „Historia Francorum" und dem Michelsberger Abt Frutolf († 1103) für seine Weltchronik als Quelle. Im 12. Jahrhundert wird er in der Ausleihliste des Rutgerus erwähnt. *G. S.-R.*

Dieses reich illustrierte Werk ist als älteste erhaltene Handschrift von Cassiodors „Institutiones" eine besondere Rarität.

Cassiodor, Institutiones und andere Texte 141

Süditalien (Montecassino), 4. Viertel 8. Jahrhundert

Handschrift/Pergament, 103 Blätter, 27,4 x 20,7, über 50 Ornamentinitialen, 19 Tierinitialen, 1 Zierfeld, über 60 Schemazeichnungen; aufgeschlagen fol. 41ᵛ

Staatsbibliothek Bamberg (Msc. Patr. 61)

141 (fol. 41ᵛ, Detail)

Cassiodor (um 490–um 583) diente lange Jahre unter dem Gotenkönig Theoderich dem Großen als hoher Staatsbeamter in verschiedenen Funktionen und half die verworrenen Verhältnisse in Italien nach dem Untergang des Weströmischen Reichs zu stabilisieren. Nach dem politischen Zusammenbruch im Jahr 540 zog er sich in das auf seinem Familiensitz bei Squillace in Kalabrien gegründete Kloster Vivarium zurück. Dort förderte er insbesondere das Abschreiben von Texten antiker Autoren durch die Mönche und verfasste selbst zahlreiche Bücher. Seine „Institutiones divinarum et humanarum literarum" sind eine handliche Enzyklopädie für die Einführung der Mönche in verschiedene Wissensgebiete, auf denen das theologische Studium aufbaute. Cassiodors Werk war im Mittelalter eines der am weitesten verbreiteten Lehrbücher.

Die Bamberger Handschrift in beneventanischer Schrift umfasst eine Sammlung unterschiedlicher Texte, von denen diejenigen Cassiodors in der Überlieferungsgeschichte einen besonderen Rang einnehmen. Denn sie sind die älteste erhaltene Abschrift einer Vorlage, die der Autor selbst durchgesehen und autorisiert hatte. Unter den zahlreichen Darstellungen befindet sich auch eine Ansicht des Klosters Vivarium. Von der Wertschätzung dieses Buchs zeugt der Bericht des Bamberger Domscholasters Meinhard, wonach der Kölner Erzbischof Anno (1056–1075) einen Besuch in Bamberg zur Lektüre dieses Werks genutzt hat.

Die Abbildung zeigt den Grammatiker Donatus (fol. 41ᵛ). Diese figürliche Schemazeichnung zur rhetorischen Argumentation muss sehr genau gelesen werden. In der kolorierten Wellenranke ist die Namensinschrift des langhaarigen, bärtigen Mannes versteckt. Auf seiner Stirn stehen die Buchstaben „DOMINUS" und in den fünf vertikalen Streifen auf der Brust die Worte „donatus eximius grammaticus" (Donatus, der hervorragende Grammatiker). Von der Büstenplinthe gehen zwei Abzweigungen mit vielen weiteren Unterteilungen aus. Aelius Donatus lebte um die Mitte des 4. Jahrhunderts n. Chr. in Rom und verfasste Schriften zur Grammatik und Rhetorik, die Cassiodor in seinen „Institutiones" kommentierte. *G. S.-R.*

Literatur:

AK Virgilio, Nr. 12 (G. Orofino); Bischoff, Katalog, S. 52, Nr. 234a; Gormann, Diagrams, S. 27–41; Schemmel, Staatsbibliothek Bamberg, Nr. 5.

Zu den außergewöhnlichen, aber nur fragmentarisch erhaltenen Schätzen der Dombibliothek Bamberg gehören zwei spätantike Livius-Handschriften aus einer Büchersammlung Ottos III.

142 LIVIUS, AB URBE CONDITA (FRAGMENTE AUS DEM CODEX PLACENTINUS)

Italien, 4. Viertel 5. Jahrhundert

Pergamentfragmente, 29 x 25

Staatsbibliothek Bamberg (Msc. Class. 35a)

142

Literatur:
AK Europas Mitte, Bd. 3, S. 462, Kat.-Nr. 23.03.03 (K. Schulmeyer); Schemmel, Staatsbibliothek Bamberg, Nr. 1; Tischler, Fragmente, S. 268–280.

Das spätantike Buch muss zu den besonderen philologischen Kostbarkeiten der Dombibliothek gehört haben, weil es einen der seltenen Texte der 4. Dekade zur Geschichte der Stadt Rom überlieferte. Das riesige, 142 Bücher umfassende Geschichtswerk des römischen Historikers Titus L. Livius (59 v. Chr.–17 n. Chr.) kannte man im Mittelalter nur zu Teilen. Das verlorene, in Unzialis geschriebene Exemplar aus Bamberg war nahezu quadratisch, dreispaltig und stammte aus einem Bücherfond Ottos III. in Piacenza (lat. Placentia). Wie einem Verzeichnis in einer medizinischen Sammelhandschrift (Kat.-Nr. 151) zu entnehmen ist, gelangte es zusammen mit elf anderen Codices nach Bamberg. Dort wurde schon im 11. Jahrhundert eine Kopie angefertigt (Staatsbibliothek Bamberg, Msc. Class. 35). Spätestens im frühen 15. Jahrhundert makulierte man die Handschrift für Einband- und Reparaturarbeiten. Seit 1904 wurden nach und nach mehr als 60 Bruchstücke in vier Codices wiedergefunden. *G. S.-R.*

Boethius übersetzte und kommentierte die als Hermeneutik bekannte Schrift des griechischen Philosophen Aristoteles, nach der in der Bamberger Domschule Dialektik und Philosophie unterrichtet wurden.

143 BOETHIUS, IN ARISTOTELIS PERI HERMENEIAS

Nordfrankreich (Reims), Ende 10. Jahrhundert

Handschrift/Pergament, 78 Blätter, 25,5 x 20,5, 4 Diagramme, 1 Rankeninitiale;

aufgeschlagen fol. 21ᵛ–22ʳ

Staatsbibliothek Bamberg (Msc. Class. 11)

Literatur:
Hoffmann, Bamberger Handschriften, S. 127, 130, 165; Kneale, Development, S. 54–67 (Aristoteles), S. 189–198 (Boethius); Aristoteles, Peri hermeneias.

Aristoteles hatte in „Peri hermeneias", von Boethius (um 480–524) als „De interpretatione" übersetzt, die logischen Beziehungen von bejahenden und verneinenden Behauptungssätzen sowie deren Gegensätze und direkte Folgerungen untersucht. Er demonstrierte dies unter anderem an dem Satz: „Jeder Mensch ist gerecht". Dessen konträres Gegenteil ist der Satz: „Kein Mensch ist gerecht". Das kontradiktorische Gegenteil des Ausgangssatzes ist der Satz: „Nicht jeder Mensch ist gerecht", und der subalterne Satz: „Irgendein Mensch ist gerecht" folgt aus dem Ausgangssatz. Die beiden letzten Sätze stehen ihrerseits in der subkonträren logischen Beziehung. Boethius gebrauchte das gleiche Beispiel wie Aristoteles („Omnis homo

justus est" usw.) und fasste diese vier Aussagen im so genannten „logischen Quadrat" zusammen, das auf der linken Seite ohne und auf der rechten Seite mit den entsprechenden Verbindungsstrichen skizziert ist. Seit dieser kanonischen Darstellung haben die von Boethius so benannten logischen Beziehungen bis in die Gegenwart hinein ihre Gültigkeit behalten.
Die schlichten Diagramme stammen von einem Reimser Schreiber, vielleicht von

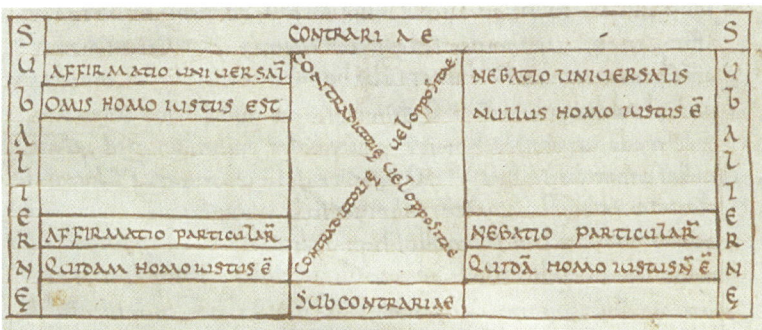

143 (fol. 22^r)

Ayrardus, der einen für Gerbert von Aurillac bestimmten Cicero-Text der Universitätsbibliothek Erlangen (Ms. 380) namentlich signierte (H. Hoffmann).   G. S.-R.

Der Besitz einer Vita des hl. Remigius, des wichtigsten „politischen" Heiligen Frankreichs, spricht für den weiten Horizont der Bamberger Domschule.

Hinkmar von Reims, Vita des hl. Remigius und andere Texte   *144*

> Frankreich (Reims), 2. Hälfte 9. Jahrhundert
> Handschrift/Pergament, 97 Blätter, 20 x 17; aufgeschlagen 6^r
> Staatsbibliothek Bamberg (Msc. Hist. 162)

Remigius bekehrte als Erzbischof von Reims den Frankenkönig Chlodwig zum Christentum und taufte ihn im Jahr 498 in seiner Kirche. Die Vita des heilig gesprochenen Kirchenfürsten schrieb Hinkmar (806–882), einer der bedeutendsten Staatsmänner der Karolingerzeit und seit 845 Erzbischof von Reims. Sein Text diente dem Mönch Richer als Vorbild für sein eigenes Geschichtswerk (Kat.-Nr. 140).

Die Remigiusvita, die in der Bamberger Handschrift den vorderen Teil (1^r–46^v) einnimmt, wurde in Reims abgeschrieben und dort mit einer Flechtbandinitiale ausgestattet. Da Gerbert von Aurillac mit diesem Ort eng verbunden war (Kat.-Nr. 145), wird angenommen, dass diese karolingische Abschrift aus seiner Bibliothek stammen könnte und durch Vermittlung Heinrichs nach Bamberg gelangte.

G. S.-R.

Literatur:
Bischoff, Katalog, S. 49, Nr. 219;
Hoffmann, Bamberger
Handschriften, S. 139.

Dieses berühmte Rhetorik-Lehrbuch der Antike wurde wohl in Frankreich abgeschrieben und gelangte über Italien nach Bamberg.

Quintilian, Institutio oratoria   *145*

> Frankreich (Reims), 10. Jahrhundert, Nachträge: Italien, Ende 10. Jahrhundert
> Handschrift/Pergament, 197 Blätter, 26 x 23,5, 2 Ornamentinitialen; aufgeschlagen fol. 170^r
> Staatsbibliothek Bamberg (Msc. Class. 45)

In diesem umfangreichsten aller antiken Lehrbücher zur antiken Redekunst wurden nur zwei Kapitelanfänge durch unterschiedlich dekorierte Initialen in schlichter Federzeichnung hervorgehoben.

Der Autor, Marcus Fabius Quintilianus (um 35–95 n. Chr.), war ein Bewunderer der Rhetorik Ciceros und selbst so berühmt, dass er als erster Lehrer dieses Fachs überhaupt unter Kaiser Domitian in Rom einen öffentlichen Lehrstuhl erhielt. Sein zwölfbändiges Werk zur Rhetorik ist so umfangreich, dass es selten vollständig wurde. Weil es anscheinend um 1400 in Italien kein vollständiges Exemplar mehr gab, wurde die Entdeckung eines kompletten Textes durch den Florentiner Humanisten Poggio in der Bibliothek von St. Gallen im Jahr 1416 als Sensation gefeiert. Seitdem galt Quintilians Werk als das beste Lehrbuch zur Redekunst. Von den wenigen erhaltenen mittelalterlichen Kopien besitzt Bamberg allein zwei.

Literatur:
Bischoff, Katalog, S. 48;
Hoffmann, Bamberger
Handschriften, S. 134 f.

145 (fol. 170ʳ)

Paläografen nehmen an, dass die vorliegende Abschrift in Nordfrankreich im 10. Jahrhundert entstand und Nachträge in Italien zugefügt wurden. Weil dieser Wanderweg des Buchs mit der Biografie Gerberts von Aurillac übereinstimmt, der selbst ein verlorenes Werk zur Rhetorik verfasste, wird vermutet, dieser große Gelehrte habe die Bamberger Handschrift einst besessen.

Gerbert stammte aus Aquitanien (Südfrankreich), war in Nordspanien tätig, unterrichtete eine Zeit lang an der Reimser Domschule, wurde Abt des Klosters Bobbio in der Lombardei und dann für kurze Zeit Erzbischof von Reims (991–996). Otto III. holte ihn als Lehrer und Berater zu sich und erhob ihn zum Erzbischof von Ravenna (998). Als Papst Silvester II. (999–1003) propagierte Gerbert die Vorstellung von der „Renovatio imperii Romanorum", die sich Otto III. zum Programm machte. Der Gelehrte hinterließ eine umfangreiche Briefsammlung, in der auch wiederholt von Büchern die Rede ist, die ihn zumindest teilweise an die verschiedenen Stationen seines Wirkens begleitet hatten. Nach dem Tod Gerberts könnte Heinrich II. dessen Bibliothek für Bamberg erworben haben, was den großen Anteil von italienischen und französischen Gelehrtenbüchern in Bamberg erklären würde.

G. S.-R.

Die Lehre von Tönen und Klängen wurde als eine mathematische Wissenschaft in den Bildungskanon aufgenommen.

146 MUSIKTHEORETISCHE SAMMELHANDSCHRIFT

Werden, um 1000

Handschrift/Pergament, 66 Blätter, 25 × 19, 2 Initialen, zahlreiche Diagramme; aufgeschlagen fol. 33ᵛ

Staatsbibliothek Bamberg (Msc. Var. 1)

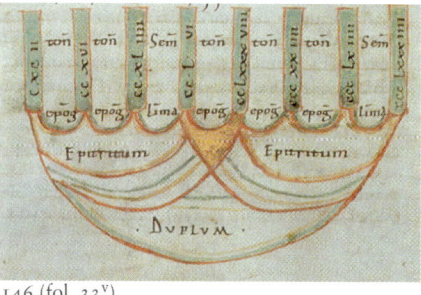

146 (fol. 33ᵛ)

Ausgehend von dem aus harmonischen Gesetzen gewonnenen Grundwert 192 (CXCII) erläutert das Diagramm (fol. 33ᵛ), wie die Töne einer Oktave (Duplum, CCCLXXXIIII = 384) aus harmonischen Bruchteilen des Grundtons errechnet werden können: Ein Ganzton (Tonus) errechnet sich als achter Teil (Epogdous) des Ausgangstons, die Quart als dritter Teil (Epitritum) und die Quint als zweiter Teil (Sescuplus). Der Halbton (Semitonus) ist die Differenz (Limma) zwischen Epitritum und zwei Epogdui.

Die Handschrift beginnt mit zwei Schriften, der „Musica" und der „Scolica enchiriades de arte musica", die das uns heute fremde Dasia-Tonsystem zur Grundlage haben. Mit Dasia-Zeichen wurden die Melodieverläufe gregorianischer Kirchenmusik vor der Erfindung unserer Noten festgelegt. Als Verfasser der beiden Traktate, der wichtigsten zur polyphonen Musik im Mittelalter, wird der Mönch Hoger des Klosters Werden bei Essen angesehen, der sie wohl kurz vor 900 schrieb. Doch ist kein vollständiges Exemplar vor der Bamberger Abschrift überliefert.

Die sich anschließenden Schriften von Isidor von Sevilla (600–636) und Boethius (um 480–524) zur Musik sind im Bamberger Codex dagegen nur in Exzerpten vorhanden. Sie vermittelten den mittelalterlichen Klöstern das musikalisch-philosophische Bildungsgut der Spätantike. Die spezielle Auswahl von Auszügen aus den Werken zeigt das besondere Interesse an der Musiktheorie für den Unterricht in der Bamberger Domschule.

Ch. N. Sch. / G. S.-R.

Literatur:
AK Das Jahrtausend der Mönche, Kat.-Nr. 122 (D. Torkewitz); Schemmel, Staatsbibliothek Bamberg, Nr. 12; Hebborn, Dasia-Notation; Hoffmann, Bamberger Handschriften, S. 166; Schmid, Musica, S. 145.

Dieses Buch diente als Grundlage zur Ausbildung der mittelalterlichen Rechenkunst.

BOETHIUS, DE ARITHMETICA

147

> Lothringen, Ende 10. Jahrhundert
>
> Handschrift/Pergament, 80 Blätter, 32 x 27, über 80 mathematische Schemazeichnungen; aufgeschlagen fol. 11^r
>
> Staatsbibliothek Bamberg (Msc. Class. 7)

Die Zahlentabelle (fol. 11^r) erläutert das 11. Kapitel des 1. Buches. In der Bamberger Staatsbibliothek werden insgesamt vier Arithmetik-Handschriften des Boethius aufbewahrt. Eine davon war für einen karolingischen Kaiser bestimmt und wurde deshalb besonders reich ausgestattet. Diese Prunkhandschrift ist in der Bamberger Staatsbibliothek zu sehen (Kat.-Nr. 109).   *G. S.-R.*

Literatur:
Guillaumin, Boèce, S. LXVI;
Hoffmann, Bamberger Handschriften, S. 126.

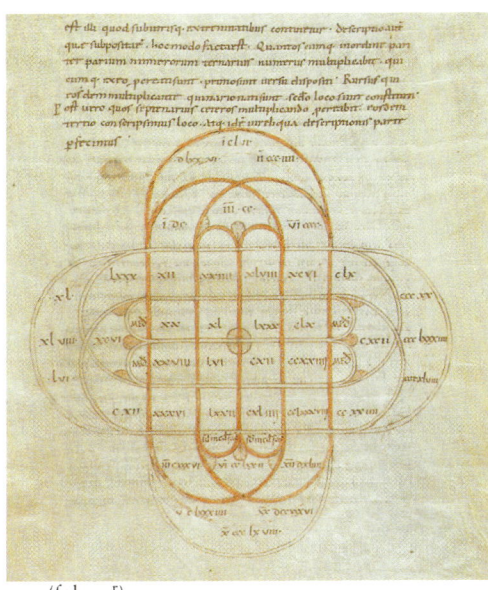 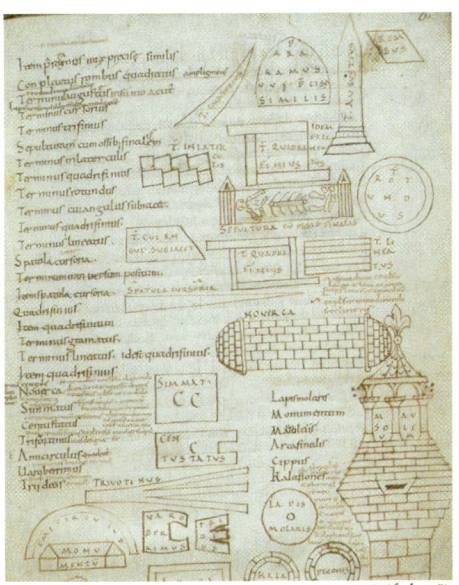

147 (fol. 11^r)   148 (fol. 6^r)

Lehrbücher zur Geometrie enthalten häufig technische Zeichnungen.

MATHEMATISCH-NATURWISSENSCHAFTLICHE SAMMELHANDSCHRIFT

148

> Nordfrankreich (Reims), Ende 10. Jahrhundert
>
> Handschrift/Pergament, 40 Blätter, 26 x 20,5, Diagramme auf 8 Seiten, 1 Ornamentinitiale; aufgeschlagen fol. 6^r
>
> Staatsbibliothek Bamberg (Msc. Class. 55)

In dieser Handschrift befinden sich Texte zur Rechenkunst von Gerbert von Aurillac, Plinius, Macrobius und anderen. Das Werk zur Geometrie (1^v–16^r), in dem die ausgestellten Zeichnungen zur Feldmesserkunst enthalten sind, imitiert den Stil des Boethius. Man nimmt an, dass Boethius (um 480–524) jeder Kunst des Quadrivium eine Arbeit widmete. Es wird vermutet, dass die vorliegende Abschrift aufgrund ihrer Herkunft aus Reims und dem Beitrag Gerberts über das Rechnen mit dem Abakus (1^r) aus der Bibliothek dieses Gelehrten stammt (Kat.-Nr. 145). Die Randzeichnung zur Feldmesserkunst (fol. 6^r) zeigt Grenzsteine, einen Obelisken, ein Grab mit Skelett, ein Mausoleum, einen Mühlstein und anderes.   *G. S.-R.*

Literatur:
Bischoff, Katalog, S. 49;
Hoffmann, Bamberger Handschriften, S. 136; Toneatto, Codices artis mensoriae, S. 888–894.

Das im Mittelalter sehr populäre Werk zur Geografie und Kosmologie war in ein
Traktat zur Staatslehre eingebettet.

149 Macrobius, Kommentar zu Ciceros „In Somnium Scipionis"

Italien, Ende 10. Jahrhundert

Handschrift/Pergament, 36 Blätter, 32 x 19,5; aufgeschlagen fol. 20ᵣ

Staatsbibliothek Bamberg (Msc. Class. 38)

Literatur:

Blank, Weltdarstellung,
S. 113–120; Brincken,
Weltdarstellung,
S. 401–411; Destombes,
Mappemondes, S. 43;
Hoffmann, Bamberger
Handschriften, S. 134.

Die Erdkugel ist auf der Macrobius-Karte (fol. 20ᵣ) von grünem Wasser umgeben
und durch einen Äquatorial-Ozean geteilt. Fünf horizontale, bezeichnete Streifen
verdeutlichen die Klimazonen, von denen die mittlere als zu heiß und die beiden
Pole als zu kalt gelten. Nur der schmale, zweite obere Abschnitt mit der Inschrift
„TEMPERATA NOSTRA" wird als bewohnbar angesehen. Dort ist auf der linken
Seite zum besseren Verständnis der Topografie Italien in Stiefelform eingezeichnet,
ein Detail, das in der spätantiken Ausgabe wohl nicht vorhanden war.

Macrobius (um 430), ein römischer Staatsbeamter und Philologe, kommentierte in zwei Büchern Tischgespräche Ciceros. Das als „Somnium Scipionis" (Traum
Scipios) bekannte und im Mittelalter viel gelesene Werk behandelt vor allem Überlegungen Ciceros zu Fragen der Astronomie, Geografie und Kosmologie. *G. S.-R.*

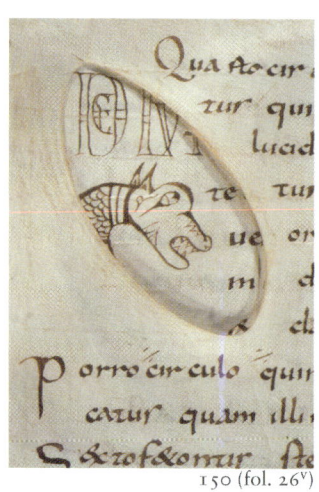

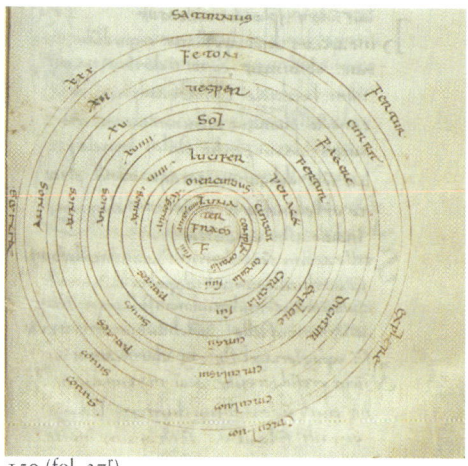

150 (fol. 26ᵛ)   150 (fol. 27ᵣ)   149 (fol. 20ᵣ)

Wie ein nachgetragenes Widmungsgedicht auf der ersten Seite besagt, gehörte
diese naturwissenschaftliche Enzyklopädie zeitweise Kaiser Otto III.

150 Isidor von Sevilla, De natura rerum

Ostfrankreich, 1. Drittel 9. Jahrhundert

Handschrift/Pergament, 45 Blätter, 29,5 x 17, 61 Ornamentinitialen, 11 Schemazeichnungen;
aufgeschlagen fol. 27ᵣ

Staatsbibliothek Bamberg (Msc. Nat. 1)

Literatur:

AK Europas Mitte, Bd. 3, S. 463,
Kat.-Nr. 23.03.04 (K. Schul-
meyer); AK Ein Leben für den
Bamberger Dom, Nr. 60, 61;
Bischoff, Katalog, S. 49, Nr. 220
(mit falscher Signaturangabe);
Hoffmann, Bamberger
Handschriften, S. 150.

Das Kreisdiagramm auf der hier aufgeschlagenen Seite (fol. 27ᵣ) beendet das 23. Kapitel über die Ordnung und Stellung der Planeten. Es illustriert die sieben Um-
laufbahnen der Planeten um die Erde mit den entsprechenden Umlaufjahren, die
oberhalb noch einmal aufgezählt sind. In der Schemazeichnung sind die Beischriften speichenförmig angeordnet. In der mittleren befinden sich die Planetennamen.
Von innen nach außen sind es: TERRA, LUNA, MERCURIUS, LUCIFER (statt Ve-
nus), SOL, VESPER (statt Mars), FETON (statt Jupiter), SATURNUS. Unten auf der
Seite beginnt das nächste Kapitel mit der Überschrift: „DE LUMINE STELLARUM".
Auf dem gegenüberliegenden Blatt (fol. 26ᵛ) sieht man durch ein umschriebenes
Loch im Pergament den oberen Teil einer Dracheninitiale.

Der spanische Bischof Isidor von Sevilla (560–630) fasste in seinem naturwissenschaftlichen Lehrbuch das auf der Antike basierende Wissen über Astronomie und Geografie zusammen. Sein Werk gehörte weit über die karolingische Zeit hinaus zum abendländischen Bildungskanon. *G. S.-R.*

Der unscheinbare Codex ist eine besondere Rarität, weil er am Anfang der mittelalterlichen Pharmazie steht und außerdem das berühmte Bücherverzeichnis Kaiser Ottos III. enthält.

Medizinische Sammelhandschrift (Lorscher Arzneibuch)

151

Lorsch, Anfang 9. Jahrhundert
Handschrift/Pergament, 75 Blätter, 32 x 22,5; aufgeschlagen fol. 42^v
Staatsbibliothek Bamberg (Msc. Med. 1)

Am Textende (fol. 42^v) wurde eine zwölf Werke umfassende Liste von Handschriften nachgetragen, die mit den Worten beginnt: „Isti sunt libri tercii imperatoris Ottonis, quos Placentiae invenit sibi servatos" (Dies sind die Bücher Kaiser Ottos III., die er für sich in Piacenza aufbewahrt fand). Der Nachtrag wird als Autograf Bischof Leos von Vercelli angesehen († 1026), den er wohl erst im frühen 11. Jahrhundert hinzufügte. Leo zählte zu den wichtigsten ottonischen Reichsbischöfen und war ein enger Vertrauter der Ottonenkaiser in Italien (Kat.-Nr. 55).

In diesem Handbuch für einen Arzt sind wichtige medizinische und pharmazeutische Texte teilweise antiker Herkunft gesammelt. Es ist das älteste erhaltene Werk dieser Art deutscher Provenienz und beweist den besonderen Rang des in der Nähe von Worms gelegenen karolingischen Klosters Lorsch für die Wissensvermittlung im frühen Mittelalter. Im Einleitungstext wird die Heilkunde gegen Angriffe von christlicher Seite verteidigt, welche die Medizin als Eingriff in den göttlichen Heilsplan ablehnte. Der Autor versucht mithilfe biblischer Texte das Recht und die Pflicht zur Hilfe für die Kranken durch die vom Heiligen Geist vermittelten naturwissenschaftlichen Kenntnisse zu begründen. *G. S.-R.*

Literatur:
AK Europas Mitte, Bd. 3, S. 461, Kat.-Nr. 23.03.01 (K. Schulmeyer); Bischoff, Katalog, Nr. 223; Hoffmann, Bamberger Handschriften, S. 6–12, 150; Keil, Lorscher Arzneibuch.

Die Wissenschaft wurde an der Bamberger Domschule enzyklopädisch betrieben. Auch die Gynäkologie kam darin vor.

Medizinische Sammelhandschrift

152

Italien, 1. Hälfte 10. Jahrhundert
Handschrift/Pergament, 232 Blätter, 23,5 x 19, 5 Flechtbandinitialen; aufgeschlagen fol. 4^v–5^r
Staatsbibliothek Bamberg (Msc. Med. 2)

Die aufgeschlagene Doppelseite (fol. 4^v–5^r) zeigt den 10. Abschnitt im Buch des Priscianus mit der in roter Tinte hervorgehobenen Überschrift „De spermatis effusio" und den Beginn des Traktats „De pessis" mit den Worten: „Primum quem ad modum pessaria fient vel que vocentur aut quam rem pro desint." Der Text ist in einer großformatigen Minuskel in Italien geschrieben und für eine naturwissenschaftliche Handschrift luxuriös mit Flechtbandinitialen ausgestattet worden.

Die medizinische Sammelhandschrift beginnt mit einem Fragment des Theodorus Priscianus (um 500 n. Chr.) und weiteren Traktaten zur Gynäkologie, einer Wissenschaft, in der die Antike Pionierarbeit leistete. Es folgen zwei medizinische Bücher, darunter ein von dem römischen Verwaltungsbeamten Plinius Secundus verfasstes sowie ein Rezeptbuch (Antidotarium). *G. S.-R.*

Literatur:
Beccaria, Codici, S. 197 f., Nr. 49; Bischoff, Katalog, S. 50, Nr. 224; Sconocchia, Medicina romana, S. 50, Nr. 224; Sigerist, Bamberger Antidotarium, S. 21–39.

Bischof Leo von Vercelli, einer der führenden Kirchenfürsten Italiens, schrieb sein Huldigungsgedicht auf Papst Gregor V. und Kaiser Otto III. in diesen Codex.

153 KANONISTISCHE SAMMELHANDSCHRIFT

Montecassino, 2. Viertel 10. Jahrhundert

Handschrift/Pergament, 115 Blätter, 25 x 16, 7 Figurengedichte,

ca. 50 größere Ornamentinitialen, 1 figürliche Zeichnung; aufgeschlagen fol. 113ʳ

Staatsbibliothek Bamberg (Msc. Can. 1)

Literatur:
AK Bernward von Hildesheim, Bd. 1, S. 106 f.–2, Nr. IV–62; AK Europas Mitte, Bd. 3, S. 473, Kat.-Nr. 24.01.01; Ernst, Carmen figuratum, S. 371 passim; Ferrari, Liber sanctae crucis, S. 63, 124 Anm. 381, 433; Hoffmann, Bamberger Handschriften, S. 120.

153 (fol. 113ʳ)

Eugenius Vulgarius, vermutlich ein Domschullehrer in Neapel, verfasste am Ende der Karolingerzeit 907 eine Streitschrift, die großes Aufsehen erregte. Er setzte sich darin für die Rechtmäßigkeit der von Papst Formosus (891–896) erteilten Weihen ein. Diesem Papst, den Johannes VIII. bannte und absetzte, wurde nach seinem Tod als Leiche ein spektakulärer Prozess gemacht. Als schuldig befunden, wurde sein Leichnam zur Strafe zerstückelt und in den Tiber geworfen. Die Verteidigungsschrift des Vulgarius fand bei der Kirchenleitung keine Zustimmung. Deswegen versuchte der inhaftierte Autor, die Gunst des amtierenden Papstes Sergius III. (904–911) und des byzantinischen Kaisers Leo durch eine Reihe von metrisch ambitionierten, in kunstvoller Figurenform verfassten Huldigungsgedichten zu gewinnen.

Die vorliegende Abschrift in beneventanischer Schrift entstand Ende des 10. Jahrhunderts in Süditalien und gelangte von dort nach Oberitalien, wo Bischof Leo von Vercelli sie benutzte und im März oder April 998 vermutlich eigenhändig das Lobgedicht für Otto III. eintrug (fol. 13ᵛ). Ob Otto III. den Codex, der wohl durch Heinrich II. in die Bamberger Dombibliothek gelangte, jemals besessen hat, ist fraglich.

Die Handschrift besteht aus zwei Teilen, die sich heute nicht mehr in der richtigen Reihenfolge befinden und Textverluste aufweisen. Die Streitschriften des Eugenius Vulgarius für Papst Formosus sind auseinander gerissen und lagenweise mit denen des Auxilius vermischt. Die Abbildung zeigt vermutlich Papst Formosus vor dem Altar betend (fol. 113ʳ).   G. S.-R.

Diese Kanonessammlung war bis Mitte des 12. Jahrhunderts maßgebliche Richtschnur für die kirchliche Rechtsprechung vor allem in Ehefragen.

154 BURCHARD VON WORMS, DECRETUM

Worms, um 1020

Handschrift/Pergament, 312 Blätter, 33 x 26; aufgeschlagen fol. 144ᵛ

Staatsbibliothek Bamberg (Msc. Can. 6)

Bischof Burchard von Worms (1000 bis 1025), ein Vertrauter Kaiser Heinrichs II., war der Erste, der die verstreuten kirchenrechtlichen Bestimmungen und Entscheidungen zusammenfasste. Sein Kompendium aus 20 Büchern, das zwischen 1008 und 1012 entstand, war vor dem um 1140 geschriebenen Dekret Gratians das

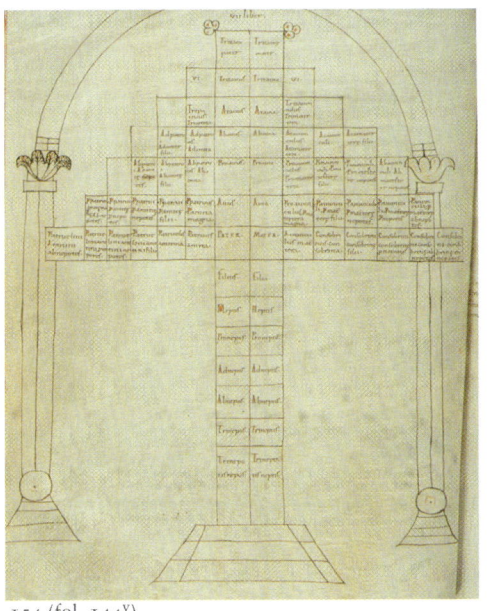

154 (fol. 144^v)

grundlegende Gesetzbuch der Kirche und der erste Schritt zur Verrechtlichung der abendländischen Gesellschaft. Noch heute bezeugen 87 erhaltene Abschriften des 11. und 12. Jahrhunderts das Ansehen dieses Textes. Der Codex muss schon im zweiten Viertel des 11. Jahrhunderts nach Bamberg gelangt sein, weil auf fol. 4^v–5^v die Canones des Konzils von Seligenstadt aus dem Jahr 1023 (MGH Const. 1, Nr. 437) nachgetragen wurden (H. Hoffmann).

Aufgeschlagen ist fol. 144^v mit einer Konsanguinitätstafel. In dem schlichten Arkadenbogen steht ein Diagramm, in dessen Felder die Verwandtschaftsgrade eingetragen sind. Derartige Tafeln verdeutlichten die Zusammenhänge von Ehe- und Erbrecht und waren für die Rechtsprechung von Bedeutung. G. S.-R.

Literatur:

Hartmann, Bischof Burchard; Hoffmann, Bamberger Handschriften, S. 122; Hoffmann/ Pokorny, Dekret, S. 16 ff.; Schemmel, Staatsbibliothek Bamberg, Nr. 13.

Hohe Geistliche mussten im Mittelalter die Rechtswissenschaften zumindest in den Grundzügen beherrschen.

IUSTINIAN, INSTITUTIONES

155

Italien (Rom), um 960–70

Handschrift/Pergament, 124 Blätter, 24 x 18,5, 38 Ornamentinitialen;

aufgeschlagen fol. 3^v–4^r

Staatsbibliothek Bamberg (Msc. Jur. 1)

Die Rechtskenntnisse, die sich die Geistlichkeit im Mittelalter wegen der vielfältigen Aufgaben in Verwaltung und Politik aneignen musste, beruhten auf dem römischen, germanischen und dem kirchlichen Recht. Das Lehrbuch der Institutionen ist der erste einführende Teil des „Corpus Iuris Civilis", das der byzantinische Kaiser Justinian I. in den Jahren 528 bis 534 zusammenstellen ließ und das zur Grundlage für Studium und Gebrauch des römischen Rechts in Ost und West wurde.

Der Text zur 1. Institution beginnt mit einer fast ganzseitigen I-Initiale (fol. 4^r), der sich die folgenden Buchstaben in roten Hohlmajuskeln anschließen: „[I]USTITIA EST CONSTANS ET PERPETUA VOLUNTAS IUS SUUM CUIQUE TRIBUENS" (Die Gerechtigkeit ist der beständige und dauernde Wille, der jedem sein Recht erteilt). Die Schrift, eine sorgfältige Romanesca, verweist nach Rom oder Umgebung. Einzelne Begriffe sind über der Zeile in kleinerer Schrift kommentiert. Beginn und Ende eines Abschnitts wurden in roter Tinte, wichtige Kapitel durch Initialen in rotvioletter Federzeichnung hervorgehoben. Die Initialornamentik ähnelt derjenigen des Skriptoriums von St. Gallen und verweist auf die Orientierung an nördlichen Vorbildern. Die vorliegende Gesetzessammlung ist eine der seltenen Abschriften, die in Rom oder Umgebung im dritten Viertel des 10. Jahrhunderts entstanden. Zu Beginn (fol. 1^r) wurde eine ältere römische Pfalzrichterliste nachgetragen. Am Schluss (fol. 124^v) befindet sich ein Lobgedicht auf Justinian, in dem die verschiedenen Beinamen des Kaisers nach den beherrschten Völkern – beispielsweise Alamannicus, Gothicus, Francicus – aufgezählt werden. Außerdem fügte ein Mainzer Schreiber am Ende des 10. Jahrhunderts eine Rechtsentscheidung hinzu (fol. 124^r). Es

155 (fol. 4^r)

Literatur:

AK Europas Mitte, Bd. 3, S. 464, Kat.-Nr. 23.03.05 (K. Schulmeyer); AK Otto der Große, Kat.-Nr. VI.22 (H. Hoffmann); Hoffmann, Bamberger Handschriften, S. 139 f.; Mütherich, Brüsseler Handschrift, S. 113 f.

wird angenommen, dass der Codex aus dem Erbgut Ottos III. stammt und von Heinrich II. nach Bamberg gestiftet wurde. *G. S.-R.*

Die mittelalterliche Jurisprudenz beruhte neben dem römischen und kirchlichen Recht auch auf den germanischen Volksrechten, die ebenfalls in lateinischer Sprache niedergeschrieben wurden.

156 LEGES: SALICA, RIBUARIORUM, ALAMANNORUM UND SUMMULA DE BANNIS

Nordostfrankreich, 1. Drittel 9. Jahrhundert
Handschrift/Pergament, 146 Blätter, 23,5 x 14,5, 7 Rankeninitialen;
aufgeschlagen fol. 98ᵛ–99ʳ
Staatsbibliothek Bamberg (Msc. Jur. 35)

Literatur:
AK Ein Leben für den Bamberger Dom, Nr. 54 (B. Schemmel);
Bischoff, Katalog, Nr. 221;
Mordek, Bibliotheca, S. 17 ff.

Ende und Anfang der beiden westgermanischen Volksrechtsbücher (fol. 98ᵛ–99ʳ) sind durch Rubriken in braunen Monumentalmajuskeln hervorgehoben. Das Gesetzbuch für die ripuarischen Franken, ein germanischer Volksstamm in der Gegend von Köln, entstand zwischen 741 und 747. Als Grundlage diente die auf Weisung des Frankenkönigs Chlodwig 508/511 niedergeschriebene „Lex Salica", die hier am Anfang der Handschrift steht. Die unter der Regierung des Herzogs Lantfried zwischen 717 und 719 entstandene „Lex Alamannorum" behandelt in drei Teilen das Recht der Kirche, des Herzogs und des Volks.

An der Abschrift der Texte arbeiteten verschiedene karolingische Schreiber aus einem nicht näher bestimmbaren Skriptorium in Nordostfrankreich, die auch den bescheidenen Initialschmuck hinzufügten. *G. S.-R.*

Kaiser Heinrich II. propagierte die Verehrung der Mutter Gottes als Ranghöchste unter den Heiligen.

157 THEOLOGISCHE SAMMELHANDSCHRIFT

Frankreich (Cluny), um 1000
Handschrift/Pergament, 232 Blätter, 23,5 x 19, 5 Flechtbandinitialen; aufgeschlagen fol. 1ᵛ
Staatsbibliothek Bamberg (Msc. Patr. 88)

Literatur:
Hoffmann, Bamberger Handschriften, S. 160 f.;
Schramm/Mütherich, Denkmale, Bd. 1, Nr. 127.

Die Handschrift beginnt mit einer aufwändig ausgestalteten Titelseite zum Gedicht des Hieronymus zur Aufnahme Mariens in den Himmel. In der linken Spalte steht in zeilenweise rot und schwarz alternierenden Monumentalmajuskeln die Überschrift: „IN NOMINE DOMINI INCIPIT SERMO BEATI HIERONIMI AD PAVLAM ET EVSTOCHIVM MISS(UM)." Der Text in der rechten Spalte lautet: „DE ASSU(M)PTIONE S(AN)C(T)AE MARIAE MATRIS D(OMI)NI." Es folgt die Initiale „[C]OGITIS" mit den Anschlussbuchstaben in der Senkrechten und vier weiteren Textzeilen. Von der feinen Zeichnung im Binnenfeld der Initiale ist durch die blaue Übermalung nur noch wenig zu sehen.

Heinrich II. führte die Feier von drei hohen Marienfesten in Bamberg ein, Lichtmess am 2. Februar, ihre Aufnahme in den Himmel am 15. August und ihre Geburt am 8. September. Er wählte den Tag Mariä Geburt 1002 für die Feierlichkeiten seiner Thronsetzung im Aachener Marienstift, das Karl der Große zur Krönungskirche erhoben hatte. Auf der ansonsten leeren Vorderseite des Incipit-Blatts (fol. 1ᵛ) ist eine zweizeilige Widmung (MGH Poetae latini 5, S. 400, Nr. 44) an einen unbezeichneten Kaiser eingetragen, die von derselben Hand stammt wie das Gedicht für Otto III. in der Bamberger Isidor-Handschrift (Kat.-Nr. 150). Außerdem wurde der ursprüngliche Herrschername am Schluss des Mariengedicht (fol. 16ᵛ) ausradiert und mit dem Namen Kaiser Heinrichs überschrieben. Deshalb wird das für Otto III. bestimmte und im Kloster Cluny geschriebene Buch zusammen mit zwei anderen

(Kat.-Nr. 160 und Msc. Patr. 4) von Abt Odilo von Cluny seinem Nachfolger Heinrich geschenkt worden sein. *G. S.-R.*

Dieser Psalter in vier lateinischen Textvarianten nebeneinander ist ein Studienexemplar zur wissenschaftlichen Textkritik.

Psalterium quadrupartitum

158

> St. Gallen, datiert 909
>
> Pergament/Handschrift, 168 Blätter, 39,5 x 31, 47 Rankeninitialen; aufgeschlagen fol. 20ʳ
>
> Staatsbibliothek Bamberg (Msc. Bibl. 44)

Die Verse des 11. Psalms „[S]alvum me fac" stehen in vier unterschiedlichen lateinischen Textversionen nebeneinander, die über den Spalten als „GALLICANUM, ROMANUM, HEBRAICUM, GRECUM" nach den jeweiligen Übersetzungen bezeichnet sind. Dem Charakter eines wissenschaftlichen Textes entsprechend dient die schlichte Auszeichnung der Buchstaben der besseren Übersichtlichkeit. Jeder Psalmanfang ist mit einer Rankeninitiale in roter Federzeichnung und jeder Vers mit einem roten ausgestellten Buchstaben hervorgehoben. Trotz dieser Normierung unterscheiden sich die vier Initialen in der Rankenornamentik.

Ein Widmungsgedicht in 44 Hexametern (fol. 10ᵛ–11ʳ) besagt, dass der Abt-Bischof Salomon III. von St. Gallen (890–919) dieses Psalterium im Jahr 909 in seinem Kloster schreiben ließ. Er fügte der Ausgabe eine Ermahnung hinzu: „Studiere mit aller Vorsicht den durch unterschiedliche Sprache in vier Formen gebrachten Psalter und hüte dich die Verse in irgendeine Richtung weiter zu verfälschen, stets die Offenbarung der Väter vor Augen." Die Bamberger Handschrift ist textgeschichtlich von besonderer Bedeutung und wurde in ottonischer Zeit mehrfach kopiert. Es wird vermutet, dass sie aus dem Erbgut Ottos III. stammt, das Heinrich II. dem Bamberger Dom schenkte. *G. S.-R.*

Literatur:
Berschin, Psalterium; Hoffmann, Bamberger Handschriften, S. 109; AK Glaube und Wissen, Nr. 60 (U. Surmann); Schaab, Bibeltext, S. 128 f.

Dieses „Lexikon berühmter Männer der Christenheit" ist das älteste vollständige Buch der Staatsbibliothek Bamberg, denn von der Livius-Ausgabe des 5. Jahrhunderts sind nur Fragmente erhalten.

Hieronymus und Gennadius, De viris illustribus und andere Texte

159

> Italien (Neapel), nach 540
>
> Handschrift/Ziegenpergament, 138 Blätter, 29 x 21; aufgeschlagen fol. 79ᵛ–80ʳ
>
> Staatsbibliothek Bamberg (Msc. Patr. 87)

Am Anfang dieses Buches über berühmte Männer steht ein im Jahr 393 verfasstes Verzeichnis des Kirchenvaters Hieronymus von 135 Schriftstellern, die dem Christentum zuzurechnen sind. Es beginnt mit Petrus und endet mit dem Verfasser selbst. Der Presbyter Gennadius von Marseille führte das Werk des Hieronymus um 480 fort. Es gilt als erster Versuch einer altchristlichen Literaturgeschichte. Die vorliegende Abschrift entstand im Skriptorium des Eugippius im Kloster St. Severinus in Castellum Lucullanum bei Neapel. Die Doppelseite (fol. 79ᵛ–80ʳ) zeigt das Ende des Textes „De Haeresibus" (Über die Ketzereien) des Kirchenvaters Augustinus und den Beginn des Traktats „De cura pro mortuis gerenda" (Über die Fürsorge für die Toten). In der regelmäßigen Halbunzialis für die Textpassagen und der Monumentalmajuskel für die End- und Titelzeilen ist sie ein Denkmal spätantiker Schriftkultur. Auf fol. 79ᵛ wurde zwischen den Zeilen eine Notiz der päpstlichen Kurie im 9. Jahrhundert nachgetragen. *G. S.-R.*

Literatur:
Avrin, Scribes, S. 185; CLA VIII, Nr. 1031; Schemmel, Staatsbibliothek Bamberg, Nr. 4.

Der Abt der mächtigsten Mönchskongregation Westeuropas, Odilo von Cluny, schenkte Kaiser Heinrich II. drei Handschriften.

160 CASSIODOR, INSTITUTIONES (I,8) – AUGUSTINUSKOMMENTAR ZU DEN PAULUSBRIEFEN

Cluny, um 1000

Handschrift/Pergament, 278 Blätter, 34 x 27,5, 5 Initialen, 5 Schriftzierseiten;

aufgeschlagen fol. 2ᵛ–3ʳ

Staatsbibliothek Bamberg (Msc. Bibl. 126)

Literatur:
Garand, Collection,
S. 163–180; Hoffmann,
Bamberger Handschriften,
S. 116; Schramm/Mütherich,
Denkmale, Bd. 1, S. 162,
Nr. 126.

An den Cassiodor-Auszug schließt sich in der zweiten Spalte der linken Seite die Überschrift des nächsten Textabschnitts an. Die große I-Initiale ist an den Enden mit Flechtbandknoten, im Schaft mit Palmettensegmenten und in der Mitte mit der Halbfigur eines frontal stehenden Mannes geschmückt. Er umfasst mit beiden Händen sein rahmendes Medaillon und blickt den Betrachter an. Der anschließende, zeilenweise braun und orangerot alternierende Titel des Kommentars beginnt mit den Worten: „[I]N NOMINE DOMINI ET SALVATORIS NOSTRI" und wird auf der folgenden Seite in zwei Kolumnen in Arkadenbögen fortgesetzt.

Auf der ansonsten leeren ersten Seite wird die Handschrift in einem sechszeiligen Gedicht (MGH Poetae latini 5, S. 396, Nr. 39) einem nicht namentlich bezeichneten Kaiser gewidmet. Obwohl sich der Schreiber selbst als „prespiter" bezeichnet, wird heute angenommen, dass Abt Odilo von Cluny den Text während seines Abbatiats (994–1049) verfasste und den Codex zusammen mit zwei weiteren Werken (Kat.-Nr. 157 und Msc. Patr. 4) Kaiser Heinrich II. zum Geschenk machte.   *G. S.-R.*

160 (fol. 2ᵛ, Detail)

XI GOLDENER SCHMUCK

Als Stellvertreter Christi auf Erden wollte Heinrich II. in den Kirchen gleichsam den Abglanz des Himmels erstrahlen lassen. Deshalb stiftete er für die Messfeiern Gerätschaften in großer Zahl und von außerordentlicher Kostbarkeit. Besonders reich stattete er die drei Kirchen seiner Neugründung Bamberg aus. Allein im Dom muss es verschiedene goldene Tafeln (Antependien) gegeben haben, mit denen die Altäre bei festlichen Anlässen geschmückt wurden. Selbst nach dem verhängnisvollen Episkopat Hermanns I. (1065–1075), der wegen Verschleuderung von Teilen des Kirchenschatzes und Simonie (Ämterkauf) abgesetzt wurde, und nach dem verheerenden Brand von 1081 waren im Bamberger Dom noch fünf Goldaltäre erhalten. Außerdem gab es zahlreiche Kreuze sowie mindestens zwölf goldene und neun silberne Buchdeckel, die alle mit Edelsteinen besetzt waren. Dazu kamen drei Bücher mit Elfenbeinreliefs sowie sechs Pulte. Aber auch Kelchgarnituren, Leuchter, Kronen, Weihrauchfässer und andere Geräte machten die liturgische Feier zur Zeit Heinrichs zu einem Fest von überirdischer Pracht.

Der Kaiser stiftete zahlreiche Reliquien, für die Goldschmiede kostbare Gehäuse anfertigten, um den außerordentlichen Wert der Heiltümer angemessen zum Ausdruck zu bringen. Neben Gold und Silber wurden Edelsteine und Perlen verarbeitet. Aber auch Schatzstücke aus anderen Kulturen und anderen Zeiten zieren Heinrichs Stiftungen. Denn er verstand sich als Herrscher über das Universum und vereinte deshalb Kostbarkeiten der ganzen Welt in Bamberg. Schnitzwerke aus weiß schimmerndem Elfenbein, besonders solche imperialer Herkunft, sei es aus Byzanz oder von seinen karolingischen Vorgängern, wurden hoch geschätzt. Auch Schmucksteine aus der Spätantike oder dem nichtchristlichen Orient sollten das Ansehen der Bücher steigern.

Wie ein Prunkornat für eine Pontifikalmesse aussah, zeigt die Erhard-Miniatur im Uta-Codex, die um 1020 in Regensburg gemalt wurde. Den Altartisch bedeckt eine mit geflügelten Pferden gemusterte Decke aus dem Orient. Auf der Mensa stehen ein doppelstöckiger Tragaltar, der aufgrund seiner ungewöhnlichen Form als das „Arnulf-Ziborium" identifiziert werden kann, und daneben der „Codex Aureus von St. Emmeram". Diese beiden Werke der Karolingerzeit, die Kaiser Arnulf von Kärnten (887–899) dem Benediktinerkloster St. Emmeram in Regensburg geschenkt hatte, setzten Maßstäbe für das Stiftungswerk Heinrichs.

Bischöfe trugen in Messen prächtige Pontifikalgewänder und als besondere Würdezeichen Krummstab und Ring. Nur Erzbischöfe durften das Pallium tragen, eine weiße Stola mit schwarzen Kreuzen. Einige Suffraganbischöfe wurden mit dem Rationale, einem Brust- und Schulterschmuck, ausgezeichnet. Die Kirchenfürsten sind immer barhäuptig. Eine Mitra (Bischofshut) kannte man zur Heinrichszeit noch nicht.

Uta-Codex: Altar aus dem Bild der Erhard-Messe

Im Bamberger Domschatzverzeichnis von 1127 sind fast 700 Stücke aufgezählt, die sicherlich großteils aus der Heinrichszeit stammten. Fast alles ging verloren oder musste im Lauf der Zeit viele Veränderungen über sich ergehen lassen. Die wenigen erhaltenen Hauptstücke sind so zerbrechlich, dass sie die Schatzkammern und Tresore nur noch ausnahmsweise verlassen dürfen. *Gude Suckale-Redlefsen*

Ein Fantasiegebilde der antiken Zierkunst wurde von heinrizischen Hofkünstlern zur Insignie stilisiert.

161 ABTSSTAB DES HL. GODEHARD

Krümme: Bamberg (?), um 1020

Oberer Ring und Knauf: nach 1131 (wohl 13. Jahrhundert)

Krümme: Walrosszahn, H. 8; Stab: Buche, L. 142,5; zwei Halsringe aus teilvergoldetem und nielliertem Silber; Pannisellus: Leinen und Seide, bestickt

Benediktinerabtei Niederalteich

Literatur:
AK Bernward von Hildesheim, Bd. 2, S. 516f., Kat.-Nr. VII–36 (M. Brandt); AK Europas Mitte, Bd. 3, S. 446 (I. Siede).

Der aus einer Ministerialenfamilie, also aus niederem Adel, stammende, zeitweilig an der Salzburger Domschule ausgebildete Mönch Godehard/Gotthard wurde von Heinrich im Jahr 996 – demnach noch in seiner Zeit als Herzog – zum Abt von Niederalteich, der neben Tegernsee ältesten und ehrwürdigsten bayerischen Benediktinerabtei, erhoben, weil er ein eifriger Verfechter der Klosterreform und ein bewährter Helfer Heinrichs war. Später betraute ihn der Kaiser deswegen auch mit der Reform anderer Konvente. 1022 ernannte er ihn zum Nachfolger des hl. Bernward auf dem Bischofsstuhl in Hildesheim, wo er dessen großes Erbe als Bauherr von Kirchen weiterführte. Godehard starb im Jahr 1038. Er wurde einer der meistverehrten deutschen Heiligen.

Die kleine Krümme des Hirtenstabs ist aus Walrosszahn gefertigt, einem weniger wertvollen Material als Elfenbein. Das Kopfstück ist als Weinstock gebildet, den eine Hand umbiegt, deren Daumen weggebrochen ist; man erkennt die Ansätze der weggeschnittenen Äste, Trauben und Ranken. Der Stamm gabelt sich in zwei Äste, an deren Enden Trauben sitzen. Die Idee geht aus von dem Satz Christi (Jo 15,5): „Ich bin der Weinstock, ihr seid die Reben." Andererseits gehört das Motiv der aus der Ranke herauswachsenden und zugleich in sie hineingreifenden Hand zum antikrömischen Ornament der belebten und bewohnten Wellenranke. Sie kommt in der Initialornamentik des Sigebert-Sakramentars (Kat.-Nr. 130) ebenfalls vor. Vergleichbare Wellenranken mit kreisrunden Rankenstämmen, gekappten Astansätzen und einzelnen sich vom Stamm lösenden Ästen finden sich unter den späteren Werken der kaiserlichen Goldschmiedewerkstatt. Doch sind diese meistens mit Tieren und Menschen belebt (Kat.-Nr. 172). Die Schnitzerei des Godehard-Stabs nähert sich demgegenüber der knorrigen Naturform des Weinstocks an, vereinfacht sie und macht etwa aus den Weintrauben Gebilde mit nur vier Beeren. Zugleich ist das Ganze sowohl geometrischer wie stereometrischer stilisiert. Dadurch erscheint das zierliche Werk kraftvoll und monumental. Es dürfte von einem für den Kaiserhof arbeitenden Bildschnitzer stammen.

Die beiden technisch und epigrafisch unterschiedlichen Silberringe machen deutlich, dass das heutige Gebilde aus verschiedenen Zeiten stammen muss. Auf dem unteren Ring steht zu lesen: „Gotehardo hoc fecit" (dem Godehard hat es machen lassen). Weil der Satz unvollständig ist – ihm fehlt das Subjekt –, ist auf einen zweiten Ring zu schließen, auf dem wohl der andere Teil des Satzes mit dem Namen des Auftraggebers gestanden haben wird. Nach Lage der Dinge dürfte es sich dabei am ehesten um Heinrich II. oder seine Gemahlin Kunigunde gehandelt haben. Dazu passt auch die Überlieferung, wonach der Pannisellus, ein zur Zierform gewordenes

Schweißtuch, von Kaiserin Kunigunde selbst bestickt worden sein soll. Der jetzige obere Ring enthält eine Anrufung des Heiligen, kann also erst nach dessen Kanonisation 1131 entstanden sein, als der Stab zur Reliquie wurde. Dem Schriftcharakter nach dürfte er sogar erst aus dem 13. Jahrhundert stammen. *R. S.*

Seit Jahrhunderten wird in der Basilika von St. Emmeram zu Regensburg ein Bischofsstab verehrt, den der hl. Wolfgang zu Lebzeiten getragen haben soll.

SO GENANNTER WOLFGANGSSTAB 162

> Süddeutsch, Krümme, 10. Jahrhundert (?), Stab 13. Jahrhundert, Fassung um 1430,
> 1965 ergänzt
> Schwarzes Büffelhorn, Elfenbein, Bein, Silber und Messing vergoldet, getrieben und gegossen,
> ziseliert und punziert, farbige Steine, Glas
> H. (Stab) 174, H. (Oberteil) 44,7, H. (Krümme) 19,6, größte Breite 13
> Diözesanmuseum St. Ulrich, Leihgabe der Kath. Pfarrkirchenstiftung
> St. Emmeram, Regensburg (L 1982/1)

Die Krümme des Stabs aus schwarzem Büffelhorn ist über einem gitterartigen Band, dem Verbindungsglied zwischen Stab und Horn, von vier Metallbändern aus vergoldetem Silber umschlossen. Das äußere Band ist am Beginn der Hornkrümmung verlängert, mit Kriechblumen besetzt und endigt in einem gebogenen Arm aus vergoldetem Silber, dessen Hand eine Kapsel trägt. Auf der Vorderseite der Kapsel ist in Form eines Rundmedaillons die getriebene Figur des thronenden hl. Bischofs Wolfgang (972–994) dargestellt, der in seiner Rechten das Kirchenmodell, in seiner Linken den Stab hält. Die Rückseite der Kapsel ist aus Glas und dient der Aufnahme von Reliquien. Der Stab besteht aus Elfenbein und Beinteilen, die durch Ringe aus vergoldetem Silber bzw. Messing zusammengehalten werden. Unter der Krümme und einem profilierten runden Beinstück ist ein ovaler Knauf aus Elfenbein eingesetzt. Die einzelnen Teile des Stabs sind durch metallene Schraubgewinde verbunden. Ursprünglich waren sie durch in die Beinringe eingeschnittene Gewinde verschraubbar.

Das so prächtig beschlagene Horn eines Bocks wird seit Jahrhunderten als Bestandteil des Hirtenstabs des heiligen Bischofs verehrt. Bischof Wolfgang könnte das aus dem 10. Jahrhundert stammende Horn als Bekrönung seines Stabs benutzt haben. Der junge Herzog Heinrich, Schüler des Regensburger Bischofs, hat möglicherweise diesen Stab gekannt.

Der historisch bedeutsame Stab wurde 1945 von amerikanischen Besatzungssoldaten schwer beschädigt. Alle Steine wurden aus den Fassungen gebrochen, darunter zwei kostbare antike Gemmen aus Karneol. Die Kapsel mit dem Rundmedaillon aus der Zeit um 1430 wurde entwendet. 1965 wurden die fehlenden Teile bis auf die Gemmen durch die Firma Johann Brandner, Regensburg, durch Kopien ersetzt.

Unter den zeitgleichen Bischofsstäben besitzt der so genannte Wolfgangsstab als große Besonderheit das eingearbeitete Büffelhorn aus organischem Material. Damit gehört der Stab zu den bedeutendsten Berührungsreliquien, die sich vom Hauptpatron des Bistums Regensburg erhalten haben. *H. R.*

Literatur:
AK Liturgie, S. 95 f. Nr. 13;
Hubel, Kostbarkeiten, S. 67 f.
Nr. 107.

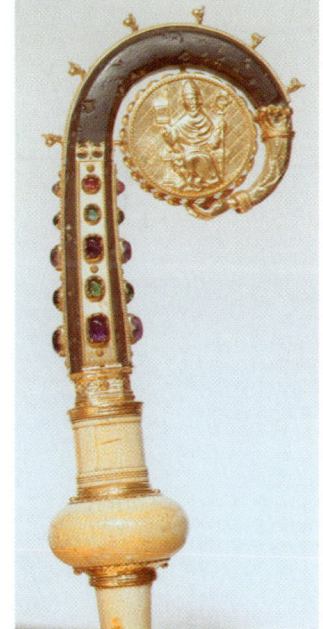
162

In der Regierungszeit des Erzbischofs Willigis, der Heinrich II. zum König krönte, entstanden in Mainz bedeutende Werke der Goldschmiedekunst.

163 KREUZGRAVUR

Mainz, frühes 11. Jahrhundert

Silber, graviert, mit Teilvergoldung, 16,6 x 11,5

Bischöfliches Dom- und Diözesanmuseum Mainz (S 1974)

163

Umgeben von einem silbernen Rahmen ist in die kreuzförmige Platte ein goldenes Kreuz eingraviert, auf dessen Suppedaneum leicht, nahezu schwebend, ein jugendlich aufgefasster Christus steht. Der schlanke Leib, ohne Fuß- oder Seitenwunde, neigt sich leicht nach rechts. Die Augen Christi sind weit geöffnet, der Gesichtsausdruck ernst. Gottes Sohn, der den Tod überwindet, ist hier dargestellt, nicht der leidende Mensch, wie ihn spätere Epochen zeichnen. „IHS/XPS" (Jesus Christus, der Erlöser) steht als Titulus oberhalb des Gekreuzigten.

Die Kreuzgravurplatte ist eines der wenigen Zeugnisse der Mainzer Goldschmiedekunst aus der Zeit des Erzbischofs Willigis. Dies erschwert ihre kunsthistorische Einordnung, zumal sich lediglich zwei weitere ottonische Kreuzgravuren erhalten haben, die auch nur bedingt vergleichbar sind. Es handelt sich hierbei um die Rückseite des um 1000 (in Köln?) entstandenen Lotharkreuzes sowie um die Gravur auf der Rückseite des Steckkreuzes (frühes 11. Jahrhundert?) der Reichskrone (Abb. 76). Motivisch überzeugt der Vergleich mit dem Christus des Reichskronenkreuzes eher, dies lässt jedoch, wie R. Lauer zu Recht vermerkt, noch keine stilistische Verwandtschaft behaupten. Seine Hinweise auf byzantinische Elfenbeine der so genannten „malerischen" Gruppe (zweite Hälfte des 10. Jahrhunderts) sind überzeugender. Einleuchtend ist auch R. Ottos Vergleich mit einer in der ersten Hälfte des 10. Jahrhunderts entstandenen Kreuzigungsminiatur eines Sakramentars der Martinusbibliothek in Mainz.

Der aus einem edelfreien sächsischen Geschlecht stammende Willigis wurde wohl um 940 geboren. Am kaiserlichen Hof gemeinsam mit Otto II. erzogen, erlangte er 975 die Mainzer Erzbischofswürde, wohl unter dem Einfluss der Kaiserin Theophanu († 991), mit der ihn Zeit ihres Lebens ein freundschaftliches Verhältnis verband. Willigis unterstützte Kaiser Otto II. gegen alle oppositionellen Strömungen und übertrug nach dessen frühem Tod (983) seine Loyalität auf den Sohn Otto III., dem er zusammen mit Theophanu die Königskrone gegen die Bestrebungen Heinrichs des Zänkers sicherte.

Nach dem Tod des kinderlosen Otto 1002 verhinderte Willigis lang anhaltende Machtkämpfe, indem er rasch und entschlossen den militärisch stärksten Anwärter auf den Thron, Herzog Heinrich von Bayern, im Mainzer Dom salbte und zum König krönte. Im Bistum Mainz wird Willigis, der 1011 starb, als Heiliger verehrt.

W. W.

Literatur:
AK Bernward von Hildesheim, Bd. 2, Kat.-Nr. IV/6, S. 156f. (R. Lauer); Lauer, Mainzer Buchmalerei, S. 61 bzw. 68; Otto, Goldschmiedekreuz.

Monumentalität im Kleinformat – eine der wohl repräsentativsten Plastiken der ottonischen Zeit ist dieses Kultbild der Mutter Gottes aus Elfenbein.

Thronende Maria mit Kind

164

Süddeutschland, Anfang 11. Jahrhundert

Afrikanisches Elfenbein, 22 x 10 x 5,5

Landesmuseum Mainz (O. 1517, K1)

164

Das Material Elfenbein genoss in der karolingischen und ottonischen Kaiserzeit besondere Wertschätzung, weil es seit der Antike nur für die höchsten Zwecke, etwa die Kultbilder der Götter, und nur von Personen höchsten Rangs, wie Kaiser und Konsuln, verwendet werden durfte. Es ist nach dem damaligen theologischen Verständnis außerdem ein auf die Mutter Gottes vorzüglich passendes Material, weil es die Reinheit Marias symbolisiert und weil der großteils aus Elfenbein gefertigte Thron des Königs Salomon, der „Sitz der Weisheit", symbolisch auf Maria bezogen wurde. Daher wurde das Elfenbein nicht bemalt, sondern blieb in seinem Weiß sichtbar; und deshalb ist Maria in den meisten Bildwerken dieser Epoche als Thronende dargestellt.

Die allseits beschnittene Tafel war ursprünglich wohl rechteckig. Die Gesichter von Mutter und Kind sowie die vorstehenden Teile sind abgegriffen bzw. abgewetzt. Das Kind war von Anfang an separat gearbeitet und angesetzt. Das Loch im Hinterkopf Marias ist Indiz für eine verlorene, eigens gearbeitete Nimbus-Scheibe. Der geböschte Sockel, der doppelte Fußschemel und die dreigeschossig gegliederte, überaus reich verzierte Thronarchitektur überhöhen die majestätische Erscheinung. Demselben Ziel dient die Arkade mit ihren reich umwundenen Säulen. Der geöffnete Vorhang, dessen Enden seitlich um die Säulenschäfte geschlungen sind, gibt der Gruppe den Charakter einer Erscheinung: „revelatio" heißt sowohl Offenbarung wie Entschleierung. Das Vorhangmotiv bezieht sich also in einer die bildliche Redewendung direkt visualisierenden Weise auf die Offenbarung des Jesus von Nazareth als Messias und seiner Mutter Maria als Mutter Gottes.

Zwar scheint die Gruppe auf den ersten Blick streng symmetrisch aufgebaut zu sein, doch sitzen weder Mutter noch Kind exakt in der Mittelachse. Derart wird auf subtile Weise ein Ausgleich hergestellt zwischen Maria, die ihre heilsgeschichtliche Bedeutung nur ihrem Sohn verdankt, und Jesus, der seiner Mutter den Ehrenplatz einräumt wie einst König Salomon seiner Mutter Bathseba. Leider ist der Gegenstand, den Maria in ihrer Linken hielt, verloren – und damit ein Schlüssel zur Deutung des Bildwerks. Doch lässt sich aus den anderen Elementen erschließen, dass

Literatur:

AK Bernward von Hildesheim, Bd. 2, Nr. IV/7 (R. Kahsnitz) und VII/32 (M. Pippal); Büchsel, Ottonische Madonna; Goldschmidt, Elfenbeinskulpturen, Bd. 2, Nr. 40; Ronig, Egbert, Bd. 1, Nr. 53, S. 44 f., Taf. 178; Surmann, Gregortafel, S. 207.

Maria hier in geistlicher Tracht mit dem Jungfrauenschleier dargestellt ist, wie ihn auch Kanonissen trugen, und sie ihren Sohn der Welt zur Verehrung präsentiert.

Obwohl man diese Gruppe ein Relief nennen muss, ist gerade Maria von voluminöser Körperlichkeit, ohne dass man von einer naturgetreuen Wiedergabe der Körperglieder und -formen sprechen kann. Allerdings beherrschte der Schnitzer die Verkürzung von Armen und Händen meisterhaft. Die Geschlossenheit des Umrisses erhöht die lapidare und monumentale Wirkung. Doch hielt es der Bildschnitzer für nötig, die einfache Grundform an bestimmten Stellen durch feine, mit der Reißnadel geritzte Saumverzierungen und durch vereinzelte Faltenornamente zu bereichern, die sich jedoch allesamt nicht plastisch emporwölben, sondern eingeritzt bzw. eingeschnitten sind.

Wir wissen nichts über Herkunft und ursprüngliche Bestimmung dieser Figur. Es gibt auch kein zweites Elfenbein dieser Art. Man kann jedoch mithilfe von Vergleichsreihen für alle Motive und Formen ihren ungefähren kunsthistorischen Ort bestimmen. Ihre Stilisierung fußt auf Erfindungen wie der Gestalt Gregors des Großen in dem bekannten Trierer Bild (Abb. 67), dessen Maler danach den Notnamen „Meister des Registrum Gregorii" erhielt. In der Durchbildung und den Einzelheiten weicht die Figur jedoch von diesem Vorbild ab; sie setzt auch den Gregor des Rückdeckels von Clm 4456 voraus (Kat.-Nr. 168). Noch näher aber steht sie gewissen künstlerischen Tendenzen der späten Heinrichszeit, was hier jedoch nicht im Einzelnen belegt werden kann. Irgendwo im süddeutschen Raum zwischen Trier und Bamberg dürfte sie um 1010–1030 für einen hochrangigen Auftraggeber gefertigt worden sein; sie hat entweder einen Buchkasten geschmückt oder als Kultbild gedient. Für uns heute ist sie das wohl repräsentativste plastische Marienbild der ottonischen Ära.   R. S.

Die Handschrift ist älter als ihr Einband.

165   Bucheinband einer Amalarius-Handschrift
> Deutschland (Hildesheim?), 1. Viertel 11. Jahrhundert (?)
> Holzkern, Stoff, Silber, teilvergoldet, 19,5 x 12,5
> Staatsbibliothek Bamberg (Msc. Lit. 131)

165

Literatur:
Bischoff, Katalog, Teil 1,
Nr. 222; Schemmel, Staatsbibliothek Bamberg, Nr. 24; Steck, Amalarius; Steenbock, Prachteinband, Nr. 34.

Die hölzernen Deckplatten waren mit einem fragmentarisch erhaltenen, wohl aus Syrien importierten, rotgrundigen Seidensamt bezogen. Das Muster bestand aus gegenständigen Vögeln zwischen Blütenstauden in Grünblau und Gelb. Die aufgenagelten, hinten und vorn weitgehend identischen Silberarbeiten zeigen zwischen schlichten Leisten jeweils einen thronenden Apostel, dessen Konturen ausgeschnitten sind (Opus interrasile). Die Binnenzeichnung ist mit kräftigem Tremolierstich eingeritzt und teilweise mit Kreispunzen verziert.

Die überlängten, bartlosen Heiligen sitzen frontal auf einem rundbogenverzierten Thron mit Sitzrolle und Fußbank. Beide präsentieren ein geschlossenes Buch mit verziertem Einband und haben eine Hand im Redegestus erhoben. Buch und Nimbus sowie die antikisierende Gewandung lassen auf die Darstellung nicht näher identifizierbarer Apostel schließen. Die vordere Figur mit erhobener Hand und langen Haaren, die in einer Locke über die rechte Schulter fallen, erinnert an Christusbilder, doch fehlt der Kreuznimbus.

Der Deckel umschließt eine karolingische Handschrift, die Texte von Amalarius („Eclogae de ordine Romano") für den liturgischen Gebrauch enthält und laut Inschrift von einem Kleriker Reginpoldus wohl im zweiten Drittel des 9. Jahrhunderts geschrieben wurde. Wo dieser süddeutsche Schreiber arbeitete, ist ungeklärt. Der Einband dürfte kaum aus der Entstehungszeit der Handschrift stammen.

Die Ausschnitt-Technik, die Proportionierung und die Kreispunzen erinnern am
ehesten an den Rückdeckel des kostbaren Evangeliars aus Hildesheim (Dom-Museum Hildesheim, DS 13: AK Bernward von Hildesheim, Bd. 2, Kat.-Nr. VIII–30),
das Bischof Bernward um 1015 dem Marienaltar in der Krypta von St. Michael
stiftete. Auch die Gravuren eines Hildesheimer Tragaltars dieser Zeit (Dom-Museum Hildesheim, DS 26; Budde, Altare portatile, Nr. 6) lassen sich vergleichen.

G. S.-R.

Geschmückte Altarsteine dienten zum Abstellen des Messkelchs während der
eucharistischen Feier.

Tragaltar aus der Sammlung Spitzer

166

Bamberg (?), vor 1024

Holzkern, Stein, Silber, 25,6 x 23

Musée National du Moyen Âge – Thermes et Hôtel de Cluny, Paris (Cl 13072)

166

Die Oberseite zeigt in der Mitte einen antiken Altarstein aus grünem Porphyr. Er
wird von einer gravierten und teilvergoldeten Silberplatte gerahmt. Oben ist die
Gesetzesübergabe Christi an die Apostel Petrus und Paulus dargestellt. Der im
zentralen Clipeus (Rundschild) auf dem Sphärenbogen thronende Heiland
überreicht ihnen Schlüssel und Buch. Die Gruppe wird von Blasius und Nikolaus,
zwei Bischöfen mit Krummstäben, flankiert. Diese im Westen bis dahin nur selten
verehrten Heiligen waren die Hauptpatrone des rechten und linken Seitenaltars im
Ostchor des Bamberger Heinrichsdoms.

Seitlich vom Altarstein präsentieren zwei Hohe Priester des Alten Testaments
Gerätschaften zur Feier der Messe. Melchisedek bringt einen Kelch mit Patene dar,
Aaron schwenkt ein Weihrauchfass. Im unteren Streifen ist die als Präfiguration der
Eucharistie verstandene Opferung Isaaks zwischen rahmenden Bäumen mit ottonisch stilisiertem, schirmartigem Blattwerk dargestellt. Auf Weisung Gottes unter-
lässt Abraham die Opferung seines Sohnes. Zur Szene gehört außerdem ein kasten-
förmiger Altar mit lodernden Flammen und der Widder, der sich in einem Busch
verfangen hat und anstelle von Isaak geopfert werden soll. Alle Figuren stehen auf
Erdschollen; sie sind zum Teil mit Namensbeischriften versehen.

Literatur:

AK Europas Mitte, Bd. 3,
S. 439 f., Nr. 21.02.01 (I. Siede);
Budde, Altare portatile, Nr. 11;
Caillet, L'antiquité classique,
Nr. 164; Suckale-Redlefsen,
Goldschmiedewerkstatt.

Wie die Inschrift auf der vorderen Seitenkante besagt, barg der Altar ehemals Reliquien von Johannes dem Täufer, Cyriacus, Pankratius und Kilian. Seine Rückseite zeigt ähnlich wie der Watterbacher Tragaltar (Kat.-Nr. 167) einen Rankenteppich mit den vier Kardinaltugenden, doch ist hier im zentralen Medaillon Christus nicht als Mensch, sondern als Lamm Gottes dargestellt. Dasselbe Programm ziert den Rückdeckel des Perikopenbuchs aus dem Bamberger Dom (Abb. 66).

Der Altar gelangte 1857 aus dem Besitz von Lord Londesborough in die Sammlung des Pariser Kunsthändlers Frédéric Spitzer und 1893 ins Cluny-Museum. Da das Heiligenprogramm zum Bamberger Dom passt und der Tragaltar auch stilistisch zur heinrizischen Werkstatt um das Kreuzreliquiar gehört (vgl. S. 78 ff.), wird er vor dem Tod des Kaisers 1024 entstanden sein und ehemals dem Bamberger Dom gehört haben.   G. S.-R.

Die Tafel bildete die Unterseite eines vormals kastenförmigen Tragaltars, der – wenngleich nicht so anspruchsvoll wie das Perikopenbuch oder das Kreuzreliquiar Heinrichs II. – doch in die Nähe dieser Stiftungen einzuordnen ist.

167 WATTERBACHER TRAGALTAR

Bamberg (?), um 1020

Holzkern, Kupfer vergoldet, graviert, punziert, 35,5 x 23,5

Bayerisches Nationalmuseum, München (MA 198)

167

Literatur:
AK Glory, Nr. 298
(W. D. Wixom); Budde, Altare portatile, Nr. 10; Mütherich, Watterbacher Tragaltar; Suckale-Redlefsen, Goldschmiedewerkstatt.

Von dem Tragaltar ist nur die Unterseite in ihrer ursprünglichen Form erhalten. Ihre durch Braunfirnis hervorgehobene Gravur zeigt Christus segnend mit Buch im zentralen Medaillon. Die Umschrift in den damals beliebten leoninischen Hexametern thematisiert seine dreifache Gestalt als Gottvater (PATER), Gotteswort bzw. Sohn (LOGOS) und Heiliger Geist als Beistand (PARACLITVS (H)AGIOS). Die vier kreuzförmig um den Gottessohn gruppierten, knospenden Stämmchen entwickeln Ranken, die sich teppichartig über die gesamte Fläche ausbreiten. Sie schließen Granatäpfel, Blattblüten und in den Ecken vier gekrönte, inschriftlich als Kardinaltugenden bezeichnete Frauenbüsten ein: IVSTITIA (Gerechtigkeit), TE(M)PERAN-TIA (Mäßigkeit), PRVDENTIA (Klugheit) sowie FORTITVDO (Stärke). Die Frauen tragen Kronen, mondsichelförmige Ohrringe und juwelenbesetzte Gewänder. Es sind die nach antiker Lehre topischen Tugenden, die einen Herrscher auszeichnen sollten.

Auf die Steine der Tragaltäre wurde der Messkelch während der eucharistischen Feier gestellt, wenn kein geweihter Altar vorhanden war. Ursprünglich muss der Watterbacher Tragaltar kastenförmig gewesen sein. Reste vom Dekor der verlorenen Teile befinden sich heute auf der Vorderseite der Tafel.

Das Werk stammt wohl aus der Kirche von Watterbach in Unterfranken, einer Filialkirche der Benediktinerabtei Amorbach im Odenwald. Dort regierte ein enger Vertrauter Heinrichs, Abt Richard, der später außerdem zum Abt von Fulda (1018–1039) erhoben wurde und maßgeblich am Aufbau des Bamberger Benediktinerklosters auf dem Michelsberg beteiligt war.

Der Watterbacher Tragaltar wurde namengebend für eine Gruppe von Goldschmiedearbeiten, deren Lokalisierung und Datierung kontrovers diskutiert wird. Wie im einleitenden Aufsatz dargelegt (S. 78 ff.), wird hier für eine Einordnung in die kaiserliche Werkstatt Bambergs plädiert. Weil dieses Werk jedoch keinen so hohen Anspruch wie das Perikopenbuch oder das Kreuzreliquiar Heinrichs II. zu erfüllen hatte, sind Material und künstlerische Ausgestaltung bescheidener. Aber im Bildprogramm, dem Formenkanon und der Stilisierung wird der Vorbildcharakter dieser kaiserlichen Stiftungen deutlich.   G. S.-R.

Das prachtvoll ausgestattete Sakramentar wurde von Heinrich II. in seiner Königszeit in Auftrag gegeben.

A) VORDERDECKEL DES REGENSBURGER SAKRAMENTARS   *168*

Lothringen (Metz?), um 980/90 (Elfenbein des Vorderdeckels)
Einband 29,8 x 24,1; Elfenbein 20,5 x 14,7
Bayerische Staatsbibliothek, München (Clm 4456)

Das Sakramentar gehört zu den hochbedeutenden Prachthandschriften, die Heinrich II. in Auftrag gegeben hat. Es lag im Bamberger Domschatz, ehe es 1803 im Zuge der Säkularisation nach München gelangte. Wahrscheinlich hat es Heinrich II. selbst dem Bamberger Dom gestiftet, doch ist nicht sicher, ob es von ihm von Anfang an dieser Kirche zugedacht war.

Der Goldschmiedeeinband des Vorderdeckels geht, abgesehen von dem Elfenbein, auf eine durchgreifende Restaurierung zurück, die, wie sich aufgrund zeitgenössischer Beschreibungen erschließen lässt, in der Zeit zwischen 1743 und 1799 vorgenommen wurde. Das Elfenbein muss nicht unbedingt zum ursprünglichen Einband gehört haben. Doch schließen seine Bildthemen – Kreuzigung und Die Frauen am leeren Grab – eine Verwendung als Mittelstück auf dem Vorderdeckel eines Sakramentars nicht aus. Dargestellt ist der zentrale Inhalt des christlichen Glaubens: Christus erlangt durch den in seinem Kreuzestod und in seiner Auferstehung beschlossenen Sieg über Tod und Hölle für die Seligen das Heil. Die Tafel (tabula ansata) mit dem Kreuzestitulus IHS NAZAREN(VS) REX IVDEORV(M), das Kreuz mit dem Corpus Christi, durch ein Suppedaneum (Fußbrett) erhöht, die besiegte Schlange (Kopf abgebrochen), der dreiteilige Kreuzeshügel Golgatha und der auf das leere Grab weisende Engel bilden die inhaltlich bedeutsame Mittelachse der Komposition. Die achsensymmetrische Anlage ist nur in der unteren Bildszene, mit den beiden schlafenden Grabwächtern links und den drei mit ihren Salbgefäßen herantretenden Frauen rechts, weniger streng, ansonsten entsprechen einander exakt

Literatur:
AK Prachteinbände, S. 19 f., Nr. 6 (B. Hernad); AK Regensburger Buchmalerei, S. 32 f., Nr. 16 (U. Kuder); Mütherich/ Dachs, Perikopenbuch, S. 126 ff.; Goldschmidt, Elfenbeinskulpturen, Bd. 1, S. 64 f., Nr. 130; Messerer, Bamberger Domschatz, S. 46, 64 f., Nr. 7, 61–64; Nordenfalk, Datierung und Lokalisierung, S. 46–58; Steenbock, Prachteinband, S. 149 ff., Nr. 60; Suckale-Redlefsen, Goldschmiedewerkstatt; Surmann, Studien, S. 226–252.

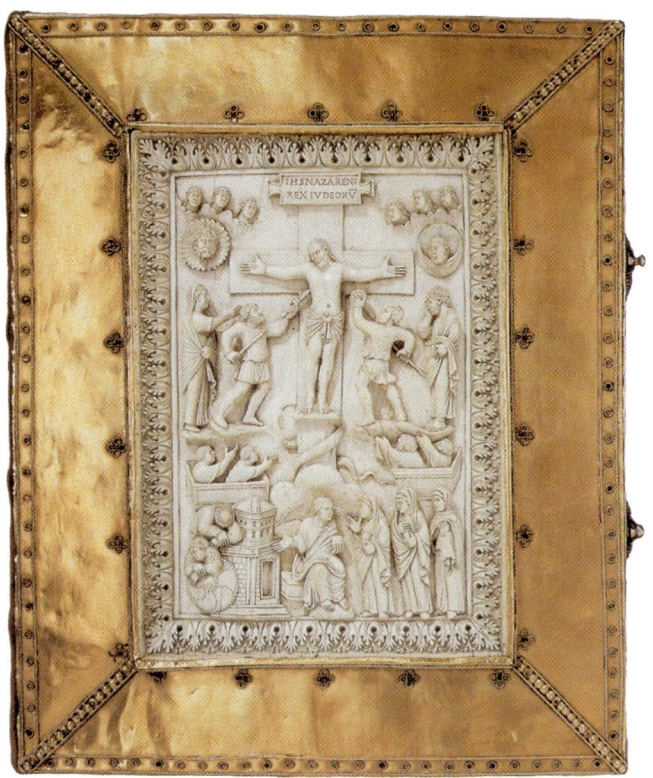 

168a   168b

die beiden Gruppen der aus ihren Gräbern auferstehenden, dem siegreichen Christus akklamierenden Seligen, Maria und der trauernde Johannes, Longinus mit der Lanze (diese teilweise abgebrochen) und Stephaton mit dem Essigschwamm, Sol und Luna sowie die beiden Dreiergruppen diademgeschmückter, hinter Wolkenbändern erscheinender Engelsköpfe. Manche Figuren treten vollplastisch hervor. Den Rahmen dieser höchst qualitätvollen Elfenbeinplatte bildet ein Akanthusfries.

Das Bild der Kreuzigung entspricht in vielen Details (Longinus und Stephaton, tabula ansata u. a.) dem im so genannten Evangeliar Franz' II. (Bibliothèque Nationale de France, Paris, ms. lat. 257; frankosächsisch, zweite Hälfte 9. Jahrhundert, fol. 12ᵛ). Dies ist ein Beleg dafür, dass die karolingische Kunst im 10. und 11. Jahrhundert intensiv rezipiert wurde, keinesfalls aber kann daraus ein stichhaltiges Argument dafür gewonnen werden, das Elfenbein (und die anderen mit ihm zu einer Gruppe gehörigen Elfenbeinplatten in München und Wien) als frankosächsisch zu bezeichnen und in das 9. Jahrhundert zu datieren. Die bis ins Einzelne gehende Übereinstimmung des Stils und der Motive dieses Elfenbeins mit dem der Taufe Christi vom Vorderdeckel der Handschrift Clm 4451 (Kat.-Nr. 170) erlaubt ohne weiteres für beide Platten dieselbe Meisterhand anzunehmen.   *U. K.*

B) Rückdeckel des Regensburger Sakramentars

Bamberg (?), vor 1012

Holzkern mit Seide verkleidet, Silber, nielliert und teilvergoldet

Auf dem rückwärtigen Bucheinband ist der heilige Papst und Kirchenlehrer, Gregor der Große, als Verfasser des Sakramentars bei der Arbeit dargestellt. Er thront überdimensional groß, ganz nach vorn gerückt auf einer Bank mit Sitzrolle und trägt ein bischöfliches Ornat, das in seinen einzelnen Gewandteilen genau wiedergegeben ist. Die Taube des Heiligen Geistes auf seiner Schulter ist ein Sinnbild für seine Inspiration durch Gott. Der Heilige hat seine rechte Hand erhoben und hält in der linken ein Radiermesser, mit dem er die aufgeschlagene Buchseite auf einem Pult fixiert. Die Säulenarchitektur mit dreiteiligem Giebel dient kulissenartig als rahmende Würdeformel. Die mächtigen Vorhänge sind aufgezogen und in großen Schlingen um die Säulen gelegt, ein Zeichen für die Offenbarung bzw. das Erscheinen der Wahrheit (revelatio). Das rahmende Ornamentband ist aus einfachen, streng stilisierten, herzförmigen Palmetten gebildet. Die optische Wirkung der qualitätvollen Goldschmiedearbeit ist durch den weitgehenden Verlust des hinterlegten Stoffes beeinträchtigt.

Der Rückdeckel des Sakramentars gehört zu den Silber-Niello-Arbeiten der Gruppe um den Watterbacher Tragaltar (Kat.-Nr. 167), der auch das Kreuzreliquiar und das Perikopenbuch des Bamberger Doms zugeordnet werden müssen. Wie im einleitenden Aufsatz ausgeführt, wird die Entstehung dieser Arbeiten im Zusammenhang mit der Domausstattung einer Werkstatt zugeschrieben, die zeitweise in Bamberg ansässig war und den Charakter einer kaiserlichen Hofwerkstatt hatte.

G. S.-R.

Das Elfenbein mit der Himmelfahrt Christi gehört zur selben Gruppe wie das Elfenbein auf dem Deckel des Sakramentars Heinrichs II.

ELFENBEINPLATTE MIT DER HIMMELFAHRT CHRISTI *169*

Lothringen (Metz?), um 980/90

Elfenbein, 20,6 × 14,4

Kunsthistorisches Museum Wien, Kunstkammer (7284)

Wie die anderen Elfenbeinplatten dieser Gruppe (Kat.-Nr. 168 und 170) ist auch dieses Relief, das eine Darstellung der Himmelfahrt Christi zeigt, achsensymmetrisch komponiert. Unten bildet Maria, aufrecht zwischen den beiden Jüngergruppen stehend, die Mittelachse. Die nach oben gerichtete Gebärde ihrer Hände wird durch den erhobenen Arm und die weisend ausgestreckten Finger eines Jüngers weiter nach oben gelenkt, wo sich inmitten einer regelmäßig geformten Hügelkette die Haupterhebung, der Ölberg, hochwölbt. Von ihm aus schraubt sich Christus als Rückenfigur empor. Seine Rechte wird von einer Hand Gottes gehalten und hochgezogen.

Die beiden Dreiergruppen von – übrigens flügellosen – Engeln jenseits eines Arrangements blattartig geformter Wolkenbahnen sind ebenfalls charakteristisch für diese Gruppe von Elfenbeinen. Die beiden fliegenden Engel unmittelbar über der Hügelkette zeigen auf Christus und wenden sich den Jüngern zu, um ihnen zu sagen, dass jener so wiederkommen wird, wie sie ihn gen Himmel fliegen sahen (Act 1,11). Mit dem aus zweimal sechs bzw. viermal drei Figuren zusammengesetzten Chor der erschreckten, geblendeten und trauernden Jünger orientiert sich der Elfenbeinschnitzer an einem verloren gegangenen byzantinischen Elfenbein, das der Himmelfahrtstafel aus Konstantinopel (um 950–980, Württembergisches Landesmuseum, Stuttgart), die als Deckel zu einem Elfenbeinkästchen gehört, sehr ähnlich gewesen sein muss. Der westliche Schnitzer fügte jedoch, verglichen mit dem byzantinischen, die Figuren dichter zusammen und brachte sie in eine strengere Ordnung. Die Wiener Platte diente ihrerseits im frühen 11. Jahrhundert dem Himmelfahrts-Elfenbein im Schnütgen-Museum, Köln (Inv.-Nr. B 2) als Vorlage. Das Akanthuswerk des Rahmens entspricht nach Art und Qualität vollkommen dem der anderen Elfenbeine dieser Gruppe. Diese sind wohl zu einer Zeit entstanden, als Heinrich II. noch keine Hofwerkstatt gehabt haben kann, wohl aber muss es ihm als König, somit seit 1002, und später als Kaiser möglich gewesen sein, auf einzelne

Literatur:

AK Ornamenta ecclesiae, Bd. 1, S. 335, Nr. B 109 (M. Pippal); AK Rhein und Maas, Bd. 1, S. 174, Nr. B 6 (J. M. Plotzek); Fillitz/Pippal, Schatzkunst, S. 79; Goldschmidt, Elfenbeinskulpturen, Bd. 1, Nr. 131; Goldschmidt/Weitzmann, Elfenbeinskulpturen, Nr. 24; Nordenfalk, Datierung und Lokalisierung, S. 46–51; Surmann, Studien, S. 253–273.

169

Stücke dieser herausragenden Produktion zuzugreifen, um sie als Mittelstück in die Deckel von Prachtcodices eingelassen, an seine Stiftung Bamberg – oder auch an andere Stiftungen – weiterzugeben.

Die Wiener Himmelfahrtsplatte war um die Mitte des 19. Jahrhunderts in Laibacher Privatbesitz und im frühen 20. Jahrhundert in Marburg an der Drau (vgl. Goldschmidt, Elfenbeinskulpturen, Bd. 1, S. 65). Auf der Rückseite weist sie eine Darstellung der Ruhe auf der Flucht nach Ägypten auf (um 1750; aus stilistischen Gründen und aufgrund der Signatur – IS, darunter T – ist diese qualitätvolle Arbeit dem Passauer Bildhauer und Elfenbeinschnitzer I(o)S(eph) T(eutschmann) oder Deutschmann (1717–1787) zuzuschreiben; Goldschmidt, Elfenbeinskulpturen, Bd. 1, S. 64, Abb. 24). *U. K.*

170 (Rückdeckel)

170 (Vorderdeckel)

Das Elfenbein mit der Darstellung der Taufe Christi stammt wohl vom selben
Meister wie das Elfenbein auf dem Vorderdeckel des Sakramentars Heinrichs II.

Elfenbeinplatte auf dem Vorderdeckel des Evangeliars aus dem Bamberger Domschatz 170

Lothringen (Metz?), um 980/90

Deckel 31,1 x 21,7; Elfenbein 20,6 x 11,5

Bayerische Staatsbibliothek, München (Clm 4451)

Die Goldschmiedearbeit des Vorderdeckels ist wie die Elfenbeinplatte selbst vollkommen symmetrisch komponiert. Die großen Edelsteine sind so angeordnet, dass sich in der Horizontalen und in der Vertikalen die Balken eines Kreuzes ergeben, aber auch die in die Ecken des Hochrechtecks ausstrahlenden Diagonalen werden durch größere Steine betont. Der Grund, auf dem Filigransterne und -ranken dicht gedrängt sitzen, ist durch Stege, die ebenfalls mit Filigranornamenten besetzt sind, unterteilt.

Auf der Mittelachse der Tafel erscheint von oben her die geöffnete Hand Gottes, aus der sich eine große Geisttaube nach unten senkt. Diese schickt Strahlen herab auf Christus, der mit dem Oberkörper aus den Wogen emporragt. Drei ornamentalisierte Wellenberge bedecken ihn von unten her. Zu seiner Rechten hält ein Engel das Trockentuch, der Täufer zu seiner Linken wendet sich ihm redend und huldigend zu. Darüber akklamieren, hinter Wolken, die Regenten des Tages und der Nacht, der bärtige Sol und die diademgeschmückte Luna, dem göttlichen Heiligen Geist. Die Gebärden des Lobpreisens und der Huldigung finden ganz oben, mit den beiden Dreiergruppen von Engeln zuseiten der Hand Gottes, ihre Fortsetzung.

Die höchst qualitätvolle Elfenbeinplatte, auf der die Oberflächen der menschlichen Haut und der faltigen Gewänder mit großer Sorgfalt plastisch gestaltet sind, kann im Hinblick auf die strenge Anordnung und Ausrichtung ihrer Figuren und auf die präzise gestalteten Wellenberge keinesfalls, wie manche vorschlugen, bereits im 9. Jahrhundert geschaffen worden sein. Sie gehört mit dem in den nicht originalen Rückdeckel eingesetzten Verkündigung-an-Maria- und Geburt-Christi-Elfenbein, mit der Himmelfahrtstafel im Kunsthistorischen Museum Wien (Inv.-Nr. 7284; Kat.-Nr. 169) und mit der in den Vorderdeckel des Regensburger Sakramentars (Kat.-Nr. 112) eingelassenen Elfenbeintafel mit der Kreuzigung und den Drei Frauen am leeren Grab Jesu (Kat.-Nr. 168) zu einer Gruppe, die wegen ihrer Verbindungen mit Metzer Elfenbeinen mit hoher Wahrscheinlichkeit nach Lothringen lokalisiert werden kann. *U. K.*

Literatur:
AK Prachteinbände, S. 15 f. Nr. 2 (B. Hernad); Goldschmidt, Elfenbeinskulpturen, Bd. 1, S. 64 Nr. 129; Nordenfalk, Datierung und Lokalisierung, S. 46–58; Schramm/Mütherich, Denkmale, S. 158, 484, Nr. 113; Steenbock, Prachteinband, S. 108 ff. Nr. 32; Surmann, Studien, S. 208–225.

Die Behauptung, dass dieses Täfelchen einst den Einband eines Psalters von Heinrich und Kunigunde schmückte, kann nicht bewiesen werden.

171 **ELFENBEINTAFEL**

Franken oder Rheinland, 1. Drittel 11. Jahrhundert (?)

Elfenbein, 17 x 11,2, Oberfläche gebleicht und vielleicht überarbeitet, teilweise stark abgearbeitete Kanten; die silbernen Schlüssel Petri später erneuert; auf der Rückseite eingeritzte Umfassungslinie und Skizze einer thronenden Christusfigur, die nicht mit der Ausführung auf der Vorderseite übereinstimmt

Bayerisches Nationalmuseum, München (MA 161)

171

Das fast vollplastische, in den Figuren zum Teil hinterschnittene Relief ist nach Art spätantiker Konsular-Diptychen in zwei Felder aufgeteilt. Im oberen, größeren thront machtvoll aufgerichtet Christus. Ihm wenden sich von unten die beiden viel kleineren Apostel Petrus und Paulus im zeremoniellen Ritus der Akklamation zu, der aus antikem Kaiserkult übernommen wurde. Der Nimbus von Christus schneidet in den einfachen Palmettenrahmen ein, der mit einem Perlstab eingefasst ist. Es wird kein in der Bibel geschildertes Ereignis, sondern die Majestät des Herrn thematisiert. Gekleidet wie ein antiker Togatus hat der Sohn Gottes die Rechte segnend erhoben und präsentiert in der Linken einen geöffneten Codex. Es kann ebenso das Buch des Lebens wie das der Lehre oder das Wort Gottes als solches gemeint sein. Auf den geöffneten Seiten sind keine Inschriftenreste erkennbar. Indirekt wird der frühchristliche römische Traditio-Legis-Typ zitiert, in dem Christus Petrus die Schlüssel für die Binde- und Lösegewalt, Paulus aber das Buch der Lehre übergibt. Petrus und Paulus, die Hauptpatrone des Bamberger Doms, stehen zugleich für die Römische Kirche.

Die Mantelzipfel der Personen flattern in byzantinisierender Art seitlich auf, eine häufig verwendete Gestaltungsformel dieser Zeit, die analog etwa im Basler Antependium (Kat.-Nr. 11) oder in Handschriften der Liuthar-Gruppe vorkommt. Da wirklich vergleichbare Werke fehlen, ist die Einordnung der Elfenbeintafel kaum möglich. Von der Erfindung her ist sie originell, in der Ausführung jedoch merkwürdig schwach. Es ist schwer zu sagen, ob sie unvollendet blieb oder von einer weniger qualifizierten Hand ausgeführt wurde. Für eine spätere Überarbeitung sprächen die eigentümlich erloschenen Augen Christi und die teigige Faltenstilisierung an seinem Oberkörper.

Das Täfelchen schmückte einst wohl den Prachteinband eines Buches, doch dürfte die Verbindung mit Heinrich und Kunigunde als verkaufsfördernde Zuschreibung des 19. Jahrhunderts anzusehen sein. Im 18. Jahrhundert befand sich das Stück schon ohne das dazugehörige Buch im Domschatz und wurde vom Subkustos Graff in seinem Verzeichnis von 1736/43 beschrieben: „Ein auss Helffenbein geschnittene Bildnuss Christi des Herrn mit beyden Apostlen Petro und Paulo" (Staatsbibliothek Bamberg, HV. Msc. 224, S. 113). Das Bayerische Nationalmuseum in München erwarb das Elfenbein 1860 zusammen mit zahlreichen anderen Kostbarkeiten für eine Leibrente von dem passionierten, aber völlig verarmten Bamberger Sammler Martin von Reider (1793–1862).   *G. S.-R.*

Literatur:
Bassermann-Jordan/Schmid, Bamberger Domschatz, Nr. 34, S. 22, Taf. XIV C; Berliner, Bildwerke, Nr. 14, S. 11; Dressler, Martin von Reider, S. 51 Nr. 2; Goldschmidt, Elfenbeinskulpturen, Bd. 2, Nr. 73.

Elfenbeintafeln aus Byzanz erfreuten sich im Westen höchster Wertschätzung. Diese wurde vermutlich erst in Bamberg mit einer gravierten Silberleiste umrahmt.

VORDERDECKEL DES FULDAER SAKRAMENTARS   *172*

> Elfenbein: Konstantinopel, 2. Hälfte 10. Jahrhundert
> Silberleiste: Bamberg (?), nach 1007–1024
> Handschrift: Fulda, um 1000
> Holzkern, Stoff, Elfenbein, Silber; Buchblock: 22,5 x 17, Elfenbein: 12 x 10
> Staatsbibliothek Bamberg (Msc. Lit. 1)

Der Holzkern war ursprünglich mit einem byzantinischen Seidenstoff bezogen, von dem innen noch geringe Reste erhalten sind. Die eingelassene Elfenbeintafel stellt die Gottesmutter mit dem Kind gemäß dem byzantinischen Typus der Hodegetria (Wegweiserin) dar. Maria zeigt mit der rechten Hand auf ihren Sohn und neigt ihm leicht ihr Haupt zu. Das Kind mit großem, umpunktetem Kreuznimbus und Sandalen hält in einer Hand eine geschlossene Buchrolle und segnet mit der anderen in byzantinischem Gestus. Beide tragen lange Tuniken und über die Schultern geschlungene Mantelpallien. Ein schwerer, zickzackförmig eingefasster Schleier (Maphorion) umhüllt das Haupt der Gottesmutter.

Die Platte ist an beiden Nagelstellen gerissen und in der unteren Rahmenleiste an einer kleinen Stelle ausgeflickt. Sie war der Mittelteil eines Triptychons und konnte aufgehängt werden, wie aus dem Bohrloch über ihrem Kopf zu schließen ist. Vergoldungsreste an den Rändern der Nimben zeigen außerdem, dass die Tafel ursprünglich an einigen Stellen gefasst war.

Elfenbeinarbeiten wie diese müssen in Byzanz massenhaft hergestellt und von den Ottonen besonders geschätzt worden sein. Denn es gibt rund 25 ähnliche Hodegetria-Tafeln, zumeist auf Bucheinbänden westlicher Herkunft, die in der zitierten Literatur aufgeführt sind. Trotzdem erstaunt es, dass sich in Bamberg ein weiteres Werk befindet (Kat.-Nr. 173), bei dem der grobe Gesichtstyp mit breitem Unterkiefer und überhängender Nasenspitze etwas von seiner Hässlichkeit verloren hat.

Die rahmende Silberleiste ist mit einer feinen, teilvergoldeten Ritzzeichnung geschmückt. Die Linien sind mit Tremolierstich eingegraben und durch Niello-Einlagen hervorgehoben. In den vier Eckmedaillons befinden sich gekrönte Frauenbüsten mit Nimben und Juwelenkragen. Sie sind aufgrund der Analogie zu anderen Dar-

Literatur:
AK Bernward von Hildesheim, Nr. II–45 (H. Fillitz); AK Rom und Byzanz, Nr. 47 (R. Kahsnitz); Cutler, Hand of the Master, S. 182 f.; Goldschmidt/Weitzmann, Elfenbeinskulpturen, Nr. 139; Steenbock, Prachteinband, Nr. 61; Suckale-Redlefsen, Goldschmiedewerkstatt, S. 146 f.

172

stellungen (Kat.-Nr. 167) als personifizierte Tugenden erkennbar. Die Spiralranken gehen von kreuzförmig zur Mitte angeordneten, knospenden Stämmchen aus. Sie umschließen zwei nackte und zwei bekleidete Rankenkletterer, von denen einer Trauben nascht. In den seitlichen Randleisten befindet sich jeweils ein gegenständiges Löwen- und Vogelpaar. Auf einer Seite fressen die Löwen und die Vögel Trauben, auf der anderen beißen die Tiere in die Ranke.

Wie im einleitenden Aufsatz dargestellt, gehört der Silberrahmen zu einer Gruppe von Goldschmiedearbeiten einer Bamberger Werkstatt der Heinrichszeit, die auch den Einband des Perikopenbuchs und das Kreuzreliquiar herstellte. Der Rahmen schmückt zusammen mit der Elfenbeintafel ein etwas älteres Sakramentar, das um das Jahr 1000 in Fulda zur Zeit des Abts Erkanbald (993–1011) geschrieben und reich illustriert wurde. Die Handschrift war ursprünglich für St. Michael in Bamberg bestimmt und gelangte erst später in den Dom.   *G. S.-R.*

Das Täfelchen, das ursprünglich zu einem der privaten Andacht dienenden Klappaltärchen gehörte, schmückte ehemals wohl einen Bamberger Buchdeckel.

MUTTER GOTTES MIT KIND 173

Konstantinopel (?), Mitte oder 3. Viertel 10. Jahrhundert (?)

Elfenbeintafel, 13,7 x 12

Historisches Museum Bamberg (Pl 3 / 1)

Literatur:
AK Rom und Byzanz, Nr. 46 (R. Kahsnitz); Cutler, Hand of the Master, S. 181 f.; Goldschmidt / Weitzmann, Elfenbeinskulpturen, Nr. 132.

Die Elfenbeintafel zeigt die Gottesmutter mit Kind als Hodegetria (Wegweiserin) und hat ein Gegenstück im Buchdeckel des Fuldaer Sakramentars (Kat.-Nr. 172). Gewisse Unterschiede sind in der Faltengliederung, der Vergrößerung des Kindes und in der Haltung der linken Hand Marias zu erkennen, die hier den Kinderfuß mit dem Zeigefinger stützt und den Daumen in einer Gewandfalte verbirgt. Anders sind auch die lieblichere Gesichtsstilisierung und das innere Rahmenmotiv mit einem niedrigen, durchbrochenen Baldachin, der von gedrehten Säulen getragen wird und in dessen Vorderkante ein größeres Stück modern ergänzt ist. Die Säulen stehen auf wulstigen Basen und zeigen Bohrlöcher in den schlichten Blattkapitellen, deren Funktion ungeklärt ist. Vielleicht waren dort ehemals Steine oder Glasflüsse als Schmuck eingelassen.

173

Das Täfelchen war ursprünglich das Mittelstück eines Triptychons und diente privater Andacht. Dass es aufgehängt und durch Seitenflügel geschlossen werden konnte, bezeugen Bohr- und Dornenlöcher. Später nahm man das Klappaltärchen auseinander und befestigte es mit vier Nägeln auf einem Buchdeckel. Die erhabene Umrandung war bis zur flachen Stufung außen mit einem Metallband verkleidet. Farbspuren in den punktförmigen Verzierungen der Ärmelmanschette und im Perlband des Nimbus zeigen, dass Teile vergoldet waren.

Fünf Elfenbeine sind erhalten, die motivisch und stilistisch ähnlich sind und in der zitierten Literatur behandelt werden. Eines davon befindet sich auf einem Buchdeckel einer Handschrift der Universitätsbibliothek Leipzig (Ms. Rep. I.I 57; AK Otto der Große, Kat.-Nr. IV.15). Vermutlich gab es im oströmischen Reich Werkstätten, in denen die im Westen begehrte Handelsware in Serienproduktion hergestellt wurde. Es ist aber auch nicht auszuschließen, dass byzantinische Werke anderenorts nachgeschnitzt wurden.

Wir wissen nicht, zu welchem Buch das Elfenbein gehörte. Doch wird es nach der Aufhebung des Kirchenbesitzes in Bamberg verkauft worden sein, denn die Tafel stammt aus dem Vermächtnis des Pfarrers der Oberen Pfarre, Augustin Andreas Schellenberger (1747–1832), der sich durch die Erforschung der Bamberger Geschichte und die Förderung des Historischen Vereins große Verdienste erwarb.

G. S.-R.

Mit Aribo, einem bayerischen Verwandten Heinrichs II., gelangte einer seiner engsten Vertrauten auf den Mainzer Erzbischofsstuhl.

174 RING DES MAINZER ERZBISCHOFS ARIBO

Mainz (?), um 1031

Gold, Saphir, Niello, Ø 2,6

Bischöfliches Dom- und Diözesanmuseum Mainz (S 62)

174

In den Jahren 1926–1928 wurde der statisch unsicher gewordene Mainzer Dom umfassend renoviert. Um die Fundamente des Baus zu stabilisieren, deckte man unter anderem den Boden des Westchors auf. Dabei wurden verschiedene erzbischöfliche Gräber entdeckt, so auch das des Mainzer Erzbischofs Aribo (1021–1031). Der Tote war in einem mächtigen Steinsarkophag auf Lorbeerzweigen bestattet.

Von größter Bedeutung war der Fund des Rings an der Hand des Toten, denn durch ihn konnte der Verstorbene eindeutig identifiziert werden. „ARIBO ARCHIEP(iscopu)S" (Erzbischof Aribo) lautet die Inschrift auf dem Rand des ovalen Ringkopfs, in dessen Mitte ein gemuggelter Saphir in einer gezackten Kastenfassung sitzt. Die unverzierte, glatte Schiene des Rings ist außergewöhnlich weit, sodass er niemals direkt am Finger gesessen haben kann. Wahrscheinlich wurde er über dem Pontifikalhandschuh getragen. Ob er überhaupt jemals im Dienst des lebenden Aribo stand, ist ungewiss; die schlichte Machart des leichten Goldrings lässt auf eine Anfertigung eigens für die Bestattung schließen. Dies würde auch die ungewöhnliche Platzierung der Inschrift erklären, die normalerweise – wenn überhaupt vorhanden – im Innern der Schiene sitzt. Lediglich Siegelringe trugen, in Anlehnung an byzantinische Vorbilder, die Schrift im Kopf des Rings. Eine solche Funktion ist hier aber auszuschließen. Der deutlich betonte Namenszug dürfte daher als bewusster Hinweis auf die Identität des Toten im Falle einer möglichen Graböffnung zu interpretieren sein.

Erzbischof Aribo, der aus dem Haus der bayerischen Pfalzgrafen stammte, war mit den Großen seiner Zeit verwandt; neben dem Kölner Erzbischof Pilgrim (1021–1036) ist hier vor allem Kaiser Heinrich II. zu nennen. Nach dessen Tod trug Aribo durch sein Erststimmrecht in der Wahlversammlung entscheidend dazu bei, dass mit Konrad II. (1024–1039) erstmals ein Salier auf den Kaiserthron gelangte.

W. W.

Literatur:
Arens, Beigaben;
AK Reich der Salier, S. 335
(M. Schulze-Dörrlamm).

Das Kreuz ist inschriftlich als Stiftung Bischof Bernwards von Hildesheim ausgewiesen.

175 BERNWARD-KREUZ

Hildesheim, 1010–1022

Kreuzfuß mit Nodus, 14. Jahrhundert

Silberguss, in Teilen vergoldet, ziseliert und graviert, H. (mit Fuß) 31 x 14

Dom-Museum Hildesheim (DS 6)

Literatur:
AK Bernward von Hildesheim,
Kat.-Nr. VIII–31 (M. Brandt);
AK Crocifisso, Kat.-Nr. 14.

Christus hängt als Toter mit geschlossenen Augen an einem schlichten Kreuz. Sein bärtiges, ursprünglich wohl nimbiertes Haupt mit bis auf die Schulter herabfallenden Haarsträhnen ist nach vorne auf die Brust gesunken. Das bis zu den Knien reichende Lendentuch ist mit einem mächtigen Knoten über der Hüfte gerafft. Seine Füße stehen auf einem kleinen Podest. Auf der niellierten Inschriftentafel wird er als Jesus Christus von Nazareth und König der Juden bezeichnet.

Das apokalyptische Lamm Gottes mit Kreuzstab im zentralen Medaillon auf der schlichten Rückseite verweist auf die Erlösung durch den Opfertod des Heilands. Wie aus den rückwärtigen Inschriften hervorgeht, waren einst im hohlen Korpus

175

Reliquien vom Heiligen Kreuz und dem hl. Dionysius geborgen, denen später noch andere hinzugefügt wurden. Die Worte auf der oberen Tafel des Kreuzbalkens („BERNVVARDUS PRESVL FECIT HOC") besagen, dass Bischof Bernward dieses Kreuz machte. Obwohl dieser Satz die eigenhändige Verfertigung suggeriert, wird der Bischof wohl kaum selbst als Handwerker tätig gewesen sein. Doch hatte er als technischer und künstlerischer Experte vielfältige Einflussmöglichkeiten auf die ausführenden Goldschmiede. Bernward richtete während seiner Regierungszeit (993–1022) in Hildesheim eine eigene Goldschmiedewerkstatt ein, aus deren Produktion noch verschiedene Stücke, unter anderem ein Leuchterpaar und die Türflügel aus Bronze, erhalten sind. Als einer der Erzieher Heinrichs II. gehörte er zu den Personen, die den Lebensweg des Kaisers maßgeblich bestimmten.

Bernward schenkte das Kreuz seiner Neugründung und Grablege, dem Benediktinerkloster St. Michael in Hildesheim. Eckdaten für die Datierung liefern die Ankunft der Dionysius-Reliquien im Jahr 1007 und der Tod des Bischofs 1022. Das Kreuz unterscheidet sich in der expressiven Ausdruckskraft und der lebendigen Gestaltung von Körper und Gewand, welche die formende Hand des Künstlers noch spüren lassen, deutlich von Werken der kaiserlichen Hofwerkstatt, in der die Anteilnahme am Thema zugunsten hieratischer Strenge zurücktrat (Kat.-Nr. 168).

G. S.-R.

Zu den Grabbeigaben des Erzbischofs Poppo von Trier aus dem Geschlecht der Babenberger gehörten neben prachtvollen Gewändern auch sein Ring und eine goldene Kelchgarnitur in Miniaturformat.

Grabkelch mit Patene

Trier, vor 1047

Gold; Kelch: H. 4,6; Patene: Ø 5,1

Domschatz Trier (Leihgabe der Kath. Kirchengemeinde St. Gervasius, die von St. Antonius übernommen wurde)

176

Abb. 74

Literatur:
Ronig, Schatzkunst, Bd. 1,
Nr. 21; Schmid, Poppo, S. 116 f.

Der kleine henkellose Kelch hat einen trompetenförmigen Fuß und einen flachen Nodus mit einem Ring aus Goldkügelchen, der die schlichte Kuppa trägt. Die Patene ist in der Mitte vertieft, aber schmucklos. Die Besonderheit dieser Garnitur ist das Gold, ein für Grabbeigaben ungewöhnlich kostbares Material.

Kelch und Patene stammen aus dem Grab Erzbischof Poppos von Trier (1016–1047), das sich zusammen mit dem des hl. Simeon ursprünglich in der Simeonskirche (Porta Nigra) befand. Kaiser Maximilian, der sich in besonderer Weise um die Memoria, das Angedenken, seiner Familie kümmerte, ließ das Grab seines Ahnen im Jahr 1517 öffnen. Nach dem Bericht lag beim Leichnam eine hölzerne Tafel mit dem Bildnis Poppos als Bischof. Er trug ein „diadem", wohl eine Stirnbinde, und zwei Engel hielten eine Mitra über sein Haupt. Ringsumher waren goldene Platten eingelegt. Über dem Kopf befand sich ein gegossenes Christusbild aus vergoldeter Bronze und zu Füßen eine zweite nicht näher bezeichnete Darstellung von ihm mit Evangelistensymbolen und Aposteln. Außerdem entdeckte man einen Ring, der erhalten blieb, einen Bischofsstab und eine Grabinschrift. 1803 wurden die Überreste der Grablege in die 1944 zerstörte Kirche St. Gervasius überführt. Die Kelchgarnitur gelangte über verschiedene Stationen in die Domkammer.

Zur umfangreichen Bautätigkeit Poppos gehörte die Restaurierung des Trierer Doms und der Neubau seines Westwerks mit der viertürmigen Fassade. Für diese Aufgabe war er vor allem prädestiniert, weil er zuvor vielfältige Erfahrungen in Bamberg hatte sammeln können. Denn der Kaiser, der zu ihm schon seit der gemeinsamen Ausbildung an der Regensburger Domschule ein enges Vertrauensverhältnis entwickelte hatte, machte ihn zum Hofkaplan und wohl schon 1007 zum ersten Dompropst des Bistums Bamberg. Mit der Erhebung Poppos in Trier schränkte Heinrich II. angestammte Rechte seines luxemburgischen Schwagers ein. Die Herrschaft des Babenbergers brachte der Stadt eine anhaltende wirtschaftliche Blütezeit.

G. S.-R.

Die Krümme war vermutlich ein Geschenk des Hildesheimer Bischofs Bernward an den Fuldaer Abt und späteren Erzbischof von Mainz, Erkanbald.

177 ## ERKANBALD-KRÜMME

Hildesheim, vor 1011

Silberguss, vergoldet und ziseliert, H. 11,3

Dom-Museum Hildesheim (DS 7)

177

Die Krümme wurde in einem Stück aus Silber gegossen und schmückte ehemals die Spitze eines Stabs. Über einem beschrifteten Halsring sitzt ein Nodus (Knauf) aus durchbrochenem Astwerk mit vier winzig kleinen, gleich gestalteten Figürchen. Es sind Personifikationen der vier Paradiesflüsse, die Wasser aus Krügen vergießen und dabei nach oben zum Baum der Erkenntnis blicken, der sich über ihnen erhebt und mit Aststümpfen und einzelnen Blättern besetzt ist. Am Fuß des Stamms greifen die nackten Stammeseltern Adam und Eva, deren Blöße von Blättern verdeckt wird, nach den verbotenen Früchten. Der Baum bildet eine rahmende Spirale für das Strafgericht. Gott mit einem Kreuznimbus über dem Kopf und einem Buch in der linken Hand schreitet von links energisch auf Adam zu, der sich schuldbewusst im Blattwerk zu verstecken sucht.

Die Krümme war eine Grabbeigabe für Bischof Heinrich III. von Hildesheim, der 1362 starb. Sie wurde zusammen mit einem Kelch erst bei der Öffnung seiner Begräbnisstätte 1788 im Dom gefunden. Obwohl einzelne Buchstaben der Namensinschrift am unteren Rand heute durch Korrosion unlesbar geworden sind, gilt die Zuordnung an Abt Erkanbald als weitgehend gesichert. Er regierte von 997 bis 1011 das Kloster Fulda und wurde dann auf Intervention Heinrichs II. als Nachfolger von Erzbischof Willigis in Mainz inthronisiert. Aus der Erkanbald-Zeit stammt auch das Fuldaer Sakramentar in Bamberg (Kat.-Nr. 172).

Die Silberkrümme wird aufgrund stilistischer Kriterien in die von Bernward gegründete Goldschmiedewerkstatt in Hildesheim eingeordnet, obwohl sie nicht so sorgfältig gearbeitet ist wie die Hauptwerke, das Bernward-Kreuz (Kat.-Nr. 175), die Leuchter oder die Tür von St. Michael. Da Bernward mit Erkanbald verwandt war und ihn in sein Fuldaer Amt einführte, gilt die Krümme als Geschenk Bernwards. Bei der Rückgabe an Hildesheim könnte die Beilegung des lang andauernden Streits zwischen Mainz und Hildesheim um Besitzansprüche in Gandersheim eine Rolle gespielt haben (Kat.-Nr. 101).

G. S.-R.

Literatur:
AK Bernward von Hildesheim,
Kat.-Nr. VII–30 (M. Brandt).

Diese Codices gelten als Gebetbücher von Heinrich II. und Kunigunde.

BUCHDECKEL

178 und 179

> Konstantinopel, 2. Hälfte 10. Jahrhundert
>
> Elfenbein, ca. 27,9 × 11,4
>
> Staatsbibliothek Bamberg (Msc. Lit. 7 und Msc. Lit. 8)

Die vier gleich gestalteten Elfenbeinplatten bilden den Vorder- bzw. Rückeinband von zwei Musikhandschriften, deren Pergamentseiten oben rundbogig beschnitten wurden, damit sie in das gewünschte Format passen.

Literatur:
AK Rom und Byzanz,
Kat.-Nr. 44 (R. Kahsnitz);
Goldschmidt/Weitzmann,
Elfenbeinskulpturen, Nr. 65 f.;
Weitzmann, Elfenbeine.

Der Deckel der als Gebetbuch Kaiser Heinrichs II. geltenden Handschrift (Msc. Lit. 7) zeigt die beiden obersten Apostel, Petrus und Paulus. Die Patrone des Bamberger Doms sind auch ohne die Inschriften an der für sie charakteristischen Typisierung leicht erkennbar. Der hl. Paulus auf dem Vorderdeckel hat einen langen Bart, ein schmales Gesicht und eine Halbglatze. Als Zeichen für sein Lehramt hält er ein Buch. Der hl. Petrus auf der Rückseite ist durch einen kurzen Backenbart und volles, in der Stirn gelocktes Haar gekennzeichnet. Die abgebrochene Bekrönung seines langen Stabes dürfte ehemals eher aus einem Kreuz als aus Schlüsselbärten bestanden haben. Die Haltung seiner erhobenen Hand mit nach außen gestelltem Rücken und eingerolltem Ringfinger deutet einen Redegestus an. Die Apostel tragen Sandalen und wen-

178 und 179

den sich leicht nach außen, wobei in antikischer Manier das belastete Stand- vom ausgestellten Spielbein unterschieden ist. Links neben den Köpfen sind die griechischen Kürzel für Sanctus in kleine Medaillons eingegraben, rechts die Namen in griechischen Buchstaben, die in byzantinischer Art senkrecht untereinander gesetzt sind.

Die Vorderseite des Deckels der als Gebetbuch Kunigundes geltenden Handschrift (Msc. Lit. 8) zeigt Christus in strenger Frontalität als Pantokrator (Allmächtiger). Die Gottesmutter auf der Rückseite wendet sich ihm mit verehrend erhobenen Händen zu. Beide stehen erhöht auf perlbandverzierten Fußschemeln. Der Gottessohn hat eine Hand im byzantinischen Segensgestus erhoben und hält in der anderen ein geschlossenes Buch mit kreuzverziertem Deckel. Sein Haupt mit sorgfältig in Wellenlinien stilisierten Haaren, die in einer Locke auf seine rechte Schulter herunterfallen, wird von einem Kreuznimbus hinterfangen. Rechts und links vom Kopf ist das Christusmonogramm in griechischen Buchstaben eingeritzt. Maria hat ihr langes, quastenverziertes Manteltuch als Schleier über Kopf und Schultern gezogen (Maphorion). Sie ist in griechischen Buchstaben als Mutter Gottes bezeichnet.

Wie Farbreste zeigen, waren die Namensinschriften auf den Tafeln ehemals rot und das Perlband der Nimben golden koloriert. Vermutlich waren auch die Augäpfel mit den gebohrten Pupillen farbig gefasst. Die Männer tragen eine schlichte, knöchellange Tunika und ein über die Schulter geschlagenes Mantelpallium, das wulstförmig um die Taille geschlungen ist.

Weil die Bücher so ähnlich aussehen und dem Bamberger Dom gehörten, entstand die volkstümliche Zuweisung an das Herrscherpaar. Als Cantatorien oder

Gradualhandschriften enthalten sie jedoch Gesänge, die Vorsänger an hohen Festtagen in der Messe rezitierten. Deshalb können sie nicht der privaten Andacht gedient haben, wie es die Bezeichnung suggeriert. Die Handschriften weichen außerdem in der musikalischen Auswahl und in der Schriftform voneinander ab. Sie müssen an verschiedenen Orten, vermutlich Seeon und Regensburg, nach unterschiedlichen Vorlagen im 1. Viertel des 11. Jahrhunderts hergestellt worden sein. Das einheitliche Aussehen bekamen die Bücher erst durch die Einbände, die in Bamberg hinzugefügt wurden. Die durch byzantinische Spolien nobilitierten Codices stiftete das Herrscherpaar nach der Kaiserkrönung 1014 dem Bamberger Dom, wie aus den Laudes hervorgeht.

Die Figuren der Elfenbeintafeln zeichnen sich durch überlängte Körperproportionen, relativ kleine Köpfe und einen stillen, fast versonnenen Gesichtsausdruck aus. Die großflächige Faltengebung mit parallelisierten Linien entspricht Werken, die unter dem Namen „Romanos-Gruppe" zusammengefasst werden. Sie entstanden um die Mitte und in der zweiten Hälfte des 10. Jahrhunderts in Konstantinopel und wurden teilweise für den byzantinischen Kaiser Romanos II. und Kaiserin Eudokia angefertigt.

In den Schmalseiten der vier Elfenbeintafeln befinden sich alte Scharnierlöcher, die auf eine Zweitverwendung verweisen, aber untereinander nicht vollkommen zusammenpassen. Deshalb muss offen bleiben, ob sie ehemals zusammen mit anderen Einzelstücken eine vielfigurige Deesis-Gruppe mit Christus im Zentrum zwischen zahlreichen Heiligen auf einer Ikonostasis (Bilderwand als Abgrenzung eines Altarraums in der Ostkirche) bildeten, wie seit K. Weitzmann angenommen wird.

G. S.-R.

Das Elfenbein aus Rouen zeugt von einem beständigen Austausch zwischen den Werkstätten an Maas und Rhein. Bildprogramme, motivische Vorlagen und gegenseitige Beeinflussung führten zu einem gemeinsamen, von großer Einheitlichkeit gekennzeichneten Stil.

180 ELFENBEINPLATTE MIT MAIESTAS-DARSTELLUNG

Rouen, Anfang 11. Jahrhundert

Elfenbein, 11,9 x 6,8

Musée Departemental des Antiquités de la Seine-Maritime, Rouen (698)

Literatur:
Gaborit-Chopin, Ivoires, S. 88;
Goldschmidt, Elfenbeinskulpuren (1925), Bd. 2, Nr. 50.

Umgeben von einer Mandorla, die mit einem Kleeblattfries verziert und mit Sternen ausgefüllt ist, thront Christus auf dem Regenbogen. Vier Engel in den Ecken der Elfenbeinplatte heben ihn mitsamt der Mandorla dem Himmel entgegen und verbinden so die Maiestas-Darstellung mit Anklängen an das Motiv der Himmelfahrt. Christus hat in hieratischer Haltung seinen rechten Arm zur Segensgeste erhoben, mit der linken Hand hält er ein Buch, das auf sein Knie gestützt wird. Ein Palmettenfries ziert die Umrandung des ursprünglich zu einem Buchdeckel gehörigen Elfenbeins.

Die Darstellung ist stark von der byzantinischen Kunst beeinflusst. Die feine Bearbeitung, der Akanthusrahmen, die kleinen Köpfe der Figuren und die langen, in zahlreichen Falten fallenden

Gewänder, durch die sich die Umrisse der Körper abzeichnen, rücken diese Arbeit in die Nähe des unter Bischof Notker von Lüttich zu beobachtenden Stils. Doch auch Einflüsse von Kölner Tafeln sind zu bemerken. Eine dem Elfenbein aus Rouen nahe stehende Arbeit befindet sich in der Sammlung des Schnütgen-Museums Köln: die Elfenbeintafel mit Christus und den Heiligen Viktor und Gereon. Noch größere Ähnlichkeiten in Komposition und Technik bestehen zum Elfenbein aus dem Einband des Codex Douce 292 in der Bodleian Library Oxford. Der segnende Christus ist dort in gleicher Haltung mit einem auf das linke Knie gestützten Buch dargestellt. Die gleichen feinen, nur etwas steifer wirkenden Faltenwürfe umfließen den Körper. Ähnlich sind auch die Komposition mit der hier von den vier geflügelten Evangelistensymbolen eingefassten Mandorla sowie die Palmettenrahmen.

N. R.

Kreuze mit Edelsteinbesatz waren Sieg versprechende Zeichen für die Wiederkunft des Herrn beim Jüngsten Gericht.

RELIQUIENKREUZ

181

Westdeutsch (?), Mitte oder Ende 11. Jahrhundert

Holzkern, Gold, Perlen, Edelstein, Kamee, Bergkristall, vergoldetes Kupfer,

H. 22,6 x 13

Domkammer der Kathedralkirche St. Paulus in Münster/Wf.

Die Schauseite des kleinen Gemmen-Kreuzes mit längerem unterem Balken und rechteckig erweiterten Enden trägt auf einem Goldblechbeschlag einen dichten Besatz aus Juwelen und Perlen. Die Zahl der Edelsteine, ihre Auswahl und Anordnung beruhen auf einem wohl durchdachten Konzept aus Farb- und Zahlenallegorese. Die Mitte ziert ein blauer, pyramidenförmig geschliffener Saphir, der alle anderen an Höhe überragt und für die Einzigartigkeit Gottes steht. Die weiß schimmernden Perlen, die ihn einst in einem doppelten Perlenkranz umrahmten, symbolisieren nach Clemens von Alexandrien den Logos, das Wort Gottes. Auf das Blut Christi verweist der einzige rote Stein, ein Sarder, unmittelbar unter der Mitte. Auch antike Kameen wurden als Schmuck auf dem unteren Balken verwendet. Der Farbakkord des Gemmenschmucks entspricht den Himmelsfarben Gold, Weiß und Blau.

Die Ritzzeichnung auf der schlichteren Rückseite thematisiert die Kreuzigung in ihrer kosmologischen Dimension. Der jugendliche Christus hängt als Lebender mit geöffneten Augen und ohne Merkmale des Leidens am Kreuz und wird von Gottes Hand gesegnet. Der erste und der letzte Buchstabe des griechischen Alphabets, Alpha und Omega, unter seinen Händen symbolisieren die Ewigkeit Gottes. Als Sinnbilder für das trauernde Universum sind in den seitlichen Endungen links die Sonne als männliche Gestalt mit zwei Fackeln und rechts der Mond als weinende Frau dargestellt. Der eucharistische Kelch am Kreuzfuß verdeutlicht die Heil bringende Kraft des Opfertodes. Aus der oberen und unteren Endung wenden sich betende Engel dem Heiland zu.

Eine Umschrift auf den Schmalseiten nennt die ehemals im Kreuz geborgenen Reliquien. Der Kreuzfuß aus einem orientalischen Bergkristall des 10. Jahrhunderts von unregelmäßiger Form war vermutlich eine arabische Schachfigur, die im 13. Jahrhundert eine vergoldete Kupferfassung erhielt.

Für die Datierung dieses Werks gibt es wenig Anhaltspunkte. Die in der jüngeren Literatur angenommene Entstehungszeit um 1100–1120 beruht auf der unbe-

Literatur:

AK Reich der Salier,

S. 365 (M. Schulze-Dörlamm);

AK Die Reise nach Jerusalem,

Kat.-Nr. 1/88

(R. Marth); Jászai, Altarkreuz;

Jászai, Domkammer, Nr. 5;

Shalem, Islam

Christianized, Nr. 17.

gründbaren Vermutung, Bischof Erpho habe die Reliquien von seiner Reise in das Heilige Land 1090/91 mitgebracht. Die Gravur der Rückseite hat jedoch in Arbeiten der heinrizischen Werkstatt, dem Aufsteckkreuz der Reichskrone (Abb. 76), im Reichskreuz und im Kreuzreliquiar (Abb. 62) ihre engsten stilistischen Parallelen. Deshalb sollte das Münsteraner Kreuz entweder erheblich früher datiert oder als Beispiel für ein langes Beharren auf diesem Stil angesehen werden.
G. S.-R.

XII PAPSTGEWÄNDER

Literatur:
Müller-Christensen, Grab;
Schorta, Seidengewebe.

Am 3. Juni 1942 wurde das Grab Papst Clemens' II. im Bamberger Dom geöffnet; neben den Gebeinen der Heiligen Heinrich und Kunigunde sollten auch seine sterblichen Überreste geborgen und vor den Gefährdungen des Krieges in Sicherheit gebracht werden. Man fand den Leichnam, den das Protokoll einer Rekognoszierung des Jahres 1731 noch als vollkommen intakt beschrieben hatte, nun weitgehend zerfallen. Die Gewänder aber, in die man den Pontifex bei seiner Bestattung gehüllt hatte, waren erhalten geblieben.

Zum Bischof von Bamberg war Suidger, der nachmalige Papst Clemens II., im Jahr 1040 ernannt worden. Einem Adelsgeschlecht Sachsens entstammend, hatte er zunächst dem Domkapitel von Halberstadt angehört, bevor ihm Heinrich III. in der Nachfolge des ersten Bamberger Bischofs Eberhard das Bistum übertrug. Bereits 1046 wurde er, in kirchenpolitisch schwieriger Zeit, zum Papst gewählt. Große Hoffnungen begleiteten die Anfänge seiner Amtsführung: Die Praxis der Verleihung kirchlicher Würden und die Machtverhältnisse zwischen Kaiser und Papst, die ihr zugrunde lagen, bedurften eingreifender Reformen; Handlungen und Entscheidungen des neuen Papstes sollte vor allem hierin Bedeutung zukommen. Doch dafür war Clemens II. die Zeit nicht gegeben; nach kaum zehn Monaten, während einer Reise in die Marken, erkrankte er schwer und starb nach wenigen Tagen in der Badia di S. Tommaso in Foglia, nahe Pesaro. Für sein Bistum Bamberg hatte er noch kurz vor seinem Tod eine Schutzbulle erlassen, ein Schreiben, aus dessen Wortlaut, mehr noch als aus der Verfügung selbst, Verbundenheit und Zuneigung zu seiner Bamberger Kirche sprechen. Die heute im Bayerischen Hauptstaatsarchiv bewahrte Urkunde lässt in den Anreden – liebste, süßeste Braut, Freundin, Schwester –, die er für Bamberg findet, den Abschiedsschmerz erahnen, mit dem er sich von seiner Kirche trennte. So war es wohl tatsächlich in seinem Sinn, dass sein Leichnam aus Rom nach Bamberg zurückgeführt und dort, im Peterschor des Doms, beigesetzt wurde.

Diese erste Grabstätte Clemens' II. ist nicht erhalten. Mit dem Bau des neuen Westchors im 13. Jahrhundert wurden für die Bischöfe Gunther und Otto II. und auch für den aus Bamberg hervorgegangenen Papst neue Grabtumben errichtet. Zweifellos wurde bei dieser wie bei mehreren späteren Gelegenheiten das Grab geöffnet. Offenbar aber hat man dabei weder den Leichnam selbst noch die ihn umhüllenden Gewänder angetastet.

Erst nach der Bergung des Grabinhalts im Jahr 1942 wurden die textilen Überreste von den Gebeinen getrennt und zur Untersuchung und Konservierung dem Bayerischen Landesamt für Denkmalpflege in München übergeben. In der von S. Müller-Christensen im Bayerischen Nationalmuseum eingerichteten Werkstatt konnten sie gereinigt und restauriert werden; ihr ist auch die erste grundlegende Untersuchung zu verdanken. Sie ergab, dass der Papst in Bamberg in einen vollständigen Ornat (Kat.-Nr. 182) gekleidet bestattet worden war: Dalmatika und Kasel umhüllten den Leichnam, ein Pluviale war ihm wohl als Grabdecke aufgelegt. Pontifikalstrümpfe, Zingulum, Stola und ein Schleier, der den Kopf umwand, sind ebenfalls nahezu vollständig erhalten, von weiteren textilen Grabbeigaben haben nur Fragmente überdauert. Unterkleider, die wahrscheinlich aus Leinen gearbeitet waren, sind wohl in der Feuchtigkeit der Grablege vergangen.

Nach ihrer Restaurierung haben die Papstgewänder im Diözesanmuseum Bamberg dauerhaft ihren Platz gefunden. Neben der Grabstatue Clemens' II., die heute an einem Pfeiler des nördlichen Seitenschiffes steht, dürfen sie als Monumente der Erinnerung an den Papst aus Bamberg gelten. Für die Erforschung der mittelalterlichen Textilkunst sind sie von außerordentlicher Bedeutung: Zwar haben sich einige in Zuschnitt und Dekor verwandte Gewänder in Kirchenschätzen, vor allem in Deutschland, erhalten; als vollständiger Ornat, dessen Entstehung in der ersten Hälfte des 11. Jahrhunderts als gesichert gelten darf, aber ist das Ensemble einzigartig. In den verwendeten Geweben hat sich, wie R. Schorta kürzlich darlegen konnte, ein umfassendes Repertoire der byzantinischen Seidenmuster erhalten.

Birgitt Borkopp

Die Grabgewänder von Papst Clemes II., der im Bamberger Dom seine letzte Ruhe fand, wurden 1942 aus dem Sarkophag geborgen.

182 PAPSTORNAT CLEMENS' II.

Byzanz, 1. Hälfte 11. Jahrhundert

Diözesanmuseum Bamberg

A) KASEL

Seidengewebe, H. (Rückenmitte) 163

Einfarbig gemusterter Samit in Köper 1/2, S-Grat

Kette: Seide, Z-Drehung, goldgelb, 2 Haupt- zu 1 Bindekettfaden, Stufung 1 Hauptkettfaden, 32 Haupt- und 16 Bindekettfäden pro cm

Schuss: Seide, ohne erkennbare Drehung, goldgelb, jede zweite Passée mit umgekehrter Schussfolge I–II–II–I, Stufung 2 Passées, 45–48 Passées pro cm

Innerer Halsausschnitt-, Naht- und Saumbesatz aus grün-braunem Seidengewebe (Protolampas)

B) DALMATIKA

Seidengewebe, H. 144, B. 198,5

Ungemusterter Samit in Köper 1/2, S-Grat

Kette: Seide, Z-Drehung, goldgelb, 1 Haupt- zu 1 Bindekettfaden, 17 Haupt- und 17 Bindekettfäden pro cm

Schuss: Seide, ohne erkennbare Drehung, goldgelb, 60 Passées pro cm

Innerer Halsausschnitt-, Ärmel- und Saumbesatz aus blauviolett-rot-gelbem Seidengewebe, gemusterter Samit in Köper 1/2, S-Grat, mit 3 (eventuell 4?) Schusssystemen

C) PLUVIALE

Seidengewebe, H. (Rückenmitte) 107, B. (Vorderkante) 222

Einfarbig gemusterter Samit in Köper 1/2, S-Grat

Kette: Seide, Z-Drehung, weißgelb, 2 Haupt- zu 1 Bindekettfaden, Stufung 2 Hauptkettfäden, 32 Haupt- und 16 Bindekettfäden pro cm

Schuss: Seide, ohne erkennbare Drehung, rot, jede zweite Passée mit umgekehrter Schussfolge I–II–II–I, Stufung 2 Passées, 66 Passées pro cm. Äußerer Kantenbesatz aus grünem Seidengewebe, einfarbig gemusterter Samit in Köper 1/2, S-Grat

Kette: Seide, Z-Drehung, grün, 2 Haupt- zu 1 Bindekettfaden, Stufung 2 Hauptkettfäden,

34 Haupt- und 17 Bindekettfäden pro cm

Schuss: Seide, ohne erkennbare Drehung, grün, jede zweite Passée mit umgekehrter Schussfolge I–II–II–I, Stufung 2 Passées, 60 Passées pro cm

D) PONTIFIKALSTRÜMPFE

Seidengewebe, H. 58, Fußlänge 31

Protolampas

Kette: Seide, Z-Drehung, weiß (verbräunt), 2 Haupt- zu 1 Bindekettfaden, Stufung 2 Hauptkettfäden, 29 Haupt- und 14–15 Bindekettfäden pro cm

Schuss: Seide, ohne erkennbare Drehung, weiß (verbräunt), 2 Grundschüsse zu 3 Lancierschüssen, jede Passée mit gleicher Schussfolge, Stufung 1 Passée, 20 Passées pro cm

Innere Besatzstreifen aus dunkelblauem Seidengewebe, einfarbig gemusterter Samit in Köper 1/2, S-Grat

Bindebänder aus dunkelblau-rotem Seidengewebe, gemusterter Samit in Köper 1/2, S-Grat, mit zwei Schusssystemen

182d

Das Obergewand (a) aus dem Grab von Papst Clemens II. gehört zu den bis in das 13. Jahrhundert gebräuchlichen Glockenkaseln, die diesen Namen ihrem vollrunden, kegelförmigen Zuschnitt verdanken. Ohne Futter, aus leichten, sehr weichen Seidenstoffen gearbeitet, konnten diese Messgewänder die Gestalt ihres Trägers vollständig umhüllen. Mittelalterliche Darstellungen von Priestern oder Bischöfen zeigen zumeist, dass dabei die seitlichen Weiten des Gewands über den Handgelenken zurückgeschoben wurden, während Vorder- und Rückseite in weitem Bogen herabfielen.

Das goldgelbe Samitgewebe wurde in einem weiten Halbkreis zugeschnitten (trotz der großen Webbreite von mehr als 255 Zentimeter konnte dies nicht vollständig gelingen; auf der Vorderseite wurden, zur Vervollständigung der Form, kleinere Stücke angesetzt). Dieser Zuschnitt bewirkt, dass das Muster auf der Rückenseite der Kasel, ohne jede störende Naht, dem Betrachter senkrecht vor Augen steht, auf der Vorderseite dagegen um 90 Grad gedreht erscheint. Die „geritzte“, wie in die Fläche gravierte Zeichnung zeigt eine Gliederung in annähernd oval zugespitzte Formen (Spindeln), die durch kleine, rosettenbesetzte Kreisscheiben miteinander verbunden sind. In ihrem Zentrum steht jeweils eine im Profil wiedergegebene Blüte, von einem Perlband gerahmt. Dicht aneinander gereihte Voluten greifen in die umgebende Fläche aus. Eine Folge von feinen Linien trennt diese Spindelmotive von den Zwickeln, die dichtes Rankenwerk, von einer Raute ausgehend, füllt. In der Gruppe der Spindelmuster, von denen R. Schorta drei Varianten bestimmen konn-

Literatur:

AK Rom und Byzanz, Nr. 70.1, 70.2, 70.3, 70.4 (R. Schorta); AK Sakrale Gewänder, Nr. 27a, 27b, 27c, 27d; Baumgärtel-Fleischmann, Ausgewählte Kunstwerke, S. 24 f.; Müller-Christensen, Konservierung, S. 28 ff., 30 ff., 32 ff.; Müller-Christensen, Grab; Muthesius, Byzantine Silk, S. 85 f., M 59, M 69, M 71, M 88, M 925, M 1064; Muthesius, Silk, S. 66, 68; Schorta, Seidengewebe, Nr. 15–17, Nr. 20–22, S. 91, 123, 124, 104 ff. Nr. 18–19; von Wilckens, Seidenweberei, S. 79 f., 87.

te, ist dieser Typ allein in der Clemens-Kasel belegt. Für alle darf eine Entstehung in Byzanz als wahrscheinlich gelten. Die inneren Nähte und der untere Saum sind mit Fragmenten von anderen, teils mehrfarbig gemusterten Seidenstoffen besetzt.

Die Dalmatika (b), das Untergewand des pontifikalen Ornats, ist aus ungemustertem goldgelbem Samitgewebe gearbeitet. Der einfache, gerade Schnitt, der die Form der spätrömischen Tunika tradiert, gibt den großformatigen Flächen eine dramatische

182b

Wirkung von fast metallischem Glanz. Aus einem abgepasst gewebten Seidenstoff von 296,5 Zentimeter Länge und einer Webbreite von mindestens 152,5 Zentimeter wurden dazu zwei große Rechtecke für Vorder- und Rückenteil sowie kleinere für die Ärmel geschnitten; Unregelmäßigkeiten im Gewebe, die sich in den verschiedenen Teilen verfolgen lassen, erlauben die Rekonstruktion des Zuschnitts (vgl. S. Müller-Christensen, Grab, S. 42).

Wie die Kasel, so war auch die Dalmatika ungefüttert; allein die an Hals- und Ärmelöffnungen sichtbaren Kanten und der untere Saum sind innen mit Streifen mehrfarbig gemusterter Seide besetzt. Die Zeichnung dieses Stoffes ist nicht mehr vollständig zu rekonstruieren. Erkennbar sind große Medaillons mit Perlrahmen, die Paare von adossierten Elefanten fassen; die Füllungen der Zwickel wie auch andere Details sind jedoch in den erhaltenen Fragmenten nicht ablesbar.

Außergewöhnlich unter den Gewändern aus dem Papstgrab ist das Pluviale (c): Der Chormantel gehört nicht zur pontifikalen Bekleidung und konnte zudem nicht zusammen mit der Kasel getragen werden. Vermutlich wurde er dem bekleideten Leichnam des Papstes als zusätzliche Decke aufgelegt. Anders als Kasel und Dalmatika, die sich offenbar zum Zeitpunkt der Bestattung in sehr gutem Zustand befanden, lässt das Pluviale deutliche Gebrauchsspuren, ja sogar Verluste erkennen: Nur in einem annähernd dreieckigen Bereich der oberen Rückenmitte ist die ursprünglich leuchtend rote Farbe des Gewebes erhalten; sie wurde wohl durch eine dort aufgesetzte Kapuze geschützt, die nun fehlt. Insgesamt erscheint das Pluviale weniger sorgfältig gearbeitet als die übrigen Gewänder; die rote Seide wurde so verarbeitet, dass das Muster auf dem Kopf steht, die grüne Einfassung aus Fragmenten unregelmäßigen Zuschnitts zusammengesetzt.

Beide Seidenstoffe zeigen eine wie graviert wirkende Zeichnung aus Medaillons, die in versetzten Reihen, durch kleine Knoten verbunden, die Fläche überziehen. Ihre Rahmen, die mit einem kleinteiligen Fliesenmuster überzogen sind, fassen reihenweise abwechselnd adossierte Panther und Greifen. In den Zwickeln stehen Vogelpaare, ebenfalls wechselnd mit erhobenen oder zusammengelegten Flügeln. Variationen sind jedoch in den Binnenzeichnungen der Tiere erkennbar: Der rote Hauptstoff des Chormantels zeigt einen deutlich größeren Detailreichtum in den ornamentalen Ausgestaltungen ihrer Körper. R. Schorta konnte bisher sechs Varianten dieses Musters nachweisen. Neben Änderungen der Zeichnung traten zudem unterschiedliche Bindungstechniken, die sich eindrucksvoll auf die Erscheinung der Muster in der Fläche auswirkten, wie dies auch bei den Pontifikalstrümpfen Clemens' II. zu beobachten ist.

Die Pontifikalstrümpfe (d) sind aus je drei Teilen – Bein, Fuß und Sohle – zusammengefügt; ihr Material ist eine ehemals weiße, nun zu einem dunklen Goldton verbräunte Seide. Wie das Pluviale zeigen die Pontifikalstrümpfe ein Muster, das Paare von Panthern und Greifen in runde Medaillons fasst; in den Zwickeln stehen wiederum Vögel, abwechselnd mit erhobenen Flügeln oder zuseiten eines ornamental stilisierten Bäumchens. In allen Details stimmt die Zeichnung mit der grünen Seide, die das Pluviale einfasst, überein. Anders als die beiden Samtgewebe des Chormantels, die ihr Muster in zarten Linien wie in die Fläche graviert erscheinen lassen, wird es in den Strümpfen jedoch in einer anderen Bindung der Fadensysteme (von R. Schorta als „Protolampas" bezeichnet) wiedergegeben, welche die Zeichnung glänzend aus einem matt-körnigen Grund hervortreten lässt. Seit der ersten Untersuchung S. Müller-Christensens wurde die Verwandtschaft einzelner Musterelemente mit orientalischen Motiven immer wieder betont; in der Ausgestaltung, zu der sie hier verbunden wurden, gibt sich gleichwohl eine byzantinische Schöpfung zu erkennen.

Die Strümpfe sind an der oberen Innenkante mit einem Streifen dunkelblauer, wie „geritzter" Seide besetzt, deren ornamentales Muster nicht in allen Details zu rekonstruieren ist. Zweifarbig gemusterte Seidenstreifen sind als Bindebänder an die rückwärtigen Öffnungen angenäht. *B. B.*

183

Die monumentale Seidenwirkerei, eines der bedeutendsten textilen Kunstwerke, die aus Byzanz überliefert sind, wurde 1830 im Grab des fünften Bamberger Bischofs Gunther (reg. 1057–1064) entdeckt.

SO GENANNTES GUNTHER-TUCH

Konstantinopel, 971

Seidenwirkerei, 220 x 210

Kette: Seide, Z-Drehung, rohweiß, 22 doppelte Kettfäden pro cm

Schuss: Seide, Z-Drehung, dunkelviolett, rosa und rot in abgestuften Tönen, grün, gelb und

blau in differenzierten Nuancen, rohweiß und ocker, teilweise miteinander verwoben,

44–70 Schussfäden pro cm

Diözesanmuseum Bamberg

Das Zentrum des Bildfeldes zeigt einen byzantinischen Kaiser hoch zu Ross. Seinem Rang entsprechend ist er in ein purpurfarbenes, mit goldenen Besätzen reich geschmücktes Skaramangion gekleidet. Krone und Labarum, die kaiserliche Standarte, sind die Insignien seiner Macht; sie weisen die Darstellung als Repräsentationsbild aus. Von beiden Seiten treten Frauengestalten an den Kaiser heran. Die eine

Literatur:
AK Rom und Byzanz, Nr. 64
(B. Borkopp/M. Restle);
Bassermann-Jordan/Schmid,
Bamberger Domschatz, Nr. 48;
Cahier/Martin, Mélanges, Bd. 2,
S. 251; Geijer, Bishop; Grabar,
Soie; Müller-Christensen,
Beobachtungen; Müller-
Christensen, Gunthertuch;
Prinzing, Bamberger
Gunthertuch.

trägt ein blaues, die andere ein grünes Obergewand über einer hellen Tunika; auch ihre Kleider sind mit reichem Goldbesatz ausgeziert. Beide Frauen tragen Mauerkronen; sie sind deshalb als Personifikationen von Städten – das alte und das neue Rom oder Athen und Konstantinopel – gedeutet worden. In den Händen hält die rechte, soweit erkennbar, einen Kronreif (Stemma), die linke eine so genannte Tupha, eine Bügelkrone mit Stoffhaube und Pfauenfedern.

Die Identifikation des Kaisers – und damit die Datierung des Werks – wurde lange kontrovers diskutiert; seit den Studien G. Prinzings darf als gesichert gelten, dass die Darstellung den triumphalen Einzug des Kaisers Johannes Tzimiskes 971 nach seinem Feldzug gegen Bulgarien und die Rus' zeigt. Vor den Augen der Bürger Konstantinopels musste der bulgarische Zar Boris II. nach seiner Niederlage die Insignien seiner Herrscherwürde, den Kronreif und die aus Purpurstoff gearbeitete Diademhaube, ablegen. Vertreterinnen der Demen (Zirkusparteien), die auch als „die Grünen" und „die Blauen" bezeichnet wurden, überreichten sie dem byzantinischen Kaiser.

Den Hintergrund bildet ein Teppich von abwechselnd blauen und roten Blütenknospen in runden Medaillons auf tiefviolettem Grund. Breite Medaillonbordüren bilden den oberen und unteren Abschluss. An der rechten wie der linken Seite sind die Webkanten der Wirkerei erhalten; hier gab es offenbar keine schmückende Rahmung. Schon S. Müller-Christensen sah darin einen Hinweis auf die ursprüngliche Funktion des Kunstwerks: Als dekorativer Behang (Peplos) könnte es zwischen zwei Säulen gespannt gewesen sein; aus Text- wie aus Bildquellen sind solche Peploi bekannt. Meist wurden dazu sicher gewebte Stoffe verwendet. Die außerordentliche Qualität der in Bamberg erhaltenen Wirkerei lässt jedoch erkennen, dass in den (kaiserlichen?) Werkstätten Konstantinopels erfahrene Handwerker auch diese Technik meisterlich beherrschten.

B. B.

XIII Das heilige Kaiserpaar

Literatur:
Guth, Die Heiligen; Guth, Heinrich II., Bd. 2, S. 213–232;
Guth, Kaiserin Kunigunde;
Guth, Frühe lateinische und deutsche Überlieferung,
S. 316–327; Kretzenbacher,
Legende, S. 9–22; Roth,
Sankt Kunigunde (1988);
Scheller, Seelenwägung.

Nach Kaiser Heinrichs Tod in der Pfalz Grone nahe Göttingen am 13. Juli 1024 und seiner Überführung und Beisetzung im Bamberger Dom lässt sich bald eine „Verkirchlichung" seines Andenkens beobachten; der schon zu Lebzeiten mehrfach als „rex pius heinricus" angesprochene Verstorbene wurde nun als besonderer Freund und Förderer der Kirche geehrt. Adam von Bremen rühmt in seiner Hamburgischen Kirchengeschichte ausdrücklich die „sanctitas", die Heiligkeit, des verstorbenen Kaisers, er wird mit Seelenmessen und frommen Stiftungen reich bedacht. Der Bamberger Bischof und das Domkapitel bemühten sich um eine päpstliche Kanonisation, für die eine hagiografische Lebensbeschreibung (Vita) und der Nachweis von Wundertaten zur Vorlage in Rom erforderlich waren. Am 14. März 1146 wurde durch Papst Eugen III. der päpstliche Spruch verkündet, mit dem Heinrich II. offiziell den Status eines Heiligen der katholischen Kirche erhielt; die feierliche Translation, die Erhebung der Gebeine, wurde am 13. Juli 1147, dem Todestag des Kaisers, mit großer Feierlichkeit im Bamberger Dom begangen.

Erst wesentlich später und auch unter deutlich anderen Voraussetzungen setzten für Kaiserin Kunigunde die Bestrebungen um eine Kanonisation ein; nach ihrem Tod in Kaufungen am 3. März 1033 war sie an der Seite ihres Gemahls bestattet worden, aber erst unter dem Pontifikat Papst Coelestins III. (1191–1198) schien die Aktivität der beauftragten Bischöfe von Augsburg, Eichstätt und Würzburg sowie der Zisterzienser-Äbte von Ebrach, Langheim und Heilbronn zum Ziel zu kommen. Nach dem Tod des Papstes und der dadurch verursachten neuerlichen Verzögerung wurde die Heiligsprechung der Kaiserin am 29. März 1200 durch Papst Innocenz II. öffentlich in Rom verkündet, am 9. September 1201 fand im Bamberger Dom die feierliche Translation statt.

Bald nach den Feierlichkeiten der Kanonisationen lässt sich die zunehmende Verehrung des heiligen Kaiserpaars – durchaus ein Novum in der Geschichte der mittelalterlichen Herrscher – beobachten. Zu den liturgischen Schätzen, die Heinrich seiner Domkirche gestiftet hatte, kamen nun Reliquienbehältnisse zur Aufstellung auf den Altären der Bamberger Kirchen, aber mehr und mehr baten auch Kirchen des Umlands um Reliquien der Heiligen. In vielfachen Abschriften und Rezensionen wurden im späteren Mittelalter die Lebensbeschreibungen und vor allem die Wunderberichte der neuen Heiligen verbreitet, über 100 handschriftliche Textzeugen lassen sich nachweisen. Der Kult der Heiligen hatte sein Zentrum in Franken, strahlte aber auch aus auf Bayern, Schwaben und nach Österreich, im Norden bis in den sächsischen und ostwestfälischen Raum. Das Nachleben und die Erinnerung an die kaiserlichen Heiligen ist vor allem an den Orten fassbar, die unmittelbar und noch zu deren Lebzeiten eine bevorzugte Zuwendung erfahren hatten.

Das gilt vor allem für das Basler Münster, wo Kaiser Heinrich als „reparator" des neuen Münsterbaus angesprochen wird, bei dessen Weihe er 1019 zugegen war; die reichen Schenkungen des Kaisers an das Münster haben ihm stets eine besondere Verehrung gesichert. Im Jahr 1347 hatte Bischof Johann von Basel in Bamberg Reliquien der Heiligen erbeten, die in festlichem Geleit nach Basel überführt wurden; das Heinrichsfest wurde mit großem Aufwand und einer feierlichen Prozession über den Münsterplatz alljährlich begangen. Ähnliche Fürsorge hatte der Kaiser dem Merseburger Dom gewidmet. Er hatte nach der von ihm geförderten Restitution des Bistums im Jahr 1004 dem Dom reiche Schenkungen gemacht und seine Ausstattung mit Reliquien und liturgischem Gerät vermehrt. Wiederholt beging er die hohen Kirchenfeste in der Merseburger Kathedrale. Schon 1240 ist erstmals ein Heinrichsaltar im Dom genannt. Ebenso hatte sich Straßburg der besonderen Gunst des Kaisers erfreut, nachdem das Münster reiche materielle Entschädigungen für die durch Heinrichs Widersacher, Herzog Hermann von Schwaben, erlittenen Zerstörungen bekommen hatte.

Patrozinienwahl und Altarweihen für viele Kirchen auch in kleineren Orten des Bamberger Bistums forderten Reliquiare, Tragaltäre und Kruzifixe mit eingeschlossenen Reliquien, die nur zum kleinsten Teil noch in Bamberg bewahrt sind. Vor allem die „repräsentativen" Schätze – etwa die Kunigundenkrone, aber auch das Perikopenbuch Heinrichs II. – kamen nach der Säkularisation an die Schatzkammer der Münchener Residenz. Bewahrt blieben in Bamberg die originalen Heiligsprechungsbullen des Kaiserpaars, in Rom 1146 bzw. 1200 ausgestellt und im Staatsarchiv Bamberg gehütet, während frühe Handschriften der Vitae Heinrici und der Vitae Cunegundis zu den Beständen der Staatsbibliothek gehören.

Renate Neumüllers-Klauser

In der Legendenüberlieferung zum heiligmäßigen Leben des Kaiserpaars mischen sich reale und überhöhte Züge. Von den fünf überlieferten Legendenberichten aus dem Leben Heinrichs II. charakterisieren die Merseburger Kelchlegende (Kat.-Nr. 105) und die Heilung von seinem Steinleiden im Kloster Montecassino vor allem Kaiser Heinrichs „reales" Christenleben. Anders als die Kunigundenlegenden, welche die Abkehr der Kaiserinwitwe von der Welt und ihre Vorbereitung auf den Tod durch ein klösterlich tugendhaftes Leben beschreiben, enthalten die Legendenberichte über die Feuerprobe der Kaiserin („Pflugscharmirakel") und den Bau von St. Stephan in Bamberg („Pfennigwunder") einen realen historischen Kern.

Die Merseburger Kelchlegende greift einen Zug aus dem Leben Heinrichs heraus, der der Nachwelt im Gedächtnis blieb: seine intensive Stiftungstätigkeit für Kirchen und Klöster. Die Wiedergründung des unter Otto II. aufgelösten Bistums Merseburg (1004) und das Geschenk wertvoller liturgischer Geräte an die verarmte Merseburger Domkirche bilden den realen Hintergrund. Der Kelch gab bei der Seelenwägung, die über das Leben nach dem Tod entscheidet, den Ausschlag auf der Waage zum Guten. Die vom hl. Laurentius gefüllte Waagschale charakterisiert auch Heinrichs Großmut und Freigebigkeit als Christenmensch im Umgang mit Armut und Ungerechtigkeit.

Die Legende von der Heilung des Kaisers von einem Steinleiden in Montecassino 1022 – von Tilman Riemenschneider am Hochgrab im Bamberger Dom als Relief in Stein gemeißelt (Kat.-Nr. 215) – umfasst andeutungsweise die Italienzüge, seine Regierungstätigkeit als „Reisekönig" ebenso wie seine körperlichen Leiden, die wohl auch der Grund für die Kinderlosigkeit seiner Ehe waren. Für die nach der Legende im Schlaf durch die Hilfe des hl. Benedikt vollbrachte Heilung bedankte sich der

Kaiser mit überreichen Schenkungen an das Kloster Montecassino. Über dieses Mirakel, das unmittelbar am nächsten Morgen von Zeugen aus der Umgebung des Kaisers beglaubigt worden war, berichten Leo Marsicanus gegen Ende des 11. Jahrhunderts und die Heinrichsvita von 1145/46. Gleichzeitig berührt diese Legende die Kinderlosigkeit des Kaiserpaars und weist in eine reale Richtung, obwohl die mittelalterliche Tradition deren Ursache einseitig der Frau anlastete. In der Pflugscharprobe Kunigundes (Kat.-Nr. 194), im Spätmittelalter von fränkischen und anderen Künstlern immer wieder aufgegriffen (Kat.-Nr. 107), manifestiert sich das Defizit der kaiserlichen Ehe: Eine Ehe ohne Nachkommen bedeutet das Ende der Herrschaft. Die Pflugscharprobe aber ist bereits klerikal ein Hinweis auf die Josephsehe.

Dass Kunigunde als mariengleiche Heilige, als „Königin und Jungfrau", den zeitgenössischen Frömmigkeitsidealen entsprach, förderte ihren Kult. In den nachfolgenden Jahrhunderten „überflügelte" sie als Volksheilige ihren Gemahl, auch wenn die Viten des Herrscherpaars ab der zweiten Hälfte des 13. Jahrhunderts bevorzugt in einer Handschrift vereint überliefert wurden. Und gerade vom Spätmittelalter bis in das 18. Jahrhundert gesellten sich neue Motivkomplexe in der Legendendarstellung hinzu.

Bildgeschichten in der um 1200 von einem Anonymus verfassten Vita charakterisieren vor allem das Leben Kunigundes als Nonne im Kloster Kaufungen. Kunigunde hatte nach dem Tod ihres Mannes am 13. Juli 1024 in Grone als kinderlose Kaiserin den Verlust der Macht erlebt: „Kunigunde, durch Gottes Fügung nur noch dem Namen nach Kaiserin", schrieb sie im August des gleichen Jahres an die Nonnen in Kaufungen. Über ihre Zeit als Kaiserin aber gibt das erste Kapitel Auskunft. An die Gründung des Bistums Bamberg und den Bau des Kanonikerstifts St. Stephan in Bamberg erinnert das „Pfennigwunder" oder „Schüsselmirakel" von St. Stephan, bekannter unter dem Titel „Der gerechte Lohn" (Kat.-Nr. 106). In der Bildüberlieferung wird Kunigunde wiederholt die Kirche St. Stephan als Attribut ihres Stiftungseifers zugeordnet. An der Adamspforte des Bamberger Doms empfing sie mit einem ideal geformten Kirchenbau in der Rechten zusammen mit Kaiser Heinrich und dem Erzmärtyrer Stephan den in den Dom eintretenden Besucher (Kat.-Nr. 209). Dieser erinnert an den Namenspatron des Schwagers des Kaisers, an den 1083 heilig gesprochenen König Stephan von Ungarn. So wird die um 1215 in die Adamspforte des Staufer-Doms gestellte Figurengruppe zum Realsymbol für drei eng miteinander verbundene neue Heilige. Sie kennzeichnen den Dom als Memorialarchitektur und Begräbniskirche.   *Klaus Guth*

Am 12. März 1146 nahm der Papst Kaiser Heinrich II. in die Schar der Heiligen auf.

Originalurkunde der Heiligsprechung Kaiser Heinrichs II.   *184*

Rom, 14. März 1146

Handschrift/Pergament, Bleibulle an Hanfschnur, 25 x 25

Staatsarchiv Bamberg (Bamberger Urkunden [Münchner Abg. 1993] Nr. 236)   Abb. 20

In den Bemühungen um die Heiligsprechung Kaiser Heinrichs II. vereinten sich religiöse und politische Motive. Heinrich selbst hatte das von ihm gegründete Bistum Bamberg zu seinem und seiner Frau Erben eingesetzt und sich mit zahllosen Schenkungen und der eigenen Grablege dauerhafte Verehrung in Bamberg gesichert. Schon für die zweite Hälfte des 11. Jahrhunderts sind Wallfahrten zu seinem Grab belegt; zudem entstanden gerade im Bamberger Umfeld zahlreiche Erzählungen und Legenden, welche die Heiligkeit des Herrschers gewissermaßen vorwegnahmen.

Quellen:
Jaffé, Monumenta
Bambergensia, S. 531 f.

Literatur:
Guth, Heinrich II.;
Klauser, Heinrichs- und
Kunigundenkult, S. 60 ff.;
Neumüllers-Klauser,
Heinrich II; Schneidmüller,
Gründung.

Die Initiative zum Kanonisationsprozess ging in den 1140er-Jahren vom Bistum Bamberg aus. Bamberger Kleriker machten sich an die Erstellung einer Lebensbeschreibung des Kaisers, die seine Taten und Wunder verzeichnete und damit als Grundlage für das Heiligsprechungsverfahren am päpstlichen Stuhl dienen konnte. Unterstützung fand die Bistumsleitung in ihrem Ansinnen bei König Konrad III. Mit der Wahl des Staufers Konrad III. (1138–1152) war Franken und damit auch Bamberg wieder ins Zentrum der Aufmerksamkeit des Reichs gerückt. Heinrich II. als Heiliger konnte dieser neuen Allianz nur förderlich sein; er sollte Bambergs Stellung im Reich und das frühstaufische Königtum sichern helfen.

Die feierliche Erhebung Heinrichs II. zur Ehre der Altäre erfolgte nach Abschluss des Kanonisationsverfahrens durch Papst Eugen III. in Rom am 12. März 1146. Mit der hier ausgestellten päpstlichen Bulle vom 14. März 1146 teilte der Papst dem Bamberger Bischof Egilbert (1139–1146) die Heiligsprechung mit. In der Urkunde werden die Gründe ausführlich dargelegt: die Gründung des Bamberger Bistums wie die reiche Förderung anderer Gotteshäuser, die Bekehrung König Stephans und des ungarischen Volks zum Christentum, die Wunder am Grab sowie ein untadeliges Leben und die (legendenhafte) Keuschheit in der Ehe. Heinrich II. und Kunigunde waren das einzige Kaiserpaar, das die Kirche heilig sprach. Die Translationsfeier für Heinrich II. fand am 13. Juli 1147, seinem Todestag, im Bamberger Dom statt. Papst Eugen legte den 13. Juli als Jahrestag des Heiligen fest.

Bei der Papsturkunde handelt es sich um eine so genannte littera apostolica, im Grunde ein Papstbrief mit Weisungscharakter in Urkundenform. Zu den auffälligsten Merkmalen der litterae gehört, dass der gesamte Text in einem einzigen Schriftblock geschrieben ist und – im Gegensatz zum Privileg mit Rota, Monogramm etc. – als einziges Beglaubigungsmittel die Bleibulle benutzt wird. Die im Vergleich zum Königsdiplom viel weniger verschnörkelte kuriale Minuskelschrift weist nur an zwei Stellen eine Hervorhebung auf: Der Name Papst Eugens (zu Beginn) und Heinrichs (4. Zeile) erscheint in lang gezogener Majuskel. Anhand der Hanfschnüre, an denen das Siegel hängt, ist zu erkennen, dass es sich bei der Urkunde um eine „littera cum filo canapis" handelt, die in der Regel dem Petenten einen Befehl erteilt oder eine Rechtsentscheidung kundtut. Eine spätere, wohl Bamberger Hand hat in der Urkunde zwei von den Papstnotaren gekürzt wiedergegebene Namen durch Überschreibung ergänzt, so in der ersten Zeile den Namen des Empfängers, des Bamberger Bischofs E(gilbert). *K. R.*

Seit der Heiligsprechung Kaiserin Kunigundes verfügte man in Bamberg über etwas Einzigartiges in der Geschichte – ein heiliges Kaiserpaar.

185 ORIGINALURKUNDE DER HEILIGSPRECHUNG DER KAISERIN KUNIGUNDE

Rom, 3. April 1200

Handschrift/Pergament, Bleisiegel an rot-gelber Seidenschnur, 45,5 x 48,5

Staatsarchiv Bamberg (Rep. A 23 Nr. 2 1/2)

Nach dem Tod Heinrichs II. trat Kunigunde in das 1017 gegründete Kloster Kaufungen in Hessen ein. Sie starb am 3. März 1033 und erhielt in der dortigen Klosterkirche ihre erste Grablege, bevor sie irgendwann vor 1125 nach Bamberg überführt und zur Rechten ihres Gemahls bestattet wurde. Zunächst im Zusammenhang mit ihrem heilig gesprochenen Gemahl, dann aber durchaus selbstständig, genoss sie die Verehrung des Volks als tugendsame, fromme, treue Frau, die in der Zeit ihrer Regentschaft an der Gründung und reichen Ausstattung Bambergs mitgewirkt hatte.

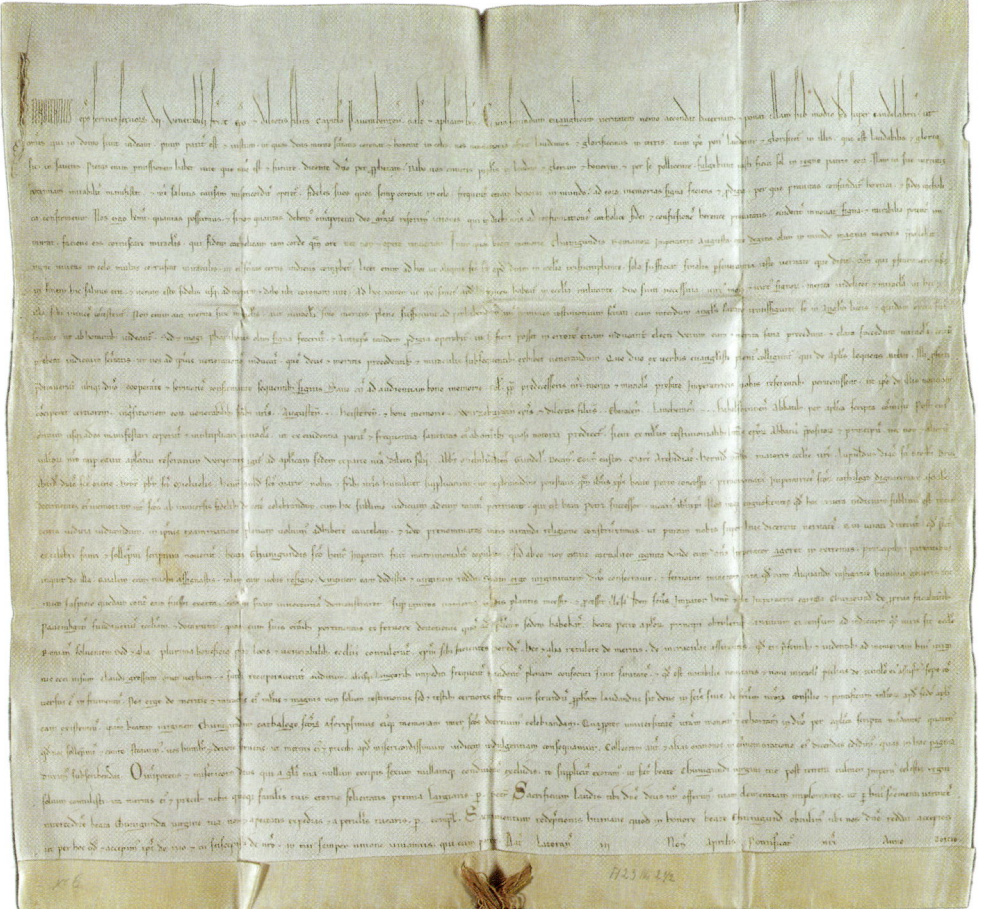

Literatur:
Klauser, Heinrichs- und
Kunigundenkult, S. 60 ff.;
Meyer, Translatio; Petersohn,
Litterae; Pflefka, Kunigunde.

185

Im Staatsarchiv Bamberg sind zwei Ausfertigungen der Heiligsprechungsurkunde der Kaiserin Kunigunde überliefert, die sich im Wesentlichen nur im Empfängerkreis unterscheiden. Während sich im hier gezeigten Schreiben Papst Innocenz III. direkt an Bischof Timo und das Domkapitel von Bamberg wendet, richtet sich die zweite Ausfertigung an geistliche Würdenträger sowie vornehme und einfache Laien im Allgemeinen (Bamberger Urk. Nr. 414).

Nach der Nennung des Ausstellers, seines Titels und des Empfängers folgt die typische päpstliche Grußformel „salutem et apostolicam benedictionem". Dem schließt sich eine lange Arenga an, in welcher der Papst Heiligsprechungen allgemein und jene der Kaiserin Kunigunde theologisch begründet. Die folgende Narratio schildert den Gang des Kanonisationsverfahrens von seinen Anfängen in Bamberg bis zum Abschluss in Rom unter Einbeziehung eines Abrisses von Leben, Wirken und Wundertaten der Kaiserin. Dann folgt als rechtsverbindlicher Teil der Auftrag an die Empfänger – das päpstliche Mandat („per apostolica scripta mandantes") – den Kanonisationsspruch durch liturgische Feiern und die kultische Verehrung der neu Kanonisierten in die Tat umzusetzen. Zugleich wird der Wortlaut der Gebete zur Feier des liturgischen Gedenkens mitgeteilt. Die Translatio, die Erhebung der Gebeine am Grab der Heiligen, erfolgte erst eineinhalb Jahre später anlässlich des Hoftags König Philipps am 9. September 1201.

Der Text bildet einen einheitlichen Schriftblock, in den am Schluss die Datierung eingebunden ist. Als Schrift diente die übliche Kurialminuskel der Zeit. Hervorgehoben ist der Papstname durch eine Majuskel-Elongata, bei der die Initiale zusätzlich vergrößert und mit Rankenwerk geschmückt ist. Als Beglaubigung nutzte man lediglich das an einem rot-gelben Seidenbündel anhängende päpstliche Bleisiegel. Die Urkundenlehre bezeichnet solche päpstlichen Schreiben deshalb als „litterae cum filo serico". Dies sind in der Regel Urkunden, die einen päpstlichen Gnadenerweis beinhalten. Allerdings konnte J. Petersohn bei dieser Heiligsprechungsurkunde in der inneren wie der äußeren Form einen Mischcharakter zwischen littera cum filo serico und littera cum filo canapis (Kat.-Nr. 184) entdecken, der sich aus dem Gegensatz zwischen dem zugrunde gelegten Mandatsformular und der höherwertigen funktionalen Bewertung dieser littera durch die päpstliche Kanzlei erklärt.

K. R.

Von kurz vor 1380 bis 1509 zeigte man alle sieben Jahre die Heiltümer aus den Bamberger Stiften, Klöstern und Pfarrkirchen am Tag der Domkirchweih (6. Mai) im Dom. Die bei diesen Heiltumsweisungen vorgeführten Reliquien und Reliquiare hielt man zunächst in handschriftlichen Verzeichnissen, ab 1493 auch in gedruckten Heiltumsbüchlein fest.

186 BAMBERGER HEILTUMSBUCH

Hans Wolf (?) (nachgewiesen in Bamberg 1508–1538)

Bamberg, 1508/09

Feder/Papier, aquarelliert, ca. 47,5 x 31,2

British Library, London (Add. Ms. 15.689)

Das am aufwändigsten gestaltete Bamberger Heiltumsbuch ist das von 1508/09. Auf 65 Seiten im Großfolioformat sind 137 Reliquien bzw. Reliquienbehälter in aquarellierten Federzeichnungen festgehalten, die eine wertvolle Quelle für die zum größten Teil 1553 verloren gegangenen Bamberger Kirchenschätze bilden. Außerdem enthält das Heiltumsbuch zwei ganzseitige Zeichnungen, die den Träger des Georgsfähnleins und die Prozession mit dem Heinrichsschrein über den Domplatz zeigen.

Wie der Vergleich der im Heiltumsbuch von 1508/09 dargestellten Reliquienbehälter mit den wenigen noch erhaltenen Exemplaren erweist, hatte der Maler die Originale vor Augen, als er sie zeichnete. Genauigkeit bis ins letzte Detail strebte er jedoch nicht an. Auffallend ist, dass ihm die Kopf- und Büstenreliquiare wesentlich besser gelungen sind als die Monstranzen und die anderen Ostensorien. Der Zeichenduktus mit den aneinander gesetzten Häkchen weist auf die Dürer-Schule, sodass zu vermuten ist, dass der Maler des Heiltumsbuchs aus dem Umkreis Albrecht Dürers kam. Es könnte der ab März 1508 in Bamberg tätige spätere Hofmaler des Bamberger Bischofs, Hans Wolf, gewesen sein, dessen Bekanntschaft mit Dürer mehrfach archivalisch belegt ist.

Jedes Objekt im Heiltumsbuch ist mit einem Text versehen. Er beginnt jeweils mit einer knappen Beschreibung des Behälters, nennt in Einzelfällen das Material und zählt die wichtigsten in ihm enthaltenen Reliquien auf. Die Texte sind so abgefasst, dass sie der Geistliche, der die Heiltümer wies, aus diesem Buch vorgelesen haben könnte. Das Heiltumsbuch wurde aber noch anderweitig verwendet: Der Bamberger Buchdrucker Hans Pfeyl benutzte es als Vorlage für sein zur Weisung von 1509 erschienenes Heiltumsbüchlein. Die aufgeschlagenen Seiten zeigen das Büstenreliquiar für den Schädel Kaiser Heinrichs II. und sein Armreliquiar sowie das Hauptreliquiar Kunigundes und einen ihrer Arme.

R. B.-F.

Quelle:
Baumgärtel-Fleischmann,
Bamberger Heiltum. Faksimile.

Literatur:
Kühne, Ostensio reliquiarum,
S. 275–292; Tunk, Bamberger
Domschatz, S. 430–438.

Auch in Paderborn, dem Ort von Kunigundes Krönung, wird das heilige Kaiserpaar Heinrich und Kunigunde seit langem verehrt.

RELIQUIENBÜSTEN DER HEILIGEN HEINRICH UND KUNIGUNDE   187

Wahrscheinlich Böhmen, um 1430/40

Lindenholz, farbig gefasst; Heinrich: 59 x 41,5 x 24; Kunigunde: 64 x 38,5 x 23

Erzbischöfliches Diözesanmuseum und Domschatzkammer, Paderborn (SK 110 und SK 111)

Im ausgehöhlten Inneren der beiden Büsten waren ursprünglich Reliquien der Heiligen Heinrich und Kunigunde deponiert, aller Wahrscheinlichkeit nach Knochenreste, doch könnten es auch Haare gewesen sein. Dafür mag das lange und, besonders in der Heinrichsbüste, ostentativ vorgeführte Haupthaar der Heiligen sprechen. Unter den im Gebet zusammengelegten Händen des Kaisers weist dessen Büste ein ursprünglich wohl durch ein Glas abgeschlossenes Loch auf, durch das die Reliquien sichtbar waren; bei der Kunigundenbüste ist an dieser Stelle das Holz ausgebrochen. So konnte sich der Gläubige der Gegenwart der heilskräftigen Reliquien vergewissern, zugleich aber führten ihm die Bildwerke den vollkommenen Leib der Heiligen in seiner Auferstehungswirklichkeit vor Augen.

Die Heiligen tragen Kronen; sie gehören zur Gruppe der im späten Mittelalter besonders verehrten kaiserlichen, königlichen und adligen Heiligen. Sie bitten Gott, den Richter im Weltgericht, für die sündige Menschheit, besonders aber für diejenigen, die sich mit der Bitte um Fürsprache an sie wenden: orate pro nobis. Dass sie mit dem Gebetsgestus für die Beter Vorbildfunktion haben, auch dass sie in eigener Sache beten, ist damit nicht ausgeschlossen.

Literatur:
Baumgärtner, Kunigunde, S. 33 f., Abb. 10; Ludorff, Bau- und Kunstdenkmäler, S. 133, Taf. 100.

187

186

Mit dem Paderborner Domkapitel hatte das Kaiserpaar bereits zu Lebzeiten eine Gebetsverbrüderung eingerichtet, durch die das Domkapitel verpflichtet war und ist, für Heinrich und Kunigunde zu beten. Kunigunde war am 10. August 1002 durch Erzbischof Willigis von Mainz in Paderborn zur Königin gesalbt und gekrönt worden. Mehrere Besuche und Dotationen für Paderborner geistliche Institutionen bezeugen die enge Verbundenheit des Kaiserpaars mit Paderborn. Heinrich wurde am 14. März 1146 von Papst Eugen III., Kunigunde am 3. April 1200 von Papst Innocenz III. heilig gesprochen.

Beide Lindenholzbüsten tragen Reste der originalen Fassung, bei der Kunigundenbüste wurde diese besonders im Bereich des Gesichts neuzeitlich ergänzt. Wie der Vergleich mit den 1899 von A. Ludorff im Inventarband veröffentlichten Fotos zeigt, wurden die Büsten im 20. Jahrhundert einer Restaurierung unterzogen. 1899 waren sie im Besitz des Vereins für Geschichts- und Altertumskunde Westfalens, Abteilung Paderborn. Sie stammen aus der ehemaligen Minoritenkirche, die 1728 abgebrochen wurde. Hergestellt wurden sie wahrscheinlich in Böhmen. *U. K.*

Nach der von Johann Cygneus um 1600 erstmals schriftlich festgehaltenen Überlieferung soll Kaiser Heinrich II. den Elfenbein-Kruzifixus „aus frembden Landen" mitgebracht und dem Bamberger Dom geschenkt haben.

188 ELFENBEIN-KRUZIFIXUS

Deutsch, um 1130–40

Elfenbein, Rückseite Holz, H. 83

Diözesanmuseum Bamberg (2720/2–53)

Quellen:
Archiv des Erzbistums Bamberg,
Rep. 2 Nr. 2312/30 und Rep. I
Nr. 1312, Dom-Inventar 1738,
S. 4; Staatsbibliothek Bamberg,
Msc. Lit.118, Gottesdienstordnung des Bamberger Domes von
1491, fol. 52ʳf., 60ᵛf.

Literatur:
Baumgärtel-Fleischmann,
Bamberger Dom, S. 79;
Baumgärtel-Fleischmann,
Ausgewählte Kunstwerke,
S. 30f.; Goldschmidt, Elfenbeinskulpturen (1914/1918), S. 53,
Nr. 176; Wünsche, Kathedralliturgie, S. 253, 331.

Der mit beiden Füßen auf einem Suppedaneum stehende Christus hat die Arme weit ausgebreitet und den Kopf leicht gesenkt. Seine Augen sind geschlossen. Nichts deutet in seinen ruhigen Gesichtszügen auf das Leiden und Sterben hin. Der Korpus ist, vor allem auf der rechten Körperseite, von zahlreichen Rissen durchzogen und zeigt Spuren von Ausbesserungen. Aber auch die unbeschädigt aussehenden Körperteile sind sehr wahrscheinlich Ergebnis von Wiederherstellungsarbeiten. Besonders groß muss der Schaden gewesen sein, als der Kruzifixus am Kilianstag 1542 durch Blitzschlag – wie es heißt – in 1000 Teile zersprungen war. Der damalige Subkustos Andreas Krieger legte bei der Reparatur einen Pergamentzettel in die Reliquienkammer auf der Rückseite des Korpus ein, auf dem er festhielt: „Es ist des malls nichts ganntz pliben, wann die Cron vnnd das Facies", also nur Krone und Gesicht blieben unbeschädigt.

Reparaturen dieses Ausmaßes erschweren eine stilistische Untersuchung des Kruzifixus beträchtlich. Das Lendentuch mit einem Knoten, kurzer Mittelfalte und angedeutetem Überhang – sofern es den ursprünglichen Zustand wiedergibt – ist am ehesten mit den Lendentüchern kleiner Bronzekruzifixe aus dem zweiten Viertel des 12. Jahrhunderts zu vergleichen, der Elfenbein-Kruzifixus damit wohl um 1130–1140 zu datieren.

Mit einer solchen zeitlichen Einordnung kann er kein Geschenk Kaiser Heinrichs II. gewesen sein, wie man einst in Bamberg annahm. Der Kruzifixus gehörte vielmehr, wie Johann Cygneus berichtet, zu einem Triumphkreuz, das auf einem steinernen Bogen über dem Eingang zum westlichen Hauptchor des Bamberger Doms angebracht war. In der Karwoche wurde er von seinem angestammten Platz abgenommen und – wie aus der Gottesdienstordnung von 1491 hervorgeht – in die Liturgie eingebunden. Bei der hochbarocken Umgestaltung des Doms fügte man den Elfenbein-Kruzifixus in den Altar vor dem Westchor ein und verehrte ihn schon bald als Gnadenbild. Bei der Purifizierung in den 30er-Jahren des 19. Jahrhunderts verblieb der Kruzifixus – neben dem Chorgestühl – als einziges altes Ausstattungsstück im Bamberger Dom. In das Diözesanmuseum kam er um 1970. *R. B.-F.*

Das erste Reliquiar mit dem Bild des heiligen Kaisers entstand in Hildesheim, wo der junge Heinrich seine Bildung erworben hatte.

189 RELIQUIAR DES HL. KAISERS HEINRICH II.

Hildesheim, letztes Viertel 12. Jahrhundert

Holzkern, Grubenschmelz, Bronze, gegossen, vergoldet, Silber, geprägt, Bergkristall, H. 23,4

Musée du Louvre, département des Objets d'art, Paris (OA 49)

Das vierpassförmige Reliquiengefäß zeigt ein herrscherliches Bildprogramm: Auf einer Seite sieht man Christus, der als „König der Könige" auf dem Himmelsbogen thront. Drei heilige Könige – Oswald, Sigismund und Eugeus – neigen sich ihm ehr-

189

furchtsvoll zu und machen damit deutlich, wem sie ihre Herrschergewalt verdanken. Auf dem flach gewölbten Fuß sind wie eine Leibwache die vier Soldatenheiligen Gereon, Mauritius, Eustachius und Sebastian dargestellt. Besonders ausgezeichnet ist der hl. Kaiser Heinrich, den die Gegenseite des Vierpasses christusgleich als Herrscher zeigt, der sich seines Amts als würdig erwiesen hat. Seine Gemahlin Kunigunde ist zur Rechten des Kaisers zu sehen, noch ohne Heiligenschein, also noch vor ihrer Heiligsprechung, dargestellt, die erst im Jahr 1200 erfolgte. Links vom heiligen Kaiser hat sich der Stifter des Reliquiars verewigen und namentlich bezeichnen lassen. Dieser Welandus, ein Benediktinermönch, gehörte zum Konvent des Michaelisklosters in Hildesheim, für dessen Kirche das Reliquiar ursprünglich bestimmt gewesen ist. Nach der Aufhebung des Klosters zu Beginn des 19. Jahrhunderts gelangte es über eine Hildesheimer Privatsammlung in den Kunsthandel.

Dass die früheste bisher bekannte Darstellung des heilig gesprochenen Kaisers im Hildesheimer Michaeliskloster zu lokalisieren ist, hängt wohl damit zusammen, dass diesem Kloster schon von seiner Gründung im 11. Jahrhundert her aufgetragen war das Gedächtnis des Herrschers in Ehren zu halten. Ausdrücklich führt der Hildesheimer Gründerbischof Bernward (993–1022) in seinem so genannten 2. Testament an, dass er die Klosterstiftung auch auf den Rat seines Kaisers hin vorgenommen habe, und auch zu dessen Seelenheil sei die Gründung von St. Michael bestimmt. Wenn die Hildesheimer Benediktiner im 12. Jahrhundert relativ schnell in den Besitz von Heinrichsreliquien gelangten, so kann das vor dem Hintergrund der vielfältigen persönlichen Kontakte, die zwischen Bamberg und Hildesheim bezeugt sind, nicht weiter verwundern. Vermutlich sind die Sigismund- und Eugeusreliquien auf dem gleichen Weg in das Michaeliskloster gelangt, denn auch in Bamberg lassen sich Partikel dieser beiden Königsheiligen nachweisen.

Die Stiftung des Hildesheimer Heinrichsreliquiars erfolgte wahrscheinlich aus Anlass der feierlichen Altarweihen, mit denen 1189 eine sich über Jahre hinziehende durchgreifende Erneuerung von St. Michael zum Abschluss kam. Um die gleiche Zeit wurde dem Hildesheimer Domkapitel das berühmte Oswaldreliquiar gestiftet, wohl eine Schenkung Heinrichs des Löwen und seiner Gemahlin Mathilde, die erhebliches Aufsehen erregt haben dürfte. Es fällt auf, dass der heilige König Oswald am Heinrichsreliquiar besonders hervorgehoben ist, indem er zur Rechten Christi platziert und von diesem gesegnet wird. Oswald bleibt jedoch im Bildprogramm

Literatur:

AK Abglanz des Himmels, Kat.-Nr. 4.21, S. 189 (M. Brandt); Brandt, Studien; Swarzenski, Kunstkreis, S. 346–350.

des Heinrichsreliquiars dem heiligen Kaiser nachgeordnet, denn vor allem zu dessen Ehren hat Welandus seinem Kloster dieses Reliquiengefäß gestiftet, das möglicherweise eine Reaktion auf die Schenkung des welfischen Herzogspaars an den Dom darstellt. *M. B.*

Der Geburtstag und der Todestag Kaiser Heinrichs II. wurden in Memorialzeugnissen seiner Zeit – Kalendern und Nekrologen – eingetragen, um der Nachwelt überliefert zu werden.

190

A) SAKRAMENTAR MIT KALENDER

St. Gallen, 2. Hälfte 10. Jahrhundert

und Merseburg, 2. Jahrzehnt–2. Drittel 11. Jahrhundert

Handschrift/Pergament, 221 Blätter, 22,5 x 19; aufgeschlagen fol. 1ᵛ–2ʳ

Das Domkapitel der Vereinigten Domstifter zu Merseburg und Naumburg und des Kollegiatsstifts Zeitz, Merseburg (Cod. 129)

B) MARTYROLOG UND NEKROLOG VON ST. EMMERAM IN REGENSBURG

2. Drittel 11. Jahrhundert, Nachträge

Abb. 13

Handschrift/Pergament, 65 Blätter, 26,7–26,9 x 16,9–17,6; aufgeschlagen fol. 37ᵛ

Universitätsbibliothek Augsburg (Cod. I 2 2° 8)

Quellen:

MGH LMN NS 3;

MGH LMN NS 2,

S. XX–XXVII,

Abbildungsteil S. 1–31.

Literatur:

AK Bernward von Hildesheim,

Bd. 2, S. 237ff. Nr. IV-63

(U. Kuder); AK Otto der Große,

Bd. 2, S. 387ff. Nr. V. 40

(H. Hoffmann); AK Vor dem

Jahr 1000, S. 112 Nr. 28

(A. von Euw); Fuchs, Reichsstift

St. Emmeram; Hoffmann,

Buchkunst, S. 386; Nagel,

Domkapitel, S. 244f.;

Rademacher, Merseburger

Kalendarien, S. 174–178;

Rothe, Buchmalerei, S. 240,

Taf. 19; Schmid/Wollasch,

Memoria; Wellmer,

Persönliches Memento.

Im Merseburger Kalendar verzeichnete Bischof Thietmar von Merseburg eigenhändig den Geburtstag Kaiser Heinrichs II. Die bei Restaurierungsarbeiten im 19. Jahrhundert beschnittene und 1963 neu eingebundene Handschrift der Domstiftsbibliothek Merseburg zählt zu den kostbarsten Memorialzeugnissen aus ottonischer Zeit. Ihre Entstehungsgeschichte ist auf das Engste mit dem Skriptorium des Benediktinerklosters St. Gallen unter den Äbten Ymmo (976–984) und/oder Ulrich (984–1018) sowie mit Bischof Thietmar von Merseburg (1009–1018) und seinem Umfeld verbunden. Der Kalender (fol. 1ʳ–8ʳ), dessen zwei erste Blätter bis auf geringe Reste verloren sind (erhaltener Zeitraum: 17.3.–31.12.), und das gregorianische Sakramentar (fol. 28ʳ–203ᵛ; 206ʳ–218ʳ) wurden im Wesentlichen von einer kalligrafischen Hand geschrieben. Darüber hinaus lassen sich eine gleichzeitige zweite Hand sowie eine weitere Hand nachweisen, die jedoch nur in sehr eingeschränktem Umfang tätig geworden sind. Die Zuordnung dieser drei Hände in das St. Galler Skriptorium ergibt sich daraus, dass in den Kalender die für das Bodenseekloster typischen Heiligenfeste eingetragen wurden, sowie aus dem Umstand, dass die in Gold und Silber ausgeführten Initialen mit ihren reichen Verzierungen in Form von Flechtwerk und Blattmotiven (vor allem fol. 36ᵛ–38ʳ) enge Verwandtschaft mit dem Sakramentarteil des Codex 342 der Stiftsbibliothek St. Gallen aufweisen. Die in St. Gallen entstandene Handschrift, die noch keine nekrologischen Einträge enthielt, gelangte im frühen 11. Jahrhundert höchstwahrscheinlich durch eine Schenkung Heinrichs II. an den von ihm im Jahr 1004 wiederbegründeten Merseburger Bischofssitz. Vielleicht ist der Codex mit der von Bischof Thietmar in seiner Chronik (VI, 102) und in der Merseburger Bischofschronik (MGH SS 10, S. 176) erwähnten, mit Gold und einer Elfenbeintafel geschmückten Handschrift („Euvangelium auro et tabula ornatum eburnea") gleichzusetzen. Da der – sicherlich einst vorhandene – kostbare Einband des Codex 129 ebenso wie alle übrigen mittelalterlichen Prachteinbände der Merseburger Domstiftsbibliothek im Gefolge des Schmalkaldischen Krieges (1546/1547) abhanden gekommen ist, lässt sich dies jedoch nicht mehr beweisen.

In Merseburg wurden sowohl der Kalender als auch das Sakramentar den eigenen Bedürfnissen angepasst. Beidseitig des Schaftes einer T-Initiale des Sakramentars trug Bischof Thietmar mit eigener Hand die Bitte an einen nachfolgenden Priester (seinen Amtsnachfolger?) ein, seiner zu gedenken (fol. 38ʳ). Darüber hinaus wurden zwischen dem zweiten Jahrzehnt und dem letzten Drittel des 11. Jahrhunderts von verschiedenen in Merseburg tätigen Händen Ergänzungen und Korrekturen vorgenommen (so fol. 8ᵛ–27ʳ, Ergänzung der Adventssonntage). Weit bedeutsamer ist jedoch die in Merseburg erfolgte Veränderung des St. Galler Kalenders. Ergänzt wurden hier nicht nur weitere Heiligenfesttage, sondern auch die Namen von über 700 Toten. Diese Namen wurden von mehreren Händen eingetragen, wobei sich zwei Hauptschichten unterscheiden lassen. Trotz der in jüngster Zeit geäußerten Zweifel (H. Hoffmann) ist aus guten Gründen an der These festzuhalten, dass die erste, auf 1015/16 zu datierende Namensschicht den Verwandten- und Bekanntenkreis Bischof Thietmars von Merseburg widerspiegelt, während die zweite, um 1017/18 eingetragene Ergänzungsschicht die Memorialtradition der ottonischen Herrscherfamilie und ihres bayerischen Nebenzweigs darstellt und aus ihrem Eintrag auf die von Kaiser Heinrich II. bewusst veranlasste Verlagerung des ottonischen Familiengedenkens von Quedlinburg nach Merseburg geschlossen werden darf (Althoff/Wollasch).

Das aufgeschlagene Doppelblatt (fol. 1ᵛ–2ʳ) verdeutlicht die außergewöhnlich engen Beziehungen zwischen Kaiser Heinrich II. und Bischof Thietmar von Merseburg (Kat.-Nr. 56). Letzterer trug mit eigener Hand in den Zwischenraum zwischen dem 5. und 6. Mai den Geburtstag des Herrschers nach („natalis dies Heinrici imperatoris"). Da sich aus weiteren Quellen ergibt (Thietmar VI, 60), dass Heinrich II. am 6. Mai Geburtstag hatte, ist der Eintrag wohl auch hier auf diesen Tag zu beziehen. Der letzte Liudolfinger gehört zu den wenigen Herrscherpersönlichkeiten des Früh- und Hochmittelalters, deren Geburtstag bekannt ist. Dass er selbst diesem Tag besondere Bedeutung beimaß, ergibt sich aus verschiedenen Schenkungen (vgl. D H II. 134 f.) und symbolischen Handlungen, wozu vor allem die am 6. Mai 1012 erfolgte und ebenfalls auf fol. 2ʳ verzeichnete Weihe des Bamberger Doms gerechnet werden muss („Dedicatio Babenbergensis ęcclesię"). Vielleicht sah Kaiser Heinrich II. in dem Umstand, dass der wohl auch für ihn beispielhafte Kaiser Otto I. genau einen Tag nach seinem Geburtstag, also am 7. Mai 973, verstorben war (fol. 2ʳ: „Otto maior magnus imperator"), ein besonderes Vorzeichen für seine Herrschaft.

H. K.

An seinem Todestag, dem 13. Juli, beten geistliche Gemeinschaften alljährlich für Kaiser Heinrich II. Martyrolog und Nekrolog stellen die liturgische Gedenküberlieferung des Klosters St. Emmeram/Regensburg in Form eines täglichen Kalenders für den liturgischen Gebrauch zusammen, beginnend mit dem 1. Januar und mit kleiner Lücke (verlorene Tageseinträge vom 1. bis 6. November) bis zum 31. Dezember reichend (fol. 2ᵛ–65ᵛ). Das umfangreichere Verzeichnis von kommemorierten Märtyrern (Martyrolog) wird mit knapperen Notizen zu den Todesdaten von Stiftern, Wohltätern, Äbten, Mönchen und vielen mit dem Kloster verbundenen geistlichen wie weltlichen Personen (Nekrolog) kombiniert. Die Mönche erinnerten diese Namen im täglichen Kapiteloffizium und bekräftigten in der Fürbitte die Gemeinschaft von Lebenden und Toten. Die eingetragenen Herrscher und Adligen bezeugen die Verbundenheit der Karolinger, Ottonen, Heinriche, Salier, Agilolfinger, Luitpoldinger und mehrerer Grafenfamilien mit dem ehrwürdigen Benediktinerkloster.

Die Regensburger Mönche gedachten nicht nur Heinrichs II. und Kunigundes, sondern auch der liudolfingischen und luitpoldingischen Vorfahren und Verwandten des Kaisers. Das Nekrolog verzeichnet alle bayerischen Heinriche mit ihren Frauen und aus der königlichen Linie Heinrich I., Otto I. den Großen mit seiner ersten Gemahlin Edith sowie Otto III. Auf der ausgestellten Seite (fol. 37^r) teilt die durchgehende Arkadenarchitektur das namenreichere Martyrolog (links) von den Nekrolognotizen (rechts) zum 12., 13. und 14. Juli ab. In Majuskel ist Kaiser Heinrich II. oberhalb der Mitte der rechten Spalte eingetragen: „HEINRICVS IMPR".

Zunächst umfasste die seit 1036 angelegte Handschrift 64 Blätter; ein Titelblatt wurde spätestens im 16. Jahrhundert vorgeschaltet. Die ursprünglich erste Seite (fol. 2^r) blieb anfangs frei; hier wurden ein Reliquienverzeichnis, eine Weihenotiz und eine Translationsnachricht des hl. Wolfgang zu 1052 nachgetragen. Der Codex kam im frühen 13. Jahrhundert ins niederbayerische Kloster Biburg und gelangte über mehrere Stationen (zuletzt Fürstlich Oettingen-Wallerstein'sche Bibliothek und Kunstsammlung) nach Augsburg. *B. Sch.*

Im deutschen Sprachraum wird am 13. Juli das Fest des heiligen Kaisers Heinrich und der heiligen Kaiserin Kunigunde begangen. In der Erzdiözese Bamberg haben beide ein eigenes Hochfest. Von den Gläubigen werden diese Festtage mit großer Anteilnahme gefeiert.

191 MESSFORMULAR ZUM HEINRICHSFEST

Quellen:
Die Eigenmessen der Erzdiözese Bamberg, lateinisch und deutsch. Im Anschluß an das Meßbuch der heiligen Kirche, von Anselm Schott O.S.B., hg. von Pius Bihlmayer, O.S.B., Freiburg i. Br. 1925, S. 9–14, 33–38; Die Eigenmessen der Erzdiözese Bamberg, Lateinisch und deutsch. Im Anschluß an die Schott-Meßbücher, hg. von den Benediktinern der Erzabtei Beuron, 2. Aufl., Freiburg i. Br. 1953, S. 12–17, 43–48; Lateinisch-Deutsches Altarmessbuch, Bd. 3, hg. von der Fuldaer und Schweizer Bischofskonferenz, Köln/Freiburg i. Br. 1968, S. 7 f., 33 ff.; Missae Propriae Archidioecesis Bambergensis cum Calendario, Eigenmessen der Erzdiözese Bamberg mit Kalender, hg. von der Erzdiözese Bamberg, Freiburg i. Br. 1968, S. 7 f., 33 ff.

Die Messfeiern in der römisch-katholischen Kirche sind nach bestimmten Regeln aufgebaut, die sich in feststehende und variierende Abschnitte teilen. Zu jeder Eucharistiefeier gehören Kyrie, Gloria, Credo, Sanctus, Hochgebet und Agnus Dei (Ordinarium). Daneben gibt es in den Messen für bestimmte Zeiten oder Gedenktage Teile, welche auf die spezielle Zeit oder den Gedenktag eingehen (Proprium).

Die Erzdiözese Bamberg hat ihre besonderen Feste mit eigenen Messformularen in den Propriumsteilen ausgestaltet. Eine bevorzugte Stellung nehmen hier die Hochfeste der Gründer des Bistums Bamberg, Kaiser Heinrich II. und Kaiserin Kunigunde, ein. Das heute gültige Proprium zum Hochfest des Kaisers stellt nicht nur eine Überarbeitung früherer Messformulare dar, sondern es ist in großen Teilen eine Neuschöpfung. Dagegen sind die nachkonziliaren Texte des Messbuchs III von 1965, der „Missae Propriae Archidioecesis Bambergensis" von 1967 und im Anschluss an das Schott-Messbuch „Die Eigenmessen des Erzbistums Bamberg" von 1968, verglichen mit den Schott-Texten zum Messbuch von 1925 und 1953 (2. Auflage), nur eine sprachlich wenig veränderte Neufassung. Der heute gültige Text von Tagesgebet, Gabengebet und Schlussgebet ist der zeitgemäße Versuch, die Verehrung der Heiligen in Sprache zu fassen.

Im Proprium sind das Tages-, das Gaben- und das Schlussgebet zusammengestellt. Der erste Satz des Tagesgebets nimmt Bezug auf das Kirchengebet in den Schott-Messbüchern von 1925 und 1953. Der anschließende Text bezieht sich mehr auf die Betrachtung des hl. Heinrich als Bistumsgründer und Schutzheiliger der Kirche von Bamberg. Auch die Folgerung, dass Kaiser Heinrich II. Fürsprecher dafür sei, unsere Aufgaben in Kirche und Welt zu erfüllen und so zur Freude des ewigen Lebens zu gelangen, ist in dieser Zusammenstellung gegenüber den älteren Texten neu, während in den Vorgängertexten das Widerstehen des Kaisers gegen die Lockungen der Welt hervorgehoben und er selbst als Beispiel der Nachfolge empfohlen wurde.

Die älteren Texte des Gabengebets gingen nur allgemein auf die Heiligen, zu deren Gedächtnis das „Opfer des Lobes" dargebracht wird, ein; das heutige Gabengebet hingegen verweist auf den hl. Heinrich und sein Leben als Hingabe an den göttlichen Auftrag. Die Kraft der Eucharistie soll den Menschen, wie einst Kaiser

Heinrich II., stärken in der Gegenwart Gottes zu wandeln und Zeuge seiner Liebe zu sein. Das Schlussgebet geht, wie auch die älteren Texte, nur kurz auf Kaiser Heinrich ein und erwähnt, dass an seinem Fest durch den Leib und das Blut Christi die Gläubigen befähigt werden Anteil am göttlichen Leben zu erhalten.

Während also in den früheren Texten zur Eigenmesse des hl. Heinrich die persönliche Frömmigkeit des Kaisers im Vordergrund stand, so ist in den derzeit gültigen Texten mehr Wert auf die offiziellen Aufgaben Heinrichs als Kaiser gelegt. Trotzdem wird die Komponente seiner persönlichen Frömmigkeit nicht völlig aufgegeben, da sein Leben auch als Hingabe an Gott interpretiert wird. Beide Schwerpunkte, das öffentliche wie das private Leben, werden angesprochen in der Präfation zum Heinrichsfest (nicht ausgestellt), die den Kaiser als Herrscher und als Sohn der Kirche anspricht.

Ähnliches ist für die Messtexte zur Feier des Hochfestes der hl. Kunigunde festzustellen. Auch hier hat in den Eigentexten eine Verschiebung von der rein persönlichen Frömmigkeit hin zu den öffentlichen Aufgaben der Kaiserin stattgefunden. Auffällig ist, dass bereits in den Texten von 1967 und 1968 Kunigunde nicht mehr zu den Jungfrauen gezählt wird, sondern zu den Bekennern. Ansonsten sind die Gebete zum Hochfest der hl. Kunigunde kaum verändert worden. Erst das Bamberger Diözesanproprium zum Messbuch enthält neue Texte, die Kaiserin Kunigunde als fürsorgliche Frau, die sich gleichermaßen um die Belange des Staates wie der Kirche kümmert, zeigen. Ihre Kinderlosigkeit befähigt sie auch als Mutter für die Armen einzutreten. Wie in den Messtexten zum hl. Heinrich ist in der Präfation zum Gedenktag der hl. Kunigunde sowohl die persönliche wie die öffentliche Komponente ihres Lebens dargestellt. *L. G.*

Totenmessen dienten im Rahmen der Memoria dem Gedenken an die Verstorbenen. In Bamberg erinnerte man sich der Stifter des eigenen Bistums.

TOTENMESSEN KAISER HEINRICHS II. UND KAISERIN KUNIGUNDES 192
Messformulare des 11. Jahrhunderts
Kloster Seeon, 1033–1061 (?)
Handschrift/Pergament, 275 Blätter, 23,5 x 17,5; aufgeschlagen fol. 258ʳ–259ᵛ
Österreichische Nationalbibliothek, Wien (Cod. 1845)

Der liturgische Codex aus Kloster Seeon – bestehend aus Graduale und Sakramentar sowie Nachträgen – wurde für die Bamberger Domkirche hergestellt. Schon der Hauptschreiber trug die Totenmessen Kaiser Heinrichs II. und Kaiserin Kunigundes („MISSA HEINRICI IMPERATORIS SPECIALIS IN BABENBERHC" und „ALIA MISSA CHVNIGVNDE IMPERATRICIS") ein. Der Text entstammt der Messtradition ottonischer Sakramentare, die noch quellenkritischer Sicherung bedarf. Das frühe Bamberger Gedenken nach dem Tod Heinrichs II. (1024) und Kunigundes (1033) zielte nicht auf die Heiligsprechungen, es entstammte vielmehr der Fürbitte für die Stifter. Das Bamberger Formular diente der spätmittelalterlichen Memoria Herzog Heinrichs des Löwen († 1195) im Braunschweiger Kollegiatstift St. Blasius (elf Handschriften) als wörtliche Vorlage.

Die ausgestellten Totenmessen gelten als älteste und beste Textzeugen der Totenmessen, die noch in zwei anderen Handschriften überliefert sind (zweite Hälfte 11. Jahrhundert aus dem Bamberger Dom: Staatsbibliothek Bamberg, Msc. lit. 2, fol. 201ʳ–202ʳ; Domschatz Trier, Hs. 151/62, fol. 231ᵛ–232ᵛ). Die Datierung der Wiener Handschrift und ihre Entstehungsumstände bleiben umstritten: Während die Haupthand die beiden Totenmessen schrieb, trugen spätere Hände die Todestage Heinrichs II. und Kunigundes im Kalender (fol. 65ᵛ–71ᵛ, hier 66ᵛ, 68ᵛ) nach. Da-

Meßbuch. Diözesanproprium für das Erzbistum Bamberg, hg. vom Erzbischof von Bamberg Elmar Maria Kredel, Bamberg 1989, S. 32f., 46f., 88f., 100f.

Quellen:
Hoffmann, Mönchskönig (Edition der beiden Totenmessen); Schneidmüller, Billunger, S. 60f.

Literatur:
AK Schreibkunst, S. 160f. (A. Schütz); Hermann, Handschriften, S. 26–32; Hoffmann, Buchkunst, S. 414f.; Hoffmann, Bamberger Handschriften, S. 184f.; Klauser, Heinrichs- und Kunigundenkult, S. 37, 181.

tierungsvorschläge auf die Lebenszeit Heinrichs II. (vor 1024) oder Kunigundes (vor 1033) sind problematisch, weil es für Textentwürfe von Totenmessen zu Lebzeiten der Kommemorierten bislang keine zeitgenössischen Beispiele gibt. Der Codex entstand vermutlich nach Kunigundes Tod 1033 und vor 1061, als allgemeine Fürbitten für Papst, König, Königin und Bischof mit konkreten Namen verbunden wurden (fol. 11^r: N. wird jeweils ersetzt durch Papst Nikolaus II. [1059–1061], König Heinrich IV., Königin Bertha, Bischof Rupert von Bamberg).

Im 13. Jahrhundert befand sich die Handschrift im Stift St. German/Speyer (fol. 1^r und 58^r), im 16. Jahrhundert gelangte sie in die kaiserliche Büchersammlung und später in die Österreichische Nationalbibliothek. *B. Sch.*

In seiner ältesten erhaltenen Lebensbeschreibung wird Heinrich II. als Stifter des Bamberger Doms mit dem Kirchenmodell dargestellt.

193 ZIERBILD AUS EINER VITA SANCTI HEINRICI

Bamberg, um 1150

Feder/Pergament, laviert, in einer Sammelhandschrift mit 29 Blättern, 30,2 x 21,2; aufgeschlagen fol. 1

Kärntner Landesarchiv, Klagenfurt (GV-Hs. 1/29)

Quelle:
Adalbert, Vita Heinrici, S. 3ff.

Literatur:
AK Die Andechs-Meranier,
S. 371 f.; Deuer, Kärntner
Landesarchiv; Eisler,
Handschriften, S. 24 f.;
Ogris, Überlieferung.

Als Erzbischof Eberhard I. von Salzburg (1147–1164) kurz nach seinem Amtsantritt im Juli 1147 nach Bamberg reiste, um dort an den Vorbereitungen anlässlich der Heiligsprechung Kaiser Heinrichs II. teilzunehmen, beauftragte er seinen geschätzten und befähigten Gurker Suffragan Roman I. (1131–1167) mit der Führung seiner Amtsgeschäfte. Der Erzbischof ließ Roman zum Dank oder als Erinnerung eine Lebensgeschichte des Kaisers und Bistumsstifters zusenden. Zwei an den Bischof adressierte, der Handschrift heute beigebundene Briefe berichten von der Ankunft Eberhards in Bamberg und bringen das Bedauern des dortigen Bischofs wegen Romans Fernbleiben, verbunden mit dem Versprechen von Reliquien, zum Ausdruck.

Die Heinrichsvita (16 Blätter) blieb lange Zeit mit den beiden Briefen bei den Gurker Bischöfen und wurde vielleicht im Umfeld des ersten Kanonisationsprozesses der Hemma von Gurk um 1466 mit einem Reimoffizium und einer Lebensgeschichte dieser Kärntner Gräfin vereinigt. Von Gurker Seite wurden offenbar bewusst Parallelen zwischen den Bistumsgründungen von Bamberg und Gurk gezogen und auch ein Stifterbild Hemmas eingefügt.

Die Sammelhandschrift erhielt im 16. Jahrhundert einen neuen Ledereinband mit figuralen Szenen aus der Passion Christi. In der Folge verliert sich über längere Zeit ihre Spur. Sie soll im 19. Jahrhundert in Straßburg im Elsass von einem Händler für das Gurker Domkapitel zurückgekauft worden sein, das die Handschrift als dauerndes Depositum dem Geschichtsverein für Kärnten übergab (heute im Kärntner Landesarchiv).

Die erste Seite der Heinrichsvita nimmt ein ganzseitiges Bild in gelb, grün und rot ausgetuschter Federzeichnung ein, das von einer Textzeile umrahmt wird. Das Dedikationsbild in gängiger hochmittelalterlich-romanischer Manier umfasst zwei Ebenen: In der oberen „himmlischen" Hälfte auf gelbem Grund thront der segnende Christus, links flankiert vom Erzengel Michael und rechts vom Apostelfürsten Petrus, den Patronen der Benediktinerabtei St. Michael und des Westchors des Bamberger Doms. In der darunter liegenden „irdischen" Bildhälfte auf grünem Grund bringt Kaiser Heinrich II. Christus ein doppeltürmiges Modell des von ihm gestifteten Bamberger Doms dar. Zu seiner Linken steht der 1189 heilig gesprochene Bischof Otto von Bamberg (1102–1139) und zu seiner Rechten Heinrichs Gemahlin Kunigunde, die 1200 kanonisiert wurde (deswegen ist hier nur Heinrich mit

S[anctus] bezeichnet). Alle drei halten Spruchbänder in ihren Händen. Die Dargestellten waren auch für Kärnten von erheblicher Bedeutung: das Kaiserpaar wegen seiner Güterstiftungen an das neu gegründete Bistum (etwa das obere Lavanttal, Villach und das Kanaltal), Bischof Otto als Kirchengründer (wie St. Leonhard im Lavanttal).

Die vorliegende Heinrichsvita ist bereits um 1145 im Kloster Michelsberg verfasst worden. Eine jüngere, von Adelbert überarbeitete Abschrift (um 1170/80), ebenfalls mit einem Dedikationsbild des Kaisers sowie einer Kunigundenvita versehen, wird in der Bamberger Staatsbibliothek verwahrt. *W. D.*

Die Lebensbeschreibungen, die zur Heiligsprechung Heinrichs II. und Kunigundes vorbereitet wurden, stellen die vorbildlichen Taten und Wunder des Kaiserpaars zusammen.

DIE HEILIGENVITEN HEINRICHS II. UND KUNIGUNDES 194

Bamberg, vor 1170/um 1225

Handschrift/Pergament, 28 x 19; aufgeschlagen fol. 1ᵛ–1aʳ

Staatsbibliothek Bamberg (R. B. Msc. 120)

Die Handschrift besteht aus zwei Teilen: Der erste Teil (fol. 1aʳ–30ᵛ) ist in gotischer Minuskel vor 1170 geschrieben worden und enthält die Vita Heinrici. Der zweite, um 1225 ebenfalls in gotischer Minuskel geschriebene und später hinzugebundene Teil (fol. 33ʳ–49ᵛ) enthält die Vita Cunegundis und einige kleinere Texte des Heinrichs- und Kunigundenkults.

Um 1145 verfasste ein anonymer Bamberger Geistlicher eine Lebensbeschreibung Heinrichs II., die ihn als heiligen Herrscher feierte. Mit diesem Text warben der Bamberger Bischof Egilbert und das Kloster Michelsberg für eine Heiligsprechung Heinrichs in Rom, was 1146 zum Erfolg führte (Kat.-Nr. 184). Um 1160 wurde die Vita Heinrici von dem Bamberger Diakon Adelbert um Urkunden und Aktenstücke zur Bamberger Bistumsgeschichte ergänzt und auf diese Weise das Leben des Stifters und die Geschichte seiner prominentesten Stiftung verschmolzen.

Dem Text dieser jüngeren, erweiterten Heinrichsvita ist im R. B. Msc. 120 ein koloriertes Widmungsbild (fol. 1ᵛ) vorangestellt. Es zeigt in der Mitte oben Christus in der Mandorla, flankiert von den Patronen des Bamberger Doms, Georg (rechts, mit Diadem, phrygischer Mütze und Märtyrerpalme) und Petrus (links, mit Schlüssel). In der unteren Bildmitte sind Heinrich (links) und Kunigunde (rechts) zu sehen, die Christus gemeinsam die Domkirche darbringen. Unter den beiden findet sich in einem Halbkreis das Brustbild eines Mönchs mit Tonsur, der zum Herrscherpaar bzw. Christus aufblickend ein Buch darreicht. Die umlaufende Beischrift nennt ihn „Adelbertus diaconus". Das von ihm geschriebene und dem Kloster Michelsberg dedizierte Urexemplar der Langfassung hat sich in der Handschrift GV 1/29 des

Quelle:
Adalbert, Vita Heinrici, S. 3 ff.

Literatur:
Klauser, Heinrichs- und Kunigundenkult, S. 84 f., 199 (Nr. 1); Suckale-Redlefsen, Handschriften, S. 54–57 Nr. 56, S. 152 ff. mit Abb. 134 ff.

Kärntner Landesarchivs, Klagenfurt (Kat.-Nr. 194), erhalten. In der Abschrift des R. B. Msc. 120 hat Adelbert dagegen nur noch die Um- und Beischriften im Widmungsbild beigesteuert.

Vor 1199 entstand wohl ebenfalls in Bamberg eine Lebensbeschreibung Kunigundes, in der ihr Wirken als Kaiserin und insbesondere als Äbtissin des im Jahr 1017 aufgrund ihres Gelübdes gegründeten Klosters Kaufungen geschildert wird. Eine populäre legendarische Episode aus dem Leben der Kaiserin ist der Vita als Miniatur vorangestellt (fol. 32ᵛ). Das Bild zeigt, wie Kunigunde – fälschlich der ehelichen Untreue bezichtigt – zum Beweis ihrer Unschuld mit bloßen Füßen über glühende Pflugscharen schreitet. Diese Erzählung stammt aus der Vita Heinrici und ist in zahlreichen Handschriften der jüngeren Kunigundenvita übernommen worden.

M. St.

Die silbervergoldete und mit transluziden Emails geschmückte Reliquien-Monstranz. Sie birgt die Reliquien des heiligen Kaiserpaars, die die Bischofskirche Basel aus Bamberg als Geschenk erhielt.

195 DIE KAISERPAAR-MONSTRANZ

Basel nach 1347, wohl vor 1356

Inschriften:

.Sanctus.HEInRicus.ImPerATOR.ET.COnFessor (Schriftband der Heinrichsstatuette)

Sancta.KVNIGVDis.ImPerATriX.VirGO (Schriftband der Kunigundenstatuette)

AVE MARIA GREIA(sic! für Gratia) (Spruchband des Verkündigungs-Engels im Email der Turmfenster)

Kreisförmige Tituli rahmen die acht Emailmedaillons auf dem Fuß der Monstranz

+HEINRICVS+CESAR+PRESENS+TEMPLVM+REPARAVIT

+PORTAVIT+CoR+CRVCEM+KVNIGVNDIS+CESARIS+VXOR

+REGINE+RADIVS+SOLIS+SVMPSIT+CYROTHECAM

+NEPTIS+MAXILLA+FERT+ICTVS+PVBLICA+SIGNA+

+ARP(für D)ENTES+VOMERES+NON+REGINE+NOE(für C)VERVNT/

im Medaillon: Sancta KVNIGVnDis

+DVCITVR+AD+CELVM+CESAR+MEDIANTE+CATHINO+/

im Medaillon: Sanctus LAVRENTius

+VT+VIDIT+POST+SEX+ANNOS+DVX+EFFICITVR+REX+/

im Medaillon: POST SEX

+CALCVLVS+AD+PALMAM+REGIS+DATVR+A+BENEDICTO

Silber, vergoldet, getrieben, gegossen, punziert, graviert, transluzide Tiefschnitt-Emails, Bergkristall (Zylinder), H. 66,6, Ø 22 (Fuß), Gewicht 3085 g (eingeritzt 11,5 Lot)

Historisches Museum Basel (1933.158)

Am 4. November 1347 erhielt Basel von Fürstbischof und Domkapitel von Bamberg Armreliquien des hl. Heinrich und der hl. Kunigunde. Im darauf folgenden Jahr stiftete der Subkustos Johannes Landser einen Altar zu Ehren des Herrscherpaars. Am 13. Juli 1348 wurde im Bistum Basel zum ersten Mal der Heinrichstag als liturgischer „duplex-Feiertag" begangen. Er zählt seitdem zu den sieben höchsten Feiertagen des Kirchenjahrs. Patrozinien des Basler Münsters waren die Mutter Gottes, Kaiser Heinrich II. und Pantalus, der legendäre erste Bischof von Basel.

Die gegossenen Figuren des gekrönten Kaiserpaars stehen auf von Engeln gestützten Pfeilern zuseiten des Kristallzylinders und flankieren den Turmhelm der kostbaren Monstranz. Der Kaiser hält ein Zepter in der linken und ein Kirchenmodell auf der rechten Hand. Er hatte den Wiederaufbau des Basler Münsters gefördert und zur Weihe im Jahr 1019 Reliquien und liturgisches Gerät geschenkt (davon

Quellen:
Brilinger, Ceremoniale; Inventare
des Basler Münsterschatzes,
1477.

Literatur:
Burckhardt, Drei kostbare
Werke; Burckhardt, Kunstdenkmäler; Büttner, Kaiserpaarmonstranz; Guth-Dreyfus, Transluzides Email, S. 47ff.; Husband/
Chapuis, Treasury; Pfaff, Kaiser
Heinrich II.; Roth, Sankt Kunigunde (1988).

195

sind heute noch die goldene Altartafel im Musée National du Moyen Âge – Thermes et Hôtel de Cluny, Paris [Kat.-Nr. 11] und das so genannte Heinrichskreuz im
Kunstgewerbemuseum Berlin erhalten). Kunigunde hält mit beiden Händen ein Li-
lienkreuz. Auf einem Spruchband sind der Kaiser und die Kaiserin jeweils als Herrscher und Heilige bezeichnet (vgl. Inschriften). In acht Email-Medaillons auf dem
Fuß der Monstranz sind Heinrich und Kunigunde einmal thronend und in je drei
Szenen aus ihrer Vita dargestellt. Die wohl später hinzugefügten Tituli-Ringe mit
daktylischen Hexametern erklären die dargestellten Szenen (vgl. Inschriften). Diese

195 (Details)

Schriftringe verdecken eine vom Goldschmied bereits punzierte leicht bombierte Fläche. Eine vergleichbare Art rahmender Beschreibung von Szenenfeldern zeigt das um 1300 in Süddeutschland entstandene so genannte Bamberger Antependium, eine Stickerei in Gold und Seide auf Leinen, welche die Anbetung der Könige in vier ovalen Medaillons darstellt (Bayerisches Nationalmuseum, München). Vorbild für solche Inschriften-Rahmen mögen die typologischen Darstellungen der Biblia Pauperum aus dem 13./14. Jahrhundert gewesen sein. Weiterer Emailschmuck findet sich auf der Kaiserpaar-Monstranz in den acht Fenstern der Schaftbasis (nimbierte Köpfe), an den ebenso vielen rhombenförmigen Stiften, den Rotuli des Knaufs (sechsblättrige Blumen) und in den maßwerkverzierten Fenstern des oktogonalen Turms (Verkündigungsengel und Maria, Petrus und Paulus sowie vier stehende Heilige). Außerdem ist die Knospe der Kreuzblume als Bekrönung des nicht durchbrochenen Turmhelms blau emailliert.

Die Monstranz mit dem transluziden Emailschmuck ist wohl von einem Basler Goldschmied gefertigt worden. Mitte des 14. Jahrhunderts waren ein halbes Dutzend „aurifabri" in der Stadt am Rheinknie tätig, die sicherlich auch die Technik des Emaillierens beherrschten. Die Kaiserpaar-Monstranz weist stilistische Ähnlichkeiten zu den kurze Zeit vorher wahrscheinlich ebenfalls in Basel hergestellten Glasfenstern der Klosterkirche in Königsfelden auf, der Grablege der Habsburger. Parallelen bestehen insbesondere bei den Architekturmotiven und Maßwerkformen, den turmflankierenden Figuren mit Spruchbändern, den stilisierten Eichenblättern sowie den Engelprotomen.

Die Kaiserpaar-Monstranz blieb bis zur Reformation 1529 Bestandteil des Kirchenschatzes des Basler Münsters und wurde weiterhin in der Sakristei aufbewahrt. Anlässlich der Trennung des Kantons in Basel-Stadt und Basel-Landschaft im Jahr 1833 wurde der Kirchenschatz geteilt, die Kaiserpaar-Monstranz fiel per Los an Basel-Landschaft. 1864 wurde sie an den Pariser Antiquar Löwengard verkauft, der sie 1867 dem Kunstsammler Alexander P. Basilewsky veräußerte. 1884 erwarb Zar Alexander III. die Sammlung Basilewsky für die Eremitage in St. Petersburg. 1933 gelangte die Kaiserpaar-Monstranz durch Verkauf wieder nach Basel, wo sie seither im Historischen Museum verwahrt wird. Die Kronen des Kaiserpaars, der horizontale Kreuzarm und die Flügel beider Engel wurden nach 1867 ergänzt. Die Füße der Heinrichstatuette fehlen (wohl mittelalterlicher Schaden). Die Verbindungen zwischen den Engeln und den Säulen sind vermutlich neuere Reparaturen.

M.-C. B.-F.

Als Stifterfigur ist auf dieser Monstranz Heinrich II. in langem Mantel mit Krone und Zepter verewigt.

196 RELIQUIENMONSTRANZ

Salzburg (?), um 1380/90

Silber, teilweise vergoldet, Glasflüsse, Perlen, Zylinder aus Bergkristall, H. 26,5

Dommuseum zu Salzburg

Literatur:
AK Meisterwerke, Nr. 26; AK Salzburgs alte Schatzkammer, Nr. 20; AK Salzburgs bildende Kunst, S. 84; Neuhardt, Dommuseum, Nr. 23; Rossacher, Schatz, Nr. 14; Tietze, Kirchliche Denkmale, S. 53.

Das zylindrische Schaugehäuse ruht auf einem sechsseitigen Fuß und Schaft. Der Fuß ist zwischen den Ecken, die mit Kugelhäufchen besetzt sind, konkav eingezogen; am Steilrand verläuft ein Rosettenfries. Über dem flachen sechsseitigen Nodus vermittelt ein profilierter Schaftteil zum Reliquiengehäuse: Der Zylinder aus Bergkristall ist zwischen zwei kreisrunde gekehlte Manschetten eingesetzt, die von Lilienfriesen begrenzt und durch zwei kannelierte Bänder verbunden sind. Seitlich sind gotische Architekturelemente angebracht. Auf Konsolen unter Baldachinen stehen zwei gegossene Heiligenfiguren: Kaiser Heinrich II. in langem Mantel mit Krone und Zepter, rechts Koloman in Pilgertracht, mit dem Strick in der Hand. Getragen von einem kleeblattförmig auslaufenden Fuß bekrönt das Reliqiuar ein Kreuz zur Aufnahme von Reliquien. Die Vorderseite zeigt ein kleines gegossenes Kruzifix. Zwischen den Kreuzbalken sitzen Perlen, die Dreipassenden schmücken aufgelegte Blüten mit Glasflüssen. *R. G.*

Zu den zahlreichen Gegenständen in den Bamberger Kirchenschätzen, die man als Geschenke der Kaiserin Kunigunde ansah, gehört auch ein Gürtel.

So genannter Gürtel der hl. Kunigunde 197

196

Brettchenweberei: Süditalien oder Spanien, 11./12. Jahrhundert

Silberplatten: Bamberg (?), 14. Jahrhundert

Brettchenweberei, Silberplatten, vergoldet, Samt, Flussperlen, 142 x 3,8

Diözesanmuseum Bamberg (2728/3–3)

Ein Band mit rot-blauem Karomuster in Brettchenweberei wird auf beiden Schmalseiten durch weitere Brettchenwebereien in Gold und Rot verlängert. Den Abschluss bilden quadratische vergoldete Silberplatten, die auf Vorder- und Rückseite gravierte Evangelistensymbole zeigen. Das Karomuster-Band bedeckte einst ein Streifen aus braunem Samt, der bei einer der letzten Restaurierungen abgetrennt wurde. Auf ihm ist mit kleinen Flussperlen „SANCT CVNEGVNDA GVRTL" aufgestickt. Obwohl der Schriftduktus der Kapitalis recht fortgeschritten erscheint, muss die Stickerei noch ins 18. Jahrhundert datiert werden, da sie bereits 1799 von Christoph Gottlieb von Murr erwähnt wird. Er sah den Kunigundengürtel noch im Kloster Michelsberg, wo er erstmals in einem Inventar von 1483 genannt ist.

Im späten Mittelalter galt nur das Karomuster-Band als Kunigundengürtel. Seine Länge – 48,8 Zentimeter – stimmt genau mit dem Maß überein, das der Michelsberger Benediktiner Nonnosus Stettfelder für die Taillenweite der hl. Kunigunde hielt und das er 1511 seiner Heinrichs- und Kunigundenlegende beifügte: „Die Linia vier mal gemessen ist dye recht dick der heiligen junckfrawen sant Kungunden".

Über die ursprüngliche Verwendung des zusammengesetzten Bandes ist ebenso wenig bekannt wie über die Verwendung eines sehr ähnlichen Stücks, der so genannten Stola des hl. Nikolaus im Schatz des Klosters Andechs. Als Stola dürften beide Bänder nicht gedient haben, da sie dafür mindestens doppelt so lang sein müssten. Eventuell waren es aber Manipel, die Priester, Diakone und Subdiakone (bis zum Zweiten Vatikanischen Konzil) als Teil der liturgischen Gewandung am linken Handgelenk trugen. *R. B.-F.*

Zu den Gegenständen, die in Bamberg mit dem Namen der Kaiserin Kunigunde verbunden werden, zählt die „Schale der hl. Kunigunde".

So genannte Schale der hl. Kunigunde 198

Venedig, Anfang 16. Jahrhundert

Achatglas, Zinnfuß, H. (mit erneuertem Fuß) 9,7, Ø (Schale) 23,7

Diözesanmuseum Bamberg (2720/1–26)

Die große, nach oben ausschwingende Schüssel aus Achatglas zeigt verschiedene Farbtöne, bei denen Braun und Gelb vorherrschen. Bei Lichteinfall wandeln sich die Farben in Blutrot. Die Technik der Farbveränderung war im frühen 16. Jahrhundert bekannt, später ging dieses Wissen verloren. Ganz ähnliche Schalen wurden zwar noch im 18. Jahrhundert gefertigt, sie wiesen jedoch keine Rotfärbung mehr auf. Wie ein Vergleich mit anderen Achatschüsseln (z. B. im Getty-Museum) zeigt, ist die Bamberger Schale nicht vollständig erhalten. Ihr fehlt der hohe Fuß aus Achatglas, der spätestens im 18. Jahrhundert durch den niedrigen Fuß aus Zinn ersetzt

Quellen:

Staatsarchiv Bamberg, Rep. B 110 Nr. 3, Inventarium bonorum mobilium 1483, fol. 68ʳ; Stettfelder, Nonnosus: Dye legend und leben des Heyligen sandt Keyser Heinrichs, Bamberg 1511, ohne Seitenzählung.

Literatur:

AK Der Schatz vom Heiligen Berg Andechs, S. 20 f.; AK Sakrale Gewänder, S. 24; Baumgärtel-Fleischmann, Ausgewählte Kunstwerke, S. 28 f.; Murr, Merkwürdigkeiten, S. 155 f.

Quellen:
Chroniken der Stadt Bamberg,
S. 185; Staatsbibliothek
Bamberg, R.B. Msc. 49, fol. 60ʳ
(neue Zählung); Stettfelder,
Nonnosus: Dye legend und leben
des Heyligen sandt Keyser Heinrichs, Bamberg 1511, ohne Seitenzählung.

Literatur:
Baumgärtel-Fleischmann,
Ausgewählte Kunstwerke,
S. 36f.; Murr, Merkwürdig
keiten, S. 156; Theuerkauff-
Liederwald, Venezianisches
Glas, S. 74f.

wurde. Bis zur Säkularisation befand sich die Schale im Besitz des Benediktinerklosters auf dem Michelsberg in Bamberg. Christoph Gottlieb von Murr
beschrieb 1799 „die aus einem Glasflusse bestehende Schale, mit einem zinnernen
Fuße, der abgebrochen ist," und fügte die Legende an – wohl so, wie sie ihm von den
Benediktinern mitgeteilt worden war –, dass die hl. Kunigunde aus dieser Schale
die Bauleute von St. Stephan in Bamberg bezahlt habe.

Die Achatschale kann keinesfalls ein Geschenk der Kaiserin an das Kloster Michelsberg gewesen sein, da zwischen der Lebenszeit Kunigundes und der Entstehungszeit der Schale ein halbes Jahrtausend liegt. Die Schale war vielmehr zu unbekannter Zeit – vermutlich im 17. oder 18. Jahrhundert – an die Stelle einer älteren, nachweislich im Bauernkrieg stark beschädigten und zwischen 1539 und 1549
mit einer vergoldeten Kupferfassung wieder hergerichteten Schüssel getreten. Von
dieser berichtete als Erster der Benediktiner Nonnosus Stettfelder 1511, dass sie
„auß Cristalln gar köstlich gemacht [ist], (dye noch zu Bamberg in sant Michels
closter auff dem Monichperg / mitten in der Kirchen obe dem altar des heyligen
Creutz / zyrlich vn[d] erlich behalten wirt, vn[d] von ydermenigklich teglich gesehen) [werden kann]". Ob diese verloren gegangene Kristallschüssel wirklich ein Geschenk der Kaiserin Kunigunde an das Kloster Michelsberg war, ist heute nicht mehr
festzustellen (Kat.-Nr. 106).   *R. B.-F.*

Ein nur fragmentarisch erhaltenes Reliquiar aus dem Bamberger Domschatz
erhielt im 19. Jahrhundert den Namen „Lampe der hl. Kunigunde".

199 So genannte Lampe der hl. Kunigunde

Bergkristalllöwen: fatimidisch (?)
Montierung: 13./14. Jahrhundert (?)
Bergkristall, Kupfer, vergoldet, H. 29
Diözesanmuseum Bamberg (2721/19)

Quelle:
Baumgärtel-Fleischmann,
Bamberger Heiltum. Faksimile,
fol. 4ʳ unten.

Literatur:
Murr, Merkwürdigkeiten,
S. 118; Shalem, Islam Christia-
nized, S. 196; Sighart,
Geschichte, S. 127.

Drei liegende Löwen aus Bergkristall tragen einen Fuß aus dem gleichen Material, auf
dem sich ein Schaft aus mehreren Bergkristallstücken erhebt. Die Einzelteile werden
innen durch Metallstifte, außen durch eine vergoldete Kupferfassung zusammengehalten. Erhalten sind die Grundplatten für drei aufgesetzte, unterschiedlich gestaltete kleine Reliquienbehälter, von denen nur einer – eine hochovale Metallkapsel – als
Fragment noch vorhanden ist. Eine Vorstellung, wie das Reliquiar einst aussah, gibt
die Zeichnung im Londoner Heiltumsbuch von 1508/09 (Kat.-Nr. 186).

Wann die kleinen Reliquienbehälter verloren gingen, ist in den schriftlichen Quellen zum Bamberger Domschatz nicht überliefert. Der schlanke Schaft des Reliquiars,
der an einen Leuchter erinnert, verleitete im 18. Jahrhundert dazu, den Gegenstand
als Lampe anzusehen. Christoph Gottlieb von Murr hielt sie für eine Lampe Kaiser
Heinrichs oder Eberhards, des ersten Bamberger Bischofs. Erst im 19. Jahrhundert
wurde sie zur „Nachtlampe der heil. Kunigunde".   *R. B.-F.*

Das größte spätottonische Goldkreuz, das heute noch nachzuweisen ist,
befindet sich, wenn auch seines Gold-, Perlen- und Edelsteinschmucks
beraubt, im Bamberger Domkreuz.

200 Bamberger Domkreuz

Holzkern des Kreuzes, Reliquienauthentiken: Ende 11. Jahrhundert
Kupferbeschläge und Steinfassungen der Kreuz-Vorderseite: Johann Jakob Lochner
(um 1689–1742), Bamberg, 1726
Kupferbeschläge der Kreuz-Rückseite und der Schmalseiten des Kreuzes, Steinfassungen der
Kreuz-Rückseite: Georg Joseph Fleischmann (1770–1857), Bamberg, 1806

Innere Fassung der Kreuzpartikel: mittelalterlich

Äußere Fassung der Kreuzpartikel: Georg Joseph Fleischmann, Bamberg, 1806

Gehäuse des Domkreuzes: Johann Caspar Lutz (Meister 1716, † 1748), Augsburg, 1726/27

Metallappliken des Gehäuses: Georg Joseph Fleischmann, Bamberg, 1806

Die das Kreuz begleitenden Engel: Michael Trautmann (?) (1742–1809), Bamberg, 1806

Holz, Kupfer, unedles Metall, Glassteine, Glas

Kreuz: 122,5 x 76, H. (Gehäuse) 236,5

Diözesanmuseum Bamberg (2721/30)

Die „crux magna", das große Kreuz des Bamberger Doms, hat die Form eines lateinischen Kreuzes mit vier gleich großen quadratischen Enden und einem etwas größeren Mittelquadrat. Der Kern des Kreuzes besteht aus Eichenholz. Im oberen Längsbalken und in den beiden Querbalken des Holzkreuzes befinden sich kleine Kammern, in denen knapp 90 Reliquienpäckchen liegen. Der Großteil der Reliquien ist in weiße (heute leicht vergilbte) ungemusterte Seidenstöffchen eingepackt; diese sind mit weißen Fäden umschnürt, die auch die fahnenartig abstehenden Reliquienauthentiken halten. Letztere stammen hauptsächlich von zwei Händen. Ihre Schrift ist in das späte 11. Jahrhundert zu datieren.

Ursprünglich war die Vorderseite des Holzkreuzes mit Goldblech beschlagen und mit sehr großen Perlen, Saphiren, Smaragden und weiteren Edelsteinen besetzt. Das Gewicht des Goldes und die Anzahl der Edelsteine und Perlen hielt Subkustos Graff – allerdings nach der durchgreifenden Restaurierung von 1726 – im Domschatz-Verzeichnis von 1736/43 fest. Er überliefert außerdem als Einziger die bei der gleichen Restaurierung erneuerte lateinische Stifter-Inschrift auf den goldenen Schmalseiten des Kreuzes: „Dieses Zeichen des Kreuzes, ewige Säule des Heils, trägt das Andenken, Christus, an deinen Triumph am Penuel. Dieses Geschenk ließ Hereman verfertigen zum heiligen Dienst, verpflichtet wegen eines Gelübdes dir gegenüber, hl. Petrus, und dir, hl. Georg." (Penuel ist der Ort, an dem Jakob mit dem Engel rang, im übertragenen Sinn verwendet für das Leiden Christi; Übersetzung Manfred Lugauer). Der Stifter Hereman (Hermann) dürfte der von 1065 bis 1075 regierende Bamberger Bischof gleichen Namens gewesen sein, der wegen Simonie (Ämterkauf) von Papst Gregor VII. abgesetzt wurde und sich in das Benediktinerkloster Münsterschwarzach zurückzog, wo er 1084 starb.

Ob die große, aus zwei verschiedenen Hölzern bestehende Kreuzpartikel, die sich noch heute unterhalb des Schnittpunkts der Kreuzarme auf der Vorderseite des Kreuzes befindet, schon von Anfang an dort ihren Platz hatte, ist nicht mehr festzustellen.

Die „magna crux aurea gemmis ornata", das große goldene, mit Edelsteinen und Perlen geschmückte Kreuz, taucht schon im ersten vollständigen Domschatz-Verzeichnis von 1127 auf. Dass das Kreuz an allen hohen Feiertagen auf dem Altar ausgesetzt wurde, geht aus den Gottesdienstordnungen des Doms aus der Mitte des 13. Jahrhunderts und von 1491 hervor. Trotz seiner beachtlichen Größe von 122,5 Zentimeter erteilte man mit ihm am Ende jeder Bamberger Heiltumsweisung den Segen.

Nachdem der Bamberger Domdekan Karl Sigismund von Aufseß schon im Jahr 1700 ein älteres Gehäuse für die crux magna, „so von hülzern undt verguldten Schnitzwerckh", durch ein silbernes ersetzen lassen wollte – was dann jedoch unterblieb –, erhielt der Bamberger Goldschmied Johann Caspar Heim 1720 den Auftrag ein silbernes Gehäuse zu schaffen, das mit dem Legat des Domherrn Friedrich Johann Georg von Sickingen († 1719) finanziert wurde. Es scheint nicht den Beifall der Bamberger Domherren gefunden zu haben, da es bereits 1726/27 durch das Ge-

Quellen:
Mittelalterliche Schatzverzeichnisse I, S. 18; Staatsbibliothek Bamberg, HV. Msc. 224, S. 5–9; Breviarium Eberhardi cantoris, S. 211 (Register zu crux magna); Staatsbibliothek Bamberg, Msc. Lit. 118, Gottesdienstordnung des Bamberger Domes von 1491, passim; Staatsarchiv Bamberg, Rep. B 86 Domkapitelsches Rezessbuch Nr. 50, fol. 34ʳ (erste Zählung), fol. 40ʳ (zweite Zählung); Staatsarchiv Bamberg, Rep. B 86 Nr. 54, fol. 176ʳ; Staatsarchiv Bamberg, Rep. K 202 Nr. 102, S. 1, 17; Inschrift auf der Plakette am Sockel des Gehäuses; Diözesanmuseum Bamberg, Registratur, Das Domkreuz. I. Protokoll über die Öffnung im Januar/Februar 1980. II. Bericht über die Öffnung (R. Baumgärtel-Fleischmann).

Literatur:
AK Ein Leben für den Bamberger Dom, S. 51, 73 f., 82 f., 199 ff., 204 (R. Baumgärtel-Fleischmann); Baumgärtel-Fleischmann, Bamberger Domkreuz; Wünsche, Kathedralliturgie, S. 289 mit Anm. 222.

häuse des Augsburger Goldschmieds Johann Caspar Lutz ersetzt wurde. Bei der Säkularisation 1803 verloren das Gehäuse und das Goldkreuz alle Teile aus Edelmetall, Letzteres auch alle Perlen und Edelsteine – mit Ausnahme der Steinfassungen auf der heutigen Vorderseite des Kreuzes, die offensichtlich übersehen wurden. 1806 sammelten Mitglieder der neu gegründeten Dompfarrei St. Peter und Georg Geld, um das Domkreuz wieder in einen seiner Bedeutung entsprechenden Zustand zu versetzen. Es wird seitdem bis heute bei der Fronleichnamsprozession durch die Straßen von Bamberg getragen.   *R. B.-F.*

An den Gedenktagen des heiligen Kaiserpaars, dem Todes- und Translationstag Heinrichs II. am 13. Juli und dem Todestag Kunigundes am 3. März, setzt man heute noch ihre gefassten Schädel im Bamberger Dom zur Verehrung aus.

201 OSTENSORIEN FÜR DIE KAISERHÄUPTER

Entwurf: Johann Peter Baumgärtner (?) (um 1671–1721), Bamberg, vor 1721

Ausführung: namentlich nicht genannter Goldschmied, Augsburg, 1723

Adler: namentlich nicht genannter Bildhauer, Bamberg (?), zwischen 1758 und 1779

Metallappliken: Georg Joseph Fleischmann (1770–1857), Bamberg, 1825 und 1826

Engel: namentlich nicht genannter Bildhauer, Bamberg (?), 1825 und 1826

Holz, Kupfer, Metallappliken, Glassteine, H. 130

Diözesanmuseum Bamberg (2721/29 und 2721/31)

Quellen:
Baumgärtel-Fleischmann, Bamberger Heiltum. Faksimile, fol. 26ᵛ oben, 27ʳ oben. Staatsarchiv Bamberg, Rep. B 86, Domkapitelsches Rezessbuch Nr. 39, fol. 95ʳ; Staatsarchiv Bamberg, Rep. B 86, Domkapitelsches Rezessbuch Nr. 92, fol. 81ᵛ; Staatsarchiv Bamberg, Rep. K 202 Nr. 101, Lit. B: „Verzeichniss der zum hiesigen Domschatze gehörigen Sachen", S. 3; Inschrift auf den Plaketten der Ostensorien.

Literatur:
AK Ein Leben für den Bamberger Dom, S. 50 f. (R. Baumgärtel-Fleischmann); AK Altäre, S. 210 Nr. 84 mit Abb.

Das silberne und vergoldete Büstenreliquiar des Kaisers ist sicher im Zusammenhang mit der Heiligsprechung Heinrichs 1146 entstanden und das aus purem Gold gefertigte Kopfreliquiar der Kaiserin vermutlich um 1200 aus Anlass der Heiligsprechung Kunigundes. Beide Reliquiare wurden 1658 durch große, in Augsburg gefertigte Silberbüsten ersetzt, die wiederum im dritten Jahrzehnt des 18. Jahrhunderts zwei dem Zeitgeschmack entsprechenden Ostensorien (lat. ostendere: zeigen) weichen mussten. Beide Ostensorien wurden nach dem gleichen, wohl von dem 1721 verstorbenen Bamberger Goldschmied Johann Peter Baumgärtner stammenden Entwurf von einem namentlich nicht genannten Goldschmied in Augsburg gefertigt.

Auf einem mehrfach abgetreppten Sockel, der auf gedrückten Kugelfüßen ruht, sitzen jeweils zwei kleine Engel, die eine von Bandelwerk umgebene Schale in die Höhe halten. Die Bandelwerkrahmung bekrönt ein Adler, der eine Kaiserkrone vor sich hält. Die Wendung der beiden Adler zueinander macht deutlich, dass das Heinrichsostensorium mit dem Reichsapfel als Attribut seinen Platz vom Betrachter aus links hat, während das Kunigunden-Ostensorium, kenntlich an der Pflugschar, dem Attribut der Kaiserin, auf der rechten Seite steht.

Adler, Engel und Metallappliken stammen in ihrer heutigen Gestalt aus späterer Zeit. Als das Bamberger Domkapitel beim Preußeneinfall 1758 eine Kriegskontribution zahlen musste, wurden zusammen mit anderen silbernen Gegenständen des Domschatzes auch die silbernen Adler der Ostensorien weggegeben. Sie wurden vor 1779 in Holz ergänzt. 1803 fielen die vier Engel und sämtliche Silberverzierungen der Säkularisation zum Opfer. Die Verzierungen ersetzte der Bamberger Goldschmied Georg Joseph Fleischmann 1825 bzw. 1826 in unechtem Material. Die Engel dürften zur gleichen Zeit von einem Bamberger Bildhauer gearbeitet worden sein. Sie erhielten eine silberne Fassung und erinnern so an ihre 1803 eingeschmolzenen Vorgänger aus Silber.   *R. B.-F.*

XIV Die Kaisermäntel

Obwohl es keine zeitgenössischen Berichte darüber gibt, mit welchen Geschenken Heinrich II. den Bamberger Domschatz bedachte, ist doch eine Anzahl von Objekten erhalten, die aufgrund von Inschriften zu Recht als Gaben des Kaisers an seine bevorzugte Stiftung angesehen werden. Neben goldenen Geräten für die Feier der Liturgie und liturgischen Büchern in kostbarsten, mit Edelsteinen besetzten Einbänden verdankte der Bamberger Dom Heinrich II. auch goldgestickte Gewänder, die für den Gebrauch im Gottesdienst bestimmt waren.

Der Bamberger Dom war nicht die einzige Bischofskirche, die von Heinrich mit Textilien bedacht wurde. Er ist aber die einzige Kirche, in der diese goldgestickten Paramente über die Jahrhunderte hinweg gehütet wurden. Sie sind noch vorhanden, weil man sie als Stiftungen des Kaisers und seiner Gemahlin Kunigunde angesehen hat. Nach deren Heiligsprechung 1146 bzw. 1200 erhielten die Gewänder zudem eine ganz neue Bedeutung: Es waren nun nicht mehr nur durch Goldstickereien und Perlen ausgezeichnete Kleidungsstücke eines Kaisers und einer Kaiserin, sondern Gewänder eines heiligen Kaisers und einer heiligen Kaiserin, sie waren also in den Rang von (Berührungs-)Reliquien erhoben.

Als man um 1170 in Bamberg eine zweite Fassung der Heinrichsvita erstellte und keine schriftlichen Nachrichten über die Geschenke Heinrichs an den Bamberger Domschatz fand, um die vielen Gunstbeweise des Kaisers zu dokumentieren, behalf man sich mit einer gefälschten Urkunde, die man in die neue Lebensbeschreibung einfügte. In ihr ist festgehalten, dass das Bamberger Domkapitel von Heinrich Gefäße aus (Edel-)Metall und kostbaren Steinen, Kleider und andere Gegenstände zum liturgischen Gebrauch erhalten habe. Wenn diese nachträglich angefertigte Urkunde auch nicht als Quelle für die Heinrichszeit heranzuziehen ist, so geht aus ihr doch hervor, dass man um 1170 in Bamberg bestimmte Kleidungsstücke im Domschatz als Geschenke Heinrichs II. ansah. Für ein Gewand gibt es jedoch einen früheren Beleg: Im ersten vollständigen Domschatz-Verzeichnis aus dem Jahr 1127 erscheint eine Tunika des Kaisers mit Goldstickerei und Perlen („tunica imperatoris cum aurifrigio et margaritis").

Vor der Heiligsprechung der Kaiserin Kunigunde im Jahr 1200 verzeichnete man in Bamberg die Wunder, die sich an ihrem Grab im Dom ereignet hatten. In einem besonders schweren Krankheitsfall genügte das Berühren des Kunigundengrabes nicht. Die Kranke wollte auch Paramente berühren, die – wie man annahm – aus Kleidern der Kaiserin gefertigt worden waren. Die Unterscheidung der goldgestickten Gewänder des Bamberger Domschatzes in solche, die mit dem Namen Heinrichs verbunden wurden, und solche, die man Kunigunde zuschrieb, dürfte aus dieser Zeit stammen.

Einzeln aufgeführt (und damit heute noch zu identifizieren) sind die Kaisergewänder erstmals im frühesten Bamberger Heiltumsverzeichnis von kurz vor 1380, wo „ein guldener mantel vnde zwen weiß rock keyser Heinrichs" und von „sant Kungunden ein guldener mantell vnde ein roter mantel vnde ein weisser rock" genannt sind. Für den goldenen Mantel Heinrichs hielt man damals aber nicht den Sternenmantel (trotz der auf den Kaiser weisenden Randumschrift, Kat-Nr. 203), sondern den so genannten Reitermantel (Kat.-Nr. 204), der heute aus stilkritischen Erwägungen heraus erst ins 12. Jahrhundert datiert wird. Seine beiden weißen Röcke – die schon 1127 genannte Tunika und eine Dalmatika – sind im 16. Jahrhundert verloren gegangen. Kunigundes goldener Mantel wird heute als blauer Kunigundenmantel (Kat.-Nr. 202) bezeichnet, der rote Mantel als ihr Chormantel (Kat.-Nr. 205) und der weiße Rock als ihre Tunika (Kat.-Nr. 206). Den Sternenmantel nannte man im späten Mittelalter nach dem apulischen Fürsten, der ihn für Heinrich II. hatte anfertigen lassen, „Mantel des Ismahel". Als Heinrichsgeschenk an den Bamberger Dom wurde er erst zu Beginn des 18. Jahrhunderts erkannt.

Die Erhaltung der Bamberger Kaisermäntel ist der steten Fürsorge der Subkustoden des Doms zu danken. Notwendige kleinere Reparaturen führten Bamberger oder Nürnberger Seidensticker aus. Große Maßnahmen, wie das Aufbringen der Goldstickereien auf einen neuen Trägerstoff, waren deshalb nur selten nötig. In der ersten Hälfte und in der Mitte des 15. Jahrhunderts wurden nacheinander alle damals noch vorhandenen goldgestickten Gewänder des hohen Mittelalters durchgreifend restauriert, indem man die Stickereien auf neue Trägergewebe – zumeist Seidenstoffe mit Granatapfelmuster – übertrug. 1722 nähte man Futterstoffe aus gewachster Leinwand unter. Da die Tunika Kunigundes häufig von schwangeren Frauen angelegt und damit besonders strapaziert wurde, musste sie in relativ kurzen Abständen mit neuen weißen Oberstoffen bezogen werden.

Die in den 50er-Jahren des 20. Jahrhunderts erfolgte durchgreifende Restaurierung und die sich 1955 anschließende Präsentation in der Ausstellung „Sakrale Gewänder des Mittelalters" im Bayerischen Nationalmuseum München gaben den Mänteln einen neuen Stellenwert in der Geschichte der hochmittelalterlichen Textilien.   *Renate Baumgärtel-Fleischmann*

Der blaue Kunigundenmantel ist der einzige der Bamberger Kaisermäntel, der für den liturgischen Gebrauch geschaffen wurde.

202 BLAUER KUNIGUNDENMANTEL

Stickerei: süddeutsch (Regensburg?), 1. Viertel 11. Jahrhundert

Trägerstoff: um 1436–1439

Blauer Seidensatin, Goldstickereien in Anlegetechnik,

Konturen mit Seide in Weiß, Rot, Hell- und Dunkelblau,

Rückenhöhe: 158

Diözesanmuseum Bamberg (2728/3–5)

Literatur:
AK Sakrale Gewänder S. 20 f.;
Baumgärtel-Fleischmann,
Kaisermäntel, S. 102 f.;
Schramm/Mütherich,
Denkmale, S. 163.

Der Mantel ist vollkommen mit Stickereien bedeckt. Runde Medaillons mit einer umlaufenden Schriftzeile sind regelmäßig angeordnet, sodass sie ein festes Gerüst ergeben. Eine schmale Rankenleiste rahmt jedes Medaillon. Sie verbindet sich jeweils oben und unten sowie rechts und links mit den rahmenden Leisten der anschließenden Medaillons. Dieses Muster dürfte von byzantinischen Geweben übernommen worden sein, die ähnliche Anordnung zeigen. Die Zwickel, die zwischen den Medaillons ausgespart sind, enthalten Stickereien in Kreuzform, die in blattförmigen Ornamenten enden. Der Mantel ist von einer gestickten Rankenleiste eingefasst, die mit Darstellungen kleiner Tiere und Pflanzen gefüllt ist.

202

Die Rückenmitte nimmt Christus ein, der aus dem Himmelstor herausschreitet. Umgeben ist er von männlichen und weiblichen Halbfiguren in acht fast vollrunden, kleinen Medaillons und vier etwas größeren Kreissegmenten, deren umlaufende Inschriften Anfänge von Antiphonen der Adventszeit enthalten. Die Medaillons, die sich unter diesem großen Mittelbild befinden, zeigen Ereignisse aus dem Weihnachtsgeschehen, auf das nicht nur die umlaufenden Antiphonen, sondern auch – in weiteren Medaillons – Propheten hinweisen, die jeweils ein Spruchband in den Händen halten. Die beiden Bahnen auf der Vorderseite des (umgelegten) Mantels sind den Heiligen Petrus und Paulus gewidmet, denen der westliche Hauptchor des Bamberger Doms geweiht ist.

Untersuchungen mit einem Operationsmikroskop haben ergeben, dass sich unter den Stickereien des blauen Kunigundenmantels zum Teil Vorzeichnungen befinden. Auf sie wurden die Goldfäden so aufgelegt, dass diese die Motive ausfüllten. Danach befestigte man sie mit farbigen Seidenfäden auf dem Trägerstoff und stickte die Konturen und die Binnenzeichnungen mit den gleichen farbigen Fäden. Die Stickmuster, die man dabei verwendete, sind bei den Bamberger Kaisermänteln so verschieden, dass deren Entstehung in ein und derselben Werkstatt nicht infrage kommt.

Die kreuzförmigen Ornamente in den Zwickeln des blauen Kunigundenmantels sind am ehesten mit den Ornamenten in der Regensburger Buchmalerei in den Jahrzehnten nach der ersten Jahrtausendwende, vor allem mit dem zwischen 1002 und 1014 entstandenen Regensburger Sakramentar, zu vergleichen, das der Kaiser ebenfalls dem Bamberger Dom geschenkt hat (Kat.-Nr. 112). *R. B.-F.*

Der apulische Fürst Ismahel ließ den Sternenmantel für Kaiser Heinrich II. anfertigen.

203 Sternenmantel Kaiser Heinrichs II.

Stickereien: Regensburg, um 1018–1024

Trägerstoff: Italien, um 1453

Abb. 8 und S. 13

Blauer Damast mit Granatapfelmuster, Goldstickereien in Anlegetechnik, aufgenäht mit dicken roten und gelben Fäden, Rückenhöhe: 154

Diözesanmuseum Bamberg (2728/3–6)

Literatur:
AK Sakrale Gewänder, S. 18 f.;
Baumgärtel-Fleischmann,
Kaisermäntel, S. 94 f.;
Baumgärtel-Fleischmann,
Sternenmantel; Schramm/
Mütherich, Denkmale,
S. 163, 485.

Die Sterne, die jeweils aus zwei ineinander gesteckten Quadraten gebildet sind, breiten sich strahlenförmig, von oben nach unten größer werdend, über den halbkreisförmigen Mantel aus. In einem Quadrat in der Rückenmitte als der vornehmsten Stelle ist Christus in der Mandorla dargestellt, umgeben von den Symbolen der vier Evangelisten. Darum gruppieren sich „SOL" (Sonne) und „LVNA" (Mond), Alpha und Omega als Anfang und Ende der Welt sowie Cherubim und Seraphim. Gemeinsam verkörpern sie die Maiestas Domini, die Größe des Herrn. Weitere christliche Motive reihen sich an, so 14 runde Medaillons mit den Evangelistensymbolen, außerdem 21 Medaillons mit nimbierten Halbfiguren (ein 22. ist anzuschließen, aber nur fragmentarisch erhalten). Die beiden stehenden Personen über der Maiestas Domini und die sechs sitzenden Gestalten an den vorderen Kanten des Mantels sind nicht zu benennen. Die christliche Mitte ist umgeben von Sternzeichen, die um die beiden Himmelshälften angeordnet sind.

Den unteren Saum des Mantels umzieht eine gestickte lateinische Inschrift in Majuskeln. Sie ist im rechten Teil aus Platzgründen nicht vollständig. Der Ergänzung zu zwei Hexametern durch den Aachener Kanonikus Franz Bock (1823–1899) wurde aber bisher nicht widersprochen: „Heil sei dir, du Zierde Europas, Kaiser Heinrich, dein Reich mehre der König, der da herrschet ewiglich." (Übersetzung von Ernst Maas)

Da Heinrich („CESAR HEINRICE") in diesen Versen persönlich angesprochen wird, kann er nicht der Auftraggeber des Mantels gewesen sein. Er war vielmehr der ursprüngliche Empfänger. Kleinere Kapitalis-Inschriften geben Auskunft über die Entstehungsgeschichte der kostbaren Stickerei. Rechts über der großen Randumschrift ist zu lesen, dass einem Ismahel Frieden gewünscht wird, der dieses [Werk] in Auftrag gegeben hat („PAX ISMAHELI QVI HOC ORDIHAVIT" [= ordinavit]). Der Auftraggeber Ismahel war 1018 in der Schlacht bei Cannae von den Byzantinern vernichtend geschlagen worden und starb an einem 23. April in Bamberg, wie aus dem zweitältesten Bamberger Domnekrolog zu ersehen ist. Als Todesjahr kommt nur 1020 infrage. In diesem Jahr trafen Heinrich II. und Papst Benedikt VIII. an Ostern in Bamberg zusammen. Ismahel dürfte sich in deren Gefolge befunden haben. Der Mantel war beim Tod Ismahels noch in Arbeit, da der Friedenswunsch „PAX" für den Verstorbenen noch hinzugefügt werden konnte. Heinrich sorgte für die Fertigstellung des ihm zugedachten Mantels. Er wollte ihn jedoch nicht selbst tragen und stiftete ihn dem Bamberger Dom. Wie die Inschrift unter dem Viereck auf der Rückenmitte besagt, wünschte Heinrich, dass dem höchsten Wesen dieses kaiserliche Geschenk willkommen sein möge („SVP[ER]NE VSYE SIT GRATV[M] HOC CESARIS DONVM"). Beim Tod Heinrichs im Juli 1024 dürfte sich der Sternenmantel bereits im Bamberger Domschatz befunden haben.

Die Lebensdaten Heinrichs II. und das Schicksal des apulischen Fürsten Ismahel erlauben eine zeitliche Einordnung des Sternenmantels zwischen 1018 und 1024. Als Entstehungsort kommt Regensburg infrage, da die Majuskel-Buchstaben der großen Randumschrift am ehesten mit Initialen der Regensburger Buchmalerei, z. B. im

Sakramentar des hl. Wolfgang (Bibliotheca capitulare, Verona) oder in einem Regensburger Evangelistar (Germanisches Nationalmuseum, Nürnberg), zu vergleichen sind.

Zwischen 1453 und 1455 erfolgte eine weitreichende Reparatur des Sternenmantels. Aus dem alten Mantel des 11. Jahrhunderts aus dunkelpurpurfarbener Seide schnitt man die einzelnen Motive und die Buchstaben der erklärenden Texte aus und nähte sie auf einen in etwas hellerem Blau gehaltenen Mantel aus Granatapfel-Damast auf. Bei der Aufbringung der goldgestickten Motive hielt man sich im Wesentlichen an deren Anordnung auf dem Mantel des 11. Jahrhunderts. Mit den Inschriften verfuhr man jedoch viel unbekümmerter: Man schnitt die einzelnen Buchstaben der größten Sterne aus und fügte sie – unter Zuhilfenahme einer Überarbeitung der ins Lateinische übersetzten Phainomena des Aratos – zu neuen Texten zusammen. Von den ursprünglichen Texten blieb allein der das Sternbild Krebs umziehende Satz „Das Sternbild des Krebses trägt Schaden in die Welt" – allerdings nur etwa zur Hälfte – im Originalzustand erhalten. Schon am Ende des 19. Jahrhunderts hatte Ernst Maas erkannt, dass es sich dabei um einen astrologischen Text handelt, während die der Schrift des Aratos entlehnten Inschriften astronomisch ausgerichtet sind. Anzunehmen ist, dass ursprünglich alle Sternbilder mit astrologischen Texten umgeben waren. Ismahel hatte dem Mantel, dessen Thema auf der linken Seite über der Randumschrift mit „DESCRIPC(I)O TOCIVS ORBIG" (= orbis) (Beschreibung des ganzen Erdkreises/der ganzen Himmelssphäre) angegeben wird, ein vermutlich weitreichendes astrologisches Programm zugrunde gelegt, das bei der Restaurierung von 1453–1455 verloren gegangen ist und nicht mehr rekonstruiert werden kann.

Bemerkenswert ist, dass der Sternenmantel, obwohl er bis ins späte Mittelalter nur als Mantel des Ismahel und nicht als Heinrichsreliquie galt, in der Mitte des 15. Jahrhunderts so aufwändig und unter großen Kosten restauriert wurde.

R. B.-F.

Schon im frühesten Bamberger Heiltumsverzeichnis von kurz vor 1380 ist der Reitermantel als „guldener mantel" Heinrichs aufgeführt. Er wurde über die Jahrhunderte hinweg als Geschenk Kaiser Heinrichs II. angesehen und dementsprechend als Reliquie gehütet.

REITERMANTEL

204

Stickereien: Sizilien oder Süditalien (?), 12. Jahrhundert

Trägerstoff: um 1954

Dunkelblauer Seidensatin, Goldstickereien in Anlegetechnik, rosa, rote, blaue, grüne, braune und schwarze Seidenfäden,

Rückenhöhe: 156

Diözesanmuseum Bamberg

(2728/3–7)

Der halbrunde Mantel ist vollständig mit Stickereien bedeckt. In acht großen vollrunden und weiteren fünf angeschnittenen Medaillons wiederholt sich das gleiche Motiv: Ein Herrscher, kenntlich an seinen Attributen Krone und Lilienzepter, reitet mit einem Falken in der Hand zur Jagd aus. Das Pferd schreitet über mehrere Krieger, die, von

Literatur:
AK Sakrale Gewänder, S. 20;
Baumgärtel-Fleischmann,
Kaisermäntel, S. 101 f.;
Schramm/Mütherich,
Denkmale, S. 186 f.

Pfeilen durchbohrt, am Boden liegen. Ein wildes Tier mit erhobenem Kopf und Schwanz greift das Pferd an. Es ist dem Rund der Darstellung ebenso eingepasst wie die am Boden liegenden Krieger, der hohe Sattel, der Falke und das Zepter. Die Zwischenräume zwischen den Medaillons sind mit regelmäßig gelegten Blattranken gefüllt, in denen auch kleine Tiere sitzen.

Direkte Vergleichsbeispiele für diese Goldstickerei in Anlegetechnik existieren nicht, so dass trotz der – allerdings noch nicht gedeuteten – Kufi-Inschrift auf dem alten Trägerstoff eine Lokalisierung der ausführenden Werkstatt und eine genaue Datierung nicht möglich sind. Sizilianische Seidengewebe des 12. Jahrhunderts zeigen jedoch ähnliche Motive. Eine Entstehung des Reitermantels in Sizilien oder vielleicht auch in Süditalien wäre deshalb denkbar.

Die sich wiederholende Darstellung des zur Jagd ausreitenden Herrschers spricht dafür, dass der Mantel zunächst im weltlichen Bereich getragen und erst später dem Bamberger Dom als Geschenk übereignet wurde. Die Stiftung kostbarer Textilien, vor allem von Mänteln, an Kirchen und Klöster war beim Tod von hoch gestellten Persönlichkeiten bis ins ausgehende Mittelalter allgemein Brauch. Ein Blick in das älteste Nekrolog des Bamberger Benediktinerklosters auf dem Michelsberg lässt erkennen, dass selbst die Bamberger Benediktiner mit Mänteln bedacht wurden. Beim Tod des Polenfürsten Mieszko II. († 1034) und des Kaisers Lothar († 1137) erhielten sie jeweils ein „pallium". Vermutlich verdankten die Bamberger Domherren den Reitermantel einem deutschen König oder Kaiser. Schriftliche Quellen dazu sind jedoch nicht erhalten.

R. B.-F.

Keiner der Bamberger Kaisermäntel ist so oft umgearbeitet worden wie der so genannte Chormantel der hl. Kunigunde.

205 CHORMANTEL DER HL. KUNIGUNDE

Stickereien: nach 1024 (?)

Borten: 11./12. Jahrhundert (?)

Stickerei des Rückenschilds: Friedrich Seidensticker, Bamberg, 1421/22

Stickerei der Chormantelschließe, Fransen: Bamberg (?), 1440/42?

Trägerstoff: 1960/61

Weißer Seidenköper, weiße und rote Seide (unter den Stickereien des 15. Jahrhunderts),

Goldborten, Goldstickerei in Anlegetechnik, Flussperlen,

Seidenfransen in Grün, Blau, Rot und Weiß

Kaisermotive: 21,5 x 16

Diözesanmuseum Bamberg (2728/3–4)

Literatur:
AK Sakrale Gewänder, S. 17 f.
mit Abb. 20 (Zustand des
Chormantels bis 1960);
Baumgärtel-Fleischmann,
Kaisermäntel, S. 104–107;
Schramm/Mütherich, Denkmale,
S. 163 f. mit Abb. des ausgebreiteten Mantels im Zustand
nach 1960.

Das Motiv mit dem thronenden Herrscher, der eine Krone mit Pendilien trägt und ein Labarum, die kaiserliche Standarte, in der rechten Hand hält, wiederholt sich auf dem gesamten Mantel. Im Gegensatz zu den anderen Bamberger Kaisermänteln, bei denen die Darstellungen vollständig mit Goldfäden ausgelegt sind, erscheinen hier nur die Umrisse in Goldstickerei, sodass der Trägerstoff, auf dem die Stickereien aufgebracht sind, dazwischen sichtbar ist. Stickereien in gleicher Technik sind aus den Jahrzehnten nach der ersten Jahrtausendwende sonst nicht bekannt. Eine Lokalisierung der ausführenden Werkstatt ist deshalb nicht möglich.

Zwischen den thronenden Kaisern sind – etwa in deren Armhöhe – ebenfalls in Gold gestickte querrechteckige Streifen angebracht, die eine im Inhalt sicher zusammenhängende (metrische?) Inschrift enthielten. Von ihr sind heute durch den fragmentarischen Erhaltungszustand allerdings nur noch wenige Worte zu lesen. Auf der Vorderseite des Chormantels erscheinen außerdem längere Schriftstreifen, die ebenso wie die kurzen Streifen nach der Kett- und Schussrichtung des

Trägerstoffs aufgenäht sind. Da sie im rechten Winkel zu den kurzen Streifen stehen und außerdem (wenn man sich den Mantel getragen vorstellt) die an dieser Stelle um 90 Grad gedrehten Kaisermotive unbefriedigend wirken, kann das nur bedeuten, dass das ursprüngliche Textile kein Mantel, sondern ein rechteckiges oder quadratisches Tuch war, auf dem alle Kaisermotive gleich ausgerichtet waren. Zwischen ihnen waren die kurzen Schriftriegel angebracht, die langen Schriftstreifen fassten das Tuch rechts und links ein.

205 (Detail)

Bernhard Bischoff erkannte während der Restaurierungsarbeiten von 1960/61 auf einem der kurzen Streifen den Namen „HEINRICI", was auf einen Zusammenhang mit Kaiser Heinrich II. hindeutet. Das ehemals rechteckige oder quadratische Textile, der Name des Kaisers auf dem Streifen und die sich wiederholenden Herrscherdarstellungen machen fast zur Gewissheit, dass es sich bei den Goldstickereien um die Reste einer der beiden Decken handelt, die an bestimmten Festtagen über das Grab des Kaisers gebreitet wurden und im Domschatz-Verzeichnis von 1127 als „ad sepulcrum imperatoris" (zum Grab des Kaisers) gehörend aufgeführt sind. Eine solche Verwendung würde für eine Entstehung nach dem Tod Heinrichs sprechen.

Ab wann die gestickte Decke nicht mehr benötigt wurde, ist nicht festzustellen. Sicher noch im hohen Mittelalter schnitt man die kostbaren Goldstickereien heraus und nähte sie auf einen roten Chormantel auf, der im Heiltumsverzeichnis von vor 1380 als „roter mantel" der Kaiserin Kunigunde erscheint. Die gestickten Motive der Kaisergrab-Decke dienten nun als Verzierung eines Chormantels, der daraufhin zum Mantel der Kaiserin und damit zur Reliquie wurde. Zwischen 1440 und 1442 trennte man die Kaisermotive und die Schriftriegel sowie die Goldborten von diesem roten Mantel wieder ab und brachte sie auf einen neuen Chormantel aus rosafarbenem Granatapfeldamast auf. Man fügte den Rückenschild mit der qualitätvollen Perlen- und Seidenstickerei des Friedrich Seidensticker, den mit Perlen besetzten Hortus conclusus der Chormantelspange und die bunten Seidenfransen als unteren Abschluss des Mantels hinzu. Der rosafarbene Chormantel ist bis heute (im Depot des Diözesanmuseums Bamberg) erhalten. Alle Stickereien, die Borten und die Fransen wurden auch von ihm wieder abgenommen und bei einer Restaurierung in den Jahren 1960/61 auf einen neuen Chormantel aus ungemustertem Seidenköper aufgenäht, dessen leicht cremefarbiger Ton dem Farbton des Stoffes entspricht, auf dem die Stickereien im 11. Jahrhundert aufgebracht waren.   R. B.-F.

Schon im hohen Mittelalter war es Brauch, kostbare Gewänder, die zunächst im weltlichen Bereich getragen worden waren, an Kirchen zu schenken.

TUNIKA DER HL. KUNIGUNDE   *206*

Stickereien: 1. Viertel 11. Jahrhundert

Gewand: 1955

Weißer Seidensatin, rote Seide mit Goldstickerei in Anlegetechnik, kleine Flussperlen (fast vollständig verloren), Borten: B. 22

Diözesanmuseum Bamberg (2728/3–33)

Von der ursprünglichen Tunika haben sich nur die ausgesprochen breiten Besätze auf roter, mit Goldstickerei gefüllter Seide erhalten. In kreisförmigen Medaillons schreiten Greifen mit nach oben gerichteten Schwingen und Schwänzen. Die Konturen aus dicken weißen Fäden dienten als Unterlage für winzige Flussperlen, von denen nur noch ganz wenige an der rechten Ärmelborte vorhanden sind.

Die gegenwärtige Tunika, ein schmal geschnittenes Kleid aus weißem, ungemustertem Seidensatin, stammt von einer Restaurierung des Jahres 1955. Auf sie wur-

Literatur:
AK Sakrale Gewänder, S. 19 f.;
Baumgärtel-Fleischmann,
Kaisermäntel, S. 97–100;
Berliner, Sammlung, S. 45–60;
Schramm/Mütherich, Denkmale,
S. 164.

den die alten Besätze in ihrer ursprünglichen Anordnung aufgenäht. Vorher befanden sie sich auf einem Gewand, dessen Leinwandfutter wohl von 1497/98 stammt und das 1722 und in der Mitte des 18. Jahrhunderts mit weißen, groß gemusterten Seidenstoffen neu bezogen wurde. Diese Tunika (heute als Depositum im Diözesanmuseum Bamberg) hat einen völlig anderen Schnitt als die von 1955: Sie ist sehr weit, dafür aber ausgesprochen kurz. Damit muss sie das Gewand der Kunigunde sein, das schwangere Frauen anlegten, um eine glückliche Geburt zu erlangen. Dieser Brauch ist von der Mitte des 15. Jahrhunderts bis zum Ende des 17. Jahrhunderts belegt. Das Gewand wird in allen Inventaren des Bamberger Doms vor 1803 als „Kunigundenrock" bezeichnet.

Im Zuge der Säkularisation 1803 brachte man die Tunika zusammen mit den Kaisermänteln nach München. Im Gegensatz zu den anderen Gewändern wurde sie 1851 nicht nach Bamberg zurückgegeben, sondern dem Bayerischen Nationalmuseum überwiesen. Der Aachener Kanonikus Franz Bock, der das Gewand als Erster untersuchte, nahm an, dass es von Heinrich II. stammen müsse, und gab ihm deshalb den Namen „tunica s(ancti) Henrici imperatoris" (Tunika des hl. Kaisers Heinrich). Diese falsche Zuordnung hielt sich bis in die jüngste Zeit.

Außer dem schon im frühesten Bamberger Heiltumsverzeichnis von vor 1380 aufgeführten Kunigundenrock gab es tatsächlich im Bamberger Domschatz eine Heinrichstunika, die sich bis in das erste vollständige Domschatzverzeichnis von 1127 zurückverfolgen lässt, wo sie als „tunica imperatoris cum aurifrigio et margaritis" (Tunika des Kaisers mit Goldstickerei und Perlen) erscheint. Dieses kaiserliche Gewand ist letztmals im Londoner Heiltumsbuch von 1508/09 und zudem im Pfeyl'schen Heiltumsbüchlein von 1509 genannt (Kat.-Nr. 186). Es ging vermutlich wie auch andere textile Reliquien des Bamberger Doms im 16. Jahrhundert verloren.   *R. B.-F.*

Das Rationale ist ein von Bischöfen über dem Messgewand getragenes, Brust und Rücken bedeckendes Gewandstück, das aber nicht zur liturgischen Gewandung gehört, sondern einen auszeichnenden Schmuck darstellt.

207 RATIONALE DER BAMBERGER BISCHÖFE

Stickereien: 1. Hälfte 11. Jahrhundert

Brettchenborten: 11. Jahrhundert

Glockenkasel: 1454–1456

Seide, Goldstickereien in Anlegetechnik

Goldstickerei der Vorderseite: 28 × 46, Goldstickerei der Rückseite: 33 × 41,

Schulterscheiben: Ø 23

Diözesanmuseum Bamberg (2728/3–34)

Literatur:
AK Sakrale Gewänder, S. 22;
Baumgärtel-Fleischmann,
Bamberger Rationale;
Honselmann, Rationale, Nr. 1
und 2; Messerer, Bamberger
Domschatz, S. 67–70.

Auf einer Glockenkasel aus dunkelblauem Seidenstoff mit Granatapfelmuster sind Goldstickereien in Anlegetechnik aufgebracht. Sie haben auf der Vorder- und der Rückseite die Form eines quer liegenden Rechtecks, das in der Mitte jeweils nach unten geknickt ist und rechts und links durch senkrechte Streifen gerahmt wird. Vorder- und Rückseite sind oben durch scheibenförmige Elemente verbunden, die beim Tragen auf der Schulter auflagen.

Die Vorderseite des Rationale zeigt das Prachtbett des Königs Salomo nach dem Hohen Lied 3, 9–10. In der Mitte einer hausartigen Architektur steht das Bett, auf dem Christus als der neue Salomo in Halbfigur thront. Die Heiligen, die der Darstellung des Prachtbetts beigegeben sind, stehen in Beziehung zum Bamberger Dom: Petrus und Paulus sind die Hauptpatrone des westlichen Hochaltars; dem hl. Protomärtyrer Stephanus und dem hl. Dionysius waren schon bei der Domweihe 1012

Altäre geweiht worden. Auf das bischöfliche Amtsverständnis nehmen zwei durch Schriftbänder als Maria und Martha zu identifizierende Gestalten Bezug. Sie verkörpern das kontemplative und das tätige Leben. Vor allem aber weist – wie bei einer Vielzahl von Rationalien an anderen Bischofssitzen – die Devise „DOCTRINA/ E[T] VE[R]I[T]A[S]" (Lehre und Wahrheit) auf das bischöfliche Lehramt hin. Justitia (Gerechtigkeit) und Pax (Friede), Misericordia (Barmherzigkeit) und Veritas (Wahrheit), die als weibliche Gestalten die Mitte der Schulterscheiben füllen, sind Tugenden, die man von einem Bischof erwartete.

Ähnlich wie die Vorderseite ist die Rückseite aufgebaut, nur dass sich über der zentralen Darstellung mit dem apokalyptischen Lamm, das von den Symbolen der vier Evangelisten und von Engeln umgeben ist, eine zweite, kleinere befindet, die Christus in der Mandorla zwischen fliegenden Engeln zeigt.

Je zwei senkrechte Streifen auf Vorder- und Rückseite geben jeweils drei Apostelbüsten wieder. Weder diese Büsten noch die übrigen bildlichen Stickereien sind so gut erhalten, dass man sie stilkritisch untersuchen könnte. Allein die (allerdings auch nicht vollständig erhaltenen) Inschriften in einer breit angelegten Kapitalis helfen bei der zeitlichen Einordnung weiter, da sie sich mit anderen Kapitalis-Inschriften der ersten Hälfte des 11. Jahrhunderts gut vergleichen lassen.

Das Bamberger Rationale ist das älteste erhaltene Rationale. Es könnte bereits für den ersten Bamberger Bischof, Eberhard I. (1007–1040), geschaffen worden sein. Obwohl Eberhards zweitem Nachfolger im Amt, Hartwig (1047–1053), im Jahr 1053 von Papst Leo IX. das Pallium verliehen worden war, das als Schulterschmuck einen höheren Stellenwert als das Rationale hatte und eigentlich nur Erzbischöfen zukam, war das Bamberger Rationale nicht überflüssig. Es wurde an den hohen Feiertagen getragen, wo das Pallium nicht verwendet werden durfte. In den Gottesdienstordnungen des Bamberger Doms aus der Mitte des 13. Jahrhunderts und von 1491 ist genau festgelegt, wann das Rationale getragen werden durfte. Es war nun nicht mehr dem Bischof vorbehalten, sondern durfte von jedem Geistlichen angelegt werden, der an bestimmten Feiertagen im Bamberger Dom die Messe zu lesen hatte.

Eine letzte Reparatur des Rationale ist für 1641/42 belegt. Wenig später dürfte man auf seine Verwendung verzichtet haben, da Subkustos Graff im zweiten Viertel des 18. Jahrhunderts das Rationale zu den vier „Reitröcken" Kaiser Heinrichs zählt. Aus dem auszeichnenden Schmuck für die Bamberger Bischöfe war eine Reliquie des Bistumsgründers geworden. Das Rationale teilte deshalb während der Säkularisation und danach das Schicksal der Bamberger Kaisermäntel.   *R. B.-F.*

XV DER BAMBERGER DOM ALS ERINNERUNGSORT

Nach einem verheerenden Brand im Jahr 1185 war der Heinrichs-
dom so stark beschädigt, dass man sich entschloss den Bau einer völlig neuen
Kathedrale zu planen. Da das Domkapitel aber sofort wieder einen Feierort für die
Gottesdienste brauchte und jeder Neubau Jahrzehnte in Anspruch nahm, wurde die
Brandruine repariert, wenn auch nur provisorisch: So hat man die eingestürzte Ostkrypta nicht mehr wiederhergestellt, sondern gänzlich zugeschüttet; die Apsis des
Ostchors wurde wahrscheinlich gar nicht mehr wiederaufgebaut, sondern durch
eine Trennwand abgemauert, um Platz für den Neubau zu schaffen. Der neue Dom
sollte größer werden als sein Vorgänger, vor allem in der Erstreckung nach Osten;
deshalb konnte man dort – noch außerhalb des Altbaus – mit dem Bau der Ostapsis
und der beiden Osttürme beginnen. Für die späteren Bauphasen musste der Heinrichsdom sukzessive, sozusagen „scheibchenweise", abgetragen und mit behelfs-
mäßigen Trennwänden jeweils geschlossen werden, bis Ostteile und Langhaus so
weit aufgeführt waren, dass der Altbau gänzlich abgebrochen werden konnte. Weil
die Entscheidung für einen Neubau unmittelbar nach dem Brand gefällt worden
war, dürfte man bald mit der Ausführung begonnen haben. Auch die stilistische
und motivische Verwandtschaft mit den Architekturformen des 1181 geweihten
Doms von Worms legt dies nahe. Der Baubeginn wird wohl noch in der Regierungszeit des energischen Bischofs Otto II. von Andechs-Meranien (1177–1196)
erfolgt sein, der auch 1189 die Heiligsprechung seines Namensvorgängers, Bischofs
Otto I. von Bamberg, erreicht hatte. Die bevorstehende Heiligsprechung der Kaiserin Kunigunde, die Papst Innozenz III. am 29. März 1200 vornahm, dürfte den Neubau beschleunigt haben, während das folgenschwere Ereignis der Ermordung König
Philipps von Schwaben 1208 in Bamberg für den Weiterbau eine Pause erzwang, die
wohl einige Jahre dauerte. Um 1225 entstand das Fürstenportal an der Nordseite des
Langhauses; 1229 fand eine Altarweihe im südlichen Querhaus statt; 1231 war der
Westchor schon benutzbar, vielleicht erst in provisorischer Form. Die Schlussweihe
konnte im Jahr 1237 gefeiert werden; bewusst legte man sie auf den 6. Mai, den
Geburtstag Kaiser Heinrichs II. Bis auf die Obergeschosse der Westtürme dürfte der
Neubau damals fertig gestellt gewesen sein.

Der Bamberger Dom wäre in seiner altertümlichen Gestalt und seiner Entstehungsgeschichte kaum zu verstehen, wenn wir nicht wüssten, dass er bewusst in
der Nachfolge des Heinrichsdoms gesehen und interpretiert werden will. Die
Architektur war von Anfang an als Bedeutungsträger gedacht; ihre Formensprache
sollte vermitteln, dass bei aller Pracht der neuen Bauteile die Erinnerung an die
ursprüngliche Kathedrale erhalten blieb. Dabei muss man berücksichtigen, dass derartige Traditionsbezüge damals auf ganz anderen Wegen verdeutlicht wurden, als

wir dies gewohnt sind. In Bamberg stand das Domkapitel vor der Aufgabe, einerseits einen Neubau aufführen zu wollen, andererseits aber auch alles daranzusetzen, dass die Erinnerung an den kaiserlichen, 1146 heilig gesprochenen Bistumsgründer lebendig blieb, der seine Grablege wiederum – wohl an derselben Stelle wie im Vorgängerbau – mitten im Langhaus des Neubaus erhalten sollte. Deshalb griff man zum Mittel des „Architekturzitats": Der Neubau sollte in seiner Gestalt sinnfällig machen, dass die ehrwürdige Tradition des Heinrichsdoms in ihm erhalten blieb.

Durch die Ausgrabungen von Walter Sage haben wir fundierte Kenntnisse über das Aussehen des Heinrichsdoms erhalten (vgl. auch S. 93 ff. und Kat.-Nr. 62). Schon der Vergleich der Grundrisse (Abb. unten und Abb. 82) zeigt die weitgehenden Übernahmen beim Neubau: Während man für eine Kathedrale der Zeit um 1200 üblicherweise eine Fassade mit einem prächtigen Hauptportal zwischen zwei Türmen erwarten würde, wiederholt der Neubau die Doppelchoranlage des Heinrichsdoms mit dem Peterschor im Westen (analog zu St. Peter in Rom) sowie dem Ostchor zu Ehren von Georg und Maria.

Obwohl für den Typus einer monumentalen Kirchenanlage das Querhaus normalerweise im Osten angeordnet wurde, übernahm man beim Bamberger Dom das westliche Querhaus vom Vorgängerbau. Heinrich II. hatte dies bestimmt, da er an den Petersdom in Rom erinnern wollte, dessen Querhaus ebenfalls im Westen liegt. Der Heinrichsdom sollte den Gläubigen als Zitat des Petersdoms begegnen – und genau diese Idee zitiert auch der Neubau.

Das östliche Turmpaar am Ende der Seitenschiffe, das den Ostchor flankiert, ist ebenfalls vom Heinrichsdom entlehnt. Dazu gehören wohl auch die beiden Eingangsportale in den Erdgeschossen der Türme, über denen wie beim Neubau Kapellen lagen.

Für die Zeit des Neubaus war die Anlage einer Krypta längst nicht mehr üblich. Die Funktion einer Krypta als Ort eines Heiligengrabs oder einer Verehrungsstätte für Reliquien war um 1200 nördlich der Alpen überflüssig geworden, da man die Andachtsorte nach oben verlegt hatte. Dennoch erhielt der Bamberger Dom eine große dreischiffige Krypta im Osten, genau wie der Heinrichsdom. Im Westen hatte der Heinrichsdom ebenfalls eine Krypta besessen. Beim Neubau verzichtete man darauf, erhöhte aber den Peterschor so, als befände sich unter ihm eine Krypta.

Das Grabmal Heinrichs II. blieb am gleichen Ort, auch im Neubau, wie wir seit den Ausgrabungen Walter Sages vermuten können. Da der neue Dom größer wurde als der Vorgängerbau, rutschte der Standort aus der Mittelachse des Langhauses heraus etwas nach Süden, wurde aber aus Pietätsgründen nicht verändert. Sogar das Kaisergrab Tilman Riemenschneiders (Kat.-Nr. 215) orientierte sich noch am Begräbnisort von 1024 im Heinrichsdom.

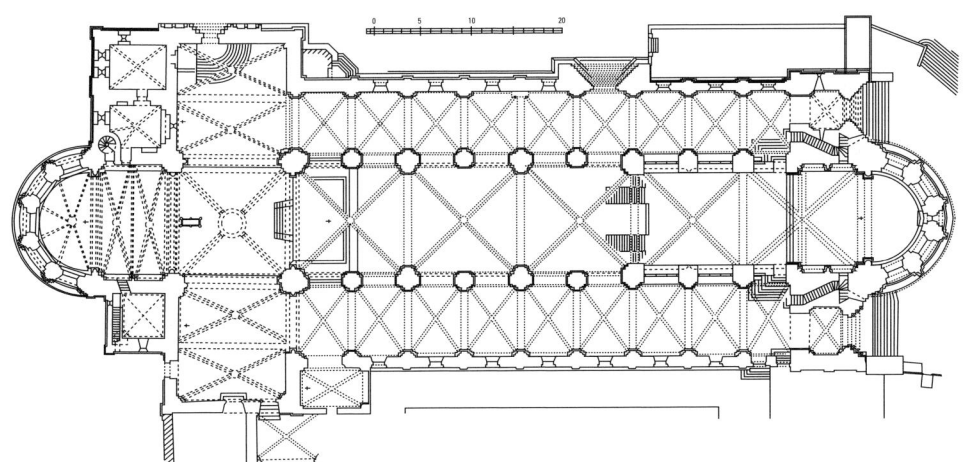

Grundriss des heutigen Bamberger Doms

Durch diese auffälligen Wiederholungen wollte man deutlich machen, dass der Neubau im Sinn des Mittelalters eine Architekturkopie sein sollte, die in der Gestalt und in der Funktion unmittelbar an den Vorgängerbau anknüpfte. Je länger der Neubau dauerte und je mehr die Erinnerung an das Aussehen des Heinrichsdoms schwand, desto mehr löste man sich allerdings von der Verbindlichkeit dieser Entscheidung. Während die Ostteile und das Langhaus noch ganz den romanischen Stilformen verpflichtet waren und sich damit nicht zu weit von der Gestalt des Vorgängerbaus entfernten, zeigen bekanntlich das Querhaus und der Westchor zunehmend frühgotische Elemente, die von der gleichzeitig im Bau befindlichen, nur etwa 30 Kilometer von Bamberg entfernten Zisterzienserabteikirche Ebrach übernommen worden sein dürften. Wahrscheinlich hing damit auch die Entscheidung zusammen, auf eine Westkrypta zu verzichten, obwohl der Heinrichsdom auch im Westen eine Krypta besessen hatte und der Neubau so angelegt wurde, dass man – wie erwähnt – unter dem hohen Niveau des Peterschors eine solche vermuten kann. Ebenso entschloss man sich zum Bau von zwei Westtürmen, die den Dom zu einer prächtigen Viertürmeanlage mit hohem Repräsentationsanspruch machten, während der Heinrichsdom im Westen keine Türme besessen hatte. So war es nur konsequent, wenn diese Westtürme unmittelbar den Türmen der gotischen Kathedrale von Laon nachgebildet wurden und somit endgültig von der Idee der Formangleichung abwichen. Nachträglich änderte man auch die schon fertig gestellten Osttürme um: Sie waren zunächst – nur fünf Geschosse hoch – viel gedrungener in ihrer Wirkung und dürften somit den Türmen des Heinrichsdoms sehr ähnlich gewesen sein. Mit der Entscheidung für die Viertürmigkeit wollte man auch eine ganz andere Fernwirkung des Baus erreichen und erhöhte deshalb die Osttürme um je zwei Geschosse, um sie den Westtürmen anzugleichen (im 18. Jahrhundert setzte man den beiden Osttürmen noch ein Geschoss auf, damit sie vollends die Höhe der Westtürme erreichten).

Im Inneren des Bamberger Doms war die Frage des Raumabschlusses ein weiterer Diskussionspunkt, wie konsequent der Neubau die Gestalt des Heinrichsdoms zu übernehmen hatte. Nach der ersten Planung sollte nämlich der Bamberger Dom weitgehend flach gedeckt errichtet werden und damit unmissverständlich den ottonischen Vorgängerbau „abbilden". Dass er dann doch gewölbt wurde, war das Ergebnis zahlreicher Planänderungen, die Dethard von Winterfeld nachweisen konnte. Man kann vermuten, dass der Bauherr – das Domkapitel – unterschiedlicher Meinung darüber war, ob man aus Tradition an der flach gedeckten Anlage festhalten oder ob man sich nicht doch – wie bei allen anderen zeitgenössischen Kathedralen – für die Einwölbung entscheiden sollte. Denn wir müssen uns klar machen, welche Bedeutung damals den Gewölben einer Kirche beigemessen wurde: Seit dem Umbau des Doms von Speyer in der zweiten Hälfte des 11. Jahrhunderts galt auch im deutschen Sprachgebiet die Wölbung als Inbegriff höchster Würdeform für einen Kirchenbau, insbesondere für eine Kathedrale. Die innen an den Wänden des Ostchors ablesbaren Unregelmäßigkeiten sind Indizien dafür, dass in Bamberg abwechselnd die Parteien der „Traditionalisten" und der „Modernisten" die Bauausführung bestimmten (Kat.-Nr. 210).

Ähnlich wie der Ostchor spiegelt auch das Mittelschiff die wechselnden Entscheidungen für bzw. gegen eine Flachdecke wider. Als nämlich die Freipfeiler der Mittelschiffwände hochgeführt wurden, hatte das Domkapitel die Wölbung des ganzen Langhauses beschlossen. Die Pfeiler wurden nach dem so genannten gebundenen System rhythmisiert, das heißt, jeder zweite Pfeiler erhielt eine größere Grundfläche, damit Platz wurde für eine breite Wandvorlage mit seitlichen Runddiensten, die den Gurtbogen und die Rippen eines Gewölbes aufnehmen sollten.

Als man jedoch daranging die Obergadenwände des Mittelschiffs aufzumauern, hatte es schon wieder einen Meinungsumschwung gegeben: Die Partei der Traditionalisten setzte sich durch und erreichte den Entscheid für eine Flachdecke. Dies bedeutete, dass man die Wandvorlagen einfach auslaufen ließ und darüber eine glatte Obergadenwand hochführte. Die geplante Flachdecke bot allerdings den Vorteil einer reichen Durchfensterung, da keine Gurt- und Schildbögen die Wandflächen reduzierten. So erhielten die Obergadenwände des Mittelschiffs je fünf Fenster auf jeder Seite. Als die Mittelschiffwände fertig waren und man die Flachdecke hätte aufsetzen können, änderte man den Plan jedoch

wieder und beschloss das Mittelschiff doch einzuwölben. Dafür musste allerdings jedes zweite der eben vollendeten Fenster wieder vermauert werden, damit die Gewölbe Platz fanden. Ein Blick von außen auf die nördliche Obergadenwand des Mittelschiffs beweist, dass die Obergadenwände des Mittelschiffs mit je fünf Fenstern fertig gestellt waren. Für die Einwölbung wurde die Zahl der Fenster dann auf jeweils drei reduziert; die beiden vermauerten Fenster (Abb. oben) dazwischen zeichnen sich bis heute deutlich ab. Innen sieht die Situation so aus: Die Wanddienste konnten nach der Planänderung doch hochgeführt werden und die Gurtbögen aufnehmen. Ebenso wurden die Schildbögen vor die Wände gelegt. Hinter den beiden Gurtbögen befinden sich die zugemauerten Fenster. Die Verfechter der gewölbten Kathedrale hatten sich endgültig durchgesetzt. Die aus Traditionsgründen so intensiv geforderte Flachdecke wurde letztlich in keinem Bauteil des Bamberger Doms realisiert, da auch die weiteren Abschnitte im Westen alle mit Wölbung errichtet worden sind.

Bis heute lässt sich also am Bamberger Dom nachweisen, wie intensiv das Domkapitel mit der Entscheidung rang, welche Gestalt der Neubau bekommen sollte. Gerade zu Beginn der Bauarbeiten war man fest entschlossen eine getreuliche – wenn auch vergrößerte – Wiederholung des Heinrichsdoms zu errichten, die zeichenhaft die Erinnerung an den kaiserlichen Stifter wachhalten sollte. Erst im Lauf des Baufortschritts und nach immer wieder wechselnden Plänen entfernte sich der Neubau allmählich von den gestalterischen Vorgaben. Dennoch blieben genügend Merkmale übrig, um dem aufmerksamen Besucher zu zeigen, wie sehr der heutige Dom der Gestalt des Heinrichsdoms verpflichtet ist. Die vielen Skulpturen außen wie innen, die Heinrich und Kunigunde in ihrem Wirken gegenwärtig machen, verstärken noch diese Bedeutung des Doms als Erinnerungsort.

Achim Hubel / Manfred Schuller

Im Tympanon der Gnadenpforte des Bamberger Doms ist Kunigunde wohl erstmals als Heilige dargestellt worden.

208   GNADENPFORTE DES BAMBERGER DOMS

Um 1200–um 1204

Sandstein

Literatur:
Erlande-Brandenburg, Notre-Dame, S. 24–37; Hubel, Chorschrankenreliefs, S. 11 ff.; Hubel, Überlegungen zum Bamberger Dom, S. 77 f.; Kroos, Liturgische Quellen (1979), S. 163 f.; Sauerländer, Gotische Skulptur, S. 87 ff., Taf. 40 und 41; Suckale, Bamberger Domskulpturen, S. 48–51; von Winterfeld, Dom, Bd. 1, S. 73 f.

Die Ostteile des Bamberger Doms sind relativ gleichmäßig hochgezogen worden, in einem sorgfältigen Quaderverband, stets mit einem leichten Vorsprung der südlichen Bauteile gegenüber den nördlichen. Aus diesem Grund müssen die Portale in den Erdgeschossen der beiden Osttürme, also die Adamspforte (Südturm) und die Gnadenpforte (Nordturm), nahezu gleichzeitig hochgeführt worden sein, auch wenn sie sich in ihrem Typus grundlegend unterscheiden. Die Adamspforte wurde als Rundbogenportal mit vier Gewändestufen hochgeführt, blieb aber in der ursprünglichen Planung völlig bildlos. Die Gnadenpforte dagegen war von vornherein höher und viel aufwändiger vorgesehen, als Stufenportal mit je vier in die Gewände eingestellten Säulen, reichem Kapitellband und skulptiertem Tympanon. Spuren weisen auf farbige Fassung und reiche Vergoldung hin; auf den Archivolten sind in zwei Reihen Rosetten aus Blei aufgesetzt, die wohl ebenfalls vergoldet waren. Offensichtlich sollte mit der unterschiedlichen Gestalt auf verschiedene Funktionen der zwei Portale verwiesen werden, wozu es allerdings keine genaueren Quellen gibt.

Im Tympanon der Gnadenpforte thront zentral die Mutter Gottes mit Kind, begleitet von den Dompatronen St. Petrus und St. Georg links sowie dem Kaiserpaar Heinrich und Kunigunde rechts. Kunigunde ist mit einem Nimbus dargestellt und präsentiert sich damit wohl zum ersten Mal nach der Kanonisation im Kreis der Heiligen. Geschaffen wurde das Tympanon von dem leitenden Bildhauer der so genannten älteren Bildhauerwerkstatt des Bamberger Doms. Oft ist die betonte Statuarik der Figuren beschrieben worden, die sich in sorgfältiger Abstufung und bewusst gestalteter Plastizität zum feierlichen Auftritt vereinen, unterstrichen durch die gemessenen Gesten und die zeremonielle Förmlichkeit. Frisch und lebendig wirken im Kontrast dazu die partiell über die Gliedmaßen gespannten Gewänder, die vielen rund schwingenden oder parallel geführten Faltenstege und schließlich die geschlängelten, geradezu verknäult wirkenden Faltengebilde. Für den Figurentypus wurden Elemente der frühen französischen Gotik aufgegriffen, die der Bamberger Bildhauer offensichtlich gekannt hat: Die Verbindung blockhafter Statuarik mit gerundeten Oberflächen und ruhigen, wohl überlegten Gesten findet sich beispielsweise beim Tympanon des – vor 1148 entstandenen – so genannten Annenportals an der Westfassade der Kathedrale Notre-Dame in Paris. Auch die bewussten Maßstabsunterschiede verbinden die beiden Tympana: In Paris wie in Bamberg ist die Mutter Gottes – obwohl sie thront – größer als die stehenden Figuren neben ihr, und

208

nochmals kleiner ist in Paris der ganz links sitzende, wohl als Stifter zu interpretie-rende Kleriker, dem in Bamberg die kleinen Stifterfiguren eines Bischofs links und eines Kanonikers (wohl des Dompropstes) rechts entsprechen.

Besonders auffällig erscheint auf dem Tympanon der Gnadenpforte ein Mann in weltlicher Kleidung, der direkt unter der Madonna kniet; er trägt auf dem Mantel ein Kreuz und gibt sich damit als Kreuzfahrer zu erkennen. Dabei dürfte es sich um Herzog Berthold IV. von Andechs-Meranien (1188–1204) handeln, der an dem Kreuzzug 1189/90 sowie an dem gescheiterten Kreuzzug von 1197 teilgenommen hatte. Da die Darstellung der Kaiserin Kunigunde mit dem Nimbus wohl ihre Hei-ligsprechung voraussetzt, dürfte das Tympanon also in dem Zeitraum zwischen 1200 (Heiligsprechung Kunigundes) und 1204 (Tod Herzog Bertholds) entstanden sein. Bei dem auf dem Tympanon links dargestellten Bischof könnte man an Bischof Timo († 1201) bzw. seinen Nachfolger Konrad († 1203) denken, schließlich sogar an Ekbert von Andechs-Meranien, der 1203 gerade zum Bischof ernannt worden war. Für den rechts knienden Dompropst kämen der zeitlichen Abfolge nach Konrad (Dompropst 1196–1201), Ekbert von Andechs-Meranien (Dompropst 1202–1203) oder Berthold von Andechs-Meranien (Dompropst 1203–1206) infrage.   *A. H.*

Unter den Gewändefiguren der Adamspforte des Bamberger Doms kam dem Kaiserpaar Heinrich und Kunigunde der Ehrenplatz zu.

FIGUREN DER ADAMSPFORTE DES BAMBERGER DOMS   *209*

Um 1225/30

Sandstein

Abgüsse (Originale im Diözesanmuseum Bamberg)

Literatur:
Abramowski, Bamberger Reiter, S. 215 ff.; Boeck, Bamberger Meister, S. 12, 44 ff., 125, 134, 171–174, 180–183; Breuer, Bamberg, Dom, S. 93; Breuer, Überlegungen, S. 438–447; Feldmann, Bamberg, Bd. 1, S. 87–99, Bd. 2, Abb. S. 24–36; Hans-Schuller, Adamsportal, S. 34–47; Kroos, Liturgische Quellen (1979), S. 163 f.; Sauerländer, Figuren, S. 319 ff., Nr. 443; Schuller, Dogenpalast, S. 64 f.; Schuller, Nebenwerk, S. 49–81; Suckale, Bamberger Domskulpturen, S. 66–72; von Winterfeld, Dom, Bd. 1, S. 72 f

Die so genannte Adamspforte des Bamberger Doms (südlich der Ostapsis) ist ur-sprünglich als reines Bogenportal ohne Tympanon hochgeführt worden, wobei die äußeren beiden Bögen durch Zackenfriese dekorativ gemustert sind. Es stellte im Mittelalter den Hauptzugang für die von der Stadt kommenden Gläubigen dar, die vom Katzenberg oder vom Vorderen Bach her unmittelbar vor der Adamspforte an-langten. Man könnte vermuten, die Gnadenpforte sei als Zugang für die auf dem Domberg lebenden Kleriker von Anfang an prächtiger gestaltet worden, während dies für die vornehmlich von Laien benutzte Adamspforte nicht nötig schien. Aller-dings empfand man diese Schmucklosigkeit schon bald als unpassend an der öst-lichen Schaufront des Doms, sodass man nachträglich sechs Säulenfiguren mit be-krönenden Baldachinen vor das Gewände setzte. Während man in der Literatur aufgrund einiger Unregelmäßigkeiten im Versatz häufig annahm, die Skulpturen seien ursprünglich für einen anderen Standort geplant gewesen und erst nach dem Scheitern dieser Konzepte mehr oder weniger zufällig an die Adamspforte gewan-dert, konnten Ch. Hans-Schuller und M. Schuller durch ihre exakten Untersuchun-gen nachweisen, dass Statuen und Baldachine von Anfang an für die Adamspforte geplant und ausgeführt worden sind. Man scheint lediglich während des Versatzes die Skulpturen etwa einen halben Meter höher angebracht zu haben als zunächst vorgesehen, wohl um die Figuren stärker aus der Ebene der Betrachter zu entrücken und „erhabener" wirken zu lassen. Dabei platzierte man die Baldachine jedoch in die Bogenstellungen des Portals hinein, was die genannten Eingriffe erklärt.

Der Zyklus einschließlich der Baldachine wurde von der so genannten jüngeren Bildhauerwerkstatt des Bamberger Doms geschaffen, die um 1225 die ältere Werk-statt ablöste und zunächst das Fürstenportal des Doms vollendete. In der Gestaltung ist die jüngere Werkstatt von ihrer Herkunft aus Reims und dem großartigen Figu-renstil der gleichzeitigen französischen Gotik geprägt. Der Zyklus der Adamspforte

209

zeigt – jeweils von außen nach innen – an dem vom Betrachter aus rechten Gewände die Figuren von Eva, Adam und des hl. Petrus, am linken Gewände die der Heiligen Stephanus sowie der Kaiserin Kunigunde und Kaiser Heinrichs. Gegen Ende des 13. Jahrhunderts musste die Figur des hl. Stephanus einem aus statischen Gründen erforderlich gewordenen Strebepfeiler an der Südostkante des Turms weichen; man versetzte sie deshalb – um 90 Grad gedreht – neu an diesem Pfeiler. Während des Zweiten Weltkriegs wurden die Bildwerke aus Sicherheitsgründen abgenommen, danach aber wegen der Verwitterungsprobleme nicht mehr am Portal aufgestellt, sondern ab 1955 im Domkreuzgang bzw. im Diözesanmuseum an wechselnden Plätzen präsentiert; seit 1993 sind sie mit ihren Baldachinen an der Nordwand des Kreuzgangs zu sehen. Die Adamspforte selbst blieb seitdem kahl; erst in jüngster Zeit beschlossen das Metropolitankapitel und das Staatliche Hochbauamt den Ersatz der Figuren und Baldachine durch Kopien am originalen Standort. Für die Landesausstellung 2002 werden als Erstes die Abgüsse der Heiligen Heinrich und Kunigunde wieder am Gewände der Adamspforte angebracht sein.

Das ikonografische Programm gilt als schwer verständlich und führte zu unterschiedlichen Deutungsversuchen (etwa W. Sauerländer, R. Suckale, L. Abramowski, H.-Ch. Feldmann). Man könnte jedoch die ikonografischen Gepflogenheiten vor Ort berücksichtigen und fragen, mit welcher Sehweise und in welchen Leserichtungen die Skulpturen des Bamberger Doms betrachtet werden wollen. Schon die Apostel und Propheten der inneren Chorschranken wurden in Gruppen zu je sechs Figuren zusammengefasst, die jeweils für sich anzusehen sind. Ohne weiteres nahm man dabei in Kauf, dass die Reihe der zwölf Propheten bzw. Apostel jeweils auseinander gerissen wurde. Statt eines Gesamtblicks auf die Zusammenhänge bevorzugte man die Präsentation in separierten Bildabschnitten, die erst in der Reflexion durch den Betrachter ihre innere Verbindung erhalten. Ebenso soll man bei der Gnadenpforte nicht das Portal insgesamt ansehen, sondern sich jedem Gewände einzeln zuwenden und dabei die Leserichtung von außen nach innen beachten. Beginnen muss man an der vom Betrachter aus rechten Seite, die – vom Portal aus gedacht – die geringere Wertigkeit besitzt. Hier erscheinen zuerst Adam und Eva, mit denen als dem ersten Menschenpaar die Geschichte beginnt, aber auch die Erbsünde ihre Wurzeln hat. Dann folgt Petrus, der mit dem Kreuz in der Hand auf die Erlösung der Menschheit durch Christus weist. Das andere Gewände ist ebenfalls von außen nach innen zu lesen: Als Nächstes folgt Stephanus, der sich ursprünglich – um 90 Grad

210

gedreht – viel stärker nach außen wandte und auch als Erster gesehen werden will. Er gehört nämlich inhaltlich noch zur Figur des hl. Petrus: Der erste Papst und der erste Märtyrer verkörpern die römische Kirche in der direkten Nachfolge Christi und grundsätzlich die Bedeutung Roms für das christliche Abendland. Heinrich und Kunigunde sind dann das dritte Paar dieser Abfolge; so wie Kaiser Heinrich II. in Bamberg ein zweites Rom schaffen wollte, sind er und seine Gemahlin die Garanten für die Erneuerung des christlichen Heilsgedankens in der eigenen Gegenwart. Die Position weiter innen und an der heraldisch rechten Seite des Portals verlieh dabei dem Kaiserpaar den höchsten Rang. *A. H.*

Die Wände des Georgenchors im Bamberger Dom verdeutlichen die Planänderungen bei den Deckenlösungen. Letztlich entschied man sich nicht für eine Flachdecke, wie sie der Heinrichsdom hatte, sondern für ein der eigenen Zeit entsprechendes Gewölbe.

Ostchor (Georgenchor) des Bamberger Doms

Ende 12. Jahrhundert–um 1220

Der Neubau des Bamberger Doms wurde mit der Ostkrypta begonnen; daraufhin führte man die Ostapsis, das folgende Joch zwischen den beiden Türmen und die unteren Geschosse der Türme selbst hoch. Die an die Apsis anschließenden inneren Turmwände zeigen mit den aufgelegten Diensten, wie man anfangs den Ostchor geplant hatte: ein sechsteiliges Rippengewölbe über dem Turmjoch, im direkten Anschluss an die Apsiskalotte, dann nach Westen anschließend ein Triumphbogen, der den Übergang zur Flachdecke über dem restlichen Chor bilden sollte (Abb. S. 396). Nur der Hochaltar selbst sollte demnach durch ein Gewölbe überhöht werden. Nach dieser Planung hätte der Chor so ausgesehen, wie dies der ehemalige Ostchor der Bamberger Jakobskirche bis heute zeigt (Kat.-Nr. 211). Ganz sicher wäre mit dieser Lösung auch die Gestalt des Heinrichsdoms wiederholt worden.

Während des Baus des Georgenchors gab es jedoch eine wichtige Planänderung: Das Domkapitel verabschiedete sich von der spartanischen Idee eines kastenartigen, flach gedeckten Chorraums als Kopie des Heinrichsdoms und beschloss, doch den ganzen Ostchor einzuwölben. Man sah hierfür zwei sechsteilige Rippengewölbe vor, die je zwei Joche zusammenfassen sollten (Abb. oben). Der ursprünglich geplante Triumphbogen an der Westseite des ersten Chorjochs blieb ab der Kämpfer-

210

Literatur:
Breuer, Bamberg, Dom, S. 92–96; Hubel, Reliquienschränke, S. 47ff.; Hubel, Überlegungen zur Datierung, S. 39–52; Hubel, Überlegungen zum Bamberger Dom, S. 74–79; von Reitzenstein, Geschichte, S. 97–127; Schuller, Fürstenportal, S. 63–66, 145f. (M. Fürst); Schuller, Nebenwerk, S. 76f.; Suckale, Dethard von Winterfelds Monographie, S. 161–169; Vorwerk, Andechs-Meranier, S. 209–218; von Winterfeld, Dom, Bd. 1, S. 71–98, Fig. 21, 22, 125, 126.

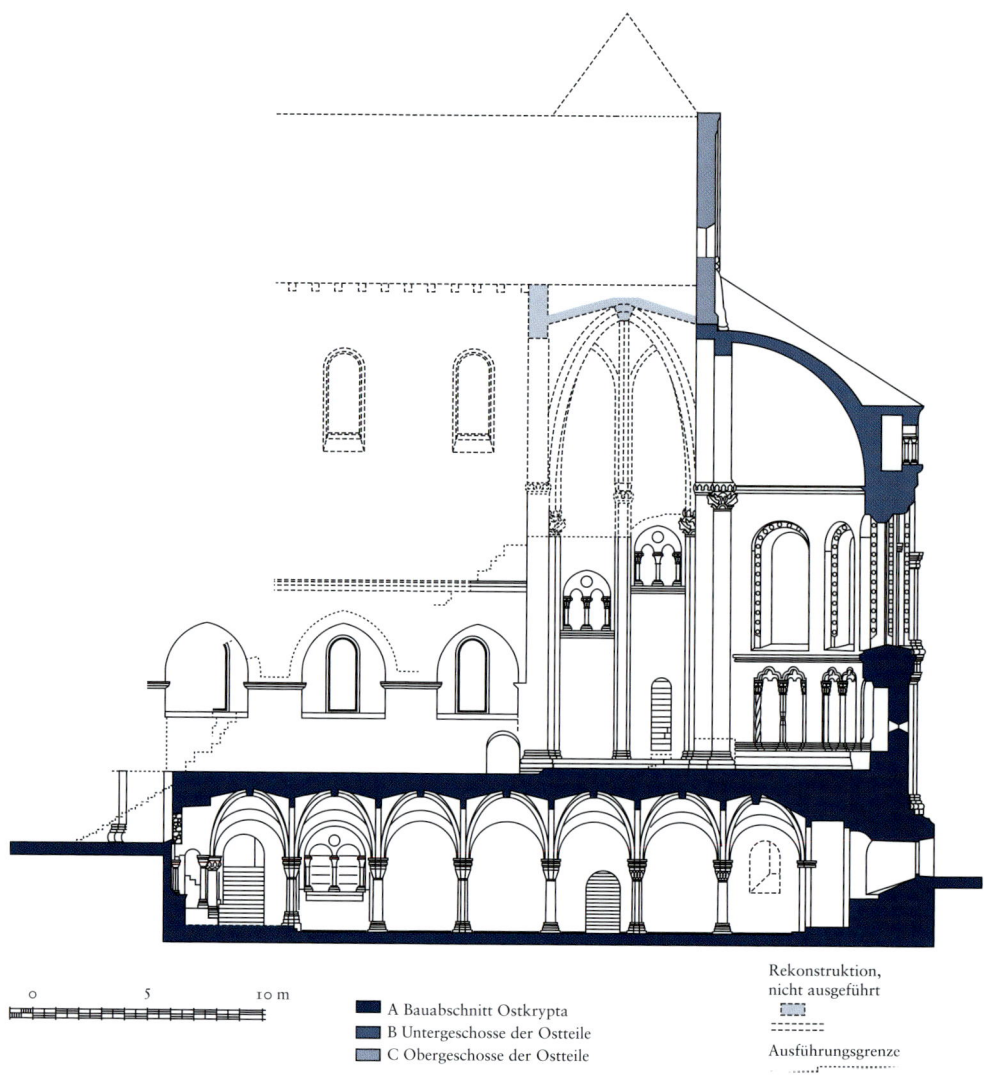

0   5   10 m

■ A Bauabschnitt Ostkrypta
■ B Untergeschosse der Ostteile
■ C Obergeschosse der Ostteile

Rekonstruktion,
nicht ausgeführt

Ausführungsgrenze

Rekonstruktionszeichnung der ursprünglichen Planung
des Ostchors (Georgenchors) des Bamberger Doms mit Flachdecke.
Nach Dethard von Winterfeld.

zone unvollendet, das Gewölbe wurde als sechsteiliges Rippengewölbe auch noch
über das zweite Joch gespannt; der bereits hochgeführte Mitteldienst für die ältere
Gewölbeplanung blieb unbesetzt.

Nach dieser Planung war auch das westlich anschließende Doppeljoch des
Georgenchors genauso angelegt und mit den Wandflächen für ein sechsteiliges Rippengewölbe vorbereitet worden. Bis es allerdings zur Vollendung dieses Jochs kam,
scheint einige Zeit vergangen zu sein, da hier eine auffallende Bauunterbrechung
festzustellen ist, die D. von Winterfeld beschrieben hat. Als die Arbeiten wieder aufgenommen wurden, bestand die Dombauhütte – nach Ausweis der Steinmetzzei-
chen – aus völlig neuen Mitarbeitern; auch die Dekorformen änderten sich, und
neues Steinmaterial wurde verwendet. Es wäre denkbar, dass diese Zäsur sich mit
einem wichtigen politischen Ereignis verbindet: der Ermordung König Philipps von
Schwaben in Bamberg am 21. Juni 1208. Da Bischof Ekbert von Andechs-Meranien
(reg. 1203–1237) der Mitwisserschaft verdächtigt und über ihn die Reichsacht ver-
hängt wurde, floh er zu seiner Schwester Königin Gertrud nach Ungarn; die Güter
des Bischofs und des Hochstifts wurden beschlagnahmt. Erst 1211 wurde Ekbert
wieder in seine früheren Rechte eingesetzt. Während dieser Wirren und vielleicht

211

noch einige Jahre länger dürfte an einen Weiterbau des Doms nicht zu denken gewesen sein. Als dann – nach dieser Unterbrechung – das zweite Rippengewölbe im Georgenchor ausgeführt werden sollte, hatten die neuen Bauleute wohl ein vierteiliges Kreuzrippengewölbe vorgeschlagen, das nicht nur moderner, sondern auch praktischer war, da sich die Fenster besser anordnen ließen. Man entschied sich für diese Wölbart – und damit wurde wieder ein Dienstpaar arbeitslos, wie man bis heute sehen kann. Am Westende des Georgenchors – am Übergang zum Mittelschiff – sollte nun endgültig ein Triumphbogen am Choreingang die gewölbten Bereiche abschließen; für das Langhaus war im Kontrast zum Chor die Flachdecke vorgesehen. Aber auch hier setzte sich letztlich die Wölbung durch. *A. H.*

Die Jakobskirche kann als verkleinertes Abbild des Bamberger Doms gesehen werden, das Rückschlüsse auf die Innenarchitektur des Heinrichsdoms erlaubt.

Modell des Kirchenschiffs von St. Jakob mit Blickrichtung in den Ostchor

211

Entwurf: Manfred Schuller unter Mitarbeit von Sabine Gress

Modellbau Birmann, Nürnberg

Die ehemalige Chorherrenstiftskirche St. Jakob in Bamberg, direkt vor dem alten Nordzugang der bischöflichen Burgmauer gelegen, ist für das Verständnis des Heinrichsdoms von besonderer Bedeutung. Der Baukörper der Jakobskirche ist der älteste Kirchenbau in Bamberg, der sich in erheblichem Umfang noch aus dem 11. Jahrhundert erhalten hat. Im Einzelnen ist seine Baugeschichte ungeklärt, doch gehen die wichtigsten Teile auf das späte 11. Jahrhundert zurück. 1065 wurde das Stift gegründet, 1072 ist die Weihe einer Krypta mit einem Kreuzaltar überliefert, die nach dem Baubefund nur im Westen gelegen haben kann. Die Ostteile und das Langhaus dürften damals bereits weitgehend fertig gestellt gewesen sein. Der Gesamtbau wurde allem Anschein nach aber nicht in einem Zuge errichtet. Querhaus und Westchor blieben unvollendet und wurden erst in einer zweiten Bauphase unter Otto I. 1109 geweiht, der auch die beiden Osttürme vollendete. Mehrere Umbauten in späterer Zeit bestimmen das heutige Aussehen: Dazu zählen der Neubau

Literatur:

Breuer, Bamberg, St. Jakob, S. 118 f.; Fink, Klosterkirchen, S. 31 f.; Hardte, Romanische Anlage; Hubel, Anpassung; Mayer, Hochstift Bamberg, Bd. 1, S. 137 f.; Suckale/Hörsch/Schmidt, Bamberg, S. 17 f.; von Winterfeld, Dom, Bd. 1, S. 28 f.

des Nordturmhalle im ersten Drittel des 13. Jahrhunderts mit später aufgesetzten gotischen Turmgeschossen, der um 1400 erneuerte und vergrößerte Westchor, der Abbruch des Südturms 1594 und die 1770/71 vorgesetzte Ostfassade in spätbarocken Formen. Die gleichzeitige Überarbeitung des gesamten Innenraums wich 1866/67 einer konsequenten Reromanisierung.

Die aus dem 11. Jahrhundert stammende Grundkonzeption der Jakobskirche jedoch vermag noch heute eine Vorstellung vom verlorenen Raumeindruck ihres großen Vorbilds zu geben. Das Modell im gleichen Maßstab 1:33 1/3 wie das des Doms ermöglicht direkte Vergleiche. Wie der Dom besaß St. Jakob zwei Chöre, ein Querhaus im Westen, ein Turmpaar im Osten, drei Schiffe mit basilikalem Querschnitt. Die Größenverhältnisse bleiben allerdings deutlich hinter dem Dom zurück. So misst das Langhaus von St. Jakob 25,7 Meter in der Länge bei einer Breite von 7,5 Meter und einer Höhe von 13,5 Meter. Die Seitenschiffe und das Langhaus trugen wie heute hölzerne Flachdecken, die entgegen dem heutigen Zustand wohl farbig gefasst waren. Ähnlich eignete sich die Wandfläche des Mittelschiffs über den Arkaden und unter den Fenstern für eine Zone mit Bildern, wie dies von den frühchristlichen Kirchen in Ravenna bekannt ist. Im Modell wurden die Bereiche, über deren Oberflächengestaltung keine Aussage mehr zu treffen ist, weiß belassen. Sicher nachzuvollziehen ist dagegen die Farbgebung der Stützenreihe mit je acht Arkaden, die das Mittelschiff von den Seitenschiffen trennt. Das Material der monolithischen Säulenschäfte war sorgfältig ausgewählt. Die Halbsäulen an den Turmkanten im Osten, dem Querhaus im Westen und die mittleren Säulen waren wie alle Basen und Kapitelle aus beige-braunem Sandstein, alle übrigen Schäfte aus einem in näherer Umgebung nicht anstehenden roten Sandstein. Bis 1990 war dieser bewusst eingesetzte Rhythmus noch ablesbar, bis nach einem Brand alle Säulen mit einer gleichmäßigen grau-beigen Tünche überzogen wurden, sodass dieses wichtige Gestaltungselement des 11. Jahrhunderts nicht mehr zu erkennen ist. Die mächtigen attischen Basen und die kräftig dimensionierten Würfelkapitelle hingegen geben den ursprünglichen Zustand wieder, auch wenn deren Oberflächen durch mehrere Restaurierungen stark in Mitleidenschaft gezogen wurden. Die Einteilung der acht Obergadenfenster gehorcht nicht der Achseinteilung der Säulenstellung. Eine Besonderheit stellen die beiden kleinen, auch außen ablesbaren Apsiden des weit ausladenden Querschiffs dar. An einem im Westen liegendem Querhaus sind sie nach Osten orientiert.

Wahrscheinlich besaß die Kirche wie heute vier Hauptzugänge: Da im Osten nur ein Altar bezeugt ist, dürften sich die beiden Turmhallen mit Portalen nach Osten geöffnet haben, die von der heutigen Barockfassade aufgenommen wurden. Von den Turmhallen besitzt die südliche noch die Tonnenwölbung des 11. Jahrhunderts, während die im Norden seit dem ersten Drittel des 13. Jahrhunderts nach einem grundlegenden Umbau mit einem Kreuzrippengewölbe ausgestattet ist. Wie heute lag der Zugang zum Kreuzgang im Süden in der Mitte der dortigen Seitenschiffwand, während im Norden der Eingang in unbestimmter Zeit versetzt wurde. Im 11. Jahrhundert hatte er sich nach dem Baubefund nicht wie heute in der Mitte der Seitenschiffwand, sondern nach Westen versetzt befunden. Für die frühe Zeit überrascht die erstaunlich gute Mauertechnik der Außenschale in Quadertechnik.

Abgesehen von einem störenden Emporeneinbau ist im Innenraum die für den Ostchor gefundene Lösung weitgehend erhalten. Zwischen die Türme sind dort ein schmaler tonnengewölbter Streifen und die unmittelbar anschließende, mit einer Kugelkappe gewölbte, halbrunde Apsis eingespannt. Der Seitenschub der Wölbungen kann durch das Widerlager der Türme abgefangen werden. Vorchorjoch und

Apsis öffnen sich in fast voller Höhe des Langhauses zum Mittelschiff. Eingefasst wird das Vorchorjoch durch Lisenen, die, unterbrochen durch ein schmales Kämpferband, als Gurte in die Tonnenwölbung weiterlaufen. Die Apsiswölbung schließt unmittelbar ohne Absatz an die Gurtfläche an, ist also gegenüber der Tonne fast unmerklich eingezogen. Ob die Apsis außen als eigenständiges Bauglied aus der Fassade hervortrat oder in eine flach abschließende Mauer integriert war, ist wegen der 1770/71 vorgesetzten Fassade nicht zu eruieren. Aus dem gleichen Grund lässt sich auch die ursprüngliche Durchfensterung der Apsis nicht mehr erkennen. Im Modell wurde daher auf eine Rekonstruktion verzichtet.

Im Gegensatz zum Dom hat der Ostchor der Jakobskirche keine Krypta besessen. Dies belegen entgegen bisheriger Meinung einheitlich der Baubefund der bis auf das Bodenniveau herabreichenden Lisenen und der Nachweis nur eines Altars im Osten. Trotzdem ist die Ostanlage der Jakobskirche für das Verständnis des Bamberger Doms aufschlussreich. Dies gilt für den Dom des 11. wie des 13. Jahrhunderts. Die ersten Bauphasen der nach dem Brand von 1185 neu erbauten Kathedrale sahen nämlich im Osten zwischen zwei Türmen ein schmales, mit einem sechsteiligen Gewölbe überdecktes Joch und eine mit einer Kugelkappe gewölbte Apsis vor. Das anschließende Langhaus war flach gedeckt geplant (Kat.-Nr. 210). Eine solch „altertümliche" Lösung ist für die Zeit kurz nach 1200 ungewöhnlich und kann nur mit der Absicht erklärt werden, dass man den ehrwürdigen Dom des Bistumsgründers Heinrich in neuen Formen, aber in der alten Grundkonzeption wieder errichten wollte (Einleitung zu Kap. XV).

Der ergrabene Baubefund des Heinrichsdoms lässt zwar die Rekonstruktion des Grundrisses zu, gibt aber keine direkten Hinweise auf das aufgehende Mauerwerk, Aufriss und Querschnitt. Die mit Ausnahme der Krypta sehr ähnliche Grundrissdisposition der Jakobskirche und der erste Planungszustand des Doms aus dem 13. Jahrhundert legen allerdings nahe, dass die Jakobskirche dem großen Vorbild folgte. Im Umkehrschluss erlaubt die erhaltene Raumkonzeption der Jakobskirche einen Einblick in die Architektur des Heinrichsdoms, insbesondere im Bereich des Ostchors. Mit hoher Wahrscheinlichkeit hatte sich auch dort ein schmales, gewölbtes Joch vor der Apsis zwischen das östliche Turmpaar gespannt. In den Türmen dürften wie im Dom des 13. Jahrhunderts Eingänge gelegen haben. Insgesamt können die Raumproportionen, wie sie sich im Modell der Jakobskirche darstellen, eine ungefähre Vorstellung von der Innenarchitektur des alten Heinrichsdoms geben.

M. Schu.

Ein Wandschrank im Scheitel des Georgenchors und ein kleines, nach außen gerichtetes Rundfenster verweisen auf die Verehrung der hl. Kunigunde.

OSTCHOR (GEORGENCHOR) DES BAMBERGER DOMS, SCHEITEL DER APSIS INNEN UND AUSSEN

212

Um 1200

Nach der Heiligsprechung der Kaiserin Kunigunde entnahm man anlässlich der feierlichen Erhebung ihrer Gebeine am 8. September 1201 das Haupt und weitere Reliquien der Tumba des Kaisergrabs, das im Mittelschiff des alten Doms stand, und brachte sie in feierlicher Prozession zu einem neuen Altar, der in Zukunft das Haupt der Heiligen bergen sollte. Dieser so genannte kleine Kunigundenaltar stand, wie wir durch R. Kroos wissen, in der Apsis des Georgenchors hinter dem Hochaltar. Betrachten wir die Situation vor Ort, dann muss der kleine Kunigundenaltar vor der prachtvollen Blendarkatur der Erdgeschosswand, und zwar vor der in ihren Architekturformen auffällig betonten Mittelarkade im Scheitel der Apsis gestanden haben

Literatur:
Baumgärtel-Fleischmann,
Kunigundenkrone, S. 25–41;
Hans-Schuller, Bamberger Dom,
S. 114, 130, 136; Hubel,
Reliquienschränke, S. 37–61;
Hubel, Überlegungen zum
Bamberger Dom, S. 76; Kroos,
Liturgische Quellen (1979),
S. 166 f.; von Winterfeld, Dom,
Bd. 2, S. 26 und 188, Anm. 115.

212

212

(Abb. oben). Diese von zwei eingestellten Säulchen gerahmte und beträchtlich in die Mauer eingetiefte Nische birgt einen kleinen Wandschrank, der heute eine aus dem frühen 20. Jahrhundert stammende Auskleidung als Tabernakel aufweist. Die ursprünglichen Falze an der Außenkante der Schranknische verraten allerdings, dass sie von Anfang an durch ein Türchen verschlossen war. Außerdem führen innen sehr auffällig Stufen hoch, sodass der Wandschrank gut zu erreichen ist. Durch zahlreiche Quellen vom 13. bis zum 16. Jahrhundert ist bekannt, dass es hinter dem kleinen Kunigundenaltar ein Behältnis („heuslein" oder „capsa" genannt) gegeben hat, in dem die aus purem Gold bestehende Reliquienbüste mit dem Haupt der hl. Kunigunde aufbewahrt wurde. Es liegt nahe, den Wandschrank mit dieser „capsa" bzw. diesem „heuslein" zu verbinden und in ihm einen Reliquienschrank zur Aufbewahrung des Schädelreliquiars zu sehen; der Kunigundenaltar stand dann wohl unmittelbar davor, aber so, dass man noch hinter ihm zur Mittelarkade gehen und die Stufen hochsteigen konnte, um zum Wandschrank zu gelangen.

In diesen Zusammenhang gehört das kleine Rundfenster im Scheitel der Apsis (Abb. links), das immer wieder Anlass zu volkstümlichen Spekulationen gegeben hat, etwa als Sonnenloch mit einer gezielten Lichtführung von Sonnenstrahlen. Die

Deutung verkennt dabei, dass sich innen hinter dem Fenster der uns interessierende Wandschrank befindet. Der ungewöhnliche Sachverhalt eines Rundfensters, das nicht den Innenraum beleuchtet, sondern sich zu einem durch die Architektur im Chorscheitel stark betonten Wandschrank öffnet, bedarf der Erklärung. Hier muss auf die Tradition der im Sanktuarium von Kirchen stehenden Reliquienschränke verwiesen werden, die als parallele Erscheinungsformen Hinweise auf die Funktion geben können. Der durch ein Fenster geöffnete Wandschrank im Chorscheitel gibt wohl nur als Reliquienbehältnis Sinn. Nachdem innen unmittelbar vor dieser Nische der Altar der hl. Kunigunde stand, zu dem nach Ausweis der Quellen das Haupt der Heiligen gehörte, besteht kaum ein Zweifel, dass das Reliquiar mit dem Haupt in der Nische aufbewahrt worden ist. Durch den Okulus konnte – trotz der Position des Kunigundenaltars in dem für Laien nicht zugänglichen Chor – die Schar der Gläubigen und Pilger an den Gnadengaben teilhaben, die gleichsam nach draußen strahlten. Allein das Bewusstsein von der Existenz

213

der Reliquie hinter der Öffnung muss die Menschen fasziniert haben und macht verständlich, warum der Ostchor auch als „St. Kunigundens Werk" bezeichnet wurde. Darüber hinaus muss man sich klar machen, dass der Okulus wie der gesamte Ostchor genau zur Stadt Bamberg hin ausgerichtet ist. So konnten sich die Bamberger Bürger sicher sein, dass ihnen die Gnadengaben der Reliquie permanent zuteil würden und dass die Stadt dem Schutz der Heiligen anvertraut war.

Nach der oben skizzierten Baugeschichte des Bamberger Doms dürfte der Ostchor im Jahr 1201 zumindest so weit benutzbar gewesen sein (vielleicht mit einem Notdach über dem Erdgeschoss), dass die Übertragung der Reliquie und die Weihe des Altars möglich gewesen sein könnten. Erst nach der Mitte des 16. Jahrhunderts scheint der Reliquienschrank seine Funktion verloren zu haben. Das Kunigundenhaupt wurde damals dem Domschatz eingegliedert, der Schrank diente dann als Sakramentshäuschen. Das kostbare goldene Kopfreliquiar ließ man 1658 einschmelzen und durch eine Silberbüste ersetzen, die ihrerseits bei der Säkularisation 1803 verloren ging. Die Schädelreliquie der hl. Kunigunde selbst blieb jedoch erhalten; heute wird sie – zusammen mit dem Haupt Kaiser Heinrichs II. – in einer neuen Präsentation in der ehemaligen Schatzkammer des Doms gezeigt, die westlich des Nordquerhauses an das Erdgeschoss des Nordwestturms anschließt. *A. H.*

Auch am Chorgestühl des Georgenchors im Bamberger Dom wird das hl. Kaiserpaar Heinrich und Kunigunde gezeigt.

Reliefs von Heinrich und Kunigunde

213

Chorgestühl im Ostchor (Georgenchor) des Bamberger Doms

Um 1300

Eichenholz

Die mittelalterlichen Chorgestühle des Bamberger Doms sind sowohl im Ostchor (Georgenchor) wie im Westchor (Peterschor) erhalten. Das Georgenchorgestühl besteht aus unterschiedlichen Teilen: Während die direkt an die steinernen Chor-

Literatur:
Breuer, Bamberg, Dom, S. 100;
Breuer, Bamberg und Würzburg,
S. 355; Breuer, Georgen-
chorgestühl, S. 20–31.

schranken anlehnenden Hochsitze stilistisch in die Zeit um 1300 einzuordnen sind, konnten die jeweils davor stehenden Niedersitze dendrochronologisch auf die Zeit um 1370 festgelegt werden. Bei der Purifizierung des Doms wurden 1834 die Rückwände (Dorsalien) der Hochsitzreihen und deren Bekrönung in neugotischen Formen überarbeitet, da sie in der Barockzeit umgestaltet worden waren; schließlich fügte man gegen Ende des 19. Jahrhunderts zur Erweiterung noch jeweils eine Niedersitzreihe hinzu. Trotz der vielen Veränderungen wirkt das Gestühl verhältnismäßig einheitlich, zumal sich die Niedersitzreihe von 1370 den älteren Hochsitzen erstaunlich gut angepasst hat.

Die westlichen Wangen des Gestühls sind völlig schmucklos, da sich hier ursprünglich die Lettnerwand befand, die den Chor vom Langhaus abtrennte, sodass Reliefs an dieser Stelle gar nicht zu sehen gewesen wären. Dafür konzentriert sich der Schmuck auf die östlichen, zum Hochaltar hin gerichteten Wangen: An den Hochsitzwangen erscheinen die in das Eichenholz geschnitzten Reliefs der Heiligen Heinrich (im Süden) und Kunigunde (im Norden); mit weiteren Reliefs – in durchbrochener Arbeit – ist über Heinrich der allegorisch verschlüsselte Kampf um die Früchte der guten Werke des Christen gezeigt, über Kunigunde die Ernte der guten Früchte in einer Szene der Weinlese. Die thronenden Figuren des Kaiserpaars dürften in ihrer hervorragenden Qualität von der gleichzeitigen Würzburger Kunst um 1300 beeinflusst worden sein, wie der Vergleich mit der steinernen Gruppe der Anbetung der Könige an drei nördlichen Pfeilern im Mittelschiff des Würzburger Doms zeigt.

Im Übrigen wurde auch an dem Chorgestühl des gegenüberliegenden Peterschors nicht vergessen Heinrich und Kunigunde in das reiche Figurenprogramm aufzunehmen: Sie befinden sich – ebenfalls als ins Relief übersetzte Sitzfiguren – an den Innenseiten der beiden östlichen Abschlusswangen der Hochsitzreihen. Der ganz andere Stil dieser gegen 1390 zu datierenden Bildwerke weist nach Böhmen und zu der von den Parlern geprägten Prager Kunst. Da das von Peter Parler selbst geschnitzte Chorgestühl im Prager Veitsdom 1541 verbrannt ist, kann das Bamberger Gestühl eine Ahnung vom Aussehen des Vorbilds vermitteln.   *A. H.*

Der berühmte „Bamberger Reiter" dürfte wohl den hl. König Stephan von Ungarn, den Schwager Kaiser Heinrichs II., darstellen.

214   REITERFIGUR

Westseite des nördlichen Choreingangspfeilers vor dem Georgenchor des Bamberger Doms

Um 1225/30

Schilfsandstein, 228 x 200 x 64, B. (Sockelplatte) 158; H. (Baldachin) 72

Zweifellos ist die Figur des „Bamberger Reiters" der so genannten jüngeren Bildhauerwerkstatt zuzuschreiben, die ab etwa 1225 in Bamberg tätig war. Ohne die Kenntnis der gleichzeitigen Skulptur am Querhaus der Kathedrale von Reims wären weder die in komplizierten Stückelungen erfolgte Herstellung noch der so lebensnahe wie pathetische Stil möglich gewesen. Die spannungsreiche Gesamtkomposition, die aus der Naturbeobachtung schöpfende Wiedergabe einer zum Stand gekommenen Bewegung, die feurige Lebendigkeit des Pferdekopfs mit den gespitzten Ohren, das fein durchmodellierte und ernste, aber nicht unfreundlich charakterisierte, von einem leicht abstehenden Lockenkranz gerahmte Gesicht, die vornehmlässige, aber doch aufmerksame Haltung des Königs haben immer wieder Bewunderung hervorgerufen und den Reiter – nicht ganz zu Recht – berühmter werden lassen als alle anderen Skulpturen des 13. Jahrhunderts im Bamberger Dom. Untersuchungen der jüngsten Zeit haben den Informationsstand über den technischen

Befund der Reiterfigur erweitert. M. Zerbes widmete sich mit den Mitteln der Bauforscherin der Bildhauer- und Versatztechnik einschließlich Sockel und Baldachin. Sie wies nach, dass es sich beim Reiter nicht um eine Standfigur, sondern um ein Hochrelief handelt, das mit der Pfeilerrückwand fest verbunden und aus insgesamt acht Werkstücken sehr verschiedener Größe zusammengesetzt worden ist. Bei dieser komplizierten Technik muss die Figur von Anfang an hier aufgestellt gewesen sein; ein späterer Versatz ist auszuschließen, weil er Spuren hinterlassen hätte. Insgesamt ist der Reiter gut erhalten, bis auf kleinere Verluste wie die meisten Zacken der Krone oder die rechte Fußspitze; der zerbrochene Fuß wurde 1784 wieder zusammengeklebt. Mehrere Gipsabgüsse im 19. und 20. Jahrhundert haben der Oberfläche geschadet, vor allem durch das Aufbringen fetthaltiger Trennmittel. Leider wurde jedoch bei der Purifizierung des Bamberger Doms durch den Maler Friedrich Karl Rupprecht im Jahr 1829 mitsamt späteren Anstrichen auch die Originalfassung entfernt, sodass sie nur noch in winzigen Resten nachgewiesen werden kann. W. Hartleitner hat sie minutiös verfolgt und konnte so annähernd das ursprüngliche Aussehen rekonstruieren: Der Reiter saß auf einem weißgrauen Pferd, also einem Apfel- oder

214

Grauschimmel, dessen Geschirr vergoldet war. Er trug ein wohl eher gelbes Gewand, den Mantel darüber verzierte eine nicht mehr zu deutende Musterung, die wohl aus nachgewiesenen Auflagen von silberfarbener Zinnfolie und orangeroten sowie dunkelroten Farbschichten bestand. Die Säume von Gewand und Mantel waren vergoldet, ebenso wie die Krone, der Gürtel und die Fußriemen. Das Inkarnat scheint recht hell gewesen zu sein; bei den Augen waren Pupille und Irisrand schwarz gemalt. Einen überraschenden Befund zeigten die Haare des Königs, die schwarz bis dunkelbraun gewesen sind.

Der Blick des Besuchers, der durch das – nur kurz vor der Reiterfigur fertig gestellte – Hauptportal (das Fürstenportal) den Dom betrat, fiel also von hinten auf die Figur eines auf einem Schimmel sitzenden Königs, der etwas früher in den Dom geritten zu sein schien, da er eben erst das Pferd zum Stehen gebracht hatte, wie dessen Beinhaltung verrät. Deutlich war auch von hinten zu sehen, dass der König den Kopf nach rechts drehte und mit forschendem Blick nach Südwesten in das Langhaus des Doms schaute. Nach dem prachtvollen und aufwändigen Baldachin über dem König zu schließen, musste es sich allerdings um einen Heiligen handeln; auch der gegenüber dem Fußboden deutlich höhere Standort machte dies klar. Der Bild-

Literatur:
Abramowski, Bamberger Reiter,
S. 206–229; AK Altäre, S. 13 f.,
21 f., 105 f., 125–129, 338
(Kreuzaltar); Boeck, Meister,
S. 28–38, 153–159; Breuer,
Bamberg, Dom, S. 100 f.; Hans-
Schuller, Bamberger Dom, S. 74,
114; Hartleitner, Polychromie,
S. 21 ff.; Kroos, Liturgische
Quellen (1979), S. 175 f.;
Sauerländer, König, S. 315 ff.,
Nr. 441; Suckale, Bamberger
Domskulpturen, S. 32–35, 62;
Traeger, Bamberger Reiter,
S. 1–20; von Winterfeld, Dom,
Bd. 1, S. 80 f.; Zerbes, Reiter-
skulptur, S. 47 ff., Nr. 1.14;
Zink, Bamberger Dom, S. 430 f.
(O. von Simson) und 437 f.
(J. Traeger).

hauer des Reiters scheint sogar mit einer „Lichtregie" vom Hauptportal her ge-rechnet zu haben: Die hier gezeigte Abbildung, die mit Tageslicht bei geöffnetem Fürstenportal aufgenommen wurde, lässt gerade wegen des – sonst meist störend wirkenden – Lichteinfalls von hinten das Bildwerk erstaunlich differenziert ausge-leuchtet wirken. Die in ihrer Entstehungszeit geradezu sensationelle Darstellung einer lebensgroßen, täuschend lebendig wirkenden und in naturalistischen Farben bemalten Reiterfigur dürfte den Besucher so verwundert haben, dass er beim Gang in den Dom überlegt haben dürfte, wem er hier begegnete und wohin der König blickte. M. Zerbes hat diese Blickrichtung genau vermessen; nach ihr galt die Auf-merksamkeit des Königs dem Grabmal von Heinrich und Kunigunde (Kat.-Nr. 215), das damals im Mittelschiff stand, in Höhe der zweiten Freipfeiler von Osten, etwas nach Süden aus der Mittelachse gerückt (vgl. die Blickrichtung auf der Abbildung, die vom ursprünglichen Standort des Kaisergrabs aus fotografiert worden ist). Der Reiterfigur scheint demnach, über ihre eigene Bedeutung hinaus, eine Verweisfunk-tion zugekommen zu sein, durch die gerade der vom Hauptportal kommende, hoch-rangige Besucher auf den kostbarsten Besitz des Doms aufmerksam gemacht wur-de: die Reliquien des heiligen Kaiserpaars Heinrich und Kunigunde.

Zahllose Theorien sind mittlerweile zu der Frage entwickelt worden, wer mit dem Reiter eigentlich dargestellt sei. Die mehrfach angesprochene Vermutung, es könnte Kaiser Konstantin der Große gemeint sein, der zum Kreuzaltar blicke und damit seine Kreuzesvision noch einmal erlebe, kann so nicht zutreffen, da der Rei-ter eindeutig nicht zum mittleren Choreingang des Peterschors schaut, sondern sein Blick mehr nach Süden zum ehemaligen Kaisergrab gerichtet ist. Überdies dürfte, wie R. Baumgärtel-Fleischmann betonte, der Kreuzaltar gar nicht im Westen, son-dern vor dem Georgenchor im Osten gestanden haben. R. Kroos hat dagegen viele Argumente zusammengetragen, die für König Stephan von Ungarn (reg. 997–1038) sprechen; diese Bezeichnung findet sich auch in der ältesten bisher bekannten Quel-le zur Reiterfigur aus dem Jahr 1729 und in allen weiteren Benennungen des 18. und frühen 19. Jahrhunderts. Da Stephan mit Gisela, der Schwester Kaiser Heinrichs II., verheiratet war, lag es in Bamberg nahe, auch das Fest des kaiserlichen Schwagers zu begehen, der übrigens bereits 1083, also lange vor Heinrich II., heilig gesprochen worden war. Es gab auch seit dem 11. Jahrhundert enge Kontakte der Bamberger Bi-schöfe und des Domklerus mit Ungarn. Zur Entstehungszeit des Bamberger Reiters waren die Beziehungen noch einmal besonders intensiv, da die ungarische Königin Gertrud († 1213) eine Schwester des Bischofs Ekbert von Andechs-Meranien und des Herzogs Otto VII. von Andechs-Meranien gewesen war, also der damals mächtigs-ten Dynastie im Bereich des heutigen Oberfranken angehörte. Zudem führte die Tochter Gertruds und des ungarischen Königs Andreas, die Markgräfin Elisabeth von Thüringen, ein so heiligmäßiges Leben, vor allem in den Jahren ihrer Witwen-schaft von 1227 bis zu ihrem Tod 1231, dass ihr Name in aller Munde war und die Beziehungen nach Ungarn nicht vergessen ließ, erst recht nicht nach ihrer Heilig-sprechung 1235. So wäre es gut vorstellbar, dass die dynastischen Beziehungen für den Heiligenkult eingesetzt wurden: Wenn der heilige König Stephan forschend nach dem Grab seines kaiserlichen und ebenfalls heiligen Schwagers blickt, wertete dies sowohl für die Gründungszeit des Bamberger Bistums wie für die Gegenwart der An-dechs-Meranier die überregionale Bedeutung auf. Darüber hinaus dürfte die nahe-zu schwarze Haarfarbe des Bamberger Reiters ebenfalls als ein ikonografisches Merkmal zu deuten sein, durch das die ungarische, damals noch unmittelbar mit den Hunnen identifizierte Volkszugehörigkeit Stephans charakterisiert werden sollte. Dazu würde auch ein Hinweis von R. Kroos gut passen, die es für denkbar hält, dass das in einem Kirchenraum sehr ungewöhnliche Pferd als „ethnisches Attribut" für einen Nachfahren des hunnischen Reitervolks zu erklären. Im Vergleich mit allen anderen Identifizierungsvorschlägen scheinen also die jüngsten Befunde die Deutung des Bamberger Reiters auf den hl. Stephan von Ungarn zu bestärken. *A. H.*

Der Würzburger Bildhauer Tilman Riemenschneider erhielt 1499 den Auftrag, eine prächtige Grabtumba für das heilige Kaiserpaar Heinrich und Kunigunde zu schaffen.

KAISERGRAB 215

Bamberger Dom, Mittelschiff, vor dem Ostchor (Georgenchor), zwischen den beiden auf das Chorniveau führenden Treppen

Tilman Riemenschneider (um 1460–1531)

Würzburg, 1499–1513

Sockel aus Sandstein, Tumbenwände und Deckplatte aus poliertem, gelbgrauem, leicht geflecktem Solnhofener Kalkstein, H. (gesamt) 154, max. L. 247, max. B. 151

Kaiser Heinrich II. wurde nach seinem Tod 1024 in dem von ihm gestifteten Bamberger Dom bestattet. Bei den Ausgrabungen W. Sages dürfte der originale Sarkophag wiedergefunden worden sein, der sich in der Mittelachse des Mittelschiffs befand, etwas näher zum Ostchor als zum Beginn des Querhauses gelegen (Kat.-Nr. 103). Seine Position dürfte während der Erneuerung des Langhauses im 13. Jahrhundert beibehalten worden sein, wodurch – wegen der größeren Dimensionen des Neubaus – der Standort zwangsläufig um etwa 1,5 Meter (nach einem Grundriss von 1648/49 sogar noch weiter) nach Süden aus der Längsachse rutschte; er befand sich in Höhe des zweiten Langhauspfeilers von Osten (Abb. S. 389). Für diese Stelle wurde auch die aufwändige Tumba bestellt, die Bischof Heinrich III. Groß von Trockau zusammen mit dem Domkapitel am 19. August 1499 bei Tilman Riemenschneider in Auftrag gab und die das bisherige Grabmal ersetzen sollte. Man musste sich 14 Jahre gedulden, bis die Anlage endlich im Jahr 1513 geliefert und aufgestellt werden konnte. Sie war verknüpft mit einem Altar, der westlich an die Tumba anschloss und meist als „Kunigundenaltar" bezeichnet wurde, auch wenn er ebenfalls das Patrozinium Heinrichs trug – ein Zeichen für die gegenüber ihrem Gemahl sehr viel größere Wertschätzung Kunigundes, seit sie heilig gesprochen war. Als ab 1649 die Barockisierung des Doms unter Bischof Melchior Otto Voit von Salzburg durchgeführt wurde, versetzte man das Kaisergrab auf das westliche Ende des Georgenchors. Unmittelbar davor – aber auf Stufen über dem Niveau des Mittelschiffs arrangiert – stand

215 (Deckplatte)

der Kreuzaltar, den über einem großen Bogen die Kreuzigungsgruppe von Justus Glesker bekrönte, die heute den Hochaltar im Peterschor ziert. Die unter dem Bogen und über der Altarmensa sichtbare Westseite des Kaisergrabs, die nicht verziert war (da hier vorher der Kunigundenaltar angefügt gewesen war), erhielt zwei aus Bronze gegossene und dekorativ gerahmte Inschriftenplatten, die bis heute angebracht sind. Während der Purifizierung des Doms schob man das Kaisergrab 1833 zunächst ein kurzes Stück weiter in den Ostchor hinein, versetzte es aber 1837 schon wieder, diesmal genau in die Mitte des Mittelschiffs. Seit 1971 steht die Tumba an ihrem gegenwärtigen Ort, der zum ersten Mal vom höheren Niveau des Ostchors aus einen Blick auf die Liegefiguren des Tumbadeckels erlaubt.

Das heute über zwei Stufen erhöhte und durch ein Eisengitter des 19. Jahrhunderts geschützte Kaisergrab zeigt in ungewöhnlicher Verbindung einerseits eine repräsentative Grabtumba mit Liegefiguren auf der Deckplatte, die in ihrer erhöhten Position von unten kaum zu sehen sind; andererseits finden sich auf den Seitenwänden dieser Tumba Reliefs mit Szenen aus der Legende von Heinrich und Kunigunde, wie man sie sonst eher an den Flügeln eines Altars erwartet hätte. Auch die Bildperspektive der Reliefs rechnet mit einem deutlich tieferen Standort des Betrachters, sodass man buchstäblich auf die Knie gehen sollte, wenn man die einzelnen Darstellungen vom idealen Blickpunkt aus erleben will. Insgesamt entstand jedoch eine grandios inszenierte Grabanlage, hervorgehoben durch den polierten, feinkristallinen und marmorähnlichen Solnhofener Kalkstein, dessen vornehme Wirkung durch partielle Vergoldungen noch gesteigert wurde.

Auf der Deckplatte liegt unter einem gemeinsamen Baldachin das Kaiserpaar, den Blick nach Osten, zum Sonnenaufgang, hin gerichtet, um die Auferstehung zu erwarten. Kunigunde erscheint in hervorgehobenem Rang zur Rechten Heinrichs. Durch die Kissen unter ihren Häuptern werden sie als Liegefiguren gezeigt, doch stehen sie auf heraldisch bedeutsamen Löwen, die als Schildhalter dienen: Sie zeigen bei Heinrich den Doppeladler des Reichs in Verbindung mit dem bayerischen Rautenwappen, bei Kunigunde die Kombination der Rauten mit dem Löwen ihres

215

oben: Heilung Kaiser Heinrichs II.
unten: Die Seelenwägung

luxemburgischen Geschlechts. Das Herrscherpaar trägt alle Insignien der kaiserlichen Würde und ist in kostbarste Gewänder gehüllt, die durch goldene Ornamente noch einmal gesteigert waren. Mit großer Detailfreude sind zudem viele Einzelheiten plastisch differenziert wiedergegeben, beispielsweise Fransen, Borten, Bänder, Quasten. Dennoch bleibt durch die souveräne Ordnung der Gewandfalten, die zu unterschiedlich knittrigen, geradezu abstrakt wirkenden Gebilden stilisiert sind, und die in leichtem Schwung bewegten Körper, die sich nur teilweise unter dem Gewand abzeichnen, die monumentale Gesamtwirkung gewahrt. Ein Blick auf die Hände, die in nervöser Feingliedrigkeit gestaltet sind, und auf die beseelten Gesichter bestätigt vollends die Qualität der Deckplatte, die Riemenschneider als eigenhändiges Werk zugeschrieben werden darf.

An den Seitenwänden der Tumba sind in annähernd quadratischen Reliefs fünf Legenden aus dem Leben des Kaiserpaars dargestellt. Im Nordwesten beginnend handelt es sich um folgende Szenen:

Die Heilung vom Steinleiden: Bei einem Aufenthalt im Kloster Montecassino 1022 litt Heinrich II. heftig unter Nierensteinen. Angeblich soll der hl. Benedikt dem Kaiser im Schlaf den Stein herausgeschnitten und zum Beweis in die Hand gelegt haben. In einer Schenkungsurkunde dankte Heinrich dem Heiligen dafür.

Die Seelenwägung: Die Szene geht auf einen Traum des Kaisers zurück. Als der Erzengel Michael in der Todesstunde die guten und bösen Taten Heinrichs abwägen will, drohen die bösen Taten zu überwiegen. Auf der Waagschale liegen die glühenden Pflugscharen, die der Kaiser aus Eifersucht seiner Gemahlin Kunigunde zugemutet hatte; Teufel versuchen ihr Gewicht noch zu vergrößern. Da tritt der hl. Laurentius hinzu, der Patron des Merseburger Doms, und wirft in die andere Schale einen goldenen Kelch, den der Kaiser nach Merseburg gestiftet hatte. Erst dies eröffnet ihm den Weg in die Seligkeit.

Der Tod des Kaisers: Heinrich liegt auf dem Sterbebett, betrauert von seiner Frau Kunigunde und Mitgliedern des Hofstaats.

Der gerechte Lohn: Kaiserin Kunigunde zahlte persönlich den Lohn für die Bauleute der von ihr gestifteten Kirche

215
oben: Der Tod des Kaisers
unten: Der gerechte Lohn

215 Pflugscharprobe

Literatur:
AK Altäre, S. 13 f., 26 f., 58,
105 f., 113 f. Nr. 32, 125–129,
339–342; Bier, Tilman Riemenschneider, Bd. 3, S. 7–41; Breuer,
Bamberg, Dom, S. 102;
Buczynski/Kratz, Unter-
suchungen, S. 351–356; Haas,
Kaisergrab; Haas, Stiftergrab,
S. 115–151; Kalden, Beiträge,
S. 69–119; Kalden, Tilman
Riemenschneider, S. 53–57,
76 f., 113–116; Neundorfer, Leben; Roth, Sankt Kunigunde
(1987), S. 5–68.

St. Stephan aus. Angeblich soll jeder Handwerker, der in die Schüssel mit den Geldmünzen griff, genau den Lohn erhalten haben, der ihm zustand.

Die Feuerprobe: Nachdem dem Kaiser von einem angeblichen Ehebruch Kunigundes berichtet worden war, befahl er ein Gottesurteil und ließ sie über glühende Pflugscharen gehen. Dabei blieb sie unverletzt – ein Zeichen ihrer Keuschheit und Heiligkeit.

Wie I. Kalden nachwies, lagen der Ausführung der Reliefs Vorzeichnungen zugrunde, die dem Bamberger Maler Wofgang Katzheimer zugeschrieben werden können. Die uneinheitliche Art der Gestaltung lässt die Beteiligung von Gesellen vermuten: Die Reliefs zur Heinrichslegende (Steinheilung, Seelenwägung und Tod) zeigen eine lebendige, aber gleichmäßig den Grund überziehende Reliefstruktur, die Köpfe, Gewandfalten und viele Details von Rauminventar bzw. Landschaftshintergrund dicht aneinander reiht, sodass man die Darstellungen mit den Augen gleichsam absuchen muss. Dagegen gehen die beiden Szenen der Kunigundenlegende auf der Südseite von einer ganz anderen Raumauffassung aus. Sie vernachlässigen eher den Hintergrund, setzen spannungsreich freie Flächen gegen dichte Gruppierungen und variieren die Dreidimensionalität von fast vollplastischen Köpfen bis hin zu ausgesprochen flach gezeichneten Gesichtern. Hier scheinen Errungenschaften der Reliefkunst der italienischen Frührenaissance Eingang gefunden zu haben, sodass anzunehmen ist, dass diese beiden Szenen wohl als späteste der Serie entstanden sind.

Die Seitenwände der Tumba ruhen auf einem aufwändigen Sockel aus Sandstein, der geglättet und mit einem lackartigen Überzug versehen worden ist, um ihn der Oberfläche der polierten Kalksteinteile darüber anzugleichen. An den Ecken und den Mitten der Längsseiten buchten runde Basen aus, über denen sich kompliziert verflochtene und vielfach ineinander gesteckte Sockel hochtürmen, die ihrerseits die – im unteren Drittel aus prachtvollen Manschetten herauswachsenden – Profilstäbe der Tumbarahmungen tragen. Auf den Stufen des Sockels sitzen Schlangen, Schnecken, ein Frosch und eine Eidechse, die einerseits an die Vergänglichkeit aller irdischen Pracht erinnern sollen, andererseits aber auch als virtuose Kunstkammerstücke kennerschaftlich gewürdigt werden möchten. *A. H.*

ANHANG

Quellen

Adalbert: Vita Heinrici regis et confessoris, hg. von Marcus Stumpf, Hannover 1999 (MGH SS rer. Germ. i. u. s. sep. ed. 69)

Adalbold von Utrecht: Vita Heinrici II imperatoris, hg. von Hans van Rij, in: Nederlandse Historische Bronnen 3 (1983), S. 7–95 u. 307–309

Ademar von Chabannes: Chronik, hg. von Pascale Bourgain/Richard Landes/Georges Pon , Turnhout 1999(Corpus christianorum. Continuatio mediaevalis 129)

Ademari historiarium libri tres, hg. von Georg Waitz, Hannover 1841 (MGH SS 4)

Aristoteles: Peri hermeneias, übers. u. erl. von Hermann Weidemann, Berlin 1994 (Aristoteles: Werke in dt. Übers. 1.2)

Arnold von St. Emmeram: De miraculis sancti Emmerammi, hg. von Georg Waitz, Hannover 1841 (MGH SS 4), S. 543–374

Bebo diaconus Heinrico II imperatori, in: Jaffé, Philipp (Hg.), Monumenta Bambergensia, Berlin 1869 (Bibliotheca rer. Germ. 5), S. 484–497

Böhmer, Johann Friedrich/Graff, Theodor: Die Regesten des Kaiserreiches unter Heinrich II. 1002–1024, Wien/Köln/Graz 1971 (Regesta Imperii 2,4)

Breviarium Eberhardi cantoris. Die mittelalterliche Gottesdienstordnung des Domes zu Bamberg, hg. von Edmund Karl Farrenkopf, Münster/Westfalen 1969 (Liturgiewissenschaftliche Quellen und Forschungen 50)

Die Briefe der deutschen Kaiserzeit, Berlin 1966 (MGH Epistolae 4)

Brun von Querfurt: Epistola ad Henricum Regem, hg. von Jadwiga Karwasińska, 1973 (Monumenta Poloniae Historica NS 4/3), S. 97–106

Burchard von Worms: Decretorum libri XX, hg. von Gérard Fransen/Theo Kölzer, Aalen 1992

Capitularia regum Francorum, Bd. 1, hg. von Alfred Boretiur, Hannover 1883 (MGH Capitularia 1), S. 122–126

Die Chronik des Klosters Petershausen, hg. von Otto Feger, Lindau/Konstanz 1956 (Schwäbische Chroniken der Stauferzeit 3)

Die Chroniken der Stadt Bamberg, hg. von Anton Chroust, Bd. 2, Leipzig 1910

Constitutiones et acta publica imperatorum et regum, Bd. 1, hg. von Ludwig Weiland, Hannover 1893 (MGH Const. 1)

Dedicatio ecclesiae S. Petri Babenbergensis, in: Jaffé, Philipp (Hg.): Monumenta Bambergensia, Berlin 1869 (Bibliotheca rer. Germ. 5) S. 479–481

Dedicationes Bambergenses. Weihenotizen und -urkunden aus dem mittelalterlichen Bistum Bamberg, hg. von Wilhelm Deinhardt, Freiburg i. Br. 1936 (Beiträge zur Kirchengeschichte Deutschlands 1)

Diedenhofener Kapitular, hg. von Alfred Boretius, Hannover 1883 (MGH Capitularia regum Francorum 1)

Ebonis Vita Ottonis Episcopi Bambergensis, in: Jaffé, Philipp (Hg.): Monumenta Bambergensia, Berlin 1869 (Bibliotheca rer. Germ. 5) S. 693–835

Froumund von Tegernsee: Die Tegernseer Briefsammlung, hg. von Karl Strecker, Berlin 1925 (MGH Epistolae selectae 3)

Frutolfs und Ekkehards Chroniken und die anonyme Kaiserchronik, hg. von Franz-Josef Schmale/Irene Schmale-Ott, Darmstadt 1972 (Ausgewählte Quellen zur deutschen Geschichte des Mittelalters 15)

Fundatio monasterii Brunwilarensis, hg. von Hermann Pabst, in: Archiv der Gesellschaft für ältere deutsche Geschichtskunde 12 (1874), S. 147–192

Gesta episcoporum Halberstadensium, hg. von Ludwig Weiland (MGH SS 23), Hannover 1880, S. 78–123

Guttenberg, Erich Freiherr von: Die Regesten der Bischöfe und des Domkapitels von Bamberg, Würzburg 1932–1963(Veröffentlichungen der Gesellschaft für fränkische Geschichte, 4/21)

Heimo von St. Jakob: Liber de decursu temporum, in: Jaffé, Philipp (Hg.): Monumenta Bambergensia, Berlin 1869 (Bibliotheca rer. Germ. 5), S. 537–552

Hermann von Reichenau: Chronik, hg. von Georg Heinrich Pertz, Hannover 1844 (MGH SS 5), S. 67–133

Hieronymus Brilinger: Ceremoniale Basileensis episcopatus 1517–1526, hg. von Konrad W. Hieronimus: Das Hochstift Basel im ausgehenden Mittelalter, Basel 1938, (Generallandesarchiv Karlsruhe, 65/11245)

Historia quomodo portio viuificae crusis ad werdeam in sueuia de constantinopoli peruenerit, hg. von Andreas Felix Oefelius (Rerum Boicarum SS 1), S. 332–336

Humbert von Silva Candida: Libri tres adversus simoniacos, hg. von Friedrich Thaner, Hannover 1891 (MGH Libelli de lite 1)

Inventare des Basler Münsterschatzes: 1477 (Generallandesarchiv Karlsruhe, 85/155, 1)

Leo von Vercelli: Versus de Ottone et Heinrico, hg. von Karl Strecker, Leipzig/Berlin 1939 (MGH Poetae lat. 5,2), S.480–483

Das Martyrolog – Necrolog von St. Emmeram zu Regensburg, hg. von Eckhard Freise/Dieter Geuenich/Joachim Wollasch, Hannover 1986 (MGH Libri memoriales et necrologia NS 3)

Mindener Geschichtsquellen, Bd. 1: Die Bischofschroniken des Mittelalters, hg. von Klemens Löffler, Münster/Westfalen 1917

Mittelalterliche Schatzverzeichnisse, Bd. 1: Von der Zeit Karls des Großen bis zur Mitte des 13. Jahrhunderts, hg. von Bernhard Bischoff, München 1967 (Veröffentlichungen des Zentralinstituts für Kunstgeschichte in München 4)

Monumenta Bambergensia, hg. von Philipp Jaffé, Berlin 1869 (Bibliotheca rer. Germ. 5)

Monumenta Boica, N. F. Bd. 28/I, hg. von der Bayerischen Akademie der Wissenschaften, München, (Microfiche-Ausg.) Erlangen 1998

Monumenta Germaniae Historica, Poetae latini 5, Teile 1–3, hg. von Karl Strecker/ Gabriel Silagi (Teil 3), Leipzig/Berlin/München 1937/1939/1979

Monumenta liturgica ecclesiae Tridentinae saeculo XIII antiquiora, Bd. 1: Testimonia chronographica ex codicibus liturgici, hg. von Iginio Rogger, Trient 1983

Muller, Samuel/Bouman, Arie C.: Oorkondenboek van het Sticht Utrecht tot 1301, Bd. 1, Utrecht 1920

Othloh von St. Emmeram: Vita sancti Wolfkangi episcopi, hg. von Hippolyt Delehaye, 1894 (Acta Sanctorum Nov. 2/I), S. 527–597

Psalterium Egberti, Facsimile del ms. CXXXVI del Museo Archeologico Nazionale di Cividale del Friuli, hg. von Claudio Barberi, 2 Bde., o. O. 2000

Raoul Glaber: Histoires, hg. von Mathieu Arnoux, Turnhout 1996

Regino von Prüm: Chronik, hg. von Friedrich Kurze (MGH SS rer. Germ. i.u.s. 50), Hannover 1890

Richer von Saint-Remi: Historiae, hg. von Hartmut Hoffmann, Hannover 2000 (MGH SS 38)

Rodolfo il Glabro: Cronache dell'anno mille (Storie), hg. von Guglielmo Cavallo/Giovanni Orlandi, Mailand 1989

Rodulfus Glaber: Historiarum libri quinque, hg. von John France, Oxford 1989 (Oxford Medieval Texts)

Saxo Grammaticus Danorum Regum Heroumque Historia, Books X–XVI. The Text of the first edition with translation and commentary in three volumes by Eric Christiansen, Oxford 1989–1981 (British Archaeological Reports, International Series 84, 118,1, 118,2)

Sigebert von Gembloux: Chronik, hg. von Ludwig Konrad Bethmann, Hannover 1844 (MGH SS 6), S. 300–374

Tabula genealogica ex codice Bibl. regiae Monacensis, hg. von Georg Heinrich Pertz, Hannover 1929 (MGH SS 2)

Thangmar: Vita Bernwardi episcopi Hildesheimensis, hg. von Georg Heinrich Pertz, Hannover 1841 (MGH SS 4), S. 757–782

Thietmar von Merseburg: Chronik, hg. von Robert Holtzmann (MGH SS rer. Germ. i.u.s. NS 9), Berlin 1935

Thietmar von Merseburg: Chronik, hg. von Werner Trillmich, Darmstadt 1957 (Ausgewählte Quellen zur deutschen Geschichte des Mittelalters 9)

Die Totenbücher von Merseburg, Magdeburg und Lüneburg, hg. von Gerd Althoff/Joachim Wollasch, Hannover 1983 (MGH Libri Memoriales et Necrologia NS 2)

Die Urkunden Heinrichs II. und Arduins, hg. von Harry Bresslau/Paul Kehr, Hannover 1900–1903 (MGH Diplomata regum et imperatorum Germaniae 3)

Die Urkunden Konrads II., hg. von Harry Bresslau, Hannover/Leipzig 1909 (MGH Diplomata regum et imperatorum Germaniae 4)

Die Urkunden Ottos II., hg. von Theodor Sickel, Berlin 1888 (MGH Diplomata regum et imperatorum Germaniae 2,1)

Vita Mathildis reginae posterior, hg. von Bernd Schütte, Hannover 1994 (MGH SS rer. Germ. 66)

Vita S. Cunegundis, hg. von Georg Waitz, Hannover 1841 (MGH SS 4), S. 821–828

Wolfher: Vita Godehardi episcopi prior, hg. von Georg Heinrich Pertz, Hannover 1854 (MGH SS 11), S. 167–218

Zimmermann, Harald: Papstregesten 911–1024, 2. Aufl., Wien/Köln/Graz 1998 (Regesta Imperii 2,5)

Zimmermann, Harald: Papsturkunden 896–1046, Bd. 2, Wien 1985

Ausstellungskataloge:

Abglanz des Himmels. Romanik in Hildesheim, Katalog zur Ausstellung des Dom-Museums Hildesheim, hg. von Michael Brandt, Regensburg 2001

Die Altäre des Bamberger Doms von 1012 bis zur Gegenwart, Katalog zur Ausstellung des Diözesanmuseums Bamberg aus Anlaß der 750. Wiederkehr der Domweihe, hg. von Renate Baumgärtl-Fleischmann, Bamberg 1987 (Veröffentlichungen des Diözesanmuseums Bamberg 4)

Die Andechs-Meranier in Franken. Europäisches Fürstentum im Hochmittelalter, Katalog zur Ausstellung in Bamberg, Mainz 1998

Ars sacra. Kunst des frühen Mittelalters, Katalog zur Ausstellung der Bayerischen Staatsbibliothek München, München 1950

Aus 1200 Jahren. Das Bayerische Hauptstaatsarchiv zeigt seine Schätze, Katalog zur Ausstellung des Bayerischen Hauptstaatsarchivs München, hg. von Albrecht Liess, 3. erg. Aufl., Neustadt. a. d. Aisch 1986 (Ausstellungskataloge der Staatlichen Archive Bayerns 11)

Aus zwölf Jahrhunderten Augsburger Bistumsgeschichte, Katalog zur Ausstellung des Bistumsarchivs Augsburg, hg. von Stefan Miedaner, Augsburg 1993

Der Basler Münsterschatz, hg. von Historisches Museum Basel, Basel 2001

Bernward von Hildesheim und das Zeitalter der Ottonen, Katalog zur Ausstellung Hildesheim, hg. von Michael Brandt/Arne Eggebrecht, Hildesheim/Mainz 1993

Biblioteca Apostoloca Vaticana. Liturgie und Andacht im Mittelalter, Ausstellung in der Biblioteca Apostolica Vaticana, hg. von Joachim Plotzek, Stuttgart 1992

Das Buch mit 7 Siegeln. Die Bamberger Apokalypse, Katalog zur Ausstellung der Staatsbibliothek Bamberg in Zusammenarbeit mit dem Haus der Bayerischen Geschichte, hg. von Gude Suckale-Redlefsen/Bernhard Schemmel, Luzern/Wiesbaden 2000

Buch und Bild im Mittelalter, Katalog zur Ausstellung des Dom-Museums Hildesheim, hg. von Ulrich Knapp, Hildesheim 1999

Byzanz und das Abendland, Katalog zur Ausstellung der Österreichischen National-bibliothek Wien, hg. von Otto Mazal, Graz 1981

Carlo Magno a Roma, Rom 2001

Il Crocifisso di Ariberto. Un mistero millenario intorno al simbolo della cristianità, Katalog zur Ausstellung im Dommuseum Mailand, hg. von Ernesto Brivio/Cinisello Balsamo, Milano 1997

Europas Mitte um 1000, Beiträge zur Geschichte, Kunst und Archäologie, Katalog zur 27. Europaratsausstellung, 3 Bde., hg. von Alfried Wieczorek/Hans-Martin Hinz, Stuttgart 2000

Das Evangeliar Heinrichs des Löwen und das mittelalterliche Herrscherbild. Katalog zur Ausstellung der Bayerischen Staatsbibliothek München, hg. von Horst Fuhrmann/Florentine Mütherich, München 1986 (Bayerische Staatsbibliothek, Ausstellungskataloge 35)

Ex aere solido. Bronzen von der Antike bis zur Gegenwart. Katalog der Stiftung Preußischer Kulturbesitz Berlin, Saarbrücken 1983

Federstrich. Liturgische Handschriften der ehemaligen Stiftsbibliothek, Text- und Bildred.: Eva Hürtgen, wissenschaftl. Mitarbeit Anton von Euw, Georg Minkenberg, Aachen 2000/2001

Geschichte aus Gruben und Scherben. Archäologische Ausgrabungen auf dem Domberg in Bamberg, Katalog zur Ausstellung des Historischen Museums Bamberg und des Lehrstuhls für Archäologie des Mittelalters und der Neuzeit an der Universität Bamberg, hg. von Lothar Hennig, Bamberg 1993 (Schriften des Historischen Museums Bamberg 26)

Glaube und Wissen im Mittelalter. Die Kölner Dombibliothek, Erzbischöfliches Diözesanmuseum Köln, Katalog zur Ausstellung, München 1998

The glory of Byzantium. Art and culture of the middle Byzantine era (843–1261), Katalog zur Ausstellung im Metropolitan Museum of Art, New York 1997

Die Grafen von Schönborn. Kirchenfürsten, Sammler, Mäzene, Katalog zur Ausstellung des Germanischen Nationalmuseums, Nürnberg 1989

Hunnen und Awaren. Reitervölker aus dem Osten, Katalog zur Burgenländischen Landes-austellung in Schloss Halbturn, Eisenstadt 1996

Das Jahrtausend der Mönche. KlosterWelt Werden 799–1803, Katalog zur Ausstellung, hg. von Jan Gerchow, Essen 1999

Krönungen. Könige in Aachen – Geschichte und Mythos, Katalog zur Ausstellung im Krönungssaal des Aachener Rathauses, der Domschatzkammer und dem Aachener Dom, 2 Bde., hg. von Mario Kramp, Mainz 2000

Ein Leben für den Bamberger Dom. Das Wirken des Subkustos Graff (1682–1749), Katalog zur Ausstellung des Diözesanmuseums Bamberg, hg. von Renate Baumgärtel-Fleischmann, Bamberg 1999 (Veröffentlichungen des Diözesanmuseums Bamberg 11)

Liturgie zur Zeit des hl. Wolfgang. Der hl. Wolfgang in der Kleinkunst, Bischöfliche Zentralbibliothek Regensburg. Kataloge und Schriften, hg. von Paul Mai, Regensburg 1994

Meisterwerke europäischer Kunst. 1200 Jahre Erzbistum Salzburg, Katalog zur Ausstellung im Dommuseum zu Salzburg, Salzburg 1998

Ornamenta ecclesiae. Kunst und Künstler der Romanik, Katalog zur Ausstellung des Schnütgen-Museums, hg. von Anton Legner, Köln 1985

Otto der Große, Magdeburg und Europa, Katalog zur 27. Europaratsausstellung und Landesausstellung Sachsen-Anhalt im Kulturhistorischen Museum Magdeburg, 2 Bde., hg. von Matthias Puhle, Mainz 2001

Poppone. L'età d'oro del patriarcato di Aquileia, Katalog zur Ausstellung im Museo Civico del Patriarcato in Aquileia, hg. von Silvia Blason Scarel, Roma 1997

Prachteinbände 870–1685. Schätze aus dem Bestand der Bayerischen Staatsbibliothek München, Katalog zur Ausstellung in der Bayerischen Staatsbibliothek, München 2001

Ratisbona Sacra. Das Bistum Regensburg im Mittelalter, Katalog zur Ausstellung im Diözesanmuseum Obermünster in Regensburg, München 1989 (Kunstsammlungen des Bistums Regensburg. Kataloge und Schriften 6)

Regensburger Buchmalerei. Von frühkarolingischer Zeit bis zum Ausgang des Mittelalters, Katalog zur Ausstellung der Bayerischen Staatsbibliothek München und der Museen der Stadt Regensburg, München 1987

Das Reich der Salier 1024–1125, Katalog zur Ausstellung des Landes Rheinland–Pfalz, hg. von Götz Waurick, Sigmaringen 1992

Rhein und Maas. Kunst und Kultur 800–1400, Katalog zur Ausstellung im Schnütgen-Museum, 2 Bde., Köln 1972–73

Rom und Byzanz. Schatzkammerstücke aus bayerischen Sammlungen, Katalog zur Ausstellung im Bayerischen Nationalmuseum, 2 Bde., hg. von Reinhold Baumstark, München 1998

Sakrale Gewänder des Mittelalters, Katalog zur Ausstellung im Bayerischen Nationalmuseum München, München 1955

Salzburgs alte Schatzkammer, Katalog zur Ausstellung in den Oratorien des Salzburger Domes, Salzburg 1967

Salzburgs bildende Kunst. Vorgeschichte bis 19. Jahrhundert, Katalog zur Ausstellung in Salzburg, Wien 1938

Der Schatz vom Heiligen Berg Andechs, Katalog zur Ausstellung des Bayerischen Nationalmuseums München, hg. von Rainer Rückert, Andechs 1967

Schönes Schach. Die Spiele des Bayerischen Nationalmuseums in München und des Germanischen Nationalmuseums in Nürnberg, Katalog zur Ausstellung im Bayerischen Nationalmuseum München, hg. von Georg Himmelheber/Ulrich Schneider, Nürnberg 1988

Schreibkunst. Mittelalterliche Buchmalerei aus dem Kloster Seeon, Katalog zur Ausstellung im Kloster Seeon, hg. von Josef Kirmeier/ Alois Schütz/Evamaria Brockhoff, Augsburg 1994 (Veröffentlichungen zur bayerischen Geschichte und Kultur 28)

Suevia sacra. Frühe Kunst in Schwaben, Katalog zur Ausstellung und zum Kolloquium in Augsburg, hg. von Willibald Sauerländer, Nürnberg 1973

Le trésor de la Sainte-Chapelle, Katalog zur Ausstellung im Musée du Louvre Paris, hg. von Jannic Durand, Paris 2001

Virgilio e il Chiostro. Manoscritti di autori classici e civiltà monastica, Katalog zur Ausstellung in der Abbazia di Montecassino, hg. von Mariano Dell'Omo, Rom 1996

Vita sancti Uodalrici. Erlesene Handschriften und wertvolle Drucke aus zehn Jahrhunderten, Katalog zur Ausstellung der Universitätsbibliothek Augsburg, hg. von Rudolf Frankenberger, Augsburg 1993

Vom heißen Eisen. Zur Kulturgeschichte des Schmiedens, Katalog zur Ausstellung des Westfälischen Freilichtmuseums Hagen, Hagen 1993 (Forschungsbeiträge zu Handwerk und Technik 4)

Vor dem Jahr 1000. Abendländische Buchkunst zur Zeit der Kaiserin Theophanu, Katalog zur Ausstellung des Schnütgen-Museums, hg. von Anton von Euw u. a., Köln 1991

Wikinger, Waräger, Normannen. Die Skandinavier und Europa 800–1200, Katalog zur Kunstausstellung des Europarates, Mainz 1992

Wolfenbütteler Cimelien. Das Evangeliar Heinrichs des Löwen in der Herzog August Bibliothek, Katalog zur Ausstellung in der Herzog August Bibliothek, Weinheim 1989

Zierde für ewige Zeit. Das Perikopenbuch Heinrichs II., Katalog zur Ausstellung im Bayerischen Nationalmuseum München, hg. von Hermann Fillitz, Rainer Kahsnitz und Ulrich Kuder, Frankfurt a. M. 1994

Zwölf Jahrhunderte Literatur in Bayern, Katalog zur Ausstellung der Bayerischen Staatsbibliothek, München 1975

Literatur:

Abel, Wilhelm: Geschichte der deutschen Landwirtschaft vom frühen Mittelalter bis zum 19. Jahrhundert, 3. Aufl., Stuttgart 1978

Abels, Björn-Uwe/Haberstroh, Jochen: Ausgrabungen und Funde in Oberfranken 11, in: Geschichte am Obermain 22 (1999/2000), S. 1-125

Abels, Björn-Uwe/Losert, Hans: Eine frühmittelalterliche Befestigungsanlage in Laineck, Stadt Bayreuth, in: Bayerische Vorgeschichtsblätter 51 (1986), S. 285–308

Abels, Björn-Uwe/Sage, Walter/Züchner, Christian (Hg.): Oberfranken in vor- und frühgeschichtlicher Zeit, 2. Aufl., Bamberg 1996

Abels, Björn-Uwe: Archäologischer Führer Oberfranken. Führer zu archäologischen Denkmälern in Bayern, Franken, Stuttgart 1986

Abels, Björn-Uwe: Die Burgflur bei Bayreuth-Laineck, in: Leidorf, Klaus/Ettel, Peter: Burgen in Bayern, Stuttgart 1999, S. 112–113

Abels, Björn-Uwe: Eine indische Dramma aus Unterfranken, in: Archäologisches Zellwerk. Beiträge zur Kulturgeschichte in Europa und Asien, Festschrift H. Roth, Rahden 2001, S. 145–152

Abels, Björn-Uwe/Endres, Rudolf: Die Befestigung auf dem Turmberg bei Kasendorf, in: Das Archäologische Jahr in Bayern (1995), S. 158–160

Abramowski, Luise: Der Bamberger Reiter. Vom Endzeitkaiser zum heiligen König Stephan von Ungarn, in: Zeitschrift für Kirchengeschichte 98 (1987), S. 206–229

Achten, Gerard: Das christliche Gebetbuch im Mittelalter, 2. Aufl., Berlin 1987

Affeldt, Werner: Die weltliche Gewalt in der Paulus-Exegese. Röm. 13, 1–7 in den Römerbriefkommentaren der lateinischen Kirche bis zum Ende des 13. Jahrhunderts, Göttingen 1969 (Forschungen zur Kirchen- und Dogmengeschichte 22)

Ahrens, Claus: Die frühen Holzkirchen Europas, Stuttgart 2001 (Schriften des Archäologischen Landesmuseums Schleswig 7)

Althoff, Gerd: Gebetsgedenken für Teilnehmer an Italienzügen. Ein bisher unbeachtetes Trienter Diptychon, in: Frühmittelalterliche Studien 15 (1981), S. 36–67

Althoff, Gerd: Otto III., Darmstadt 1996 (Gestalten des Mittelalters und der Renaissance)

Althoff, Gerd: Otto III. und Heinrich II. in Konflikten, in: Schneidmüller, Bernd/Weinfurter, Stefan (Hg.): Otto III. – Heinrich II. Eine Wende?, 2. Aufl., Stuttgart 2000 (Mittelalter-Forschungen 1), S. 77–94

Althoff, Gerd: Spielregeln der Politik im Mittelalter. Kommunikation in Frieden und Fehde, Darmstadt 1997

Althoff, Gerd: Verformungen durch mündliche Tradition. Geschichten über Erzbischof Hatto von Mainz, in: Keller, Hagen/Staubach, Nikolaus (Hg.): Iconologia sacra. Mythos, Bildkunst und Dichtung in der Religions- und Sozialgeschichte Alteuropas. Festschrift für Karl Hauck zum 75. Geburtstag, Berlin 1994 (Arbeiten zur Frühmittelalterforschung 23), S. 438–450

Althoff, Gerd: Die Wetterau und die Konradiner, in: Heidenreich, Bernd/Böhme, Klaus (Hg.): Hessen. Geschichte und Politik, Stuttgart/Berlin/Köln 2000 (Schriften zur politischen Landeskunde Hessens 5), S. 63–78

Althoff, Gerd: Von Fakten zu Motiven. Johannes Frieds Beschreibung der Ursprünge Deutschlands, in: Historische Zeitschrift 260 (1995), S. 107–117

Althoff, Gerd: Zur Frage nach der Organisation sächsischer coniurationes in der Ottonenzeit, in: Frühmittelalterliche Studien 16 (1982), S. 129–142

Ammon, Hermann: Die Entwicklung Forchheims im frühen Mittelalter, Forchheim 1992

Angenendt, Arnold: Heilige und Reliquien. Die Geschichte ihres Kultes vom frühen Christentum bis zur Gegenwart, 2. Aufl., München 1997

Angerer, Martin (Hg.): Regensburg im Mittelalter, Regensburg 1995 (Katalog der Abteilung Mittelalter im Museum der Stadt Regensburg)

Angerstorfer, Andreas: Von der Judensiedlung zum Ghetto in der mittelalterlichen Reichsstadt Regensburg, in: Treml, Manfred/Kirmeier, Josef (Hg.): Geschichte und Kultur der Juden in Bayern, Aufsätze, München 1988, S. 161–172

Appelt, Heinrich: Das Diplom Kaiser Heinrichs II. für Göß vom 1. Mai 1020. Eine diplomatisch-verfassungsgeschichtliche Untersuchung, Graz/Köln 1953

Arens, Fritz Viktor: Beigaben in Bischofsgräbern, in: Mainzer Zeitschrift 60/61 (1965/66), S. 119 f.

Arnold, Klaus: Städtelob und Stadtbeschreibung im späteren Mittelalter und in der Frühen Neuzeit, in: Johanek, Peter (Hg.): Städtische Geschichtsschreibung im Spätmittelalter und in der Frühen Neuzeit, Köln u. a. 2000 (Städteforschung A 47), S. 247–268

Avril, Francois/Rabel, Claudia (Hg.): Manuscrits enluminés de la Bibliothèque Nationale de France, Bd. 5: Manuscrits enluminés d'origine germanique. X^e–XIVe siècle, Paris 1995

Avrin, Leila: Scribes, Script and Books. The Book Arts from Antiquity to Renaissance, Chicago u. a. 1991

Bakker, Lothar: Nasalhelm, in: Das archäologische Jahr in Bayern (1999), S. 103 f.

Bassermann-Jordan, Ernst/Schmid, Wolfgang: Der Bamberger Domschatz, München 1914

Bauerreiss, Romuald: Ein altbayerisches Sakramentar des XI. Jahrhunderts in Oxford (Canon. Lit. 319), in: Studien und Mitteilungen zur Geschichte des Benediktiner-Ordens und seiner Zweige 76 (1965), S. 85–95

Baumgärtel-Fleischmann, Renate: Ausgewählte Kunstwerke aus dem Diözesanmuseum Bamberg, 2. Aufl., Bamberg 1992 (Veröffentlichungen des Diözesanmuseums Bamberg 1)

Baumgärtel-Fleischmann, Renate: Der Bamberger Dom. Die Umgestaltungen des Innenraums und die Entwicklung der festen Ausstattung bis zum Ende des Mittelalters, in: Kohlschein, Franz (Hg.): Heiliger Raum. Architektur, Kunst und Liturgie in mittelalterlichen Kathedralen und Stiftskirchen, Münster/Westfalen 1998 (Liturgiewissenschaftliche Quellen und Forschungen 82), S. 59–99

Baumgärtel-Fleischmann, Renate: Das Bamberger Domkreuz und die frühe Geschichte des Bamberger Domschatzes (Druck in Vorbereitung)

Baumgärtel-Fleischmann, Renate: Das Bamberger Heiltum von 1508/09 der British Library London (Add. Ms. 15.689), Bamberg 1997

Baumgärtel-Fleischmann, Renate: Das Bamberger Rationale, in: Historische Textilien. Beiträge zu ihrer Erforschung und Erhaltung (im Druck)

Baumgärtel-Fleischmann, Renate: Der Einband, in: Das Buch mit 7 Siegeln. Die Bamberger Apokalypse, Katalog zur Ausstellung der Staatsbibliothek Bamberg in Zusammenarbeit mit dem Haus der Bayerischen Geschichte, hg. von Gude Suckale-Redlefsen/Bernhard Schemmel, Luzern/Wiesbaden 2000, S. 165–167

Baumgärtel-Fleischmann, Renate: Die Kaisermäntel im Bamberger Domschatz, in: Bericht des Historischen Vereins Bamberg 133 (1997), S. 93–126

Baumgärtner, Ingrid: Kunigunde. Politische Handlungsspielräume einer Kaiserin, in: Baumgärtner, Ingrid (Hg.): Kunigunde - eine Kaiserin an der Jahrtausendwende, Kassel 1997, S. 11–46

Baumgärtel-Fleischmann, Renate: Die sogenannte Kunigundenkrone, in: Münchner Jahrbuch der Bildenden Kunst 32 (1981), S. 25–41

Baumgärtel-Fleischmann, Renate: Der Sternenmantel Kaiser Heinrichs II. und seine Inschriften, in: Koch, Walter (Hg.): Epigraphik 1988. Fachtagung für mittelalterliche und neuzeitliche Epigraphik, Wien 1990 (Veröffentlichungen der Kommission für die Herausgabe der Inschriften des deutschen Mittelalters 2), S. 105–125

Beccaria, Augusto: I codici di medicina del periodo presalernitano (secoli IX, X e XI), Rom 1965

Becker, Cornelia: Die Nutzung von Tieren im Mittelalter zwischen Elbe und Oder, in: Herrmann, Bernd (Hg.): Umwelt in der Geschichte, Göttingen 1989, S. 7–25

Behre, Karl-Ernst: Die Ernährung im Mittelalter, in: Herrmann, Bernd (Hg.): Mensch und Umwelt im Mittelalter, Stuttgart 1986, S. 74–87

Benecke, Norbert: Der Mensch und seine Haustiere: die Geschichte einer jahrtausendealten Beziehung, Stuttgart 1994

Benz, Karl Josef: Untersuchungen zur politischen Bedeutung der Kirchweihe unter Teilnahme der deutschen Herrscher im hohen Mittelalter, Kallmünz 1975 (Regensburger Historische Forschungen 4)

Berger, Arthur: Der Hesselberg. Funde und Ausgrabungen bis 1985, Kallmünz 1994 (Materialhefte zur bayerischen Vorgeschichte 66)

Berghaus, Peter: Die Darstellung der deutschen Könige und Kaiser im Münzbild, in: Schramm, Percy Ernst: Die deutschen Kaiser und Könige in den Bildern ihrer Zeit, Neuaufl. hg. von Florentine Mütherich, München 1983, S. 133–144, S. 211–214

Berghaus, Peter: Die Münzen von Dortmund, Dortmund 1978 (Dortmunder Münzgeschichte 1)

Berliner, Rudolf: Aus der mittelalterlichen Sammlung des Bayerischen Nationalmuseums II: Die Reste eines Kleidungsstückes Kaiser Heinrichs II., in: Münchner Jahrbuch der bildenden Kunst 12 (1921/22), S. 45–60

Berliner, Rudolf: Bildwerke aus Elfenbein, Knochen, Hirsch- und Steinbockhorn, Augsburg 1926 (Kataloge des Bayerischen Nationalmuseums XIII, 4)

Bernhardt, John W.: Der Herrscher im Spiegel der Urkunden: Otto III. und Heinrich II. im Vergleich, in: Schneidmüller, Bernd/Weinfurter, Stefan (Hg.): Otto III. – Heinrich II. Eine Wende?, 2. Aufl., Stuttgart 2000 (Mittelalter-Forschungen 1), S. 327–348

Bernhard, John W.: Itinerant Kingship and royal monasteries in Early medieval Germany (c. 936-1075), Cambridge 1993

Berschin, Walter: Gab es eine Augsburger Buchmalerschule des XI. Jahrhunderts?, in: Jenal, Georg u.a. (Hg.): Herrschaft, Kirche, Kultur. Beiträge zur Geschichte des Mittelalters. Festschrift Friedrich Prinz, Stuttgart 1993, S. 493–504

Berschin, Walter: Salomons III. Psalterium quadrupartitum in Köln und Heidelberg, in: Euw, Anton von/Schreiner, Peter (Hg.): Kaiserin Theophanu. Begegnung des Ostens und Westens um die Wende des ersten Jahrtausends. Gedenkschrift des Kölner Schnütgen-Museums zum 1000. Todesjahr der Kaiserin, Bd. 1, Köln 1991, S. 327–333

Beyreuther, Gerald: Die Osterfeier als Akt königlicher Repräsentanz und Herrschaftsausübung unter Heinrich II. (1002–1024), in: Altenburg, Detlef/Jarnut, Jörg/Steinhoff, Hans-Hugo (Hg.): Feste und Feiern im Mittelalter. Paderborner Symposion des Mediävistenverbandes, Sigmaringen 1991, S. 245–253

Bezzenberg, Günter E. Th.: Leben und Legende der Kaiserin Kunigunde, Kassel 1982

Bier, Justus: Tilman Riemenschneider, Bd. 3: Die späten Werke in Stein, Wien 1973

Bierbrauer, Katharina: Die vorkarolingischen und karolingischen Handschriften der Bayerischen Staatsbibliothek, Bd. 1, Wiesbaden 1990

Bierbrauer, Katharina/Schefers, Hermann: Das Lorscher Evangeliar. Biblioteca Documentara Batthyáneum, Alba Iulia, MS R II I. Biblioteca Apostolica Vaticana, Codex Vaticanus Palatinus Latinus 50, Luzern 2001

Bischoff, Bernhard: Katalog der festländischen Handschriften des neunten Jahrhunderts, Teil 1: Aachen – Lambach, Wiesbaden 1998

Blank, Rudolf: Weltdarstellung und Weltbild in Würzburg und Bamberg vom 8. bis zum Ende des 12. Jahrhunderts, Bamberg 1968 (Bericht des Historischen Vereins Bamberg, Beihefte 5), S. 113–120

Bloch, Hermann: Beiträge zur Geschichte des Bischofs Leo von Vercelli und seiner Zeit, in: Neues Archiv 22 (1897), S. 11–136

Bloch, Peter (Hg.): Reichenauer Evangelistar. Vollständige Faksimile-Ausgabe des Codex 78 A 2 aus dem Kupferstich Kabinett der Staatlichen Museen Preußischer Kulturbesitz, Graz 1972 (Codices selecti 31)

Bloch, Peter/Schnitzler, Hermann: Die ottonische Kölner Malerschule, Bd. 1, Düsseldorf 1967

Boeck, Wilhelm: Der Bamberger Meister, mit Beiträgen von Urs Boeck, Tübingen 1960

Boeckler, Albert: Das Erhardbild im Uta-Codex, in: Miner, Dorothy (Hg.): Studies in art and literature for Belle da Costa Greene, Princeton 1954, S. 219–230

Böhm, Edmund: Eisengewinnung um Königsfeld. Hinweise auf Eisenerzabbau im Raum Königsfeld-Hollfeld, Geogr. Diplomarbeit, masch., Bamberg 1995

Böhme, Horst Wolfgang (Hg.): Siedlungen und Landesausbau zur Salierzeit, 2 Bde., Sigmaringen 1991 (Monographien des Römisch-Germanischen Zentralmuseums Mainz 27–28)

Boehn, Max von: Die Mode. Menschen und Moden im Mittelalter, 2. Aufl., München 1963

Bog, Ingomar: Forchheim, in: Historischer Atlas von Bayern, Teil Franken, H. 5, München 1955

Bohnsack, Almut: Spinnen und Weben. Entwicklung von Technik und Arbeit im Textilgewerbe, Hamburg 1981

Borgolte, Michael: Der König als Stifter. Streiflichter auf die Geschichte des Willens, in: Borgolte, Michael (Hg.): Stiftungen und Stiftungswirklichkeiten. Vom Mittelalter bis zur Gegenwart, Berlin 2000 (Stiftungsgeschichten 1), S. 39–58

Borgolte, Michael: Selbstverständnis und Mentalitäten. Bewusstsein, Verhalten und Handeln mittelalterlicher Menschen im Verständnis moderner Historiker, in: Archiv für Kulturgeschichte 79 (1997), S. 189–210

Borgolte, Michael: Die Stiftungsurkunden Heinrichs II. Eine Studie zum Handlungsspielraum des letzten Liudolfingers, in: Schnith, Karl Rudolf/Pauler, Roland (Hg.): Festschrift für Eduard Hlawitschka zum 65. Geburtstag, Kallmünz 1993 (Münchener Historische Studien. Abteilung Mittelalterliche Geschichte 5), S. 231–250

Bornscheuer, Lothar: Miseriae regum. Untersuchungen zum Krisen- und Todesgedanken in den herrschaftstheologischen Vorstellungen der ottonisch-salischen Zeit, Berlin 1968 (Arbeiten zur Frühmittelalterforschung 4)

Bramm, Otto: Der Bronzecruzifixus von Ulenrode. Fund aus einer mittelalterlichen Wüstung bei Bad Hersfeld, in: Hessische Heimat N.F. 17 (1967), S. 38–45

Brand, Margit/Freienhagen-Baumgardt, Kristina/Meyer, Ruth/Williams-Krapp, Werner: Der Heiligen Leben, Bd. 1: Sommerteil, Tübingen 1996

Brandt, Michael: Studien zur Hildesheimer Email-Kunst des 12. Jahrhunderts, Hildesheim 1987

Braun, Joseph: Tracht und Attribute der Heiligen in der deutschen Kunst, Stuttgart 1964

Braun, Rainer: Das Benediktinerkloster Michelsberg 1015–1525, 2 Bde., Kulmbach 1977/1978 (Die Plassenburg. Schriften zur Heimatforschung und Kulturpflege in Ostfranken 39)

Brepohl, Erhard: Theophilus Presbyter und die Goldschmiedekunst. Leipzig 1987

Bresslau, Harry: Bamberger Studien, in: Neues Archiv 21 (1896), S. 139–234

Bresslau, Harry: Erläuterungen zu den Diplomen Heinrichs II., Erster Abschnitt, in: Neues Archiv 20 (1895), S. 125––176

Bresslau, Harry: Erläuterungen zu den Diplomen Heinrichs II., Zweiter Abschnitt, in: Neues Archiv 22 (1897), S. 137–221

Breuer, Tilmann: Bamberg, Dom, in: Dehio, Georg (Hg.): Handbuch der Deutschen Kunstdenkmäler, Bayern I: Franken, 2. Aufl., München/Berlin 1999, S. 87–105

Breuer, Tilmann: Bamberg, Kath. Sodalitätskirche St. Jakob, in: Dehio, Georg (Hg.): Handbuch der Deutschen Kunstdenkmäler, Bayern I: Franken, 2. Aufl., München-/Berlin 1999, S.118f.

Breuer, Tilmann: Bamberg und Würzburg, in: Die Parler und der Schöne Stil 1350-1400. Europäische Kunst unter den Luxemburgern, Katalog zur Ausstellung im Schnütgen-Museum, hg. von Uwe Westfehling, Bd. 1, Köln 1978, S. 347–355

Breuer, Tilmann: Das Georgenchorgestühl des Bamberger Doms, in: Bayerisches Landesamt für Denkmalpflege, 24. Bericht für das Jahr 1965, München 1966, S. 20–31

Breuer, Tilmann: Überlegungen zu Papstgrab und Adamspforte, in: Zink, Jochen (Hg.): Der Bamberger Dom und seine plastische Ausstattung bis zur Mitte des 13. Jahrhunderts. Bericht über das Kolloquium in Bamberg vom 8. und 9. April 1975, in: Kunstchronik 28 (1975), S. 387–405 und 425–448

Breuer, Tilmann-/Gutbier, Reinhard: Die Kunstdenkmäler von Oberfranken. Stadt Bamberg – Bürgerliche Bergstadt, 1. Halbbd., München/Berlin 1997

Brincken, Anna-Dorothee von den: Romazentrische Weltdarstellung um die erste Jahrtausendwende, in: Kaiserin Theophanu. Begegnung des Ostens und Westens um die Wende des ersten Jahrtausends. Gedenkschrift des Kölner Schnütgen-Museums zum 1000. Todesjahr der Kaiserin, Bd. 1, Köln 1991, S. 401–411

Broszinski, Hartmut: Das sogenannte Gebetbuch der Kaiserin Kunigunde vom Jahre 1020, in: 975 Jahre Kaufungen 1011–1986. Beiträge zur Heimatkunde (1985), S. 41–52

Brüggen, Elke: Die weltliche Kleidung im hohen Mittelalter, in: Beiträge zur Geschichte der deutschen Sprache und Literatur 110 (1988), S. 202–228

Brühl, Carlrichard: Deutschland-Frankreich. Die Geburt zweier Völker, 2. Aufl., Köln/Wien 1995

Brühl, Carlrichard: Fodrum, Gistum, Servitium regis. Studien zu den wirtschaftlichen Grundlagen des Königtums im Frankenreich und in den fränkischen Nachfolgestaaten Deutschland, Frankreich und Italien vom 6. bis zur Mitte des 14. Jahrhunderts, Köln-/Graz 1968

Brunhofer, Ursula: Arduin von Ivrea und seine Anhänger. Untersuchungen zum letzten italienischen Königtum des Mittelalters, Augsburg 1999

Brunner, Herbert (Hg.): Schatzkammer der Münchner Residenz, 3. Aufl., München 1970

Buczynski, Bodo-/Kratz, Artur: Untersuchungen an Steinbildwerken Tilman Riemenschneiders, in: Tilman Riemenschneider – Frühe Werke, Katalog zur Ausstellung im Mainfränkischen Museum Würzburg, hg. von Bodo Buczynski u.a., Regensburg 1981, S. 335–375

Budde, Michael: Altare portatile. Kompendium der Tragaltäre des Mittelalters, Münster-Werne 1998

Buddensieg, Tilman: Die Basler Altartafel Heinrichs II. Beiträge zu ihrer Lokalisierung und Interpretation, in: Wallraf-Richartz-Jahrbuch 19 (1957), S. 133–192

Büchsel, Martin: Ottonische Madonna, Frankfurt a. M. 1993 (Liebighaus Monographie 15)

Burandt, Walter: Die Baugeschichte der Alten Hofhaltung in Bamberg, Bamberg 1998

Burckhardt, Rudolf F.: Drei kostbare Werke aus dem Basler Münsterschatz wieder in Basel, in: Pantheon 11 (1933), S. 88ff.

Burckhardt, Rudolf F.: Die Kunstdenkmäler des Kantons Basel-Stadt, Bd. 2: Der Basler Münsterschatz, Basel 1933, Nachdruck 1982 (Die Kunstdenkmäler der Schweiz 4)

Büttner, Philippe: Die Kaiserpaarmonstranz, in: Der Basler Münsterschatz, Katalog zur Ausstellung des Historischen Museums Basel, Basel 2001, S. 46–50

Butzer, Annegret/Augustyn, Wolfgang: Katalog der illuminierten Handschriften des 11. und 12. Jahrhunderts aus dem Benediktinerkloster Allerheiligen in Schaffhausen, Stuttgart 1994

Butzmann, Hans: Die Missa Illyrica und die Adoratio Crucis von Minden, in: Wolfenbütteler Beiträge 3 (1978), S. 35–42

Cahier, Charles/Martin, Arthur: Mélanges d´archéologie, d´histoire et de littérature, Bd. 2, Paris 1851

Caillet, Jean-Pierre: L'antiquité classique, le Haut Moyen Age et Byzance au Musée de Cluny, Paris 1985

Camilot-Oswald, Raffaella: Die sogenannten Gebetbücher der Kaiserin Kunigunde in Bamberg und Kassel, in: Baumgärtner, Ingrid (Hg.): Kunigunde – eine Kaiserin an der Jahrtausendwende, Kassel 1997, S. 113–156

Classen, Carl Joachim: Die Stadt im Spiegel der Descriptiones und Laudes urbium in der antiken und mittelalterlichen Literatur bis zum Ende des zwölften Jahrhunderts, 2. Aufl., Hildesheim 1986 (Beiträge zur Altertumswissenschaft 2)

Claude, Dietrich: Geschichte des Erzbistums Magdeburg bis in das 12. Jahrhundert, 2 Teile, Köln/Wien 1972–1975 (Mitteldeutsche Forschungen 67/I–II)

Codreanu-Windauer, Silvia/Bartel, Anja: Spindel, Wirtel, Topf, in: Bayerische Vorgeschichtsblätter 60 (1995), S. 251–272

Codreanu-Windauer, Silvia/Hoernes, Martin/ Rettner, Arno/Schnieringer, Karl/Wintergerst, Eleonore: Die städtebauliche Entwicklung Regensburgs von der Spätantike bis ins Hochmittelalter, in: Schmid, Peter (Hg.): Geschichte der Stadt Regensburg, Bd. 2, Regensburg 2000, S. 1013–1053

Codreanu-Windauer, Silvia/Wintergerst, Eleonore: Regensburg – eine mittelalterliche Großstadt an der Donau, in: AK Europas Mitte um 1000, Beiträge zur Geschichte, Kunst und Archäologie, Katalog zur 27. Europaratsausstellung, hg. von Alfried Wieczorek/ Hans-Martin Hinz, Stuttgart 2000, S. 179–183

Cohen, Adam S.: The Uta Codex. Art, Philosophy, and Reform in Eleventh-Century Germany, Pennsylvania 2000

Colker, Marvin L.: The Earliest Manuscript Representing the Korvei Revision of Thietmar's Chronicle, in: Scriptorium 25 (1971), S. 62–67

Corbet, Patrick: Les saints ottoniens. Sainteté dynastique, sainteté royale et sainteté féminine autour de l'an Mil, Sigmaringen 1986 (Francia, Beihefte 15)

Coué, Stephanie: Acht Bischofsviten aus der Salierzeit – neu interpretiert, in: Weinfurter, Stefan (Hg.): Die Salier und das Reich, Bd. 3: Gesellschaftlicher und ideengeschichtlicher Wandel im Reich der Salier, Sigmaringen 1992, S. 347–413

Coué, Stephanie: Hagiographie im Kontext. Schreibanlaß und Funktion von Bischofsviten aus dem 11. und vom Anfang des 12. Jahrhunderts, Berlin/New York 1997 (Arbeiten zur Frühmittelalterforschung 24)

Cutler, Anthony: The Hand of the Master. Craftsmanship, Ivory and Society in Byzantium, 9.–11. Centuries, Princeton 1994

Cutler, Anthony/Spieser, Jean-Michel: Das mittelalterliche Byzanz, München 1996 (Universum der Kunst 41)

Daniel, Natalia: Handschriften des zehnten Jahrhunderts aus der Freisinger Dombibliothek. Studien über Schriftcharakter und Herkunft der nachkarolingischen und ottonischen Handschriften einer bayerischen Bibliothek, München 1973 (Münchener Beiträge zur Mediävistik und Renaissance-Forschung 11)

Dannenberg, Hermann: Die deutschen Münzen der sächsischen und fränkischen Kaiserzeit, 4 Bde., Berlin 1876–1905

Dapper, Michael/Schuler, Alexandra: Zur Rekonstruktion eines Grubenhauses aus dem 12. Jahrhundert, in: AK Geschichte aus Gruben und Scherben. Archäologische Ausgrabungen auf dem Domberg in Bamberg, Katalog zur Ausstellung des Historischen Museums Bamberg und des Lehrstuhls für Archäologie des Mittelalters und der Neuzeit an der Universität Bamberg, hg. von Lothar Hennig, Bamberg 1993 (Schriften des Historischen Museums Bamberg 26), S. 169 f.

Deeters, Joachim: Ein neuer Textzeuge der Vita Henrici secundi imperatoris des Adalbold von Utrecht, in: Deutsches Archiv 45 (1989), S. 592–595

Dengler-Schreiber, Karin: Scriptorium und Bibliothek des Klosters Michelsberg in Bamberg, Graz 1979 (Studien zur Bibliotheksgeschichte 2)

Destombes, Marcel: Mappemondes, A. D. 1200–1500, Amsterdam 1964 (Monumenta Cartographica Vetustioris Aevi)

Deuer, Wilhelm: Das Kärntner Landesarchiv. Schrift- und Bilddenkmäler aus zwölf Jahrhunderten, in: Carinthia 1 (1994), S. 198 f.

Dirlmeier, Ulf: Die Ernährung als mögliche Determinante der Bevölkerungsentwicklung, in: Herrmann, Bernd/Sprandel, Rolf (Hg.): Determinanten der Bevölkerungsentwicklung im Mittelalter, Weinheim 1987 (Acta Humaniora), S. 143–154

Dolbeau, François: Un nouveau catalogue des mss. de Lobbes aux XIe et XIIe siècles, in: Recherches augustiniennes 13 (1978), S. 31 und 14 (1979) S. 222

Dollinger, Philippe: Der bayerische Bauernstand vom 9. bis zum 13. Jahrhundert, München 1982

Donat, Peter: Gebesee – Klosterdorf und königliche Reisestation des 10.–13. Jahrhunderts, Stuttgart 1999 (Weimarer Monographien zur Ur- und Frühgeschichte 34)

Dopsch, Heinz: Origine e posizione sociale dei patriarchi di Aquileia nel Tardo Medioevo, in: Aquileia e il suo patriarcato, Udine 2000 (Atti del Convegno Internazionale di Studio Udine 1999), S. 289–313

Dopsch, Heinz: Il patriarca Poppone di Aquileia (1019–1042). L'origine, la famiglia e la posizione del principe della chiesa, in: AK Poppone. L'età d'oro del patriarcato di Aquileia, Katalog zur Ausstellung im Museo Civico del Patriarcato in Aquileia, hg. von Silvia Blason Scarel, Roma 1997, S. 1–15

Dormeier, Heinrich: Un vescovo in Italia alle soglie del mille: Leone di Vercelli „Episcopus imperii, servus sancti Eusebii", in: Bollettino storico Vercellese 2 (1999), S. 37–74

Drabek, Anna M.: Die Verträge der fränkischen und deutschen Herrscher mit dem Papsttum von 754 bis 1020, Wien/Köln/Graz 1976 (Veröffentlichungen des Instituts für österreichische Geschichtsforschung 22)

Drechsler, Heike: Die Krone der Herrscherin. Das Herrschaftszeichen im literarischen und bildlichen Symbolsystem des Früh- und Hochmittelalters (751–1254), Heidelberg 1998

Drescher, Hans: Glocken und Glockenguss im 11. und 12. Jahrhundert, in: AK Das Reich der Salier 1024–1125, Katalog zur Ausstellung des Landes Rheinland–Pfalz, Sigmaringen 1992, S. 405–414

Drescher, Hans: Zur Technik bernwardinischer Silber- und Bronzegüsse, in: AK Bernward von Hildesheim und das Zeitalter der Ottonen, Katalog zur Ausstellung Hildesheim, Bd. 1, hg. von Michael Brandt/Arne Eggebrecht, Hildesheim/Mainz 1993, S. 337–351

Dressler, Fridolin: Martin von Reider (1793–1862) und die Übergabe seiner Sammlungen an das Bayerische Nationalmuseum in München (1859–1860), in: Bericht des Historischen Vereins Bamberg 122 (1986), S. 29–71

Dressler, Fridolin: Die Prachthandschriften aus dem Bamberger Dom, in: Bericht des Historischen Vereins Bamberg 131 (1995), S. 67–127

Duby, Georges: Die drei Ordnungen und das Weltbild des Feudalismus, Frankfurt a. M. 1981

Dümmler, Ernst: Anselm der Peripatetiker nebst anderen Beiträgen zur Literaturgeschichte Italiens im elften Jahrhundert, Halle 1872

Düwel, Klaus: Wege und Brücken in Skandinavien nach dem Zeugnis wikingerzeitlicher Runeninschriften, in: Hauck, Karl u. a. (Hg.): Sprache und Recht. Festschrift für Ruth Schmidt-Wiegand zum 60. Geburtstag, München 1986 (Beiträge zur Kulturgeschichte des Mittelalters 1)

Eckoldt, Martin: Schiffahrt auf kleinen Flüssen Mitteleuropas in Römerzeit und Mittelalter, Oldenburg/Hamburg/München 1980 (Schriften des Deutschen Schiffahrtmuseums 14)

Eder, Christine E.: Die Schule des Klosters Tegernsee im frühen Mittelalter im Spiegel der Tegernseer Handschriften, in: Studien und Mitteilungen zur Geschichte des Benediktinerordens und seiner Zweige 83 (1972), S. 1–155

Ehlers, Caspar: Gandersheim, in: Die deutschen Königspfalzen, Bd. 4: Niedersachsen, Göttingen 2001, S. 246–333

Ehlers, Caspar: Metropolis Germaniae. Studien zur Bedeutung Speyers für das Königtum (751–1250), Göttingen 1996 (Veröffentlichungen des Max-Planck-Instituts für Geschichte 125)

Ehlers, Joachim: Domschulen, in: Lexikon des Mittelalters 3 (1986), Sp. 1226–1229

Ehlers, Joachim: Heinrich I. in Quedlinburg, in: Althoff, Gerd/Schubert, Ernst (Hg.): Herrschaftsrepräsentation im ottonischen Sachsen, Sigmaringen 1998 (Vorträge und Forschungen 46), S. 235–266

Ehlers, Joachim: Magdeburg – Rom – Aachen – Bamberg. Grablege des Königs und Herrschaftsverständnis in ottonischer Zeit, in: Schneidmüller, Bernd/Weinfurter, Stefan (Hg.): Otto III. – Heinrich II. Eine Wende?, 2. Aufl., Stuttgart 2000 (Mittelalter-Forschungen 1), S. 47–76

Eichler, Ernst/Greule, Albrecht/Janka, Wolfgang/Schuh, Robert: Beiträge zur slavisch-deutschen Sprachkontaktforschung, Bd. 1: Siedlungsnamen im oberfränkischen Stadt- und Landkreis Bamberg, Heidelberg 2001

Eickels, Klaus van: Das Preisgedicht Gerhards von Seeon auf die Bamberger Kirche, in: Bericht des Historischen Vereins Bamberg (im Druck)

Eickels, Klaus van/Kunde, Holger: Die Herrschaft Friedburg in Oberösterreich als Bamberger Außenbesitz. Ein neuentdecktes Urbar aus dem 14. Jahrhundert, in: Bericht des Historischen Vereins Bamberg 133 (1997), S. 199–260

Eikelmann, Renate: Mittelalterliche Kronen in der Schatzkammer der Residenz, ungedruckte Magisterarbeit, München 1980

Eisler, Robert: Die illuminierten Handschriften in Kärnten, Leipzig 1907

Elbern, Victor H.: Über die mobile Ausstattung der Kirchen in ottonischer Zeit, in: AK Otto der Große, Magdeburg und Europa, Katalog zur 27. Europaratsausstellung und Landesausstellung Sachsen-Anhalt im Kulturhistorischen Museum Magdeburg, Bd. 1, hg. von Matthias Puhle, Mainz 2001, S. 305–326

Ellmers, Detlev: Binnenschiffahrt im Mittelalter, in: Lindgren, Uta (Hg.): Europäische Technik im Mittelalter. 800 bis 1400. Tradition und Innovation, 2. Aufl., Berlin 1997, S. 337–344

Ellmers, Detlev: Frühmittelalterliche Handelsschiffahrt in Mittel- und Nordeuropa, Neumünster 1972

Endres, Hartmut/Haberstroh, Jochen: Apud chrana domum lapideam? Neue Ausgrabungen in der früh- bis spätmittelalterlichen Wüstung bei Friesen, in: Das archäologische Jahr in Bayern (1998), S. 129–131

Endres, Rudolf: Die Rolle der Grafen von Schweinfurt in der Besiedlung Nordostbayerns, in: Jahrbuch für fränkische Landesforschung 32 (1972), S. 1–43

Endres, Rudolf: Die Slawenfrage in Nordostbayern, in: Geschichte am Obermain 16 (1987/1988), S. 39–48

Endres, Rudolf: Das Slawenmotiv bei der Gründung des Bistums Bamberg, in: Bericht des Historischen Vereins Bamberg 190 (1983), S. 161–182

Engels, Odilo: Überlegungen zur ottonischen Herrschaftsstruktur, in: Schneidmüller, Bernd/Weinfurter, Stefan (Hg.): Otto III. – Heinrich II. Eine Wende?, 2. Aufl., Stuttgart 2000 (Mittelalter-Forschungen 1), S. 267–325

Ennen, Edith/Janssen, Walter: Deutsche Agrargeschichte. Vom Neolithikum bis zur Schwelle des Industriezeitalters, Wiesbaden 1979

Enzensberger, Horst: Heinrich II. und seine Urkunden, in: Bericht des Historischen Vereins Bamberg 133 (1997), S. 61–79

Erben, Wilhelm: Rombilder auf kaiserlichen und päpstlichen Siegeln des Mittelalters, Graz u. a. 1931 (Veröffentlichungen des Historischen Seminars der Universität Graz 7)

Ericsson, Ingolf: Slawen in Nordostbayern. Zu den Main-, Regnitz- und Naabwenden und ihrer Bedeutung für den Landesausbau, in: Bergmann, Rolf (Hg.): Mittelalterforschung in Bamberg, Bamberg 2001 (Beiträge aus dem Zentrum für Mittelalterstudien. Forschungsforum 10), S. 30–39

Erkens, Franz-Reiner: Fürstliche Opposition in ottonisch-salischer Zeit. Überlegungen zum Problem der Krise des frühmittelalterlichen deutschen Reiches, in: Archiv für Kulturgeschichte 64 (1982), S. 307–370

Erkens, Franz-Reiner: Mirabilia mundi. Ein kritischer Versuch über ein methodisches Problem und eine neue Deutung der Herrschaft Ottos III., in: Archiv für Kulturgeschichte 79 (1997), S. 485–498

Erlande-Brandenburg, Alain: Notre-Dame in Paris. Geschichte – Architektur – Skulptur, Freiburg/Basel/Wien 1992

Ernst, Ulrich: Carmen figuratum. Geschichte des Figurengedichts von den antiken Ursprüngen bis zum Ausgang des Mittelalters, Köln u. a. 1991

Ettel, Peter: Ergebnisse der Ausgrabungen aus der Schweinfurter Burg Amardela, Oberammerthal bei Amberg, in: Beiträge zur Archäologie in der Oberpfalz 3 (1999), S. 315–348

Ettel, Peter: Karlburg – Roßtal – Oberammerthal. Studien zum frühmittelalterlichen Burgenbau in Nordbayern, Espelkamp 1999 (Frühgeschichtliche und provinzialrömische Archäologie. Materialien und Forschungen 3)

Euw, Anton von: Das Autorenbild im Epistolar Cod. Sang. 371 der Stiftsbibliothek St. Gallen, in: Ochsenbein, Peter u. a. (Hg.): Codices Sangallenses, Festschrift für Johannes Duft, Sigmaringen 1995, S. 93–104

Euw, Anton von: Die St. Galler Kunst im frühen und hohen Mittelalter, in: Ochsenbein, Peter (Hg.): Das Kloster St. Gallen im Mittelalter, Darmstadt 1999, S. 167–204

Euw, Anton von: St. Galler Kunst im Hohen Mittelalter, in: Ochsenbein, Peter (Hg.): Die kulturelle Blüte vom 8. bis zum 12. Jahrhundert, Darmstadt 1999

Euw, Anton von: Das goldene Buch von Pfäfers (Liber aureus). Vollständige Faksimile-Ausgabe im Originalformat des Codex Fabariensis 2, Graz 1993

Euw, Anton von: Die Prachthandschriften aus Echternach, in: Ferrari, Michele C./Schroeder, Jean/Trauffler, Henri (Hg.): Die Abtei Echternach 698–1998, Luxembourg 1999, S. 166–202

Falck, Ludwig: Mainz im frühen und hohen Mittelalter, Bd. 2, Düsseldorf 1972

Falkenhausen, Vera von: Untersuchungen über die byzantinische Herrschaft in Süditalien vom 9. bis ins 11. Jahrhundert, Wiesbaden 1967 (Schriften zur Geistesgeschichte des östlichen Europa 1)

Falkenstein, Ludwig: Otto III. und Aachen, Hannover 1998 (MGH Studien und Texte 22)

Fansa, Mamoun (Hg.): Der sassen speyghel: Sachsenspiegel – Recht – Alltag, Oldenburg 1995

Fattinger, Rudolf: Ölgefäße, in: Fattinger, Rudolf (Hg.): Liturgisch-praktische Requisitenkunde für den Seelsorgsklerus, für Theologen, Architekten, Künstler, Kunst- und Paramentenwerkstätten, Freiburg 1955, S. 192–195

Feldmann, Hans-Christian: Bamberg. Bauhüttenbetrieb im Vergleich: Zur Dominanz von Meistern im Bauhüttenbetrieb und ihre Einflußnahme auf die Konzeption und Ausführung von Skulpturenprogrammen, in: Beck, Herbert/Hengevoss-Dürkop, Kerstin (Hg.): Studien zur Geschichte der europäischen Skulptur im 12./13. Jahrhundert, Frankfurt a. M. 1994

Ferrari, Michele C.: Il 'Liber sanctae crucis' di Rabano Mauro, Bern u.a. 1999 (Lateinische Sprache und Literatur des Mittelalters 30)

Ferrari, Michele C./Schroeder, Jean/Trauffler, Henri (Hg.): Die Abtei Echternach 698–1998, Luxembourg 1999

Fillitz, Hermann: Bemerkungen zur Datierung der Reichskrone, in: Zeitschrift für Kunstgeschichte 56 (1993), S. 313–334

Fillitz, Hermann: Bemerkungen zur Situla des Aachener Domschatzes, in: Baader, Hannah u. a. (Hg.): Ars et scriptura. Festschrift für Rudolf Preimesberger, Berlin 2001 (Berliner Schriften zur Kunst 15), S. 35–43

Fillitz, Hermann: Das Kreuzreliquiar Kaiser Heinrichs II. in der Schatzkammer der Münchner Residenz, in: Münchner Jahrbuch der bildenden Kunst 9/10 (1958/59), S. 15–31

Fillitz, Hermann: Ottonische Goldschmiedekunst, in: AK Bernward von Hildesheim und das Zeitalter der Ottonen, Katalog zur Ausstellung Hildesheim, Bd. 1, hg. von Michael Brandt/Arne Eggebrecht, Hildesheim/Mainz 1993, S. 173–190

Fillitz, Hermann/Pippal, Martina: Schatzkunst. Die Goldschmiede- und Elfenbeinarbeiten aus österreichischen Schatzkammern des Hochmittelalters, Salzburg/Wien 1984

Finck von Finckenstein, Albrecht Graf: Bischof und Reich. Untersuchungen zum Integrationsprozeß des ottonisch-frühsalischen Reiches (919–1056), Sigmaringen 1989 (Studien zur Mediävistik 1)

Fingernagel, Andreas (Hg.): Die illuminierten lateinischen Handschriften deutscher Provenienz der Staatsbibliothek Preussischer Kulturbesitz Berlin. 8.–12. Jahrhundert, Wiesbaden 1991 (Staatsbibliothek Preussischer Kulturbesitz. Kataloge der Handschriftenabteilung, 3. Reihe, Text-/Tafelbd. 68)

Fink, Alexandra: Romanische Klosterkirchen des heiligen Bischofs Otto von Bamberg (1102–1139), Petersberg 2001

Fischer, Hans: Mittelalterliche Miniaturen aus der Staatlichen Bibliothek Bamberg, Bd. 2: Reichenauer Schule II, Bamberg 1929

Fischer, Klaus: Im Namen Gottes und des Geschäfts zur Stadtfreiheit – Fernhändlertum und Autonomie der Kommune Regensburg im Mittelalter, in: Angerer, Martin/Wanderwitz, Heinrich (Hg.): Regensburg im Mittelalter. Beiträge zur Stadtgeschichte vom frühen Mittelalter bis zum Beginn der Neuzeit, Bd. 1, Regensburg 1995, S. 147–158

Fleckenstein, Josef: Die Hofkapelle der deutschen Könige, Bd. 2: Die Hofkapelle im Rahmen der ottonisch-salischen Reichskirche, Stuttgart 1966 (MGH Schriften 16,2)

Foltz, Karl: Die Siegel der deutschen Könige und Kaiser aus dem sächsischen Hause 911–1024, in: Neues Archiv 3 (1878), S. 9–45

Forster, Hans: Urkundenlehre in Abbildungen, Bern 1951

Forstner: Karl: Das Verbrüderungsbuch von St. Peter in Salzburg. Vollständige Faksimile-Ausgabe im Originalformat der Handschrift A 1 aus dem Archiv von St. Peter in Salzburg, Graz 1974 (Codices selecti 51)

Fößel, Amalie: Die Königin im mittelalterlichen Reich. Herrschaftsausübung, Herrschaftsrechte, Handlungsspielräume, Stuttgart 2000 (Mittelalter-Forschungen 4)

Fößel, Amalie: Eine Königin im politischen Aus? Zu den Auswirkungen der „Moselfehde" auf die Stellung Kunigundes, in: Jahrbuch für fränkische Landesforschung 60 (2000), S. 20–28

Freise, Eckhard: St. Emmeram zu Regensburg, in: AK Ratisbona Sacra. Das Bistum Regensburg im Mittelalter, Katalog zur Ausstellung im Diözesanmuseum Obermünster in Regensburg, München 1989 (Kunstsammlungen des Bistums Regensburg. Kataloge und Schriften 6), S. 182–188

Fried, Johannes: Aufstieg aus dem Untergang. Apokalyptisches Denken und die Entstehung der modernen Naturwissenschaft im Mittelalter, München 2001

Fried, Johannes: Der hl. Adalbert und Gnesen, in: Archiv für mittelrheinische Kirchengeschichte 50 (1998), S. 41–70

Fried, Johannes: Endzeiterwartung um die Jahrtausendwende, in: Deutsches Archiv 45 (1989), S. 381–473

Fried, Johannes: Otto III. und Boleslaw Chrobry. Das Widmungsbild des Aachener Evangeliars, der „Akt von Gnesen" und das frühe polnische und ungarische Königtum, 2. Aufl., Stuttgart 2001

Fried, Johannes: Über das Schreiben von Geschichtswerken und Rezensionen. Eine Erwiderung, in: Historische Zeitschrift 260 (1995), S. 119–130

Fritze, Wolfgang: Der slavische Aufstand von 983. Eine Schicksalswende in der Geschichte Mitteleuropas, in: Festschrift der landesgeschichtlichen Vereinigung für die Mark Brandenburg 1984, S. 9–55

Fuchs, Franz: Das Reichsstift St. Emmeram, in: Schmid, Peter (Hg.): Geschichte der Stadt Regensburg, Bd. 2, Regensburg 2000, S. 730–744

Fußbroich, Helmut: Die Ausgrabungen in St. Pantaleon zu Köln, Mainz 1983 (Kölner Forschungen 2)

Gaborit-Chopin, Danielle: Ivoires du Moyen Âge, Fribourg 1978

Gabriel, Ingo: Hof- und Sakralkultur sowie Gebrauchs- und Handelsgut im Spiegel der Kleinfunde von Starigard/Oldenburg, in: Bericht der Römisch-Germanischen Kommission 69 (1988), S. 103–291

Gädeke, Nora: Zeugnisse bildlicher Darstellung der Nachkommenschaft Heinrichs I., Berlin/New York 1992 (Arbeiten zur Frühmittelalterforschung 22)

Gallistl, Bernhard: Ein Herrscherbild im Reichenauer Orationale der Hildesheimer Dombibliothek?, in: Wolfenbütteler Notizen zur Buchgeschichte 23 (1998), S. 97–131

Gamper, Rudolf/Knoch-Mund, Gaby/Stähli, Marlis: Katalog der mittelalterlichen Handschriften der Ministerialbibliothek Schaffhausen, Dietikon 1994, S. 209–214

Ganz, David: Mass production of early medieval manuscripts: The Carolingian Bibles from Tours, in: Gameson, Richard (Hg.): The early medieval bible, Cambridge 1994, S. 53–63

Garand, Monique-Cécile: Une collection personelle de Saint Odilon de Cluny et ses compléments, in: Scriptorium 33, 1, 1979, S. 163–180

Garand, Monique-Cécile: Deux éditions nouvelles des „Historiae" de Raoul Glaber, in: Scriptorium 45 (1991), S. 116–122

Gaspar, Camille/Lyna, Frédéric: Les principaux manuscrits à peinture de la Bibliothèque Royale de Belgique. Première partie, Paris 1937

Gaus, Julia: Zur Bestimmung und Herkunft der Basler Goldenen Altartafel. Eine Hypothese, in: Basler Zeitschrift für Geschichte und Altertumskunde 82 (1981), S. 5–32

Gebelin, H.: „Auch verdirbt darin eingelegtes Fleisch niemals". Zur Konservierung von Lebensmitteln, in: Lindgren, Uta (Hg.): Europäische Technik im Mittelalter. 800 bis 1400. Tradition und Innovation, 2. Aufl., Berlin 1997, S. 465–470

Geibig, Alfred: Beiträge zur morphologischen Entwicklung des Schwertes im Mittelalter. Eine Analyse des Fundmaterials vom ausgehenden 8. bis zum 12. Jahrhundert aus Sammlungen der Bundesrepublik Deutschland, Neumünster 1991

Geijer, Agnes: Bishop Gunther's Shroud in Bamberg Cathedral. Some marginal notes, in: Flury-Lemberg, Mechthild u. a. (Hg.): Documenta Textilia. Festschrift für Sigrid Müller-Christensen, München 1981, S. 156–162

Geldner, Ferdinand: Inkunabelkunde. Eine Einführung in die Welt des frühesten Buchdrucks, Wiesbaden 1978 (Elemente des Buch- und Bibliothekswesens 5)

Giegler, Eugen: Das Genos der Laudes urbium im lateinischen Mittelalter. Beiträge zur Topik des Städtelobes und der Stadtschilderung, Diss. masch. Würzburg 1953

Giesler, Jochen: Ottonischer Emailschmuck, in: Hoops, Johannes (Hg.): Reallexikon der germanischen Altertumskunde 7 (1989), S. 230–240

Goetting, Hans: Bernward und der große Gandersheimer Streit, in: AK Bernward von Hildesheim und das Zeitalter der Ottonen, Katalog zur Ausstellung Hildesheim, Bd. 1, hg. von Michael Brandt/Arne Eggebrecht, Hildesheim/Mainz 1993, S. 275–289

Goetting, Hans: Das Bistum Hildesheim, Bd. 3: Die Hildesheimer Bischöfe von 815 bis 1221 (1227), Berlin/New York 1984 (Germania Sacra N. F. 20)

Goetting, Hans: Das reichsunmittelbare Kanonissenstift Gandersheim, Berlin 1973 (Germania Sacra N. F. 7)

Goez, Werner: Leben und Werk des Heiligen Willigis, in: Hinkel, Helmut (Hg.): 1000 Jahre St. Stephan in Mainz. Festschrift, Mainz 1990

Goldschmidt, Adolph (Hg.): Die Elfenbeinskulpturen aus der romanischen Zeit (11.–12. Jh.), Bd. 2, Berlin 1925

Goldschmidt, Adolph: Die Elfenbeinskulpturen aus der Zeit der karolingischen und sächsischen Kaiser, 2 Bde., Berlin 1914/1918 (Neuaufl. Berlin 1970)

Goldschmidt, Adolph/Weitzmann Kurt: Die byzantinischen Elfenbeinskulpturen des X.–XIII. Jahrhunderts, Bd. 2: Reliefs, Berlin 1934 (Nachdruck 1979)

Görich, Knut: Eine Wende im Osten: Heinrich II. und Boleslaw Chrobry, in: Schneidmüller, Bernd/Weinfurter, Stefan (Hg.): Otto III. – Heinrich II. Eine Wende?, 2. Aufl., Stuttgart 2000 (Mittelalter-Forschungen 1), S. 95–167

Görich, Knut: Otto III. Romanus Saxonicus et Italicus. Kaiserliche Rompolitik und sächsische Historiographie, Sigmaringen 1993 (Historische Forschungen 18)

Gormann, Michael: The diagrams in the oldest manuscripts of Cassiodorus' Institutiones, in: Revue bénédictine 110 (2000), S. 27–41

Grabar: André: La soie byzantine de l'évêque Gunther à la cathédrale de Bamberg (mit einem technischen Exkurs von S. Müller-Christensen), in: Münchner Jahrbuch der Bildenden Kunst, 3. Folge, 7 (1956), S. 7–26

Gräslund, Anne-Sofie: Thorshämmer, Kreuze und andere Amuletthänger, in: AK Wikinger, Waräger, Normannen. Die Skandinavier und Europa 800–1200, Katalog zur Kunstausstellung des Europarates, Mainz 1992, S. 190 f.

Grimme, Ernst G.: Das Evangeliar Kaiser Ottos III. im Domschatz zu Aachen, Freiburg i. Br. u. a. 1984

Grimme, Ernst G.: Der Dom zu Aachen. Seine Architektur und Ausstattung, Aachen 1994

Gross, Uwe: „Terra sclavorum" in Süddeutschland, in: Archäologie in Deutschland 2 (1991), S. 32–37

Grosz, August: Der Harnisch, Wien 1925

Groten, Manfred: Klösterliche Geschichtsschreibung: Siegburg und die Kölner Königschronik, in: Rheinische Vierteljahrsblätter 61 (1997), S. 50–78

Guillaumin, Jean-Yves (Hg.): Boèce, Institution arithmétique, Paris 1995

Guth, Klaus: Die frühe lateinische und deutsche Überlieferung der „Legende" von Kaiser Heinrichs II. Heilung im Kloster Montecassino, in: Harmening, Dieter/Wimmer, Erich (Hg.): Volkskultur und Heimat. Festschrift für Josef Dünninger zum 80. Geburtstag, Würzburg 1986, S. 316–327

Guth, Klaus: Die Heiligen Heinrich und Kunigunde. Leben, Legende, Kult und Kunst, Bamberg 1986

Guth, Klaus: Heinrich II., der Heilige. Kult und Legende in staufischer Zeit, in: Roth, Elisabeth (Hg.): Kultur als Lebensform. Aufsätze und Vorträge, Bd. 2: Kontinuität und Wandel, St. Ottilien 1997, S. 213–232

Guth, Klaus: Kaiserin Kunigunde. Kanonisation und hochmittelalterlicher Kult, in: Würzburger Diözesangeschichtsblätter 62/63 (2001), S. 409–422

Guth-Dreyfus, Kathia: Transluzides Email in der ersten Hälfte des 14. Jahrhunderts am Ober-, Mittel- und Niederrhein, Basel 1954

Guttenberg, Erich Freiherr von/Wendehorst, Alfred: Das Bistum Bamberg, Bd. 2: Die Pfarreiorganisation, Berlin 1966

Guttenberg, Erich Freiherr von: Aus Bamberger Handschriften. Teil II: Das Gründungsprivileg Johannes XVIII. für das Bistum Bamberg, in: Zeitschrift für bayerische Landesgeschichte 4 (1931), S. 439–462

Guttenberg, Erich Freiherr von: Das Bistum Bamberg, Bd. 1, Berlin/Leipzig 1937 (Germania Sacra II, 1,1)

Guttenberg, Erich Freiherr von: Die Territorienbildung am Obermain, Bamberg 1927 (Bericht des Historischen Vereins Bamberg 79)

Haarländer, Stephanie: Vitae episcoporum. Eine Quellengattung zwischen Hagiographie und Historiographie, untersucht an Lebensbeschreibungen von Bischöfen des Regnum Teutonicorum im Zeitalter der Ottonen und Salier, Stuttgart 2000 (Monographien zur Geschichte des Mittelalters 47)

Haas, Norbert: Das Kaisergrab im Bamberger Dom von Tilman Riemenschneider, 2. Aufl., Bamberg 1994

Haas, Walter: Stiftergrab und Heiligengrab. Gefüge und Typus der Wunibaldtumba in Heidenheim und der Kaisertumba im Bamberger Dom, in: Jahrbuch der bayerischen Denkmalpflege 28 (1973), S. 115–151

Haberstroh, Jochen: Die germanische Befestigung auf dem Reisberg bei Scheßlitz-Burgellern in der Völkerwanderungszeit. Überlegungen zum 5. Jahrhundert in der nordbayerischen Germania libera (im Druck)

Haberstroh, Jochen: Germanische Funde der Kaiser- und Völkerwanderungszeit aus Oberfranken, Kallmünz 2000 (Materialhefte zur bayerischen Vorgeschichte 82)

Haberstroh, Jochen: Slawische Siedlungen in Nordostbayern, in: AK Europas Mitte um 1000, Beiträge zur Geschichte, Kunst und Archäologie, Katalog zur 27. Europaratsausstellung, Bd. 2, hg. von Alfried Wieczorek / Hans-Martin Hinz, Stuttgart 2000, S. 713–718

Hack, Achim Thomas: Das Empfangszeremoniell bei mittelalterlichen Papst-Kaiser-Treffen, Köln / Weimar / Wien 1999 (Forschungen zur Kaiser- und Papstgeschichte des Mittelalters 18)

Hägermann, Dieter: Technik im frühen Mittelalter zwischen 500 und 1000, in: König, Wolfgang (Hg.): Propyläen Technikgeschichte, Bd. 1, Berlin 1991, S. 315–505

Hagen, Doris: Herrschaftsbildung zwischen Königtum und Adel. Die Bischöfe von Freising in salischer und frühstaufischer Zeit, Frankfurt a. M. 1992

Hahn, Hans-Ulrich: Die morphogenetische Wirksamkeit historischer Niederschläge, Würzburg 1992 (Würzburger Geographische Arbeiten 82)

Hahn, Wolfgang: Moneta Radasponensis. Bayerns Münzprägung im 9., 10. und 11. Jahrhundert, Braunschweig 1976

Hahn, Wolfgang: Zur bayerischen Münzgeschichte unter König Heinrich II., dem Heiligen, in: Geldgeschichtliche Nachrichten 10 (1975), S. 57–60

Hahn, Wolfgang: Zwei neue Münzzeugnisse des frühen 11. Jahrhunderts aus Franken, in: Geldgeschichtliche Nachrichten 15 (1980), S. 237–239, 16 (1981), S. 253

Hammer, William: The Concept of the New or Second Rome in the Middle Ages, in: Speculum 19 (1944), S. 50–62

Hans-Schuller, Christine: Das Adamsportal des Bamberger Domes. Ergebnisse der Bauaufnahme, in: Beiträge zur fränkischen Kunstgeschichte 1/2 (1995), S. 34–47

Hans-Schuller, Christine: Der Bamberger Dom – Seine „Restauration" unter König Ludwig I. von Bayern (1826–1831), Petersberg 2000

Hardte, Adolf: Die romanische Anlage der ehemaligen Collegiatstiftskirche St. Jakob zu Bamberg, Amberg 1931

Hartleitner, Walter: Zur Polychromie des Bamberger Reiters, in: AK Bayern – Ungarn. Tausend Jahre, Katalog zur Bayerischen Landesausstellung, Augsburg 2001 (Veröffentlichungen zur Bayerischen Geschichte und Kultur 43), S. 21–23

Hartmann, Wilfried: Bemerkungen zum Eherecht nach Burchard von Worms. In: Hartmann, Wilfried (Hg.): Bischof Burchhard von Worms. 1000-1025, Mainz 2000 (Quellen und Abhandlungen zur mittelrheinischen Kirchengeschichte 100), S. 227–250

Hartmann, Wilfried (Hg.): Bischof Burchard von Worms 1000-1025, Mainz 2000 (Quellen und Abhandlungen zur mittelrheinischen Kirchengeschichte 100)

Hartmann, Wilfried: Burchards Dekret. Stand der Forschung und offene Fragen, in: Hartmann, Wilfried (Hg.): Bischof Burchard von Worms. 1000–1025, Mainz 2000 (Quellen und Abhandlungen zur mittelrheinischen Kirchengeschichte 100), S. 161–166

Hase, Oscar: Die Koberger. Eine Darstellung des buchhändlerischen Geschäftsbetriebes in der Zeit des Übergangs vom Mittelalter zur Neuzeit, 2. Aufl., Leipzig 1885

Haseloff, Günther: Email im frühen Mittelalter, Marburg 1990

Hatz, Vera / Linder Welin, Ulla S.: Deutsche Münzen des 11. Jhs. nach byzantinisch-arabischem Vorbild in den schwedischen Funden der Wikingerzeit, Commentationes de nummis saeculorum IX–XI in Suecia repertis, T. II, Stockholm 1968 (Kungl. Vitterhets Historie och Antikvitets Akademiens Handlingar. Antikvariska Serien 19)

Haupt, Anton: Beiträge zur Kenntnis des Diluviums und älteren Alluviums um Bamberg, Regensburg 1860 (Abhandlungen des zoologisch-mineralogischen Vereins Regensburg 8)

Hebborn, Barbara: Die Dasia-Notation, Bonn 1995

Hehl, Ernst-Dieter: Der widerspenstige Bischof. Bischöfliche Zustimmung und bischöflicher Protest in der ottonischen Reichskirche, in: Althoff, Gerd / Schubert, Ernst (Hg.): Herrschaftsrepräsentation im ottonischen Sachsen, Sigmaringen 1998 (Vorträge und Forschungen 46), S. 295–344

Hehl, Ernst-Dieter: Herrscher, Kirche und Kirchenrecht im spätottonischen Reich, in: Schneidmüller, Bernd / Weinfurter, Stefan (Hg.): Otto III. – Heinrich II. Eine Wende?, 2. Aufl., Stuttgart 2000 (Mittelalter-Forschungen 1), S. 169–203

Hehl, Ernst-Dieter: Maria und das ottonisch-salische Königtum. Urkunden, Liturgie, Bilder, in: Historisches Jahrbuch 118 (1998), S. 271–310

Hehl, Ernst-Dieter: Merseburg – eine Bistumsgründung unter Vorbehalt. Gelübde, Kirchenrecht und politischer Spielraum im 10. Jahrhundert, in: Frühmittelalterliche Studien 31 (1997), S. 96–119

Hehl, Ernst-Dieter: Willigis von Mainz. Päpstlicher Vikar, Metropolit und Reichspolitiker, in: Hartmann, Wilfried (Hg.): Bischof Burchard von Worms. 1000–1025, Mainz 2000 (Quellen und Abhandlungen zur mittelrheinischen Kirchengeschichte 100), S. 51–77

Heidenreich, Anja: Ein slawischer Friedhof mit Kirche auf dem Barbaraberg im Landkreis Neustadt/Waldnaab, Pressath 1998 (Archäologische Zeugnisse zur Siedlungsgeschichte 1)

Heindl, Ingo: Werkzeuge zur Metallbearbeitung des 7./8. bis 12./13. Jahrhunderts zwischen Elbe a. d. Saale und Bug, in: Zeitschrift für Archäologie 27 (1993), S. 337–379

Heine, Günther: Das Werkzeug des Schreiners und Drechslers, Hannover 1990

Hennig, Lothar (Hg.): Die Andechs-Meranier in Franken, Mainz 1998

Henning, Joachim: Eisenverarbeitungsstätten im unteren Donaugebiet zwischen Spätantike und Frühmittelalter, in: Zeitschrift für Archäologie 21 (1987), S. 59–73

Hensch, Mathias: Ausgrabungen im Schloss Sulzbach, in: Das archäologische Jahr in Bayern (1994), S. 157–160

Hensch, Mathias: Die Burg Sulzbach in der Oberpfalz. Archäologisch-historische Forschungen zur Entwicklung einer Hochadelsburg des 8.–14. Jahrhunderts in Nordbayern. Diss. Bamberg (in Vorbereitung)

Hensch, Mathias: Eine hochmittelalterliche Kemenate und ein Saalbau des späten 10. Jahrhunderts im Schloss Sulzbach, in: Das archäologische Jahr in Bayern (1995), S. 145–147

Hensch, Mathias: Neue Ausgrabungsergebnisse zur Innenbebauung der Burg Sulzbach (Stadt Sulzbach-Rosenberg, Lkr. Amberg-Sulzbach) im 10. und 11. Jahrhundert, in: Beiträge zur Archäologie in der Oberpfalz 2 (1998), S. 367-379

Hensch, Mathias/Vetterling, Claus: Mons Monachorum – Der Berg der Mönche: archäologische Ausgrabungen im ehemaligen Kloster auf dem Michaelsberg in Bamberg, in: Das archäologische Jahr in Bayern (1998), S. 162–166

Hermann, Julius: Die deutschen romanischen Handschriften, Leipzig 1926 (Beschreibendes Verzeichnis der illuminierten Handschriften in Österreich 8, 2)

Herrmann, Bernd: Anthropologische Zugänge zu Bevölkerung und Bevölkerungsentwicklung im Mittelalter, in: Herrmann, Bernd/Sprandel, Rolf (Hg.): Determinanten der Bevölkerungsentwicklung im Mittelalter, Weinheim 1987, S. 55–72

Herrmann, Joachim (Hg.): Die Slawen in Deutschland. Geschichte und Kultur der slawischen Stämme westlich von Oder und Neiße vom 6. bis 12. Jahrhundert, Berlin 1985

Herrmann, Klaus: Pflügen, Säen, Ernten, Landarbeit und Landtechnik in der Geschichte, Hamburg 1985

Herrmann, Klaus-Jürgen: Das Tuskulanerpapsttum (1012–1046), Stuttgart 1973 (Päpste und Papsttum 4)

Herzog, Erich: Die ottonische Stadt. Die Anfänge der mittelalterlichen Stadtbaukunst in Deutschland, Berlin 1964

Heusgen, Paul (Hg.): Gesamtkatalog der Handschriften der Kölner Dombibliothek, Köln 1933

Hiley, David: Western Plainchant. A Handbook, Oxford 1993

Hiller, Friedrich: Die Kirchenpatrozinien des Erzbistums, Bamberg 1931

Hirsch, Siegfried/Pabst, Hermann/Bresslau, Harry: Jahrbücher des deutschen Reiches unter Heinrich II., 3 Bde., Leipzig 1862, 1864, 1875, Nachdruck Berlin 1975

Hirschmann, Frank G.: Stadtplanung, Bauprojekte und Großbaustellen im 10. und 11. Jahrhundert. Vergleichende Studien zu den Kathedralstädten westlich des Rheins, Stuttgart 1998 (Monographien zur Geschichte des Mittelalters 43)

Hlawitschka, Eduard: Die Thronkandidaturen von 1002 und 1024. Gründeten sie im Verwandtenanspruch oder in Vorstellungen von freier Wahl?, in: Schmid, Karl (Hg.): Reich und Kirche vor dem Investiturstreit. Festschrift Gerd Tellenbach, Sigmaringen 1985, S. 49–64

Hlawitschka, Eduard: Der Thronwechsel des Jahres 1002 und die Konradiner. Eine Auseinandersetzung mit zwei Arbeiten von Armin Wolf und Donald C. Jackman, in: Zeitschrift für Rechtsgeschichte, Germ. Abt. 110 (1993), S. 149–248

Hofer, N.: Bewaffnung und Kriegstechnologie der Awaren, in: AK Hunnen und Awaren. Reitervölker aus dem Osten, Katalog zur Burgenländischen Landesaustellung in Schloss Halbturn, Eisenstadt 1996, S. 351–355

Hoffmann, Hartmut: Bamberger Handschriften des 10. und 11. Jahrhunderts, Hannover 1995 (MGH Schriften 39)

Hoffmann, Hartmut: Buchkunst und Königtum im ottonischen und frühsalischen Reich, 2 Bde., Stuttgart 1986 (Schriften der MGH 30,1)

Hoffmann, Hartmut: Die Historien Richers von Saint-Remi, in: Deutsches Archiv 54 (1998), S. 445–532

Hoffmann, Hartmut: Eigendiktat in den Urkunden Ottos III. und Heinrichs II., in: Deutsches Archiv 44 (1988), S. 390–423

Hoffmann, Hartmut: König Heinrich II., Walker von Trier und der Meister des Registrum Gregorii, in: Hoffmann, Hartmut: Handschriftenfunde, Hannover 1997 (MGH Studien und Texte 18), S. 1–21

Hoffmann, Hartmut: Mönchskönig und ,rex idiota'. Studien zur Kirchenpolitik Heinrichs II. und Konrads II., Hannover 1993 (MGH Studien und Texte 8)

Hoffmann, Hartmut: Sog. Ottonianum, in: AK Otto der Große, Magdeburg und Europa, Katalog zur 27. Europaratsausstellung und Landesaustellung Sachsen-Anhalt im Kulturhistorischen Museum Magdeburg, Bd. 2, hg. von Matthias Puhle, Mainz 2001, S. 431f.

Hoffmann, Hartmut/Pokorny, Rudolf: Das Dekret des Bischofs Burchard von Worms, München 1991 (MGH, Hilfsmittel 12)

Hoffmann, Verena: Allerley kurtzweil – mittelalterliche und frühneuzeitliche Spielzeugfunde aus Sachsen, in: Arbeits- und Forschungsberichte zur sächsischen Bodendenkmalpflege 38 (1996), S. 127–201

Honselmann, Klemens: Das Rationale der Bischöfe, Paderborn 1975

Hubel, Achim: Die Chorschrankenreliefs im Georgenchor des Bamberger Doms, in: Hans Loew – Ode an Bamberg. Entwürfe – Druckstöcke – Drucke, Bamberg 1998 (Veröffentlichungen des Erzbischöflichen Ordinariats, Hauptabteilung Kunst und Kultur 5), S. 11–13

Hubel, Achim: Kostbarkeiten aus kirchlichen Schatzkammern, München/Zürich 1979

Hubel, Achim: Reliquienschränke in Kirchenräumen des 13. Jahrhunderts. Überlegungen zu Funktion und Typus, in: Architectura et historia. Festschrift Marian Arszynski, Nikolaus-Kopernikus-Universität Torun, Torun 1999, S. 37–61

Hubel, Achim: Über die kontinuierliche Anpassung der Denkmale an den jeweiligen Zeitgeschmack, in: Hammerschmidt, Valentin u.a. (Hg.): Dokumente und Monumente. Positionsbestimmungen in der Denkmalpflege, Dresden 1999 (Veröffentlichungen des Arbeitskreises Theorie und Lehre in der Denkmalpflege), S. 97 f.

Hubel, Achim: Überlegungen zum Bamberger Dom. Studien zur Bau- und Restaurierungsgeschichte sowie zu den Skulpturen, in: Bergmann, Rolf (Hg.): Mittelalterforschung in Bamberg, Bamberg 2001 (Beiträge aus dem Zentrum für Mittelalterstudien. Forschungsforum 10), S. 74–79

Hubel, Achim: Überlegungen zur Datierung der Ostteile des Bamberger Domes, in: Staatliches Hochbauamt Bamberg (Baudirektor Olaf Struck) (Hg.): Internationale Tagung der Dombaumeister, Münsterbaumeister und Hüttenmeister Bamberg 1996, Dokumentation, Bamberg 1997

Husband, Timothy/Chapuis, Julien: The Treasury of Basel Cathedral, The Metropolitan Museum of Art (Edition), New York 2001

Ilisch, Peter: Die Münzprägung im Herzogtum Niederlothringen, in: Jaarboek voor Munt- en Penningkunde 84–85 (1997/98), S. 1–272

Jacobsen, Werner/Lobbedey, Uwe/Winterfeld, Dethard von: Ottonische Baukunst, in: AK Otto der Große, Magdeburg und Europa, Katalog zur 27. Europaratsausstellung und Landesausstellung Sachsen-Anhalt im Kulturhistorischen Museum Magdeburg, Bd. 1, hg. von Matthias Puhle, Mainz 2001, S. 251–282

Jäschke, Kurt Ulrich: Notwendige Gefährtinnen. Königinnen der Salierzeit als Herrscherinnen und Ehefrauen im römisch-deutschen Reich des 11. und beginnenden 12. Jahrhunderts, Saarbrücken 1991

Jakob, Hans: Die Bamberger Götzen. Relikte eines attilazeitlichen Fürstengrabes, Bericht des Historischen Vereins Bamberg 103 (1967), S. 283–314

Jakob, Hans: Die Bamberger Götzen. Rückschau und Nachlese, Bericht des Historischen Vereins Bamberg 116 (1980), S. 283–315

Jansen, Henrik M.: Die Svantevit-Figur aus Svendborg, in: Wesse, Anke (Hg.): Studien zur Archäologie des Ostseeraumes. Von der Eisenzeit zum Mittelalter. Festschrift für Michael Müller-Wille, Neumünster 1998, S. 565–569

Janssen, Walter/Knörzer, Karl-Heinz: Die frühmittelalterliche Niederungsburg bei Haus Meer, Stadt Meerbusch, Kreis Grevenbroich Nr. 8, Grevenbroich 1971

Jászai, Géza: Die Domkammer der Kathedralkirche St. Paulus in Münster, Münster 1991 (Kunstwerke des St.-Paulus-Domes zu Münster 5)

Jászai, Géza: Das Goldene Altarkreuz auf Bergkristallfuß, Münster 1997 (Kunstwerke des St.-Paulus-Domes zu Münster 12)

Jöns, Hauke: Eisengewinnung im norddeutschen Flachland, in: Steuer, Heiko u.a. (Hg.): Alter Bergbau in Deutschland, Stuttgart 1993 (Archäologie in Deutschland, Sonderheft 1993), S. 63–69

Jülich, Theo: Gemmenkreuze. Die Farbigkeit ihres Edelsteinbesatzes bis zum 12. Jahrhundert, in: Aachener Kunstblätter 54/55 (1988), S. 99–258

Kahl, Hans-Dietrich: Compellere intrare. Die Wendenpolitik Bruns von Querfurt im Lichte hochmittelalterlichen Missions- und Völkerrechts, in: Zeitschrift für Ostforschung 4 (1955), S. 161–193, Nachdruck in: Beumann, Helmut (Hg.): Heidenmission und Kreuzzugsgedanke, Darmstadt 1963, S. 177–274

Kahsnitz, Rainer: Ein Bildnis der Theophanu? Zur Tradition der Münz- und Medaillon-Bildnisse in der karolingischen und ottonischen Buchmalerei, in: Euw, Anton von/Schreiner, Peter (Hg.): Kaiserin Theophanu. Begegnung des Ostens und Westens um die Wende des ersten Jahrtausends. Gedenkschrift des Kölner Schnütgen-Museums zum 1000. Todesjahr der Kaiserin, Bd. 2, Köln 1991, S. 101–134

Kahsnitz, Rainer: Coronas aureas in capite – zum Allerheiligenbild des Reichenauer Kollektars in Hildesheim, in: Amberger, Annelies u.a. (Hg.): per assiduum studium scientiae adipisci margaritam, Festschrift Ursula Nilgen, St. Ottilien 1997, S. 61–97

Kahsnitz, Rainer: Herrscherbilder der Ottonen, in: AK Krönungen. Könige in Aachen – Geschichte und Mythos, Katalog zur Ausstellung im Krönungssaal des Aachener Rathauses, der Domschatzkammer und dem Aachener Dom, hg. von Mario Kramp, Mainz 2000, Bd. 1, S. 283–293

Kahsnitz, Rainer: Koimesis – dormitio – assumptio. Byzantinisches und Antikes in den Miniaturen der Liuthargruppe, in: Bjurström, Per u.a. (Hg.): Florilegium in honorem Carl Nordenfalk octogenarii contextum, Stockholm 1987 (Nationalmusei skriftserie N.S. 9), S. 91–122

Kahsnitz, Rainer: Ottonische Emails. Zum Stand der Forschung, in: Zeitschrift des deutschen Vereins für Kunstwissenschaft 52/53 (1998/1999), S. 115–150

Kalden, Iris: Beiträge zu Tilman Riemenschneiders Kaisergrab im Bamberger Dom, in: Bericht des Historischen Vereins Bamberg 123 (1987), S. 69–119

Kalden, Iris: Tilman Riemenschneider – Werkstattleiter in Würzburg. Beiträge zur Organisation einer Bildschnitzer- und Steinbildhauerwerkstatt im ausgehenden Mittelalter, Ammersbek/Hamburg 1990

Kaller, Franz: Hausgrundriß aus dem 12. Jahrhundert, Bamberg, Katzenberg, in: Hennig, Lothar (Hg.): Die Andechs-Meranier in Franken, Mainz 1998, S. 341 f.

Kauffmann, Martin: An ottonian sacramentary in Oxford, in: Gameson, Richard u.a. (Hg.): Belief and culture in the Middle Ages. Festschrift Henry Mayr-Harting (im Druck)

Keil, Gundolf: Das Lorscher Arzneibuch, Bd. 1, Stuttgart 1989

Keller, Hagen: Das Bildnis Kaiser Heinrichs im Regensburger Evangeliar aus Montecassino (Bibl. Vat., Ottob. lat. 74). Zugleich ein Beitrag zu Wipos „Tetralogus", in: Frühmittelalterliche Studien 30 (1996), S. 173–214

Keller, Hagen: Herrscherbild und Herrscherlegitimation. Zur Deutung der ottonischen Denkmäler, in: Frühmittelalterliche Studien 19 (1985), S. 290–311

Keller, Hagen: Oddo Imperator Romanorum. L'idea imperiale di Ottone III alla luce dei suoi sigilli e delle sue bolle, in: Keller, Hagen/Paravicini, Werner/Schieder, Wolfgang (Hg.): Italia e Germania. Liber Amicorum Arnold Esch, Tübingen 2001, S. 163–189

Keller, Hagen: Schwäbische Herzöge als Thronbewerber: Hermann II. (1002), Rudolf von Rheinfelden (1077), Friedrich von Staufen (1125), in: Zeitschrift für die Geschichte des Oberrheins 131 (1983), S. 123–162

Keller, Hagen: Die Siegel und Bullen Ottos III., in: AK Europas Mitte um 1000, Beiträge zur Geschichte, Kunst und Archäologie, Katalog zur 27. Europaratsausstellung, Bd. 2, hg. von Alfried Wieczorek/Hans-Martin Hinz, Stuttgart 2000, S. 768–773

Keller, Hagen: Zu den Siegeln der Karolinger und Ottonen, in: Frühmittelalterliche Studien 32 (1998), S. 406–441

Kerth, Klaus u. a.: Die Haustier- und Jagdwildreste von den frühmittelalterlichen Burgen Oberammerthal, Bamberg und Burgkunstadt (Nordbayern), in: Bayerische Vorgeschichtsblätter 64 (1999), S. 327–341

Kier, Hiltrud: Der mittelalterliche Schmuckfußboden, unter besonderer Berücksichtigung des Rheinlandes, Düsseldorf 1970 (Kunstdenkmäler des Rheinlandes, Beihefte 14)

Kind, Claus-Joachim: Ulm-Eggingen. Die Ausgrabungen 1982 bis 1985 in der bandkeramischen Siedlung und der mittelalterlichen Wüstung, Stuttgart 1989 (Forschungen und Berichte zur Vor- und Frühgeschichte in Baden-Württemberg 34)

Klauser, Renate: Der Heinrichs- und Kunigundenkult im mittelalterlichen Bistum Bamberg, in: Bericht des Historischen Vereins für Bamberg 95 (1956), S. 1–211

Klauser, Theodor: Die Liturgie der Heiligsprechung, in: Dassmann, Ernst (Hg.): Theodor Klausner. Gesammelte Arbeiten zur Liturgiegeschichte, Kirchengeschichte und christlichen Archäologie, Münster 1974 (Jahrbuch für Antike und Christentum, Ergänzungsbd. 3), S. 161–176

Klein, Peter K.: Zum Weltgerichtsbild der Reichenau, in: Bierbrauer, Katharina u.a. (Hg.): Studien zur mittelalterlichen Kunst 800–1250. Festschrift für Florentine Mütherich zum 70. Geburtstag, München 1985, S. 107–124

Klein, Ulrich/Raff, Albert: Die Münzen und Medaillen von Esslingen, Stuttgart 1997 (Süddeutsche Münzkataloge 7)

Kluge, Bernd: Conspectus Nummorum Germaniae Medii Aevi, Teil 5: Das Erzbistum Trier, in: Geldgeschichtliche Nachrichten 35/198 (2000), S. 184–196

Kluge, Bernd: Deutsche Münzgeschichte von der späten Karolingerzeit bis zum Ende der Salier, ca. 900 bis 1125, Sigmaringen 1991 (Römisch-germanisches Zentralmuseum, Monographien 29)

Kluge-Pinsker, Antje: Bogen und Armbrust, in: AK Das Reich der Salier 1024–1125, Katalog zur Ausstellung des Landes Rheinland–Pfalz, hg. von Götz Waurick, Sigmaringen 1992, Sigmaringen 1992, S. 96–99

Kluge-Pinsker, Antje: Schach und Trictrac. Zeugnisse mittelalterlicher Spielfreude in salischer Zeit, Sigmaringen 1991 (Römisch-Germanisches Zentralmuseum Mainz, Monographien 30)

Kneale, William und Martha: The Development of Logic, Oxford 1962

Knörzer, Karl-Heinz: Ein Teilergebnis der Untersuchung pflanzlicher Großreste bei der Ausgrabung an der Niederungsburg bei Haus Meer, in: Rheinische Ausgrabungen 1 (1968), S. 97–100

Koch, Matthias: Irmgard von Hammerstein († 1042), in: Mölich, Georg (Hg.): Rheinische Lebensbilder 18, Köln 2000, S. 7–26

Koehler, Wilhelm: Die karolingischen Miniaturen, 2 Bde., München 1930/1933

Körber-Grohne, Udelgard: Nutzpflanzen in Deutschland. Kulturgeschichte und Biologie, Stuttgart 1987

Körntgen, Ludger: In primis Herimanni ducis assensu. Zur Funktion von D H II. 34 im Konflikt zwischen Heinrich II. und Hermann von Schwaben, in: Frühmittelalterliche Studien 34 (2000), S. 159–185

Körntgen, Ludger: Königsherrschaft und Gottes Gnade. Zu Kontext und Funktion sakraler Vorstellungen in Historiographie und Bildzeugnissen der ottonisch-frühsalischen Zeit, Berlin 2001 (Orbis mediaevalis. Vorstellungswelten des Mittelalters 2)

Kötzsche, Dietrich: Der Welfenschatz im Berliner Kunstgewerbemuseum, Berlin 1973

Kokabi, Mostefa/Schlenker, Björn/Wahl, Joachim/Wamser, Ludwig: Schmuck und Gerät aus „Bein". Vom Eiszeitalter bis zur Gegenwart, München 1997

Kolb, Werner: Herrscherbegegnungen im Mittelalter, Bern u.a. 1988

Korteweg, Anne S.: Das Evangelistar Clm 23338 und seine Stellung innerhalb der Reichenauer Schulhandschriften, in: Bierbrauer, Katharina u.a. (Hg.): Studien zur mittelalterlichen Kunst 800–1250. Festschrift Florentine Mütherich, München 1985, S. 125–144

Kraft, Benedikt: Die Handschriften der bischöflichen Ordinariatsbibliothek in Augsburg, Augsburg 1934

Krebs, Claudia: Der karolingische Friedhof bei Wirbenz, Landkreis Bayreuth. Unveröffentlichte Magisterarbeit an der Otto-Friedrich-Universität Bamberg, Bamberg 1998

Krebs, Claudia: Ein karolingischer Friedhof bei Wirbenz, Gemeinde Speichersdorf, Landkreis Bayreuth, Oberfranken, in: Das archäologische Jahr in Bayern (1997), S. 146–149

Kretzenbacher, Leopold: Legende und Sozialgeschehen zwischen Mittelalter und Barock, Wien 1977

Kroos, Renate: Liturgische Quellen zum Bamberger Dom, in: Zeitschrift für Kunstgeschichte 39 (1976), S. 105–146

Kroos, Renate: Liturgische Quellen zum Bamberger Dom, in: Winterfeld, Dethard von (Hg.): Der Dom in Bamberg, Bd. 1: Die Baugeschichte bis zur Vollendung im 13. Jahrhundert, Berlin 1979, S. 160–176

Krug, Wolfgang: Die Münzen des Hochstifts Bamberg 1007 bis 1802, Stuttgart 1999 (Süddeutsche Münzkataloge 9)

Kubach, Hans Erich: Der Dom zu Speyer, München 1972 (Die Kunstdenkmäler von Rheinland-Pfalz 5)

Kuder, Ulrich: Bischof Ulrich von Augsburg in der mittelalterlichen Buchmalerei, in: Weitlauff, Manfred (Hg.): Bischof Ulrich von Augsburg 890-973. Seine Zeit - sein Leben - seine Verehrung, Festschrift aus Anlaß des tausendjährigen Jubiläums seiner Kanonisation im Jahre 993, Weißenhorn 1993 (Jahrbuch des Vereins für Augsburger Bistumsgeschichte 26/27), S. 424–426

Kuder, Ulrich: Die Ottonen in der ottonischen Buchmalerei. Identifikation und Ikonographie, in: Althoff, Gerd/Schubert, Ernst (Hg.): Herrschaftsrepräsentation im ottonischen Sachsen, Sigmaringen 1998 (Vorträge und Forschungen 46), S. 137–234

Kuder, Ulrich: Das Perikopenbuch Heinrichs II. und seine Betrachter, in: Bericht des Historischen Vereins Bamberg 131 (1995), S. 17–65

Kuder, Ulrich/Fuchs, Franz: Das Liller Evangelistar, eine „reichenauische" Bilderhandschrift der salischen Zeit, in: Frühmittelalterliche Studien 32 (1998), S. 365–399

Kühne, Hartmut: Ostensio reliquiarum. Untersuchungen über Entstehung, Ausbreitung, Gestalt und Funktion der Heiltumsweisungen im römisch-deutschen Regnum, Berlin/New York 2000

Kugler, Hartmut: Die Vorstellung der Stadt in der Literatur des deutschen Mittelalters, München 1986 (Münchener Texte und Untersuchungen zur deutschen Literatur des Mittelalters 88)

Kunde, Holger: Cölbigk, Burgscheidungen und Mücheln – Schenkungen Heinrichs II. an Bamberg? Zur Entstehung der bambergischen Besitzungen im thüringisch-sächsischen Raum, in: Sachsen und Anhalt 20 (1997), S. 175–211

Kupfer, Konrad: Forchheim. Geschichte einer alten fränkischen Stadt, Nürnberg 1960

Lang, Odo (Hg.): Codex 121 Einsiedeln. Graduale und Sequenzen Notkers von St. Gallen, Bd. 1: Faksimile, Bd. 2: Kommentar zum Faksimile, Weinheim 1991

Lapière, Marie-Rose: La Lettre ornée dans les manuscrits mosans d'origine bénédictine (XIe-XIIe siècles), Liège/Paris 1981

Lauer, Rainer: Mainzer Buchmalerei der Willigiszeit, in: 1000 Jahre Mainzer Dom (975–1975). Werden und Wandel, Katalog zur Ausstellung des Bischöflichen Dom- und Diözesanmuseums, hg. von Wilhelm Jung, Mainz 1975, S. 58–69

Lauer, Rolf: Kunst und Herrscherbild in der Salierzeit, in: AK Krönungen. Könige in Aachen – Geschichte und Mythos, hg. von Mario Kramp, Bd. 1, Mainz 2000, S. 313–321, 314 317 und 335, Nr. 3.19

Leidinger, Georg: Evangeliarium aus dem Domschatze zu Bamberg, München 1921 (Miniaturen aus Handschriften der Bayerischen Staatsbibliothek in München 6)

Leighton, Albert C.: Transport and Communication in Early Medieval Europe AD 500–1100, Newton Abbot 1972

Leitschuh, Friedrich/Fischer, Hans/Dressler, Fridolin: Katalog der Handschriften der Königlichen bzw. Staats-Bibliothek zu Bamberg, 4 Bde., Leipzig/Bamberg/Wiesbaden 1887–1966

Leopold, Gerhard/Schubert, Ernst: Der Dom zu Halberstadt, Berlin 1984

Lietzmann, Klaus-Dieter/Schlegel, Joachim: Schmiedeeisen. Geschichte, Kunst, Technik, Leipzig 1992

Lippelt, Helmut: Thietmar von Merseburg. Reichsbischof und Chronist, Köln/Wien 1973 (Mitteldeutsche Forschungen 72)

Lobbedey, Uwe: Die Ausgrabungen im Dom zu Paderborn 1978/80 und 1983, Bonn 1986 (Denkmalpflege und Forschung in Westfalen 11)

Lobisser, Wolfgang: Versuche zum Bau von dreilagigen Beinkämmen, in: Fansa, Mamoun (Hg.): Experimentelle Archäologie. Bilanz 1996, Oldenburg 1997, S. 67–87

Lohrmann, Dietrich: Antrieb von Getreidemühlen, in: Lindgren, Uta (Hg.): Europäische Technik im Mittelalter. 800–1200. Tradition und Innovation, Berlin 1996, S. 221–232

Losert, Hans: Die früh- und hochmittelalterliche Keramik in Oberfranken, 2 Bde., Köln 1993 (Zeitschrift für Archäologie des Mittelalters, Beihefte 8)

Losert, Hans: Eine Scheibenfibel mit Grubenemail aus Hiltpolstein, in: Das archäologische Jahr Bayern (1987), S. 154 f.

Losert, Hans: Die slawische Besiedlung Nordbayerns aus archäologischer Sicht, in: Schmotz, Karl (Hg.): Vorträge des 11. Niederbayerischen Archäologentages, Deggendorf 1993, S. 207–270

Losert, Hans/Sage, Walter: Ausgrabungen an der Schranne in Bamberg, in: Archäologisches Korrespondenzblatt 17 (1987), S. 375–386

Lotter, Friedrich: Christliche Völkergemeinschaft und Heidenmission. Das Weltbild Bruns von Querfurt, in: Urbańczik, Przemyslaw (Hg.): Early Christianity in Central and East Europe, Warszawa 1997, S. 163–174

Lounghis, Telemachos C.: Die byzantinische Ideologie der „begrenzten Ökumene" und die römische Frage im ausgehenden 10. Jahrhundert, in: Byzantinoslavica 56 (1995), S. 117–128

Lübke, Christian: Fremde im östlichen Europa. Von Gesellschaften ohne Staat zu verstaatlichten Gesellschaften (9.–11. Jahrhundert), Köln/Weimar/Wien 2001

Lübke, Christian: Regesten zur Geschichte der Slaven an Elbe und Oder (vom Jahr 900 an), Bde. 1–4, Berlin 1984–1987

Lübke, Christian: Slaven und Deutsche um das Jahr 1000, in: Mediaevalia Historica Bohemica 3 (1993), S. 59–90

Ludat, Herbert: An Elbe und Oder um das Jahr 1000. Skizzen zur Politik des Ottonenreiches und der slavischen Mächte in Mitteleuropa, 2. Aufl., Weimar/Köln/Wien 1995

Ludorff, A.: Die Bau- und Kunstdenkmäler des Kreises Paderborn, Münster 1899 (Bau- und Kunstdenkmäler von Westfalen 9)

Ludwig, Thomas/Müller, Otto/Widdra-Spiess, Irmgard: Die Einhardsbasilika in Steinbach bei Michelstadt im Odenwald, Mainz 1996

Lyngstrøm, Henriette: Gussform für Kreuze und Thorshammer, in: AK Wikinger, Waräger, Normannen. Die Skandinavier und Europa 800–1200, Katalog zur Kunstausstellung des Europarates, Mainz 1992, S. 279

MacGregor, Arthur: Bone, Antler, Ivory and Horn, The technology of skeletal materials since the Roman Period, London/Sidney 1985

Mai, Paul: Der St. Emmeramer Rotulus des Güterverzeichnisses von 1031, in: Verhandlungen des Historischen Vereins für Oberpfalz und Regensburg 106 (1966), S. 87–101

Maier, Peter: Die Feier der Missa chrismatis. Die Reform der Ölweihen des Pontificale Romanum vor dem Hintergrund der Ritusgeschichte, Regensburg 1990 (Studien zur Pastoralliturgie 7)

Margue, Michel: Autorité publique et conscience dynastique. Etudes sur les représentations du pouvoir princier entre Meuse et Moselle, unveröff. Diss., Freie Univ. Brüssel 1999

Märtl, Claudia: Die Bamberger Schulen - ein Bildungszentrum des Salierreiches, in: Weinfurter, Stefan/Seibert, Hubert (Hg.): Die Salier und das Reich, Bd. 3: Gesellschaftlicher und ideengeschichtlicher Wandel im Reich der Salier, 2. Aufl., Sigmaringen 1992, S. 327–345

Maus, Hansjosef: Europas Mitte – reich an Erzen. Lagerstätten in Karte und Bild, in: Steuer, Heiko (Hg.): Alter Bergbau in Deutschland, Stuttgart 1993 (Archäologie in Deutschland, Sonderheft 1993), S. 16–23

Mayer, Heinrich: Die Kunst im alten Hochstift Bamberg, Bd. 1, 2. Aufl., Bamberg 1952

Mayr-Harting, Henry: Herrschaftsrepräsentation der ottonischen Familie, in: AK Otto der Große, Magdeburg und Europa, Bd. 1, Katalog zur 27. Europaratsausstellung und Landesausstellung Sachsen-Anhalt im Kulturhistorischen Museum Magdeburg, hg. von Matthias Puhle, Mainz 2001, S. 141 f.

Mayr-Harting, Henry: Ottonische Buchmalerei. Liturgische Kunst im Reich der Kaiser, Bischöfe und Äbte, Stuttgart/Zürich 1991

Merton, Adolf: Die Buchmalerei in St. Gallen vom neunten bis zum elften Jahrhundert, Leipzig 1912

Messerer, Wilhelm: Der Bamberger Domschatz in seinem Bestande bis zum Ende der Hohenstaufen-Zeit, München 1952

Messerer, Wilhelm: Zum Kaiserbild des Aachener Ottonenkodex, in: Nachrichten der Akademie der Wissenschaften in Göttingen, I. Philologisch-historische Klasse 2, 1959, S. 27–36

Meyer, Otto: Kaiser Heinrichs Bamberg-Idee im Preislied des Gerhard von Seeon, in: Fränkische Blätter für Geschichtsforschung und Heimatpflege 3 (1951), S. 75–78

Meyer, Otto: Oberfranken im Hochmittelalter, Bayreuth 1973

Meyer, Otto: Translatio Sanctae Cunegundis: 9. September 1201, in: Weber, Dieter/Zimmermann, Gerd (Hg.): Otto Meyer – Varia Franconiae Historica, Bd. 2, Würzburg 1981, S. 444–451

Meyer, Ruth: Die Miniaturen im Sakramentar des Bischofs Sigebert von Minden, in: Dettweiler, Frieda (Hg.): Studien zur Buchmalerei und Goldschmiedekunst des Mittelalters. Festschrift für Karl Usener, Marburg 1967, S. 181–200

Minžulin, Aleksandr I.: Skythische Rüstung im Experiment. Die Kriegerbestattung von Gladkovščina, in: Rolle, Renate / Müller-Wille, Michael / Schietzel, Kurt (Hg.): Gold der Steppe. Archäologie der Ukraine, Schleswig 1991, S. 137–142

Moraw, Peter: Über Typologie, Chronologie und Geographie der Stiftskirche im deutschen Mittelalter, in: Untersuchungen zu Kloster und Stift, Göttingen 1980 (Veröffentlichungen des Max-Planck-Instituts für Geschichte 68), S. 9–37

Mordek, Hubert: Bibliotheca capitularium regnum Francorum manuscripta, München 1995 (MGH Hilfsmittel 15)

Müller, Achatz von: Der Kirchenschatz als politisches Zeichensystem, in: Der Basler Münsterschatz, Katalog zur Ausstellung des Historischen Museums Basel, Basel 2001, S. 217–229

Müller, Heinrich / Kunert, Fritz: Europäische Helme, Aus der Sammlung des Museums für deutsche Geschichte, Berlin 1984

Müller, Heinrich / Wirtgen, Rolf: Geharnischte Zeiten, 2000 Jahre Körperschutz des Soldaten vom antiken Muskelpanzer zur kugelsicheren Weste, Koblenz 1995

Müller, Max: P. Nonnosus Stettfelders Heinrichs- und Kunigundenlegende, in: Historischer Verein Bamberg (Hg.): Festschrift zum 900. Todestage Kaiser Heinrichs des Zweiten. Heimatblätter für das Jahr 1924, 4. Jahrgang, S. 66–70

Müller-Christensen, Sigrid: Beobachtungen zum Bamberger Gunthertuch, in: Münchner Jahrbuch der Bildenden Kunst, 3. Folge, 17 (1966), S. 9–16

Müller-Christensen, Sigrid: Das Grab des Papstes Clemens II. im Dom zu Bamberg, München 1960

Müller-Christensen, Sigrid: Das Gunthertuch im Bamberger Domschatz, 2. überarb. Aufl., Bamberg 1984 (Veröffentlichungen des Diözesanmuseums Bamberg 2)

Müller-Christensen, Sigrid: Konservierung alter Textilien, in: Deutsche Kunst- und Denkmalpflege 11 (1953), S. 28–35

Müller-Wille, Michael: Opferkulte der Germanen und Slawen, Stuttgart 1999 (Archäologie in Deutschland, Sonderheft 1999)

Münsterer, Hanns Otto: Die doppelbalkigen Partikelkreuze von Scheyern, Wiblingen und Donauwörth, in: Bayerisches Jahrbuch für Volkskunde (1952), S. 50–69

Murr, Christoph Gottlieb von: Merkwürdigkeiten der Fürstbischöflichen Residenzstadt Bamberg, Nürnberg 1799

Mütherich, Florentine: Die Brüsseler Handschrift MS 9219 aus dem Aachener Münster, in: Borgolte, Michael (Hg.): Litterae Medii Aevi. Festschrift Johanne Autenrieth, Sigmaringen 1988, S. 109–116

Mütherich, Florentine: The library of Otto III, in: Ganz, Peter (Hg.): The role of the book in medieval culture, Turnhout 1986 (Bibliogia 3), S. 11–25

Mütherich, Florentine: Der Watterbacher Tragaltar, in: Münchner Jahrbuch der bildenden Kunst 15 (1964), S. 55–62

Mütherich, Florentine / Dachs, Karl (Hg.): Das Evangeliar Ottos III. Clm 4453 der Bayerischen Staatsbibliothek München, München u.a. 2000

Mütherich, Florentine / Dachs, Karl (Hg.): Das Perikopenbuch Heinrichs II. Clm 4452 der Bayerischen Staatsbibliothek München. Begleitband zur Faksimileausgabe, Frankfurt a. M. / Stuttgart 1994

Mütherich, Florentine / Gaehde, Joachim E.: Karolingische Buchmalerei, München 1976

Muthesius, Anna: Byzantine Silk Weaving AD 400 to AD 1200, Wien 1997

Muthesius, Anna: The Silk over the Spine of the Mondsee Gospel Lectionary, in: The Journal of the Walters Art Gallery 37 (1978), S. 66ff.

Nagel, Roswitha: Das Domkapitel der Vereinigten Domstifte zu Naumburg und Merseburg und des Kollegiatstifts Zeitz – Überlegungen zu seiner schriftlichen Überlieferung in den stiftischen Archiven und Bibliotheken, in: Sachsen und Anhalt 22 (1999/2000), S. 239–265

Naß, Klaus: Die Reichschronik des Annalista Saxo und die sächsische Geschichtsschreibung im 12. Jahrhundert, Hannover 1996 (MGH Schriften 41)

Neuhardt, Johannes: Dommuseum und alte erzbischöfliche Wunderkammer zu Salzburg, Salzburg 1974

Neumüllers-Klauser, Renate: Heinrich II. – Herrscher und Heiliger in seiner Zeit, in: Bericht des Historischen Vereins Bamberg 110 (1974), S. 25–37

Neundorfer, Bruno: Leben und Legende – Die Bildwerke am Grab des Kaiserpaares Heinrich und Kunigunde im Bamberger Dom, Bamberg 1985 (Veröffentlichungen des Diözesanmuseums Bamberg 3)

Nicht, Christoph: Das Dommuseum Fulda, Fulda 1996

Nilgen, Ursula: Das Himmelfahrtsbild im Perikopenbuch Heinrichs II., in: Embach, Michael (Hg.): Sancta Treveris, Festschrift Franz J. Ronig, Trier 1999, S. 467–490

Nordenfalk, Carl: The Chronology of the Registrum Master, in: Rosenauer, Artur (Hg.): Kunsthistorische Forschungen. Otto Pächt zu seinem 70. Geburtstag, Salzburg 1972, S. 62–76

Nordenfalk, Carl: Karolingisch oder ottonisch? Zur Datierung und Lokalisierung der Elfenbeine Goldschmidt I,120–131, in: Kolloquium über spätantike und frühmittelalterliche Skulptur, Bd. 3, Heidelberg 1971, Mainz 1974, S. 46–58

Oexle, Otto Gerhard: Die funktionale Dreiteilung der Gesellschaft bei Adalbero von Laon. Deutungsschemata der sozialen Wirklichkeit im früheren Mittelalter, in: Frühmittelalterliche Studien 12 (1987), S. 1–54

Offergeld, Thilo: Reges pueri. Das Königtum Minderjähriger im frühen Mittelalter, Hannover 2001 (MGH Schriften 50)

Ogris, Alfred: Zur Überlieferung der hl. Hemma in den handschriftlichen Quellen, in: Hemma von Gurk, Katalog zur Ausstellung auf Schloß Straßburg, Klagenfurt 1988, S. 82 ff.

Ohler, Norbert: Krieg und Frieden im Mittelalter, Augsburg / München 1997

Ohler, Norbert: Reisen im Mittelalter, 2. Aufl., München 1988

Ohnsorge, Werner: Die Legation des Kaisers Basileios II. an Heinrich II., in: Ohnsorge, Werner (Hg.): Abendland und Byzanz, Darmstadt 1958, S. 300–316

Ortmanns, Kurt: Das Bistum Minden in seinen Beziehungen zu König, Papst und Herzog bis zum Ende des 12. Jahrhunderts. Ein Beitrag zur Germania Pontificia, Bensberg 1972

Osann, Bernhard: Rennverfahren und Anfänge der Roheisenerzeugung. Zur Metallurgie und Wärmetechnik der alten Eisengewinnung, Düsseldorf 1971 (Verein Deutscher Eisenhüttenleute, Fachausschußbericht 9,1)

Oswald, Friedrich / Schäfer, Leo / Sennhauser, Hans Rudolf (Hg.): Vorromanische Kirchenbauten. Katalog der Denkmäler bis zum Ausgang der Ottonen, München 1966–1971 und 1991 (Veröffentlichungen des Zentralinstituts für Kunstgeschichte)

Ott, Joachim: Heinrich II. und Kunigundes Himmelskrone – Davids Segnung, in: Beiträge zur fränkischen Kunstgeschichte 1 / 2 (1995/96), S. 9–20

Ott, Joachim: Krone und Krönung. Die Verheißung und Verleihung von Kronen in der Kunst von der Spätantike bis um 1200 und die geistige Auslegung der Krone, Mainz 1998

Ott, Joachim: regi nostro se subdit Roma benigna - Die Stiftung des Perikopenbuches Heinrichs II. (Clm 4452) für den Bamberger Dom vor dem Hintergrund der bevorstehenden Kaiserkrönung, in: Jahrbuch für fränkische Landesforschung 54 (1994), S. 347–370

Ott, Joachim: Vom Zeichencharakter der Herrscherkrone. Krönungszeremoniell und Krönungsbild im Mittelalter: Der Mainzer Ordo und das Sakramentar Heinrichs II., in: Berns, Jörg J. / Rahn, Thomas (Hg.): Zeremoniell als höfische Ästhetik in Spätmittelalter und früher Neuzeit, Tübingen 1995, S. 534–571

Otto, Rita: Zu einem frühottonischen Goldschmiedekreuz im Mainzer Domschatz, in: Mainzer Zeitschrift 70 (1975), S. 63–66

Patschovsky, Alexander: Der heilige Kaiser Heinrich „der Erste" als Haupt des apokalyptischen Drachens: Über das Bild des römisch-deutschen Reiches in der Tradition Joachims von Fiore, in: Florensia 12 (1998), S. 19–52

Patschovsky, Alexander: The holy emperor Henry „the First" as one of the dragons heads of Apocalypse: On the image of the Roman empire under German rule in the tradition of Joachim of Fiore, in: Viator 29 (1998), S. 291–322

Paucker, Günther M.: Das Graduale Msc. Lit. 6, Regensburg 1986

Peek, Thomas: Frühmittelalterliche Grabfunde vom Bamberger Domberg, in: AK Geschichte aus Gruben und Scherben. Archäologische Ausgrabungen auf dem Domberg in Bamberg, Katalog zur Ausstellung des Historischen Museums Bamberg und des Lehrstuhls für Archäologie des Mittelalters und der Neuzeit an der Universität Bamberg, hg. von Lothar Hennig, Bamberg 1993 (Schriften des Historischen Museums Bamberg 26), S. 55–58

Peroni, Adriano: L'oreficeria ottoniana in Lombardia e le testimonianze di Crocefisso di proporzioni monumentali, in: Milano e i milanesi prima del mille (VIII–X secolo), Atti del 10° Congresso internazionale di studi sull'alto medioevo (Milano 1983), Spoleto 1986, S. 317–332

Pescheck, Christian: Ausgrabungen auf dem Domberg in Bamberg, in: Bericht des Historischen Vereins Bamberg 99 (1963), S. 425–442

Peter, Michael: Der Gertrudisschrein aus dem Welfenschatz, Mainz 2001 (Schriften des Dom-Museums Hildesheim 2)

Petersohn, Jürgen: Jubiläum, Heiligsprechung und Reliquienerhebung Bischof Ottos von Bamberg im Jahre 1189, in: Bericht des Historischen Vereins Bamberg 125 (1989), S. 35–57

Petersohn, Jürgen: Die Litterae Papst Innocenz' III. zur Heiligsprechung der Kaiserin Kunigunde (1200), in: Jahrbuch für fränkische Landesforschung 37 (1977), S. 1–26

Pfaff, Carl: Kaiser Heinrich II. – sein Nachleben und Kult im mittelalterlichen Basel, Basel 1963 (Basler Beiträge zur Geschichtswissenschaft 89)

Pfeiffer, Gerhard: Die Bamberg-Urkunde Ottos II. für den Herzog von Bayern, in: Bericht des Historischen Vereins Bamberg 109 (1973), S. 15–32

Pfister, Christian: Études sur le règne de Robert le Pieux (996–1031), Paris 1885

Pflefka, Sven: Kunigunde und Heinrich II. Politische Wirkungsmöglichkeiten einer Kaiserin an der Schwelle eines neuen Jahrtausends, in: Bericht des Historischen Vereins Bamberg 135 (1999), S. 199–290

Pinasa, Delphine: Costumes, modes et manières d'etre de l'Antiquité au Moyen-Age. Patrimonie vivant notre histoire, Paris 1992

Pippal, Martina: Der Stil, in: Fillitz, Hermann (Hg.): Das Salzburger Perikopenbuch. Kommentar zur Faskimile-Ausgabe der Handschrift Clm 15713 der Bayerischen Staatsbibliothek München, Luzern 1997, S. 101–124

Ploss, Emil E.: Ein Buch von alten Farben. Technologie der Textilfarben im Mittelalter, 3. Aufl., München 1973

Poppe, Andrzej: Politik und Heiligenverehrung in der Kiever Ruś. Der apostelgliche Herrscher und seine Märtyrersöhne, in: Petersohn, Jürgen (Hg.): Politik und Heiligenverehrung im Hochmittelalter, Sigmaringen 1994 (Vorträge und Forschungen 42), S. 401–422

Posse, Otto: Die Siegel der deutschen Könige und Kaiser von 751-1913, 5 Bde., Dresden 1913

Priest, George Madison: Ebernand von Erfurt. Zu seinem Leben und Wirken, Diss. Jena 1907

Prinzing, Günter: Das Bamberger Gunthertuch in neuer Sicht (Byzantium and Its Neighbours from the Mid-9th till the 12th Centuries. Papers Read at the Byzantinological Symposium Bechyne 1990), in: Byzantinoslavica 54.1 (1993), S. 218–231

Rademacher, Franz: Zwei ottonische Goldfibeln, in: Petrikovits, Harald von (Hg.): Festschrift für August Oxé, Darmstadt 1938, S. 273 ff.

Rademacher, Otto: Über die Merseburger Kalendarien, in: Thüringisch-Sächsische Zeitschrift für Geschichte und Kunst 2 (1912), S. 171–223

Radkau, Joachim/Schäfer, Ingrid: Holz. Ein Naturstoff in der Technikgeschichte, Reinbek bei Hamburg 1987

Raschke, Georg: Frankens Vorgeschichte, in: Scherzer, Conrad (Hg.): Franken, Land, Volk, Geschichte und Wirtschaft, Nürnberg 1955, S. 343–408

Rauch, Jakob: Die Limburger Staurothek, in: Das Münster 8 (1955), S. 1–40

Reichmann, Christoph: Krefeld – Oppum, in: Dörfer und Städte. Ausgrabungen im Rheinland 85/86 (1987), S. 161–175

Reifenberg, Hermann: Duft – Wohlgeruch als gottesdienstliches Symbol. Liturgisch-phänomenologische Aspekte des odoratischen Elementes, in: Archiv für Liturgiewissenschaft 29 (1987), S. 321–351

Reinke, Martina: Die Reisegeschwindigkeit des deutschen Königshofes im 11. und 12. Jahrhundert nördlich der Alpen, in: Blätter für deutsche Landesgeschichte 123 (1987), S. 225–253

Reitzenstein, Alexander Freiherr von: Das Grabmal Kaiser Heinrichs II. im Bamberger Dom, in: Zeitschrift für Kunstgeschichte 3 (1934), S. 360–364

Reitzenstein, Alexander Freiherr von: Die Geschichte des Bamberger Domes von den Anfängen bis zu seiner Vollendung im 13. Jahrhundert, München 1984

Resi, Heid Gjöstein: Die Specksteinfunde aus Haithabu, Neumünster 1979 (Berichte über die Ausgrabungen in Haithabu 14)

Reuling, Ulrich: Quedlinburg. Königspfalz – Reichsstift – Markt, in: Fenske, Lutz (Hg.): Deutsche Königspfalzen. Beiträge zu ihrer historischen und archäologischen Erforschung, Bd. 4, Göttingen 1996 (Veröffentlichungen des Max-Planck-Instituts für Geschichte 11/4), S. 184–247

Rieckenberg, Hans J.: Königsstraße und Königsgut in liudolfingischer und salischer Zeit (1019–1056), in: Archiv für Urkundenforschung 17 (1942), S. 32–154

Riemer, Ellen: Byzantinische Körbchen- und Halbmondohrringe im Römisch-Germanischen Museum Köln (Sammlung Diergardt), in: Kölner Jahrbuch für Vor- und Frühgeschichte 23 (1990)

Roda, Burkhard von: Die goldene Altartafel, Basel 1999 (Basler Kostbarkeiten 20)

Ronig, Franz J. (Hg.): Egbert Erzbischof von Trier 977–993. Gedenkschrift der Diözese Trier zum 1000. Todestag, 2 Bde., Trier 1993 (Trierer Zeitschrift für Geschichte und Kunst des Trierer Landes und seiner Nachbargebiete, Beihefte 18)

Ronig, Franz J. (Hg.): Schatzkunst Trier, Bd. 1, Trier 1984 (Treveris Sacra. Kunst und Kultur in der Diözese Trier 3)

Rösener, Werner (Hg.): Strukturen der Grundherrschaft im frühen Mittelalter, Göttingen 1989

Rösener, Werner: Agrarwirtschaft, Agrarverfassung und ländliche Gesellschaft im Mittelalter, München 1992 (Enzyklopädie deutscher Geschichte 13)

Rösener, Werner: Bauern im Mittelalter, München 1986

Rosner, Ulrich: Die ottonische Krypta, Köln 1991 (Veröffentlichungen der Abteilung Architekturgeschichte des Kunsthistorischen Instituts der Universität Köln 40)

Rossacher, Kurt: Der Schatz des Erzstiftes Salzburg. Ein Jahrtausend deutscher Goldschmiedekunst, Salzburg 1966

Roth, Elisabeth: Sankt Kunigunde – Legende und Bildaussage, in: Bericht des Historischen Vereins Bamberg 123 (1987), S. 5–68

Roth, Elisabeth: Sankt Kunigunde in Legende und Bildaussage, Bamberg 1988

Rothe, Edith: Buchmalerei aus 12 Jahrhunderten. Die schönsten illuminierten Handschriften in den Bibliotheken und Archiven der DDR, Berlin 1966

Ruf, Paul: Mittelalterliche Bibliothekskataloge Deutschlands und der Schweiz, Bd. 3, München 1939

Sackur, Ernst: Ein Schreiben Odilo's von Cluny an Heinrich III. vom October 1046, in: Neues Archiv 24 (1899), S. 728–735

Sage, Walter: Das frühe Mittelalter. Zu den Haus-, Hof- und Siedlungsformen, in: Abels, Björn-Uwe/Sage, Walter/Züchner, Christian (Hg.): Oberfranken in vor- und frühgeschichtlicher Zeit, 2. Aufl., Bamberg 1996, S. 211–215

Sage, Walter: Die Ausgrabungen im Bamberger Dom, in: Archäologisches Korrespondenzblatt 3 (1973), S. 261–268

Sage, Walter: Die Ausgrabungen in den Domen zu Bamberg und Eichstätt 1969–1972, in: Jahresberichte der Bayerischen Bodendenkmalpflege 17/18 (1976/77), S. 178–234

Sage, Walter: Der Bamberger Dom. Ergebnisse der Ausgrabungen 1969–1972, in: Zeitschrift für Kunstgeschichte 39 (1976), S. 85–104

Sage, Walter: Die Ergebnisse der Ausgrabungen 1969/72, in: Winterfeld, Dethard von (Hg.): Der Dom in Bamberg, Bd. 1, Berlin 1979, S. 16–21

Sage, Walter: Die fränkische Siedlung bei Gladbach, Kreis Neuwied, Ein Führer zum Diorama, Düsseldorf 1969 (Rheinisches Landesmuseum Bonn, Kleine Museumshefte 7)

Sage, Walter: Frühgeschichte und Frühmittelalter, in: Abels, Björn-Uwe/Sage, Walter/Züchner, Christian (Hg.): Oberfranken in vor- und frühgeschichtlicher Zeit, 2. Aufl., Bamberg 1996, S. 161–279

Sage, Walter: Der Heinrichsdom, in: AK Geschichte aus Gruben und Scherben. Archäologische Ausgrabungen auf dem Domberg in Bamberg, Katalog zur Ausstellung des Historischen Museums Bamberg und des Lehrstuhls für Archäologie des Mittelalters und der Neuzeit an der Universität Bamberg, hg. von Lothar Hennig, Bamberg 1993 (Schriften des Historischen Museums Bamberg 26), S. 75–78

Sage: Walter: Testgrabung auf der Peterstirn zu Schweinfurt, in: Das Archäologische Jahr in Bayern (1988), S. 141–144

Sauerland, Heinrich von: Ein Bamberger Missale aus dem Anfange des 11. Jahrhunderts im Trierer Domschatze, in: Historisches Jahrbuch 8 (1887), S. 475–487

Sauerländer, Willibald: Figuren von der Adamspforte des Bamberger Domes, in: Die Zeit der Staufer. Geschichte – Kunst – Kultur, Katalog zur Ausstellung, Stuttgart 1977, S. 319–321

Sauerländer, Willibald: Gotische Skulptur in Frankreich 1140–1270, München 1970

Sauerländer, Willibald: Unbekannter reitender König (Bamberger Reiter), in: Die Zeit der Staufer. Geschichte – Kunst – Kultur, Katalog zur Ausstellung, Stuttgart 1977, S. 315–317

Schaab, Rupert: Bibeltext und Schrifttum in St. Gallen, in: Ochsenbein, Peter (Hg.): Das Kloster St. Gallen im Mittelalter, Darmstadt 1999, S. 119–136

Schader, Luitgard: Die Handschrift Kassel theol. q. 15, Magisterarbeit Frankfurt a. M. 1987

Schädler, Alfred: Landkreis Pegnitz, München 1961 (Die Kunstdenkmäler von Bayern 8.2)

Schaller, Hans Martin: Die Wiener Reichskrone – entstanden unter Konrad III., in: Die Reichskleinodien. Herrschaftszeichen des Heiligen Römischen Reiches, Göppingen 1997 (Schriften zur staufischen Geschichte und Kunst 16), S. 58–105

Scheller, Robert W.: Die Seelenwägung und das Kelchwunder Kaiser Heinrichs II., Amsterdam 1997 (Koninklijke Akademie van Wetenschappen, Afdeling Letterkunde 60,4), S. 149–213

Schemmel, Bernhard: Heinrich II. und Bambergs Bücherschätze, in: Bericht des Historischen Vereins Bamberg 133 (1997), S. 127–146

Schemmel, Bernhard: Das Perikopenbuch Heinrichs II. in Bamberg. in: Bericht des Historischen Vereins Bamberg 131 (1995), S. 13–15

Schemmel, Bernhard: Staatsbibliothek Bamberg. Handschriften – Buchdruck um 1500 in Bamberg, Forchheim 1990

Schieffer, Rudolf: Die Entstehung von Domkapiteln in Deutschland, Bonn 1982 (Bonner Historische Forschungen 43)

Schieffer, Rudolf: Das Familienbild der Karolinger, in: Altrichter, Helmut (Hg.): Bilder erzählen Geschichte, Freiburg i. Br. 1995 (Rombach Wissenschaft: Reihe Historiae 6), S. 29–45

Schimmelpfennig, Bernhard: Bamberg im Mittelalter. Siedelgebiete und Bevölkerung bis 1370, Lübeck/Hamburg 1964 (Historische Studien 391)

Schimmelpfennig, Bernhard: Heilige Päpste – päpstliche Kanonisationspolitik, in: Petersohn, Jürgen (Hg.): Politik und Heiligenverehrung im Hochmittelalter, Sigmaringen 1994 (Vorträge und Forschungen 42)

Schleidgen, Wolf-Rüdiger: Die Überlieferungsgeschichte der Chronik des Regino von Prüm, Mainz 1977 (Quellen und Abhandlungen zur mittelrheinischen Kirchengeschichte 31)

Schmale, Franz-Josef: Die Briefe des Abtes Bern von Reichenau, Stuttgart 1961 (Veröffentlichung der Kommission für geschichtliche Landeskunde in Baden-Württemberg, Reihe A 6)

Schmid, Hans: Musica et Scolica enchiriadis, München 1981

Schmid, Karl: Geschlechterbewußtsein am Beispiel ausgewählter karolingischer (Bild-)Stemmata aus dem hohen Mittelalter, in: Duhamel-Amado, Claudie/Lobrichon, Guy (Hg.): Georges Duby, L'écriture de l'Histoire, Brüssel 1996, S. 141–159

Schmid, Karl: Ein verlorenes Stemma Regum Franciae. Zugleich ein Beitrag zur Entstehung und Funktion karolingischer (Bild-)Genealogien in salisch-staufischer Zeit, in: Frühmittelalterliche Studien 28 (1994), S. 196–225

Schmid, Karl/Wollasch, Joachim (Hg.): Memoria. Der geschichtliche Zeugniswert des liturgischen Gedenkens im Mittelalter, München 1984 (Münstersche Mittelalter-Schriften 48)

Schmid, Wolfgang: Poppo von Babenberg (gest. 1047). Erzbischof von Trier – Förderer des hl. Simeon – Schutzpatron der Habsburger, Trier 1998

Schmidt, Ludwig (Hg.): Die Dresdner Handschrift der Chronik des Bischofs Thietmar von Merseburg im Faksimile, Dresden 1905

Schmidt, Roderich: Königsumritt und Huldigung in ottonisch-salischer Zeit, in: Baaken, Gerhard (Hg.): Königtum, Burgen und Königsfreie, Sigmaringen 1981 (Vorträge und Forschungen 6), S. 97–233

Schneider, Reinhard: Die Königserhebung Heinrichs II. im Jahre 1002, in: Deutsches Archiv 28 (1972), S. 74–104

Schneider, Wolfgang Christian: Imperator Augustus und Christometes. Das Selbstbild Ottos III. in der Buchmalerei, in: AK Europas Mitte um 1000, Bd. 2: Beiträge zur Geschichte, Kunst und Archäologie, Katalog zur 27. Europaratsausstellung, hg. von Alfried Wieczorek/Hans-Martin Hinz, Stuttgart 2000, S. 798–808

Schneider, Wolfgang Christian: Heinrich II. als „Romanorum Rex", in: Quellen und Forschungen in italienischen Archiven und Bibliotheken 67 (1987), S. 421–446

Schneider, Wolfgang Christian: Ruhm, Heilsgeschehen, Dialektik. Drei kognitive Ordnungen in Geschichtsschreibung und Buchmalerei der Ottonenzeit, Hildesheim u.a. 1988 (Historische Texte und Studien 9)

Schneidmüller, Bernd: Billunger – Welfen – Askanier. Eine genealogische Bildtafel aus dem Braunschweiger Blasius-Stift und das hochadlige Familienbewusstsein in Sachsen um 1300, in: Archiv für Kulturgeschichte 69 (1987), S. 30–61

Schneidmüller, Bernd: Die Gründung des Bistums Bamberg 1007, Braunschweig 2001 (Deutsche Geschichte in Dokumenten)

Schneidmüller, Bernd: Heinrich II. als zweiter Gründer der Alten Kapelle in Regensburg, in: Schiedermair, Werner (Hg.): Die Alte Kapelle zu Regensburg, Regensburg 2002 (im Druck)

Schneidmüller, Bernd: Das Herrscherbild, zwei Kaiser und die Bamberger Kirchengründungen, in: AK Das Buch mit 7 Siegeln. Die Bamberger Apokalypse, Katalog zur Ausstellung der Staatsbibliothek Bamberg in Zusammenarbeit mit dem Haus der Bayerischen Geschichte, hg. von Gude Suckale-Redlefsen/Bernhard Schemmel, Luzern/Wiesbaden 2000, S. 11–30

Schneidmüller, Bernd: Jahrtausendwende. Ein Magdeburger Vortrag über Vorstellungen und Wirklichkeiten im Mittelalter, Magdeburg 2000 (Magdeburger Museen 12)

Schneidmüller, Bernd: Kaiserin Kunigunde. Bamberger Wege zu Heiligkeit, Weiblichkeit und Vergangenheit, in: Bericht des Historischen Vereins Bamberg 137 (2001), S. 13–34

Schneidmüller, Bernd: Neues über einen alten Kaiser? Heinrich II. in der Perspektive der modernen Forschung, in: Bericht des Historischen Vereins Bamberg 133 (1997), S. 13–41

Schneidmüller, Bernd: Otto III. – Heinrich II. Wende der Königsherrschaft oder Wende der Mediaevistik? in: Schneidmüller, Bernd/Weinfurter, Stefan (Hg.): Otto III. – Heinrich II. Eine Wende?, 2. Aufl., Stuttgart 2000 (Mittelalter-Forschungen 1), S. 9–46

Schneidmüller, Bernd: Reichsnähe – Königsferne: Goslar, Braunschweig und das Reich im späten Mittelalter, in: Niedersächsisches Jahrbuch für Landesgeschichte 64 (1992), S. 1–52

Schneidmüller, Bernd: Verfassung und Güterordnung weltlicher Kollegiatstifte im Hochmittelalter, in: Zeitschrift der Savigny-Stiftung für Rechtsgeschichte. Kan. Abt. 103 (1986), S. 115–151

Schneidmüller, Bernd/Weinfurter, Stefan (Hg.): Otto III. – Heinrich II. Eine Wende?, 2. Aufl., Stuttgart 2000 (Mittelalter-Forschungen 1)

Schnieringer, Karl: Das mittelalterliche Bürgerhaus in Regensburg, in: Borgmeyer, Anke/Hubel, Achim/Tillmann, Andreas/Wellnhofer, Angelika (Hg.): Denkmäler in Bayern, Bd. III.37: Stadt Regensburg, Regensburg 1997, S. LXXXVIII–CXII

Schorta, Regula: Monochrome Seidengewebe des hohen Mittelalters. Untersuchungen zu Webtechnik und Musterung, Berlin 2001

Schott, Anselm: Das vollständige Römische Meßbuch, 4. Aufl., Freiburg i. Br. 1934

Schott, Sebastian: Die Geschichte der jüdischen Gemeinde in Regensburg im Mittelalter, in: Angerer, Martin/Wanderwitz, Heinrich (Hg.): Regensburg im Mittelalter. Beiträge zur Stadtgeschichte vom frühen Mittelalter bis zum Beginn der Neuzeit, Regensburg 1995, S. 251–258

Schramm, Percy Ernst: Der Ablauf der deutschen Königsweihe nach dem „Mainzer Ordo" (um 960), in: Schramm, Percy Ernst: Kaiser, Könige und Päpste. Gesammelte Aufsätze zur Geschichte des Mittelalters Bd. 3: Vom 10. bis zum 14. Jahrhundert, Stuttgart 1969, S. 59–107

Schramm, Percy Ernst: Die deutschen Kaiser und Könige in Bildern ihrer Zeit 751–1190, Neuaufl. hg. von Florentine Mütherich, München 1983

Schramm, Percy Ernst: Herrschaftszeichen und Staatssymbolik. Beiträge zu ihrer Geschichte vom dritten bis zum sechzehnten Jahrhundert, Bd. 2, Stuttgart 1955 (Schriften der MGH 13/2)

Schramm, Percy Ernst/Mütherich, Florentine: Denkmale der deutschen Könige und Kaiser, Bd.1: Ein Beitrag zur Herrschergeschichte von Karl dem Großen bis Friedrich II., 768–1250, München 1962, 2. erg. Aufl. 1981 (Veröffentlichungen des Zentralinstituts für Kunstgeschichte in München 2)

Schreiner, Klaus: „Sakrale Herrschaft" und „Heiliger Krieg". Kaisertum, Kirche und Kreuzzug im Spiegel der spätmittelalterlichen Heinrichstafel, Münster 1985 (Unterricht in westfälischen Museen 18)

Schröder, Christof Nikolaus: Krönungsmusik um 1000. Zur Tausendjahrfeier der Krönung Heinrich II., Heidelberg 2002 (in Vorbereitung)

Schroeder, Johann Karl von: Das Mindener Domschatzinventar von 1683, Münster 1980

Schuffels, Hans Jakob: Urkunde König Heinrichs II. über die Beilegung des Gandersheimer Streites 1006/1007, in: AK Bernward von Hildesheim und das Zeitalter der Ottonen, Katalog zur Ausstellung Hildesheim, Bd. 2, hg. von Michael Brandt/Arne Eggebrecht, Hildesheim/Mainz 1993, S. 491–494

Schuller, Manfred: Architektonisches Nebenwerk und Befund – Am Beispiel der Bamberger Adamspforte, in: Beiträge zur fränkischen Kunstgeschichte 1/2 (1995), S. 49–81

Schuller, Manfred: Das Fürstenportal des Bamberger Domes, Bamberg 1993

Schuller, Manfred: Vom Dogenpalast zum Bamberger Dom. Die Forschungen mit mittelalterlichem Hintergrund an der Professur für Bauforschung und Baugeschichte, in: Bergmann, Rolf (Hg.): Mittelalterforschung in Bamberg, Bamberg 2001 (Beiträge aus dem Zentrum für Mittelalterstudien. Forschungsforum 10), S. 64 f.

Schulze-Dörlamm, Mechthild: Die Kaiserkrone Konrads II. (1024–1039). Eine archäologische Untersuchung zu Alter und Herkunft der Kaiserkrone, Sigmaringen 1991 (Römisch-germanisches Zentralmuseum. Monographien 23)

Schulze-Dörlamm, Mechthild: Kreuze mit herzförmigen Armen. Die Bedeutung eines Ziermotivs für die Feinchronologie emaillierter Bronzefibeln des Hochmittelalters, in: Archäologisches Korrespondenzblatt 18 (1988), S. 407–415

Schulze-Dörlamm, Mechthild: Der Mainzer Schatz der Kaiserin Agnes aus dem mittleren 11. Jahrhundert. Neue Untersuchungen zum sogenannten "Giselaschmuck", Sigmaringen 1991 (Römisch-germanisches Zentralmuseum. Monographien 24)

Schulze-Dörlamm, Mechthild: Zwei hochmittelalterliche Goldscheibenfibeln aus Italien, in: Archäologisches Korrespondenzblatt 20 (1990), S. 463–470

Schütz, Markus: Adalbold von Utrecht: Vita Heinrici II imperatoris. Einleitung und Übersetzung, in: Bericht des Historischen Vereins Bamberg 135 (1999), S. 135–198

Schwarz, Ernst: Sprache und Siedlung in Nordostbayern, Nürnberg 1960

Schwarz, Klaus: Die archäologische Denkmalpflege in Bayern in den Jahren 1970–1972, in: Jahresberichte der Bayerischen Bodendenkmalpflege 11/12 (1970/71), S. 156–250

Schwarz, Klaus: castrum Babenberch – Bamberg. Karolingische Burg – ottonische Pfalz, in: Ausgrabungsnotizen aus Bayern 2 (1974)

Schwarz, Klaus: Der frühmittelalterliche Landesausbau in Nordostbayern archäologisch gesehen, in: Böhme, Horst Wolfgang (Hg.): Ausgrabungen in Deutschland, Mainz 1975 (Monographien des Römisch-Germanischen Zentralmuseums Mainz 1), S. 338–409

Schwarz, Klaus: Die frühmittelalterlichen Anfänge nach den archäologischen Quellen, in: Im Spiegel der Zeiten. Der Landkreis Amberg-Sulzbach, Amberg 1978, S. 47–76

Schwarz, Klaus: Frühmittelalterlicher Landesausbau im östlichen Franken zwischen Steigerwald, Frankenwald und Oberpfälzer Wald, Mainz 1984

Schwarz, Klaus: Regensburg während des ersten Jahrtausends im Spiegel der Ausgrabungen im Niedermünster, in: Jahresbericht der Bayerischen Bodendenkmalpflege 13/14 (1972/73), S. 20–98

Schweppe, Helmut: Handbuch der Naturfarbstoffe, Landsberg a. L. 1992

Sconocchia, Sergio: La medicina romana nella tarda antichità: un nuovo testimone della cosiddetta Physica Plinii Bambergensis, in: Garzya, Antonio (Hg.): Metodologie della ricerca sulla tarda antichità, Napoli 1989, S. 515–527

Seibert, Hubertus: Herrscher und Mönchtum im spätottonischen Reich. Vorstellung – Funktion – Interaktion, in: Schneidmüller, Bernd/Weinfurter, Stefan (Hg.):Otto III. – Heinrich II. Eine Wende?, 2. Aufl., Stuttgart 2000 (Mittelalter-Forschungen 1), S. 205–266

Settipani, Christian: L'apport de l'onomastique dans l'étude des généalogies carolingiennes, in: Keats-Rohan, K. S. B./Settipani, Christian (Hg.): Onomastique et parenté dans l'Occident médiéval, Oxford 2000 (Prosopographica et Genealogica 3), S. 185–228

Shalem, Avinoam: Die Achat-Platte vom ursprünglichen Einband, in: AK Das Buch mit 7 Siegeln. Die Bamberger Apokalypse, Katalog zur Ausstellung der Staatsbibliothek Bamberg in Zusammenarbeit mit dem Haus der Bayerischen Geschichte, hg. von Gude Suckale-Redlefsen/Bernhard Schemmel, Luzern/Wiesbaden 2000, S. 169–173

Shalem, Avinoam: Islam Christianized. Islamic Portable Objects in the Medieval Church Treasuries of the Latin West, Frankfurt a. M. 1996 (Beiträge und Studien zur Kunstgeschichte 7)

Siede, Irmgard: Zur Buchmalerei der ottonischen und salischen Zeit. Kritische Anmerkungen zum Forschungsstand mit einer Zusammenstellung wichtiger Publikationen 1963–1999, in: Zeitschrift des deutschen Vereins für Kunstwissenschaft 52/53 (1998–1999), S. 151–196

Sigerist, Henry E.: Das Bamberger Antidotarium, in: Sigerist, Henry E. (Hg.): Studien und Texte zur frühmittelalterlichen Rezeptliteratur, Leipzig 1923 (Studien zur Geschichte der Medizin 13), S. 21–39

Sighart, Joachim: Geschichte der Bildenden Künste im Königreich Bayern, München 1862

Sporbeck, Gudrun: Textilherstellung. Zu mittelalterlichen Spinn- und Webgeräten, in: Lindgren, Uta (Hg.): Europäische Technik im Mittelalter. 800 bis 1400. Tradition und Innovation, 2. Aufl., Berlin 1997, S. 471–478

Staab, Franz: Die Verehrung des heiligen Stephan, in: Hinkel, Helmut (Hg.): 1000 Jahre St. Stephan in Mainz. Festschrift, Mainz 1990 (Quellen und Abhandlungen zur mittelrheinischen Kirchengeschichte 63), S. 163–186

Staecker, Jörn: Rex regum et dominus dominorum. Die wikingerzeitlichen Kreuz- und Kruzifixanhänger als Ausdruck der Mission in Altdänemark und Schweden, Stockholm 1999 (Lund Studies in Medieval Archaeology 23)

Stähli, Marlies/Härtel, Helmar u. a.: Handschriften der Dombibliothek zu Hildesheim, Bd. 1, Wiesbaden 1991 (Mittelalterliche Handschriften in Niedersachsen 8)

Staub, Johannes: Domschulen am Mittelrhein um und nach 1000, in: Hartmann, Wilfried (Hg.): Bischof Burchard von Worms. 1000–1025, Mainz 2000 (Quellen und Abhandlungen zur mittelrheinischen Kirchengeschichte 100), S. 279–309

Steck, Wolfgang: Der Liturgiker Amalarius – Eine quellenkritische Untersuchung zu Leben und Werk eines Theologen der Karolingerzeit, St. Ottilien 2000 (Münchener Theologische Studien, I. Historische Abteilung 35)

Steenbock, Frauke: Der kirchliche Prachteinband im frühen Mittelalter von den Anfängen bis zum Beginn der Gotik, Berlin 1965 (Deutscher Verein für Kunstwissenschaft)

Stengel, Edmund E.: Die Entwicklung des Kaiserprivilegs für die römische Kirche 917–962. Ein Beitrag zur älteren Geschichte des Kirchenstaats, in: Historische Zeitschrift 134 (1926), S. 216–241

Stenon, Frank (Hg.): Der Wandteppich von Bayeux, Köln 1957

Steuer, Heiko: Bergbau auf Silber und Kupfer im Mittelalter, in: Steuer, Heiko (Hg.): Alter Bergbau in Deutschland, Stuttgart 1993 (Archäologie in Deutschland, Sonderheft 1993), S. 75–93

Steuer, Heiko: Tagungsbericht zur 6. Sitzung der Arbeitsgemeinschaft „Mittelalter", in: Zeitschrift für Archäologie des Mittelalters 9 (1981), S. 217–220

Störmer, Wilhelm: Heinrichs II. Schenkungen an Bamberg. Zur Topographie und Typologie des Königs- und bayerischen Herzogsguts um die Jahrtausendwende in Franken und Bayern, in: Fenske, Lutz (Hg.): Deutsche Königspfalzen. Beiträge zu ihrer historischen und archäologischen Erforschung, Bd. 4: Pfalzen – Reichsgut – Königshöfe, Göttingen 1996 (Veröffentlichungen des Max-Planck-Instituts für Geschichte 11/4), S. 377–408

Störmer, Wilhelm: Kaiser Heinrich II., Kaiserin Kunigunde und das Herzogtum Bayern, in: Zeitschrift für bayerische Landesgeschichte 60 (1997), S. 437–463

Stößl, Marianne: Die Kreuzpartikel. Das Heiligtum von Heilig Kreuz, in: Schiedermair, Werner (Hg.): Heilig Kreuz in Donauwörth, Donauwörth 1987, S. 43–49

Strickhausen, Gerd: Kruzifixus aus der Wüstung Uhlenrode, in: Petzinger, Renate (Hg.): Hessen und Thüringen – Von den Anfängen bis zur Reformation. Eine Ausstellung des Landes Hessen, Marburg 1992, S. 134

Strobel, Richard: Mittelalterliche Bauplastik am Bürgerhaus in Regensburg, Tübingen 1981 (Das Deutsche Bürgerhaus 30)

Stroh, Armin: Die Reihengräber der karolingisch-ottonischen Zeit in der Oberpfalz, Kallmünz 1954 (Materialhefte zur bayerischen Vorgeschichte 4)

Suckale, Robert: Die Bamberger Domskulpturen. Technik, Blockbehandlung, Ansichtigkeit und die Einbeziehung des Betrachters, in: Münchner Jahrbuch der bildenden Kunst, 3. Folge 38 (1987), S. 48–51

Suckale, Robert: Nach Dethard von Winterfelds Monographie über den Bamberger Dom. Zum Stand der Erforschung der Domarchitektur – mit einem Hinweis auf die Bauweise des Fürstenportals, in: Bericht des Historischen Vereins Bamberg 123 (1987), S. 161–169

Suckale, Robert/Hörsch, Markus/Schmidt, Peter: Bamberg. Ein Führer zur Kunstgeschichte der Stadt für Bamberger und Zugereiste, 2. Aufl., Bamberg 1990

Suckale-Redlefsen, Gude: Die Buchmalerei in Seeon zur Zeit Kaiser Heinrichs II., in: Malottki, Hans von (Hg.): Kloster Seeon. Beiträge zu Geschichte, Kunst und Kultur der ehemaligen Benediktinerabtei, Weißenhorn 1993, S. 177–204

Suckale-Redlefsen, Gude: Die goldene Altartafel und ihre kunsthistorische Einordnung, in: AK Der Basler Münsterschatz, Katalog zur Ausstellung des Historischen Museums Basel, Basel 2001, S. 293–303

Suckale-Redlefsen, Gude: Die Handschriften des 12. Jahrhunderts der Staatsbibliothek Bamberg, Wiesbaden 1995 (Katalog der illuminierten Handschriften der Staatsbibliothek Bamberg 2)

Suckale-Redlefsen, Gude: Eine kaiserliche Goldschmiedewerkstatt in Bamberg zur Zeit Heinrichs II. Überlegungen zum Rückdeckel des Perikopenbuchs und der Werkgruppe um den Watterbacher Tragaltar, in: Bericht des Historischen Vereins Bamberg 131 (1995), S. 129–175

Suckale-Redlefsen, Gude: Das zerkratzte Antlitz, in: Hortulus floridus Bambergensis. Studien zur fränkischen Kunst- und Kulturgeschichte. Festschrift Renate Baumgärtel-Fleischmann (in Vorbereitung)

Suckale-Redlefsen, Gude/Bernhard Schemmel (Hg.): Die Bamberger Apokalypse, Bd. 1: Faksimile, Bd. 2: Kommentar zur Faksimile-Ausgabe der Handschrift Msc. Bibl. 140 der Staatsbibliothek Bamberg, Luzern 2001

Surmann, Ulrike: Die Gregortafel, in: Ronig, Franz J. (Hg.): Egbert Erzbischof von Trier 977–993. Gedenkschrift der Diözese Trier zum 1000. Todestag, Bd. 2, Trier 1993 (Trierer Zeitschrift für Geschichte und Kunst des Trierer Landes und seiner Nachbargebiete, Beihefte 18), S. 207

Surmann, Ulrike: Studien zur ottonischen Elfenbeinplastik in Metz und Trier. Nordenfalks Sakramentar- und Evangeliargruppe, Diss. Bonn 1990 (Beiträge zur Kunstgeschichte, Bd. 5)

Swarzenski, Georg: Aus dem Kunstkreis Heinrichs des Löwen, in: Städel-Jahrbuch 7/8 (1932), S. 241–397

Swarzenski, Hans: The Dowry Cross of Henry II., in: Weitzmann, Kurt (Hg.): Late Classical and Mediaeval Studies. In honor of Albert Matthias Friend Jr., Princeton 1955, S. 301–304

Swarzenski, Georg: Regensburger Buchmalerei des 10. und 11. Jahrhunderts, Leipzig 1901

Szabó, Thomas: Der Übergang von der Antike zum Mittelalter am Beispiel des Straßennetzes, in: Lindgren, Uta (Hg.): Europäische Technik im Mittelalter. 800 bis 1400. Tradition und Innovation, 2. Aufl., Berlin 1997, S. 25–43

Tamboer, Annemies: Ausgegrabene Klänge, Archäologische Musikinstrumente aus allen Epochen, Oldenburg 1999

Theis, Laurent: Robert le Pieux. Le roi de l'an mil, Paris 1999

Theuerkauff-Liederwald, Anna-Elisabeth: Venezianisches Glas der Kunstsammlungen der Veste Coburg, Lingen 1994

Tietze, Hans: Die kirchlichen Denkmale der Stadt Salzburg mit Ausnahme von Nonnberg und St. Peter. Wien 1912 (Österreichische Kunsttopographie 9)

Tischler, Matthias M.: Neue Fragmente der spätantiken Bamberger Livius-Handschrift (CLA VIII. 1028 Addenda), in: Scriptorium 54 (2000), S. 268–280

Tomka, Peter: Die Alanen, in: AK Hunnen und Awaren. Reitervölker aus dem Osten, Katalog zur Burgenländischen Landesaustellung in Schloss Halbturn, Eisenstadt 1996, S. 117 ff.

Tomlinson, Philip: Use of vegetative remains in the identification of dyeplants from waterlogged 9th – 10th century AD deposits at York, in: Journal of Archaeological Science 12 (1985), S. 269–283

Toneatto, Lucio: Codices artis mensoriae. I manoscritti degli antichi opuscoli latini d'agrimensura (V–XIX sec.), Bd. 3, Spoleto 1995

Traeger, Jörg: Der Bamberger Reiter in neuer Sicht, in: Zeitschrift für Kunstgeschichte 33 (1970), S. 1–20

Tremp, Ernst: Studien zu den Gesta Hludowici imperatoris des Trierer Chorbischofs Thegan, Hannover 1988 (MGH Schriften 32)

Trnek, Helmut: Die Reichskrone, in: Weltliche und Geistliche Schatzkammer. Bildführer des Kunsthistorischen Museums Wien, Wien 1987 (Führer durch das Kunsthistorische Museum Wien 35), S. 148–155

Tunk, Walter: Der Bamberger Domschatz in den Darstellungen eines Prachtkodex der Dürerzeit, in: Nottarp, Hermann (Hg.): Festgabe für Benedikt Kraft, München 1955 (Monumentum Bambergense 3), S. 430–438

Turner, Derek H.: The „Reichenau" sacramentaries at Zürich and Oxford, in: Revue Bénédictine 75 (1965), S. 240–276

Ulbricht, Ingrid: Die Geweihverarbeitung in Haithabu, Die Ausgrabungen in Haithabu 7, Neumünster 1978

Ulbricht, Ingrid: Die Verarbeitung von Knochen, Geweih und Horn im mittelalterlichen Schleswig, Ausgrabungen in Schleswig, Neumünster 1984 (Berichte und Studien 3)

Verbruggen, Jan F.: The Art of Warfare in Western Europe during the Middle Ages, from the eighth century to 1345, Amsterdam 1977

Vetterling, Claus: Anmerkungen zur archäologischen Stadtkernforschung in Bamberg, in: Beiträge zur fränkischen Kunstgeschichte 3 (1998), S. 9–25

Vetterling, Claus: Vorbistumszeitliche Befunde in der Bamberger Königstraße, in: Das archäologische Jahr in Bayern 1996 (1997), S. 163–165

Vöge, Wilhelm: Die Mindener Bilderhandschriftengruppe, in: Repertorium für Kunstwissenschaft 16 (1893), S. 198–213

Vogt, Heinz-Joachim: Die Wiprechtsburg Groitzsch. Eine mittelalterliche Befestigung in Westsachsen, Berlin 1987

Voigt, Heinrich Gisbert: Brun von Querfurt. Mönch, Eremit, Erzbischof der Heiden und Märtyrer, Stuttgart 1907

Völk, Wolfgang: Fundchronik Mittelalter und Neuzeit, in: Bayerische Vorgeschichtsblätter 37 (1972), S. 219

Vorwerk, Ursula: Die Andechs-Meranier und der Neubau des Bamberger Domes, in: AK Die Andechs-Meranier in Franken. Europäisches Fürstentum im Hochmittelalter, Katalog zur Ausstellung in Bamberg, Mainz 1998, S. 209–218

Voss, Ingrid: Herrschertreffen im frühen und hohen Mittelalter. Untersuchungen zu den Begegnungen der ostfränkischen und westfränkischen Herrscher im 9. und 10. Jahrhundert sowie der deutschen und französischen Könige vom 11. bis 13. Jahrhundert, Köln/Wien 1987 (Archiv für Kulturgeschichte, Beihefte 26)

Wagner, Heinrich: Die Erstnennung Bambergs ca. 718, in: Bericht des Historischen Vereins Bamberg 137 (2001), S. 151–168

Wagner, Heinrich: Die Hedene, die hl. Bilhildis und die Erstnennung von Bamberg, in: Würzburger Diözesangeschichtsblätter 61 (1999), S. 13–49

Wamers, Egon: Die frühmittelalterlichen Lesefunde aus der Löhrstraße (Baustelle Hilton II) in Mainz, Mainz 1994 (Mainzer Archäologische Schriften 1)

Wamser, Ludwig: Zur archäologischen Bedeutung der Karlburger Befunde, in: 1250 Jahre Bistum Würzburg. Archäologisch-historische Zeugnisse der Frühzeit, Begleitband zur Ausstellung im Marmelsteiner Kabinett, hg. von Jürgen Lenssen, Würzburg 1992, S. 319–342

Wamser, Ludwig/Wamers, Egon: Die silberne Pyxis von Pettstadt, in: 1250 Jahre Bistum Würzburg. Archäologisch-historische Zeugnisse der Frühzeit, Begleitband zur Ausstellung im Marmelsteiner Kabinett, hg. von Jürgen Lenssen, Würzburg 1992, S. 141–162

Wanderwitz, Heinrich: Studien zum mittelalterlichen Salzwesen in Bayern, München 1984

Weber, Heinrich: Geschichte der gelehrten Schulen im Hochstift Bamberg von 1007–1803, Bamberg 1880–1882

Weidemann, Konrad und Margarethe: Pontifikale mit Krönungsordo, in: AK Das Reich der Salier 1024–1125, Katalog zur Ausstellung des Landes Rheinland–Pfalz, Sigmaringen 1992, S.421–424

Weigel, M.: Bildwerke aus altslawischer Zeit, Archiv für Anthropologie 21 (1892/1893)

Weilandt, Gerhard: Geistliche und Kunst. Ein Beitrag zur Kultur der ottonisch-salischen Reichskirche und zur Veränderung künstlerischer Traditionen im späten 11. Jahrhundert, Köln 1992 (Archiv für Kulturgeschichte, Beihefte 35)

Weiller, Raymond: Die Münzen von Trier, Bd. I,1: Beschreibung der Münzen. 6. Jahrhundert, Düsseldorf 1988 (Publikationen der Gesellschaft für Rheinische Geschichtskunde 30)

Weinfurter, Stefan: Der Anspruch Heinrichs II. auf die Königsherrschaft 1002, in: Dahlhaus, Joachim/Kohnle, Armin (Hg.): Papstgeschichte und Landesgeschichte. Festschrift für Hermann Jakobs zum 65. Geburtstag, Köln/Weimar/Wien 1995 (Archiv für Kulturgeschichte, Beihefte 39), S. 121–134

Weinfurter, Stefan: Die Geschichte der Eichstätter Bischöfe des Anonymus Haserensis. Edition – Übersetzung – Kommentar, Regensburg 1987 (Eichstätter Studien NF 24)

Weinfurter, Stefan: Heinrich II. (1002–1024), Herrscher am Ende der Zeiten, Regensburg 1999, 2. Aufl. 2000

Weinfurter, Stefan: Herrschaft und Reich der Salier. Grundlinien einer Umbruchzeit, 2. Aufl., Sigmaringen 1992

Weinfurter, Stefan: Kaiser Heinrich II. (1002–1024) – ein Herrscher aus Bayern, in: Oberbayerisches Archiv 122 (1998), S. 31–55

Weinfurter, Stefan: Neue Kriege: Heinrich II. und die Politik im Osten, in: AK Europas Mitte um 1000, Bd. 2: Beiträge zur Geschichte, Kunst und Archäologie, Katalog zur 27. Europaratsausstellung, hg. von Alfried Wieczorek/Hans-Martin Hinz, Stuttgart 2000, S. 819–824

Weinfurter, Stefan: Die Zentralisierung der Herrschaftsgewalt durch Kaiser Heinrich II., in: Historisches Jahrbuch 106 (1986), S. 241–297

Weitlauff, Manfred (Hg.): Bischof Ulrich von Augsburg 890–973. Seine Zeit – sein Leben – seine Verehrung, Festschrift aus Anlaß des tausendjährigen Jubiläums seiner Kanonisation im Jahre 993, Weißenhorn 1993 (Jahrbuch des Vereins für Augsburger Bistumsgeschichte 26/27)

Weitzmann, Kurt: Die byzantinischen Elfenbeine eines Bamberger Graduales und ihre ursprüngliche Verwendung, in: Dettweiler, Frieda (Hg.): Studien zur Buchmalerei und Goldschmiedekunst des Mittelalters. Festschrift für Karl Hermann Usener, Marburg 1965, S. 11–20

Weixlgärtner, Arpad: Die weltliche Schatzkammer in Wien, in: Jahrbuch der kunsthistorischen Sammlungen in Wien N.F.1 (1926), S. 15–84

Wellmer, Hansjörg: Persönliches Memento im deutschen Mittelalter, Stuttgart 1973 (Monographien zur Geschichte des Mittelalters 5)

Wendehorst, Alfred: Wer konnte im Mittelalter lesen und schreiben?, Sigmaringen 1986

Wenskus, Reinhard: Studien zur historisch-politischen Gedankenwelt Bruns von Querfurt, Münster-Köln 1956 (Mitteldeutsche Forschungen 5)

Wentzel, Hans: Byzantinische Kleinkunstwerke aus dem Umkreis der Kaiserin Theophano, in: Aachener Kunstblätter 44 (1973), S. 43–86

Werckmeister, Otto-Karl: Der Deckel des Codex Aureus von St. Emmeram, ein Goldschmiedewerk des 9. Jahrhunderts, Baden-Baden 1963

Westermann-Angerhausen, Hiltrud: Die Goldschmiedearbeiten der Trierer Egbertwerkstatt, Trier 1973 (Trierer Zeitschrift für Geschichte und Kunst des Trierer Landes und seiner Nachbargebiete, Beihefte 4)

Westoll, Howard: Zur Rekonstruktion eines Pfostenhauses aus dem 9./10. Jahrhundert, in: AK Geschichte aus Gruben und Scherben. Archäologische Ausgrabungen auf dem Domberg in Bamberg, Katalog zur Ausstellung des Historischen Museums Bamberg und des Lehrstuhls für Archäologie des Mittelalters und der Neuzeit an der Universität Bamberg, hg. von Lothar Hennig, Bamberg 1993 (Schriften des Historischen Museums Bamberg 26), S. 171–173

Westphalen, Petra: Die Eisenschlacken von Haithabu. Ein Beitrag zur Geschichte des Schmiedehandwerks in Nordeuropa, Neumünster 1989

Wichmann, Hans und Siegfried: Schach. Ursprung und Wandlung der Spielfigur in zwölf Jahrhunderten, München 1960

Wiedemann, Konrad: Manuscripta Theologica. Die Handschriften in Quarto (im Druck)

Wilckens, Leonie von: Byzantinische Seidenweberei in der Zeit vom späten 8. bis zum 12. Jahrhundert, in: Euw, Anton von/Schreiner, Peter (Hg.): Kunst im Zeitalter der Kaiserin Theophanu. Akten des Internationalen Colloquiums veranstaltet vom Schnütgen-Museum Köln, 13.–15. Juni 1991, Köln 1993, S. 79–93

Willenbring, Hildegard: Das Reichenauer Evangeliar Clm 4454 aus dem Bamberger Domschatz, Berlin 1995 (Magisterarbeit)

Williams-Krapp, Werner: Die deutschen und niederländischen Legendare des Mittelalters. Studien zu ihrer Überlieferungs-, Text- und Wirkungsgeschichte, Tübingen 1986

Willoweit, Dietmar: Die Entstehung exemter Bistümer im deutschen Reichsverbund unter rechtsvergleichender Berücksichtigung ausländischer Parallelen, in: Zeitschrift für Rechtsgeschichte, Kan. Abt. 52 (1966), S. 176–298

Winterfeld, Dethard von: Der Dom in Bamberg, 2 Bde., Berlin 1979

Wintergerst, Eleonore: Das Niedermünster in Regensburg, die Entwicklung zum Damenstift im frühen und hohen Mittelalter, in: Paulus, Helmut-Eberhard (Hg.): Denkmalpflege in Regensburg, Bd. 4, Regensburg 1994, S. 62–68

Wintergerst, Eleonore: Eine karolingisch-ottonische Emailfibel aus Hagelstadt, Lkr. Regensburg, in: Beiträge zur Archäologie in der Oberpfalz 2 (1998), S. 361–366

Wintergerst, Eleonore: Zur Freilegung des Ostabschlusses der Westkrypta im Bamberger Dom, in: Das archäologische Jahr in Bayern (1995), S. 153–155

Wintergerst, Magnus: Hochmittelalterliche Keramik in Regensburg (10.–13. Jahrhundert), in: Angerer, Martin/Wanderwitz, Heinrich (Hg.): Regensburg im Mittelalter, Beiträge zur Stadtgeschichte vom frühen Mittelalter bis zum Beginn der Neuzeit, Regensburg 1995, S. 267–276

Wolf, Armin: Quasi hereditatem inter filios. Zur Kontroverse über das Königswahlrecht im Jahre 1002 und die Genealogie der Konradiner, in: Zeitschrift für Rechtsgeschichte, Germ. Abt. 112 (1995), S. 64–157

Wolf, Gunther G.: Die Wiener Reichskrone, Wien 1995 (Schriften des Kunsthistorischen Museums Wien 1)

Wolf, Gunther: Prolegomena zur Erforschung der Heiligen Lanze, in: Die Reichskleinodien. Herrschaftszeichen des Heiligen Römischen Reiches, Göppingen 1997 (Schriften zur staufischen Geschichte und Kunst 16), S. 130–145

Wollasch, Joachim: Bemerkungen zur Goldenen Altartafel von Basel, in: Meier, Christel/Ruberg, Uwe (Hg.): Text und Bild. Aspekte des Zusammenwirkens zweier Künste in Mittelalter und Neuzeit, Wiesbaden 1980, S. 383–407

Wollasch, Joachim: Geschichtliche Hintergründe der Dortmunder Versammlung des Jahres 1005, in: Westfalen 58 (1980), S. 55–69

Wollesen, Jens T.: A pictoral Speculum Principis: the image of Henry II in Cod. Bibl. Vat. Ottobonensis lat. 74, fol. 139ᵛ, in: Word and Image 5,1 (1989), S. 85–110

Wunderle, Elisabeth: Clm 14 000 – 14 130, in: Katalog der lateinischen Handschriften der Bayerischen Staatsbibliothek München (IV SN 2,1). Die Handschriften aus St. Emmeram in Regensburg 1, Wiesbaden 1995, S. 3 f.

Wünsche, Peter: Kathedralliturgie zwischen Tradition und Wandel. Zur mittelalterlichen Geschichte der Bamberger Domliturgie im Bereich des Triduum Sacrum, Münster/Westfalen 1998 (Liturgiewissenschaftliche Quellen und Forschungen 80)

Zeissberg, Heinrich: Die Kriege Kaiser Heinrichs II. mit Herzog Boleslaw I. von Polen, Wien 1867 (Sitzungsberichte der Kaiserlichen Akademie der Wissenschaften, Phil.-Hist. Klasse 57)

Zerbes, Maren: Reiterskulptur, in: Bayern – Ungarn. Tausend Jahre, Katalog zur Bayerischen Landesausstellung in Passau, hg. von Wolfgang Jahn, Augsburg 2001, (Veröffentlichungen zur bayerischen Geschichte und Kultur 43), S. 47–49

Ziegelhöfer, Adam/Hey, Gustav: Die Ortsnamen des ehemaligen Hochstifts Bamberg, Bamberg 1911

Zielinski, Herbert: Der Reichsepiskopat in spätottonischer und salischer Zeit (1002–1125), Stuttgart 1984

Zimmermann, Gerd: Bamberg als königlicher Pfalzort, in: Jahrbuch für fränkische Landesforschung 19 (1959), S. 203–222

Zimmermann, Gerd: Vom Symbolgehalt der Bamberger Domweihe (6. Mai 1012), in: Jandesek, Reinhold/Knefelkamp, Ulrich (Hg.): Gerd Zimmermann. Ecclesia – Franconia – Heraldica. Gesammelte Aufsätze, Bamberg 1989 (Bamberger Schriften zur Kulturgeschichte, Sonderband 1), S. 1–7

Zimmermann, Harald: Gründung und Bedeutung des Bistums Bamberg für den Osten, in: Südostdeutsches Archiv 10 (1967), S. 35–49

Zimmermann, W. Hajo: Pfosten, Ständer und Schwelle und der Übergang vom Pfosten- zum Ständerbau. Eine Studie zu Innovation und Beharrung im Hausbau, Oldenburg 1998 (Probleme der Küstenforschung im südlichen Nordseegebiet 25)

Zink, Jochen: Der Bamberger Dom und seine plastische Ausstattung bis zur Mitte des 13. Jahrhunderts. Bericht über das Kolloquium in Bamberg vom 8. und 9. April 1975, in: Kunstchronik 28 (1975), S. 387–405, 425–448

Zoepfl, Friedrich: Bruno, Bischof von Augsburg, in: Lebensbilder aus dem bayerischen Schwaben 1 (1952), S. 30–56

Zotz, Thomas L.: Der Breisgau und das alemannische Herzogtum. Zur Verfassungs- und Besitzgeschichte im 10. und beginnenden 11. Jahrhundert, Stuttgart 1974 (Vorträge und Forschungen, Sonderband 15)

Zotz, Thomas: Die Gegenwart des Königs. Zur Herrschaftspraxis Ottos III. und Heinrichs II., in: Schneidmüller, Bernd/Weinfurter, Stefan (Hg.): Otto III. – Heinrich II. Eine Wende?, 2. Aufl., Sigmaringen 2000 (Mittelalter-Forschungen 1), S. 349–386

Aachen, Domkapitel (Ann Münchow) Abb. 72
Augsburg, Diözesanmuseum St. Afra (A. Misa)
    Abb. 46
Augsburg, Römisches Museum der Städtischen
    Kunstsammlungen 92
Bamberg, Achim Hubel 208, 210, 212–214,
    S. 391
Bamberg, Bayerisches Landesamt für Denkmal-
    pflege Abb. 80, Abb. 85, Abb. 88–90, 27–28,
    43, 91, 94–96
Bamberg, Emil Bauer 10
Bamberg, Fotostudio Barthel 173, 215
Bamberg, Haberland 182, 183
Bamberg, Ingeborg Limmer Abb. 8, 2, 182, 202,
    204–205, 209, S. 13, S. 111
Bamberg, Jochen Haberstroh 26
Bamberg, Uwe Gaasch Abb. 17, 62–64, 99, 103,
    107, 211
Bamberg, K. Schwarz Abb. 81
Bamberg, Staatsarchiv Abb. 12, Abb. 14,
    Abb. 20, 47, 185
Bamberg, Staatsbibliothek (Raab und Steber)
    Abb. 4, Abb. 6, Abb. 15, Abb. 23, Abb. 28,
    Abb. 32, Abb. 35, Abb. 37, Abb. 41, Abb. 54,
    Abb. 60, Abb. 71, Abb. 77, 1, 67, 85,
    105–106, 108–109, 111–113, 118, 122,
    125, 127, 137–139, 141–143, 146,
    148–149, 153–154, 160, 165, 172,
    178–180, 186, 193
Bamberg, Sabine Gress Abb. 82-84, Abb. 86–87
Basel, Historisches Museum (P. Portner) 195
Berlin, Staatliche Musseen zu Berlin –
    Münzkabinett 41
Berlin, Staatsbibliothek zu Berlin – Preußischer
    Kulturbesitz Abb. 58, 129–131
Coburg, Kunstsammlungen der Veste Coburg
    Abb. 78
Fulda, Dommuseum 32
Graz, Steiermärkisches Landesarchiv Abb. 18
Hannover, Niedersächsisches Hauptstaatsarchiv
    101
Hildesheim, Dombibliothek (L. Engelhardt)
    Abb. 49
Hildesheim, Dom-Museum Abb. 26, 110, 136,
    175, 177
Ingolstadt, Bayerisches Armeemuseum 93
Karlstadt, Axel von Erffa 22
Kassel, Universitätsbibliothek, Landesbibliothek
    und Murhardsche Bibliothek 82, 124
Kempten, Richard Schnitz 34
Klagenfurt, A. Poschinger 194
Köln, Diözesan- und Dombibliothek Abb. 53,
    Abb. 55, 126, 128
Krakau, Biblioteka Jagiellońska Abb. 57
Leinach, Günther Schindler 44
Magdeburg, Kulturhistorisches Museum
    (Jutta Rödling) 19
Mainz, Bischöfliches Dom- und Diözesan-
    museum 163

Mainz, Landesmuseum (Ursula Rudischer) 164
Merseburg, Domkapitel Abb.13
München, Archäologische Staatssammlung
    München – Museum für Vor- und Früh-
    geschichte (M. Eberlein) 37
München, Bayerische Verwaltung der staatlichen
    Schlösser, Gärten und Seen Abb. 59, Abb. 73,
    Abb. 75, 61–64, 123
München, Bayerische Staatsbibliothek Abb. 2,
    Abb. 5, Abb. 10–11, Abb. 21, Abb. 24–25,
    Abb. 27, Abb. 29–31, Abb. 33, Abb. 36,
    Abb. 39, Abb. 42, Abb. 44–45, Abb. 48,
    Abb. 56, Abb. 65–66, 46, 50, 55, 73, 112,
    135, 168, 170, S. 156, S. 327
München, Bayerisches Hauptstaatsarchiv 42
München, Bayerisches Nationalmuseum 167,
    171
Münster, Rudolf Wakonigg 181
Niederaltaich, Benediktinerabtei 161
Nürnberg, Germanisches Nationalmuseum
    20– 21
Oxford, Bodleian Library, University of Oxford
    Abb. 52, 119
Paderborn, Erzbischöfliches Diözesanmuseum
    (Ansgar Hoffmann) 187
Paris, © Photo RMN (Arnaudet) 189
Paris, © Photo RMN (Gérard Blot) 166
Paris, © Photo RMN (Hugo Maertens)
    Abb. 69–70, 11
Paris, © Photo RMN (R.G. Ojeda) Abb. 40
Paris, Bibliothèque Nationale de France Abb. 43,
    Abb. 50–51, Abb. 68
Regensburg, Bayerisches Landesamt für Denk-
    malpflege, Außenstelle Regensburg 15
Regensburg, Museen der Stadt – Historisches
    Museum (J. Zink und P. Ferstl) 14, 38–40
Regensburg, Wilkin Spitta 162
Rouen, Musée des Antiquités (François Dugué)
    180
Salzburg, Dommuseum 196
Schaffhausen, Stadtbibliothek und Ministerial-
    bibliothek 52
Schlüsselfeld, C. Seven 3
Stockdorf, Claudia Rehm 89
Strasbourg, Archives Départementales du
    Bas-Rhîn 58
Svendborg, Svendborg og Omegns Museum 13
Trier, Amt für kirchliche Denkmalpflege
    Abb. 67, Abb. 74, 120
Tüchersfeld, Fränkische Schweiz-Museum 23
Città del Vaticano, Biblioteca Apostolica Vatica-
    na 115
Venezia, Biblioteca Marciana (Foto Toso)
    Abb. 34
Wien, Kunsthistorisches Museum 51, 72, 169
Wien, Österreichische Nationalbibliothek,
    Bildarchiv 116
Wolfenbüttel, Herzog August Bibliothek
    Abb. 22, Abb. 38, Abb. 47, 132, S. 53